Britta Jelinek | Manfred Hannich (Hrsg.)

Wege zur effizienten Finanzfunktion in Kreditinstituten

Britta Jelinek | Manfred Hannich (Hrsg.)

Wege zur effizienten Finanzfunktion in Kreditinstituten

Compliance & Performance

Bibliografische Information der Deutschen Nationalbibliothek
Die Deutsche Nationalbibliothek verzeichnet diese Publikation in der
Deutschen Nationalbibliografie; detaillierte bibliografische Daten sind im Internet über
<http://dnb.d-nb.de> abrufbar.

1. Auflage 2009

Alle Rechte vorbehalten
© Gabler | GWV Fachverlage GmbH, Wiesbaden 2009

Lektorat: Gabriele Staupe

Gabler ist Teil der Fachverlagsgruppe Springer Science+Business Media.
www.gabler.de

Das Werk einschließlich aller seiner Teile ist urheberrechtlich geschützt. Jede Verwertung außerhalb der engen Grenzen des Urheberrechtsgesetzes ist ohne Zustimmung des Verlags unzulässig und strafbar. Das gilt insbesondere für Vervielfältigungen, Übersetzungen, Mikroverfilmungen und die Einspeicherung und Verarbeitung in elektronischen Systemen.

Die Wiedergabe von Gebrauchsnamen, Handelsnamen, Warenbezeichnungen usw. in diesem Werk berechtigt auch ohne besondere Kennzeichnung nicht zu der Annahme, dass solche Namen im Sinne der Warenzeichen- und Markenschutz-Gesetzgebung als frei zu betrachten wären und daher von jedermann benutzt werden dürften.

Umschlaggestaltung: Nina Faber de.sign, Wiesbaden
Druck und buchbinderische Verarbeitung: Krips b.v., Meppel
Gedruckt auf säurefreiem und chlorfrei gebleichtem Papier
Printed in the Netherlands

ISBN 978-3-8349-0804-9

Unternehmensinformation

KPMG ist ein weltweites Netzwerk rechtlich selbstständiger, nationaler Firmen mit über 123.000 Mitarbeitern in 145 Ländern.

Auch in Deutschland gehört KPMG zu den führenden Wirtschaftsprüfungs- und Beratungsunternehmen und ist mit über 8.000 Mitarbeitern an mehr als 20 Standorten präsent. Unsere Leistungen sind in die Geschäftsbereiche Audit, Tax und Advisory gegliedert. Im Mittelpunkt von Audit steht die Prüfung von Konzern- und Jahresabschlüssen. Tax steht für die steuerberatende Tätigkeit von KPMG. Der Bereich Advisory bündelt unser hohes fachliches Know-how zu betriebswirtschaftlichen, regulatorischen und transaktionsorientierten Themen.

Für wesentliche Sektoren unserer Wirtschaft haben wir eine geschäftsbereichsübergreifende Branchenspezialisierung vorgenommen. Hier laufen die Erfahrungen unserer Spezialisten weltweit zusammen und tragen zusätzlich zur Beratungsqualität bei.

Im Bereich Banking begleiten wir Kreditinstitute aller drei Säulen (Privatbanken, öffentlich-rechtliche und genossenschaftliche Kreditinstitute) bei der Bewältigung dieser Herausforderungen. Unsere besondere Kompetenz verdanken wir unserer strategischen Ausrichtung. Sie ist geprägt durch den Wissensaustausch im weltweiten KPMG-Netzwerk, der Marktstellung als eines der führenden Unternehmen in der Prüfung und Beratung von Banken sowie durch die langjährige Zusammenarbeit mit unseren Kunden und unserer Spezialisierung.

Geleitwort

Die Finanzmarktkrise ist derzeit in aller Munde und wird zu tiefgreifenden Veränderungen in der Finanzbranche führen. Vor dem Hintergrund der Finanzmarktkrise und einer sich schnell ändernden Umwelt müssen die stetig steigenden Anforderungen an die Transparenz der Berichterstattung erfüllt sowie unternehmensinterne und -externe Veränderungen rechtzeitig erkannt sowie entsprechende Entscheidungen getroffen werden. Parallel dazu nimmt die Regulierungsdichte für Kreditinstitute (*Compliance*) stetig zu. Gleichzeitig steht durch den in den letzten Jahren unveränderten Wettbewerbsdruck in der Finanzbranche die Steigerung der Profitabilität und die Verbesserung der Eigenkapitalrentabilität im Vordergrund der strategischen Ausrichtung der Kreditinstitute.

Diese Anforderungen treffen auf die Finanzfunktion in Kreditinstituten, die sich bedingt durch das Spannungsfeld zwischen wachsenden Compliance-Anforderungen, dem steigenden Informationsbedürfnis von internen und externen Adressaten und dem Streben nach Profitabilitätssteigerungen oftmals ohnehin in einem Transformationsprozess befindet. Der Anspruch, ein Kreditinstitut vollständig und immer detaillierter in allen bilanz-, risiko- und steuerungsrelevanten Aspekten abzubilden, hat schon in der Vergangenheit oftmals zu hoch komplexen Prozessen und Strukturen geführt. Prozesse, die trotz eines hohen persönlichen Einsatzes aller Beteiligten in gegebener Zeit nicht zum definierten Ziel führen, sind ineffizient. Der Begriff der Effizienz ist hierbei weiter definiert als der Begriff der Effektivität, die alleine die inhaltliche Erreichung eines Ziels unabhängig vom dafür nötigen Aufwand umfasst. Eine effiziente Umsetzung der Compliance bedeutet, dass sowohl der Aufwand und die Geschwindigkeit als auch die Qualität der Zielerreichung in einem gesunden Verhältnis zueinander stehen. Letzteres ist unter dem Aspekt der *Performance* zu sehen.

Die Beiträge in diesem Werk, von *Praktikern für Praktiker* geschrieben, gewähren einen Einblick in ausgewählte Teilbereiche der Finanzfunktion und zeigen Ansatzpunkte für eine Steigerung der Effizienz der Finanzfunktion in Kreditinstituten auf. Dabei werden sowohl fachliche Aspekte als Zielgrößen beleuchtet, als auch deren inhaltliche sowie prozessuale Umsetzung diskutiert. Auch die Informationstechnologie mit ihrem Automatisierungs- und Zentralisierungspotenzial kann als ein weiterer Baustein eine gewichtige Rolle auf dem Weg zu einer effizienten Finanzfunktion spielen. Zuletzt bleibt also zu hoffen, dass dieses Werk dem Leser Impulse und Ideen vermittelt wie eine Balance zwischen *Compliance* und *Performance* in der Finanzfunktion von Kreditinstituten erreicht werden kann.

Frankfurt am Main, im April 2009

Bernd Schmid
Mitglied des Vorstandes
KPMG AG Wirtschaftsprüfungsgesellschaft

Effizienz in der Finanzfunktion im Kontext der Finanzmarktkrise

Die Finanzmarktkrise hat in ihrem Verlauf Schwachstellen in der Finanzberichterstattung bei Banken und Finanzunternehmen aufgezeigt. Als Reaktion darauf wurden neue oder überarbeitete interne wie externe Anforderungen an Kreditinstitute gestellt, die mitunter kurzfristig umzusetzen waren. In diesem Umfeld, das von einer hohen Arbeitsintensität und einem großem internen Anpassungsbedarf bestimmt ist, stellt sich zu Recht die Frage, welche Relevanz ein Buch zur *Effizienz* im Finanzbereich von Kreditinstituten hat. Sind es in diesem Umfeld nicht die aktuellen Anforderungsinhalte und deren Erfüllung, die ganz oben auf der Tagesordnung stehen sollten?

Basis für die Ausrichtung des Finanzbereichs in einem Kreditinstitut muss selbstverständlich die Erfüllung der gesetzlichen und regulatorischen Anforderungen sein. Die Erfahrungen aus der Umsetzung dieser Anforderungen in der Vergangenheit hat jedoch gezeigt, dass zum Beispiel der Aufbau paralleler Berichtssysteme und -stränge zur Erfüllung der unterschiedlichen Anforderungen nicht nur massive Folgekosten verursacht, sondern auch nicht unwesentliche operative Risiken mit sich bringen kann. Vor diesem Hintergrund hat sich die Dresdner Bank schon frühzeitig für eine Integration von internem und externem Berichtswesen entschieden. Diese strategische Entscheidung trägt nicht nur dem Trend einer externen Berichterstattung in Anlehnung an das interne Management Reporting Rechnung, sondern reduziert auch den Aufwand für Abstimmtätigkeiten und ermöglicht so ein schnelleres und flexibleres Reporting. In Verbindung mit gezielten Maßnahmen zur Optimierung des Jahresabschlusserstellungsprozesses im Rahmen unseres Fast Close-Projekts, konnte die Dresdner Bank signifikant kürzere Berichtszeiten erreichen und so den Erwartungen von Regulatoren und Marktteilnehmern gerecht werden.

Da aber das Ergebnispotenzial eines Kreditinstituts neben dem verfolgten Geschäftsmodell durch die Kostenstrukturen – und damit insbesondere durch die Personalkosten – geprägt ist, kann die *Effizienz* auch im Finanzbereich nicht außer Acht gelassen werden. Der Begriff der *Effizienz*, also der optimalen Kombination von Qualität, Kosten und Geschwindigkeit, wird vor diesem Hintergrund zu einer wichtigen Größe, die bei der Organisation des Finanzbereichs beachtet werden muss. Ein Buch zum Thema *Effizienz* im Finanzbereich von Kreditinstituten gewinnt in Krisenzeiten somit durch das Spannungsfeld zwischen sich kurzfristig wandelnden internen und externen Anforderungen und der Notwendigkeit einer schlanken, flexiblen und leistungsfähigen Organisation zusätzlich an Aktualität und Relevanz.

Das unter der Federführung von KPMG-Spezialisten entstandene Werk greift die Thematik der *Effizienz* auf und illustriert anhand von Theoriebeiträgen und Praxisbeispielen wie Anforderungen von Regulatoren und Märkten unter Berücksichtigung der *Effizienz* in Kreditinstituten angegangen werden können und wie diese umgesetzt wurden. Es liefert so einen sehr praxisnahen Beitrag zur modularen Ausrichtung von Finanzfunktionen in Kreditinstituten.

Klaus Rosenfeld,
CFO Dresdner Bank

Danksagung

Unser herzlicher Dank richtet sich zunächst an alle Autorinnen und Autoren, welche die vorliegenden Beiträge neben ihrem Tagesgeschäft in der Regel abends, am Wochenende oder während ihres Urlaubs verfasst haben. Insgesamt haben 44 Autorinnen und Autoren dazu verholfen, dieses Buch zu realisieren.

Darüber hinaus gebührt unser herzlicher Dank auch dem Team des Department of Professional Practice sowie dem Bereich Risk Management der KPMG, die sich intensiv mit der fachlichen Qualitätssicherung der Einzelbeiträge auseinander gesetzt haben. Namentlich möchten wir hier gerne Michael Bär, Kerstin-Anett Bunde, Jörg Fuhrländer, Christina Koellner, Silvia Kraus, Marko Labus, Wolfgang Laubach, Professor Dr. Edgar Löw, Bernd Medick und Susanne Weinbörner danken.

Zusätzlich gebührt unser herzlicher Dank auch unserem Team von KPMG, das sich in monatelanger Arbeit intensiv inhaltlich und formattechnisch mit den Einzelbeiträgen auseinandergesetzt hat. Namentlich möchten wir hier Antje Bräsick, Moritz Brunn, Stefan Dauben, Tim Häseker, Florian Koch, Tobias Mohr, Anika Yvette Schmidt, Ulf Seckert, Dr. Peter Seethaler, Philipp Steinhäuser, Michaela Ullrich und Hermann Unger danken.

Die Herausgeber danken weiterhin dem Lektorat des Gabler Verlags für die gute Zusammenarbeit. Hier gebührt unser spezieller Dank Herrn Guido Notthoff.

Frankfurt am Main, im April 2009

Britta Jelinek   Manfred Hannich
Partner Advisory, KPMG   Partner Advisory, KPMG
Frankfurt am Main   Berlin

Inhaltsverzeichnis

Unternehmensinformation 5

Geleitwort 7

Effizienz in der Finanzfunktion im Kontext der Finanzmarktkrise 9

Danksagung 11

Einleitung 17
Britta Jelinek

Teil I
Strategische Neuausrichtung und
-positionierung der Finanzfunktion

Globale regulatorische Trends
als Herausforderung an die Finanzfunktion von Kreditinstituten 33
Jörg Hashagen / Oliver Zoeger

Veränderung des Rollenverständnisses der Finanzfunktion in Kreditinstituten 49
Britta Jelinek

Finanzfunktion der Zukunft – ein Konzept zur strategischen Neuausrichtung 63
Britta Jelinek / Gerd Straub

Identifikation von strategischen Handlungsfeldern
bei der DekaBank mithilfe von Target Operating Models 83
Oliver K. Brandt / Andreas Liedtke / Marc Schäfer / Markus Steitz

Entwicklung eines Leitbildes
zur Optimierung der Finanzfunktion in der DZ BANK AG 93
Michaela Hassl / Jürgen Haussmann / Herbert Reschke

Post Merger Integration –
Implikationen für die Finanzfunktion im Rahmen von Transaktionen 107
Christina Hoferdt / Hans Sünderhauf

Lösungsansätze für eine erfolgreiche Finanzmarktkommunikation....................................... 123
Frank Herzmann

Teil II
Effizienzsteigerung durch eine Balance zwischen Compliance und Performance

Überblick über Integrationsansätze in der Finanzfunktion von Kreditinstituten 147
Sonja Euler / Tilo Fink

Harmonisierung des internen und externen Rechnungswesens in der BayernLB................ 179
Winfried Freygang / Andreas Geltinger

Integration der Finanzfunktion am Beispiel der Dresdner Bank 199
Urban Wirtz / Thomas Weißmann

Segmentberichterstattung nach IFRS 8
als Ausgangspunkt einer effizienteren Gestaltung des Berichtswesens 217
Anke Dassler

Optimierung der internen Steuerung nach der IFRS-Umstellung 233
Antje Bräsick / Thomas Hele / Harald Kerner / Klaus-Ulrich Pfeiffer

Integrated Finance & Risk im Rahmen der Offenlegung am Beispiel des Eigenkapitals..... 251
Ümit Bilgili / Andrea Schade

Anwendung von Basel II-Parametern
zur Ermittlung der IFRS-Risikovorsorge im Kreditgeschäft.. 273
Andreas Möller / Andrea Schade

Konvergenz von IAS 39 und Basel II bei Impairment- und Kreditprozessen....................... 289
Lars Löffelholz

Ermittlung der bilanziellen Risikovorsorge
im Kreditgeschäft nach IFRS – ein Praxisbericht der KfW 303
Stefan Best / Anna Plüchner

Inhaltsverzeichnis

Wertberichtigungen bei Autobanken
nach IAS 39 unter Verwendung von Basel II-Parametern 317
Andreas von Stosch / Martin Stremplat

Multi Currency Accounting in der Praxis 329
Christopher Conrad

Entwicklung des Internen Kontrollsystems von Compliance zu Performance 351
Rudolf Moschitz / Pieter van der Veen

Effiziente Umsetzung von Compliance-Anforderungen
im Risikomanagement von Kreditinstituten.. 369
Stefan Gramlich

Teil III
Effizienzsteigerung durch die
Optimierung der Aufbau- und Ablauforganisation

Quality Close – Methodik zur zielgerichteten Optimierung der Abschlussprozesse 385
Britta Jelinek / Gerd Straub

Projektorientiertes Abschlussmanagement
als Basis für ein zukunftsfähiges Ergebnisreporting 405
Gerd Straub

Fast Close-Initiative im Dresdner Bank-Konzern 423
Karl Friedrich Fiedler / Christina Geib

Effiziente Organisation der klassischen Planungsprozesse 437
Arnd Leibold

Moderne Planungsverfahren:
von der traditionellen Budgetierung zur kennzahlenorientierten Planung............................ 453
Marc Schäfer

Effizienzsteigerung in der Finanzfunktion
durch Nutzung von Finance Shared Service Center.. 469
Arnd Leibold

Implementierung eines Konzernrechnungswesens
im Rahmen einer IFRS-Umstellung am Beispiel der apoBank 481
Steffen Kalkbrenner / Thomas Rink

Teil IV
Effizienzsteigerung durch eine leistungsfähige Finanz-IT-Archtitektur

Ausrichtung von IT-Organisation und
IT-Architektur auf die Unterstützung der Finanzprozesse 499
Peter Stork

Data Warehouse als Voraussetzung für die effiziente Erstellung von Abschlüssen 517
Markus Vollmer

Effizienzsteigerung durch ein nachhaltiges Management der Datenqualität 533
Ansgar Temme

Informationstechnologische Umsetzungsansätze einer integrierten Finanzfunktion 551
Markus Vollmer

Die Herausgeber 563

Die Autorinnen und Autoren 565

Abkürzungsverzeichnis 579

Stichwortverzeichnis 583

Einleitung

Britta Jelinek

Nachdem die Finanzkrise auch erfahrene Branchenexperten mit ihrem Ausmaß überrascht hat, befindet sich diese aktuell im Umbruch, und es ist bereits jetzt abzusehen, dass die Krise zu weiteren tiefgreifenden Veränderungen in der Finanzbranche führen wird. Aufgrund der zahlreichen Diskussionen darüber, welche Maßnahmen zur nachhaltigen Stabilisierung des Finanzsystems mittel- und langfristig ergriffen werden müssen, lässt sich bereits schon jetzt erahnen, von welcher Art diese Veränderungen sein könnten. So wird unter anderem eine weitere Zunahme der regulatorischen Anforderungen erwartet, die eine erhöhte Transparenz im Finanzsektor sicherstellen soll. Neben den konkreten Sachverhalten und Anforderungen, über deren Inhalt bisweilen nur spekuliert werden kann, ist eine Konsequenz schon heute absehbar: Die interne sowie die externe Berichterstattung werden zukünftig in einem noch größeren Umfang und einer deutlich schnelleren Frequenz von Kreditinstituten erstellt werden müssen als dies bisher der Fall war.

Während diese Anforderung des „häufigeren und schnelleren Berichtens" sehr schnell aufgestellt ist, wird deren Umsetzung weitreichende Konsequenzen für das Berichtswesen in Kreditinstituten haben. Obwohl man in dieser Anforderung auch eine Fortsetzung des schon länger anhaltenden Trends zu einer Performance-Optimierung im Finanzwesen sehen kann, die im Finanzsektor häufig nach der erfolgreichen Einführung der Rechnungslegung nach IFRS eingesetzt hat, nimmt der Zeitdruck nun deutlich zu. Da auch gerade in der Finanzkrise, beziehungsweise als Folge dessen, die Kosten einen sehr gewichtigen Aspekt in den Finanzinstituten darstellen, wird die Erfüllung der Anforderungen „um jeden Preis" als Option im laufenden Betrieb bei den meisten Kreditinstituten ausscheiden. Die rein inhaltliche Erfüllung der Anforderungen, die *Compliance*[1], allein, das heißt ohne Berücksichtigung der Geschwindigkeit und Kosten, reicht in diesen Fällen nicht mehr aus. Folglich werden die meisten Projekte zur Umsetzung der oben genannten Anforderungen neben der *Compliance* auch die *Performance* als Zielgröße berücksichtigen müssen. Dabei liegt die *Effizienz* als Lösung des Spannungsdreiecks aus Kosten, Compliance und Performance bereits auf der Hand.

---

1 Der Begriff *Compliance* umfasst im Rahmen dieses Beitrages die Einhaltung von Gesetzen, Richtlinien und Verhaltensmaßregeln.

Obgleich zum Zeitpunkt der Entscheidung für das Thema *Effizienz* als Kernthema für dieses Werk die Finanzkrise in ihrem ganzen Ausmaß noch nicht absehbar war, kann heute bereits festgestellt werden, dass dieses Thema durch die Finanzkrise sogar ganz unerwartet noch weiter an Aktualität gewonnen hat.

Dass das Thema *Effizienz* viele unterschiedliche Gesichter hat, lässt sich anhand der folgenden Fragen schnell verdeutlichen:

- Ist es effizient nach anderen Zahlen, als denen die an den Finanzmärkten berichtet werden, zu steuern?
- Ist ein hoher Abstimmaufwand im Jahresabschlussprozess akzeptabel?
- Dürfen Entscheidungen zur Umsetzung von Compliance-Anforderungen ohne Berücksichtigung der Nutzung von Konvergenzmöglichkeiten[2] getroffen werden?
- Kann sich ein Kreditinstitut langfristig mehrere parallele Berichtsstränge und redundante Daten leisten?

Die Antwort auf jede dieser Fragen ist ein klares „Nein". Ein vielversprechender Ansatz zur Lösung der hinter diesen plakativen Fragen stehenden Problematik ist dabei die *Integration*[3], die sich als Kerngedanke zur Steigerung der Effizienz wie ein roter Faden durch dieses Werk zieht.

Dass es indes viele Wege zur Effizienzsteigerung in Kreditinstituten gibt, zeigen die in diesem Werk gesammelten Theorie- und Praxisbeiträge zu strategischen, fachlichen, organisatorischen und informationstechnologischen Fragestellungen, die der nachstehenden Struktur folgen:

- strategische Neuausrichtung und -positionierung der Finanzfunktion
- Effizienzsteigerung durch eine Balance zwischen Compliance und Performance
  - Nutzung von Konvergenzansätzen in der Berichterstattung zur Effizienzsteigerung
  - Nutzung von Compliance zur Effizienzsteigerung
- Effizienzsteigerung durch die Optimierung der Aufbau- und Ablauforganisation der Finanzfunktion
- Effizienzsteigerung durch eine leistungsfähige Finanz-IT-Architektur

---

[2] Zum Beispiel durch eine Verzahnung von Prozessen, Verfahren und IT-technischen Lösungen von Compliance-Vorschriften.

[3] Nachfolgend wird im Rahmen der Einleitung der Terminus *Konvergenz* und *Integration* verwendet. In einigen Einzelbeiträgen wurde für denselben Sachverhalt von den Autoren jedoch auch der Begriff *Harmonisierung* gewählt.

Einleitung

1. Teil I: Strategische Neuausrichtung und -positionierung der Finanzfunktion

Auch oder gerade in stürmischen Zeiten ist die klare strategische Ausrichtung eines Unternehmens sowie seiner einzelnen Bereiche ein gewichtiger Faktor, der Stabilität und Sicherheit vermitteln soll. Dass einer Strategie, die exogene Faktoren unberücksichtigt lässt, kaum Erfolgschancen einzuräumen sind, zeigen *Jörg Hashagen* und *Oliver Zoeger* (beide KPMG) in ihrem Beitrag „Globale regulatorische Trends als Herausforderung an die Finanzfunktion von Kreditinstituten" auf. Zudem wird von den Autoren in dem Beitrag dargestellt, in welchem Rahmen von regulatorischen Vorschriften[4] die Finanzfunktion von Kreditinstituten derzeit agieren muss. Zu diesem Zweck werden die regulatorischen Rahmenbedingungen der IFRS, rechnungslegungsbezogene Kontrollsysteme, die *Basler Eigenkapitalvereinbarung* (Basel II) von 1999 sowie weitere globale regulatorische Trends vorgestellt und deren Implikationen für Kreditinstitute und deren Finanzfunktionen im Detail dargestellt. Dabei gehen die Autoren insbesondere auf die durch die Finanzmarktkrise verursachten Änderungen der genannten Regulatorien ein.

In ihrem Betrag „Veränderung des Rollenverständnisses der Finanzfunktion in Kreditinstituten" zeigt die Mitherausgeberin dieser Veröffentlichung *Britta Jelinek* (KPMG) auf, wie sich dieses Rollenverständnis historisch entwickelt hat und gibt einen Ausblick über die zukünftige Rolle der Finanzfunktion. Die Autorin stellt hierbei mehrere Evolutionsstufen dieses Rollenverständnisses unter dem Einfluss der Shareholder Value-Orientierung, der stark gestiegenen Compliance-Vorschriften[5] sowie der internationalen Finanzmarktkrise dar.

Dass sich ein gegebenes Rollenverständnis auch in einer konkreten Positionierung des Finanzbereichs innerhalb eines Kreditinstituts niederschlägt, führen *Britta Jelinek* und *Gerd Straub* (KPMG) in ihrem Beitrag „Finanzfunktion der Zukunft – ein Konzept zur strategischen Neuausrichtung" anhand exemplarischer Beispiele für eine zukunftsorientierte Positionierung der Finanzfunktion von Kreditinstituten auf. Die Darstellung dieser *Leading Practices* erfolgt dabei unter Berücksichtigung der sechs Faktoren *Strategie, Organisation, Mitarbeiter, Prozesse, Technologie* sowie *Standort*. Die erfolgreiche Umsetzung einer strategischen Neuausrichtung kann dabei durch das KPMG-Vorgehensmodell *Finance of the Future* (FoF) unterstützt werden. Die Autoren beleuchten das Modell im Hinblick auf die Elemente des *Finance Operating Model* und ebenso in Bezug auf seine Eignung als Transformationsstruktur. Zudem werden hierbei die in diesem Zusammenhang wichtigen kritischen Erfolgsfaktoren vorgestellt.

---

4 Auch Compliance-Anforderungen genannt.
5 Zum Beispiel Basel II, IFRS, SOX 404.

Aufbauend auf der Darstellung der KPMG-Methodik *Finance Operating Model* (FOM) zeigt der Beitrag „Identifikation von strategischen Handlungsfeldern bei der DekaBank mithilfe von Target Operating Models" von *Oliver K. Brandt* (DekaBank) sowie *Andreas Liedtke, Marc Schäfer* und *Markus Steitz* (alle KPMG) anhand eines Praxisbeispiels die Anwendung der FOM-Methodik zur Reifegraderhebung und zum Benchmarking des Geschäftsbereiches *Corporate Center Risiko & Finanzen* der DekaBank in Form einer Studie auf. Das Ergebnis dieser Studie vermittelt einen vollständigen Überblick über die Wahrnehmung im Unternehmen im Hinblick auf das Selbstverständnis eines Business Partners[6] und diente als Ausgangsbasis, um Maßnahmen zur Positionierungsverbesserung des Geschäftsbereiches *Corporate Center Risiko & Finanzen* zu initiieren sowie dessen Leistungsportfolio zu erstellen.

Ein weiterer Grundstein im Rahmen der Weiterentwicklung zu einer „Finanzfunktion der Zukunft" ist die Definition eines strategischen Leitbildes. Welche Faktoren in diesem Zusammenhang zu beachten sind und welches Vorgehen sich hierbei bewährt hat, beschreiben *Michaela Hassl, Jürgen Haußmann* und *Herbert Reschke* (alle DZ Bank) in ihrem Beitrag „Entwicklung eines Leitbildes zur Optimierung der Finanzfunktion in der DZ Bank AG". Neben einer kurzen Analyse der Ausgangslage und der Zielsetzung gehen die Autoren auf die aus ihrer Sicht relevanten Zielparameter ein und stellen die Rahmenbedingungen, das konkrete Vorgehen, ausgewählte Projektergebnisse sowie das neue Leitbild des Rechnungswesens der DZ Bank im Einzelnen vor.

Neben dem innovativen Ansatz der Weiterentwicklung der Finanzfunktion ist oftmals auch eine komplette Neuausrichtung des Finanzwesens erforderlich. Auslöser für eine tief greifende Reorganisation ist zumeist die Abspaltung von signifikanten Unternehmensteilen oder der Zusammenschluss mit einem weiteren Kreditinstitut. *Christina Hoferdt* und *Hans Sünderhauf* (beide KPMG) analysieren in ihrem Beitrag „Post Merger Integration – Implikationen für die Finanzfunktion im Rahmen von Transaktionen" die generelle Relevanz des Themas *Post Merger Integration* (PMI) bei einem Transaktionsprozess, stellen ein Vorgehensmodell für ein Integrationsprojekt vor und beschreiben, welche Rolle die Finanzfunktion in solch einer Transaktion übernimmt. Des Weiteren erläutern die Autoren anhand der einzelnen PMI-Phasen, welche Herausforderungen innerhalb der Finanzfunktion konkret zu bewältigen sind.

Das Informationsbedürfnis der Shareholder von Finanzinstituten, aber auch die Geschwindigkeit, mit der Unternehmensinformationen am Kapitalmarkt zur Verfügung gestellt werden müssen, steigt stetig. Die durch die Subprime-Krise weltweit ausgelöste Finanzmarktkrise hat diese Entwicklung noch verstärkt. Daher ist die transparente Außendarstellung des Kreditinstituts (und dabei insbesondere die Finanzmarktkommunikation) ein kritischer Erfolgsfaktor, um im Wettbewerb bestehen zu können. Im Beitrag „Lösungsansätze für eine erfolgreiche Finanzmarktkommunikation" stellt *Frank Herzmann* (KPMG) vor, welche Grundlagen für eine erfolgreiche Kapitalmarktkommunikation geschaffen werden müssen. Ergänzt wird dieser Beitrag durch Erfolgsbeispiele aus der Praxis. Darauf aufbauend beschreibt der Autor

---

[6] Der Begriff *Business Partner* umfasst das Selbstverständnis der Finanzfunktion als ein wertschaffender *Geschäftspartner* beziehungsweise *strategischer Partner* für die Unternehmensbereiche und das Management zu handeln.

fachliche, organisatorische und technische Lösungsansätze, die aus seiner Sicht zu einer Effizienzsteigerung führen können, und zeigt zudem kritische Erfolgsfaktoren bei einer Umsetzung auf.

2. Teil II: Effizienzsteigerung durch die Balance zwischen Compliance und Performance

Nutzung von Konvergenzansätzen in der Berichterstattung zur Effizienzsteigerung

Die IFRS haben mit ihrer Einführung eine inhaltliche Annäherung der externen Rechnungslegung an das Meldewesen, die interne Steuerung sowie an das interne Berichtswesen mit sich gebracht. Eine solche Annäherung wäre unter der Rechnungslegung nach dem Handelsgesetzbuch (HGB) historisch kaum denkbar gewesen. Diese inhaltliche Annäherung bringt die Chance mit sich, neu entstandene Konvergenzen zu nutzen und somit Synergien zur Effizienzsteigerung im Berichtswesen zu heben. Die Beiträge dieses grundlegenden Themenbereichs beschäftigen sich sowohl mit der Theorie und der Methodik einer fachlichen Konvergenz als auch mit der Integration von Prozessen, Verfahren und IT-technischen Lösungen zur praktischen Umsetzung aufgedeckter Konvergenzpotenziale.

Überblick über die Integrationsansätze

Sonja Euler und *Tilo Fink* (beide KPMG) zeigen in ihrem Beitrag „Überblick über Integrationsansätze in der Finanzfunktion von Kreditinstituten" mögliche Konvergenzansätze in der Berichterstattung von Kreditinstituten auf. Hierbei werden ausgehend von der Systematisierung der wesentlichen internen und externen Anforderungen an die Berichterstattung die Ansätze zur fachlich-methodischen Konvergenz in Bezug auf die Finanzberichterstattung, die Berichterstattung zur Risikolage und die Berichterstattung zur Kapitaladäquanz dargestellt.

Die angeführten Integrationsansätze finden zudem Anwendung bei der Umsetzung einer integrierten Berichterstattung von Kreditinstituten und können dabei in folgende Themenblöcke unterteilt werden:

- Integration von internem und externem Rechnungswesen
- Integration von interner Steuerung und Finanzberichterstattung
- Integration der Finanz- und Risikoberichterstattung am Beispiel des Eigenkapitals

- Integration von IFRS und Basel II zur Ermittlung der IFRS-Risikovorsorge im Kreditgeschäft
- Integrationspotenzial im Bereich Währung

Integration von internem und externem Rechnungswesen

Der Beitrag von *Winfried Freygang* und *Andreas Geltinger* (BayernLB) zum Thema „Harmonisierung des internen und externen Rechnungswesens in der BayernLB" greift das Thema der Integration von internem und externem Rechnungswesen auf. In der BayernLB wurde parallel mit Beginn der Umstellungsaktivitäten in Bezug auf die IFRS-Konzernrechnungslegung auch mit der Konzeption der Integration von internem und externem Rechnungswesen begonnen. Neben den einzelnen Motiven und Auslösern der Konvergenzbestrebungen im Rechnungswesen von Kreditinstituten wird im Beitrag ein Prozess zur Harmonisierung des internen und externen Rechnungswesens vorgestellt, der sich an den Strukturgrößen *Harmonisierungstiefe* und *Harmonisierungsrichtung* orientiert, und einen Einblick in die konkrete Umsetzung der Harmonisierung der internen und externen Rechnungslegung in der BayernLB gewährt.

Ihre Erfahrungen aus der Transformation hin zu einer integrierten Finanzfunktion erläutern *Urban Wirtz* und *Thomas Weißmann* (beide Dresdner Bank) im darauf folgenden Beitrag zum Thema „Integration der Finanzfunktion am Beispiel der Dresdner Bank". Aufgrund der externen Anforderungen sowie der internen Vorgaben der Konzernmutter Allianz begann das interne und externe Rechnungswesen der Dresdner Bank bereits vor Jahren einen Integrationsprozess, der inzwischen weitestgehend abgeschlossen ist. Die Autoren beschreiben in ihrem Beitrag die Ausgangssituation sowie die damalige Zielsetzung, die mit diesem Transformationsprozess verfolgt wurde. Darauf aufbauend werden die fachlichen, organisatorischen und technischen Maßnahmen dargestellt, welche der Umsetzung des Integrationsprozesses dienten. Zudem werden kritische Erfolgsfaktoren aufgeführt, welche aus Sicht der Autoren in einem solchen Prozess zu beachten sind.

Die Bestrebungen für eine Integration des internen und externen Berichtswesens werden durch die Regelungen des IFRS 8 – *Geschäftssegmente*[7] für die Kreditinstitute noch mehr an Bedeutung gewinnen. Im Gegensatz zu den bisher geltenden Regelungen des IAS 14 – *Segmentberichterstattung* sieht IFRS 8 eine Segmentberichterstattung allein auf Basis des *Management Approach* vor. Diese Änderung bedeutet, dass zukünftig das für interne Steuerungszwecke erstellte und verwendete Berichtswesen (beispielsweise eine Profit Center-Rechnung) die Grundlage der Segmentberichterstattung nach IFRS bilden muss. In Kreditinstituten, die im Weiteren noch eine sachliche, prozessuale und IT-technische Trennung zwischen der internen und der externen Berichterstattung vornehmen, bedeutet die Einführung des IFRS 8 jedoch, dass eine Zusammenführung und Abstimmung beider Formen der Berichterstattung an Bedeutung gewinnt. In diesem Zusammenhang zeigt die Autorin *Anke Dassler* (KPMG) in

---

[7] Für alle Geschäftsjahre, die am oder nach dem 01.01.2009 beginnen, müssen segmentberichterstattungspflichtige Anwender der IFRS die Segmentberichterstattung auf Basis von IFRS 8 erstellen und veröffentlichen.

Einleitung

ihrem Beitrag „Segmentberichterstattung nach IFRS 8 als Ausgangspunkt einer effizienteren Gestaltung des Berichtswesens" auf, dass die IFRS-Neuregelungen der Segmentberichterstattung nach IFRS 8 ein Ausgangspunkt für eine effizientere Gestaltung des Berichtswesens sein können. Dabei werden ausgehend von der Darstellung der Herausforderungen aus der Umsetzung des *Management Approach* im Anschluss Lösungsalternativen für eine Integration von internem und externem Berichtswesen in der Praxis aufgezeigt.

Integration von interner Steuerung und Finanzberichterstattung

Den Grundgedanken der Integration von internem und externem Berichtswesen unter dem Gesichtspunkt der internen Steuerung und in diesem Zusammenhang insbesondere mit dem Fokus auf eine wertorientierte Unternehmensführung greift der Beitrag „Optimierung der internen Steuerung nach der IFRS-Umstellung" der Autoren *Harald Kerner* (Bayerische Hypo- und Vereinsbank) sowie *Antje Bräsick, Thomas Hele* und *Klaus-Ulrich Pfeiffer* (alle KPMG) auf. Dabei werden in einem ersten Schritt die möglichen Ansätze und Interdependenzen von interner Steuerung und der Rechnungslegung nach IFRS diskutiert. Im Anschluss daran wird die Vorgehensweise der Bayerischen Hypo- und Vereinsbank (HVB) zur Analyse möglicher Integrationsansätze und deren Auswirkungen auf die internen Organisationsabläufe dargestellt.

Integration der Finanz- und Risikoberichterstattung am Beispiel des Eigenkapitals

Erklärtes Ziel des unter dem Begriff *Basel II* bekannt gewordenen Rahmenwerkes ist es, die regulatorischen Eigenkapitalanforderungen weitgehend an die ökonomischen anzupassen.[8] Die IFRS wiederum fordern eine Offenlegung von ökonomischen Kennzahlen und Steuerungsansätzen, die im Rahmen des *Management Approach* Anwendung finden. So werden zum Beispiel in den Standards IAS 1[9]: *Darstellung des Abschlusses* und IFRS 7 – *Finanzinstrumente: Angaben* eine Offenlegung interner Berichtsgrößen des Kapitalmanagements und des Risikomanagements gefordert.

Eine zentrale Bedeutung im Rahmen der internen Steuerung, der aufsichtsrechtlichen Regelungen und der bilanziellen Vorschriften nimmt dabei der Begriff des *Eigenkapitals* ein.[10] Die Autoren *Andrea Schade* (Landesbank Hessen-Thüringen) und *Ümit Bilgili* (KPMG) greifen in ihrem Beitrag „Integrated Finance & Risk im Rahmen der Offenlegung am Beispiel des Eigenkapitals" dieses Thema auf und geben einen Überblick über die vielfältigen Offenlegungsanforderungen in diesem Bereich. Hierzu werden in einem ersten Schritt die verschiedenen Definitionen und Bestandteile der bilanziellen, aufsichtsrechtlichen und ökonomischen Eigenkapitalbegriffe vorgestellt und im Anschluss daran die unterschiedlichen Anforderungen im Rahmen der Berichterstattung an das betreffende Eigenkapital dargestellt.

---

8 Deutsche Bundesbank Monatsbericht Januar 2002, S. 41.
9 International Accounting Standard 1 (IAS 1).
10 Eine ausreichende Eigenkapitalausstattung dient den Kreditinstituten als Auffangbecken für Verluste und trägt somit zur Stabilität des Finanzsystems bei.

Integration von IFRS und Basel II zur Ermittlung der IFRS-Risikovorsorge im Kreditgeschäft

Die vergangenen Jahre in der Kreditwirtschaft waren maßgeblich durch IFRS-Umstellungen und Projekte zur Umsetzung der aufsichtsrechtlichen Anforderungen nach Basel II geprägt. Erst in jüngster Zeit findet vor dem Hintergrund effizienter Finanzfunktionen eine Vernetzung dieser Themenstellungen statt. Im Rahmen der aktuellen Umsetzung der Ermittlungsvorschriften zur Risikovorsorge nach IFRS nutzen mithin viele Kreditinstitute die Parameter (*EAD/Exposure at Default*, *PD/Probability of Default* und *LGD/Loss Given Default*) nach Basel II. Darüber hinaus sind deutliche Bestrebungen in der Praxis erkennbar, eine Harmonisierung mit der Rechnungslegung nach HGB zu erreichen und soweit es möglich ist, sogar eine Verwendung der Ergebnisse für steuerbilanzielle Zwecke herbeizuführen.

Der Beitrag von *Andrea Schade* (Landesbank Hessen-Thüringen) und *Andreas Möller* (KPMG) zum Thema „Anwendung von Basel II-Parametern zur Ermittlung der IFRS-Risikovorsorge im Kreditgeschäft" greift die Thematik der möglichen Konvergenz zwischen Basel II und IFRS zur Ermittlung der IFRS Risikovorsorge auf. Neben den fachlichen Grundlagen zur Ermittlung der Risikovorsorge nach IFRS erläutern die Autoren in ihrem Beitrag die in der Praxis immer häufiger anzutreffende Nutzung von Basel II-Parametern für die Ermittlung der IFRS Risikovorsorge auf Portfoliobasis und diskutieren die methodischen Unterschiede zwischen IFRS und Basel II. Anschließend gehen die Autoren auf die Herausforderungen in der praktischen Umsetzung ein und stellen die Ergebnisse einer zu diesem Thema von den Autoren durchgeführten Studie vor.

Aus einem anderen Blickwinkel analysiert *Lars Löffelholz* (Eurohypo) in seinem Beitrag „Konvergenz von IAS 39 und Basel II bei Impairment- und Kreditprozessen" mögliche Konvergenzpotenziale im Bereich der Kreditrisikovorsorge. Dazu stellt er zu Beginn die Wertminderung gemäß IFRS (*Impairment*) dem Ausfall gemäß Basel II (*Default*) gegenüber und und analysiert eine einheitliche Nutzung. Der Schwerpunkt liegt in diesem Beitrag in der Analyse der Konvergenzpotenziale in Bezug auf die *IFRS-Impairment Trigger*[11] und *Basel II-Loss Events*[12]. Anschließend beleuchtet er die Implikationen von *Impairment Trigger* und *Basel II-Ausfallkriterien* auf die Prozessgestaltung am Beispiel der Intensiv-, Sanierungs- und Abwicklungsengagements. Dabei werden zum einen die Grundsätze und Anforderungen an die Aufbau- und Ablauforganisation des Kreditgeschäfts im Sinne einer ordnungsgemäßen Geschäftsorganisation von Kreditinstituten dargestellt. Zum anderen definiert der Autor Überleitungskriterien im Kreditbearbeitungsprozess auf Grundlage der oben dargestellten *Impairment Trigger* und *Basel II-Ausfallkriterien* und zeigt Möglichkeiten zur Effizienzsteigerung am Beispiel der Nutzung eines weitgehend integrierten Datenhaushalts und den daraus resultierenden Prozesseffekten auf.

Aufbauend auf den in den ersten beiden Beiträgen dargestellten Konvergenzansätzen zwischen IFRS und Basel II in Bezug auf die Ermittlung der Risikovorsorge im Kreditgeschäft stellen *Stefan Best* und *Anna Plüchner* (beide KfW) in ihrem Beitrag „Ermittlung der bilan-

---

[11] Ausfallkriterien gemäß IAS 39 – Finanzinstrumente: *Ansatz und Bewertung*.
[12] Ausfallkriterien gemäß Basel II.

ziellen Risikovorsorge im Kreditgeschäft nach IFRS – ein Praxisbericht der KfW" vor, wie in diesem Prozess Effizienzsteigerungspotenziale durch eine weitestmögliche Verzahnung von Methoden, Prozessen und IT-Systemen identifiziert und gehoben werden können. Die KfW hat sich im Rahmen der IFRS-Umstellung dazu entschieden, die methodischen Spielräume der Konvergenzen der externen Rechnungslegungsvorschriften nach IFRS/HGB und Basel II-Vorschriften weitestmöglich zu nutzen. Hierbei stellen die Autoren im ersten Schritt die Methodik zur Ermittlung der Risikovorsorge für Einzelrisiken der KfW dar, bei der die KfW eine Harmonisierung von HGB und IFRS auf Basis der IFRS-spezifischen Vorgaben, soweit dies möglich war, umgesetzt hat. Im zweiten Schritt beschreiben die Autoren die Methodik zur Ermittlung der Risikovorsorge auf Portfoliobasis unter Nutzung von Basel II-Parametern und -Methoden, bei der im Gegensatz zu der Vorsorge für Einzelrisiken nicht auf einer bestehenden Systematik aufgesetzt werden konnte. Weiter zeigen die Autoren auf, wie bei der KfW die Portfoliowertberichtigung sowie das Portfoliounwinding umgesetzt wurden.

Während die vorherigen Beiträge die Integration von IFRS und Basel II in Bezug auf die Ermittlung der Risikovorsorge im Kreditgeschäft am Beispiel von Universalbanken aufzeigen, beziehen sich *Andreas von Stosch* und *Martin Stremplat* (beide BMW Bank) auf die entsprechenden Anforderungen bei einer Spezialbank. In Ihrem Beitrag „Wertberichtigungen bei Autobanken nach IAS 39 unter Verwendung von Basel II-Parametern" stellen sie zu Beginn die methodischen Ansätze zur Ermittlung der Risikovorsorge nach IFRS den Eigenkapitalanforderungen nach Basel II gegenüber. Anschließend stellen die Autoren anhand eines Praxisbeispiels die Ermittlung der IFRS Portfoliowertberichtigung unter Anwendung der Basel II-Parameter für eine Autobank dar.

Integrationspotenzial im Bereich Währung

Neben den in den Schwerpunktthemen vorgestellten generellen Trends zur Effizienzsteigerung durch die Nutzung von Konvergenzen in der Berichterstattung von Kreditinstituten gibt es noch weitere individuelle Aufgabenstellungen in der Finanzfunktion, bei welchen Synergiepotenziale zur Kostenreduktion und Steigerung der Ergebnisqualität genutzt werden können.

Ein konkretes Beispiel führt *Christopher Conrad* (KPMG) in seinem Beitrag „Multi Currency Accounting in der Praxis" auf, denn spätestens durch die Einführung der IFRS wurde die parallele Rechnungslegung nach mehreren Rechnungslegungsvorschriften eine zentrale Fragestellung bei der Fremdwährungsverarbeitung. Seit der Realisierung eines Multi GAAP Accounting in Kreditinstituten gewinnt die Thematik der Integration des Fremdwährungsrechnungswesens mit internen Performance- und Risikoanalysen in eine übergreifende Erfolgs- und Risikosteuerung immer mehr an Bedeutung. Dieser Entwicklung folgt auch der Aufbau des Beitrages, wobei zunächst die grundlegenden Prinzipien des Multi Currency Accounting erläutert werden. Dabei werden ebenfalls die Vorteile des Verfahrens hinsichtlich einer effizienten Verarbeitung herausgestellt. Es folgt eine Vertiefung der Methodendiskussion mit Hinweis auf die Umsetzung bei parallelen Rechnungslegungssystemen und den damit verbundenen Bewertungsfragen. Schließlich wird skizziert, wie das Multi Currency Accounting-Konzept als Basis einer integrierten Sicht von Ertrag und Risiko aus Währungsgeschäften genutzt werden kann.

Nutzung von Compliance zur Effizienzsteigerung

Die Erfüllung von Compliance-Vorschriften wird oftmals als zusätzlicher Arbeitsaufwand ohne direkten Nutzen durch die Kreditinstitute wahrgenommen. Eine Umsetzung von Compliance-Anforderungen steht danach in einem offenen Widerspruch zur Effizienz und Leistungsfähigkeit der Geschäftsbereiche und ihrer Prozesse. Eine alternative Sichtweise betrachtet jedoch Compliance-Vorschriften auch als Chance und weiteren Stellhebel zur Steigerung der Effizienz und Leistungsfähigkeit (Performance) der Finanzfunktion von Kreditinstituten. Dieser Ansatz wird im Folgenden mit dem Stichwort *von Compliance zu Performance* beschrieben.

Am Beispiel der Compliance-Anforderung an ein Internes Kontrollsystem (IKS) erläutert der Beitrag „Entwicklung des Internen Kontrollsystems von Compliance zu Performance" von *Rudolf Moschitz* und *Pieter van der Veen* (beide KPMG), dass sich diese Compliance-Anforderung auch positiv auf die Effizienz der Prozesse auswirken kann. Diese alternative Sichtweise, welche die Autoren in diesem Beitrag vorstellen, betrachtet Kontrollen als Bestandteile und Garanten leistungsfähiger und qualitativ zuverlässiger Prozesse. Dies ermöglicht Kostensenkungen und Leistungssteigerungen in Prozessen bei gleichzeitiger Erfüllung der (Minimal-)Anforderungen an die Umsetzung von Compliance-Vorgaben. Nach einem kurzen Überblick über die Compliance-Anforderungen an ein IKS in Kreditinstituten und einer Diskussion hinsichtlich der Effizienz Interner Kontrollsysteme durch die Autoren, erfolgt die konzeptionelle Darstellung eines Optimierungsansatzes wie auch der *Control Optimization*.

Neben dem Rechnungswesen hat auch das Risikomanagement als wesentliches Kernelement des IKS an Bedeutung in Kreditinstituten gewonnen. Maßgeblich ist hierbei, dass die Instrumente des Risikomanagements unter gleichzeitiger Berücksichtigung der insbesondere durch die internationale Finanzkrise noch steigenden Compliance-Vorschriften von Seiten der Kreditinstitute effizient ausgestaltet werden. Die Kreditinstitute werden deshalb zukünftig noch stärker dazu angehalten, ihr historisch gewachsenes Risikomanagement unter Berücksichtigung des Reputationsschutzes, der transparenten Darstellung der Risikosituation und der Effizienz in der Abwicklung in einem holistischen Gesamtansatz hinsichtlich der Prozesse, Methoden und Strukturen zu hinterfragen und gegebenenfalls zu optimieren. Wie trotz dieser Compliance-Anforderungen auch im Bereich Risikomanagement die Performance gesteigert werden kann oder ob sogar Synergieeffekte aus der Zusammenarbeit mit der Finanzfunktion nutzbar gemacht werden können, wird in der Praxis häufig diskutiert.

In diesem Zusammenhang stellt der Autor *Stefan Gramlich* (Landesbank Hessen-Thüringen) in dem Praxisbericht „Effiziente Umsetzung von Compliance-Anforderungen im Risikomanagement von Kreditinstituten" dar, wie regulatorische Anforderungen und interne Vorgaben zur Steuerung und Überwachung von Risiken in einem holistischen Ansatz des Risikomanagements von Kreditinstituten zusammenspielen. Nach einem Überblick über die Compliance-Anforderungen und deren Implikation für das Risikomanagement von Kreditinstituten werden die Komponenten eines effizienten Risikomanagements beleuchtet. Abschließend wird das Zusammenspiel von Compliance und Risikomanagement als Bestandteile des Internen Kontrollsystems dargelegt und ein Ausblick über deren Entwicklungsmöglichkeit gegeben.

3. Teil III: Effizienzsteigerung durch die Optimierung der Aufbau- und Ablauforganisation

In Teil II wurde aufgezeigt, dass Compliance-Vorschriften auch Chancen für eine zukünftige Effizienzsteigerung der Finanzfunktion bieten. Diese Effizienzsteigerung kann durch eine Verzahnung von Prozessen, Verfahren und IT-technischen Lösungen erreicht werden.

Es gibt jedoch auch Optimierungsansätze, bei denen nicht Compliance-Vorschriften der Auslöser für eine Optimierung sind, sondern bei welchen der Prozess- und Organisationsgedanke im Vordergrund steht. Der Schwerpunkt in diesem Themenbereich des Buches liegt auf dem Finanzberichterstattungsprozess, dem Planungs- und Budgetierungsprozess sowie der Optimierung der Aufbauorganisation.

Im Beitrag von *Britta Jelinek* und *Gerd Straub* (beide KPMG) zum Thema „Quality Close – Methodik zur zielgerichteten Optimierung der Abschlussprozesse" zeigen die Autoren die Anforderungen, die in Kreditinstituten an einen effizienten Abschlussprozess gestellt werden, auf. Zudem stellen sie den methodischen KPMG-Ansatz *Quality Close* vor, wobei die Auswahl des Projektansatzes, die Individualisierung des Vorgehensmodells sowie mögliche Varianten für eine Projektorganisation die Schwerpunkte bilden. Zusätzlich werden konkrete fachliche, organisatorische und technische Lösungsansätze aufgeführt, die im Rahmen eines solchen Projektes eingesetzt werden können. Abschließend wird eine Analyse der kritischen Erfolgsfaktoren, welche aus Sicht der Autoren bei der Initiierung und Durchführung eines Quality Close-Projektes zwingend zu beachten sind, durchgeführt.

Darauf aufbauend vertieft *Gerd Straub* (KPMG) in seinem Beitrag „Projektorientiertes Abschlussmanagement als Basis für ein zukunftsfähiges Ergebnisreporting" die Darstellung der Steuerungselemente eines Abschlussprozesses. Im ersten Schritt werden dazu die Kernelemente der Abschlusssteuerung aufgeführt und bewertet, um in einem zweiten Schritt mögliche Kennzahlen, anhand derer ein Abschlussprozess gesteuert werden kann, zu beschreiben. Da immer mehr Kreditinstitute eine übergreifende Abschlusssteuerung auf Konzernebene wünschen, erhöht sich die Komplexität der Steuerung entsprechend. Um den manuellen Aufwand an dieser Stelle zu reduzieren, gehen Kreditinstitute zunehmend zu einer IT-Unterstützung des Prozessmanagements über. Der Autor zeigt daher in einem weiteren Abschnitt auf, welchen Nutzen solch ein Tooleinsatz bringen kann, welche Anforderungen an ein derartiges Tool zu stellen sind und wie ein zielgerichteter Auswahlprozess durchgeführt werden kann.

Wie diese Lösungsansätze in der Praxis umgesetzt werden können, zeigen daraufhin *Karl Friedrich Fiedler* und *Christina Geib* (beide Dresdner Bank) in ihrem Beitrag „Fast Close-Initiative im Dresdner Bank-Konzern" auf. Nach einer kurzen Vorstellung der Ausgangslage bei der Dresdner Bank vor dem Projektstart und der daraus resultierenden Zielsetzung wird im Einzelnen beschrieben, in welchen Projektschritten und mit welcher Projektorganisation ausgewählte Fast Close-Themen bei der Dresdner Bank umgesetzt wurden. Diese Themenliste bildet auch die Grundlage für die Darstellung der wesentlichen Projektergebnisse, die zu einer erfolgreichen Prozessoptimierung geführt haben. Abschließend beschreiben die Autoren in einem Rückblick, welche kritischen Erfolgsfaktoren aus Sicht des Kreditinstituts für den Projekterfolg in der Dresdner Bank verantwortlich waren und geben einen Ausblick auf Themen, die zukünftig mit dem Ziel einer weiteren Optimierung der Berichterstattungsprozesse angegangen werden sollen.

Im Rahmen der Berichterstattung von Kreditinstituten stellt der jährliche Planungs- und Budgetierungsprozess einen erheblich hohen Administrationsaufwand für die Finanzfunktion dar und ist daher auch sehr häufig Bestandteil von Maßnahmen der Effizienzsteigerung. *Arnd Leibold* (KPMG) beschreibt zu Beginn seines Beitrages „Effiziente Organisation der klassischen Planungsprozesse", welche Elemente und Verfahren die traditionellen Planungsprozesse in Kreditinstituten beinhalten. Darauf aufbauend werden dann Möglichkeiten der Effizienzsteigerung diskutiert. Ansatzpunkte werden dabei sowohl anhand des Planungsprozesses als auch anhand der Homogenisierung von Planungsstrukturen aufgezeigt. Ergänzend erfolgt zum Schluss eine Darstellung der Kernelemente eines effizienten Planungsmanagements.

Basierend auf diesen traditionellen Planungsansätzen analysiert *Marc Schäfer* (KPMG) in seinem Beitrag „Moderne Planungsverfahren: von der traditionellen Budgetierung zur kennzahlenorientierten Planung" den Nutzen moderner Planungsverfahren. Zu Beginn des Beitrags werden dazu aktuelle Schlagworte wie *Better Budgeting* oder *Beyond Budgeting* kurz erläutert. Anschließend stellt er in mehreren Abschnitten ausgewählte Ansätze zur Verbesserung der Planung und Budgetierung vor. Angesprochen werden in diesem Zusammenhang zum Beispiel der Einsatz von rollierenden Prognoserechnungen, die verstärkte Nutzung von Werttreibern und Kennzahlen sowie die Verwendung von relativen Maßstäben. Zum Beitragsende hin beschreibt er zudem die kritischen Erfolgsfaktoren, welche aus seiner Projekterfahrung bei einer Veränderung des Planungs- und Budgetierungsansatzes zu beachten sind.

Neben den oben dargestellten prozessorientierten Veränderungen kann auch eine Adjustierung der Organisationsstruktur ein Kernelement der Optimierung der Finanzfunktion sein.

In diesem Zusammenhang stellt *Arnd Leibold* (KPMG) in seinem Beitrag „Effizienzsteigerung in der Finanzfunktion durch Nutzung von Finance Shared Service Center" die Markttrends zur Organisation des Finanz- und Rechnungswesens in Kreditinstituten dar. Darauf aufbauend erfolgt eine Analyse, welche Prozesse sich in der Finanzfunktion grundsätzlich für die einzelnen Organisationsalternativen (zum Beispiel einem *Onshore* oder *Offshore Shared Service Center*) oder sogar für eine Auslagerung (*Outsourcing*) eignen. Ergänzt wird diese Darstellung durch Praxisbeispiele aus Projekten mit international tätigen Instituten.

Ein weiteres konkretes Praxisbeispiel für eine aufbauorganisatorische Umgestaltung wird von *Steffen Kalkbrenner* und *Thomas Rink* (beide Deutsche Apotheker- und Ärztebank) im Beitrag „Implementierung eines Konzernrechnungswesens im Rahmen einer IFRS-Umstellung am Beispiel der apoBank" beschrieben. Zu Beginn wird in diesem Beitrag analysiert, welche neuen Herausforderungen in der Genossenschaftsbank durch die Einführung der IFRS entstehen. Des Weiteren erörtern die Autoren, welche Auswirkungen durch die Einführung der

Einleitung 29

IFRS-Rechnungslegung auf die Aufbau- und Ablauforganisation in der Finanzfunktion entstanden sind. Darauf aufbauend stellen sie im letzten Abschnitt dar, wie die daraus für die Bank resultierenden Organisationsalternativen bewertet wurden.

4. Teil IV: Effizienzsteigerung durch eine leistungsfähige Finanz-IT-Architektur

Bereits bei den fachlichen und organisatorischen Maßnahmen wird vielfach darauf hingewiesen, dass für die Effizienzsteigerung eine parallele Anpassung der Finanz-IT-Architektur unabdingbar ist. Wie dies in einzelnen Funktionsbereichen konkret aussehen kann, wird im vierten und letzten Themenbereich dieses Buches erläutert.

Im ersten Beitrag dieses Themenbereichs mit dem Titel „Ausrichtung von IT-Organisation und IT-Architektur auf die Unterstützung der Finanzprozesse" gibt *Peter Stork* (KPMG) einen generellen Überblick über Möglichkeiten zur Effizienzsteigerung in diesem Bereich. Dazu analysiert der Autor zunächst die generelle Rolle der IT für die Finanzfunktion, um dann auf konkrete Maßnahmenpakete zur Optimierung im Zusammenspiel des IT-Bereichs mit der Finanzfunktion einzugehen. Schwerpunkte bilden dabei die Definition von Messkriterien für die Anforderungsanalyse, die Einführung eines Regelkreises zur kontinuierlichen Verbesserung sowie die Festlegung von Anforderungsprofilen zur strategischen Ausrichtung der IT-Unterstützung. Darauf aufbauend wird beschrieben, wie aus Anforderungsprofilen und IT-Landkarten ein konkretes Zielbild für die Systemlandschaft der Finanzfunktion erstellt werden kann. Anschließend erfolgt anhand eines Sechs-Schichten-Modells die Erläuterung, wie eine logische Finanz-IT-Architektur für die Banksteuerung aussehen kann.

Ein Kernelement einer jeden IT-Architektur für Finanzfunktionen stellt die strukturierte Bereitstellung der Stamm- und Bewegungsdaten dar. Der Aufbau eines zentralen Datenhaushalts (zum Beispiel eines *Data Warehouse*) wird dabei von vielen Finanzfunktionen in Kreditinstituten als entscheidende Grundlage für eine konsistente Datenverarbeitung sowie für eine integrierte und schnelle Berichterstattung angesehen. *Markus Vollmer* (KPMG) stellt in seinem Beitrag „Data Warehouse als Voraussetzung für die effiziente Erstellung von Abschlüssen" vor, welche konzeptionellen Überlegungen bei der Strukturierung und Implementierung eines *Data Warehouse* durchgeführt werden sollten. In den ersten beiden Abschnitten zeigt er dazu die generellen Herausforderungen sowie die technischen und organisatorischen Aspekte am Beispiel des Abschlussprozesses auf. Ergänzt wird dies im dritten Abschnitt durch die Analyse von Umsetzungsalternativen, welche in der Praxis häufig diskutiert werden. Wie ein *Data Warehouse* für die Finanzfunktion im Sinne eines *Leading Practice* aussehen könnte, wird vom Autor dann anschließend im vierten Abschnitt skizziert.

Sowohl in den Beiträgen von *Peter Stork* und *Markus Vollmer* als auch in den restlichen Beiträgen dieses Themenbereichs wird eine hohe Qualität der Stamm- und Bewegungsdaten als einer der entscheidenden Erfolgsfaktoren für eine Effizienzsteigerung angesehen. *Ansgar Temme* (KPMG) greift dieses Thema ebenfalls in seinem Beitrag „Effizienzsteigerung durch ein nachhaltiges Management der Datenqualität" auf. Schwerpunkt seines Beitrags ist die Analyse von Faktoren, die Datenqualitätsprobleme in der Finanzfunktion verursachen können. Parallel dazu wird vom Autor auch dargestellt, mit welchen Qualitätsverbesserungsmaßnahmen diese oftmals strukturellen Schwachstellen beseitigt werden können. Da auch Maßnahmen zur Qualitätssicherung einer Kosten-Nutzen-Prüfung unterworfen sind, zeigt er abschließend zudem noch auf, wie der Nutzen dieser Aktivitäten ermittelt und zum Beispiel in eine Business Case-Betrachtung eingebracht werden kann.

Da, wie in den vorherigen Abschnitten erwähnt, die Effizienz der Finanzfunktion eng mit der Qualität und Verfügbarkeit von Berichtsdaten zusammenhängt und ein Großteil der Prozesse in der Finanzfunktion durch die Informationstechnologie unterstützt wird, ist eine signifikante Effizienzsteigerung durch eine Integration in der Finanzfunktion ohne Einbezug der Informationstechnologie kaum noch denkbar. Daher zeigt der Autor *Markus Vollmer* (KPMG) zum Abschluss dieses Themenbereiches und des Gesamtwerkes in seinem Beitrag „Informationstechnologische Umsetzungsansätze einer integrierten Finanzfunktion" exemplarisch IT-Umsetzungsmöglichkeiten von in den vorherigen Bereichen diskutierten Effizienzsteigerungsmaßnahmen[13] in der Finanzfunktion von Instituten auf. Ziel des Beitrages ist es, die informationstechnologischen Umsetzungsansätze einer integrierten Finanzfunktion, wie sie in der Praxis anzutreffen sind, beispielhaft darzustellen. Hierzu werden in einem ersten Schritt mögliche Integrationsansätze diskutiert. Aufbauend auf diesen Strukturierungsmerkmalen werden die Integration von Buchung und Kontenplan für die HGB- und IFRS-Rechnungslegung sowie der Aufbau eines integrierten Datenhaushalts beschrieben.

Frankfurt am Main, im April 2009

Britta Jelinek   Manfred Hannich

---

[13] Zum Beispiel durch die Integration der Berichterstattung oder durch die Optimierung der Aufbau- und Ablauforganisation

Teil I

Strategische Neuausrichtung und -positionierung der Finanzfunktion

Globale regulatorische Trends als Herausforderung an die Finanzfunktion von Kreditinstituten

Jörg Hashagen / Oliver Zoeger

1. Überblick über die globalen Herausforderungen
2. International Financial Reporting Standards
3. Rechnungslegungsbezogene Kontrollsysteme
4. Basel II
5. Weitere globale Trends
6. Fazit

Literaturverzeichnis

1. Überblick über die globalen Herausforderungen

Die Bankenlandschaft unterliegt aufgrund der globalen Ausrichtung, einer fortschreitenden Konsolidierung und dem unveränderten Wettbewerbsdruck einem ständigen Strukturwandel. Vor dem Hintergrund einer sich schnell ändernden Umwelt müssen unternehmensinterne und -externe Veränderungen nun immer früher erkannt und Entscheidungen zeitnah getroffen werden. Dabei stehen die Steigerung der Profitabilität und die Verbesserung der Eigenkapitalrentabilität sowie die Steuerung von Risiken im Vordergrund. Ohne das Eingehen von Risiken können Kreditinstitute keine Renditen erreichen, die ihre Existenz rechtfertigen würden. Der Schlüssel zum Erfolg liegt daher darin, jederzeit die richtige Balance zwischen Risiko und Rendite zu halten.

Gleichzeitig nimmt jedoch die Regulierungsdichte international beständig zu. Der Zusammenbruch der Finanzmärkte 2008 hat weltweit Diskussionen darüber ausgelöst, wie die Aufsicht über Kreditinstitute weiter verbessert werden kann, um überhöhte Risiken rechtzeitig zu erkennen und diesen entgegen zu steuern. Die geplanten Änderungen reichen über bilanzielle Maßnahmen wie die Bewertung von (illiquiden) Finanzprodukten, die Abbildung von Off-Balance-Transaktionen, den Konsolidierungskreis von Konzernunternehmen bis hin zur Verbesserung der Berichterstattung und Überarbeitung der Offenlegungsvorschriften. Es ist aber auch davon auszugehen, dass die aufsichtsrechtlichen Eigenkapitalvorschriften mit dem Ziel geändert werden, einer krisenverstärkenden Wirkung der Regelungen entgegen zu treten. Die immer weiter reichenden Compliance-Anforderungen sind aus Sicht der Banken jedoch Barrieren auf dem Weg zur Steigerung der Ertragskraft. Aus Sicht der gesetzgebenden Organe und der Aufsichtsbehörden sind sie dagegen unabdingbare Voraussetzung, um einerseits Anleger vor Vermögensverlusten zu schützen sowie Bankeninsolvenzen zu verhindern und andererseits die Regierungen bei der Aufdeckung von Straftaten zu unterstützen. Das Spannungsfeld zwischen wachsenden Compliance-Anforderungen, einem steigenden Informationsbedürfnis der Stakeholder sowie komplexer werdenden IT-Systemen einerseits und den Erwartungen an eine nachhaltige Profitabilität andererseits stellt die Banken vor große Herausforderungen.

Insbesondere die Finanzfunktion der Kreditinstitute bekommt diesen zunehmenden Druck immer deutlicher zu spüren. Während auf der einen Seite den wachsenden und sich ständig ändernden regulatorischen Anforderungen Genüge getan werden muss, erwarten auf der anderen Seite immer mehr CEOs (Chief Executive Officer) von ihren Finanzfunktionen, dass diese eine treibende Rolle bei der Entwicklung und Umsetzung von Strategien übernehmen. Es gilt dabei strukturelle Änderungen im Unternehmen – wie den Erwerb und die Veräußerung von Geschäftsbereichen, das Outsourcen von Dienstleistungen, die Entwicklung neuer Geschäftsfelder – im internen und externen Reporting schnell und verlässlich abzubilden und zu integrieren. Gleichzeitig müssen relevante Informationen für die strategische und operative Steuerung des Unternehmens schneller und detaillierter bereitgestellt werden.

Doch wie kann dieses Ziel erreicht werden? Aktuellen Studien zufolge sind Finanzvorstände derzeit noch überwiegend mit der Erfüllung *traditioneller* Aufgaben wie dem Controlling, der Bilanzierung und dem Reporting beschäftigt.[1] Um die Rolle als strategischer Partner der Unternehmensleitung zukünftig verstärkt wahrnehmen zu können, gilt es, den Anteil dieser Tätigkeiten an der täglichen Aufgabenerfüllung zu reduzieren, um Freiräume für die Entwicklung und Umsetzung strategischer Entscheidungen zu schaffen. Die Herausforderung für die Finanzfunktion besteht mithin darin, unter Beachtung eines adäquaten Risikomanagements die richtige Balance zwischen der Einhaltung der regulatorischen Anforderungen (Compliance) sowie der effektiven und effizienten Durchführung der Aufgaben (Performance) zu finden, um im Unternehmen nicht nur als *Center of Excellence*, sondern auch als strategischer Partner wahrgenommen zu werden.

Was sind nun die größten globalen regulatorischen Anforderungen für die Finanzfunktion von Kreditinstituten und wie wirken sich diese auf deren Effizienz und Effektivität aus?

Eines der bedeutsamsten und umfangreichsten Regelwerke, welches die Finanzfunktion seit deren Einführung vor große Herausforderungen stellt, sind die International Financial Reporting Standards (IFRS). Der zweite Abschnitt dieses Beitrags vermittelt einen kurzen Überblick über den derzeitigen weltweiten Umsetzungsstand der IFRS sowie über die Änderungen, die sich infolge der Finanzmarktkrise voraussichtlich ergeben werden und geht anschließend auf die Auswirkungen der IFRS im Hinblick auf die Performance der Finanzfunktion ein.

Nicht minder bedeutsam im Hinblick auf das Spannungsfeld der Finanzfunktion zwischen Compliance und Performance sind die sich aus dem Sarbanes-Oxley Act (SOX) ergebenden Anforderungen an das rechnungslegungsbezogene Interne Kontrollsystem, auf die im dritten Abschnitt dieses Beitrages näher eingegangen wird.

Zu den globalen regulatorischen Anforderungen zählt selbstverständlich auch die neue Basler Eigenkapitalvereinbarung (Basel II), mit der sich der vierte Abschnitt dieses Beitrags befasst. Beleuchtet werden hier insbesondere die Schnittstellen zu IFRS und die sich daraus ergebenden Aspekte zur Steigerung der Effizienz der Finanzfunktion.

Der fünfte Abschnitt gibt einen kurzen Überblick über weitere internationale regulatorische Trends mit Einfluss auf die Finanzfunktion von global agierenden Kreditinstituten. Der Beitrag schließt mit einem Fazit.

---

[1] CFO Asia Research Services/KPMG (2008), S. 7; KPMG (2008), S. 8.

2. International Financial Reporting Standards

Die mit Einführung der IFRS bezweckte Internationalisierung der Rechnungslegung bedeutet für viele Kreditinstitute und insbesondere deren Finanzfunktionen weltweit eine immense Belastung in personeller, technischer und organisatorischer Hinsicht. Häufig sind Unternehmen aufgrund der gesetzlichen, insbesondere steuerrechtlichen, Vorschriften oder internen Reporting-Anforderungen gezwungen, zwei parallele Rechnungslegungssysteme aufrechtzuerhalten. Zusätzlich erschwert wird die Anwendung der IFRS aufgrund des international unterschiedlichen Umsetzungsstandes.

Europa

In Europa wurde bereits auf einer Sitzung des Europäischen Rates im Frühjahr 2000 beschlossen, die IFRS als einheitliche Rechnungslegungsnormen für den europäischen Kapitalmarkt vorzusehen. Diese Entscheidung wurde in der Verordnung zur Rechnungslegung (IAS-Verordnung)[2] sowie diversen Richtlinien (wie beispielsweise die Fair Value-Richtlinie[3], die Modernisierungsrichtlinie[4] und die Wertpapierdienstleistungsrichtlinie[5]) umgesetzt. Gemäß Artikel 4 der IAS-Verordnung sind die IFRS auf Konzernabschlüsse von Gesellschaften, die Eigen- oder Fremdkapitaltitel an einem geregelten Markt der EU notiert haben, seit dem 1. Januar 2005 anzuwenden, es sei denn, diese haben von einem Übergangswahlrecht Gebrauch gemacht. Diese Unternehmen müssen die IFRS seit dem 1. Januar 2007 verpflichtend anwenden.

---

[2] Verordnung (EG) Nr. 1606/2002 des Europäischen Parlaments und des Rates vom 11.07.2002 betreffend die Anwendung internationaler Rechnungslegungsgrundsätze (ABl EG L 243/1 vom 11.09.2002).

[3] Richtlinie 2001/65/EG des Europäischen Parlaments und des Rates vom 27.09.2001 zur Änderung der Richtlinien 78/660/EWG, 83/349/EWG und 86/635/EWG im Hinblick auf die im Jahresabschluss beziehungsweise im konsolidierten Abschluss von Gesellschaften bestimmter Rechtsformen und von Banken und anderen Finanzinstituten zulässigen Wertansätze (ABl EU L 283/28 vom 27.10.2001).

[4] Richtlinie 2003/51/EG des Europäischen Parlaments und des Rates vom 18.06.2003 zur Änderung der Richtlinien 78/660/EWG, 83/349/EWG und 91/674/EWG über den Jahresabschluss und den konsolidierten Abschluss von Gesellschaften bestimmter Rechtsformen, von Banken und anderen Finanzinstituten sowie von Versicherungsunternehmen (ABl EU, L178/16 vom 17.07.2003).

[5] Richtlinie 2004/39/EG des Europäischen Parlaments und des Rates vom 21.04.2004 über Märkte für Finanzinstrumente, zur Änderung der Richtlinien 85/611/EWG und 93/6/EWG des Rates und der Richtlinie 2000/12/EG des Europäischen Parlaments und des Rates und zur Aufhebung der Richtlinie 93722/EWG des Rates (ABl EU L145/1 vom 30.04.2004).

Vereinigte Staaten von Amerika

In den Vereinigten Staaten werden die IFRS erst seit Kurzem zumindest teilweise anerkannt. So hat die US-amerikanische Wertpapier- und Börsenaufsicht Securities and Exchange Commission (SEC) am 21. Dezember 2007 die endgültige Regelung zur Anerkennung von IFRS-Abschlüssen ausländischer Emittenten[6] veröffentlicht. Allerdings wird in der Regelung klargestellt, dass nur diejenigen ausländischen Emittenten, die ihre Abschlüsse aufgrund gesetzlicher Vorschriften nach den vom International Accounting Standards Board (IASB) herausgegebenen IFRS erstellt haben, von der Verpflichtung zur Erstellung einer Überleitungsrechnung (*Reconciliation*) aus US-GAAP befreit werden. Für alle anderen in- und ausländischen Unternehmen wird derzeit eine Überleitung von den nationalen Rechnungslegungsvorschriften auf US-GAAP verlangt. Die SEC hat jedoch im August 2008 verlautbaren lassen, dass bestimmte inländische Unternehmen die IFRS bereits für Geschäftsjahre, die am oder nach dem 15.12.2009 beginnen, anwenden können. Voraussetzung ist, dass das jeweilige Unternehmen zu den 20 größten Unternehmen seiner Branche gehört und die Mehrheit dieser Unternehmen ihre Abschlüsse nach IFRS aufstellt. Die SEC schätzt, dass mindestens 110 US-Unternehmen unter diese Regel fallen und IFRS freiwillig anwenden könnten. Ferner ist bis 2011 geplant, ein Gesetz zur stufenweise verpflichtenden Anwendung der IFRS für alle US-amerikanischen Unternehmen für Geschäftsjahre ab 2014 bis 2016 zu verabschieden.[7]

China

In der Volksrepublik China wurden vom Finanzministerium im Februar 2006 die *Accounting Standards for Business Enterprises* (ASBE) verabschiedet. Die ASBE decken mit einigen Ausnahmen alle Themen der derzeitigen IFRS ab. Die Standards sind am 1. Januar 2007 in Kraft getreten und für alle börsennotierten chinesischen Unternehmen verbindlich. Auch andere chinesische Unternehmen sind aufgerufen, die Standards anzuwenden. Das chinesische Finanzministerium sowie der IASB haben eingeräumt, dass die Konvergenz ein langwieriger Prozess ist. Im November 2006 veröffentlichte das Finanzministerium ferner begrenzte Umsetzungsleitlinien zu 32 der 38 verabschiedeten ASBE. Sie gelten für die Finanzberichte börsennotierter chinesischer Unternehmen und sind ab 2007 anzuwenden.

---

[6] SEC Release No. 33-8879, Acceptance from foreign private issuers of financial statements prepared in accor-dance with International Financial Reporting Standards without reconciliation to U.S. GAAP.

[7] SEC Press Release 2008-184, SEC proposes roadmap toward global accounting standards to help investors compare financial information more easily (27.08.2008; http://www.sec.gov/news/press/2008/2008-184.htm); SEC Release No. 33-8831, Concept Release on allowing U.S. issuers to prepare financial statements in accordance with International Financial Reporting Standards.

Indien

In Indien wurde vom *Institute of Chartered Accountants of India* (ICAI) kürzlich ein *Concept Paper on Convergence with IFRS in India* veröffentlicht, welches eine detaillierte Strategie sowie einen Zeitplan zur Konvergenz des Indian GAAP enthält. Danach sollen börsennotierte Unternehmen sowie Banken und Versicherungen und einige andere größere Unternehmen ab dem 1. April 2011 ihre Abschlüsse auf Basis der IFRS erstellen. Die Umstellung auf IFRS ist jedoch kein leichtes Unterfangen. Zum einen ist die Zeit bis zur Einführung der IFRS knapp bemessen. Hinzu kommt, dass sich Unternehmen wie Abschlussprüfer in den nächsten Jahren mit den Regelungen erst noch vertraut machen müssen. Zum anderen stehen dem Vorhaben gesetzliche sowie aufsichtsrechtliche Anforderungen entgegen. Damit das Konvergenzprojekt entsprechend dem Zeitplan erfolgreich voranschreitet, müssen das *National Advisory Committee on Accounting Standards* (NACAS), die *Reserve Bank of India* (RBI), die *Insurance Regulatory and Development Authority* (IRDA), das *Securities and Exchange Board of India* (SEBI) und die indische Regierung eng mit der ICAI zusammenarbeiten und die erforderlichen gesetzlichen sowie aufsichtsrechtlichen Rahmenbedingungen schaffen.

Enforcement

Mit der Einführung der IFRS in immer mehr Ländern der Welt ist der Prozess der Internationalisierung der Rechnungslegungsnormen jedoch noch nicht abgeschlossen. Um weltweit eine Harmonisierung der Anwendung internationaler Rechnungslegungsstandards zu erreichen, wurde das sogenannte *Enforcement-Verfahren* eingeführt. Unter *Enforcement* ist die Überwachung von Unternehmensberichten kapitalmarktorientierter Unternehmen zu verstehen. Ziel ist es, Unregelmäßigkeiten bei der Erstellung von Unternehmensabschlüssen und -berichten präventiv entgegenzuwirken und, sofern Unregelmäßigkeiten dennoch auftreten, diese aufzudecken und zu berichten. Das *Enforcement* in Europa basiert auf einer Vorgabe der EU, die neben der reinen Überwachung der Finanzmärkte auch einen entsprechenden Mechanismus zur Durchsetzung der Rechnungslegungsvorschriften fordert. Zu diesem Zweck wurde im Jahr 2001 das *Committee of European Securities Regulators* (CESR) gegründet. Auf der Grundlage der im März 2003 vom CESR vorgelegten Grundsätze für die Ausgestaltung des *Enforcement-Systems* sollen nationale Behörden die ordnungsgemäße Durchsetzung der IFRS sicherstellen. Im Rahmen der internationalen Zusammenarbeit findet ein regelmäßiger Informationsaustausch zwischen den Mitgliedern der IOSCO[8] statt, der unter anderem zum Ziel hat, Einigkeit in Zweifelsfragen herbei zu führen sowie die Entscheidungen nationaler *Enforcement-Organisationen* zu veröffentlichen. Im Dezember 2008 wurde bereits zum vierten Mal ein entsprechendes Dokument veröffentlicht. Es enthält 14 Entscheidungen nationaler *Enforcement-Organisationen* zur IFRS-Finanzberichterstattung. Insgesamt wurden damit bereits 56 Entscheidungen seit dem 1. Januar 2005 publiziert. Das aktuellste Projekt des CESR beschäftigt sich mit der Fair Value-Bilanzierung und

---

8   International Organization of Securities Commissions.

hat zum Ziel, eine einheitliche Interpretation im Hinblick auf die Fair Value-Bewertung, insbesondere die Bewertung illiquider Finanzinstrumente sowie damit zusammenhängender Offenlegungsanforderungen zu ermöglichen.

Änderungen aufgrund der Finanzkrise

Wie dringlich das Fair Value-Projekt des CESR ist, zeigt die sich seit 2007 ausweitende Finanzkrise, die ihren vorläufigen Höhepunkt im Herbst 2008 erreicht hat. Nach dem Zusammenbruch etlicher (Hypotheken-)Banken und dem Ende der Geschichte der großen unabhängigen Investmentbanken[9] wird der Ruf nach einer Lockerung der Bilanzierungsregeln immer lauter. In Amerika wurde ein Notgesetz zur Finanzkrise (Emergency Economic Stabilization Act/EESA) erlassen, das die bisherige Befugnis der amerikanischen Wertpapieraufsicht (SEC) bekräftigt, in einem extremen Notfall die Bewertung von Wertpapieren zum Marktwert auszusetzen. Illiquide Papiere sollen in diesem Fall zu fortgeführten Anschaffungskosten bewertet werden. Das IASB hat am 13. Oktober 2008 ebenfalls Änderungen des IAS 39 – *Finanzinstrumente: Ansatz und Bewertung* und des IFRS 7 – *Finanzinstrumente: Angaben* beschlossen, die das Ziel haben, Unterschiede zwischen IFRS und US-GAAP zu verringern und potenzielle Wettbewerbsvorteile US-amerikanischer Banken zu beseitigen. Die EU hat diese Änderungen bereits am 15. Oktober 2008 übernommen.[10] Durch diese Änderungen wird den Unternehmen die Möglichkeit gegeben, einige nicht derivative Finanzinstrumente vom Handels- in den Anlagebestand umzugliedern, sofern sie nicht ursprünglich durch die Ausübung der Fair Value-Option dieser Kategorie zugeordnet wurden. Dies betrifft insbesondere gewöhnliche Staats- beziehungsweise Unternehmensanleihen, jedoch nicht die besonders stark betroffene Gruppe der strukturierten Produkte. Der Vorschlag der EU-Kommission geht dagegen auf die Zeitwertbilanzierung illiquider Finanzinstrumente ein. Danach sollen die Banken notleidende Papiere auf Basis von Barwertmodellen (Discounted Cashflow-Verfahren) unter Zuhilfenahme von am Markt beobachtbarer Parameter bilanzieren dürfen. Um welche beobachtbaren Parameter bei einem illiquiden Markt es sich hierbei im Einzelnen handeln soll, bleibt vorerst unklar. Auch wenn noch weitere Änderungen vom IASB zu erwarten sind, bleibt abzuwarten, inwieweit die EU weitere Regelungen im Alleingang beschließen wird.

---

[9] Die ebenfalls in Bedrängnis geratenen fünf amerikanischen Investmentbanken wurden entweder durch Verkauf (Lehman Brothers, Merill Lynch und Bear Stearns) oder Umwandlung zu Holdinggesellschaften (Morgan Stanley und Goldman Sachs) zu gewöhnlichen Geschäftsbanken transformiert. Als solche unterstehen sie der Aufsicht der US-Notenbank und unterliegen den gleichen Kontrollen, Regeln und Kapitalanforderungen, die auch für andere Banken gelten.

[10] Verordnung (EG) Nr. 1004/2008 der Kommission vom 15.10.2008 zur Änderung der Verordnung (EG) Nr. 1725/2003 betreffend die Übernahme bestimmter internationaler Rechnungslegungsstandards in Übereinstimmung mit der Verordnung (EG) Nr. 1606/2002 des Europäischen Parlaments und des Rates im Hinblick auf IAS 39 und IFRS 7 (ABl EU L 275/37 vom 16.10.2008).

Auswirkung auf die Finanzfunktion

Welche Auswirkungen auf die Performance der Finanzfunktion haben die IFRS? Das Informationsbedürfnis der Shareholder, aber auch die Geschwindigkeit, mit der Unternehmensinformationen am Kapitalmarkt zur Verfügung gestellt werden müssen, steigt stetig. Aufgrund der Shareholder Value-Orientierung der Kreditinstitute wird die Qualität der Kapitalmarktkommunikation jedoch auch für die Wertentwicklung der eigenen Aktie immer wichtiger. Die beschleunigte und effizientere Erstellung von Quartals-, Halbjahres- und Jahresfinanzberichten von Konzernen mit ausländischen reportingpflichtigen Geschäftseinheiten, aber auch die Durchführung von Due Diligences im Vorfeld von Unternehmenstransaktionen, wird durch ein weltweit einheitliches Rechnungslegungssystem erleichtert. Daneben tragen Schnittstellen zum internen Berichtswesen, das Aufsetzen auf den gleichen Datenhaushalt, die Integration der ökonomischen (internen) Steuerung in die externe Berichterstattung[11] zu einer Steigerung der Effizienz und Effektivität bei. Die Pflicht zur Integration der internen in die externe Berichterstattung ergibt sich dabei bereits aus dem IFRS 8 – *Geschäftssegmente* (*Management Approach*).[12] Dieser Standard stellt die Finanzfunktion vor die zusätzliche Herausforderung, zur Gewährleistung der Transparenz gegenüber dem Kapitalmarkt eine Überleitungsrechnung der Segmentangaben auf die entsprechenden IFRS-Konzernangaben verpflichtend vorzunehmen. Die Finanzmarktkrise macht jedoch deutlich, dass trotz des mit den IFRS bezweckten Ziels, den Marktteilnehmern alle entscheidungsrelevanten Informationen zu vermitteln, die diesen bei der Beurteilung vergangener, derzeitiger oder zukünftiger Ereignisse helfen,[13] der Zusammenbruch zahlreicher europäischer Kreditinstitute nicht vorhersehbar war. Die partielle Abkehr von der Zeitwertbilanzierung allein wird hier keine Abhilfe schaffen. Als Reaktion auf die Finanzmarktkrise hat das IASB am 15. Oktober 2008 einen Entwurf zur Änderung des IFRS 7 veröffentlicht. Die vom IASB vorgeschlagenen Änderungen betreffen die Angaben zur Ermittlung von Fair Values sowie zum Liquiditätsrisiko. Der Entwurf berücksichtigt unter anderem auch die Empfehlungen des Forums für Finanzstabilität. Es zeigt sich somit, dass solange die Konvergenzprojekte noch nicht abgeschlossen sind und weiterhin Verbesserungspotenziale bei den derzeit geltenden IFRS existieren, künftig weitere Herausforderungen im Hinblick auf Zeitnähe und Qualität der Rechnungslegungsnormen bestehen sowie eine permanente Weiterqualifikation der Mitarbeiter erforderlich ist. Dies gilt insbesondere dann, wenn wie in der jüngsten Änderung des IAS 39 vorgesehen, eine rückwirkende erstmalige Anwendung der geänderten Regelungen möglich ist.

---

11 Vgl. hierzu den Beitrag von Bräsick/Hele/Kerner/Pfeiffer in diesem Buch.
12 Vgl. hierzu den Beitrag Dassler in diesem Buch.
13 IAS-Rahmenkonzept für die Aufstellung und Darstellung von Abschlüssen, Tz. 26.

3. Rechnungslegungsbezogene Kontrollsysteme

Auch der Sarbanes-Oxley Act (SOX) ist das Ergebnis einer Krisensituation, das durch Fehler in der externen Rechnungslegung hervorgerufen wurde. Mit dem SOX reagierte der amerikanische Gesetzgeber auf diverse Bilanzfälschungsskandale bei US-amerikanischen Konzernen, die weltweit für Aufsehen gesorgt haben (zum Beispiel Enron und Worldcom). Um das Vertrauen der Anleger in die Richtigkeit und Zuverlässigkeit der veröffentlichten Finanzdaten von Unternehmen wieder zu gewinnen, wurden umfangreiche Regelungen zur Bilanzierung, Prüfung und Berichterstattung geschaffen, die von in- und ausländischen Unternehmen, die an US-amerikanischen Börsen notiert sind, verbindlich anzuwenden sind. Die Einführung des

SOX überstieg jedoch die hierfür veranschlagten Kosten um das 20-fache und führte zu einem sprunghaften Anstieg der Prüfungskosten in den internationalen Konzernen in den Jahren 2003 und 2004.[14]

Mit der Umsetzung der 8. EU-Richtlinie[15] halten die Regelungen des Sarbanes-Oxley Act auch in Europa Einzug. Die von der Europäischen Union (EU) verabschiedete 8. EU-Richtlinie (Abschlussprüfer-Richtlinie), auch als EuroSOX bezeichnet, verfolgt das Ziel, das Prüfwesen für den europäischen Kapitalmarkt zu harmonisieren und die Abschlussprüfungen der Unternehmen innerhalb der europäischen Gemeinschaft denen der USA gleich zu stellen. Kapitalgesellschaften und andere Unternehmen von öffentlicher Bedeutung müssen demnach einen Prüfungsausschuss einführen, welcher die Wirksamkeit des Internen Kontrollsystems (IKS) und des Risikomanagement-Systems überwachen soll.

Das bedeutet, dass die Dokumentationsanforderungen weiter steigen werden. Dies muss jedoch nicht zwangsläufig zu einem Nachteil führen, weil personelle Ressourcen gebunden werden, und dadurch weniger Zeit für strategische Projekte zur Verfügung steht. Experten gehen davon aus, dass das Automatisieren und Standardisieren von Prozessen, das unternehmensweite Managen von Risiken oder die Klärung von Rollen und Verantwortlichkeiten durch die Einführung des EuroSOX zu Effizienz- und Effektivitätssteigerungen und damit zu einem strategischen Vorteil führen können. Dazu genügt jedoch nicht die reine dokumentierte und mit neuen Kontrollen versehene Ist-Aufnahme des IKS. Vielmehr ist zur Steigerung der Wettbewerbsfähigkeit auch eine Analyse der identifizierten Prozesse im Hinblick auf deren Effizienz, Wirksamkeit und Konsistenz erforderlich. Zielsetzung ist dabei die Harmonisierung und Integration der in den einzelnen Geschäftsbereichen bestehenden Kontrollen. Durch die unternehmensweit einheitliche Definition von Risiko- und Kontrollprozessen sowie die aufeinander abgestimmten Prozesse zur Risikoidentifizierung, -messung und -steuerung

---

14 Vgl. Skinner (2007), S. 2.
15 Richtlinie 2006/43/EG des Europäischen Parlaments und des Rates vom 17.05.2006 über Abschlussprüfungen von Jahresabschlüssen und konsolidierten Abschlüssen, zur Änderung der Richtlinie 78/660/EWG und 83/349/EWG des Rates und zur Aufhebung der Richtlinie 84/253/EWG des Rates (ABl EU L 157/87 vom 09.06.2006). Die Frist zur Umsetzung in nationales Recht endete am 29.06.2008.

werden Redundanzen im IKS abgebaut und Lücken geschlossen. Gleichzeitig können dank der einheitlichen Definition von Risiko- und Kontrollprozessen Synergien zwischen interner sowie externer Risikoberichterstattung gewonnen und das Reporting zu einer Gesamtaussage verdichtet werden.[16] Nicht zuletzt wirkt sich das Standardisieren und Automatisieren von Prozessen auch auf die Systemlandschaft aus. So könnte durch die Implementierung von Schnittstellen ein Teil der bestehenden Systeme ersetzt, beziehungsweise durch die Einführung von Gesamtbanksteuerungssystemen die Komplexität der IT-Landschaft deutlich reduziert werden.

4. Basel II

Neben den IFRS und SOX gibt es noch weitere regulatorische Anforderungen, die zumindest mittelbar einen Einfluss auf die Performance der Finanzfunktion haben. Dazu zählt insbesondere die *neue Basler Eigenkapitalvereinbarung* (Basel II) von 1999. Erklärtes Ziel dieser weltweit bedeutendsten aufsichtsrechtlichen Regelung ist die Sicherstellung einer angemessenen Eigenkapitalausstattung im internationalen Bankwesen sowie die Schaffung einheitlicher Wettbewerbsbedingungen mithilfe bestimmter weitgehend einheitlicher Risikomanagement-Techniken und Risikosteuerungssysteme. Die fortschreitende Implementierung von Basel II hat die Bankenbranche weltweit nicht nur dazu gezwungen, ihre Risikoquantifizierungen und Risikokategorien neu zu strukturieren, sondern auch weniger traditionelle Risiken, wie das strategische Risiko und das Reputationsrisiko, verstärkt zu kontrollieren und deren Steuerung im Rahmen einer umfassenden Neukonzeption zu überarbeiten. Für die Finanzfunktion bedeutet Basel II die Chance, auf im Unternehmen bestehende Systeme zurückzugreifen, um Synergien für die externe Rechnungslegung zu gewinnen.

Ziemlich sicher ist, dass nach einer erfolgreichen Implementierung der Regelungen aus Basel II bald auch ein Basel III und vielleicht sogar ein Basel IV folgen werden. Grund hierfür ist unter anderem dass der Eigenkapitalbegriff von Basel I unverändert übernommen wurde. Die bankaufsichtsrechtlich anerkannten Eigenkapitalkomponenten stehen jedoch nicht für alle Zeiten fest, da neue innovative Instrumente des *Financial Engineering* zur Verfügung stehen. Inwieweit diese Diskussion vor dem Hintergrund der aktuellen Entwicklungen fortgeführt oder durch eine deutlich konservativere Definition von Eigenkapitalkomponenten vorläufig beendet wird, bleibt abzuwarten. Dies scheint insbesondere aufgrund der Ergebnisse des Treffens der G-20 in Washington im November 2008 fraglich, bei dem eine globale Anpassung der Finanzmarktregulierung beschlossen wurde.[17] Zusätzlich bestünde auch auf-

---

[16] Siehe hierzu die Beiträge von Moschitz/Van der Veen und Gramlich in diesem Buch.
[17] G-20 Declaration of the Summit on Financial Markets and the World Economy, November 15, 2008, Washington D.C.

grund der Einführung der IFRS ein entsprechender Handlungsdruck, da die damit verbundenen Bilanzierungsrichtlinien das Eigenkapital auf eine aus aufsichtsrechtlicher Sicht unerwünschte Höhe treiben kann.

Darüber hinaus gibt es bisher noch keinen international einheitlichen aufsichtsrechtlichen Rahmen zur Evaluierung und Anerkennung der bankinternen Modelle zur Kreditrisikokalkulation. Dies führt nicht zuletzt zu einer weltweit inkonsistenten Anwendung von Basel II, mit der Folge, dass für identische Vermögenswerte unterschiedliche Risikogewichtungsfaktoren sowie unterschiedliche Anforderungen zur Eigenkapitalunterlegung angesetzt werden. Auch dies macht eine Überarbeitung der derzeitigen Regelungen erforderlich. Auf die Banken werden also auch zukünftig erhebliche Kosten in Bezug auf die Umsetzung und Weiterentwicklung der Vorschriften zur Eigenkapitalunterlegung zukommen.

Durch die enge Verknüpfung von Aufsichtsrecht und Bilanzierung sowie den Bestrebungen einer weitgehenden globalen Harmonisierung von Basel II wirken sich die Regularien auch unmittelbar innerhalb der Finanzfunktion aus. Besonders deutlich wird die Integration von Basel II und IFRS bei der Bewertung von Kreditrisiken. Auch wenn sich die Zielrichtung grundsätzlich voneinander unterscheidet, bietet sich gerade in diesem Bereich die Implementierung eines integrierten Risikoregelgerüsts an. Während Basel II regelt, wie viel Mindesteigenkapital Banken zur Unterlegung ihrer (erwarteten sowie unerwarteten) Kreditausfallrisiken benötigen, dienen die IFRS dazu, zu einem bestimmten Stichtag dem Kapitalmarkt alle entscheidungsrelevanten Informationen über diese Risiken zur Verfügung zu stellen. Basel II stellt bei der Bewertung der Kreditforderungen auf erwartete und unerwartete Verluste ab, die IFRS auf die sogenannten *Incurred Losses*, also Verluste, die zwar schon eingetreten, aber noch nicht bekannt geworden sind. Daneben gibt es noch eine Anzahl weiterer Unterschiede, auf die an dieser Stelle jedoch nicht näher eingegangen werden soll. Doch trotz dieser Unterschiede konnten in der Praxis Synergien bei der Bewertung des Kreditrisikos zwischen Basel II und IFRS erzeugt werden. So wurde die Formel zu Berechnung der Wertminderung nach IFRS an die Berechnung der *Expected Losses* und *Unexpected Losses* unter Basel II angelehnt, mit der Folge, dass in weiten Teilen auf den gleichen Datenhaushalt zurückgegriffen werden kann.[18] Bei zukünftigen Änderungen der Basler Eigenkapitalvereinbarung ist die Finanzfunktion daher gefordert, die bestehenden Synergien fortzuführen.

Neben den Synergieeffekten die sich durch Basel II auf die Berechnung der Wertminderung nach IFRS ergeben, können weitere Effizienzen bei der externen Berichterstattung durch die Integration der Regelungen zur Risikoberichterstattung gehoben werden. Der Finanzfunktion kommt dabei die Aufgabe zu, sicherzustellen und zu überwachen, dass alle nach IFRS 7 relevanten Informationen nicht im Widerspruch zur aufsichtsrechtlichen Offenlegung stehen.

---

[18] Siehe hierzu detaillierte Ausführungen in den Beiträgen Möller/Schade, Löffelholz, Best/Plüchner und Stosch/Stremplat in diesem Buch.

5. Weitere globale Trends

Neben den erläuterten weltweit bekannten aufsichtsrechtlichen sowie rechnungslegungsbezogenen Compliance-Anforderungen gibt es eine Vielzahl weiterer nationaler Vorschriften sowie länderspezifische Besonderheiten, die eine Herausforderung für die Banken im Hinblick auf ihre Compliance und damit auch auf die Finanzfunktion darstellen.

Vereinigte Staaten von Amerika

In den Vereinigten Staaten stiegen insbesondere nach dem verheerenden Anschlag auf das World Trade Center die Compliance-Anforderungen an die Kreditinstitute. Bankenspezifische Regularien wie die *National Association of Securities Dealers* (NASD) *Rule 3011* zur Bekämpfung der Geldwäsche, die Authentifizierungsregelungen der *Federal Financial Institutions Examination Council* (FFIEC) zur Verbesserung der Sicherheit elektronischer Kommunikationskanäle, die Rule 22c-2, die Finanzintermediäre zur Offenlegung von Kundendaten verpflichtet, sowie zahlreiche Gesetze zur Bekämpfung des Terrorismus wie der *Michael Chertoff's Homeland Security Acts*, der *Patriot Act* oder der *Bank Secrecy Act* beeinflussen in jüngster Zeit die unternehmerischen Entscheidungen zahlreicher US-amerikanischer Banken.

Europa

Aber nicht nur im US-amerikanischen Bankensektor nimmt die Regulierungsdichte stetig zu. Im europäischen Rechtskreis wurden basierend auf dem im Jahr 2001 in Lissabon von der Europäischen Kommission verabschiedeten *Financial Service Action Plan* (FSAP) ebenfalls eine Vielzahl gesetzlicher Regelungen erlassen, deren Hauptziel die Schaffung eines vollständig integrierten, europäischen Finanzsystems (die Finanzmarktintegration) ist. In einem einheitlichen Finanzdienstleistungs- und Kapitalmarkt sollen die Marktteilnehmer von einer optimalen Nutzung von Skalen- und Verbundeffekten sowie einer Senkung von Umstellungs- und Transaktionskosten profitieren. Beispielhaft aufgeführt seien an dieser Stelle die *Markets in Financial Instruments Directive* (MiFID), die *Payment Services Directive* (PSD) sowie die im Januar 2008 vollzogene Implementierung der *Single Euro Payments Area* (SEPA).

Mittlerer Osten

Auch die erdölproduzierenden Länder im Mittleren Osten haben zur Stärkung ihrer Wettbewerbsfähigkeit einen *Financial Services Action Plan* nach europäischem Vorbild ins Leben gerufen. Erste Anfänge befinden sich gegenwärtig in der Umsetzung. So wird zum Beispiel in den Vereinigten Arabischen Emiraten ein inhaltlich vergleichbarer Ansatz zur Einrichtung von Prüfungsausschüssen wie in der 8. EU-Richtlinie verfolgt. Bis 2010 soll nach dem Willen des *Gulf Cooperation Council* (GCC) eine mit der Europäischen Gemeinschaft vergleichbare wirtschaftliche Einheit, bestehend aus Saudi-Arabien, Vereinigte Arabische Emirate, Bahrain, Kuwait, Oman und Qatar, entstehen, die über eine einheitliche Währung verfügt.

China

Ein Blick nach China zeigt, dass seit dem Beitritt der Volksrepublik zur World Trade Organization (WTO) im Jahr 2001 eine Liberalisierung der Unternehmen und Banken eingesetzt hat. Dieser Prozess erlaubt ausländischen Investoren sich an den bisher staatseigenen chinesischen Banken zu beteiligen. Die chinesische Regierung gestattet jedoch keine unbegrenzte Öffnung für ausländische Investoren und die Beteiligungsquote ist auf maximal 25 Prozent beschränkt. Ein einzelner Investor darf darüber hinaus nicht mehr als 19,9 Prozent an einer chinesischen Bank halten. So reizvoll sich die Investition in den chinesischen Bankenmarkt für viele Unternehmen darstellt, ist diese doch aufgrund der historisch gewachsenen Strukturen mit hohen Risiken verbunden. 95 Prozent der Unternehmenskredite bestehen gegenüber staatseigenen Gesellschaften, circa 40 Prozent davon zählen zu den *Non-performing Loans* (NPLs). Das stellt Chinas Zukunft vor große Herausforderungen. Zwar wurde mit der Privatisierung eines Teils der Staatsbetriebe bereits begonnen. Es ist jedoch damit zu rechnen, dass etwa ein Drittel dieser Unternehmen nicht zukunftsfähig ist. Die im Fall von Massenentlassungen den etwa 150 Millionen Beschäftigten zu zahlenden Abfindungen würden zu einem weiteren Anstieg an NPLs führen. Würden die chinesischen Banken unter dem Druck ausländischer Investoren die gleichen Maßstäbe zur Messung des Kreditrisikos wie europäische oder amerikanische Banken anlegen, so könnte dies zu einer erheblichen Destabilisierung des chinesischen Marktes führen.

Indien

So weitreichend wie in China ist die Liberalisierung der Bankenlandschaft in Indien noch nicht vorangeschritten. Der Anteil der staatseigenen Banken ist mit circa 80 Prozent immer noch sehr hoch. Der Eintritt ausländischer Investoren wird durch den starken Einfluss der Zentralbank, der Reserve Bank of India (RBI), auf das Bankensystem erschwert. So wurde der Anteilsbesitz ausländischer Investoren an Privatbanken früher von der RBI auf 5 Prozent limitiert. Darüber hinaus sind alle Banken verpflichtet, 40 Prozent ihrer Kredite an landwirtschaftliche Betriebe und kleinere Unternehmen zu vergeben. 25 Prozent dieser Unternehmen müssen in den ländlichen Regionen beziehungsweise im städtischen Einzugsgebiet angesiedelt sein.

Die indische Regierung versucht indes, diese starren Regelungen zu lockern. So darf der Anteil ausländischer Investoren seit 2006 jährlich um 10 Prozent steigen bis eine Anteilsquote von maximal 74 Prozent erreicht wird. Die Öffnung des Bankensektors für Investitionen aus dem Ausland ist aufgrund der schlechten Kapitalausstattung indischer Kreditinstitute von entscheidender Bedeutung für die zukünftige wirtschaftliche Entwicklung des Landes. Indien befindet sich also in einem Dilemma. Auf der einen Seite stehen die Interessen der Zentralbank, die als Hauptgläubiger der Staatsschulden maßgeblichen Einfluss auf politische Entscheidungen hat und die das indische Banksystem vor dem freien Wettbewerb schützen will. Auf der anderen Seite ist eine weitere Liberalisierung der Märkte unerlässlich, um das ungebrochene wirtschaftliche Wachstum Indiens sicherzustellen. Dieses Dilemma zu lösen dürfte in den kommenden Jahren eine der größten Herausforderungen für die indische Regierung darstellen.

6. Fazit

Die Compliance-Anforderungen an Banken sind in den vergangenen Jahren stetig gestiegen. Die stetige Weiterentwicklung der Rechtssysteme in Deutschland, Europa sowie auf internationaler Ebene stellt die Finanzfunktion der Kreditinstitute vor immer neue Herausforderungen im Spannungsfeld zwischen Performance und Compliance. Für international agierende Konzerne spielt aufgrund der immer noch uneinheitlichen Rechnungslegungsnormen sowie weiterer regulatorischer Bestimmungen die Wahl des Standortes eine bedeutende Rolle bei der Festlegung der Unternehmensstrategie. Die Finanzfunktion als strategischer Partner der Unternehmensführung unterstützt diese bei der richtigen Standortwahl, indem sie als *Center of Excellence* die Kenntnis über die unterschiedlichen regulatorischen Anforderungen und deren Auswirkungen auf die internen wie externen Steuerungs- und Reporting-Prozesse beisteuert und damit ihren Beitrag zu einem effizienten Bankmanagement leistet.

Die Finanzmarktkrise wird weitere weitreichende Änderungen nach sich ziehen. Dadurch erhöht sich der Druck auf die Kreditinstitute und insbesondere auch auf deren Finanzfunktion, ihre Effizienz und Effektivität weiter zu steigern. Durch die komplexer werdenden Unternehmensstrukturen sind wiederum die Anforderungen an die Management-Prozesse signifikant gestiegen. Es genügt deshalb heute nicht mehr, nur Zahlen zur Verfügung zu stellen. Der Finanzbereich muss darüber hinaus auch die Management-Prozesse gestalten, in die Planungs- und Performancegespräche moderierend eingreifen und für die erreichte Wertentwicklung auch selbst die Mitverantwortung übernehmen.

Die Investoren verlangen darüber hinaus von ihrem Unternehmen, dass die Reporting-Qualität weiter steigt und Risiken transparenter und verständlicher dargestellt werden. Hierfür müssen die Finanzfunktionen die notwendigen Steuerungs- und Controllingkonzepte bereitstellen. Er sichert so die Reputation des Unternehmens an den Finanzmärkten, bei Aufsichtsbehörden und anderen wichtigen Stakeholdern. Zur effizienten und effektiven Durchführung dieser Aufgaben müssen im Sinne eines integrierten Managements und Reportings die Systeme und Prozesse der internen und externen Finanz- und Risikoberichterstattung so aufeinander abgestimmt werden, dass Redundanzen beseitigt und Lücken aufgedeckt werden.

Literaturverzeichnis

SKINNER, C. (2007): The Future of Banking: In a Globalised World, Wiley Finance West Sussex 2007.

CFO RESEARCH SERVICES/KPMG (2008): Future Perfect: The CFO of Tomorrow, Internet: http://www.kpmg.com/SiteCollectionDocuments/Future-Perfect.pdf, Stand: Juli 2008, Abruf: 07.01.2008, 10:32 Uhr, S. 1 - 30.

KPMG (2008): Being the Best: The evolution of local finance functions, Internet: http://www.kpmg.de/docs/20080421_BeingTheBest_SA_web.pdf, Stand: März 2008, Abruf: 07.01.2008, 10:35 Uhr, S. 1 - 72.

Veränderung des Rollenverständnisses der Finanzfunktion in Kreditinstituten

Britta Jelinek

1. Überblick über die Veränderung des Rollenverständnisses der Finanzfunktion
2. Shareholder Value-Orientierung
3. Compliance und Performance
4. Zukunftsperspektive
   4.1 Finanzfunktion der Zukunft
   4.2 Implikationen der Finanzkrise auf die Finanzfunktion
       4.2.1 Restrukturierung der Finanzbranche
       4.2.2 Neue gesetzliche und regulatorische Vorschriften
5. Fazit

Literaturverzeichnis

1. Überblick über die Veränderung des Rollenverständnisses der Finanzfunktion

Die Kreditinstitute unterliegen bekannterweise einem ständigen Strukturwandel aufgrund des starken Wettbewerbsdrucks, der gesteigerten Shareholder Value-Anforderungen sowie der verschärften Compliance-Vorschriften.[1] So hat die Regulationsdichte für nationale und internationale Kreditinstitute (Compliance) seit einigen Jahren stetig zugenommen. Zudem werden sich die Compliance-Vorschriften für Kreditinstitute, insbesondere aufgrund des Zusammenbruchs der Finanzmärkte in 2008, weiter erhöhen. Gleichzeitig steht durch den in den letzten Jahren unveränderten Wettbewerbsdruck in der Finanzbranche die Steigerung der Profitabilität und die Verbesserung der Eigenkapitalrentabilität von Kreditinstituten (Performance) im Vordergrund der strategischen Ausrichtung der Kreditinstitute.

Bedingt durch diese Entwicklungen sind in der Finanzbranche die Anforderungen an die Rolle und das Selbstverständnis der Finanzfunktion[2] von Kreditinstituten in den letzten Jahren stark gestiegen.

Während auf der einen Seite die wachsenden und sich ständig ändernden regulatorischen Anforderungen eingehalten werden müssen, erwarten auf der anderen Seite immer mehr CEOs[3] von ihrer Finanzfunktion, dass diese als *Business Partner*[4] bei der Entwicklung und Umsetzung von Strategien eine führende Rolle übernimmt und dem Management die erforderlichen betriebswirtschaftlichen Steuerungsinformationen in Form von aussagekräftigen Kennzahlen bereitstellt.

Diese Einflussfaktoren und Evolutionsstufen der Rolle und Aufgaben der Finanzfunktion von Kreditinstituten werden im vorliegenden Beitrag beschrieben. Bei den Evolutionsstufen werden drei Phasen unterschieden:

- Phase 1 (1995 bis 2001): Shareholder Value-Orientierung
- Phase 2 (2002 bis 2007): Compliance und Performance
- Phase 3 (ab 2008): Zukunftsperspektive

---

[1] Der Begriff *Compliance* umfasst im Rahmen dieses Beitrages die Einhaltung von Gesetzen, Richtlinien und Verhaltensmaßregeln.

[2] Die Finanzfunktion umfasst das interne und externe Rechnungswesen, den Bereich Steuern und das Aufsichtsrecht. Es liegt im Verantwortungsbereich des Finanzvorstandes den Aufgabenbereich der Finanzfunktion im Unternehmen zu definieren.

[3] CEO = Chief Executive Officer.

[4] Auch *Geschäftspartner* genannt.

2. Shareholder Value-Orientierung

Als Auslöser der ersten Veränderungsphase der Finanzfunktion kann die Shareholder Value-Orientierung angesehen werden.[5] Mitte der Achtzigerjahre hat Alfred Rappaport mit seinem Buch „Creating Shareholder Value"[6] Ansätze der Kapitalwertmethode aus der klassischen Investitionsrechnung und dem von Merton Miller und Franco Modigliani[7] entwickelten Bewertungssatz zu Finanzierungsfragen für die Praxis umgesetzt. In Europa und insbesondere in Deutschland wurde Mitte der Neunzigerjahre das Shareholder Value-Konzept sehr populär und wertete die Finanzfunktion in den Unternehmen stark auf. Global agierende Anleger investierten in Unternehmen, welche die höchsten Renditen versprachen. Entsprechend hoch war demnach auch der Informationsbedarf der Investoren an die Unternehmen.

Die nachfolgenden zusätzlichen Entwicklungen hatten ebenfalls eine Auswirkung auf die Finanzfunktion:

- Die Globalisierung und wachsende Dynamik der Märkte zwangen die Unternehmen zur Neuausrichtung ihrer Organisation und einzelner Prozesse.[8]

- Die Notwendigkeit zur Harmonisierung des internen und externen Rechnungswesens, die erforderlich wurde, da das Shareholder Value-Konzept eine konsistente Sicht auf finanzielle Ziele und Ergebnisse forderte. Die Unternehmensführungen verlangten nach entsprechenden Reporting- und Controlling-Konzepten sowie Werkzeugen, um das Konzept in ihren Unternehmen umzusetzen.[9]

- Börsennotierungen ausländischer Unternehmen an den US-amerikanischen Börsen (zum Beispiel Deutsche Bank oder Siemens) führten zur Einführung von neuen externen Rechnungslegungsstandards, die parallel zur bestehenden Rechnungslegung erfüllt werden mussten (*Multi GAAP Accounting*).[10]

- Die weltweite Implementierung von Standardsoftware zur Abbildung von Unternehmensprozessen, welche eine neue Art der Koordination und Prozessintegration über Unternehmensbereiche und Funktionen von Kreditinstituten ermöglichte.[11]

Die oben genannten Entwicklungen führten in der Finanzfunktion von vielen Instituten zu einer signifikanten Änderung ihrer Aufgaben. Der weltweite Wettbewerb ließ Unternehmen den Fokus auf Effizienzsteigerungen und Optimierung der Kostenstrukturen richten. Das

---

5   Vgl. Daum (2005), S. 1.
6   Vgl. Rappaport (1998), S. 77 - 159.
7   Vgl. Copeland/Koller/Murrin (1998), S. 188 f, 196 f, 559.
8   Vgl. Daum (2005a), S. 1.
9   Vgl. Daum (2005a), S. 1.
10 Vgl. Daum (2005a), S. 1.
11 Vgl. Daum (2005a), S. 2.

Platzen der Internet-Blase und der daraus resultierende massive Wertverlust der Wertpapiere und Anleihen an den internationalen Wertpapiermärkten sowie die Flut von neuen regulatorischen Anforderungen (Compliance-Anforderungen) leiteten das Ende der ersten Veränderungsphase ein.

3. Compliance und Performance

Die zweite Veränderungsphase begann mit dem Bekanntwerden von Bilanzfälschungen in bisher ungeahnten Größenordnungen bei diversen US-amerikanischen Konzernen (zum Beispiel Enron oder Worldcom). Der amerikanische Gesetzgeber reagierte daraufhin in 2002 mit dem Sarbanes-Oxley Act (SOX) zur verbindlichen Unternehmensberichterstattung. Das Gesetz gilt für in- und ausländische Unternehmen, die an US-amerikanischen Börsen notiert sind. Ziel des Gesetzes ist es, das Vertrauen der Anleger in die Korrektheit und Verlässlichkeit der veröffentlichten Finanzdaten von Unternehmen wiederherzustellen. Zusätzlich zum Sarbanes-Oxley Act erhöhen sich die Compliance-Anforderungen an Kreditinstitute, auch außerhalb der USA, signifikant durch den Erlass einer Vielzahl neuer gesetzlicher Vorschriften:

- In Europa wurden die IFRS als einheitliche Rechnungslegungsnormen für den europäischen Kapitalmarkt vorgesehen. Diese Entscheidung wurde in der Verordnung zur Rechnungslegung (IAS-Verordnung)[12] sowie diversen Richtlinien (wie beispielsweise die Fair Value-Richtlinie[13], die Modernisierungsrichtlinie[14] und die Wertpapierdienstleistungsrichtlinie[15]) umgesetzt. Gemäß Artikel 4 der IAS-Verordnung sind die IFRS auf Konzernabschlüsse von Gesellschaften mit Sitz in der Europäischen Union, die Eigen- oder Fremdkapitaltitel an einem geregelten Markt der Europäischen Union notiert haben, seit dem 1. Januar 2005 anzuwenden, es sei denn, diese haben von einem Übergangswahlrecht

---

[12] Verordnung Nr. 1606/2002, ABl EU L 243/1 des Europäischen Parlaments und des Rates vom 11.09.2002 betreffen die Anwendung internationaler Rechnungslegungsgrundsätze.

[13] Richtlinie 2001/65/EG des Europäischen Parlaments und des Rates vom 27.09.2001 zur Änderung der Richtlinien 78/660/EWG, 83/349/EWG und 86/635/EWG im Hinblick auf die im Jahresabschluss beziehungsweise im konsolidierten Abschluss von Gesellschaften bestimmter Rechtsformen zulässigen Wertansätze.

[14] Richtlinie 2003/51/EG des Europäischen Parlaments und des Rates vom 18. Juni 2003 zur Änderung der Richtlinien 78/660/EWG, 83/349/EWG, 86/635/EWG und 91/674/EWG über den Jahresabschluss und den konsolidierten Abschluss von Gesellschaften bestimmter Rechtsformen, von Banken und anderen Finanzinstituten sowie von Versicherungsunternehmen..

[15] Richtlinie 2004/39/EG des Europäischen Parlaments und des Rates vom 21.04.2004 über Märkte und Finanzinstrumente, zur Änderung der Richtlinien 85/611/EWG und 92/22/EWG des Rates; Directive on Markets in Financial Instruments (MiFID).

Gebrauch gemacht.[16] Diese Unternehmen müssen die IFRS seit dem 1. Januar 2007 verpflichtend anwenden. Weiterhin wurde es den Mitgliedstaaten ermöglicht, allen anderen Unternehmen für den Konzern- und/oder Jahresabschluss die Anwendung der IFRS zu gestatten oder vorzuschreiben.

- Die G 10-Zentralbankgouverneure haben Ende Juni 2004 das Rahmenwerk „Internationale Konvergenz der Eigenkapitalmessung und Eigenkapitalanforderungen" (Basel II) verabschiedet. Die neuen internationalen Eigenkapitalregeln sollten bis Ende 2006 beziehungsweise hinsichtlich der neuesten Ansätze in den Bereichen Kreditrisiko und operationelles Risiko bis Ende 2007 von Seiten der Kreditinstitute umgesetzt werden.

- Zusätzlich mussten die deutschen Kreditinstitute die neuen Mindestanforderungen an das Betreiben von Kreditgeschäften (MaK) bis spätestens Ende 2005 umsetzen.

Die aufgeführten neuen Gesetze und Vorschriften stellen nur eine Auswahl der Compliance-Themen dar, mit denen sich die Finanzfunktion von Kreditinstituten in den vergangenen Jahren beschäftigen musste. Oberstes Ziel für die Kreditinstitute war daher die Einhaltung der gesetzlichen Vorschriften, während Initiativen zur Effizienzsteigerung in der Finanzfunktion von Instituten zurückgestellt wurden.[17] Eine grundlegende Neuausrichtung der Finanzfunktion von Kreditinstituten (zum Beispiel in Form einer *Finance Transformation* beziehungsweise Neuausrichtung ihres *Finance Operating Model/FOM*[18]) fand daher nicht statt. Auch compliance-orientierte Projekte waren meist keine strategischen Investitionen mit dem Ziel, mit der *Compliance* auch die *Performance* und somit die Wettbewerbsfähigkeit des Instituts zu verbessern.

Die personellen Restriktionen sowie konkurrierenden Prioritäten innerhalb der Kreditinstitute führten unweigerlich dazu, dass sich die jeweilige Finanzfunktion ausschließlich auf die Pflichtaufgaben der Compliance-Anforderungen konzentrierte. So wurden zum Beispiel trotz der erhöhten Komplexität und des erweiterten Umfangs der Finanzberichterstattung, aufgrund der IFRS-Rechnungslegung und des damit verbundenen *Multi GAAP Accounting*, zum Teil nur prozessuale und IT-technische Mittelfristlösungen für die IFRS-Berichterstattung

---

16 Dies umfasst grundsätzlich Unternehmen, deren Eigen- oder Fremdkapitaltitel an einem geregelten Markt notiert sind. Für EU-Unternehmen, die ausschließlich Fremdkapital emittiert haben oder bereits Abschlüsse nach US-GAAP erstellen, dürfen die Mitgliedstaaten Regelungen erlassen, die eine Pflicht zur Bilanzierung nach IFRS erst ab 2007 vorschreiben. Den Mitgliedstaaten wird zudem ein Wahlrecht eingeräumt, die IFRS für den Konzernabschluss nicht kapitalmarktorientierter Unternehmen sowie für den Einzelabschluss vorzusehen.

17 Vgl. KPMG (2006), S. 1 und 5.

18 Eine *Finance Transformation* umfasst die organisatorische Anpassung beziehungsweise Optimierung der Finanzfunktion entsprechend einem aktualisierten Zielbild. Die Bestimmung des Status quo und des Zielbildes einer Finanzfunktion erfolgt mittels eines *Finance Operating Models* (FOM), das aus unterschiedlichen Dimensionen bestehen kann (zum Beispiel *Strategie, Organisation, Mitarbeiter, Prozesse, IT-Systeme* und *Methoden*). Eine detaillierte Beschreibung der Methodik ist im Beitrag „Finanzfunktion der Zukunft – ein Konzept zur strategischen Neuausrichtung" von Britta Jelinek und Gerd Straub in diesem Buch enthalten.

eingeführt. Grundlegende Maßnahmen zur Effizienzsteigerung[19] in der Finanzfunktion wurden meist aufgrund von Ressourcenrestriktion zurückgestellt. Die daraus resultierenden fragmentierten IT-Systeme, die mangelnde Datenqualität und -transparenz sowie die prozessualen und IT-technischen Mittelfristlösungen und die dadurch bedingten intensiven Abstimmungsverfahren machten die operative Bewerkstelligung der Finanzberichterstattung somit für einige Institute nach der erstmaligen Veröffentlichung eines IFRS-Konzernabschlusses zu einer Herausforderung.[20]

Parallel zur Umsetzung und operativen Anwendung von Compliance-Vorschriften standen die Kreditinstitute durch den zunehmenden Wettbewerb und die steigenden Erwartungen global agierender Investoren unter dem Druck, die eigene Effizienz und Effektivität laufend zu verbessern. Die Finanzfunktion sollte demnach als *Business Partner* des Managements nicht nur Daten zur Verfügung stellen, sondern auch enger mit dem Management bei der Strategieentwicklung, der Identifikation von Wachstumstreibern und bei der Unternehmensentwicklung zusammenarbeiten.

Infolge der gestiegenen Anforderungen begannen die Kreditinstitute Strategien zu entwickeln, um die Balance zwischen *Compliance* und *Performance* wieder herzustellen.[21] Die Finanzvorstände und ihre Finanzfunktion wurden daraufhin mit der Aufgabe betraut, die erforderlichen Veränderungen im Rahmen von sogenannten *Post-Compliance-Optimierungsinitiativen* beziehungsweise auch in einer umfassenden *Finance Transformation* voranzutreiben. Ziel dieser Initiativen war es, zusätzliche Freiräume für das Wachstums- und Profitabilitätsmanagement in der Finanzfunktion zu schaffen.

4. Zukunftsperspektive

4.1 Finanzfunktion der Zukunft

Als Konsequenz dieser Entwicklungen wurden bereits Fortschritte bei der Verbesserung der Effizienz der Finanzorganisationen in vielen Instituten erzielt. So haben insbesondere internationale Kreditinstitute zum Beispiel mit *Finance Transformation-Programmen* eine Neuausrichtung ihrer Finanzfunktion in Bezug auf mehr Effizienz, Effektivität und Wertschöpfung

---

[19] Zum Beispiel durch eine Standardisierung und Automatisierung von Prozessen und Finanz-IT-Systemen oder durch eine Optimierung der Datenqualität in den Systemen der Institute.
[20] Vgl. KPMG (2005), S. 14.
[21] Vgl. KPMG (2005), S. 2 und 5.

für das Management begonnen beziehungsweise diese bereits erfolgreich abgeschlossen. Doch einige Institute kämpfen zusammen mit ihrer Finanzfunktion zum Beispiel noch mit der Automatisierung der Kernaufgaben des Finanzbereiches, um freie Kapazitäten für die nächste Evolutionsstufe zu gewinnen. Einer aktuellen Studie zur Folge sind die Finanzvorstände und ihre Finanzbereiche noch überwiegend mit der Erfüllung traditioneller Aufgaben der internen und externen Berichterstattung in Form der *Zahlenaufbereitung* und *-verwaltung* beschäftigt.[22] Dennoch bilden die bis heute erzielten Fortschritte eine wichtige Basis für die nächste Transformationsstufe. Sie sind allerdings erst der Beginn eines wesentlich komplexeren Weges, denn die Finanzfunktion der Institute wird sich durch die Globalisierung und den steigenden Wettbewerbsdruck ihre Organisationen verändern müssen. Mögliche Handlungsfelder sind hierbei unter anderem:[23]

- *Standardisierung (Prozesse, Technologie und Datenmanagement):*[24]
  Eine Effizienzsteigerung kann durch eine Standardisierung und Automatisierung von Prozessen und Finanz-IT-Systemen erreicht werden. Eine unternehmensbereichs- und regionenübergreifende Standardisierung führt vor allem zu mehr Transparenz und Prozessstabilität. Darüber hinaus unterstützt die Definition eines global einheitlichen Standard-, Geschäfts- und Datenmodells die Abbildung vergleichbarer Informationen im Unternehmen.

- *Flexible Management-Informationssysteme:*
  Durch die Implementierung von Planungs- und Management-Informationssystemen, die auf Basis von global vereinheitlichten Daten und Merkmalen flexible Auswertungen in Echtzeit ermöglichen, können die unterschiedlichen Informationsbedürfnisse von institutsinternen[25] und -externen[26] Adressaten erfüllt werden.

- *Shared Service Center:*[27]
  Innerhalb von Finanzkonzernen werden vielfach gleichartige Prozesse in unterschiedlichen Unternehmensbereichen parallel durchgeführt. Um Skalen- und Synergieeffekte nutzen sowie Know-how bündeln zu können, bietet es sich für ausgewählte Themenstellungen an, diese homogenen Prozesse in Shared Service Center zu bündeln und durch eine Automatisierung zu unterstützen. Die Prozesse werden dabei aus dem originären Verantwortungsbereich ausgelagert, das Shared Service Center ist aber (im Gegensatz zum Outsourcing) nach wie vor eine konzerninterne Organisationseinheit. Je nach Aufgabenstellung und Zielsetzung kann dabei das Shared Service Center *onshore,*[28] *nearshore*[29] oder

---

22 Vgl. CFO Research Services/KPMG (2008), S. 5 - 7; KPMG (2008), S. 8.
23 Vgl. KPMG (2008a), S. 14.
24 Siehe hierzu auch den Beitrag „Finanzfunktion der Zukunft – ein Konzept zur strategischen Neuausrichtung" von Jelinek/Straub in diesem Buch.
25 Zum Beispiel Vorstand, Leiter Geschäftsbereiche etc.
26 Zum Beispiel Anteilseigner, Kapitalmarkt sowie sonstige Stakeholder.
27 Siehe hierzu auch den Beitrag „Effizienzsteigerung durch Nutzung von Finance Shared Service Center" von Leibold in diesem Buch.
28 Verlagerungen innerhalb des Herkunftslandes des Unternehmens.
29 Verlagerungen in nahe gelegene Länder; aus Sicht der deutschsprachigen Länder vor allem in osteuropäische Länder.

offshore[30] betrieben werden. In der Finanzfunktion der Kreditinstitute werden Shared Service Center vor allem zur Know-how-Bündelung in sogenannten Kompetenzzentren,[31] zur zentralen Abarbeitung von einzelnen Prozessschritten[32] oder zur Abbildung der kompletten Aktivitäten des Rechnungswesens für kleinere Tochtergesellschaften und Niederlassungen eingesetzt.

- *Outsourcing*:
Im Rahmen der Sourcing-Strategie (der langfristigen Beschaffungsstrategie für Unternehmensdienstleistungen) ist zu überprüfen, ob eine Übertragung der Erstellung dieser Dienstleistung an einen externen und darauf spezialisierten Anbieter Wettbewerbsvorteile erzeugt. Dabei werden die Leistungsbeziehungen zwischen dem Outsourcing-Anbieter und dem Kreditinstitut in detaillierten *Service Level Agreements*[33] dokumentiert. Analog zu den internen Shared Service Center können auch die externen Anbieter ihre Dienstleistungen *onshore*, *nearshore* oder *offshore* erbringen. Outsourcing wird von internationalen Kreditinstituten meist für die Auslagerung von Finanz-IT-Aktivitäten und standardisierten Transaktionsprozessen[34] genutzt. Geplante Kosteneinsparungen durch Outsourcing sind dabei gegen mögliche Risiken wie die Abhängigkeit vom Outsourcing-Partner, dem Know-how-Verlust oder versteckte Kosten abzuwägen.

- *Mitarbeiter:*[35]
Mit den Anforderungen an die Finanzfunktion steigen auch die Ansprüche an die Qualifikation der Mitarbeiter der Finanzfunktion. Neben den klassischen Buchhaltungs-, Bilanzierungs- und Controllingkenntnissen umfasst das zukünftige Mitarbeiterprofil der Finanzfunktion zunehmend analytische Kenntnisse, Verständnis der Betriebsabläufe in einem Kreditinstitut sowie hervorragende Kommunikations- und Managementfähigkeiten.[36] Aus diesem Grund sind Schulungen der Mitarbeiter in Bezug auf die Anforderungen entsprechend der neuen Rolle der Finanzfunktion erforderlich.

- *Vision/Strategie der Finanzfunktion:*[37]
Grundlage einer erfolgreichen Positionierung der Finanzfunktion ist eine klare Vision und Strategie. Diese beschreibt ganzheitlich den Aufgabenbereich sowie den Umfang der Finanzfunktion. Die Vision und Strategie sollte das Ergebnis einer gemeinsamen Entwicklung der (Konzern-)Finanzfunktion und aller maßgeblichen Finanzbereiche aus den einzelnen Geschäftsbereichen und Ländern unter der Führung der zentralen (Konzern-)Finanz-

---

30 Verlagerungen in weit entfernte Länder; von Europa aus gesehen hauptsächlich in asiatische Länder.
31 Zum Beispiel für fachliche Themen des Rechnungswesens oder Steuerthemen.
32 Zum Beispiel zur Qualitätssicherung der Finanzdaten, der Kreditoren- und Debitorenbuchhaltung.
33 Eine Vereinbarung zwischen Auftraggeber (Dienstleistungsbezieher) und Dienstleister, in der unter anderem die Leistungen, Leistungseigenschaften, Leistungsqualität und Verrechnungspreise festgelegt sind.
34 Zum Beispiel in der Kreditorenbuchhaltung oder Reisekostenabrechnung.
35 Siehe hierzu auch den Beitrag „Finanzfunktion der Zukunft – ein Konzept zur strategischen Neuausrichtung" von Jelinek/Straub in diesem Buch.
36 Siehe auch KPMG (2008a), S. 17.
37 Siehe hierzu auch den oben genannten Beitrag von Jelinek/Straub in diesem Buch.

funktion sein. Durch dieses Vorgehen werden Akzeptanz und Verbreitung der Strategie über alle Abteilungen hinweg in der Organisation gefördert.

4.2 Implikationen der Finanzkrise auf die Finanzfunktion

Die Bemühungen um Effizienzsteigerung und Neuausrichtung der Finanzfunktion durch eine *Finance Transformation* könnten jedoch durch die sich ausweitende Finanzkrise wieder zum Erliegen kommen. Analog zu der Compliance-Welle Anfang des 21. Jahrhunderts ist durch die Finanzkrise wieder mit einer Zunahme der Regulationsdichte für Kreditinstitute zu rechnen, da der Zusammenbruch der Finanzmärkte in 2008 weltweit Diskussionen darüber ausgelöst hat, wie die Aufsicht über Kreditinstitute weiter verbessert werden kann, um überhöhte Risiken rechtzeitig zu erkennen und diesen entgegenzusteuern. Dabei haben insbesondere die durch die Finanzkrise ausgelöste Restrukturierung der Finanzbranche sowie die zu erwartenden steigenden Regulierungsvorschriften seitens des Gesetzgebers und der Aufsichtsbehörden unmittelbare Auswirkungen auf die Finanzfunktionen.

4.2.1 Restrukturierung der Finanzbranche

Die Subprime-Krise in den Vereinigten Staaten[38] und die Illiquidität eines bisher stark wachsenden Marktes mit forderungsbesicherten Wertpapieren verursachten Abschreibungen in erheblicher Höhe und hatten auch existenzbedrohende Krisen für deutsche Finanzinstitute zur Folge. Als Konsequenz aus der Finanzkrise werden in allen drei Sektoren im deutschen Bankwesen (private Geschäftsbanken, öffentlich-rechtliche Kreditinstitute sowie der Genossenschaftsbanken) unterschiedliche Konsolidierungsmodelle sondiert beziehungsweise wurden bereits vollzogen.[39]

Auch auf internationaler Ebene ist die Finanzkrise Auslöser einer Restrukturierung der Finanzbranche. Als Folge der Finanzkrise in den USA fanden zum Beispiel zahlreiche Übernahmen[40]; Insolvenzen[41] sowie staatliche Rettungsmaßnahmen[42] von US-amerikanischen

---

38 Im Folgenden USA.
39 Zum Beispiel die Übernahme der Dresdner Bank durch die Commerzbank sowie die Beteiligung der Deutschen Bank an der Postbank in 2008.
40 Beispiele hierfür sind die Übernahme von Bear Stearns durch JPMorgan Chase & Co. sowie die Übernahme der Investmentbank Merrill Lynch durch die Bank of America.
41 Zum Beispiel Lehman Brothers.
42 Zum Beispiel hat die US-Regierung im September 2008 die vorläufige Kontrolle über die halbstaatlichen Hypothekenfinanzierer Fannie Mae und Freddie Mac übernommen. Die Aufsichtsbehörde FHFA (Federal Housing Finance Agency) wird die beiden Konzerne bis zu deren Stabilisierung führen.

Finanzinstituten statt.[43] Als Reaktion auf diese Entwicklungen haben nationale Regierungen staatliche Rettungsmaßnahmenpakete für den Finanzsektor beschlossen. Zur Überwindung von Liquiditätsengpässen auf dem deutschen Finanzmarkt hat zum Beispiel die deutsche Bundesregierung einen „Finanzmarktstabilisierungsfonds"[44] eingerichtet.[45] Weitere Beispiele für staatliche Rettungsmaßnahmen sind unter anderem das in den USA in Kraft getretene Gesetz zur Rettung des US-amerikanischen Finanzmarktes, das sogenannte *Emergency Economic Stabilization Act*, sowie der von der britischen Regierung Anfang Oktober 2008 aufgestellte Rettungsplan für den Finanzsektor.

Auswirkungen der Finanzkrise auf die Finanzfunktion

Durch diese komplexen Marktveränderungen und dem durch die Finanzkrise verursachten hohen Zeitdruck für die Anpassung und Umsetzung notwendiger Unternehmensstrategien und -transaktionen wird die Finanzfunktion als strategischer *Business Partner* für das Management noch stärker gefordert, als dies bereits vor der Finanzkrise der Fall war. Die Finanzfunktion wird bei der Entwicklung langfristig tragfähiger Geschäftsmodelle, der Identifikation von Wachstumstreibern sowie bei Investitions- und Desinvestitionsentscheidungen beteiligt sein. Es gilt dabei, strukturelle Änderungen im Unternehmen – wie den Erwerb und die Veräußerung von Geschäftsbereichen, das Outsourcen von Dienstleistungen sowie die Entwicklung neuer Geschäftsfelder – in der internen und externen Berichterstattung schnell und verlässlich abzubilden und zu integrieren. Gleichzeitig müssen relevante Informationen für die strategische und operative Steuerung des Instituts schneller und detaillierter bereitgestellt werden.

Hierfür wird die Finanzfunktion nicht nur die erforderlichen Daten zur Verfügung stellen, sondern auch moderierend in die Planungsgespräche eingreifen und für die erreichte Wertentwicklung selbst die Mitverantwortung übernehmen müssen. Im Falle von Fusions- beziehungsweise Desintegrationstransaktionen wird die Finanzfunktion nicht nur die eigene Organisationseinheit anpassen,[46] sondern die gesamte Transaktion für ihr Institut steuern müssen.

---

43 Eine weitere Folge der Finanzkrise ist das Ende der amerikanischen Investmentbanken. So wurden zum Beispiel die in Bedrängnis geratenen fünf amerikanischen Investmentbanken (Lehman Brothers, Merill Lynch, Bear Stearns, Morgan Stanley, Goldman Sachs) entweder durch Verkauf oder Umwandlung zu Holdinggesellschaften zu gewöhnlichen Geschäftsbanken transformiert. Als solche unterstehen sie der Aufsicht der US-Notenbank und unterliegen den gleichen Kontrollen, Regeln und Kapitalanforderungen die auch für andere Banken gelten.

44 Der Finanzmarktstabilisierungsfonds hat unter anderem zum Ziel die Liquiditätsengpässe auf dem deutschen Finanzmarkt zu überwinden und dessen Stabilität zu stärken. Der Fonds soll sich an der Rekapitalisierung von Finanzunternehmen beteiligen können, vor allem gegen Zahlung einer Einlage. Er soll Anteile erwerben und sonstige Bestandteile der Eigenmittel dieser Unternehmen übernehmen können.

45 Der deutsche Gesetzgeber hat in diesem Zusammenhang am 17.10.2008 das Gesetz zur Umsetzung eines Maßnahmenpakets zur Stabilisierung des Finanzmarktes (Finanzmarktstabilisierungsgesetz – FMStG) im Bundesanzeiger veröffentlicht (BGBl. 2008 Teil 1 Nr. 46, S. 1982 - 1989).

46 ... die unter Umständen ein vollständig neues FOM ihrer eigenen Organisationseinheit erforderlich machen.

Angesichts der für den Kapitalmarkt sensiblen Thematik stellt die Kapitalmarktkommunikation eine weitere Herausforderung für den Finanzvorstand und seine Finanzfunktion dar.

Darüber hinaus reagieren Kreditinstitute auf die Finanzkrise mit umfangreichen Kostensenkungsmaßnahmen,[47] die den Druck auf die Finanzfunktion hinsichtlich der eigenen Effizienz und Effektivität noch stärker erhöhen werden. Die Finanzfunktion wird dem Management die notwendigen Mess- beziehungsweise Berichtsinstrumente für die Ermittlung des erforderlichen Kostensenkungsbedarfs zur Verfügung stellen und gleichzeitig auch die Umsetzung und Wirksamkeit der beschlossenen Kostensenkungsmaßnahmen kontrollieren müssen.

4.2.2 Neue gesetzliche und regulatorische Vorschriften

Infolge der Finanzkrise erarbeiten Regierungen, Aufsichtsbehörden und Bankenverbände in allen wichtigen Industrienationen Reformen für die nationalen und internationalen Finanzordnungen. Dabei sind unter anderem drei Eckpfeiler der reformierten Finanzordnung mit unmittelbaren Auswirkungen auf die Finanzfunktion von Instituten erkennbar. Diese sind die Banken- und Finanzmarktaufsicht, das Risikomanagement und die Rechnungslegungsvorschriften für Banken.

- *Reform der Banken- und Finanzmarktaufsicht*:
  Die internationale Finanzbranche wird künftig restriktiver reguliert. Die Krise stößt institutionelle Veränderungen an. So werden zum Beispiel in den USA die Aufgaben- und Verantwortlichkeitsbereiche der US-amerikanischen Finanzregulierer neu geordnet und in der EU kommt es zu einer deutlich engeren Zusammenarbeit zwischen den Ländern. Darüber hinaus plant die Europäische Zentralbank die Finanzmarktaufsicht in den Mitgliedstaaten des Euro-Raums einheitlicher zu gestalten. Die nationalen Freiräume bei der Umsetzung von EU-Regeln sollen eingeschränkt und die Berichtspflichten dabei angeglichen werden. Auch in Deutschland wird parallel über eine Neuordnung der deutschen Bankenaufsicht diskutiert. Darüber hinaus plant die Europäische Kommission Ratingagenturen in der EU künftig gesetzlichen Regeln zu unterwerfen.[48]

- *Reform des Risikomanagements:*
  Angesichts der Finanzkrise werden die Risikomanagementsysteme, nach denen in den vergangenen Jahren ökonomisch und regulatorisch Kapitalanforderungen an die Banken gestellt wurden, grundlegend verändert.[49] Die Eigenkapitalregeln für die Finanzbranche (Basel II) werden neu justiert und eine höhere Eigenkapitalunterlegung bei bestimmten Finanzprodukten gefordert. Außerdem muss das Risikomanagement in Hinblick auf die Liquidität optimiert werden, um zukünftig eine breitere Vorsorge für höhere Liquiditäts-

---

[47] Zum Beispiel durch Abbau von Arbeitsplätzen, insbesondere im Bereich Investment Banking in den großen Finanzzentren in Europa und in den USA.
[48] Unter anderem sind eine Überwachung der Qualität der Ratings sowie eine höhere Transparenz der Tätigkeiten der Ratingagenturen geplant.
[49] Vgl. Greenspan (2008), S. 26.

puffer bei den Banken sicherzustellen. Des Weiteren enthält das Gesetz zur Modernisierung des Bilanzrechts (BilMoG) in § 289 Absatz 5 HGB-E eine Erweiterung der Vorschriften zur Lageberichterstattung. Hiernach müssen kapitalmarktorientierte Kapitalgesellschaften die wesentlichen Merkmale des internen Kontroll- und des internen Risikomanagementsystems im Hinblick auf den Rechnungslegungsprozess im Lagebericht darstellen.

- *Reform der Rechnungslegungsvorschriften*
Ein weiterer Reformansatz sind die Rechnungslegungsvorschriften. Die geplanten Änderungen reichen über bilanzielle Maßnahmen, wie die Bewertung von (illiquiden) Finanzprodukten, die Abbildung von Off-Balance-Transaktionen, den Konsolidierungskreis von Konzernunternehmen bis hin zur Verbesserung der Berichterstattung und Überarbeitung der Offenlegungsvorschriften. Als Reaktion auf die Finanzkrise hat das International Accounting Standards Board (IASB) am 13. Oktober 2008 Änderungen des IAS 39 – *Finanzinstrumente: Ansatz und Bewertung* und des IFRS 7 – *Finanzinstrumente: Angaben* beschlossen. Durch diese Änderungen wird den Unternehmen die Möglichkeit gegeben, einige nicht derivative Finanzinstrumente aus der Kategorie *finanzielle Vermögenswerte, die erfolgswirksam zum beizulegenden Zeitwert bewertet werden*, sofern sie nicht ursprünglich durch Ausübung der Fair Value-Option dieser Kategorie zugeordnet wurden, sowie aus der Kategorie *zur Veräußerung verfügbare finanzielle Vermögenswerte* umzuklassifizieren.[50] Korrespondierend dazu wurde der IFRS 7 angepasst. Die EU hat diese Änderungen am 15. Oktober 2008 übernommen.[51]

Als weiteren Bestandteil der Reaktion des IASB auf die Finanzmarktkrise hat das IASB am 15. Oktober 2008 einen Entwurf zur Änderung des IFRS 7 veröffentlicht. Die vom IASB vorgeschlagenen Änderungen betreffen die Angaben zur Ermittlung der Fair Value sowie zum Liquiditätsrisiko. Der Entwurf berücksichtigt unter anderem auch die Empfehlungen des Forums für Finanzstabilität.

Auswirkungen der Finanzkrise auf die Finanzfunktion

Anhand dieser Entwicklungen wird deutlich, dass Institute auch zukünftig in Folge der Finanzkrise mit umfangreichen neuen gesetzlichen Vorschriften konfrontiert und durch deren Umsetzung und Einhaltung sie vor neue Herausforderungen gestellt werden. Hinzu kommt, dass den deutschen Kreditinstituten durch das Gesetz zur Modernisierung des Bilanzrechts (BilMoG) weitere Anpassungen der Rechnungslegungsvorschriften bevorstehen, die in der

---

50 Dies betrifft insbesondere solche Finanzinstrumente, die bei fehlender Handelsabsicht beziehungsweise bei fehlender Designation als „zur Veräußerung verfügbar" ursprünglich die Definition von „Kredite und Forderungen" erfüllt hätten. Die Änderungen hinsichtlich der Umklassifizierung dürfen mit Wirkung ab dem 01.07.2008 genutzt werden.

51 Verordnung (EG) Nr. 1004/2008 der Kommission vom 15.10.2008 zur Änderung der Verordnung (EG) Nr. 1725/2003 betreffend die Übernahme bestimmter internationaler Rechnungslegungsstandards in Übereinstimmung mit der Verordnung (EG) Nr. 1606/2002 des Europäischen Parlaments und des Rates im Hinblick auf IAS 39 und IFRS 7 (ABl EU L 275/37 vom 16.10.2008).

Finanzfunktion umzusetzen sind. Die Herausforderung für die Finanzfunktion besteht neben Bilanzierungsfragen vor allem darin, die weitreichenden Änderungen und deren Auswirkungen auf Geschäftsprozesse sowie IT-Systeme zu erfassen und rechtzeitig umzusetzen.

Darüber hinaus hat die Finanzkrise aufgrund eines andauernden Mangels an Transparenz an den Finanzmärkten zu Nervosität geführt. Ein stärkeres Bemühen um eine erhöhte Transparenz durch die zeitnahe und vollständige Offenlegung der Risiken ist daher erforderlich, nicht zuletzt auch deshalb, um sich niedrigere Refinanzierungskosten am Markt sichern zu können. Um diesem Informationsbedarf gerecht zu werden, sind ein effektives Risikomanagement und eine zeitnahe Berichterstattung erforderlich, welche Klarheit über die Risiken innerhalb der Kreditinstitute schaffen. Darüber hinaus kann die Finanzfunktion durch eine qualitativ hochwertige Kapitalmarktkommunikation einen wichtigen Beitrag zur Unternehmenswertentwicklung leisten. Hierfür werden nicht nur zeitnahe und korrekt aufbereitete Zahlen gefordert, sondern die Finanzvorstände sollten die Kommunikationsstrategie und laufende Kommunikation mit Analysten und Investoren aktiv gestalten.

Zusammenfassend ist deshalb festzuhalten, dass die aus der Finanzkrise resultierenden Veränderungen die personellen Kapazitäten der Finanzfunktion stark beanspruchen werden. Finanzfunktionen, die noch aufgrund der ersten Compliance-Welle[52] mit der operativen Bewerkstelligung der Finanzberichterstattung kämpfen, werden ihre knappen Kapazitäten zukünftig auf Maßnahmen für die Umsetzung der neuen Compliance-Anforderungen sowie auf Effizienzsteigerungsmaßnahmen zur Optimierung ihrer Finanzfunktion aufteilen müssen. Institute, welche bereits die Balance zwischen *Compliance* und *Performance* hergestellt haben, können auf eine optimierte Finanzorganisation aufbauen und die damit realisierten freien Kapazitäten auf die Bewältigung der Anforderungen aus der Finanzkrise verwenden.

5. Fazit

Die Rolle der Finanzfunktion und ihr Aufgabenspektrum waren in den vergangenen Jahren einem starken Wandel ausgesetzt. Bedingt durch die fortschreitende Globalisierung, den Entwicklungen der Informationstechnologie sowie den ständig wachsenden regulatorischen Anforderungen hat sich die heutige Rolle und das Selbstverständnis der Finanzfunktion vom ursprünglichen *Zahlenaufbereiter und -verwalter* zum *Business Partner* des Managements von Instituten weiterentwickelt.

Obwohl Kreditinstitute bereits große Fortschritte bei der Optimierung ihrer Finanzfunktion gemacht haben, bleibt weiterhin die Ausrichtung in Bezug auf die Anforderungen entsprechend der neuen Rolle eine Herausforderung für die Finanzfunktion. Die Herausforderung

---

52 Zum Beispiel die Umstellung der Konzernrechnungslegung auf IFRS.

besteht mithin darin, die richtige Balance zwischen der Einhaltung der Compliance-Anforderungen sowie einer effektiven und effizienten Durchführung der Aufgaben (Performance) zu finden, um im Institut auch als strategischer *Business Partner* des Managements wahrgenommen zu werden.

Um diesen Anforderungen gerecht zu werden, ist eine fortlaufende Anpassung und Optimierung des Finanzbereiches erforderlich. Angesichts der Finanzkrise kann den Instituten nur empfohlen werden, die Transformation ihrer Finanzfunktion trotz der vielfältigen aktuellen Herausforderungen parallel zu den Pflichtaufgaben und dem Tagesgeschäft fortzuführen. So kann auch eine sequenzielle Durchführung der Optimierungsmaßnahmen gleichzeitig zur Ausrichtung der Finanzfunktion an ihr Zielbild, zur Einhaltung der Compliance-Vorschriften sowie zur Entlastung von internen Ressourcen beitragen.

Literaturverzeichnis

CFO RESEARCH SERVICES/KPMG (2008): Future Perfect: The CFO of Tomorrow, Internet: http://www.kpmg.com/SiteCollectionDocuments/Future-Perfect.pdf, Stand: 07.2008, Abruf: 12.01.2009, 16:32 Uhr, S. 1 - 26.

COPELAND T./KOLLER, T./MURRIN, J. (1998): Unternehmenswert. Methoden und Strategien für eine wertorientierte Unternehmensführung, 2. Auflage, Frankfurt 1998.

DAUM, J. H. (2005): Wie CFOs ihren Bereich zukunftsfähig machen, Internet: http://sap.info/archive/strategie/de_Strategie_Wie_CFOs_ihren_Bereich_zukunftsfaehig_machen_19.09.2005.html, Stand: 19.09.2005, Abruf: 13.01.2009, 10:09 Uhr, S. 1.

DAUM, J. H. (2005a); Die Evolution der Finanzfunktion in Europäischen Unternehmen und die Perspektiven für die Zukunft, Internet: http://www.juergendaum.de/fgcontent/Evolution_of_Finance_EU_de.pdf, Stand: 12/2005, Abruf: 13.01.2009, 12:02 Uhr, S. 1 - 5.

GREENSPAN, A. (2008): Die Grenzen des Risikomanagements, in: Financial Times Deutschland vom 18.03.2008, S. 26.

KPMG (2005): Challenges for Today's Finance Function – Balancing Compliance and Performance, Internet: http://www.kpmg.be/index.thtml/en/Topics/Finance_func/index.html, Stand: 2005, Abruf: 13.01.2009, 13:30 Uhr, S. 1 - 20.

KPMG (2006): The Economist Intelligence Unit Limited, Being the best – Insights from Leading Finance Functions, Internet: http://www.kpmg.com.au/aci/docs/rasbps_Being-the-best200611.pdf, Stand: 01.09.2006, Abruf: 13.01.2009, 14:26 Uhr, S. 1 - 55.

KPMG (2008): Being the Best: The evolution of local finance functions, Internet: http://www.kpmg.de/docs/20080421_BeingTheBest_SA_web.pdf, Stand: 03. 2008, Abruf: 13.01.2009, 15:00 Uhr, S. 1 - 68.

KPMG (2008a): Finance of the Future – looking forward to 2020, Internet: http://www.kpmg.an/uploads/an/Finance_future.pdf, Stand: 04.2008, Abruf: 13.01.2009, 14:30 Uhr, S. 1 - 15.

RAPPAPORT, A. (1998): Creating Shareholder Value: A Guide for Managers and Investors: The new Standard for Business Performance, New York 1998.

Finanzfunktion der Zukunft – ein Konzept zur strategischen Neuausrichtung

Britta Jelinek / Gerd Straub

1. Herausforderungen für die Finanzfunktion von Kreditinstituten
2. Best Practices für die Finanzfunktion anhand von sechs Perspektiven
   2.1 Leistungsspektrum und strategische Ziele
   2.2 Organisatorische Perspektive
   2.3 Management des Humankapitals
   2.4 Prozessintegration in der Finanzfunktion
   2.5 Technologische Perspektive
   2.6 Organisation des Leistungsbezugs
3. Vorgehensmodell zur erfolgreichen Gestaltung von Transformationsprogrammen
   3.1 Die Elemente des Finance Operating Models (FOM)
   3.2 Vorgehensmodell für die Neuausrichtung einer Finanzfunktion
      3.2.1 Bestimmung der Ist-Situation und Benchmarking der Finanzfunktion
      3.2.2 Vision und strategische Ziele als Grundlage des Transformationsprozesses
      3.2.3 Definition des Target Operating Models (TOM)
      3.2.4 Roadmap und Business Case
4. Kritische Erfolgsfaktoren und Würdigung des Vorgehensmodells

Literaturverzeichnis

1. Herausforderungen für die Finanzfunktion von Kreditinstituten

Die Finanzfunktion von Kreditinstituten unterliegt spätestens seit Mitte der Neunzigerjahre stetig steigenden Anforderungen. Ihre Rolle bei der Gesamtentwicklung eines Kreditinstitutes nimmt stetig an Bedeutung zu.

Eine Vielzahl von Kreditinstituten verfügt inzwischen über eine Finanzfunktion, die die Unternehmensentwicklung in vielfältiger und komplexer Hinsicht unterstützt. Dies gilt insbesondere im Zusammenhang mit dem Erreichen der strategischen Ziele, dem Aufbau des Vertrauens von Investoren sowie einer effizienten Ressourcenallokation. Dabei liefert der Bereich für den jeweiligen Informationsempfänger profunde Analysen und stellt entsprechende Entscheidungsgrundlagen beratend zur Verfügung.[1] Diese fortschrittliche Positionierung ermöglicht gleichzeitig, talentierte Führungskräfte anzuziehen und für die Mitarbeiter ein attraktives Arbeitsumfeld zu bieten. Trotz dieser positiven Entwicklung gibt es in der Praxis nur wenige Kreditinstitute, welche diese Zielvorstellungen umfassend erfüllen.[2]

Das Zielbild einer Finanzfunktion, die den gestiegenen Anforderungen gerecht wird und als Werttreiber für das gesamte Unternehmen auftritt, bezeichnen die Autoren dieses Beitrages als *Finance of the Future* (FoF). Die Transformation dorthin beruht meist auf einem umfassenden Einzelmaßnahmen-Programm, wobei die Komplexität je nach Ausgangssituation variiert.

Ziel dieses Beitrages ist es, Best Practice-Ansätze sowie eine Methodik zur Strukturierung der Transformation einer Finanzfunktion vorzustellen. In Abschnitt 2 werden dazu Praxisbeispiele für eine zukunftsorientierte Positionierung der Finanzfunktion von Kreditinstituten vorgestellt. Im dritten Abschnitt wird anschließend erläutert, wie in einem zielgerichteten Veränderungsprozess neben einer detaillierten Bestimmung des Ist-Zustandes auch eine präzise Vorstellung von der künftigen Ausrichtung der Finanzfunktion erarbeitet werden kann. In Abschnitt 4 werden dann abschließend die kritischen Erfolgsfaktoren diskutiert und das KPMG-Vorgehensmodell für die Neuausrichtung einer Finanzfunktion gewürdigt.

---

[1] Für eine ausführliche Diskussion siehe unter anderem die Studie der KPMG (2006) sowie den Beitrag Jelinek zum Thema „Veränderung des Rollenverständnisses der Finanzfunktion in Kreditinstituten" in diesem Buch.

[2] Die Einschätzung wird durch Umfragen von KPMG International aus den Jahren 2003 und 2006 gestützt. Hierbei wurden Leiter von Finanzfunktionen auch nach ihren obersten Prioritäten für die kommenden Jahre befragt (zum Beispiel in der Studie der KPMG (2006), S. 41 – 54).

2. Best Practices für die Finanzfunktion anhand von sechs Perspektiven

In diesem Abschnitt werden exemplarisch Beispiele für eine zukunftsorientierte Positionierung der Finanzfunktion von Kreditinstituten vorgestellt. Die Darstellung ist dabei nach sechs Dimensionen gegliedert, die später auch im *Finance Operating Model* (FOM) aufgegriffen werden:

- Strategie
- Organisation
- Mitarbeiter
- Prozessintegration
- Systeme/Technologie
- Leistungsbezug

Die folgenden Best Practice-Beispiele können als erste Anhaltspunkte für die Elemente eines individuellen Transformationsprogramms dienen.

2.1 Leistungsspektrum und strategische Ziele

Die Grundlage einer erfolgreichen Positionierung der Finanzfunktion ist eine klare Vision. Diese beschreibt ganzheitlich den Aufgabenbereich sowie den Umfang der Finanzfunktion. Die Vision sollte nicht durch die zentrale (Konzern-)Finanzfunktion in einem *Top-down-Ansatz* vorgegeben werden. Stattdessen ist sie das Ergebnis einer gemeinsamen Entwicklung aller maßgeblichen Finanzabteilungen aus den einzelnen Geschäftsbereichen und Ländern unter der Führung der zentralen (Konzern-)Finanzfunktion. Durch dieses Vorgehen werden Akzeptanz und Verbreitung der Vision über alle Abteilungen hinweg in der gesamten Organisation gefördert.

Das Ziel ist dabei, die Abstimmung von Vision und Strategie der Finanzfunktion mit der Gesamtstrategie des Unternehmens in Einklang zu bringen sowie einen Finanzbereich zu schaffen, der gegenüber der Unternehmensführung des Kreditinstituts und den jeweiligen Geschäftsbereichen als Geschäftspartner auftritt. Die Finanzfunktion stellt damit einen Werttreiber für das gesamte Kreditinstitut dar und involviert ihre Mitarbeiter auch in bereichsübergreifende Entscheidungsprozesse. Abbildung 1 stellt exemplarisch eine solche Vision dar. Dabei werden sieben unterschiedliche Kernelemente für die Ausrichtung der Finanzfunktion betrachtet, die wiederum durch prägnante Detailziele konkretisiert werden.

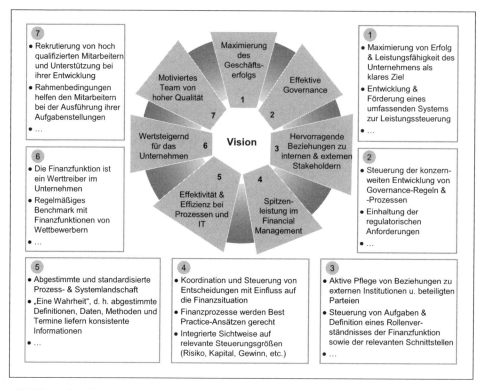

Abbildung 1: Vision für eine Finanzfunktion der Zukunft

2.2 Organisatorische Perspektive

Der Status quo ist in den Finanzfunktionen der Kreditinstitute meist dadurch geprägt, dass die lokalen Leiter der Finanzbereiche an ihre lokale Geschäftsführung berichten, der sie auch direkt unterstellt sind. Die zentrale (Konzern-)Finanzfunktion hat hingegen keinen oder nur einen geringen Einfluss auf die dezentralen Leiter der Finanzabteilungen und deren Mitarbeiter. Führende Kreditinstitute haben die Rolle ihrer Zentrale gestärkt.

Es hat sich als klarer Vorteil herausgestellt, wenn

a) die Organisationsstruktur der lokalen Finanzabteilungen an die Struktur der zentralen Finanzfunktion angepasst wird und

b) die zentrale (Konzern-)Finanzfunktion auch einen direkten Einfluss auf die dezentralen Einheiten ausüben kann.

Ob die lokalen Einheiten dabei entsprechend ihrer Gesellschaftsstruktur (*Legal Entities*) oder der divisionalen Zuordnung (*Reporting Entities*) strukturiert sind, ist für diese Betrachtung nicht entscheidend.

Bei einer Angleichung der Organisationsstruktur kann die Kommunikation zwischen Zentrale und lokalen Einheiten in einer 1:1-Beziehung erfolgen. Das Schema ist in Abbildung 2 beispielhaft dargestellt.

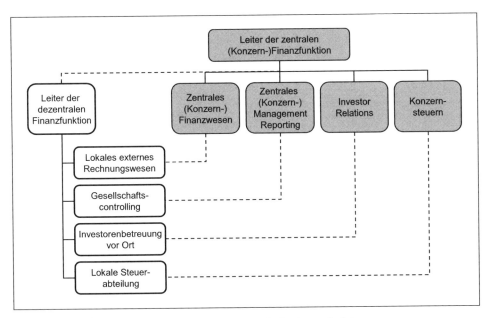

Abbildung 2: Organisationsstruktur für eine globale Finanzfunktion

Eine verbesserte Einflussnahme der zentralen (Konzern-)Finanzfunktion kann beispielsweise dadurch gefördert werden, dass ihr ein Mitspracherecht bei Stellenbesetzungen eingeräumt wird. Weiterhin sollte sie gleichberechtigt mit den dezentralen Geschäftsführern die Zielvereinbarungen und Bonuszahlungen für die Führungskräfte der lokalen Finanzfunktion bestimmen können.

2.3 Management des Humankapitals

Mit den Anforderungen an die Finanzfunktion steigen auch die Ansprüche an die Qualifikation der Mitarbeiter der Finanzfunktion. Neben den klassischen Buchhaltungs-, Bilanzierungs- und Controllingkenntnissen umfasst das zukünftige Mitarbeiterprofil der Finanzfunktion zunehmend auch analytische Kenntnisse, Verständnis der Betriebsabläufe in einem Kreditinstitut sowie hervorragende Kommunikations- und Managementfähigkeiten.[3] Aus diesem Grund haben sich die Rekrutierung und das Halten von gut ausgebildeten Finanzmitarbeitern zu einer Herausforderung für Kreditinstitute, insbesondere in Finanzzentren mit hoher Personalnachfrage, entwickelt.

Wegweisende Kreditinstitute haben daher auch für die Finanzfunktion ein strukturiertes Personalmanagement etabliert, das unter anderem weltweit vereinheitlichte Mitarbeiterebenen, eine strukturierte und global aufgestellte Lern- und Entwicklungsumgebung sowie ein professionelles Talentmanagement zur Förderung der zukünftigen Führungskräfte umfasst. Ein kritischer Erfolgsfaktor für die Entwicklung von Top-Talenten ist dabei, klare Karrierestufen in den Finanzfunktionen einzuführen. Wird zusätzlich noch ein temporärer Mitarbeiteraustausch zwischen den dezentralen Finanzabteilungen und der zentralen (Konzern-)Finanzfunktion sowie den operativen Einheiten systematisch gefördert, kann dies den Weg zur Finanzfunktion der Zukunft signifikant unterstützen.

In Abbildung 3 sind die Grundlagen eines professionellen Personalmanagements einer Finanzfunktion zusammenfassend grafisch dargestellt.

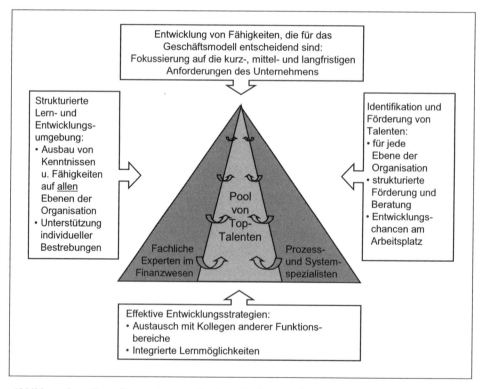

Abbildung 3:   *Grundlagen eines professionellen Personalmanagements*

---

[3]   Vgl. auch KPMG (2008), S. 12.

2.4 Prozessintegration in der Finanzfunktion

Führende Finanzfunktionen haben das Harmonisierungs- und Standardisierungspotenzial ihrer Kernprozesse konsequent und konzernübergreifend genutzt. Die Maßnahmen zur Optimierung dieser Prozesse wurden entsprechend der beiden Handlungsebenen in der Finanzfunktion gegliedert:

- *Unterstützungsprozesse*, zum Beispiel in der Nebenbuchhaltung (Anlagenbuchhaltung, Kreditoren- und Debitorenbuchhaltung) sowie im Controlling des Betriebsbereichs
- *Kernprozesse*, die das operative Bankgeschäft (Kredit-, Anlagen und Handelsgeschäft), das Hauptbuch sowie die Abschlussprozesse des Kreditinstituts betreffen

Im Bereich der Unterstützungsprozesse gibt es nur sehr wenige Abläufe, die nicht weltweit harmonisiert werden können. Bei Prozessen, die das Kerngeschäft des Kreditinstituts, das Hauptbuch und die Abschlussprozesse der Bank betreffen, ist aufgrund regulatorischer Anforderungen sowie des individuellen operativen Geschäftes das Standardisierungspotenzial geringer. In Abbildung 4 sind ergänzend Beispiele von Harmonisierungs- und Vereinheitlichungsmöglichkeiten für die verschiedenen Hierarchieebenen aufgeführt.

Die Standardisierung und Harmonisierung in der Finanzfunktion führt vor allem zur mehr Transparenz und einer höheren Prozessstabilität. Es wird jedoch dadurch auch eine mögliche Ausgangsbasis für die zukünftige Verlagerung dieser Prozesse in *Shared Service Center* und damit zur weiteren Realisierung von Skalen- und Synergieeffekten sowie der Unterstützung der Einführung einer einheitlichen Finanz-IT-Architektur gebildet.

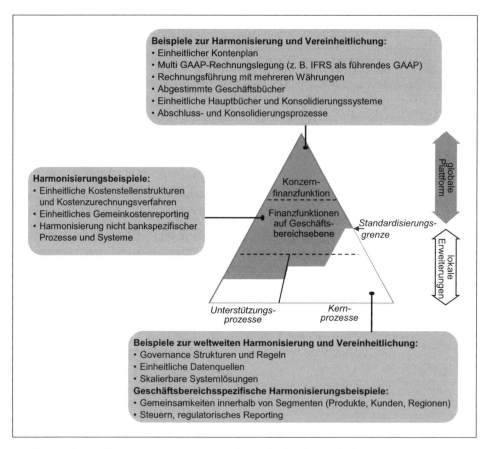

Abbildung 4: Differenzierung der Prozessebenen in der Finanzfunktion

2.5 Technologische Perspektive

Für die technologische Ausrichtung einer Finanzfunktion lassen sich zwei Grundrichtungen unterscheiden. Einerseits kann den dezentralen Bereichen die Freiheit gegeben werden, für die definierten Anforderungen der Finanzfunktionen lokale IT-Lösungen zu nutzen. Diese Alternative ist vor allem bei global aufgestellten Kreditinstituten mittel- bis langfristig wenig erfolgversprechend, da Skaleneffekte nicht genutzt und Prozesse und Methoden nur begrenzt standardisiert werden können.

Finanzfunktionen, die in technologischer Hinsicht eine Spitzenposition einnehmen, haben hingegen die zweite Richtung, eine zentrale Ausprägung gewählt. Sie entwickelten zum Beispiel auf Konzernebene ein weltweites Datenmodell mit einheitlichem Hauptbuch (*Global General Ledger*) und Kontenrahmen/-plan (*Global Chart of Account*) sowie eine einheitliche, flexible und skalierbare Systemarchitektur.

Welche Alternativen es in diesem Zusammenhang bei der Ausgestaltung der Rolle der IT in der Praxis gibt und welche Vorgehensweise zur Optimierung aus Sicht der KPMG empfehlenswert ist, beschreibt Stork in seinem Beitrag in diesem Buch.[4] Auf eine parallele Darstellung dieser Aspekte wird daher an dieser Stelle verzichtet.

2.6 Organisation des Leistungsbezugs

Die Definition und Umsetzung einer für die Finanzfunktion passenden *Sourcing-Strategie*[5] ist ein kritischer Erfolgsfaktor für die Realisierung von Synergiepotenzialen. Hierbei kommen grundsätzlich drei verschiedene Möglichkeiten in Betracht. Die Leistungen können

1. intern und dezentral erbracht werden, sie können
2. intern und von zentralen *(Shared) Service Centern* bezogen werden oder
3. von externen Anbietern bezogen werden (sogenanntes Outsourcing).

In der Finanzfunktion von deutschen Kreditinstituten wird Outsourcing bisher vor allem für ausgewählte IT-gestützte Unterstützungsprozesse, wie zum Beispiel für die Abwicklung von Reisekostenabrechnungen sowie der Anlagen-, Kreditoren- und Debitorenbuchhaltung, genutzt. Dagegen verbleiben die Kernprozesse (zum Beispiel die Hauptbuchhaltung oder die Abschlusserstellung) meist im Leistungsspektrum der Finanzorganisation und werden nicht an externe Dienstleistungsunternehmen ausgelagert. Um trotzdem auch bei diesen kritischen Prozessen bereits Skaleneffekte nutzen zu können, bündeln die Kreditinstitute diese zumindest in *Shared Service Center*.[6]

Wie bereits erwähnt, ist es bei der Festlegung der *Sourcing-Strategie* entscheidend, eine klare Trennung zwischen den Kernprozessen und den unterstützenden Funktionen herzustellen.[7] Insbesondere für die Unterstützungsprozesse sollte das Kosten-/Leistungsverhältnis konsequent optimiert werden. Jedoch gibt es keinen einheitlichen Ansatz, der für alle Prozesse die optimale Lösung darstellt. Meist wird eine Kombination der verschiedenen Bezugsquellen genutzt.

---

4 Siehe hierzu auch den Beitrag von Stork in diesem Buch
5 Unter einer *Sourcing-Strategie* versteht man eine (globale) Beschaffungsstrategie von Waren und Dienstleistungen. Dies betrifft sowohl die geografische Komponente als auch die Organisationsstruktur.
6 Siehe hierzu auch den Beitrag „Effizienzsteigerung in der Finanzfunktion durch Nutzung von Finance Shared Service Center" von Leibold in diesem Buch.
7 Siehe hierzu auch Abschnitt 2.4.

Für die verbesserte Ausrichtung der Finanzfunktion gibt es grundsätzlich zwei Vorgehensweisen:

1. *Variante*: Zuerst erfolgt die dezentrale Standardisierung von Prozessen und Systemen (zum Beispiel durch die Einführung einer einheitlichen SAP-Plattform) und anschließend die Verlagerung der homogenen Prozesse in das SSC.
2. *Variante:* Die heterogenen Prozesse werden zuerst in das SSC eingebracht und anschließend in die optimierten Zielprozesse übergeleitet.

Welche Vorgehensweisen und welche Organisationsformen sich konkret für die einzelne Finanzfunktion anbieten und wie diese umgesetzt werden können, wird weiterführend im erwähnten Beitrag von Leibold zur Effizienzsteigerung aufgezeigt.

3. Vorgehensmodell zur erfolgreichen Gestaltung von Transformationsprogrammen

Im vorhergehenden Abschnitt wurden anhand von sechs Dimensionen Best Practice-Ansätze einer Finanzfunktion der Zukunft aufgezeigt. In diesem Abschnitt wird nun auf Grundlage dieser Dimensionen das Vorgehensmodell *Finance of the Future* zur zielgerechten Transformation der Finanzfunktion erläutert. Eine solche Transformation benötigt meist ein ganzes Maßnahmenbündel. So erfordert es, neben dem Bekenntnis und der Unterstützung durch das Top-Management, einer detaillierten Analyse, Planung und Koordination der Umsetzung. Das praxisbewährte *Finance Operating Model* (FOM) der KPMG ist dabei eine wertvolle Hilfestellung zur Konkretisierung der Zielstruktur und fördert einen erfolgreichen Transformationsprozess.

3.1 Die Elemente des Finance Operating Models (FOM)

Für eine differenzierte Analyse des Finanzbereichs betrachtet das FOM die sechs bereits in Abschnitt 2 aufgeführten Dimensionen. Diese sind in der Abbildung 5 auf der vertikalen Achse links aufgeführt. Daneben werden auf der horizontalen Achse für jede Dimension verschiedene Ausprägungen für den jeweiligen Reifegrad einer Finanzfunktion aufgezeigt. Mithilfe des FOM kann die *Ist-Situation* einer Finanzfunktion analysiert und strukturiert

Finanzfunktion der Zukunft – ein Konzept zur strategischen Neuausrichtung

dokumentiert werden. Zudem kann in der gleichen Struktur auch das für das jeweilige Kreditinstitut optimale *Zielbild* (im Folgenden als *Target Operating Model* bezeichnet) individuell erarbeitet werden. Dafür wird die in der Abbildung 5 vordefinierte Vorlage genutzt. Abhängig von der Struktur und Strategie des jeweiligen Kreditinstituts sind diese Zielparameter jedoch gegebenenfalls noch individuell zu adjustieren.

Generell bilden im FOM die Ausprägungen auf der linken Seite auch die Minimalanforderungen an die Finanzfunktion ab. Eine fortschrittliche Finanzfunktion besteht tendenziell dann, wenn der Reifegrad für jede Dimension in der rechten Hälfte der horizontalen Achse liegt. Entscheidend ist dabei jedoch nicht, nur einzelne Dimensionen möglichst weit in Richtung Optimum zu bringen. Es gilt vielmehr, alle sechs Dimensionen aufeinander abzustimmen und mit einem möglichst gleichen Reifegrad sukzessive nach rechts zu bewegen.

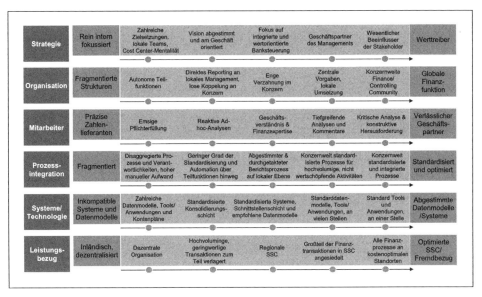

Abbildung 5: *Finance Operating Model einer Finanzfunktion aus der Sicht von KPMG*

Die folgenden sechs Dimensionen haben sich in der Praxis als nützliche Analysestruktur erwiesen, da sie die Finanzfunktion einer Unternehmung ganzheitlich erfassen:[8]

- *Leistungsspektrum und strategische Ziele*: Die erste Dimension betrachtet die Positionierung und das Selbstverständnis der Finanzfunktion. Entscheidend ist dabei zu klären, inwieweit diese in der Lage ist, dem Management die erforderlichen Daten in einer hohen Qualität zur Verfügung zu stellen und bei der Entscheidungsfindung zu unterstützen.

---

[8] Siehe auch Abschnitt 2. Abhängig von den Kundenanforderungen können Dimensionen auch ausgetauscht oder ergänzt werden.

- *Organisation*: Die zweite Dimension untersucht die Struktur der Finanzfunktion und den Reifegrad seiner Aufbauorganisation. Dieser reicht von dezentralisierten autonomen Finanzeinheiten mit geringer Tiefe und Konsistenz des konzernweiten Reportings bis hin zu einer globalen Einheit mit klaren Verantwortlichkeiten und einem signifikanten Wertbeitrag zum Unternehmen.
- *Mitarbeiter*: Diese Dimension beschäftigt sich mit dem Humankapital der Finanzfunktion und den fachlichen sowie sozialen Kompetenzen der Mitarbeiter. Die Abstufungen reichen auf der einen Seite von einer Finanzfunktion mit wenig motivierten Mitarbeitern ohne klare Karriereperspektive, die über einen geringen Kontakt zum operativen Geschäft verfügen. Für das Zielbild steht auf der rechten Seite eine Finanzfunktion mit einem hoch motivierten Team, welches die Planungen anderer Unternehmenseinheiten konstruktiv hinterfragt und die Geschäftsentwicklung hervorragend unterstützt. Mitarbeiterentwicklung und Talentmanagement werden hier global koordiniert und forciert.
- *Prozessintegration*: Die vierte Dimension betrachtet die Prozesslandschaft einer Finanzfunktion. Inkonsistente Verfahren und Kontrollen, heterogene Datenquellen und ein hoher Anteil an manuellen Aktivitäten zeugen von einem niedrigen Reifegrad. Verbesserte Prozesse liegen vor, wenn Verfahrensrichtlinien sowie Normen und Kontrollen definiert sind und auf globaler Ebene standardisierte sowie automatisierte Prozesse vorliegen.
- *Technologie*: Bei dieser Dimension werden IT-Architekturen und Datenmodelle untersucht. Hierbei reichen die Ausprägungen für den Reifegrad von zahlreichen inkompatiblen Systemen über standardisierte Systemarchitekturen mit definierten Schnittstellen, bis hin zu einem weltweit homogenen Datenmodell mit einheitlichem Kontenplan, abgestimmten *Service Level Agreements* und einer flexiblen und skalierbaren Systemarchitektur.
- *Leistungsbezug*: Die letzte Dimension des FOM betrachtet die geografische Ausrichtung der Finanzfunktion. Ein niedriger Reifegrad liegt vor, wenn die Finanzfunktion dezentral und sehr heterogen ausgeprägt ist. Wird die Leistungserbringung an den bestmöglichen Orten durch *Shared Service Center* durchgeführt und wird dies mit einer globalen Beschaffungsstrategie für alle Dienstleistungen verbunden, ist der Reifegrad auf der horizontalen Achse rechts abzubilden.

3.2 Vorgehensmodell für die Neuausrichtung einer Finanzfunktion

Für eine effiziente Umsetzung des Transformationsprozesses der Finanzfunktion hat KPMG eine mehrstufige, aufeinander aufbauende Methodologie entwickelt. Eine Übersicht der einzelnen Schritte ist in Abbildung 6 dargestellt.

Finanzfunktion der Zukunft – ein Konzept zur strategischen Neuausrichtung

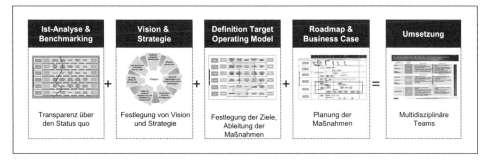

Abbildung 6: Vorgehen zur Verwirklichung des Transformationsprozesses

Die einzelnen Phasen zur Definition einer individuellen Finanzfunktion der Zukunft werden in den nachfolgenden Abschnitten beispielhaft näher erläutert. Dabei ist zu berücksichtigen, dass bei der jeweiligen Durchführung vorab mit dem Mandanten die Auswahl sowie die Reihenfolge der Schritte festgelegt wird.[9]

3.2.1 Bestimmung der Ist-Situation und Benchmarking der Finanzfunktion[10]

Ausgangspunkt für den Transformationsprozess ist eine Analyse der Ist-Situation (der Identifikation des Reifegrads) der Finanzfunktion. Die Bestimmung und Dokumentation der Ist-Situation erfolgt mithilfe des im vorherigen Abschnittes erläuterten *Finance Operating Models*. Die Dimensionen für die gesamte Finanzfunktion bieten dabei ein einheitliches Schema, das auch für verschiedene funktionale Bereiche angewendet werden kann.

In Abbildung 7 ist als Beispiel eine Fokussierung auf die folgenden vier Schwerpunktbereiche dargestellt, die häufig für den Review einer Finanzfunktion von Kreditinstituten genutzt werden:[11]

- externes Rechnungswesen
- internes Rechnungswesen
- Aufsichtsrecht
- Steuern

---

9 Alternativ zur vorgeschlagenen Reihenfolge könnte zum Beispiel aufgrund der individuellen Kundensituation auch zuerst die Strategie festgelegt und anschließend ein Benchmarking geführt werden.
10 Ein Praxisbericht für diesen Arbeitsschritt wird im Beitrag Brandt/Liedtke/Schäfer/Steitz dargestellt.
11 Auch die Auswahl dieser Schwerpunktbereiche ist im Rahmen der Vorbesprechungen individuell für jedes Kreditinstitut festzulegen.

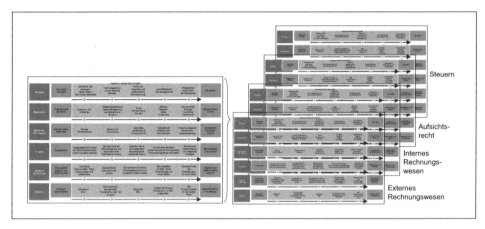

Abbildung 7: FOM-Schemata für einzelne Elemente der Finanzfunktion

Diese vier funktionalen Bereiche werden unter Berücksichtigung der Leistungsbeziehungen und Schnittstellen innerhalb der Finanzfunktion sowie mit internen und externen Kunden individuell analysiert. Dabei werden die Erfahrungen der KPMG aus bisherigen FoF-Projekten entsprechend eingebracht. Die Ergebnisse werden anschließend wieder zu einem Gesamt-FOM übergeleitet.

Über strukturierte Interviews und Fragebögen wird das Eigenbild der Finanzfunktion aufgenommen. Ebenso erfolgt durch eine Kundenzufriedenheitsanalyse parallel die Ermittlung des Fremdbilds, wobei hier sowohl interne „Kunden" wie zum Beispiel die Empfänger einzelner Berichte innerhalb des Kreditinstitutes (wie Geschäftsbereiche, Vorstand oder Aufsichtsrat) als auch externe Kunden der Finanzfunktion (wie Abschlussprüfer, Aufsichtsbehörden oder Ratingagenturen) befragt werden. Zudem fließen in das Fremdbild auch die bisherigen Beobachtungen und Projekterfahrungen des KPMG-Teams ein.

Des Weiteren kann der Review um eine weitere Kapitalmarktsicht ergänzt werden. Dabei werden die vom Kapitalmarkt erwarteten Kennzahlen (*Key Performance Indicators*) zusammengestellt. Anschließend wird validiert, inwieweit diese von Investoren und Analysten erwarteten Kennzahlen bereits heute im internen und externen Rechnungswesen abgedeckt sind.

Zu den Ergebnissen dieser ersten Phase gehören insbesondere die Darstellung der Kundenanalyse, eine Zusammenfassung der bereits identifizierten Optimierungsmöglichkeiten sowie eine Abweichungsanalyse von Eigenbild und Fremdbild. Des Weiteren erfolgt eine quantitative Bewertung einzelner Aktivitäten und Bereiche inklusive der Ableitung erster Handlungsempfehlungen.

Eine Konsolidierung der Erkenntnisse findet über die Darstellung und Erläuterung der spezifischen Reifegrade im FOM statt. Die Abbildung 8 stellt eine exemplarische Berichtsstruktur dar, die die Erkenntnisse des Reviews in konsolidierter Form zusammenfasst.

Finanzfunktion der Zukunft – ein Konzept zur strategischen Neuausrichtung

Teil 1: Reifegrad des FOM	Teil 2: Kundensicht	Teil 3: Sonstige Informationen
• FOM-Darstellung 　- FOM-Übersicht des jeweiligen Funktionsbereiches anhand der sechs Dimensionen 　- Positionierung gegenüber der Best Practice • FOM-Erläuterung 　- Erklärende Beschreibung der wesentlichen Erkenntnisse der Interviews, z. B. grobe Darstellung von Prozessen, der Systemarchitektur und angewandten Methoden • Darstellung der Schnittstellen zu anderen Funktionsbereichen oder Unternehmensbereichen • Auflistung beobachteter Risiken/ Schwachstellen	• Ergebnisdarstellung und Erläuterung der Kundenanalyse 　- Messung der Zufriedenheit anhand einer einheitlichen Skala 　- Produktbewertung • Zusammenfassung der Optimierungsmöglichkeiten 　- Kundenwünsche/ Verbesserungsvorschläge • Spiegelung des Fremdbilds mit der Zufriedenheit aus Sicht der Finanzfunktion • Abweichungsanalyse zum Eigenbild auf Basis der FOMs	• Analyse der Key Performance Indicators 　- Quantitative Bewertung der Bereiche (z. B. Pyramidenpositionierung, Mitarbeiterkapazität, Abschlusszeiten, etc.) • Inventarisierung laufender oder geplanter Maßnahmen/Projekte inkl. Einschätzung deren Auswirkungen auf den Reifegrad der Finanzfunktion • Auflistung und Priorisierung von Handlungsempfehlungen • Bestimmung des Zielstatus am FOM für den jeweiligen Bereich

Abbildung 8: *Exemplarische Struktur eines Abschlussberichts*

Diese Ermittlung des Status quo sowie der Anforderungen aller Informationsempfänger an die Finanzfunktion ermöglicht im nächsten Schritt eine konsequente Weiterentwicklung des Prozesses. Hierfür werden im Vorgehensmodell zunächst die Vision sowie die strategischen Ziele festgelegt.

3.2.2 Vision und strategische Ziele als Grundlage des Transformationsprozesses

Aufbauend auf den Ergebnissen des Reviews gilt es, eine konkrete Zielvorstellung für den Finanzbereich zu entwickeln. Eine klar definierte Strategie erhöht bei den eingebundenen Abteilungen und Mitarbeitern die Bereitschaft für Veränderungsprozesse. Dies gilt umso mehr, wenn diese zuvor im Rahmen von Workshops bei der Entwicklung von Vision und Strategie beteiligt wurden. Abbildung 9 zeigt ein Beispiel für eine Konkretisierung der strategischen Zielsetzungen anhand einer *Strategielandkarte*.

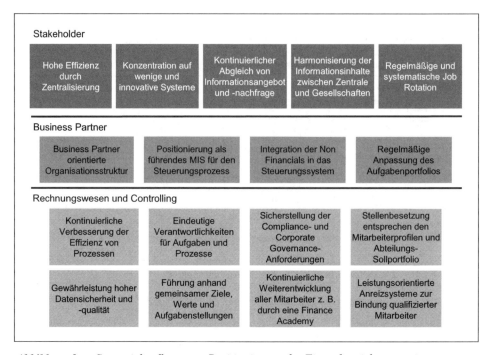

Abbildung 9: *Strategielandkarte zur Positionierung des Finanzbereichs*

3.2.3 Definition des Target Operating Models (TOM)

Im Anschluss an die Analyse der Ist-Situation und einer klar definierten Strategie kann die Zielpositionierung für jede der sechs Dimensionen entwickelt und festgelegt werden. Wie zuvor bereits erwähnt, gibt es kein optimales TOM, das für jedes Kreditinstitut den größtmöglichen Wertbeitrag generiert. Die jeweilige Unternehmenskultur und Gesamtstrategie beeinflussen die zielgerichtete Aufstellung der Finanzfunktion. Abbildung 10 zeigt daher beispielhaft zwei unterschiedliche Ausrichtungen. Die Ausgangslage ist bei beiden Finanzinstituten ähnlich, das links dargestellte Unternehmen ist etwas stärker in den Dimensionen *Prozesse* und *Technologie* zu finden, wohingegen bei dem rechts dargestellten Institut die Strategie für die Finanzfunktion einen höheren Reifegrad besitzt. Die Zielbilder für die Finanzfunktion der Zukunft unterscheiden sich jedoch deutlich in den beiden Praxisbeispielen. Durch die umfassende und transparente Darstellung im TOM ist leicht erkennbar, dass das Unternehmen links die Finanzfunktion insgesamt fortschrittlich ausrichten möchte und eine umfassende Transformation plant (der Handlungsbedarf ergibt sich aus dem Delta zwischen Status quo und TOM). Das Unternehmen auf der rechten Seite möchte sich zwar auch in jeder Dimension verbessern, legt seinen Schwerpunkt aber vor allem auf die Dimensionen *Prozessintegration* und *Technologie*.

Finanzfunktion der Zukunft – ein Konzept zur strategischen Neuausrichtung

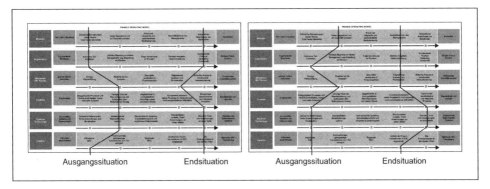

Abbildung 10: *Praxisbeispiele zur Definition des Target Operating Models*

3.2.4 Roadmap und Business Case

Die Transformation einer Finanzfunktion besteht meist aus mehreren Maßnahmenpaketen und ist ein umfangreiches und komplexes Vorhaben. Unsere Erfahrungen zeigen, dass der gesamte Transformationsprozess (abhängig vom bisherigen Reifegrad) zwischen drei und sieben Jahren dauern kann. Aufgrund der oftmals massiven Eingriffe in die IT-Architektur sowie in die Aufbau- und Ablauforganisation sind schnelle Erfolge teilweise nur im geringen Umfang zu realisieren. Ein erster greifbarer Nutzen stellt sich in der Regel erst nach 12 bis 18 Monaten ein. Je nach Ausgangssituation kann das benötigte Investitionsvolumen bis zu einem Bereich von hohen zweistelligen oder dreistelligen Millionenbeträgen reichen.

Aufgrund der hohen Kosten und der Komplexität des Transformationsprozesses wird vor Beginn des Programms zumeist eine Wirtschaftlichkeitsrechnung (ein *Business Case*) erstellt. Diese fasst die einzelnen Maßnahmen in einem Gesamtplan zusammen und stellt alle aus der Transformation entstehenden Kosten dem jeweiligen Nutzen gegenüber. Dabei werden sowohl die konkreten Ziele als auch identifizierte Risiken ausführlich beschrieben. Diesen Zielen sollten KPIs zugeordnet sein, sodass während der Umsetzung auch die Erfolge gemessen werden können. Die Praxis zeigt, dass es auch empfehlenswert ist, den *Business Case* im Projektverlauf weiterzuentwickeln. Denn bei der ersten Version handelt es sich bei einem solchen Vorgehen oftmals um eine *High Level-Betrachtung* mit ausgewählten Leistungskennziffern sowie dem gemeinsamen Ziel, den Transformationsprozess einzuleiten. Die finale Version des *Business Case* kann daher vielfach erst vor der Implementierung fertig gestellt werden und enthält umfassende Informationen zu den weiteren geplanten Aktivitäten.

Ein übergreifender Maßnahmenplan (*Roadmap*) hilft, die Übersicht zu bewahren und die Komplexität zu bewältigen. Hierzu werden die Aktivitäten für jede Dimension des FOM in überschaubare und steuerbare Maßnahmenpakete eingeteilt. Die *Roadmap* sollte die kritischen Kernaktivitäten, gegenseitige Wechselwirkungen sowie wichtige Meilenstein- und Entscheidungstermine hervorheben. Abbildung 11 skizziert ein entsprechendes Beispiel aus der Praxis.

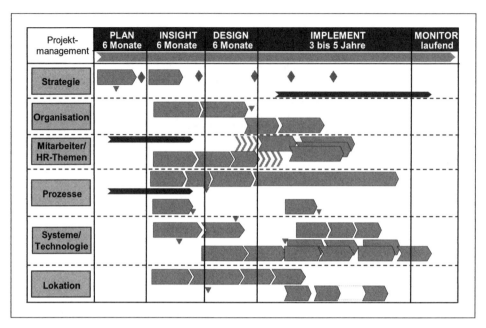

Abbildung 11: Skizze einer Roadmap aus der Praxis

4. Kritische Erfolgsfaktoren und Würdigung des Vorgehensmodells

Die rasanten Weiterentwicklungen der vergangenen Jahre im Umfeld von Finanzfunktionen werden sich auch zukünftig fortsetzen. Neben dem technologischen Fortschritt und der Globalisierung der Finanzmärkte wird sich auch die Wettbewerbsintensität im Markt für Finanzdienstleistungen weiter erhöhen. Regulatorische Anforderungen an die Finanzfunktion von Kreditinstituten werden insbesondere im Nachgang der Finanzmarktkrise sowie der Konsolidierungsschritte im europäischen Finanzmarkt zunehmen.

Das Konzept *Finance of the Future* wurde basierend auf den Anforderungen und künftigen Erwartungen an die Finanzfunktion auf der einen Seite und den (technologischen) Entwicklungsmöglichkeiten auf der anderen Seite entwickelt.

Viele Finanzbereiche bleiben bereits heute hinter ihrem Potenzial zurück. Mithilfe des Finance Operating Models kann die Ist-Situation einer Finanzfunktion umfassend ermittelt und analysiert werden. Ebenso ist es für die konkrete Entwicklung der Zielvorstellung der Finanzfunktion dienlich und hilft bei der Strukturierung des komplexen Transformationsprozesses.

Eine Analyse von KPMG International zeigt auf, dass nur 50 Prozent der komplexeren Transformationsprojekte in Finanzbereichen erfolgreich verlaufen. Dies unterstreicht die Bedeutung einer praxisbewährten Methodologie, wie sie das Konzept *Finance of the Future* bietet. Des Weiteren ist es zwingend erforderlich, die folgenden kritischen Erfolgsfaktoren bei der Initiierung und Umsetzung zu beachten:

- Unterstützung des Top-Managements während des gesamten Transformationsprogramms. Ergänzt wird dies durch ein effektives *Change Management* zur Erhöhung der Transparenz und Reduktion von Widerständen.
- Schaffung eines gemeinsamen Zielbildes und eines darauf abgestimmten gemeinsamen Handelns.
- Einbindung aller kritischen Geschäftsbereiche und Standorte sowie Mitwirkung der jeweiligen zentralen und dezentralen Verantwortlichen für die Finanzfunktion. Management der Beziehungen zu den angesprochenen Interessengruppen.
- Standardisierung durch Aufbau einer globalen Plattform, die dort individuelle Lösungen ermöglicht, wo lokale Anforderungen gegen den zentralen Ansatz sprechen.
- Laufende Abstimmung der Roadmap für die Finanzfunktion mit dem gesamten Projektportfolio des Kreditinstituts.
- Umsetzung von Prozessen, die sicherstellen, dass die weltweit eingeführten Standards auch langfristig eingehalten werden.
- Regelmäßige Überprüfung des Projektfortschritts, insbesondere im Hinblick auf die festgelegten Ziele und den dazugehörigen Leistungskennziffern. Information des Top-Managements über die jeweiligen Projektschritte und Einbindung in alle wesentlichen Entscheidungen.
- Sicherstellung einer Flexibilität für Unternehmensveränderungen, da sich während der Projektlaufzeit die Rahmenbedingungen (zum Beispiel durch Fusionen oder Akquisitionen) verändern können.

Wird der Transformationsprozess erfolgreich gestaltet, kann eine fortschrittliche Finanzfunktion der Zukunft das gesamte Unternehmen in seiner Entwicklung unterstützen. Sie erfüllt effizient die verschiedensten Anforderungen, ist flexibel aufgestellt und agiert als Werttreiber. Des Weiteren entwickelt eine solche Finanzfunktion eine Anziehungskraft für die besten Talente weltweit und fördert hervorragend deren Entwicklung zu Führungskräften. Unserer Auffassung nach sollte daher jedes Kreditinstitut das Ziel haben, seine Finanzfunktion zielgerichtet in ein *Finance of the Future* zu verändern.

Literaturverzeichnis

KPMG (2008): Finance of the Future – looking forward to 2020, Internet: http://www.kpmg.com/SiteCollectionDocuments/Finance-of-the-future.pdf, Stand: April 2008, Abruf: 16.01.2009, 9:09 Uhr, S. 1 - 15.

KPMG (2006): Being the best – Insights from leading finance functions, Internet: http://www.kpmg.com/SiteCollectionDocuments/Being%20the%20best.pdf, Stand: September 2006, Abruf: 16.01.2009, 13:35 Uhr, S. 1 - 55.

Identifikation von strategischen Handlungsfeldern bei der DekaBank mithilfe von Target Operating Models

Oliver K. Brandt / Andreas Liedtke / Marc Schäfer / Markus Steitz

1. Ausgangslage und Zielsetzung

2. Methodik zur Einschätzung des Reifegrads und zur Analyse der Kundenzufriedenheit
    2.1 Reifegraderhebung und Benchmarking mithilfe von Target Operating Models
    2.2 Erhebung der Kundenzufriedenheit mittels strukturierter Fragebögen

3. Fazit und Ausblick

1. Ausgangslage und Zielsetzung

Die DekaBank[1] versteht sich als der zentrale Asset Manager[2] der Sparkassen-Finanzgruppe. Die DekaBank hat den Anspruch, erste Wahl für Sparkassen, Landesbanken und andere Verbundpartner zu sein (*First Choice Deka*) und jedem Kunden die seiner Investmentstrategie entsprechenden Produkte und kompetente Beratung anbieten zu können. Um diesem Anspruch gerecht zu werden, arbeiten konzernweit mehr als 3.500 Menschen an Ideen und Investmentprodukten für die Kunden.

Die feste Verankerung im weltweit größten Finanzverbund – der Sparkassen-Finanzgruppe – ermöglicht eine optimale Arbeitsteilung. Dies belegen die zentrale Produktion von Fonds bei der DekaBank und die dezentrale Betreuung der Kunden durch die Sparkassen vor Ort. Dieses Verbundprinzip wird durch die Anteilseignerstruktur zusätzlich gestärkt: Sparkassen und Landesbanken sind gemeinschaftlich und zu gleichen Teilen Eigentümer der DekaBank.

Die DekaBank ist in den drei Geschäftsfeldern *Asset Management Kapitalmarkt*, *Asset Management Immobilien* sowie *Corporates & Markets* tätig. Insbesondere die Geschäftsaktivitäten im Bereich *Corporates & Markets* wurden in den vergangenen Jahren deutlich ausgebaut. Dieser Transformationsprozess stellt die Bank als Ganzes vor die Herausforderung, diesen Prozess zu begleiten, zu unterstützen und an die veränderten Rahmenbedingungen anzupassen.

Dies gilt insbesondere auch für das *Corporate Center Risiko & Finanzen* (R&F) in der DekaBank. Die DekaBank verfügt über eine zentralisierte, konzernweit integrierte Risiko- und Finanzfunktion. Mit der Zusammenführung dieser beiden Funktionen hebt sich die DekaBank von anderen, vergleichbaren Kreditinstituten ab, bei denen meist eine organisatorische Trennung bis hin zur obersten Managementebene vorherrscht.

Neben dem enormen Wachstum der Kapitalmarktaktivitäten muss sich das Corporate Center auch mit den weiter steigenden rechtlichen Anforderungen (wie zum Beispiel IFRS, Basel II und BilMoG) und den damit einhergehenden Implikationen für die Organisation und die Mitarbeiter auseinandersetzen.

Ziel von R&F ist es, sowohl vom Vorstand sowie den Unternehmens- und Geschäftsbereichen als auch von den externen Adressaten als anerkannter Geschäftspartner (Business Partner) wahrgenommen zu werden. Dabei hat R&F den Anspruch, die eigene Positionierung und das Service-Portfolio für die internen und externen Leistungsempfänger kontinuierlich weiterzuentwickeln und zu verbessern.

---

[1] Die Wurzeln der DekaBank reichen bis in das Jahr 1918 zurück, in dem die Deutsche Girozentrale (DGZ) gegründet wurde. 1956 wurde dann die Deka als Kapitalanlagegesellschaft gegründet. Aus DGZ und Deka entstand 1999 die DekaBank.

[2] Mit *Assets under Management* von rund 160 Milliarden Euro (per Ende Juni 2008) und über fünf Millionen betreuten Depots ist der DekaBank-Konzern einer der größten Asset Manager in Deutschland.

Um den aktuellen Entwicklungsstand zu evaluieren und Chancen für die Weiterentwicklung zu identifizieren, nimmt R&F regelmäßig an externen Untersuchungen teil oder führt eigene Analysen beziehungsweise Benchmarking-Initiativen durch.

Vor diesem Hintergrund hat R&F eine Untersuchung durchgeführt, in der zum einen der Entwicklungsstand des Bereichs (im Sinne eines Reifegrads) und zum anderen die Zufriedenheit der Kunden (im Sinne eines Fremdbildes) erhoben und analysiert werden sollten. Ziel dieser dualen Analyse war es, ein vollständiges Bild über den Status quo insbesondere im Hinblick auf das Selbstverständnis eines Business Partners zu bekommen. Diese Untersuchung stellt damit die Grundlage dar, um Maßnahmen zur Verbesserung der Positionierung und des Leistungsportfolios von R&F zu erreichen. Die Analyse sollte sich dabei durch eine möglichst große Unabhängigkeit und Objektivität auszeichnen sowie den Bereich R&F ganzheitlich erfassen.

Die im Rahmen der Untersuchung eingesetzte Methodik zur Einschätzung des Reifegrads und zur Analyse der Kundenzufriedenheit wird im folgenden Abschnitt eingehend dargestellt. Darauf aufbauend beschreibt Abschnitt 3 das Vorgehen zur Konsolidierung der Erkenntnisse sowie die entsprechende Ableitung strategischer Handlungsempfehlungen für R&F.

2. Methodik zur Einschätzung des Reifegrads und zur Analyse der Kundenzufriedenheit

2.1 Reifegraderhebung und Benchmarking mithilfe von Target Operating Models

Als zentrale Analyse-Instrumente für die Evaluierung des Reifegrads von R&F wurden das von KPMG entwickelte kundenspezifische *Target Operating Model* (TOMs) eingesetzt (siehe Abbildung 2). Das *Target Operating Model* als Analyse-Instrument stellt ein vorgegebenes Raster dar, mit dessen Hilfe die Ausgestaltung der Risiko- und Finanzfunktion in den zentralen Dimensionen *Strategie, Organisation, Human Resources* (HR), *Prozesse, IT* sowie *Methoden* sowohl im Ist-Zustand (*Current Operating Model*) als auch im Ziel-Zustand (*Target Operating Model*) beschrieben werden kann.

Zur Analyse der vier folgenden Hauptfunktionsbereiche einer Risiko- und Finanzfunktion wurde je ein TOM verwendet:

- Management Reporting/Controlling (ohne Planung)

- Planung (Planning)
- Risikocontrolling (Risk Controlling)
- Rechnungswesen und Meldewesen (Financial & Regulatory Reporting)

Die Untergliederung in Einzel-TOMs erfolgt hierbei rein nach funktioneller Sicht, das heißt, die Aufbauorganisation wird bewusst nicht als Gliederungskriterium gewählt, da diese gleichfalls mittels der TOMs analysiert wird. Das Gesamtergebnis für einen Risiko- und Finanzbereich resultiert letztlich aus der Zusammenfassung der Einzel-TOMs.

Die Ganzheitlichkeit der Reifegraderhebung zeigt Abbildung 1.

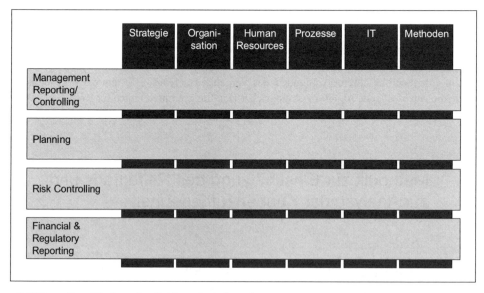

Abbildung 1: Umfang der Reifegraderhebung[3]

Die TOMs sind grundsätzlich nach einem einheitlichen Schema, jedoch mit fachlich individueller Ausprägung, aufgebaut. Für diese Untersuchung wurden die Standard-TOMs an die spezifischen Belange und das Geschäftsmodell der DekaBank angepasst. Dabei wurden die TOMs sowohl zur Bewertung des Reifegrads als auch zum Benchmarking eingesetzt.

Der Aufbau der TOMs stellt sich im Einzelnen wie in Abbildung 2 dar.

Jede Dimension innerhalb des TOMs wird durch fünf Ausprägungsstufen mit den Werten von -2 bis +2 sowie entsprechenden Erläuterungen beschrieben. Dabei repräsentiert die linke Ausprägungsstufe mit dem Wert -2 je Dimension die am Markt beobachtete Minimalausprägung. Es wird dabei unterstellt, dass hier das rechtliche Minimum von den Unternehmen erfüllt wird. Die mittlere Ausprägungsstufe mit dem Wert 0 steht für den Marktdurchschnitt

---

3 Vgl. KPMG (2008).

Identifikation von strategischen Handlungsfeldern mithilfe von Target Operating Models 87

und die rechte Ausprägungsstufe stellt mit dem Wert +2 die am Markt je Dimension beobachtbare Maximalausprägung beziehungsweise *Best Market Practice* dar. Darüber hinaus sind auch die Zwischenstufen -1 sowie +1 zugelassen.

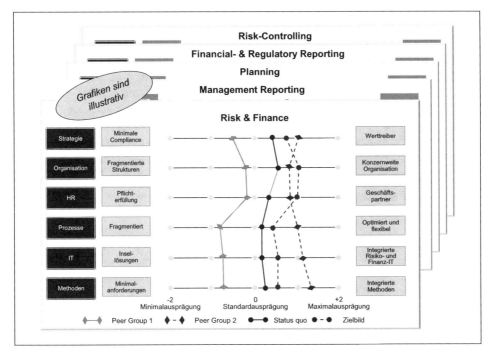

Abbildung 2: Target Operating Models[4]

Grundlage der TOM-Einschätzung je Funktionsbereich ist ein detaillierter Katalog mit bereichsspezifischen Eigenschaften. Die Eigenschaften zwischen den einzelnen Funktionsbereichen sind dabei soweit wie möglich vereinheitlicht, um eine möglichst große Vergleichbarkeit zu erreichen. Diese Kataloge bestehen grundsätzlich aus Fragen und vorgegebenen Attributen für die Minimal-, Standard- und Maximalausprägung.

Im Rahmen dieser Analyse umfasst jeder Katalog mehr als 500 Fragen. Dabei wird jede Dimension durch eine Reihe von Eigenschaften beschrieben (zum Beispiel die Dimension *Prozesse* durch Eigenschaften wie Standardisierungsgrad, Effizienz oder Integrationsgrad). Die Eigenschaften selbst werden durch Subeigenschaften beschrieben. Zu jeder Subeigenschaft sind wiederum je Bewertungsstufe (das heißt -2, 0, +2) klar definierte Attribute vorgegeben, anhand derer die Einschätzung des Reifegrads erfolgt. Die detaillierte Einschätzung des Reifegrads je Funktionsbereich wird anschließend sukzessiv zum Gesamtergebnis aggregiert. In Abbildung 2 wird ein exemplarisches Gesamtergebnis dargestellt.

---

4 Vgl. KPMG (2008).

Durch diese gewählte Vorgehensweise sowie durch das vorgegebene Spektrum an möglichen Antworten, beziehungsweise Bewertungsmöglichkeiten, erfolgte eine hinreichend objektive und klar nachvollziehbare Einschätzung des Status quo des Bereichs R&F, die je nach Bedarf auf sehr detailliertem Niveau diskutiert werden kann. Darüber hinaus lässt sich dieses Analyse-Instrument auch dazu verwenden, ein mögliches Zielbild zu definieren (siehe Abbildung 2).

Anhand der TOMs wurde in Ergänzung zur Status quo-Erhebung auch ein zweigeteiltes Benchmarking vorgenommen: Zum einen sehen die TOMs je Funktionsbereich einen Vergleich mit einem virtuellen Benchmark-Institut vor, repräsentiert durch die Maximalausprägung in den sechs Dimensionen, zum anderen wurde das Benchmarking durch den Vergleich mit zwei individuell für diese Untersuchung definierten Vergleichsgruppen ergänzt. Diese bestanden einerseits aus einer Gruppe von internationalen Geschäftsbanken und andererseits aus einer Gruppe von deutschen Banken aus dem öffentlich-rechtlichen Sektor.

Durch diese Kombination wurde eine umfängliche Betrachtung hinsichtlich des Reifegrades des Bereiches R&F vorgenommen. Dabei wurde wie folgt vorgegangen:

1. Schritt: *detaillierte Analyse der einzelnen Funktionsbereiche*:

Für die Einordnung der DekaBank in die sechs Dimensionen *Strategie, Organisation, Human Resources* (HR), *Prozesse, IT* sowie *Methoden* wurden zahlreiche persönliche Interviews mit den Führungskräften von R&F auf Basis der oben genannten Kriterienkataloge durchgeführt. Im Rahmen der Interviews wurde die Einschätzung je Subeigenschaft dokumentiert und kommentiert. Diese Einschätzung wurde durch die Sichtung und fallweise Auswertung weiterer Unterlagen (wie zum Beispiel Handbücher, Berichte oder Anweisungen) ergänzt.

2. Schritt: *Aggregation und Bewertung der Erkenntnisse je Funktionsbereich*:

Die Einschätzungen je Subeigenschaft wurden in einem nächsten Schritt zur Einschätzung je Eigenschaft aggregiert. Die Bewertung je Eigenschaft wurde wiederum zu einer Gesamtbewertung je Dimension verdichtet und dargestellt. Diese Einschätzung wurde um eine Zusammenfassung der wesentlichen Erkenntnisse ergänzt.

Die detaillierteren Bewertungen wurden zur Gesamtbewertung der sechs Dimensionen für die einzelnen Funktionsbereiche aggregiert und in den TOMs abgetragen. Darüber hinaus wurden die wesentlichen Erkenntnisse je Dimension und Funktionsbereich zusammengefasst.

Die Bewertung der DekaBank je Funktionsbereich und Dimension wurde danach um die korrespondierende Einwertung der zwei Vergleichsgruppen ergänzt.

3. Schritt: *Bewertung des Reifegrads von R&F gesamt*:

Abschließend wurden die Ergebnisse je Funktion zu einem Gesamtergebnis für das Corporate Center *Risiko & Finanzen* zusammengeführt. Im Gesamt-TOM wird der Reifegrad von R&F in den sechs Dimensionen abgetragen und zusammen mit den beiden definierten Vergleichsgruppen dargestellt. Ergänzt wird die Einordnung um eine qualitative Zusammenfassung der zentralen Erkenntnisse je Dimension.

Somit ergibt sich zusammenfassend eine Darstellung des Reifegrades in den vier zentralen Funktionsbereichen von R&F sowie auf der Gesamtebene.

2.2 Erhebung der Kundenzufriedenheit mittels strukturierter Fragebögen

Die Kundenzufriedenheitsanalyse bildete in diesem Prozess den zweiten und ebenso wichtigen Bestandteil der Analyse. Befragt wurden sowohl interne als auch externe Leistungsempfänger von R&F. Als Leistungsempfänger wurde hierbei jede Person beziehungsweise Personengruppe definiert, die in irgendeiner Art und Weise Leistungen im Sinne von Informationen, Auskünften, Unterlagen, Auswertungen oder Ähnliches erhält oder in sonstiger Leistungsbeziehung zum Corporate Center R&F steht. Als interne Leistungsempfänger wurden beispielsweise die Mitglieder des Vorstands sowie die Leiter der verschiedenen Geschäftsfelder und Corporate Center identifiziert. Als externe Leistungsempfänger wurden alle Adressaten außerhalb der DekaBank verstanden.[5]

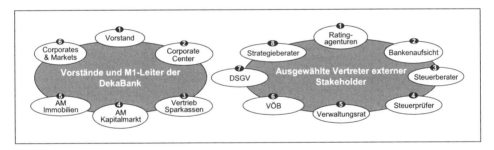

Abbildung 3: Interne und externe Leistungsempfänger[6]

Die Grundlage für die Durchführung war ein für diese Untersuchung speziell entwickelter, detaillierter Fragebogen, mithilfe dessen qualitative und quantitative Aspekte bei den Leistungsempfängern abgefragt werden konnten.

Für die Erstellung der Kundenfragebögen und deren Auswertung wurde zusätzlich ein renommiertes Marktforschungsinstitut eingebunden. Durch den zusätzlichen Einbezug eines auf Umfragen spezialisierten Instituts wurde sichergestellt, dass die Quantität und Qualität der Fragen sowie die gewählte Methodik zur Befragung der Leistungsempfänger dem Marktstandard entsprachen.

---

5   Insgesamt wurden circa 60 Personen identifiziert, welche als Leistungsempfänger gelten.
6   Vgl. KPMG (2008).

Inhaltlich baute dieser Fragebogen auf den vier TOM-Dimensionen (*Prozesse*, *Methoden*, *Mitarbeiter* und *Organisation*) auf, wobei hier entlang bestimmter Wahrnehmungskriterien (Kompetenz, Effizienz, Effektivität, Fortschrittlichkeit, Verlässlichkeit und Qualität) von den Gesprächspartnern detaillierte Einschätzungen erwartet wurden (siehe Abbildung 4). Im Gegensatz zur Erhebung des Reifegrads wurde auf die Betrachtung der Dimensionen *IT* und *Strategie* verzichtet, da diese von Personen außerhalb des Corporate Center R&F nur bedingt beurteilt werden können.

Kriterien \ Dimensionen	Ist R&F strategisch gut aufgestellt?			
	Verfügt R&F über die passenden **Prozesse**?	Wendet R&F die richtigen **Methoden** an?	Verfügt R&F über die richtigen **Mitarbeiter**?	Ist die **Organisation** von R&F für seine Aufgaben angemessen?
Kompetenz			X	X
Effizienz	X			X
Effektivität	X	X	X	
Fortschrittlichkeit		X		
Verlässlichkeit	X			
Qualität		X		

Abbildung 4: *Inhaltlicher Rahmen des Fragebogens zur Kundenzufriedenheit*[7]

Darüber hinaus wurde durch den Einbau von Gewichtungsfragen ermöglicht, die Aussagen der unterschiedlichen Personengruppen miteinander vergleichbar zu machen. Jede Frage hatte eine quantitative Komponente (Multiple Choice-Frage), die um qualitative Angaben ergänzt werden konnte (geschlossene und offene Fragetechnik).

Nach der Durchführung der Interviews, die ohne die Beteiligung von R&F-Mitarbeitern erfolgte, wurden die Ergebnisse der Befragung mehrdimensional ausgewertet.

---

[7] Vgl. KPMG (2008).

3. Fazit und Ausblick

Die Durchführung der Untersuchung basierte auf umfänglichen Kriterienkatalogen und Fragebögen, wodurch eine gründliche und robuste Analyse des Status quo ermöglicht wurde. Gleichermaßen erfolgte ein hinreichend objektives und transparentes Benchmarking auf Basis klar definierter Kriterien.

Dabei kann es nicht das Ziel sein, sich durchgängig auf der Best Practice-Linie zu positionieren. Vielmehr muss die Positionierung dem Zielbild und dem Selbstverständnis des Bereiches entsprechen.

Für das Corporate Center *Risiko & Finanzen* wird der Handlungsraum klar aufgespannt, in welchen Aspekten noch Potenzial besteht und in welchen Punkten die gegenwärtige Positionierung bereits den Zielvorstellungen entspricht.

Darüber hinaus ist transparent geworden, wie es um die Kundenzufriedenheit und deren Erwartungen bestellt ist und welche die zugrunde liegenden Ursache-Wirkungs-Beziehungen sind. Insbesondere wurde deutlich, an welchen Stellen Leistungsempfänger noch Verbesserungsbedarf sehen und inwiefern hier auch objektiv Optimierungsbedarf besteht oder aber eher ein Informationsdefizit beziehungsweise eine fehlerhafte Kommunikation zugrunde liegt.

Das Corporate Center nutzt diese Untersuchung nun, um die eigene Positionierung zu schärfen, in einer spezifischen *Risk & Finance-Vision* und *-Strategie* zu konkretisieren und ganz gezielt Handlungsbedarf durch geeignete Maßnahmen zu adressieren.

Zu diesem Zwecke wurde ein erstes Rollenmodell entwickelt, das das Corporate Center *Risiko & Finanzen* als Business Partner seiner Leistungsempfänger definiert. Hierzu wurde eine Vision definiert, woraus sich – basierend auf den identifizierten Kundenwünschen – die Strategie des Bereiches ableitet. Diese Strategie lässt sich in eine Kundensicht und einen Reifegrad unterteilen.

- Kundensicht:
  - Wie wollen wir von unseren Kunden beziehungsweise Leistungsempfängern wahrgenommen werden?
  - Welche Aufgaben müssen wir hierzu hervorragend beherrschen?
- Reifegrad:
  - Wie müssen wir uns dazu intern aufstellen beziehungsweise welche Voraussetzungen müssen wir hierfür mitbringen?

Vision und Strategie bilden nun die Basis für eine gezielte interne und externe Kommunikation sowie für die Abstimmung des von R&F erbrachten beziehungsweise zukünftig angestrebten Leistungsangebots.

Insgesamt bildet die durchgeführte Untersuchung den idealen Grundstein zur Etablierung eines kontinuierlichen Optimierungsprozesses innerhalb des Corporate Centers *Risiko & Finanzen*.

Entwicklung eines Leitbildes zur Optimierung der Finanzfunktion in der DZ BANK AG

Michaela Hassl / Jürgen Haussmann / Herbert Reschke

1. Einleitung

2. Entwicklung des Leitbildes von *Group Finance* in der DZ BANK AG
   2.1 Hintergrund
   2.2 Vorgehensweise

3. Handlungsfelder für die Verwirklichung des Leitbildes von *Group Finance*
   3.1 Change Management
   3.2 Kommunikationskultur
   3.3 Prozessmanagement

4. Leitbild *Group Finance*

5. Ausblick

Literaturverzeichnis

1. Einleitung

Das Spannungsfeld zwischen den wachsenden Compliance[1]-Anforderungen, dem steigenden Informationsbedürfnis unternehmensinterner und -externer Adressaten, den immer komplexer werdenden IT-Systemen und der Profitabilitätssteigerung stellt die Finanzfunktion der DZ BANK AG vor immer größere Herausforderungen. Um diese Herausforderungen erfolgreich bewältigen zu können, benötigt die Finanzfunktion der DZ BANK AG Orientierungspunkte in strategischer, fachlicher und organisatorischer Hinsicht. In besonderem Maße sind hierbei auch Ziele und Werte notwendig, die eine konstruktive und zielorientierte Zusammenarbeit aller Mitarbeiter innerhalb und zwischen den Hierarchieebenen fördern und unterstützen. Solche Ziele und Werte können beispielsweise durch die Entwicklung und den anschließenden Umsetzungsprozess eines Unternehmensleitbildes erreicht werden.

Zusätzlich zu den allgemeinen Anforderungen, welche eine solche Leitbildkonzeption und -einführung mit sich bringt, hatte die Finanzfunktion der DZ BANK AG, den Zusammenschluss zweier genossenschaftlicher Zentralbanken zur DZ BANK AG zu bewältigen, der ebenfalls die Zusammenführung zweier Finanzfunktionen beinhaltete. Eine der größten Herausforderungen bestand dabei darin, die in vielen Jahren gewachsenen heterogenen Strukturen beider Finanzfunktionen zusammenzuführen. Seitdem diese organisatorische Verschmelzung der beiden Bereiche abgeschlossen ist, steht aktuell wieder die Optimierung der Finanzfunktion im Vordergrund des Interesses des Finanzvorstands der DZ BANK AG. Aus diesem Grunde wurde für die Optimierung der Finanzfunktion der DZ BANK AG das Leitbild *Group Finance* vom Juni 2008 entwickelt, welches klare Unternehmensziele, Handlungs- und Entscheidungsvorgaben formuliert. Der Prozess von der Konzeption bis zur Erstellung und Umsetzung eines solchen Leitbildes und wie dieses dazu beiträgt, die Effizienz in allen Unternehmensbereichen zu steigern wird in den nachfolgenden Abschnitten beschrieben. So liegt der Schwerpunkt von Abschnitt 2 auf dem Entwicklungsprozess des Leitbildes und von Abschnitt 3 auf den wesentlichen Handlungsfeldern zur Verwirklichung desselben. In Abschnitt 4 wird das Leitbild dann detailliert vorgestellt, bevor der Beitrag mit einem Fazit zu dieser Thematik schließt.

---

[1] Der Begriff *Compliance* umfasst im Rahmen dieses Beitrages die Einhaltung von Gesetzen, Richtlinien und Verhaltensmaßregeln.

2. Entwicklung des Leitbildes von *Group Finance* in der DZ BANK AG

Vor dem Hintergrund der veränderten Anforderungen hat die Finanzfunktion der DZ BANK AG einen Leitbildprozess durchgeführt. Diese Veränderungen kommen in der DZ BANK AG symbolisch insbesondere durch die Namensänderung der Finanzfunktion in *Group Finance* zum Ausdruck.

Um diese *neue* Rolle nicht nur namentlich anzunehmen, sondern auch inhaltlich zu erfüllen, hat *Group Finance* ein Leitbild definiert, das die Ansprüche an die Arbeit der Finanzfunktion konkret benennt und geeignete Wege aufzeigt, um *Group Finance* zu einer modernen Finanzfunktion zu entwickeln.

2.1 Hintergrund

Neben den betriebswirtschaftlichen Kennzahlen sind die Themen *Unternehmensleitbild* und *Selbstverständnis* eines Unternehmens zunehmend zum bedeutsamen Erfolgsfaktor geworden. So beeinflusst das Selbstverständnis beispielsweise auch die Wahrnehmung des Unternehmens im Markt wie auch bei den Kunden. Das Selbstverständnis eines Unternehmens wirkt sich zudem auf die Chancen zur Gewinnung von qualifizierten Nachwuchskräften und erfahrenen Mitarbeitern aus.

Sichtbar wird das Unternehmensselbstverständnis unter anderem auch durch die Art und Weise wie innerbetrieblich in einem Kreditinstitut zusammengearbeitet wird. Hierbei ist zu beachten, dass komplexer werdende Anforderungen nicht mehr angemessen durch Einzelleistungen zu bewältigen sind. Fachkompetenz, ganzheitliche Sichtweisen, Flexibilität, Lernbereitschaft und nicht zuletzt die zielorientierte Vernetzung aller an den komplexen Lösungen Mitarbeitenden entwickeln sich somit zu Stellgrößen des unternehmerischen Erfolges.

Der Führung kommt dabei – nicht zuletzt durch ihre Vorbildfunktion – eine herausragende Verantwortung zu. In der tatsächlich gelebten Unternehmenspraxis entstehen Werte und Konventionen, die letztendlich eine bestimmte Unternehmenskultur entstehen lassen. Strukturelle Veränderungen mit der Folge von Unternehmenszusammenschlüssen und dem damit verbundenen Aufeinandertreffen unterschiedlicher Unternehmenskulturen stellen bisher gelebte Werte in den einzelnen Unternehmen in Frage und führen zudem zu Unsicherheit bei den Mitarbeitern. Wenn Menschen in Unternehmen zusammenarbeiten, dann geschieht dies formal auf der Grundlage eines Arbeitsvertrages, der juristisch die getroffene Vereinbarung der Zusammenarbeit beschreibt (expliziter Vertrag). Es gibt jedoch auch eine weitere, vielleicht bedeutendere, Vereinbarung (impliziter Vertrag), die sich in den Einstellungen und Emotionen der Beteiligten ausdrückt. Sichtbar wird dieser sogenannte Vertrag insbesondere anhand der Bereitschaft jedes Einzelnen, motiviert und zielorientiert im Unternehmen mitzuarbeiten. Werden diese Zusammenhänge erkannt und akzeptiert, dann liegt das Ziel des Unternehmens bei der Orientierung aller Mitarbeiter an gemeinsamen Werten. Eine Möglichkeit dieser Zielerreichung bietet die Entwicklung und Umsetzung des erwähnten Leitbildes.

2.2 Vorgehensweise

Die Erstellungsphase eines Leitbildes ist für seine spätere Akzeptanz und somit für dessen Umsetzung durch die Mitarbeiter die entscheidende Phase. Vorteilhaft ist in diesem Zusammenhang die Partizipation möglichst vieler Mitarbeiter am Erstellungsprozess. Hierdurch wird eine ausreichende Realitätsnähe des Leitbildes erreicht und gleichzeitig die Identifikation der Mitarbeiter mit den formulierten Zielen und Grundsätzen des Leitbildes gefördert. Zusammengenommen sprechen diese Punkte für einen *Bottom-up-Ansatz* bei der Leitbildentwicklung. Alternativ ist in einem solchen Prozess ebenfalls ein *Top-down-Verfahren* möglich, in dem von Managementseite ein Leitbild entwickelt und kommuniziert wird. Denn erst durch die aktive Beteiligung und Unterstützung durch das Management gewinnt ein Leitbild an Glaubwürdigkeit im Unternehmen und kann somit nachhaltig wirksam sein.

Das Management von *Group Finance* hat frühzeitig die Aufgabe der Entwicklung eines Leitbildes übernommen und dieses konsequent vorangetrieben. Das methodische Vorgehen berücksichtigte dabei sowohl die positiven Aspekte des *Bottom-up-* als auch des *Top-down-Ansatzes*. In gemeinsamen Gesprächen und Workshops mit den Mitarbeitern wurden die Inhalte des Leitbildes erfolgreich zusammengetragen und diskutiert. Anschließend hat die Bereichsleitung die Grundsätze der zukünftigen Entwicklung von *Group Finance* in einem gemeinsamen Workshop mit allen Mitarbeitern erläutert. Neben der Beteiligung der Mitarbeiter war das kontinuierliche Engagement des Managements in diesem Prozess von entscheidender Bedeutung. Aus diesem Grund haben die Führungskräfte des Bereichs auf Grundlage der Workshopergebnisse selbstverpflichtend den finalen Leitbildtext formuliert.

3. Handlungsfelder für die Verwirklichung des Leitbildes von *Group Finance*

Im Folgenden werden die Handlungsfelder für die Umsetzung von Leitbildern vorgestellt. Die beschriebenen Handlungsfelder sind im Rahmen der Leitbildentwicklung von *Group Finance* als wesentliche Erfolgsfaktoren für eine moderne Finanzfunktion identifiziert worden. Deshalb wurden sie in das Leitbild von *Group Finance* integriert und stellen sowohl Ziele als auch Mittel zur Umsetzung dar. Die wesentlichen Handlungsfelder sind das *Change Management*, die *Kommunikationskultur* und das *Prozessmanagement*.

3.1 Change Management

Ein *Change Management* kann als eine verantwortliche Durchführung von Veränderungen in Organisationen, die somit methodisch begleitet und unterstützt werden, verstanden werden. Entscheidend für die Qualität von Veränderungen sind hierbei zwei Faktoren:

- Der erste Faktor ist bestimmt durch den *Grad der Selbstbestimmtheit*. Ist die Veränderung eine signifikante Reaktion auf Defizite im Unternehmen und wird diese durch äußere Determinanten vorgegeben (Reaktion) oder ist sie eine geplante und zielgerichtete Weiterentwicklung (Aktion)? Je aktiver hierbei vorgegangen wird, desto höher ist der Grad der Selbstbestimmtheit.

- Der zweite Faktor ist bestimmt durch das *Maß der organisatorischen und personellen Flexibilität*, das heißt, wie hoch ist die Bereitschaft der Beteiligten, Veränderungen zu akzeptieren und diese umzusetzen?

In erfolgreichen Organisationen steuern kompetente Mitarbeiter und Teams ihre persönliche Entwicklung in hohem Maße selbst. Sie haben die Chance, am Unternehmenserfolg teilzuhaben, sobald sie Verantwortung übernehmen. Das Management hat hier die Aufgabe, angemessene Rahmenbedingungen für die Übernahme von Verantwortung zu schaffen.

Im Leitbild *Group Finance* der DZ BANK AG wird dieser Anspruch wie folgt definiert:

„Die Grundlage für unseren Erfolg bilden unsere qualifizierten, engagierten und motivierten Mitarbeiter/innen. Deshalb bieten wir den Mitarbeitern vielfältige Entwicklungsmöglichkeiten. Gleichzeitig erwarten wir, dass sie sich aktiv und eigenverantwortlich in den Weiterentwicklungsprozess einbringen. Wir übertragen ihnen entsprechend ihrer Potenziale Aufgaben und Kompetenzen."

Als *Seismograph* für die Früherkennung von signifikanten Veränderungssignalen wurde in *Group Finance* ein Querschnittsteam gegründet. Dieses Team besteht aus einer Gruppe von Mitarbeitern/-innen, der innerhalb der Organisation besonderes Vertrauen geschenkt wird und die vor Ort an ihren Arbeitsplätzen bei Bedarf zu dieser Thematik von anderen Mitarbeitern angesprochen werden kann. Berichtet wird hier direkt an die Bereichsleitung. Somit ist sanktionsfrei und hierarchieübergreifend gewährleistet, dass die Bedürfnisse und Ideen aller Mitarbeiter/-innen frühzeitig aufgenommen werden können. Eine weitere Funktion des Querschnittsteams besteht zudem in seiner Botschafterrolle und der damit verbundenen konstruktiven Vorbereitung und Begleitung von Veränderungen in der Organisation. Das regelmäßige Feedback des Querschnittsteams zeigt darüber hinaus, ob die vereinbarten Maßnahmen zur Weiterentwicklung des Bereiches zum Ziel führen.

3.2 Kommunikationskultur

Die Abwicklung dieser einzelnen Aufgaben setzt oftmals eine umfangreiche Verständigung zwischen den beteiligten Personen voraus. Auch der Finanzbereich eines Kreditinstitutes ist dadurch gekennzeichnet, dass seine Arbeitsabläufe aus Interaktionen bestehen, deren Sinn darin liegt, Tätigkeiten und Informationen soweit miteinander zu vernetzen, wie es für die Lösung der anstehenden Aufgaben notwendig ist.

Die Qualität der arbeitsablaufbezogenen Kommunikation bestimmt die Güte der Arbeitsergebnisse. Damit wird professionelle Kommunikation zu einem wichtigen Wertschöpfungspotenzial und begründet alle erforderlichen Maßnahmen zur Schaffung einer effizienten Kommunikationskultur. Voraussetzung für eine mittel- bis langfristig erfolgreiche Kommunikation ist die Erstellung eines ganzheitlichen Kommunikationskonzeptes für den Finanzbereich und darauf aufbauend ein klarer, in der Organisation wahrnehmbarer Auftrag durch die Unternehmensführung.

In *Group Finance* wurde die Notwendigkeit eines ganzheitlichen Kommunikationsansatzes erkannt und im Leitbild entsprechend formuliert.

„Ein professionelles Kommunikationsmanagement (…) ist für uns eine Selbstverständlichkeit. Wir kommunizieren offen über alle Hierarchien, geben klare, nachvollziehbare Entscheidungen und üben Kontinuität (…). Wir schaffen eine Vertrauenskultur. Wir arbeiten innerhalb des Bereiches abteilungsübergreifend kooperativ."

Die hierbei angestrebten Ziele sind aus Sicht der DZ BANK AG „die professionelle Gestaltung des internen und externen Auftritts des Finanzbereiches unter einheitlichen Gesichtspunkten", „die Optimierung der Kommunikation", „die Vermehrung von Wertschöpfungspotenzialen durch die Begründung eines kooperativen Wertesystems", „die Diversifikation von Fachkompetenz", „die Vernetzung mit den strategischen und fachlichen Bereichs- und Unternehmensvorgaben", „die Beschreibung relevanter Kundenbeziehungen" und „der kritische Dialog mit den Kunden".

Im Jahr 2008 wurde ein ganzheitliches Kommunikationskonzept für den Finanzbereich erstellt, welches die Gesamtheit der formulierten Anforderungen bündelt und zugleich zielgruppenadäquat strukturiert. Dabei kommen die im Unternehmen bereitgestellten Medien kreativ zum Einsatz. Konkret entsteht eine bereichsinterne Medien- und Veranstaltungslandschaft.

3.3 Prozessmanagement

Die Gesamtprozessbetrachtung der Funktionen des Finanzbereichs der DZ BANK AG ergibt vier Prozessfelder: Monatsreporting, Jahresabschluss, Aufsichtsrecht und Steuerreporting.

Im Leitbild von *Group Finance* wurde daher entsprechend formuliert:

- „Wir haben die Methoden- und Prozesshoheit im Bank- und Konzernregelwerk für das Handelsrecht, Aufsichtsrecht und Steuerrecht."
- „Wir vereinheitlichen und optimieren die Rechnungswesenprozesse und -methoden."
- „Wir bauen ständig unsere systematische Steuerung des Bereiches aus und verbessern permanent unsere Methodik, um langfristig unsere Erfolge zu sichern."

Kompetenzen und Erfahrungen aus strategischen Prozess- und Organisationsentwicklungen der vergangenen Jahre lagen insbesondere im IT-Bereich bei der DZ BANK AG vor. So wurde ein Arbeitsteam, bestehend aus Mitarbeitern von Group Finance und dem IT-Bereich der DZ BANK AG, mit der Einführung und Umsetzung des Prozessmanagements in *Group Finance* beauftragt.

- Schritt 1: Erhebung von Prozessverbesserungen:
  - Dieser Schritt beinhaltet die bereichsweite Erhebung und Dokumentation der Ist-Prozesse auf Mitarbeiterebene im ARIS-Toolset[2], identifiziert erste Verbesserungspotenziale und führt zur Qualitätssicherung der Verbesserungspotenziale in Workshops.
- Schritt 2: Einführung des Prozessmanagements:
  - Ziel ist es, ein nachhaltiges Prozessmanagement zur dauerhaften Verbesserung der Prozesse zu implementieren. Organisatorisch ist dieses verankert durch die Erweiterung der bestehenden Rollen im Prozessmanagement, um die Rolle des Prozesssponsors und des Prozesskoordinators. Der Prozesssponsor trägt die Verantwortung für die Zielerreichung des Bereichs im Themenbereich rund um das Prozessmanagement und wird durch die Bereichsleitung besetzt. Der Prozesskoordinator ist für das aktive Management der Prozesslandkarte des Bereiches verantwortlich.
- Schritt 3: Prozesssteuerung und -optimierung:
  - Ziel ist die kontinuierliche Steuerung und Optimierung der in Group Finance verantworteten Prozesse sowie die Verbesserung der bereichsinternen Prozesse als Bestandteil einer bankweiten End-to-End-Prozessbetrachtung.
  - Auf Nachhaltigkeit angelegte Entwicklungen bedürfen hier der permanenten kritischen Hinterfragung. Realisiert wird dies methodisch durch den Einsatz eines Reifegradmodells für Prozesse der DZ BANK AG (siehe Tabelle 1). Mithilfe dieses Reifegradmodells können Prozesse anhand der Bewertungskriterien Prozessbewusstsein, Prozessdokumentation und -kommunikation, Prozesszuständigkeit sowie der Prozessziele und -messung bewertet werden. Abhängig von der Beurteilung dieser vier Bewertungskriterien erreichen Prozesse unterschiedliche Reifegrade von null (nicht festgelegter Prozess) bis fünf (optimierter Prozess).

---

2 Das ARIS Toolset ist ein Software-Werkzeug zum Erstellen, Pflegen und Optimieren von Geschäftsprozessen, das auf dem ARIS-Konzept basiert. Das ARIS-Konzept (Architektur integrierter Informationssysteme) soll erreichen, dass ein betriebliches Informationssystem vollständig seinen Anforderungen gerecht werden kann.

Reifegrade	Bewertungskriterien			
	Prozessbewusstsein	*Prozessdokumentation und -kommunikation*	*Prozesszuständigkeit*	*Prozessziele und -messung*
0 nicht festgelegter Prozess	Kein Prozess erkennbar bzw. Bedarf nach einer Prozessfestlegung nicht erkannt	Der Prozessablauf ist nicht definiert	Keine Zuständigkeiten definiert	· Keine Prozessziele definiert · Prozessmessung findet nicht statt
1 Initialer Prozess	Personalgebundenes Prozesswissen ist vorhanden	Der Prozessablauf wird nicht durch formale Beschreibungen und Planung bestimmt, sondern geschieht ad-hoc	· Zuständigkeiten und Verantwortlichkeiten sind nicht festgelegt · Die Übernahme von Aufgaben basiert auf Eigeninitiative und ist reaktiv	· Keine Prozessziele definiert · Prozessmessung findet nicht statt
2 Definierter Prozess	Bedarf nach einem wiederholbaren Prozess ist vorhanden	Der Prozessablauf ist teilweise bzw. dezentral dokumentiert und kommuniziert	Prozess kann von verschiedenen Personen durchgeführt werden, jedoch möglicherweise in unterschiedlichen Varianten	· Prozessziele sind zum Teil definiert, jedoch nicht flächendeckend kommuniziert · In Teilbereichen erfolgt eine rudimentäre Messung der Zielerreichung
3 Standardisierter Prozess	Bedarf nach einem standardisierten Prozess ist vorhanden	Der Prozess ist zentral dokumentiert und kommuniziert (ggf. über Trainings)	· Rollen und Verantwortlichkeiten sind definiert · Es findet keine kontinuierliche Prozessverbesserung statt	· Prozessziele und Messgrößen sind weitgehend definiert, jedoch nicht durchgängig kommuniziert · Es besteht keine direkte Verbindung zu den Unternehmenszielen
4 Gesteuerter Prozess	Ein kontinuierliches Prozessmanagement findet Anwendung	· Der Prozessablauf ist vollständig und zentral dokumentiert sowie entsprechend kommuniziert und geschult · Standards zur kontinuierlichen Prozessverbesserung sind etabliert	· Rollen und Verantwortlichkeiten sind definiert und etabliert · Die Prozessverantwortlichen betreiben eine kontinuierliche Prozessverbesserung · Beteiligte Mitarbeiter sind in die Prozessverbesserung involviert	· Ausrichtung der Prozessziele an den Unternehmens-/Fachbereichszielen ausgerichtet und anhand von Prozesskennzahlen gemessen · Messergebnisse dienen zur qualitativen und quantitativen Analyse und Bewertung des Prozesses · Messergebnisse führen ggf. zu Korrekturen am Prozess
5 Optimierter Prozess	· Ein proaktives und kontinuierliches Prozessmanagement findet Anwendung · Prozess wurde mehrfach erfolgreich verbessert und befindet sich auf einem qualitativ hohem Niveau	· Die integrierte und konsistente Prozessdokumentation ermöglicht ein durchgängiges Prozessmanagement · Best Practices werden zur Prozessverbesserung herangezogen · Prozesse stellen die Grundlage für eine mögliche Workflow-Automatisierung dar	Prozessverantwortliche und -beteiligte betreiben gleichermaßen eine kontinuierlich, flexible Prozessverbesserung	· Prozessziele werden kontinuierlich an Unternehmenszielen ausgerichtet · Soll-Ist-Abweichungsanalysen werden durchgängig und prozessübergreifend durchgeführt

Tabelle 1: Reifegradmodell für Prozesse der DZ BANK AG

4. Leitbild *Group Finance*

Nach der Vorstellung der Haupthandlungsfelder zur Umsetzung des *Group Finance*-Leitbildes in der DZ BANK AG, werden im Folgenden wesentliche Teile des formulierten Leitbilds aus dem Juni 2008 vorgestellt. Das Leitbild leistet einen Beitrag zur Definition der Aufgaben und Verantwortlichkeiten und trägt somit zur Steigerung der Effektivität und Effizienz der Arbeit von *Group Finance* bei. Auf weitergehende Kommentierungen und Erläuterungen wurde hier bewusst verzichtet.

Präambel
- Dieses Leitbild wurde gemeinsam von Führungskräften des Bereiches *Group Finance* erarbeitet.
- Damit zeigen wir auf, nach welchem Leitbild wir handeln und welche Ziele wir anstreben.
- Dieses Leitbild stellt für uns im Bereich *Group Finance* einen verbindlichen Rahmen für unser Verhalten wie auch für unsere Entscheidungen dar.

Vision
- Wir sind 2012 Group Head of Finance!
- *Group Finance* setzt im Rahmen seiner Kernkompetenzen Maßstäbe in der Bankenwelt!

Mission
- Folgende originäre Themengebiete HGB/IFRS/Aufsichtsrecht/Steuerrecht decken wir in der DZ BANK AG und im Konzern ab:
  - Zutreffendes und aussagefähiges Reporting, auf qualitativ sichergestellten Datenbasen/Rechenwerken.
  - Sicherstellung der handelsrechtlichen/aufsichtsrechtlichen/steuerrechtlichen Datenkonsistenz.
  - Abstimmung/Überleitung der Ergebnisse zwischen den Themengebieten und zu anderen Bereichen.
  - Effiziente, fachliche Systembetreuung und Systemunterstützung.
  - Erfüllung gesetzlicher Verpflichtungen.
  - Vorgabe und Umsetzung der Accounting-Richtlinien, sowie aufsichts- und steuerrechtlicher Anforderungen.

Weitere Aufgabenstellungen sind:
- Proaktive Beratung der Entscheidungsträger hinsichtlich:
  - Ergebnisgestaltung und -verbesserung,

- Optimierung der Prozesssteuerung,
- Bilanzmanagement,
- Steueroptimierung und
- aufsichtsrechtlicher Gestaltungsspielräume.

Strategische Ziele

- Strategische Grundsätze:

  - Wir konzentrieren unsere Energie und Aufmerksamkeit darauf, durch unsere Leistungen, die an uns gestellten Anforderungen unserer Kunden zu erfüllen.
  - Wir stellen Ziele und Strategien im Rahmen einer Zielkaskade von den Unternehmenseinheiten über die Bereiche/Abteilungen/Gruppen bis hin zu den Mitarbeitern dar.
  - Wir erfüllen gesetzliche Verpflichtungen termingerecht, richtig, effizient und kostengünstig.
  - Wir stabilisieren das Group Competence Center of Finance.

- Vorrangige strategische Ziele:

  - Wir stabilisieren und optimieren
    - die IFRS-Ergebnisse in der DZ BANK AG und im Konzern sowie
    - die neuen aufsichtsrechtlichen Prozesse.
  - Wir erreichen einen marktgerechten *Fast Close* nach HGB und IFRS.
  - Wir sind Meinungsbildner in den Arbeitsgruppen der Verbände, der Bundesanstalt für Finanzdienstleistungsaufsicht (BaFin) und in der Bankenwelt.

- Mitarbeiterbezogene strategische Ziele:

  - Aufbauend auf einem standortübergreifenden Know-how und Aufgabentransfer verfügt der Bereich Group Finance über
    - attraktive Arbeitsplätze,
    - klar definierte Karrierewege und etablierte Entwicklungspläne,
    - interessante und innovative Aufgaben in einem internationalen Umfeld,
    - marktkonforme Leistungsgehälter und
    - flexible Arbeitszeitmodelle.

- Prozess- und produktbezogene strategische Ziele:

  - Neue implementierte IFRS-Prozesse werden stabilisiert und optimiert.
  - Aufbau effizienter, kostengünstiger, verbundener Produktionsstraßen im Aufsichts-, Handels-, Steuerrecht und IFRS.
  - Weiterentwicklung der Dienstleistungen für Tochterunternehmen.

- Finanzbezogene strategische Ziele:

  - Die eigene Wertschöpfung steht stets im Vordergrund.
  - Die Aktivitäten sind durch Wirtschaftlichkeit gesteuert; sämtliche Leistungen haben Marktkonformität.

Methodik/Systematik
- Wir bauen auf einer professionellen Methodik und Systemunterstützung auf, um eine effiziente Erreichung unserer Ziele zu gewährleisten.

Gemeinsame Werte
- Wir sind unseren internen und externen Kunden ein zuverlässiger, engagierter und kompetenter Partner:
  - Wir handeln initiativ und zielorientiert, um so den gemeinsamen Erfolg zu fördern.
  - Wir lösen Aufgaben und Probleme besser als Andere und übernehmen Verantwortung für unsere Ergebnisse.
  - Wir halten Zusagen und setzen uns nachhaltig dafür ein.

Mitarbeiter
- Wir bieten unseren Mitarbeitern attraktive Arbeitsplätze
  - mit der Chance, Spezial-Know-how aufzubauen,
  - mit einem breiten Betätigungsfeld und
  - mit der Integration verschiedener Standorte.

Grundsätze der Zusammenarbeit
- Gesamtbankinteressen haben Vorrang vor unseren Bereichs-, Abteilungs- und persönlichen Interessen.
- Unsere Kompetenzen steigern wir durch einen systematischen Informations- und Erfahrungsaustausch auf allen Bereichsebenen mit Kunden, Partnern und offiziellen Gremien.
- Ein professionelles Informations-, Kommunikations- und Konfliktmanagement ist für uns eine Selbstverständlichkeit.
- Das gute Zusammenspiel der spezialisierten Abteilungen bietet uns einen Wettbewerbsvorteil.

Führungsgrundsätze
- Den Rahmen, in dem unsere Führungsaufgaben wahrgenommen werden, bilden die Führungsgrundsätze:
  - Grundlage sind Rechte und Pflichten im Umgang miteinander.
  - Unter Führung versteht sich im Sinne des Leitbildes zu handeln.
  - Führung steht in Verbindung mit der Ergebnisverantwortung für die Leistung der Mitarbeiter und des Aufgabengebietes.
  - Die aus den Gesamtbankzielen abgeleiteten Bereichsziele sind durch die Verantwortlichen mit den beteiligten Mitarbeitern zu erarbeiten und zu erreichen.

- Die Mitarbeiter werden in die Entscheidungsprozesse aktiv eingebunden, sodass das unternehmerische Denken sich positiv auf die Zielerreichung auswirkt und unseren gemeinsamen Erfolg sichert.

Qualität

- Eine Grundvoraussetzung unseres Erfolges sehen wir in der hohen Qualität unserer Leistungen.
- Wir bauen unser Qualitätsmanagement-System ständig weiter aus.
- Wir vergleichen die Qualität unserer Leistungen mit denen des Marktes.
- Unsere Arbeit ist von Sorgfalt, Genauigkeit und Zuverlässigkeit geprägt. Beanstandungen sehen wir als Chance für Verbesserungen.

5. Ausblick

Aufgrund ihrer multifunktionalen Vernetzung mit den Schnittstellen zu allen relevanten Geschäftsbereichen werden Finanzbereiche in Kreditinstituten zunehmend stärker gefordert sein, Verantwortung für den Erfolg der gesamten Bank zu übernehmen. Daraus ergibt sich die Notwendigkeit, die Effektivität und damit verbunden die Effizienz der Rechnungswesenfunktion ständig zu verbessern. Dies funktioniert nur, wenn die Führungskräfte und Mitarbeiter die Veränderungen engagiert vorantreiben. Der Faktor Mensch ist dabei das Wichtigste.[3]

Insgesamt ist dies jedoch erst der Anfang dieser Entwicklung. Dabei ist nicht zu unterschätzen, dass aufgrund von demografischen Veränderungen und der damit zu erwartende Ressourcenknappheit in der Zukunft zunehmend verantwortungsbewusst mit den Mitarbeitern als *strategischem Erfolgsfaktor* eines Unternehmen umzugehen ist. Diesen Menschen eine Orientierung zu geben, ist heutzutage wichtiger denn je.

Erfolgreich sind nur Teams, die fachlich und strategisch kompetent sind sowie gemeinsam und interdisziplinär arbeiten. Um diese anspruchsvolle Aufgabe zu bewältigen, ist ein gemeinsamer Wertekanon erforderlich. Die aktuellen positiven Entwicklungen im Bereich *Group Finance* der DZ BANK AG zeigen, dass ein aktiv und mit Überzeugung gelebtes Leitbild ein möglicher Weg zur Optimierung der Rechnungswesenfunktion in Kreditinstituten sein kann. Durch die eingeschlagene Vorgehensweise von *Group Finance* werden die Leitbildentwicklungen auf Gesamtunternehmensebene der DZ BANK AG und operationalisierte Leitbilder einzelner Bereiche bestätigt, und es sind erste Erfolge im Unternehmen messbar.

---

[3] Kudernatsch/Fleschhut (2005), S. IX.

Literaturverzeichnis

KUDERNATSCH, D./FLESCHHUT, P. (HRSG.) (2005): Management Excellence, Stuttgart 2005.

Post Merger Integration – Implikationen für die Finanzfunktion im Rahmen von Transaktionen

Christina Hoferdt / Hans Sünderhauf

1. Aktuelles Transaktionsumfeld bei Kreditinstituten

2. Post Merger Integration als kritischer Erfolgsfaktor von Transaktionen
   2.1 Relevanz von Post Merger Integration
   2.2 Methodik zur Durchführung von Post Merger-Integrationsprojekten

3. Bedeutung der Finanzfunktion im Rahmen der Post Merger Integration
   3.1 Die Finanzfunktion als wesentliche Komponente der Integrationsprojekte
   3.2 Day 1-Readiness der Finanzfunktion
   3.3 100-Tage-Programm für die Finanzfunktion
   3.4 Implementierungsphase
   3.5 Kritische Erfolgsfaktoren für eine effiziente Finanzfunktion

4. Fazit und Ausblick

Literaturverzeichnis

1. Aktuelles Transaktionsumfeld bei Kreditinstituten

Bereits seit einigen Jahren wird in den Medien über notwendige Konsolidierungen in der Bankenbranche sowohl national als auch international diskutiert. Als Hauptmotive für Transaktionen gelten dabei vor allem die Verbesserung der Profitabilität, die Wettbewerbspositionierung sowie die Erschließung neuer Geschäftsfelder.[1] Mit dem Auftreten der US-Immobilienkrise (Subprime-Krise) im Frühsommer 2007 erhielt diese Diskussion neue Nahrung und führte bereits zu ersten Übernahmen.[2]

Jedoch wird sich noch zeigen müssen, ob all die national und international vollzogenen oder noch anstehenden Transaktionen die gewünschten positiven Effekte nach sich ziehen werden, denn ein unterschriebener Kaufvertrag ist allein kein Garant für eine positive wirtschaftliche Entwicklung des neu geschaffenen Kreditinstituts. Aktuelle Studien belegen immer wieder, dass nur ein Teil der durchgeführten Zusammenschlüsse den gewünschten Erfolg mit sich bringt.[3] Als ein wesentlicher kritischer Erfolgsfaktor für erfolgreiche Transaktionen gilt eine gelungene Integration der einzelnen Unternehmensbereiche.

Betrachtet man nun die Finanzfunktion von Kreditinstituten im Speziellen, so stellt die anstehende Konsolidierung im Bankenmarkt diese vor neue, zusätzliche Herausforderungen.[4] Umso wichtiger wird es zukünftig werden, auch hier eine Integration erfolgreich durchzuführen, um diesen Anforderungen gerecht werden zu können.

Zur Erzielung einer erfolgreichen Transaktion gibt es unserer Erfahrung nach auch für die Finanzfunktion bewährte Vorgehensweisen und kritische Erfolgsfaktoren, um den Aufbau einer effizienten Finanzfunktion im neuen Unternehmen bereits zu Beginn zu unterstützen.

---

[1] Vgl. Bremke/Röckemann/Fuß/Schiereck (2004), S. 367.
[2] Exemplarisch: Nagl (2008); Harms (2008), S. 337.
[3] Vgl. Harms (2008), S. 337.
[4] Siehe auch den Beitrag von Jelinek in diesem Buch.

2. Post Merger Integration als kritischer Erfolgsfaktor von Transaktionen

2.1 Relevanz von Post Merger Integration

Die *Post Merger Integration* als grundlegender Bestandteil des *Mergers & Acquisitions-/ M&A-Transaktionsprozesses* hat in den vergangenen Jahren zunehmend an Bedeutung und Akzeptanz gewonnen. Aktuelle branchenübergreifende Studien zeigen jedoch immer wieder, dass nach wie vor ein Großteil aller – auch gut vorbereiteter – Fusionen, Akquisitionen oder Eigentümerwechsel (*Buy-outs*) ihre strategischen und finanziellen Ziele nicht oder nur teilweise erreichen. Beim Vertragsabschluss besteht bei den beteiligten Parteien in aller Regel ein Konsens und das Vertrauen auf eine erfolgreiche wirtschaftliche Zukunft. Im Anschluss daran zeigen sich in der Übergangsphase jedoch sehr häufig Diskrepanzen darüber, wie der Zusammenschluss in der Praxis vollzogen und die zuvor verabschiedeten Ziele realisiert werden sollen.

Eine branchenübergreifende Studie von KPMG[5] hat die folgenden wesentlichen Ergebnisse hervorgebracht:

- Nur 31 Prozent der Unternehmenstransaktionen sind wertsteigernd, während 43 Prozent wertneutral und 26 Prozent wertvernichtend sind.
- In 65 Prozent der Transaktionen schafften es die Käufer nicht, die geplanten Synergien zu realisieren, obwohl in 43 Prozent der Fälle die Synergien im Kaufpreis bereits berücksichtigt waren.
- 41 Prozent der Unternehmen gaben an, die Planung der Integrationsphase zu spät begonnen zu haben.
- Obwohl Probleme mit unterschiedlichen Unternehmenskulturen als eine der größten Herausforderungen genannt wurden, gaben nur circa 20 Prozent der Unternehmen an, darauf vorbereitet gewesen zu sein.
- Nach der Vertragsunterzeichnung dauerte es im Durchschnitt circa neun Monate bis der Käufer das Gefühl hatte, das gekaufte Unternehmen im Griff zu haben.

Business as Usual oder gar die simple Addition der Geschäftstätigkeiten sind deshalb nicht zielführend. Der im Kaufpreis enthaltene Mehrwert kann nur realisiert werden, wenn die geplanten Synergien schnell und effizient umgesetzt werden. *Geschwindigkeit* bei der Umset-

---

[5] Vgl. KPMG (2006), S. 1 - 16.

zung, *Konzentration* auf das Wesentliche sowie die Nutzung des *Momentums* sind daher entscheidende Erfolgsfaktoren für eine gelungene Integration.

Um eine Transaktion zu einem Erfolg werden zu lassen, sollte daher bereits während der Due Diligence-Phase[6] mit der Planung der Integration begonnen werden, um sehr schnell nach Vertragsabschluss entscheidende Integrationsaktivitäten anstoßen und in die richtige Richtung lenken zu können. Erfolgt dies nicht, so drohen der Verlust von Marktanteilen, eine verschlechterte Arbeitsmoral, die Abwanderung von Leistungsträgern, interne Konkurrenz und damit die Vernichtung von Shareholder Value.

Folgende *harte* und *weiche* Faktoren sind daher ein Muss für einen erfolgreichen Integrationsprozess:

- klare *Strategieentwicklung* für das neu geschaffene Kreditinstitut
- Analyse der *Integrationschancen und -risiken* schon in der Due Diligence-Phase
- frühzeitige Integrationsplanung
- *zentrales Projektmanagement* zur Steuerung aller Aktivitäten während des gesamten Integrationsprozesses
- Fokus auf *20 Prozent aller Aktivitäten, die 80 Prozent des Synergiepotenzials* mit der größten Erfolgswahrscheinlichkeit im kürzestmöglichen Zeitraum darstellen
- zeitnahe und klare *Kommunikation* mit den wichtigsten Stakeholdern
- Analyse der unterschiedlichen *Unternehmenskulturen*
- *Auswahl der künftigen Mitarbeiter* bei Neu- und Umbesetzungen nach objektiven Kriterien

2.2 Methodik zur Durchführung von Post Merger-Integrationsprojekten

Vor diesem Hintergrund hat KPMG für die Durchführung von Integrationsprojekten eine Methodik entwickelt, die sich bereits im Rahmen von zahlreichen Transaktionen bewährt hat (siehe Abbildung 1).

---

[6] Als Due Diligence sei im Folgenden die einem Unternehmenskauf vorausgehende intensive Analyse des zu kaufenden Unternehmens verstanden.

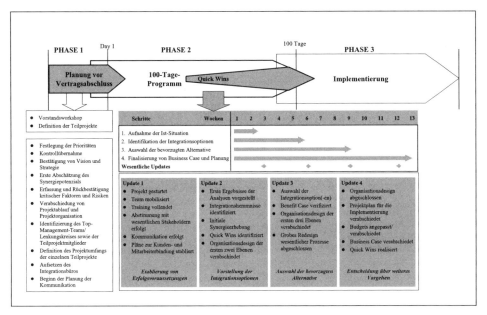

Abbildung 1: *Methodischer Ansatz zur Durchführung von Post Merger-Integrationsprojekten*

Phase 1: Planung vor Vertragsabschluss

Kern der Phase 1, der sogenannten *Planung vor Vertragsabschluss*, ist die Planung des gesamten Integrationsprozesses. Um für den sogenannten *Day 1*, also den ersten Tag des neuen, gemeinsamen Kreditinstituts bestmöglich gerüstet zu sein, sind an dieser Stelle wesentliche Maßnahmen vorzubereiten und Entscheidungen zu treffen. Dazu empfiehlt es sich, die Vorstände der betroffenen Kreditinstitute im Rahmen eines Strategieworkshops zusammen zu bringen, um gemeinsam die Pläne zur Umsetzung der Strategie für das in der Entstehung befindliche Kreditinstitut zu entwickeln sowie die Vorgehensweise für die anstehende Integration festzulegen. In diesem Zusammenhang sollte auch die Durchführung eines sogenannten Kulturaudits nicht vergessen werden, in welchem eine Analyse beider Unternehmenskulturen durchgeführt wird, um Gemeinsamkeiten und Unterschiede im Hinblick auf die angestrebte Kultur des zukünftigen Kreditinstituts herauszuarbeiten. Ferner gilt es in dieser Phase, durch die Vorstände der betroffenen Kreditinstitute die Projektstruktur für die Integration festlegen zu lassen. Diese kann beispielhaft wie in Abbildung 2 ausgestaltet werden.

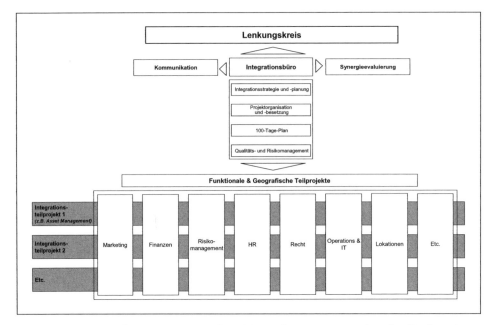

Abbildung 2: *Projektorganisation von Post Merger-Integrationsprojekten bei Kreditinstituten*

- Der *Lenkungskreis* sollte mit Vertretern beider Kreditinstitute besetzt werden. Er ist das zentrale Entscheidungsgremium und damit verantwortlich für die erfolgreiche Umsetzung der Integration. In diesem Zusammenhang obliegen ihm vorrangig die Festlegung von Integrationsstrategie und -vorgehen und somit die Priorisierung der Integrationsmaßnahmen sowie die Festlegung von Projektressourcen und Integrationsbudget. Er ist ferner als Eskalationsinstanz und Entscheidungsgremium zuständig für das Lösen von gegebenenfalls auftretenden Konflikten sowie die Abnahme aller Projektdokumente inklusive der Verabschiedung und Veröffentlichung der gesamten internen und externen Kommunikation zum Integrationsfortschritt.

- Das *Integrationsbüro* ist maßgeblich zuständig für die Gesamtprojektplanung, -steuerung und -durchführung und damit für die Überwachung des Projektfortschritts sowie die Einhaltung des Budgets und des geplanten Zeitrahmens. Ferner ist es zuständig für die teilprojektübergreifende Koordination, die Förderung der Zusammenarbeit sowie das Management von Abhängigkeiten zwischen den Teilprojekten. Sollten im Projektverlauf Risiken identifiziert werden oder gar Unstimmigkeiten auftreten, so liegt es zuerst in der Verantwortung des Integrationsbüros, diese zu mindern beziehungsweise zu klären. Schlussendlich ist auch die Sicherstellung der Nutzenerzielung beziehungsweise Mehrwertgenerierung (*Benefits Tracking*) eine wesentliche Aufgabe des Integrationsbüros.

- Das *Synergieevaluierungsteam* ist in Abstimmung mit den Vorständen der Kreditinstitute verantwortlich für die Festlegung von Top-down-Zielen, das heißt die Vorgabe von zu erreichenden Kosten- und Wachstumszielen. Es ist ferner zuständig für die Vorgabe der Methodik zur Synergieermittlung und -quantifizierung, fungiert für die einzelnen Teilprojekte als Ansprechpartner für eine mögliche Hilfestellung und überwacht den Evaluierungsfortschritt. Sind die wesentlichen Synergiepotenziale (Kosteneinsparpotenziale, Wachstumssynergien) durch die Teilprojekte identifiziert und quantifiziert, so erfolgt die Validierung ebenfalls durch das Synergieevaluierungsteam.

- Das *Kommunikationsteam* befasst sich zunächst mit der Erstellung eines Kommunikationskalenders für die Integration. Darin ist festzulegen, zu welchem Zeitpunkt Informationen an interne und an externe Zielgruppen kommuniziert werden. Darauf aufbauend erfolgt dann die Erstellung eines Kommunikationskonzepts, das im Detail die Zielgruppen sowie die einzusetzenden Medien (zum Beispiel E-Mail, Mitarbeiterzeitung, Veranstaltungen) definiert. Zu den vereinbarten Terminen erstellt das Kommunikationsteam dann die zielgruppengerechte Kommunikation, die durch den Lenkungskreis verabschiedet und schließlich veröffentlicht wird.

- Für die eigentliche operative Projektdurchführung empfiehlt sich das Aufsetzen einer Matrixorganisation. Zunächst werden die sogenannten *Integrationsteilprojekte* gebildet, die die Kernbereiche der zu integrierenden Kreditinstitute widerspiegeln (zum Beispiel *Retail Banking, Private Banking, Investment Banking* oder *Asset Management*). Im Rahmen der Integrationen liegen ihre Aufgaben schwerpunktmäßig in der Minimierung von Störungen bei der operativen Geschäftstätigkeit in der Übergangsphase zum neu geschaffenen Kreditinstitut, in der Identifikation von Optimierungspotenzialen im Tagesgeschäft, in der Evaluierung von Kosten- und Wachstumssynergien (*Bottom-up-Synergieevaluierung*) sowie bei der Identifizierung und der Milderung von Risiken.

- Alle diese Integrationsteilprojekte wiederum stehen in direkter Abhängigkeit zu den sogenannten *funktionalen Teilprojekten*, die zum Beispiel *Finanzen*[7], *Human Resources* (HR), *Operations und Informationstechnologie* (IT) beinhalten. Sie befassen sich im Rahmen des Integrationsprojektes primär mit der Minimierung von Störungen der operativen Geschäftstätigkeit in den definierten Funktionsbereichen, der Integration der funktionalen Prozesse, Systeme und Strukturen sowie der Identifikation von Kostensynergien.

Die Schaffung einer Matrixorganisation als Projektstruktur dient dabei vornehmlich dazu, die Abhängigkeiten zwischen den Integrations- und den funktionalen Teilprojekten zu identifizieren, zu priorisieren und entsprechend zu bearbeiten (zum Beispiel Abhängigkeit des Investment Bankings von der IT).

Sowohl den Integrationsteilprojekten als auch den funktionalen Teilprojekten obliegt es dabei in Phase 1, alle für den Tag des Vertragsabschlusses notwendigen Tätigkeiten zu identifizieren, hinsichtlich Zeit, Aufwand und Ressourcenbedarf zu planen und alle *Day 1-kritischen* Aufgaben abzuarbeiten, um alle zwingend notwendigen Voraussetzungen für die Durchführbarkeit des Vertragsabschlusses sowie der operativen Arbeitsfähigkeit am *Day 1* zu schaffen.

---

7   Zu den Aufgaben der Finanzfunktion als funktionales Teilprojekt im Rahmen der Phasen von Integrationsprojekten siehe Abschnitt 3 dieses Beitrages. Auf Aufgaben der anderen funktionalen Teilprojekte (wie zum Beispiel HR mit Themen wie der Vorbereitung des Personalübergangs gemäß BGB) wird im Rahmen dieses Beitrages nicht eingegangen.

Phase 2: 100-Tage-Programm

Spätestens mit Vertragsabschluss sollte die Phase 2, das sogenannte *100-Tage-Programm*, beginnen. Diese ersten 100 Tage sind die bedeutsamsten für eine erfolgreiche wirtschaftliche Zukunft des neu geschaffenen Kreditinstituts, da in dieser Phase der Grundstein für den Erfolg des gemeinsamen Unternehmens gelegt wird. Es ist ferner der Zeitraum, in welchem gemischte Teams, das heißt Teams zusammengesetzt aus Vertretern beider Kreditinstitute, zusammenarbeiten und erstmals voller Zugang zum übernommenen Kreditinstitut besteht. In dieser Phase werden alle integrationsrelevanten Aktivitäten, die nicht bereits für den *Day 1* umgesetzt werden mussten, detailliert geplant und soweit wie möglich beziehungsweise nötig umgesetzt. Gleichzeitig gilt es aber auch, den operativen Geschäftsbetrieb nach wie vor sicherzustellen. Als wesentliches Hilfsmittel zur Kontrolle des Integrationsfortschritts dienen hierbei vier wesentliche Meilensteine, die gemäß der vorgestellten Methodik als *Updates* bezeichnet werden.

Es ist die Aufgabe der einzelnen Integrationsteilprojekte und funktionalen Teilprojekte, die zu den jeweiligen Updates geforderten Informationen und Entscheidungsvorlagen dem Integrationsbüro zur Verfügung zu stellen. Die Verabschiedung der Unterlagen sowie das Fällen von benötigten Entscheidungen obliegen dem Lenkungskreis.

Phase 3: Implementierungsphase

In der Phase 3, der sogenannten *Implementierung,* erfolgt schlussendlich – in der Regel über einen Zeitraum von bis zu 24 Monaten (Ausnahme: IT, hier kann sich zum Beispiel die Implementierung neuer Systeme über einen längeren Zeitraum erstrecken) – die Implementierung der im 100-Tage-Programm festgelegten und verabschiedeten Maßnahmen, um den langfristigen Erfolg der getätigten Übernahme sicherzustellen.

3. Bedeutung der Finanzfunktion im Rahmen der Post Merger Integration

Die Finanzfunktion bei Kreditinstituten – hierunter seien im Weiteren die Bereiche internes und externes Rechnungswesen, Steuern und Meldewesen subsumiert – spielt, wie die praktische Erfahrung zeigt, als zentral zu integrierende Unternehmensfunktion sowohl während des Transaktionsprozesses als auch bei der späteren Zusammenführung eine bedeutende Rolle. So erfolgt im Wesentlichen basierend auf den Finanzdaten zum Beispiel die Auswahl und Bewertung eines möglichen Akquisitionsobjekts.

3.1 Die Finanzfunktion als wesentliche Komponente der Integrationsprojekte

In Zusammenhang mit der vieldiskutierten Konsolidierung im deutschen und internationalen Bankensektor lässt sich leicht erahnen, von welcher Bedeutung die Finanzfunktionen von Kreditinstituten zukünftig sein werden. Zudem existiert ein steigender Wettbewerb in der Kapitalmarktkommunikation, der sich in der Forderung nach einer immer schnelleren Bekanntgabe von Geschäftszahlen sowie einer erhöhter Informationsqualität äußert. Nur durch eine erfolgreich durchgeführte Integration wird eine effiziente Finanzfunktion entstehen, die vollumfänglich in der Lage ist, den stetig steigenden Anforderungen erfolgreich zu begegnen sowie kosten- und zeitoptimiert die seitens des Kapitalmarktes sowie seitens der internen Stakeholder geforderten Informationen pünktlich und auf einem hohen Qualitätsniveau bereitzustellen.

3.2 Day 1-Readiness der Finanzfunktion

Betrachtet man die im vorangehenden Abschnitt dargestellte Methodik, so gilt es im Rahmen von Integrationen im Hinblick auf die Finanzfunktion zuerst alle für Phase 1 (*Planung vor Vertragsabschluss*) relevanten Aufgaben zur Erreichung der sogenannten *Day 1-Readiness*, zu identifizieren. Dies ist eine notwendige Voraussetzung zur Erlangung der Kontrolle über das übernommene Kreditinstitut, zur Stabilisierung der gemeinsamen Geschäftstätigkeit vom ersten Tage an sowie zur Errichtung einer effizienten Finanzfunktion nach der Transaktion.

Auf dem Gebiet des *externen Rechnungswesens* geht es dabei vor allem um die umfangreiche und strukturierte Erhebung und Analyse der Ist-Situation im Hinblick auf die Integrationsnotwendigkeiten nach einem erfolgten Vertragsabschluss. Dabei erfolgen schwerpunktmäßig folgende Aktivitäten:

- Analyse der Bilanzen und der Kontenpläne der beteiligten Unternehmen sowie Analyse der Rechnungslegungsgrundsätze und -prozesse
- Festlegung von einheitlichen Rechnungslegungsgrundsätzen für das zukünftige Unternehmen
- Erstellung der Eröffnungsbilanz für das neue Unternehmen
- Sicherstellung der Ordnungsmäßigkeit der Buchhaltung ab Day 1 an (unter Umständen mittels Interimslösungen)
- Simulation der Bilanz- und GuV-Effekte der gemeinsamen Bilanz und GuV

- Analyse der Auswirkungen auf die Refinanzierung und auf die Kapitalmarktkommunikation

Korrekte und konsistente Daten sowie eine termingerechte Verfügbarkeit sind auch eine unabdingbare Voraussetzung für das *interne Rechnungswesen*. Daher erfolgen hier in dieser Phase im Integrationsprozess im Wesentlichen folgende Aktivitäten:

- umfangreiche Analyse der bestehenden Berichterstattung und des Controllings des zu übernehmenden Kreditinstituts mit dem Ziel der Identifikation von Differenzen zwischen dem internen Rechnungswesen beider Häuser sowie einer Planung der Integration
- Festlegung von Mindestreportinganforderungen für die Interimslösung
- Aufbau neuer Reporting-Strukturen für das Day 1-Reporting
- Planung der Kapitalausstattung, Refinanzierung, Treasury, Liquidität etc. für das neue Unternehmen sowie Erstellung einer gemeinsamen kurz- und mittelfristigen Geschäftsplanung für das neue Unternehmen (erfolgt im ersten Schritt zumeist durch Aggregation der bisheriger Geschäftspläne)

All diese Aktivitäten sind wichtig, um von Day 1 an in der Lage zu sein, das übernommene Unternehmen effizient und effektiv steuern zu können.

Im Bereich *Steuern* geht es im Wesentlichen darum, die aktuellen Prozesse, Strukturen sowie Systeme zu erfassen, um damit die Voraussetzungen zu schaffen, eine optimale zukünftige Steuerabteilung mit den dazugehörigen Prozessen und Systemen definieren zu können und die laufend anstehenden Steuermeldeprozesse sicherzustellen. Im Einzelnen sind dabei folgende Aspekte zu klären:

- Festlegung von temporären Prozessen zur Sicherstellung der laufenden Steuerprozesse (Interimsprozesse vor Optimierung)
- Identifikation der unterschiedlichen Systeme zur Berechnung der laufenden sowie der latenten Steuern in den Gesellschaften
- Ableitung von etwaigem Anpassungsbedarf beziehungsweise – bei gänzlichen unterschiedlichen Systemen – Prüfung einer Integration beider Systemwelten bzw. der Migration auf ein Zielsystem

Die folgenden Aktivitäten sind von Bedeutung, um zum Zeitpunkt Day 1 das übernommene Unternehmen ordnungsgemäß und effektiv in die operativen Abläufe für das bankaufsichtliche *Meldewesen* (insbesondere statistische Meldungen, Solvabilitätsmeldung sowie Groß- und Millionenkreditmeldungen) auf zusammengefasster Basis einbeziehen zu können:[8]

---

[8] Als mögliche weitere Themengebiete neben den operativen Abläufen zum Meldewesen im gesamten Integrationsprozess seien vor allem Anpassungen des haftenden Eigenkapitals oder der Risikopositionen, Einbeziehung in die aufsichtsrechtliche Führung des erworbenen Unternehmens durch den Erwerber, Anpassungsnotwendigkeiten weiterer aufsichtsrechtlicher Vorgaben wie MaRisk, Geldwäsche, Anzeigewesen oder aufsichtsrechtliche Offenlegungspflichten genannt.

- Festlegung der notwendigen Dateninhalte, deren Granularität, der zeitlichen Abläufe sowie die jeweiligen Verantwortlichkeiten
- Identifikation der systemtechnischen und prozessualen Voraussetzungen zur laufenden Informations-/Datenbereitstellung
- Festlegung temporärer Prozessabläufe und Kontrollen
- Abstimmung der methodischen Ansätze sowie die Ausübung diverser Wahlrechte im Zusammenhang mit den betreffenden Rechtsnormen

3.3 100-Tage-Programm für die Finanzfunktion

Kommt es zum Vertragsabschluss, so beginnt spätestens mit dem Day 1 das 100-Tage-Programm, das heißt die Planung und der Beginn der Durchführung aller relevanten Integrationsaktivitäten zur Schaffung eines gemeinsamen, integrierten Unternehmens.

Inhaltlich geht es dabei im *externen Rechnungswesen* um die eigentliche Integration beziehungsweise bei Bedarf die Etablierung von Interimslösungen. Dazu zählen vor allem die folgenden Aktivitäten:

- Design sowie Planung der Implementierung der aufgrund der Veränderungen in den bestandsführenden Systemen erforderlichen Buchhaltungs- und Backoffice-Prozesse
- Festlegung des neuen Konsolidierungskreises sowie der neuen Zielsegmente für die erste gemeinsame Segmentberichterstattung
- Überarbeitung der Prozesse zur Abschlusserstellung (Monats-, Quartals-, Jahres- und Konzernabschluss) inklusive der Erstellung eines integrierten Zeitplans
- Klärung von Bewertungsfragen rund um die Transaktion (Erwerber, Erwerbszeitpunkt, Goodwill, Risikovorsorge etc.)
- Festlegung der generellen Bilanzierungsgrundsätze und Beginn der Harmonisierung von konzernweiten Buchungs- und Bilanzierungsregelungen (*Policies & Guidelines*)
- Etablierung von internen Kontrollen im neuen Unternehmen (Anpassung *Internes Kontrollsystem* (IKS) sowie gegebenenfalls Sarbanes-Oxley Act-/SOX-Kontrollen)
- Festlegung des zukünftigen Abschlussprüfers sowie Start der Abstimmung der generellen Bilanzierungsentscheidungen im Rahmen der Transaktion

In Bezug auf das *interne Rechnungswesen* stehen in dieser Phase vor allem die folgenden Aktivitäten im Vordergrund:

- Design und Planung der Implementierung gemeinsamer Planungs-/Budgetierungs-, Controlling- und Berichtsprozesse sowie gegebenenfalls Etablierung von Interimslösungen für das neue Unternehmen
- Etablierung von internen Kontrollen im neuen Unternehmen (Anpassung IKS) sowie Sicherstellung der Erfüllung der Anforderungen des Sarbanes-Oxley Acts (SOX)[9]
- Identifikation der Potenziale zur Harmonisierung von internem und externem Rechnungswesen sowie Planung der Durchführung
- Erstellung beziehungsweise Überarbeitung von *Service Level Agreements* (SLAs) für sogenannte *Shared Services*, das heißt Dienstleistungen, die zum Beispiel seitens der IT-Abteilung zur Verfügung gestellt werden

Im Themengebiet *Steuern* geht es schwerpunktmäßig um die folgenden Fragestellungen:

- Evaluierung und Optimierung der steuerlichen Konsequenzen aufgrund der Transaktion
- bestmögliche Verwertung beziehungsweise bestmöglicher Erhalt bestehender Verlustvorträge
- Optimierung der Kapitalausstattung/Finanzierungsstruktur aus steuerlicher Sicht
- Strukturierung der Leistungsbeziehungen zwischen den Einheiten
- Errichtung von steuerlichen Organschaften (KSt und GewSt) zur laufenden Verlustverrechnung (dann wären allerdings vororganschaftliche Verluste der Tochtergesellschaft von der Verrechnung gesperrt)
- Errichtung einer umsatzsteuerlichen Organschaft zur Reduzierung negativer Konsequenzen aus wechselseitigen Leistungsbeziehungen
- Ermittlung grunderwerbsteuerlicher Konsequenzen aus der Übertragung
- Vorbereitung der konkreten Systemanpassungen (deren Bedarf vorher identifiziert wurde)
- gegebenenfalls Konzeption eines automatisierten Steuerreportings

Innerhalb der ersten 100 Tage sollten im Themengebiet *Meldewesen* folgende Kernthemen bearbeitet werden:

- Anpassung beziehungsweise Konzeptionierung der Anpassung noch bestehender methodischer Abweichungen sowie bezüglich der unterschiedlichen Ausübung von Wahlrechten
- Evaluierung der künftig zu verwendenden IT-Systeme (Soft-/Hardware) im Zusammenhang mit dem Meldewesen und zwischenzeitlich weiterführende Optimierung der systemtechnischen Abläufe (Systemanpassung und -migration)

---

9   Ein 2002 erlassenes US-amerikanisches Gesetz zur verlässlichen Unternehmensberichterstattung. Das Gesetz gilt für in- und ausländische Unternehmen, die an US-amerikanischen Börsen notiert sind. Ziel des Gesetzes ist es, das Vertrauen der Anleger in die Korrektheit und Verlässlichkeit der veröffentlichten Finanzdaten von Unternehmen wiederherzustellen.

- Optimierung der prozessualen Abläufe insbesondere in Bezug auf zeitliche Strukturen, die Verantwortlichkeiten und Kontrollen
- Strukturierung/Vorbereitung möglicher Auslagerungsbeziehung im Zusammenhang mit dem Meldewesen
- Anpassung der schriftlich fixierten Ordnung zu den Prozessen/Abläufen des Meldewesens; insbesondere des übernommenen Unternehmens

Neben den vorab genannten, klassischen Themenbereichen spielen – wie partiell bereits angeklungen – die *Finanzsysteme* eine immer bedeutendere Rolle bei der Integration und dem Aufbau einer effizienten Finanzfunktion nach Transaktionen im Sinne einer optimalen Unterstützung bei der Aufgabenerfüllung. So gilt es im Rahmen von Integrationen der Finanzfunktion im Wesentlichen folgende Aktivitäten durchzuführen:[10]

- Analyse des Ist-Zustands der Systemunterstützung (Buchhaltungs- und Controllingsysteme)
- detaillierte Erhebung aller Anforderungen an die zukünftigen Finanzsysteme (zum Beispiel Abbildung regulatorischer Anforderungen)
- Ableitung von Anpassungsbedarfen beziehungsweise Forderung nach Implementierung neuer oder zusätzlicher Finanzsysteme
- Entwicklung von Interimslösungen (geringer Automatisierungsgrad aufgrund von einem hohen manuellen Anteil) – soweit notwendig –, um die Übergangsphase zum neuen Kreditinstitut optimal zu unterstützen

Werden diese Aufgabenkomplexe gemäß vorgestellter Integrationsmethodik abgearbeitet, so sollten zum Zeitpunkt des ersten Meilensteins im Rahmen des 100-Tage-Programms, dem sogenannten *Update 1*,[11] der terminlich empfehlungsgemäß in der zweiten bis dritten Woche des 100-Tage-Programms anzusetzen ist, vor allem die Analysen der Ist-Situation in den Bausteinen der Finanzfunktion hinsichtlich der Strukturen, Prozesse und Systeme vorliegen. Ferner sollte ein detailliertes Kommunikationskonzept erstellt worden und die erste Kommunikation an interne und externe Interessengruppen erfolgt sein.

Bis zum zweiten wesentlichen Meilenstein des 100-Tage-Programms, dem sogenannten *Update 2*, sollte eine Konkretisierung der ermittelten Integrationsoptionen, die Identifikation von *Quick Wins*[12] sowie eine erste grobe Synergieevaluierung durchgeführt worden sein. Ferner sollte zu diesem Zeitpunkt auch das Organisationsdesign für die ersten beiden Hierarchieebenen erfolgt und die Führungskräfte dieser Ebenen ausgewählt sein.

---

10 Bei dieser Analyse kann der generelle Ansatz zur Optimierung einer IT-Architektur in der Finanzfunktion angewendet werden (siehe Beitrag Stork in diesem Buch).
11 Siehe Abbildung 1 dieses Beitrages.
12 Unter *Quick Wins* sind schnell zu erzielende Ergebnisse beziehungsweise Einsparpotenziale zu verstehen, die mit verhältnismäßig geringem Aufwand zu realisieren sind.

Wesentlicher Gegenstand des dritten Meilensteins im Rahmen des 100-Tage-Programms, dem sogenannten *Update 3*, ist die Auswahl der bevorzugten Integrationsoptionen, das heißt zum Beispiel die Festlegung der Ausgestaltung des zukünftigen externen Rechnungswesens des gemeinsamen Unternehmens. In diesem Zusammenhang sollten daher wesentliche Informationen über die zukünftige Ablauforganisation (zum Beispiel zukünftiger Prozess zur Abschlusserstellung) verfügbar sowie eine detaillierte Synergieevaluierung erfolgt sein. Ferner empfiehlt es sich, in diesem Projektstadium in aller Regel das Organisationsdesign sowie die Stellenbesetzung bis zur dritten Hierarchieebene zu verabschieden.

Der vierte Meilenstein, das sogenannte *Update 4*, der gleichzeitig den Abschluss des 100-Tage-Programms symbolisiert, dient vornehmlich der Verabschiedung des weiteren Vorgehens, das heißt der Entscheidung hinsichtlich der langfristigen Implementierung von vorab identifizierten und für notwendig erachteten Maßnahmen. Zu diesem Zeitpunkt muss ein finaler Implementierungsplan dem Lenkungskreis zur Abnahme vorgelegt werden. Darin ist zu dokumentieren, welche Aufgaben mit welchem Aufwand und durch welche Personen durchzuführen sind, um im Rahmen der anschließenden Umsetzung den Aufbau einer effizienten Finanzfunktion für das neue Kreditinstitut zu gewährleisten. Darüber hinaus sollte spätestens zu diesem Zeitpunkt das vollständige Organisationsdesign (zukünftige Aufbauorganisation) abgeschlossen und alle Stelleninhaber benannt und informiert worden sein. Schlussendlich erfolgt im Rahmen des *Update 4* eine Überprüfung der Realisierung der *Quick Wins* sowie die Entscheidungsfindung über die zu realisierenden Synergiepotenziale inklusive des Vorgehens zur Nachhaltung der Synergieerzielung.

3.4 Implementierungsphase

Im Rahmen der Implementierungsphase geht es um die Umsetzung der im 100-Tage-Programm geplanten und noch nicht umgesetzten Maßnahmen zur Sicherstellung des langfristigen Integrationserfolgs im Allgemeinen, beziehungsweise zum Aufbau einer effizienten Finanzfunktion bei Kreditinstituten im Speziellen. In dieser Phase erfolgt für das interne und externe Rechnungswesen, Steuern und Meldewesen die Implementierung der definierten Prozesse beziehungsweise die Optimierung identifizierter Prozesse. Um eine optimale Unterstützung der Prozesse zu gewährleisten, erfolgt in diesem Zusammenhang auch die umfangreiche Anpassung oder gar Implementierung der erforderlichen IT-Systeme. Damit verbunden ist zum Beispiel auch die ordnungsgemäße Übernahme der Daten aus den Altsystemen sowie die Archivierung historischer Daten. Erst wenn dies erfolgt ist, sollte auf die eingesetzten Interimslösungen verzichtet werden. Als weiterer größerer Themenbereich erfolgt in der Implementierungsphase letztendlich die Umsetzung der Gebäudeplanung, das heißt die Zusammenführung der Teams sowie die Bereitstellung der benötigten Infrastruktur.

3.5 Kritische Erfolgsfaktoren für eine effiziente Finanzfunktion

Zusammenfassend lassen sich – auch auf Basis unserer gewonnenen Projekterfahrungen – folgende wesentliche Erfolgsfaktoren identifizieren, die maßgeblich dazu beitragen, eine effiziente Finanzfunktion im Rahmen von Integrationen zu etablieren:

- *Frühzeitige Vorbereitung auf die anstehende Transaktion*: Bereits in der Phase der Anbahnung der Transaktion, das heißt selbst wenn noch kein zu übernehmendes Unternehmen identifiziert ist, sollten die Abläufe und die Aufbauorganisation der Finanzfunktion auf die anstehenden Aufgaben vorbereitet werden. Dazu zählen unter anderem die Planung der Verfügbarkeit der vorhandenen Ressourcen, um die operative Geschäftstätigkeit mit all ihren vor allem gesetzlichen und regulatorischen Anforderungen zu bewältigen und gleichzeitig das Integrationsprojekt durchführen zu können.

- *Analyse der Integrationschancen und -risiken bereits in der Due Diligence-Phase*: Bereits zu diesem Zeitpunkt sollte eine Abschätzung der Chancen (zum Beispiel Erzielung von Qualitätsverbesserungen im Berichtswesen) und Risiken (erhöhter manueller Aufwand zur Erstellung des Zahlenwerks für das gemeinsame Unternehmen führt zu Termindruck und höherer Fehlerwahrscheinlichkeit) erfolgen, um diese nutzen beziehungsweise mildern zu können.

- *Identifikation aller Day1-kritischen Aktivitäten der Finanzfunktion*: Insbesondere für die Finanzfunktion stehen eine Reihe von unabdingbaren Aktivitäten für den *Day 1* an, die so früh wie möglich identifiziert, geplant (Zeit, Ressourcenbedarf, Budget) und abgearbeitet werden müssen.

- *Zeitnahe Planung und Durchführung/Implementierung aller Aktivitäten zur Etablierung einer gemeinsamen Finanzfunktion*: Mit dem *Day 1* sollte mit der Planung und anschließenden Umsetzung aller Integrations- und – soweit notwendig – Optimierungsaktivitäten in der Finanzfunktion begonnen werden, um schnellstmöglich eine schlanke und optimale Finanzfunktion zu etablieren, die alle Anforderungen der internen und externen Anspruchsgruppen bedienen kann und um identifizierte Synergiepotenziale zu heben.

- *Optimale Personalbesetzung der Finanzfunktion*: Letztendlich gilt es auch im Rahmen des Designs der neuen Aufbauorganisation der Finanzfunktion die nach objektiven Kriterien am besten qualifizierten Mitarbeiter zu identifizieren und mit entsprechenden Verantwortungen zu betrauen. Dazu erfolgt durch die neue Unternehmensführung des gemeinsamen Unternehmens die Auswahl der nachgelagerten Führungsebene aus dem Kreis aller Mitarbeiter sowohl des Käufers als auch des gekauften Unternehmens. Diese Führungsebene wiederum bestimmt die Führungskräfte ihres Bereichs, welche dann wiederum die nachgelagerte Ebene bestimmen. Dieser Prozess setzt sich fort bis alle Mitarbeiter (gemäß Personalplanung) bestimmt sind.

4. Fazit und Ausblick

Die Durchführung von Transaktionen bietet stets die Aussicht auf eine erfolgreiche Erweiterung der Geschäftstätigkeit oder gar strategische Neuausrichtung von Kreditinstituten. Sie selbst ist allerdings kein Garant für einen Erfolg. Als kritischer Erfolgsfaktor erweist sich immer öfter die Integrationsphase. Deshalb sollten sich die Verantwortlichen frühzeitig mit der Planung der Integration beschäftigen und die Umsetzung zum Zeitpunkt des Abschlusses der Transaktion beginnen. Die verpasste Umsetzung von Integrationsmaßnahmen lässt sich nicht rückgängig machen und kann so den gesamten Erfolg der Transaktion gefährden oder gar verhindern.

Im Hinblick auf die Finanzfunktion gilt es im Besonderen im Rahmen von Integrationsprojekten frühzeitig mit der Planung der Integration zu beginnen und somit die Voraussetzungen zu schaffen, die notwendigen umfangreichen Aufgaben zum *Day 1* zu erfüllen, die Integration ab *Day 1* zeitnah zu realisieren und schlanke Strukturen und Prozesse zu schaffen, um die stetig steigenden Anforderungen an die Finanzfunktion zu erfüllen und der sich weiterentwickelnden Rolle der Finanzfunktion gerecht zu werden.

Betrachtet man diese Erkenntnisse nun vor dem Hintergrund des aktuellen Transaktionsumfeldes bei Kreditinstituten, so wird sich beweisen, dass neben der Auswahl des geeigneten Übernahmekandidaten auch eine gelungene Integration als Garant für eine positive Entwicklung – selbst in einem schwierigem wirtschaftlichem Umfeld – fungieren kann.

Literaturverzeichnis

BREMKE, K./RÖCKEMANN, C./FUSS, C./SCHIERECK, D. (2004): Post Merger Integration – Fehlende Exzellenz im deutschen Bankensektor, in: M&A Review, 14. Jahrgang, Heft 8/9, S. 366 - 369.

HARMS, S. (2008): Kernkompetenzmanagement bei Bankenfusionen, in: M&A Review, 18. Jahrgang (2008), Heft 7, S. 337 - 342.

KPMG (2006): The Morning After – Driving for Post Deal Success (Studie), Stand Januar 2006, KPMG London 2006.

NAGL, H. G. (2008): Banken suchen Schulterschluss, Internet: http://www.handelsblatt.com/_b=1429245,_t=ftprint,fp=false,isPdf=1;printpdf, Stand: 13.05.2008, Abruf: 12.01.2009, 15:21 Uhr.

Lösungsansätze für eine erfolgreiche Finanzmarktkommunikation

Frank Herzmann

1. Ausgangslage

2. Grundlagen einer erfolgreichen Finanzmarktkommunikation
    2.1 Kommunikationsanforderungen und -instrumente
    2.2 Grundsätze für eine erfolgreiche Umsetzung
    2.3 Erfolgsbeispiele in der Praxis

3. Lösungsansätze zur Optimierung
    3.1 Anpassung der Aufbau- und Ablauforganisation
    3.2 Technische Unterstützung
    3.3 Fachliche Harmonisierung

4. Kritische Erfolgsfaktoren für die Umsetzung

5. Fazit

Literaturverzeichnis

1. Ausgangslage

Warum ist für Unternehmen eine erfolgreiche Finanzmarktkommunikation erforderlich, beziehungsweise eine unabdingbare Voraussetzung für die erfolgreiche Teilnahme am Kapitalmarkt?

Kapitalmarktorientierte Unternehmen werden auf der Grundlage von Informationen bewertet, die den Marktteilnehmern zur Verfügung stehen. Die vorliegenden Unternehmensinformationen, zum Beispiel hinsichtlich zukünftiger Gewinn- und Kursentwicklungen, führen zu einer konkreten Erwartungshaltung eines jeden einzelnen Marktteilnehmers an das Unternehmen. Dabei können entscheidungsrelevante Informationen langfristiger Natur (zum Beispiel Informationen über die Neuausrichtung der Unternehmensstrategie) oder kurzfristiger Natur (zum Beispiel Bekanntgabe einer Gewinnwarnung) sein.

Durch die weiter voranschreitende Globalisierung der Kapitalmärkte sind in den letzten Jahren auch die Anforderungen an das Finanzmarktreporting sowie die Reportingerwartungen der Marktteilnehmer deutlich gestiegen. Zusätzlich zur Lieferung von entscheidungsrelevanten Informationen erwartet der global tätige Marktteilnehmer von heute, dass Unternehmensinformationen in immer kürzeren Zeitabständen zur Verfügung stehen. Allerdings wird dadurch die Nutzungsdauer der veröffentlichten Daten immer kürzer. Neben der Schnelligkeit setzen die Marktteilnehmer voraus, dass die publizierten Informationen eine hohe Qualität aufweisen sowie mit anderen Wettbewerbern vergleichbar sind (zum Beispiel zum Abgleich alternativer Kapitalanlagen).

Die möglichen Konsequenzen aus einem unvollständigen beziehungsweise fehlerhaften Kapitalmarktreporting sind vielschichtig. Liegen dem Finanzmarkt nur wenige Informationen zum Unternehmen vor, äußert sich dies in entsprechend höheren Kapitalkosten (einer höheren Risikoprämie für die Kapitalgeber) und letztlich einem geringeren Shareholder Value.[1] Weiterhin kann die Enttäuschung der Marktteilnehmer über nicht eingetretene Erwartungen auch zu massiven Kurseinbrüchen führen. Schlimmstenfalls sind Reputationsverluste des Unternehmens in der Öffentlichkeit oder aber mögliche Schadensersatzansprüche aufgrund einer fehlerhaften Finanzmarktkommunikation denkbar. Insofern besteht für kapitalmarktorientierte Unternehmen ein klarer Anreiz, den Shareholdern, Fremdkapitalgebern und anderen an der Unternehmensentwicklung interessierten Adressaten entscheidungsrelevante Informationen regelmäßig und zuverlässig zu liefern.

Im Zusammenhang mit der im Jahr 2007 aufgekommenen Finanzkrise erfolgte ein Belastungstest der Finanzmarktkommunikation von kapitalmarktorientierten Kreditinstituten. Während der Krise wurde deren Informationspolitik insbesondere durch die Medien kritisiert. So erregten in den Zeitungen vermehrt Schlagzeilen wie zum Beispiel „Das lange Schweigen"[2] das Aufsehen der Leser.

---

[1] Vgl. Beitrag Jelinek in diesem Buch.
[2] Vgl. Reuters (2008), S. 1.

Gerade aufgrund der Finanzkrise sind die Herausforderungen an eine zeitnahe und gleichzeitig qualitativ hochwertige Finanzmarktkommunikation ersichtlich. Denn die von den betroffenen Unternehmen getätigte Kommunikation muss gerade in dieser Phase in hohem Maße transparent und somit für externe Dritte jederzeit nachvollziehbar sein. Die Aspekte der Transparenz und die Schnelligkeit der Informationsweitergabe wurden gerade in der kritischen Situation der Subprime-Krise jedoch von einzelnen Kreditinstituten vernachlässigt.

Dies verwundert aber umso mehr, da heutige Marktteilnehmer zur Verfolgung ihrer unterschiedlichen Zielsetzungen angemessen über die Unternehmen informiert sein möchten. Sie erwarten, dass ihnen sowohl positive als auch negative Unternehmensinformationen schnell, transparent und vor allem glaubwürdig zur Verfügung gestellt werden. Daraus ergeben sich für die Unternehmen Herausforderungen, die im Vorfeld der Bekanntgabe von Nachrichten zu lösen sind. Nur dann ist eine erfolgreiche Finanzmarktkommunikation überhaupt darstellbar.

Wie eine erfolgreiche Finanzmarktkommunikation erreicht werden kann und welche Effizienzsteigerungen für die Finanzfunktion eines Kreditinstitutes möglich sind, zeigt der vorliegende Beitrag. Dazu werden zunächst die Grundlagen sowie die Erfolgsfaktoren aus der Praxis einer erfolgreichen Finanzmarktkommunikation gezeigt. Weiterhin werden ausgewählte Lösungsansätze zur Optimierung eines erfolgreichen Finanzmarktmarkt-Reportings für Kreditinstitute dargestellt. Abschließend erfolgt eine zusammenfassende Bewertung der wesentlichen kritischen Erfolgsfaktoren für die Umsetzung einer erfolgreichen Finanzmarktkommunikation.

2. Grundlagen einer erfolgreichen Finanzmarktkommunikation

Eine erfolgreiche Nutzung des Finanzmarktes durch Unternehmen setzt eine kontrollierte, zeitnahe und regelmäßige Kommunikation mit den Marktteilnehmern voraus. Diese bekommt durch bestehende gesetzliche Anforderungen einen Mindeststandard. Darauf aufbauend muss jedoch jedes Kreditinstitut für sich festlegen, wie die Finanzmarkterwartungen gesteuert werden sollen und welche Grundsätze hierbei zu verfolgen sind.

2.1 Kommunikationsanforderungen und -instrumente

Die *externen Anforderungen* und der daraus abgeleitete Kommunikationsumfang ergeben sich direkt aus den gesetzlichen Regelungen, aus den Regelungen der jeweiligen Börse oder aus den Anforderungen des Kapitalmarktes selbst. Hierzu zählt beispielsweise die Offenlegung gemäß § 325 HGB, nach der der HGB-Konzernabschluss eines kapitalmarktorientierten Unternehmens innerhalb von vier Monaten nach Ultimo offenzulegen ist.

Haben Unternehmen als Inlandsemittent Wertpapiere begeben, müssen zusätzlich die Vorschriften zur Finanzberichterstattung nach den Regelungen des Wertpapierhandelsgesetzes (WpHG) beachtet werden.[3] Der Zugang zu einem Kapitalmarkt erfolgt in Europa entweder über die von der EU regulierten Märkte oder über Märkte, die von den Börsen selbst reguliert werden (Freiverkehr). In Deutschland ist der *Regulierte Markt* durch das WpHG geregelt, wobei die Zulassungsbedingungen und Transparenzanforderungen von der EU vorgegeben sind. Der Freiverkehr, der an der Frankfurter Börse seit 2005 *Open Market* heißt, wird dagegen von den Börsen direkt reguliert. Streng genommen gelten im Freiverkehr gelistete Unternehmen damit als nicht börsennotiert im Sinne des WpHG.[4]

Abhängig von der Zugehörigkeit zu den Marktsegmenten sind unterschiedliche Transparenzanforderungen zu erfüllen. Die Zugänge zur Notierung an der Frankfurter Börse sowie die jeweils erforderlichen Transparenzebenen sind in der Abbildung 1 dargestellt.

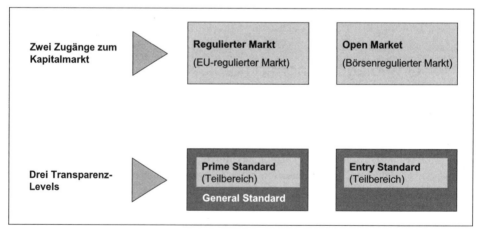

Abbildung 1: Zugänge zum Kapitalmarkt und zu erfüllende Transparenzebenen[5]

---

3 Welche Unternehmen als Inlandsemittenten gelten, ist in § 2 Abs. 7 WpHG geregelt.
4 Vgl. Landmesser (2006), S. 1.
5 In Anlehnung an: Deutsche Börse AG (2007), S. 4.

Über die drei Transparenzebenen *General Standard*, *Prime Standard* und *Entry Standard* werden bei der Deutschen Börse AG die Anforderungen festgelegt, nach denen Unternehmen über ihr Geschäft und andere kursrelevante Tatsachen berichten müssen. Sie entscheiden auch über die jeweilige Indexzugehörigkeit.

Der *General Standard* ist der Mindest-Transparenzstandard, den alle Unternehmen des regulierten Marktes erfüllen müssen. Mit der Zulassung zum Regulierten Markt, ist ein Unternehmen automatisch dem *General Standard* unterworfen.

Emittenten im *General Standard* sind verpflichtet

- innerhalb von vier Monaten nach Ende des Geschäftsjahres einen Jahresfinanzbericht auf Basis der internationalen Rechnungslegungsstandards IFRS oder US-GAAP inklusive eines Lageberichts zu veröffentlichen,
- einen Halbjahresfinanzbericht innerhalb von zwei Monaten nach dem Ende des Berichtszeitraums zu publizieren,
- Unternehmensnachrichten, die den Börsenkurs beeinflussen können, in Form von Ad-hoc-Mitteilungen zu veröffentlichen und
- sowohl das Erreichen als auch die Über- beziehungsweise Unterschreitung von Meldeschwellen mitzuteilen (zum Beispiel das Erreichen einer bestimmten Beteiligungsquote an einem anderen Unternehmen).

Der *Prime Standard* ist die höchste Transparenzebene und auf Unternehmen zugeschnitten, die sich auf internationale Investoren ausrichten möchten. Sie müssen über das Maß des *General Standard* hinaus hohe internationale Transparenzanforderungen erfüllen. Eine Aufnahme in den Dax, MDax, TecDax oder SDax setzt zwingend die erfolgreiche Zulassung zum *Prime Standard* voraus.

Die Unternehmen im *Prime Standard* sind zum Beispiel verpflichtet:

- Quartalsberichte innerhalb von zwei Monaten nach dem Ende des Berichtszeitraumes an die Deutsche Börse AG zu übermitteln,
- einen Unternehmenskalender im Internet zu pflegen,
- in englischer Sprache zu berichten und
- mindestens eine Analystenkonferenz pro Jahr abzuhalten.

Anders als beim *Prime* und *General Standard* lehnen sich die Transparenzanforderungen des *Entry Standard*s nicht direkt an den gesetzlichen Bestimmungen an, sondern sind von der Deutschen Börse AG geregelt. Der Entry Standard ist ein Teilbereich des *Open Markets* und beinhaltet Zulassungsbedingungen, die teilweise über die allgemeinen Anforderungen dieses Marktsegmentes hinausgehen. Eine Notierung im *Entry Standard* ist insbesondere für Unternehmen geeignet, die sich innerhalb des *Open Market* transparenter positionieren und dem Kapitalmarkt mehr Informationen zur Verfügung stellen möchten. Im Vergleich zum *General* und *Prime Standard* wird durch die reduzierten Anforderungen insbesondere kleinen und mittelgroßen Unternehmen der Zugang zum Kapitalmarkt erleichtert.

Unternehmen im *Entry Standard* sind gemäß den Freiverkehrsrichtlinien der Frankfurter Wertpapierbörse, Abschnitt III, verpflichtet

- innerhalb von sechs Monaten nach Ende des Geschäftsjahres einen testierten Jahres- oder Konzernabschluss einschließlich eines (Konzern-)Lageberichts (auf Deutsch oder Englisch) auf Basis der nationalen Rechnungslegungsstandards (zum Beispiel HGB) oder IFRS auf ihrer Internetseite zu veröffentlichen,
- einen Zwischenbericht innerhalb von drei Monaten nach dem Ende des Berichtszeitraums zu publizieren,
- im Gegensatz zu den übrigen Freiverkehrsunternehmen kursbeeinflussende Unternehmensnachrichten sofort – mindestens auf ihrer Internetseite – zu veröffentlichen und
- ein jährlich zu aktualisierendes Unternehmenskurzportrait sowie einen Unternehmenskalender veröffentlichen.

Im Gegensatz zu einer Notierung an einer deutschen Börse sind bei einer *internationalen Notierung* zusätzliche Anforderungen zu erfüllen. So müssen Unternehmen, die zum Beispiel an der New York Stock Exchange (NYSE) notieren und als *Foreign Private Issuer* bei der amerikanischen Börsenaufsicht, der *US Securities and Exchange Commission* (SEC), registriert sind, bei der SEC einen Geschäftsbericht auf *Form 20-F*[6] einreichen. Dass eine internationale Notierung mittlerweile zur Normalität von global tätigen Konzernen geworden ist, zeigt, dass rund ein Drittel der Unternehmen aus dem DAX 30 auch an der NYSE gelistet sind und insofern eine Reihe von weiteren Anforderungen erfüllen müssen.

Zusätzlich zu den beschriebenen gesetzlichen oder von den Börsen auferlegten Anforderungen besteht eine Erwartungshaltung der einzelnen Kapitalmarktteilnehmer. Die Erfüllung beziehungsweise Nichterfüllung der Erwartungshaltung kann die Entwicklung des Aktienkurses eines Unternehmens erheblich beeinflussen. Am Beispiel der geplanten Ergebnisentwicklung eines Unternehmens zeigt die Tabelle 1 die einzelnen Erfüllungsgrade sowie die Auswirkungen auf den Kursverlauf.

---

6 Geschäftsbericht nach den Standards der amerikanischen Börsenaufsicht SEC.

Lösungsansätze für eine erfolgreiche Finanzmarktkommunikation 129

Ergebnisentwicklung im Soll-/Ist-Vergleich	Auswirkungen auf den Kursverlauf
Einmalige Übererfüllung	Führt zur Stabilisierung/Verbesserung des Aktienkurses. Eine Trendwende setzt aber ein, wenn Markterwartungen dann nur noch erfüllt werden.
Permanente Übererfüllung	Der Kapitalmarkt antizipiert die kontinuierliche Übererfüllung. Eine Trendwende setzt ein, wenn Markterwartungen dann nur noch erfüllt werden.
Leichte Untererfüllung bei profitablen Unternehmen	Leichte Untererfüllungen der Markterwartungen werden einmalig antizipiert und verursachen kleinere Kursveränderungen.
Nichterfüllung bei nicht-profitablen Unternehmen	Nichterfüllung führt häufig zu Überreaktionen und massiven Kursverlusten.

Tabelle 1: *Erfüllungsgrade und deren Auswirkungen auf den Kursverlauf am Beispiel der Ergebnisentwicklung*[7]

Neben der Ergebnisentwicklung ist die Umsatzschätzung der Analysten ein weiterer Indikator für die Kursentwicklung. Aus dem Durchschnitt aller Analystenschätzungen ergibt sich ein sogenannter Marktkonsens. Dieser kann von dem jeweiligen Unternehmen, zum Beispiel durch die Qualität und dem Umfang der erfolgten Finanzmarktkommunikation, maßgeblich beeinflusst werden.

Die festgelegte Kommunikationsstrategie eines Unternehmens bestimmt die *internen Anforderungen* und den daraus abgeleiteten Kommunikationsumfang. Sie ergeben sich insbesondere dann, wenn die Unternehmensleitung dem Kapitalmarkt neben den oben beschriebenen externen Anforderungen weitere Informationen zur Verfügung stellt. Beispielsweise ist die Bekanntgabe der im Geschäftsjahr erwirtschafteten Eigenkapitalrentabilität eine mittlerweile gängige Praxis von Kreditinstituten. Dies hat zur Folge, dass die intern gestellte Anforderung der Unternehmensleitung im gesamten Erstellungs- und Kommunikationsprozess mit zu berücksichtigen ist.

Eine besondere Bedeutung kommt der Kommunikationsstrategie zu, wenn ein Unternehmen frisches Kapital in Form einer Kapitalerhöhung erhalten möchte oder eine strategische Neuausrichtung vornimmt. Gerade dann ist eine schlüssige, nachvollziehbare und transparente *Equity Story* unerlässlich.

---

7 Vgl. Deutsche Börse Group (2008), S. 2.

Für die Erfüllung der oben genannten internen und externen Anforderungen kommen verschiedene *Kommunikationsinstrumente* in Betracht. Diese lassen sich in die nachfolgend aufgeführten persönlichen und unpersönlichen Instrumente der Kommunikation unterteilen (siehe Abbildung 2).

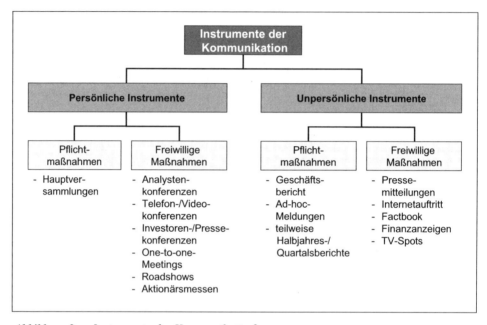

Abbildung 2: Instrumente der Kommunikation[8]

2.2 Grundsätze für eine erfolgreiche Umsetzung

Eine entscheidende Voraussetzung für eine effektive Finanzmarktkommunikation ist die glaubwürdige Kommunikation von Unternehmensinformationen. Denn werden von einem Unternehmen früher kommunizierte Aussagen und Prognosen eingehalten beziehungsweise aufgetretene Abweichungen frühzeitig berichtet, vertraut ein Kapitalanleger darauf, dass dies auch in Zukunft erfolgt.[9] Nur dann wird ein objektiver Investor bereit sein, langfristig in ein Unternehmen zu investieren.

---

8 In Anlehnung an: Wübbenhorst (2008), S. 5.
9 Vgl. Bassen (2007), S. 4.

Die am Finanzmarkt im Mai 2006 eingeführten „DVFA[10]-Grundsätze für Effektive Finanzkommunikation" definieren die Glaubwürdigkeit des Managements mithilfe dreier zentraler Grundsätze (Dimensionen), die durch weitere Grundsätze (Verhaltensmaxime) und 30 Leitsätze konkretisiert werden. Die Struktur der Grundsätze zeigt Abbildung 3.

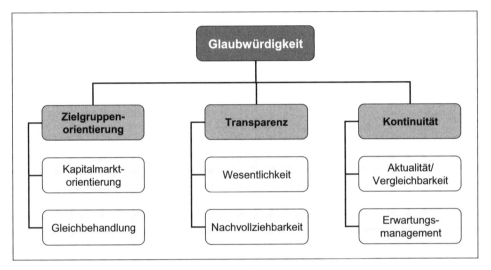

Abbildung 3: Struktur der DVFA-Grundsätze[11]

Grundsatz der Zielgruppenorientierung

Im ersten zentralen Grundsatz, der Zielgruppenorientierung, werden auf Basis der Bedürfnisse der einzelnen Zielgruppen die Verhaltensweisen für das Unternehmen festgelegt. Diese umfassen sowohl die Berücksichtigung der Bedürfnisse der einzelnen Kapitalmarktteilnehmer als auch deren Gleichbehandlung. Daraus werden vertiefende Leitsätze abgeleitet, die als Empfehlungen zu verstehen sind. Für den Grundsatz der Kapitalmarktorientierung ergeben sich dabei die folgenden Empfehlungen:

- Durchführung von mehrfachen Gesprächen pro Jahr mit sogenannten *Investment Professionals*, zum Beispiel Angebot von Gesprächen auf *Roadshows* beziehungsweise Investorentagen,

- Vertrautheit des Managements mit den aktuellen Performance-Kennzahlen im Detail, um konkrete Fragen beantworten zu können,

- Kommunikation durch Investor Relations (kurz IR) erfolgt verbindlich und zeitnah,

---

[10] DVFA = Deutsche Vereinigung für Finanzanalyse und Asset Management.
[11] Vgl. DVFA (2008), S. 6.

- enge Abstimmung sowie einheitliche Sprachregelung zwischen dem Management, Investor Relations sowie Public Relations,

- proaktive Kommunikation von Nachrichten (auch negativer), insbesondere bei ad-hoc-pflichtigen Umständen, zum Beispiel dem Ausfall wesentlicher Schuldner sowie

- die Aufnahme von Hinweisen der Investment Professionals zu strategischen Fragen, um mögliche Kursreaktionen zu antizipieren.

Die nachfolgend aufgeführten Empfehlungen leiten sich aus dem *Grundsatz der Gleichbehandlung* ab:

- Wesentliche Informationen werden allen Kapitalmarktteilnehmern inhaltlich gleichwertig zur Verfügung gestellt.

- Die Weitergabe von Informationen erfolgt unabhängig von positiven beziehungsweise negativen Kommentierungen der *Investment Professionals*. Hierbei ist insbesondere ein intensiver und konstruktiver Dialog mit den kritischen Analysten zu pflegen.

- Bekanntgabe von wesentlichen Informationen erfolgt nicht über selektive Kanäle, vielmehr sollen Informationen für *Investment Professionals* über deren Informationskanäle beziehungsweise die Internetseite des Unternehmens erfolgen.

- Festlegung von Sprach- und Kommentierungsregeln für den Umgang mit Gerüchten, um gegebenenfalls mögliche Kursbewegungen zu unterbinden.

- Auswärtigen Kapitalmarktteilnehmern werden *Conference Calls* sowie ein E-Mail-Newsletter angeboten, um diesen die Möglichkeit zu gewähren, die kommunizierten Ergebnisse direkt in deren Analysemodelle einzubinden.

Grundsatz der Transparenz

Der zweite zentrale Grundsatz (Grundsatz der Transparenz) beinhaltet die Grundsätze *Wesentlichkeit* sowie *Nachvollziehbarkeit* von Unternehmensinformationen. Gemäß dem Grundsatz der Wesentlichkeit leitet sich der Umfang der Kommunikation aus der Relevanz für die jeweiligen Adressaten ab. Im Einzelnen ergeben sich die nachfolgenden Leitsätze:

- Sämtliche Unternehmensmeldungen sind wesentlich (im Sinne der Dringlichkeit für die Unternehmensführung), nachvollziehbar und verständlich.

- Unternehmen stellen ihre Geschäftsberichte und Dokumente in gut strukturierter, übersichtlicher und inhaltlich priorisierter Form dar.

- Anfragen von Investoren und Analysten nach detaillierten Informationen zu Märkten und Produkten werden vom Unternehmen berücksichtigt und zeitnah beantwortet.

- Verzicht auf allgemeine Beschreibungen und Phrasen, sondern vielmehr eine konkrete und ausführliche Beschreibung der Risiken.

- Darstellung der *Non-Financials, Intangibles* und sogenannter *weicher* Faktoren (zum Beispiel Kennzahlen zu Mitarbeiter- und Kundenzufriedenheit oder Anzahl der Patente) in strukturierter und vergleichbarer Form.

Konsistente und nachvollziehbare Unternehmensberichte sollen durch den Grundsatz der *Nachvollziehbarkeit* erreicht werden. Daraus abgeleitete Leitsätze sind:

- Kommunizierte Ziele sind nachvollziehbar, quantifiziert und haben einen angemessenen Bezug zu Finanzgrößen des Unternehmens.
- Offenlegung der Berechnung von ausgewiesenen Kennzahlen, die von allgemein üblichen finanzanalytischen Standards[12] abweichen.
- Angemessene Abbildung des Unternehmens durch Segmentberichte und detaillierte unterjährige Darstellung.
- Veränderung von Struktur, Inhalt und Umfang von Berichten nur in begründeten Fällen.

Grundsatz der Kontinuität

Der dritte zentrale Grundsatz (Grundsatz der Kontinuität*)* soll die fortlaufende Entwicklung kommunizierter Informationen gewährleisten und umfasst dabei die beiden Grundsätze *Aktualität* und V*ergleichbarkeit* sowie den Grundsatz eines *sachgerechten Erwartungsmanagements* der publizierten Informationen. Aus den Grundsätzen der *Aktualität* und *Vergleichbarkeit* werden folgende Empfehlungen für die Umsetzung ausgesprochen:

- Informationen stehen im Zeitablauf nicht im Widerspruch. Ebenfalls sind Ergebnisausweis und -ziele konsistent im Zeitablauf darzustellen.
- Segmentdarstellungen sollten nur in begründeten Ausnahmefällen verändert werden.
- Sämtliche historischen Daten und Berichte sowie tagesaktuelle Informationen sind übersichtlich, leicht zugänglich und zeitnah über die Internetseite des Unternehmens abrufbar bereitzustellen.
- Festlegung und Kommunikation eines verbindlichen Finanzkalenders zu Beginn des Geschäftsjahres, in dem alle Termine (zum Beispiel die Bilanzpressekonferenz, Analystentreffen, Investorentreffen oder Telefonkonferenzen) erfasst und zeitnah aktualisiert werden.
- Kommunikation und permanente Aktualisierung der Unternehmenspräsentation (Kapitalmarktstory), die zum Beispiel konkrete Angaben über die verfolgte Strategie des Unternehmens beinhaltet.

---

12 Übliche Kennzahlen gemäß dem Emittentenleitfaden der Bundesanstalt für Finanzdienstleistungsaufsicht, Abschnitt IV.2.2.10.

Weiterhin beinhaltet der Grundsatz auch ein angemessenes *Erwartungsmanagement*, das die Investment Professionals bei der Beurteilung unterstützen soll. Dieses Management lässt sich durch folgende Maßnahmen umsetzen:

- Kommunikation der festgelegten, quantitativ längerfristigen Ziele und der entsprechenden Prognosen für die Geschäftsentwicklung im Jahresverlauf. Ebenfalls sollten Aussagen bezüglich der Erreichung dieser Ziele gemacht werden.

- Stellungnahme zu erfolgten Aussagen des Vorjahres, insbesondere über den Zielerreichungsgrad.

- Festgelegte Ziele sollten weder zu optimistisch (*überoptimistisch*) noch zu konservativ (*überkonservativ*) sein, sondern vielmehr dazwischen liegen (*realistisch-konservativ*[13]).

- Explizite Darstellungen der Strategie- und Planungsprämissen sowie der sich möglicherweise daraus ergebenden Risiken. Spekulative Elemente sollten gesondert ausgewiesen werden.

- Ausführliche Begründung von (positiven und negativen) Veränderungen bei Gewinnprognosen sowie Erläuterungen von Zukunftsaussagen über Umsatz, Gewinn und Margen.

Die Anwendung der dargestellten zentralen Grundsätze verbessert die Glaubwürdigkeit eines Unternehmens deutlich und schafft eine angemessene Transparenz. Die Grundsätze und Empfehlungen eignen sich ferner als Kriterien für die Performance-Messung der Investor Relations von Unternehmen.

Es gilt aber zu konstatieren, dass es sich bei den Grundsätzen lediglich um Empfehlungen handelt, eine zwingende Anwendung durch die Unternehmen ist insofern nicht erforderlich. Eine vorgeschriebene und verpflichtende Anwendung dürfte in der Praxis auch kaum durchsetzbar sein. Schließlich ist es durchaus denkbar, dass Unternehmen, neben den oben genannten gesetzlich vorgeschriebenen Veröffentlichungen, keine weiteren Informationen dem Kapitalmarkt zur Verfügung stellen möchten.

2.3 Erfolgsbeispiele in der Praxis

In einer Untersuchung[14] aus dem Jahre 2008 wurde die Finanzmarktkommunikation von 197 Unternehmen der wichtigsten Aktienindizes in Deutschland und Europa anhand folgender Kriterien bewertet:

- Zielgruppenorientierung

- Transparenz

---

13 *Realistisch-konservativ* bedeutet, dass im Zweifel eine vorsichtigere Prognose zu wählen ist, die dann im Jahresverlauf angepasst wird.
14 Vgl. Ohne Verfasser (2008), S. 1.

- historische Daten zur wirtschaftlichen Entwicklung (*Track Record*) sowie
- Extra Financial Reporting.

Von maximal 500 erreichbaren Punkten erzielten BASF (mit 427 Punkten) und RWE (mit 403 Punkten) als Unternehmen des Euro Stoxx 50[15] sehr gute[16] Ergebnisse. Aus dem Bereich der DAX-Unternehmen konnte lediglich Fresenius Medical Care (mit 416 Punkten) ein sehr gutes Ergebnis vorweisen.

Der erforderliche Aufwand für solche Ergebnisse kann am Beispiel des Unternehmens BASF gezeigt werden. Der Vorstandsvorsitzende nahm für das Jahr 2007 an insgesamt 28 IR-Terminen teil. Im gesamten Jahr 2007 hat die IR-Abteilung insgesamt 63 Veranstaltungen auf Roadshows und 332 Einzelgespräche organisiert.[17]

Es stellt sich nunmehr die Frage, warum sich keine Kreditinstitute auf den Spitzenplätzen der Umfrage befinden. Ein Grund hierfür ist sicherlich auch in der abweichenden Kommunikationsintensität und Geschwindigkeit zu sehen.

Tabelle 2 zeigt einen Vergleich der Finanzmarkkommunikation (hinsichtlich Zeit und Umfang der Maßnahmen) ausgewählter deutscher Kreditinstitute mit den von der BASF getätigten Maßnahmen.

	Peer Group „Banken"	BASF
Jahresabschluss (Testatsdatum – frühester und spätester Termin)	13.02./12.03.	20.02.
Quartalsberichte (Datum der Veröffentlichung)		
Bericht zum 31.03.2007	08.05./31.05.	26.04.
Bericht zum 30.06.2007	30.07./30.08.	01.08.
Bericht zum 30.09.2007	31.10./06.12.	30.10.
Anzahl Analysten-/Telefonkonferenzen	4*	5
Anzahl IR-Informationen	20*	48

Tabelle 2: Vergleich erfolgter Finanzmarktkommunikation zwischen sechs ausgewählten großen Kreditinstituten und der BASF aus dem Jahre 2007* (Durchschnittswerte der Peer Group)

---

[15] Der Euro Stoxx 50 ist ein europäischer Aktienindex, bestehend aus 50 europäischen Aktiengesellschaften.
[16] Als *sehr gut* werden Unternehmen eingestuft, die eine Punktzahl von mindestens 400 erzielt haben.
[17] Vgl. Hillebrand/Pietschner (2008), S. 1.

Tabelle 2 stellt die Kommunikationsarbeit der BASF dar. In allen betrachteten Kommunikationsinstrumenten ist das Unternehmen im Vergleich zu den betrachteten Kreditinstituten führend beziehungsweise im oberen Bereich.

Vergleicht man zusätzlich die deutschen Kreditinstitute mit internationalen Wettbewerbern, zeigt sich, dass zum einen der Umfang der Finanzberichterstattung (gemessen an der Anzahl der Seiten im Geschäftsbericht) zunimmt und zum anderen der Trend zur Beschleunigung (gemessen am Testatstermin) nach wie vor anhält (siehe Abbildung 4).

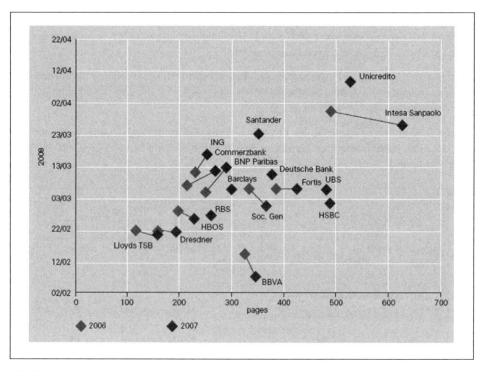

Abbildung 4: Testatsdatum und Umfang des Geschäftsberichtes[18]

---

[18] Vgl. KPMG (2008), S. 11.

3. Lösungsansätze zur Optimierung

Die gestiegenen regulatorischen Anforderungen an das Kapitalmarkt-Reporting einerseits sowie die steigende Nachfrage nach Informationen für interne und externe Adressaten andererseits, führen zur Anpassung der zugrunde liegenden Reporting-Prozesse und -inhalte innerhalb der Kreditinstitute.

Dabei bildet die Festlegung der angestrebten Ziele (wie zum Beispiel die zeitliche Beschleunigung eines Kapitalmarkt-Reportings) die Ausgangsbasis einer Optimierung. Als mögliche Ansatzpunkte für die Zielerreichung kommen sogenannte fachliche, organisatorische und technische Stellhebel in Betracht. Es ist jedoch zu beachten, dass die Stellhebel nicht in einer 1:1-Beziehung zu den einzelnen Zielen in Verbindung stehen, sondern vielmehr auch mehreren Zielen dienen können. Beispielsweise kann das Ziel *Schnelligkeit* durch alle der genannten Stellhebel (einzeln oder gemeinsam) erreicht werden.

Die verfolgte Kommunikationsstrategie des Unternehmens bildet das allgemeine Oberziel und stellt die Klammerfunktion zu den untergeordneten Zielen dar. Abbildung 5 verdeutlicht den Zusammenhang zwischen (Ober-)Zielen und den möglichen Stellhebeln.

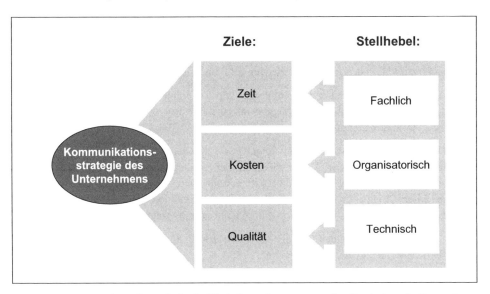

Abbildung 5: Ziele und mögliche Stellhebel zur Optimierung des Kapitalmarkt-Reportings

Die Praxis zeigt, dass der Fokus im Rahmen der Reporting-Optimierung zumeist weniger auf dem Kostenfaktor, sondern vielmehr auf den Faktoren *Zeit* (Schnelligkeit) und *Qualität* liegt. Insofern werden im Folgenden insbesondere die Stellhebel betrachtet, die sich zur Erreichung dieser beiden Ziele eignen.

3.1 Anpassung der Aufbau- und Ablauforganisation

Die *Ablauforganisation* eines Unternehmens stellt für ein erfolgreiches Finanzmarkt-Reporting eine zentrale Rolle dar. Schließlich hängt die Geschwindigkeit, mit der ein Unternehmen Informationen veröffentlicht, maßgeblich von den zugrunde liegenden Prozessen ab. Je nach Art der Berichtsform (intern oder extern beziehungsweise Standard- oder Ad-hoc-Berichte), müssen dabei unterschiedliche Prozessschritte erfolgen, die mehr oder weniger intensive Tätigkeiten erfordern. Aufgrund der Vielzahl zu erstellender Reports sowie straffer Terminpläne können im Erstellungsprozess Kapazitätsprobleme entstehen. Eine eventuell daraus resultierende Folge wäre das Fehlen einer angemessenen Qualitätssicherung.

Zur Umsetzung einer erfolgreichen Prozessoptimierung dienen insbesondere die folgenden Lösungsmöglichkeiten:

- Für eine erfolgreiche Kommunikation muss es ein harmonisches und effektives Zusammenspiel zwischen den Organisationseinheiten *Finanzfunktion*, *Public Relations* und *Investor Relations* geben. Dafür sind die Kommunikations- und Krisenprozesse vorab zu definieren und einzuüben sowie eine gemeinsame Kommunikationsplattform festzulegen.

- Insbesondere beim Vorliegen eines zeitlich straffen Terminplanes zur Veröffentlichung geplanter Kapitalmarktinformationen ist eine aufeinander abgestimmte Planung der in den Prozess involvierten Organisationseinheiten und Personen eine zwingende Voraussetzung. Die Integration der Termine von *Public* und *Investor Relation*, inklusive der kritischen Abhängigkeiten, in den Abschlusskalender der Finanzfunktion ist empfehlenswert.

- Es empfiehlt sich zusätzlich die Einführung von Regelungen in Form von Arbeitsanweisungen, zum Beispiel über den Umgang mit anstehenden Ad-hoc-Anfragen beziehungsweise der Veröffentlichung von Ad-hoc-Mitteilungen.

- Die Einführung eines sogenannten *Single Point of Contact*, das heißt einer exklusiven Anlaufstelle für die externe Kommunikation, der die angemessene Qualitätssicherung der erstellten Daten verantwortet. Denkbar ist auch die Benennung eines offiziell verantwortlichen Mitarbeiters (*Process Owner*), der für die Koordination der zu erstellenden internen und externen Reportings in erster Linie die Verantwortung trägt.

- Definition und Standardisierung regelmäßig zu erstellender Reports (zum Beispiel *Factbook*) für interne und externe Adressaten.

- Sicherstellung, dass die Mitarbeiterressourcen für anstehende Tätigkeiten im Unternehmen verfügbar sind. Hierzu ist eine Mitarbeiterkapazitätsplanung inklusive Festlegung von Vertreterregelungen zwingend erforderlich (siehe hierzu Abschnitt 3.3).

- Einführung eines sogenannten *Reporting Cockpits* zur Überwachung der Prozessschritte und Sicherstellung eines ordnungsgemäßen internen und externen Reporting-Ablaufs.

- Definition von Krisenszenarien und Festlegung von Abwehrmechanismen beziehungsweise Abwehrstrategien (zum Beispiel bei der Ankündigung einer feindlichen Unternehmensübernahme).

- Durchführung von sogenannten *Lessons Learned Workshops* nach Abschluss einer aktuellen Berichtsperiode inklusive der Festlegung von Optimierungsmaßnahmen.

Eine weitere zentrale Schlüsselfunktion für ein erfolgreiches Kapitalmarkt-Reporting ergibt sich aus der *Aufbauorganisation* des Unternehmens. In der Praxis zeigt sich, dass zumeist eine zentrale und weniger komplexe Unternehmensstruktur ein schnelles und erfolgreiches Reporting unterstützt. Allerdings gibt es auch Beispiele einer erfolgreichen Finanzmarktkommunikation von Unternehmen, die dezentrale und komplexe Strukturen besitzen. Insofern können grundsätzlich beide Varianten zum Erfolg führen.

Ist die Aufbauorganisation des Unternehmens so ausgestaltet, dass Informationen in verschiedenen Organisationseinheiten nur dezentral verfügbar sind, müssen Vorkehrungen zur Sicherstellung eines zeitnahen und qualitativen Reportings getroffen werden. Dabei kommen insbesondere die folgenden Lösungsmöglichkeiten in Betracht:

- Die Durchführung von Plausibilitätskontrollen durch die einzelnen dezentralen Organisationseinheiten vor der Weitergabe der Daten an die Zentrale.

- Die Kommentierung von Datenabweichungen durch die dezentrale Organisationseinheit bei Überschreitung eines vorher festgelegten Schwellenwertes.

- Regelmäßig stattfindende Abstimmgespräche (zum Beispiel Telefonkonferenzen) zwischen der Zentrale und den dezentralen Organisationseinheiten zur Identifikation und Beseitigung von möglichen Problemen.

- Die Sicherstellung einer integrierten Gesamtplanung, die Abhängigkeiten zwischen Mutter- und Tochtergesellschaften berücksichtigt, zum Beispiel die Lieferung von Jahresabschlusszahlen der Konzerntochtergesellschaften an die Muttergesellschaft.

3.2 Technische Unterstützung

Eine unabdingbare Voraussetzung für eine erfolgreiche Finanzmarktkommunikation ist das Vorhandensein einer leistungsfähigen Informationstechnologie.[19] Gerade in Zeiten zunehmender Reportarten und -frequenzen sowie der damit einhergehenden Mitarbeiterbelastungen in der Finanzfunktion stellt diese einen entscheidenden Erfolgsfaktor für eine schnelle und qualitativ hochwertige Kommunikation dar.

---

19 Zum Zusammenspiel zwischen Finanzfunktion und Informationstechnologie, deren Leistungsfähigkeit und Möglichkeiten zur Unterstützung, sei an dieser Stelle auf die Beiträge von Stork „Ausrichtung von IT-Organisation und IT-Architektur auf die Unterstützung der Finanzprozesse" und Vollmer „Data Warehouse als Voraussetzung für die effiziente Erstellung von Abschlüssen" verwiesen.

Bei einer fehlenden leistungsfähigen Informationstechnologie sind Probleme in der Generierung und Aufbereitung von Informationen häufig unvermeidbar. Sie ergeben sich insbesondere bei einer mangelnden *Validität* der zugrunde liegenden Daten. Sind die bereitgestellten Grunddaten aus den Vorsystemen falsch beziehungsweise unzuverlässig, müssen aufwändige Qualitätssicherungen bei der späteren Verarbeitung in der Finanzfunktion erfolgen. Dies ist gerade dann der Fall, wenn die Daten aus verschiedenen Systemen des Unternehmens generiert und im Anschluss zusammengeführt werden müssen. Zusätzlich ergeben sich Probleme durch eine zu frühe Aggregation von Daten, sodass eine *Drop-down-Analyse* von Berichtsinformationen am Ende nicht mehr ohne Weiteres möglich ist.

In direktem Zusammenhang zur Validität ist auch der *Zeitfaktor* zu nennen, da für die Qualitätssicherung entsprechende Zeitpuffer eingeplant werden müssen. Gerade hierbei sollte doch eigentlich eine leistungsfähige Informationstechnologie eine entlastende Hilfestellung für die Mitarbeiter innerhalb der Finanzfunktion geben.

Lösungsmöglichkeiten zur Verringerung der oben beschriebenen Probleme ergeben sich durch den Einsatz von technischer Unterstützung, insbesondere durch

- die Einführung eines zentralen Data Warehouse, das ausgewählte und qualitätsgesicherte Stamm- und Bewegungsdaten aus Front- und Backoffice beinhaltet
- eine weitestgehende Automatisierung von Prozessen, zum Beispiel durch den Einsatz integrierter Softwarelösungen zur Unterstützung bei der Geschäftsberichterstellung
- die Implementierung von systemseitigen Plausibilitätskontrollen, Abstimmbrücken und regelmäßigen manuellen Prüfroutinen zur Aufdeckung von Inkonsistenzen im Datenhaushalt beziehungsweise zur frühzeitigen Beseitigung derselben sowie
- eine Methodenharmonisierung, zum Beispiel durch die Anwendung identischer Bewertungsmodelle.

3.3 Fachliche Harmonisierung

Auch die fachliche Harmonisierung kann positive Auswirkungen auf die Finanzmarktkommunikation haben. Eine erfolgreiche Finanzmarktkommunikation erfordert zunächst ein ausreichendes fachliches und systemseitiges *Know-how* der eingesetzten Mitarbeiter. Durch die ständig steigenden Reporting-Anforderungen sowie der Schnelllebigkeit von Wissensinformationen ist eine angemessene Ausbildung der eingesetzten Mitarbeiter die Basis der täglichen fachlichen Arbeit und somit zwingend erforderlich.

Lösungsansätze für eine erfolgreiche Finanzmarktkommunikation

Häufig ist in einem Unternehmen das Wissen lediglich heterogen auf einzelne Personen verteilt und nicht ausreichend dokumentiert. Dies führt insbesondere bei kurzfristig zu erstellenden Berichten zu Erschwernissen, da hier immer wieder die gleichen Mitarbeiter den personellen Engpass im Erstellungsprozess darstellen. Dies stellt ein nicht zu unterschätzendes operationelles Risiko dar, insbesondere beim Ausscheiden von Mitarbeitern aus dem Unternehmen.

Als Grundlage einer erfolgreichen Optimierung ist die fachliche Aus- und Fortbildung zu gewährleisten sowie das erforderliche Know-how auf einer breiten Mitarbeiterbasis sicherzustellen. Dafür bieten sich die nachfolgend aufgeführten Lösungsmöglichkeiten an:

- Auswahl und Aufbau von qualifizierten Mitarbeiten, die über das erforderliche Fachwissen verfügen und die zusätzlich in der Lage sind, sich auf die permanent ändernden Anforderungen einzustellen.
- Gezielter Aufbau von Spezialkenntnissen bei mehreren Mitarbeitern. Dadurch werden sogenannte Wissensmonopole bei einzelnen Mitarbeitern vermieden und möglichen Lieferverzügen, zum Beispiel im Rahmen von krankheitsbedingten Ausfällen, entgegengewirkt. Hilfreich in diesem Zusammenhang ist auch die Einführung einer *Job Rotation* für mehrere Mitarbeiter in einem homogenen Aufgabenbereich.
- Sicherstellung des vorhandenen Know-hows durch die Dokumentation der Arbeitsschritte in Form von Arbeitsanweisungen und Handbüchern, die über Intranet frei zugänglich sind.

Indem die oben beschriebenen Punkte Anwendung finden, erfolgt ein gezielter paralleler Aufbau von Reporting-Know-how im Unternehmen. Dadurch lassen sich insbesondere der Verlust von Wissen beim Ausscheiden eines Mitarbeiters aus dem Unternehmen sowie das Entstehen von Wissensmonopolen weitestgehend verhindern.

Weiterhin erfordert eine erfolgreiche Finanzmarktkommunikation ausreichende *Mitarbeiterressourcen* in der Finanzfunktion, aber auch in anderen Fachabteilungen, zum Beispiel im Kreditbereich. Dies ist insbesondere vor dem Hintergrund zu sehen, dass auch für kurzfristig zu erstellende Reportings ausreichende Personalkapazitäten vorgehalten werden müssen, um flexibel auf Anfragen reagieren zu können.[20]

Als Lösungsmöglichkeiten kommen hierbei insbesondere die nachfolgenden Punkte in Betracht:

- Übergreifende Kapazitätsplanung von Mitarbeiterressourcen innerhalb der Abteilung. Dies führt in Zeiten hoher Auslastung zum effektiveren Einsatz der einzelnen Mitarbeiter und damit zur besseren Verteilung beziehungsweise Bearbeitung der anstehenden Aufgaben.
- Denkbar ist auch die Einführung einer *Springerfunktion*, durch die die Mitarbeiter in Zeiten hoher Auslastung bei anstehenden Ad-hoc-Aufgaben entlastet werden.

---

20 Kurzfristig wird ein Aufbau von Mitarbeitern zur Erhöhung der Flexibilität aufgrund des anhaltenden Kostendrucks in den Kreditinstituten oftmals nicht realisierbar sein. Daher ist vor allem zu prüfen, inwieweit sich die laufenden Aktivitäten in der Linie zeitlich flexibel gestalten lassen.

Häufig ergeben sich Verzögerungen auch dadurch, dass zum geplanten Reporting-Zeitpunkt *fachliche Themenstellungen* noch offen sind beziehungsweise vom Management noch nicht abschließend entschieden wurden. Als Lösungsansätze bieten sich hierzu an:

- Festlegung und Umsetzung eines strukturierten Prozesses, durch den die offenen fachlichen Fragestellungen aufgenommen und an zentraler Stelle (zum Beispiel durch das *Accounting Decision Board*) entschieden werden.
- Fachliche Harmonisierung von Daten und Methoden, um interne Steuerungsimpulse und externe Reportinginhalte möglichst einheitlich zu gestalten und die Überleitungsthemen möglichst gering zu halten (siehe hierzu auch Abschnitt 3.2).

4. Kritische Erfolgsfaktoren für die Umsetzung

Ein entscheidender kritischer Erfolgsfaktor stellt die beabsichtigte *Kommunikationsstrategie* des Unternehmens dar. Diese muss sowohl für die beteiligten Mitarbeiter als auch für Externe klar und eindeutig sein, um so gegenläufige nach außen gerichtete Aktivitäten zu vermeiden. Dabei ist eine glaubwürdige Kommunikation von Unternehmensinformationen, insbesondere auch von negativen, entscheidend. Hierzu ist ein zielgerichteter und einheitlicher Kommunikationsauftritt des Unternehmens nach außen zwingend erforderlich.

Eine enge *Zusammenarbeit zwischen den Fachbereichen* (Finanzfunktion sowie PR- und IR-Abteilung) ist für den Erfolg ebenfalls entscheidend. Im Vorfeld einer geplanten Kommunikation ist mit den beteiligten Personen exakt abzustimmen, welche Information von wem an welche Zielgruppe adressiert werden soll. Dadurch lässt sich eine maßgeschneiderte Kommunikationspolitik erreichen. Weiterhin ist die gute Zusammenarbeit der Finanzfunktion mit anderen Fachbereichen, insbesondere dem Kredit- und Handelsbereich, entscheidend. Diese ist umso wichtiger, wenn zeitlich knapp bemessene Terminpläne für geplante Kommunikationstermine existieren.

Die *personellen Ressourcen* im Bereich der Erstellung von Finanzmarktinformationen sowie deren Kommunikation nach außen sind weitere entscheidende kritische Erfolgsfaktoren. Aufgrund der stetig steigenden Anforderungen und Erwartungen an die Finanzmarktkommunikation ist fachlich geeignetes Personal schwierig zu finden. Erschwerend kommt noch hinzu, dass immer mehr juristische Qualifikationen für die tägliche Arbeit nötig sind. Beispielsweise erfordert dies, dass neben dem Know-how eines Wirtschaftswissenschaftlers auch das Know-how eines Juristen erforderlich ist. Dies erweist sich in der Regel als kompliziert, sodass eine enge Kooperation mit der juristischen Fachabteilung im Unternehmen oder aber externer juristischen Beistand erforderlich ist.

5. Fazit

Eine erfolgreiche Finanzmarktkommunikation kann durch Beachtung und Umsetzung der in diesem Beitrag genannten Möglichkeiten erreicht werden. Unternehmensinformationen können den Teilnehmern des Kapitalmarktes schneller und qualitativ hochwertiger zur Verfügung gestellt werden. Die Unternehmenskommunikation wird transparenter und glaubwürdiger, sodass sich die Außenwirkung des Unternehmens verbessern lässt. Dies erleichtert wiederum die Entscheidung eines Investors für geplante Kapitalanlagen.

Die Beschleunigung und qualitative Verbesserung der Finanzmarktkommunikation führt aber auch zur Ressourcenentlastung und damit zur Effizienzsteigerung in der Finanzfunktion. Denn das Ziel einer erfolgreichen Finanzmarktkommunikation kann nur erreicht werden, wenn auch die in der Finanzfunktion bestehenden Prozesse optimiert beziehungsweise neue Prozesse implementiert werden. Die dabei frei werdenden Kapazitäten können somit sinnvoll für andere Aufgaben in der Finanzfunktion genutzt werden.

Die häufige Aussage, dass die Durchführung einer erfolgreichen Finanzmarktkommunikation aufwands- und kostenintensiv sei, wird durch das Einsparpotential aus Effizienzsteigerungen relativiert.

Literaturverzeichnis

Bassen, A. (2007): Handlungsempfehlungen zur Verbesserung der IR-Arbeit, in: Börsen-Zeitung, 26. Jahrgang (2007), Sonderbeilage Nr. 90, S. 4.

Deutsche Börse AG (2007): Maßgeschneiderter Kapitalmarktzugang für Small- und Midcaps, Internet: http://deutscheboerse.com/dbag/dispatch/de/binary/gdb_content_pool/ imported_ files/public_files/10_downloads/33_going_being_public/50_others/entry_standardbroschuere_06. 9.pdf, Stand: November 2007, Abruf: 05.01.2009, S.1 - 14.

Deutsche Börse Group (2008): Kapitalmarkterwartungen bestimmen die Entwicklung des Aktienkurses, Internet: http://deutsche-boerse.com/dbag/dispatch/de/binary/gdb_content_pool/ imported_files/ public_files/10_downloads/33_going_being_public/50_others/sm_Guidance. pdf, Stand: 15.07.2008, Abruf: 06.01.2009 14:10 Uhr, S. 1 - 3.

DVFA (2008): DVFA-Grundsätze für Effektive Finanzkommunikation, Internet: http://www. dvfa.de/files/die_dvfa/standards/effektive_finanzkommunikation/application/pdf/grundsaetze _effektive_finanzkommunikation.pdf, Stand: 15.07.2008, Abruf: 06.01.2008, 14:05 Uhr, S.1 - 24.

Hillebrand, W./Pietschner, C. (2008): Stunde der Wahrheit in: Capital, Internet: http://www. capital.de/unternehmen/100012299.html?nv=smart, Stand: 15.Juli 2008, Abruf: 06.01.2009, 14:00 Uhr, S. 1.

KPMG (2008): Focus on transparency, Internet: http://www.kpmg.eu/docs/20080101_From_ the_UK_Focus_on_transparency.pdf. Stand: Juni 2008, Abruf: 06.01.2009, 14:15 Uhr, S. 1 - 64.

Landmesser, D. (2008): Teil 2: Ad-hoc-Mitteilung: Tod der Insiderinformation, 07.09.2006, Internet: http://boerse.ard.de/content.jsp?go=performance&key=dokument_184540, Stand: 15. Juli 2008, Abruf: 06.01.2009, 14:30 Uhr, S. 1.

Reuters (2008): Das lange Schweigen, in: FAZ.Net, Internet:http://www.faz.net/s/RubEC1A CFE1EE274C81BCD3621EF555C83C/Doc~E7ED984D3BAD44CD0868457788D69712 9~ATpl~Ecommon~Scontent.html, Stand: 20.02.2008, Abruf: 06.01.2009, 14:35 Uhr, S. 1.

Wübbenhorst, K. L. (2008): Instrumente der Kommunikation, Internet:http://www.sbm.wiso. uni-erlangen.de/uploads/media/SS_08_Finanzmarktkommunikation_2_Instrumente.pdf, Stand: 2008, Abruf: 05.01.2009, 14:40 Uhr, S. 1 - 29.

Ohne Verfasser (2008): Capital-Investor-Relations-Preis 2007, Internet: http://www.capital. de/finanzen/100006924.html, Stand: 21.06.2007, Abruf: 06.01.2009, S. 1.

Rechtsquellen und andere Quellen:

Gesetz über den Wertpapierhandel (Wertpapierhandelsgesetz – WpHG) vom 9.09.1998, zuletzt geändert durch Gesetz vom 21.12.2007, BGBl. IS. 3198.

Teil II

Effizienzsteigerung durch eine Balance zwischen Compliance und Performance

Überblick über Integrationsansätze in der Finanzfunktion von Kreditinstituten

Sonja Euler / Tilo Fink

1. Einleitung

2. Ansätze zur Konvergenz der Berichterstattung
    2.1 Systematisierung der Berichterstattung
    2.2 Systematisierung der Konvergenzansätze

3. Ergebnisorientierte Berichterstattung
    3.1 Externe Berichterstattung
        3.1.1 Grundlagen
        3.1.2 Externe Rechnungslegung
        3.1.3 Segmentberichterstattung
    3.2 Interne Berichterstattung
        3.2.1 Grundlagen
        3.2.2 Interne Steuerungskennzahlen
    3.3 Konvergenzansätze
        3.3.1 Internes und externes Rechnungswesen
        3.3.2 Segmentberichterstattung
        3.3.3 Externe Rechnungslegung und interne Steuerungskennzahlen
        3.3.4 IFRS/Basel II – Risikovorsorge im Kreditgeschäft

4. Berichterstattung zur Risikolage
    4.1 Externe Berichterstattung
    4.2 Interne Berichterstattung
    4.3 Konvergenzansätze

5. Berichterstattung zur Kapitaladäquanz
    5.1 Externe Berichterstattung
    5.2 Interne Berichterstattung
    5.3 Konvergenzansätze

6. KPMG-Beratungsansatz zur Umsetzung einer integrierten Berichterstattung

7. Fazit

Literaturverzeichnis

1. Einleitung

Die interne und die externe Berichterstattung der Kreditinstitute unterliegen aufgrund einer Vielzahl von gesetzlichen Neuerungen[1] gegenwärtig einem großen Veränderungsdruck. Diese Neuerungen stellen Kreditinstitute vor die Herausforderung, Informationen deutlich detaillierter und in größerem Umfang sowie höherer Frequenz den internen und externen Adressaten zur Verfügung zu stellen. Dies hat zur Folge, dass insbesondere Finanzfunktionen von Kreditinstituten[2] neben der Erfüllung der wachsenden und sich ändernden gesetzlichen Anforderungen auch auf eine Steigerung der Effizienz der Berichterstattung[3] achten müssen.

Dieser Beitrag zeigt am Beispiel der Berichterstattung auf, wie Effizienzsteigerungen in der Finanzfunktion durch die Umsetzung einer integrierten Berichterstattung in Kreditinstituten realisiert werden können. Die fachlich-methodische Konzeption der zu berichtenden qualitativen und quantitativen Informationen stellt in diesem Zusammenhang den Ausgangspunkt aller Effizienzüberlegungen dar. Neben der Erfüllung der gesetzlichen Anforderungen geht es um die Nutzung der gegebenen methodischen Freiheitsgrade bei der Konzeption des internen und externen Berichtswesens.[4]

Durch die Integration der Methoden des Berichtswesens kann der operative Aufwand zur Erstellung und Abstimmung/Plausibilisierung der in- und externen Berichterstattung reduziert werden. Dies setzt voraus, dass die Datenhaltung sowie die IT-Infrastruktur möglichst integriert gestaltet und abgestimmte Berichterstellungsprozesse und Organisationsstrukturen etabliert werden.[5]

Im Folgenden werden, ausgehend von der Systematisierung der wesentlichen internen und externen Anforderungen an die Berichterstattung (siehe Abschnitt 2), die Ansätze zur fachlich-methodischen Integration in Bezug auf die Finanzberichterstattung (siehe Abschnitt 3), die Berichterstattung zur Risikolage (siehe Abschnitt 4) und die Berichterstattung zur Kapitaladäquanz (siehe Abschnitt 5) aufgezeigt. Ziel ist es dabei, die Konvergenzansätze im Rahmen der Berichterstattung von Instituten in Form eines Überblicks theoretisch zu beschreiben. Die Darstellung praktischer Umsetzungsbeispiele zu den einzelnen Konvergenzansätzen

---

[1] Zum Beispiel durch die Finanzmarktkrise hervorgerufene Änderungen regulatorischer Vorschriften zur Verbesserung der Aufsicht über die Institute.
[2] Zur Finanzfunktion zählen zum Beispiel das Rechnungswesen, das (Risiko-)Controlling sowie das Meldewesen. Einige Institute verfügen zum Beispiel über eine zentralisierte, konzernweit integrierte Risiko- und Finanzfunktion.
[3] Bezogen auf Prozesse, Datenhaltung und IT-Infrastruktur.
[4] In diesem Beitrag wird nicht auf die Möglichkeiten zur Effizienzsteigerung durch die Optimierung der Aufbau-/Ablauforganisation sowie durch eine leistungsfähige IT eingegangen. Diese Themen werden in Teil 3 und 4 dieses Buches beschrieben.
[5] Vgl. Simons/Weißenberger (2008), S. 137 f. Der Prozess der Integration wird als *Konvergenz, Harmonisierung* oder *Vereinheitlichung* bezeichnet. Nachfolgend wird der Terminus *Konvergenz* beziehungsweise *Integration* verwendet, da der Begriff *Harmonisierung* in der Literatur vor allem für die Durchsetzung international einheitlicher Standards in der externen Finanzberichterstattung genutzt wird.

erfolgt im zweiten Teil des Buches in separaten Buchbeiträgen.[6] In Abschnitt 6 werden die Grundzüge des KPMG-Beratungsansatzes zur Umsetzung der integrierten Berichterstattung skizziert.

2. Ansätze zur Konvergenz der Berichterstattung

Das betriebliche Rechnungswesen der Kreditinstitute in Deutschland unterscheidet traditionell zwischen einer internen und einer externen Dimension. Das *interne Rechnungswesen (Management Accounting)* ist auf das jeweilige Institut zugeschnitten und zielt auf eine Unterstützung des Managements hinsichtlich seiner Planungs-, Steuerungs- und Kontrollfunktion[7] ab. Das interne Rechnungswesen bildet die Grundlage des Controllings, durch das die Planung und die Kontrolle koordiniert werden mit dem Ziel, den Institutsbetrieb zielorientiert zu führen. Das *externe Rechnungswesen (Financial Accounting)* ist mit der Finanzbuchführung und den Jahres- und Zwischenabschlüssen in erster Linie auf die Information bankexterner Adressaten (Anteilseigner, Kapitalmarkt sowie sonstige Stakeholder) gerichtet.[8]

2.1 Systematisierung der Berichterstattung

Kreditinstitute müssen den Anforderungen verschiedener interner und externer Adressaten mit zum Teil sehr unterschiedlichen Informationsbedürfnissen gerecht werden. Die Berichterstattung von Kreditinstituten umfasst die Finanzberichterstattung, die aufsichtsrechtliche Berichterstattung mit den Adressaten Bankenaufsicht und Kapitalmarkt sowie die interne Berichterstattung[9] an das Management.

---

[6] Eine Referenzierung auf die entsprechenden Buchbeiträge erfolgt in den Abschnitten 3 bis 5 dieses Beitrages in Form von Fußnoten.

[7] Kernstück des internen Rechnungswesens einer Bank ist die Kosten- und Erlösrechnung, die die Sammlung, Auswertung und Aufbereitung von Daten und Informationen zur Aufgabe hat. Diese dient dem Management als Grundlage für die Entscheidungsfindung. Im Rahmen der Steuerungsaufgaben der Kosten- und Erlösrechnung bei Banken, die sich auf die Planung, Umsetzung sowie die Kalkulation künftiger unternehmerischer Aktivität bezieht, gilt es vorrangig, die unternehmensinterne Ressourcenallokation zu optimieren.

[8] Hinsichtlich einer detaillierten Systematisierung von internem und externem Rechnungswesen nach Aufgaben, Adressaten und Funktionen siehe Hartmann-Wendels/Pfingsten/Weber (2007), S. 683 ff.

[9] Wird auch als *Management Reporting* bezeichnet.

Abbildung 1 fasst die wesentlichen Dimensionen der internen und externen Berichterstattung der Kreditinstitute, die in diesem Beitrag thematisiert werden, zusammen.[10]

Abbildung 1: Überblick Dimensionen der Berichterstattung der Kreditinstitute

- Die *Finanzberichterstattung* erfolgt in Form von Geschäftsberichten und Zwischenberichten[11] sowie durch eine regelmäßige Kommunikation an die Ratingagenturen.[12] Die Adressaten wie Anteilseigner, potenzielle Investoren, der Kapitalmarkt sowie die Ratingagenturen sind an Informationen interessiert, die es erlauben, die Geschäftsentwicklung zu beurteilen und aus den daraus resultierenden Entscheidungen das Management der Kreditinstitute zu kontrollieren und zu disziplinieren.

- Die *aufsichtsrechtliche Offenlegung mit der Offenlegungsmeldung* nach § 26a KWG und der Solvabilitätsverordnung (SolvV) mit der Zielgruppe *Fremdkapitalgeber* und *Kapitalmarkt* verfolgt ebenfalls das Ziel, mittels Transparenz die disziplinierende Wirkung des Marktes herbeizuführen.

---

10 Es werden nur die wesentlichen Dimensionen der Berichterstattung dargestellt, die auch Gegenstand weiterer Betrachtungen in den nachfolgenden Ausführungen dieses Beitrags sind. Die Abbildung erhebt keinen Anspruch auf eine vollumfängliche Darstellung aller durch Kreditinstitute zu erstellenden Berichte.

11 Dieser Beitrag konzentriert sich hinsichtlich der Rechnungslegungsstandards zur Gestaltung der Geschäfts- und Zwischenberichte nach HGB inklusive BilMoG, DRS sowie nach IFRS. Die nationale Rechnungslegung US-GAAP ist nicht Bestandteil dieses Beitrags.

12 Weitere kapitalmarktorientierte Berichtsformate wie die Ad-hoc-Publizität bei Vorliegen bestandsgefährdender Risiken im Sinne von Informationen mit erheblichem Einfluss auf Börsen- oder Marktpreise der Insiderpapiere oder auch Emissionsprospekte zur Information potenzieller Investoren sind nicht Gegenstand dieses Beitrags.

- Das *aufsichtsrechtliche Meldewesen* dient der Bankenaufsicht primär als Medium zur Überwachung der Kreditinstitute im Hinblick auf deren Compliance mit den gesetzlichen Anforderungen (zum Beispiel bezogen auf eine ausreichende Eigenmittelausstattung).[13]
- Unter dem Begriff der *Management-Berichterstattung* wird die interne Bereitstellung von entscheidungs- und steuerungsrelevanten Informationen an die Geschäftsleitung und die Leitung der verschiedenen Steuerungsbereiche[14] verstanden.

2.2 Systematisierung der Konvergenzansätze

Ausgehend von der Systematisierung der Berichterstattung nach den Berichtsdimensionen *Finanzberichterstattung*, *aufsichtsrechtliche Berichterstattung* und *Management-Berichterstattung* werden die Ansätze zur fachlichen Integration der verschiedenen Dimensionen dargestellt. Zu diesem Zweck werden die Dimensionen nach wesentlichen Kenngrößen differenziert und in den folgenden Abschnitten dimensionsübergreifend analysiert. Hinsichtlich der Kenngrößen werden hierbei ergebnis-, risiko- und kapitalorientierte Größen unterschieden.

Tabelle 1 fasst die Vorgehensweise zusammen und führt die wesentlichen gesetzlichen Grundlagen der einzelnen Dimensionen auf.

Dimensionen der Berichterstattung / Kenngrößen der Berichterstattung	Ergebnis (Kapitel 3)	Risiko (Kapitel 4)	Kapital (Kapitel 5)
Finanzberichterstattung	• Gewinn- und Verlustrechnung (HGB, IFRS, DRS,) • Segmentbericht (DRS 3-10, IFRS 8) • Risikovorsorge im Kreditgeschäft (IAS 39/Basel II)	• Risikoberichterstattung der Institute (DRS 5-10) • Finanzinstrumente (IFRS 7, IAS 32, IAS 39) • Chancen- und Risikobericht (DRS 16)	• handelsrechtliches Eigenkapital (HGB, § 25 RechKredV) • Eigenkapital nach IFRS (Rahmenkonzept, IAS 1, DRS 5-10)
Aufsichtsrechtliche Berichterstattung	./.	• Offenlegung quantitativer und qualitativer risikorelevanter Informationen (§ 26a KWG i. V. m. §§ 322-337 SolvV) • Risikobericht (§ 25a Abs. 1 KWG, MaRisk)	• aufsichtsrechtliches Eigenkapital (§§ 10, 10a, 26a KWG i. V. m. §§ 324, 325 SolvV)
Management-Berichterstattung	• Interne Geschäftsfeldrechnung inkl. Ergebnis-/Deckungsbeitragsrechnung • Ökonomische Steuerung (Risiko-/Ertrags-Kennzahlen)	• Risikoberichterstattung nach MaRisk und § 151 SolvV	• ökonomisches Kapital (MaRisk) • Berichterstattung zur Kapitaladäquanz nach MaRisk und § 123 SolvV

Tabelle 1: Dimensionen und Kenngrößen der Berichterstattung

---

[13] In diesem Beitrag wird nur auf das aufsichtsrechtliche Meldewesen nach SolvV referenziert. Sonstige Formate wie zum Beispiel die Meldungen zu Groß- und Millionenkrediten bleiben hier außer Betracht.

[14] Zum Beispiel Geschäftssegmente oder Profit Center.

Bei einigen in der Tabelle 1 aufgeführten gesetzlichen Regelungen wird der sogenannte *Management Approach* explizit postuliert, das heißt, es wird die externe Berichterstattung von Informationen gefordert, die „intern an Mitglieder der Geschäftsleitung"[15] berichtet werden. Der *Management Approach* bietet einen wesentlichen Katalysator zur Umsetzung einer integrierten Berichterstattung. Die Herausforderung für die Kreditinstitute besteht darin, die gegebenen methodischen Spielräume und Interdependenzen zur integrierten Gestaltung der Berichtsformate zu nutzen, um eine qualitativ hochwertige interne und externe Berichterstattung sicherzustellen.

Im Folgenden werden anhand der drei wesentlichen Kenngrößen der Berichterstattung (*Ergebnis*, *Risiko* und *Kapital*) mögliche Konvergenzansätze dargestellt.

3. Ergebnisorientierte Berichterstattung

Die interne und externe Berichterstattung obliegt meist dem Aufgabenbereich der Finanzfunktion von Kreditinstituten. Wesentlicher Bestandteil der Finanzfunktion ist unter anderem das betriebliche Rechnungswesen, das im deutschsprachigen Raum allgemein in ein internes und externes Rechnungswesen untergliedert wird. Während die Daten und Berichte des externen Rechnungswesens[16] an unternehmensexterne Adressaten gerichtet sind, sind die Daten und Berichte des internen Rechnungswesens[17] an unternehmensinterne Adressaten gerichtet.[18]

3.1 Externe Berichterstattung

Im externen Rechnungswesen können, bezogen auf die jeweils betrachteten Rechnungslegungssysteme, unterschiedliche Funktionen unterschieden werden (zum Beispiel die Dokumentationsfunktion, die Rechenschaftslegung, die Zahlungsbemessungs-, die Steuerbemessungs- sowie die Informationsfunktion).[19]

---

[15] IFRS 7.34(a); die Mitglieder der Geschäftsleitung des Unternehmens werden in IAS 24 „Angaben über Beziehungen zu nahe stehenden Unternehmen und Personen" definiert. Dazu zählen beispielsweise das Geschäftsführungsorgan und/oder der Vorsitzende des Aufsichtsorgans des Unternehmens. Der Management-Ansatz ist zumindest in Teilen auch Bestandteil des IAS 1, IFRS 8, DRS 5-10, § 327 Absatz 2 SolvV.
[16] Wird oftmals mit der Finanzbuchhaltung gleichgesetzt.
[17] Wird oftmals mit der Betriebsbuchhaltung beziehungsweise Controlling gleichgesetzt.
[18] Schaier (2008), S. 123; siehe hierzu auch detaillierte Ausführungen in Abschnitt 3.2 „Interne Berichterstattung".
[19] Vgl. Barth/Barth/Kyank/Litz (2008), S. 467.

3.1.1 Grundlagen

Zentrale Aufgabe des externen Rechnungswesens ist die buchhalterische *Dokumentation und Rechenschaftslegung* von Geschäftsvorfällen inklusive der Erstellung von Abschlüssen. Unter der *Zahlungsbemessungsfunktion* werden die Aufstellung des handelsrechtlichen Jahresabschlusses für Ausschüttungszwecke sowie die anschließende Überleitung des Jahresabschlusses auf die Steuerbilanz als Grundlage zur Bemessung der Steuerzahlungen an das Finanzamt verstanden.[20] Bezüglich der *Informationsfunktion* des externen Rechnungswesens wird die Darstellung der Vermögens-, Finanz- und Ertragslage des Kreditinstituts für externe Berichtsadressaten fokussiert. In diesem Kontext nimmt insbesondere der Konzernabschluss[21] eine wichtige Rolle hinsichtlich der Information des Kapitalmarktes ein. Dieser dient weder der Ausschüttungs-, noch der Steuerbemessung.[22]

3.1.2 Externe Rechnungslegung

IFRS

In Europa sind die IFRS bereits als einheitliche Rechnungslegungsnormen für den europäischen Kapitalmarkt vorgesehen. Diese Entscheidung wurde durch die Verordnung zur Rechnungslegung (IAS-Verordnung)[23] sowie durch weitere Richtlinien (wie beispielsweise die Fair Value-Richtlinie[24], die Modernisierungsrichtlinie[25] und die Wertpapierdienstleistungsrichtlinie[26]) umgesetzt. Zunächst war die Anwendung der IFRS auf solche Unternehmen beschränkt, die Eigen- oder Fremdkapitaltitel an einem geregelten Markt der Europäischen Union notiert haben. Diese mussten bereits ab 01. Januar 2005 ihren Konzernabschluss nach den Vorschriften der IFRS gemäß Artikel 4 der IAS-Verordnung aufstellen. Für EU-Unternehmen, die ausschließlich Fremdkapital emittiert haben oder bereits Abschlüsse nach US-GAAP erstellten, konnten die Mitgliedstaaten Regelungen erlassen, die eine Pflicht zur Bilanzierung nach IFRS erst ab 2007 vorschrieben (sogenanntes Übergangswahlrecht). Den Mitgliedstaaten wurde zudem ein Wahlrecht eingeräumt, die IFRS für den Konzernabschluss

---

20 Vgl. Barth/Barth/Kyank/Litz (2008), S. 467.
21 Der Konzernabschluss hat die Aufgabe, eine Konsolidierung der Jahresabschlüsse von Tochtergesellschaften vorzunehmen. Hierzu sind die Bilanzierungs- und Bewertungsmethoden der Tochtergesellschaften mit den Vorgaben des Mutterunternehmens zu vereinheitlichen.
22 Vgl. Barth/Barth/Kyank/Litz (2008), S. 467.
23 Verordnung Nr. 1606/2002, ABl EU L 243/1 des Europäischen Parlaments und des Rates vom 11.09.2002 betreffen die Anwendung internationaler Rechnungslegungsgrundsätze.
24 Richtlinie 2001/65/EG des Europäischen Parlaments und des Rates vom 27.09.2001 zur Änderung der Richtlinien 78/660/EWG, 83/349/EWG und 86/635/EWG im Hinblick auf die im Jahresabschluss beziehungsweise im konsolidierten Abschluss von Gesellschaften bestimmter Rechtsformen zulässigen Wertansätze.
25 ABl EU, L178/16 vom 17.07.2003.
26 Richtlinie 2004/39/EG des Europäischen Parlaments und des Rates vom 21.04.2004 über Märkte und Finanzinstrumente, zur Änderung der Richtlinien 85/611/EWG und 92/22/EWG des Rates; Directive on Markets in Financial Instruments (MiFID).

nicht kapitalmarktorientierter Unternehmen sowie für den Einzelabschluss vorzusehen. Mit dem Gesetz zur Einführung der internationalen Rechnungslegungsstandards und zur Sicherung der Qualität der Abschlussprüfung (Bilanzrechtsreformgesetz – BilReG) wurden die europäischen Vorgaben in nationales Recht transformiert. In Deutschland ist es demzufolge allen Unternehmen möglich, befreiende Konzernabschlüsse nach den Vorschriften der IFRS aufzustellen.

Die durch das IASB[27] veröffentlichten IAS beziehungsweise IFRS sowie die vom IFRIC veröffentlichten Interpretationen bilden die Grundlage für IFRS-Konzernabschlüsse auf Basis des § 315a HGB.[28] § 315a HGB verlangt für Konzernabschlüsse von kapitalmarktorientierten Unternehmen die Anwendung der von der Europäischen Union im Rahmen des Endorsementverfahrens übernommenen IFRS-Vorschriften.[29] Unternehmen, die einen IFRS-Konzernabschluss nach § 315a HGB aufstellen, haben bei der Erstellung und Offenlegung des Abschlusses zudem weitere, über die IFRS hinausgehende HGB-Vorschriften – insbesondere (Konzern-) Anhangangaben und die Vorschriften zur Erstellung eines (Konzern-)Lageberichts – zu beachten.

Jahresabschlüsse müssen hingegen für Zwecke der Ausschüttungs- und Steuerbemessung weiterhin nach handelsrechtlichen Vorschriften aufgestellt werden. Ergänzend können nach § 325 Absatz 2a HGB für Informationszwecke zusätzlich auch Einzelabschlüsse nach den Regeln der IFRS offengelegt werden. Einem Einzelabschluss nach IFRS kommt jedoch derzeit keine Bedeutung zu, da der Kapitalmarkt eine ausreichende Informationsvermittlung durch IFRS-Konzernabschlüsse gewährleistet sieht.[30]

HGB/DRS

Im Zuge dieser Entwicklungen nehmen die IFRS für deutsche Unternehmen eine zunehmend große Bedeutung ein. Das Deutsche Rechnungslegungs Standards Committee (DRSC) vertritt Deutschland entsprechend dem § 342 Absatz 1 Satz 1 Nummer 3 HGB in der internationalen Zusammenarbeit mit anderen Standardisierungsgremien. Ziele des DRSC sind insbesondere die Konvergenz nationaler Regelungen mit den internationalen Rechnungslegungsvorschriften voranzutreiben sowie die Belange der deutschen Rechnungsleger und Kapitalmarktteilnehmer in internationalen Standardisierungsgremien einzubringen.[31] Darüber hinaus ist es

---

27 International Accounting Standards Board.
28 Der folgende Absatz bezieht sich auf KPMG (2008), S. 1 - 2.
29 Das *Framework* ist bisher nicht *endorsed*.
30 Vgl. Böcking/Dreisbach/Gros (2008), S. 213.
31 Vgl. § 2 der Satzung des DRSC, Internet: abrufbar unter http://www.standardsetter.de/drsc/docs/charter.pdf, Stand 04.05.2008, Abruf vom 16.12.2008, S. 1 - 4.

auf der Grundlage des § 342 Absatz 1 Satz 1 Nummer 1 HGB Aufgabe des DRSC[32], Standards für eine ordnungsgemäße Konzernrechnungslegung, die DRS[33], zu entwickeln.

Ausblick: Bilanzrechtsmodernisierungsgesetz (BilMoG)

Durch das Gesetz zur Modernisierung des Bilanzrechts steht den deutschen Kreditinstituten die umfangreichste Reform des deutschen Bilanzrechts seit über 20 Jahren bevor.[34] Der Gesetzentwurf sieht weitreichende Änderungen im Bilanzrecht, der Corporate Governance und im Recht der Abschlussprüfung vor. Mit der geplanten Modernisierung des HGB-Bilanzrechts wird das Ziel verfolgt, den Unternehmen im Verhältnis zu den IFRS eine gleichwertige, aber weniger komplexe und kostengünstigere Alternative zu bieten. Im Vordergrund der Reform stehen die Deregulierung und Kostensenkung sowie der Abbau überflüssiger Bürokratie, insbesondere für die kleinen und mittelständischen Unternehmen.[35] Ein weiterer Schwerpunkt ist die Erhöhung der Aussagekraft des handelsrechtlichen Jahresabschlusses. Im Ergebnis soll das HGB-Bilanzrecht den Unternehmen eine vollwertige Alternative zu den internationalen Rechnungslegungsstandards bieten, ohne deren Nachteile (hohe Komplexität, hoher Zeitaufwand beziehungsweise hohe Kosten) zu übernehmen.[36]

3.1.3 Segmentberichterstattung

IFRS

Die Segmentberichterstattung stellt aus finanzanalytischer Sicht einen wichtigen Faktor für die Geschäfts- und Zwischenberichtspublizität von Konzernen dar, da sie externen Berichtsadressaten einen detaillierten Einblick in den Wertschöpfungsprozess von Banken ermöglicht.[37]

Zur Segmentberichterstattung nach IFRS 8: *Geschäftssegmente* sind solche kapitalmarktorientierten Unternehmen verpflichtet, die gemäß § 315 a Absatz 1 und 2 HGB zur Aufstellung eines Konzernabschlusses nach den IFRS verpflichtet sind, sowie diejenigen kapitalmarktori-

---

32 Das Deutsche Rechnungslegungs Standards Committee wurde 1998 als Standardisierungsorganisation geschaffen und ist seitdem Träger des Deutschen Standardisierungsrats (DSR).
33 Deutsche Rechnungslegungs Standards.
34 Vgl. Erchinger/Wendholt, (2008), S. 4. Der derzeitige Gesetzentwurf sieht eine verpflichtende Anwendung ab dem Geschäftsjahr 2009 vor. Tendenziell ist es nach derzeitigem Stand jedoch unwahrscheinlich, dass die Änderungen bereits 2009 in Kraft treten. Lediglich zwingende EU-Vorgaben sind unmittelbar für 2009 umzusetzen. Vgl. Zülch/Hoffmann.(2008), S. 2263.
35 Vgl. Erchinger/Wendholt, (2008), S. 4.
36 Bundesministerium der Justiz, Presseinformation vom 08.11.2007.
37 Vgl.Löw/Roggenbuck (2006), S. 901 ff.

entierten Unternehmen, die nach § 325 Absatz 2a HGB freiwillig eines Einzelabschluss nach IFRS offenlegen.[38]

Für alle Geschäftsjahre, die am oder nach dem 1. Januar 2009 beginnen, müssen segmentberichterstattungspflichtige IFRS-Anwender die Segmentberichterstattung auf Basis von IFRS 8 erstellen und veröffentlichen. IFRS 8 ersetzt den bisher geltenden Standard zur Segmentberichterstattung IAS 14: *Segmentberichterstattung*. Mit der Verabschiedung des IFRS 8 wurde die Segmentberichterstattung im IFRS-Abschluss neu konzipiert und weitgehend an die US-GAAP-Vorgaben[39] angeglichen. Mit dem IFRS 8 wird anstelle des bisher zugrunde gelegten *Risk and Reward Approach*[40] des IAS 14 der *Management Approach*[41] anzuwenden sein. Der IASB ließ sich in diesem Zusammenhang von den „Argumenten leiten, dass die konsequente Orientierung am *Management Approach* für die Adressaten mit einer höheren Entscheidungsnützlichkeit einhergehe und für die bilanzierenden Unternehmen mit geringeren Erstellungskosten verbunden sei."[42]

Der *Management Approach* fordert von den publizierenden Banken die Orientierung der externen Berichterstattung an den intern verwendeten Steuerungs- und Berichtsgrößen. Dadurch soll dem Adressaten die Perspektive des Managements vermittelt und somit eine höhere Berichtsrelevanz gewährleistet werden. Die konsequente Umsetzung des *Management Approach* in der Segmentberichterstattung spiegelt sich in der Segmentabgrenzung, den Segmentbilanzierungs- und -bewertungsmethoden sowie den offenzulegenden Segmentinformationen wider.

Bei der Bestimmung der Berichtssegmente erfolgt keine Beschränkung auf Geschäftssegmente und geografische Segmente, sondern allein die intern genutzte Segmentierung in Bezug auf die operativen Segmente bestimmt das Format der Berichterstattung. Die interne Berichtsstruktur determiniert ebenso die Segmentabgrenzungs- und -bewertungsmethoden, die sich im Vergleich zu IAS 14 nicht mehr an den Bilanzierungs- und Bewertungsmethoden des Einzel- beziehungsweise Konzernabschlusses orientiert.[43] Hinsichtlich der Segmentinformationen wird künftig nicht mehr in ein primäres und ein sekundäres Berichtsformat unterteilt.

---

38 Unternehmen, die freiwillig Segmentinformationen angeben, müssen ebenso die Anforderungen des IFRS 8 erfüllen.
39 Vorgaben des SFAS 131 „Disclosures about Segments of an Enterprise and Related Information".
40 Eine chancen- und risikoorientierte Segmentierung.
41 Im *Management Approach* (auch *Management Reporting* im Folgenden genannt) wird dargestellt, wie die Informationen für die Zwecke der internen Berichterstattung verwendet werden.
42 Baetge/Haenelt (2008), S. 43; siehe hierzu weitere Ausführungen in Abschnitt 3.3.2 „Segmentberichterstattung" in diesem Beitrag.
43 Die Orientierung an der internen Berichtsstruktur und ihren Bilanzierungs- und Bewertungsmethoden ist zwingend erforderlich. Es besteht hier kein Wahlrecht.

DRS 3-10[44]

Zu dem allgemeingültigen und branchenübergreifenden Standard DRS 3: *Segmentberichterstattung* ist der DRS 3-10: *Segmentberichterstattung von Kreditinstituten* vom DRSC im Dezember 1999 verabschiedet und zuletzt im Juli 2005 geändert worden. Dieser dient zur Ergänzung der allgemeinen Vorgaben zur Segmentberichterstattung nach DRS 3 und soll den branchenspezifischen Besonderheiten bei Kreditinstituten Rechnung tragen.[45] Die Anwendung von DRS 3-10 beschränkt sich dabei grundsätzlich auf handelsrechtliche Konzernabschlüsse von Kreditinstituten. Die Erweiterung des handelsrechtlichen Konzernabschlusses um eine Segmentberichterstattung erfolgt entsprechend § 297 Absatz 1 i.V.m. § 340i HGB freiwillig.

Der DRS 3-10 enthält sowohl Regelungen zur Abgrenzung der Elemente der Segmentberichterstattung als auch eine Konkretisierung der Inhalte dieser, der internen Organisations- und Berichtsstruktur folgenden, Elemente.

3.2 Interne Berichterstattung

3.2.1 Grundlagen

Die wesentlichen Zwecke des internen Rechnungswesens können unterteilt werden in die *Planungsfunktion* sowie die *Entscheidungs-* und *Kontrollfunktion*.[46]

Die *Planungsfunktion* ist auf zukünftige Ereignisse gerichtet.[47] Die dabei zugrunde zu legende Planungsrechnung unterscheidet zwischen der langfristigen strategischen Planung und der kurzfristigen operativen Planung.[48] Die Planung schließt die wesentlichen Steuerungsgrößen wie das ökonomische und aufsichtsrechtliche Kapital inklusive der Ziel- und Kapitalquoten, die risikogewichteten Positionswerte sowie die Ergebnisbeiträge inklusive der werttreiberbasierten Ergebnisziele[49] und Kostenkomponenten inklusive der internen Kostenverrechnung ein.

---

44 Die Darstellung des DRS 3-10 erfolgt lediglich zur Vollständigkeit. Für die folgenden Ausführungen zu möglichen Konvergenzansätzen von internem und externem Rechnungswesen werden die Regelungen des IFRS 8 zugrunde gelegt.
45 DRS 3-10.1.
46 Barth/Barth/Kyank/Litz (2008), S. 467.
47 Barth/Barth/Kyank/Litz (2008), S. 467.
48 Siehe hierzu auch die Beiträge von Leibold zum Thema „Effiziente Organisation der klassischen Planungsprozesse" sowie von Schäfer zum Thema „Moderne Planungsverfahren: von der Budgetierung zur kennzahlenorientierten Planung" in diesem Buch.
49 Zum Beispiel Zinsmargen.

Die *Entscheidungs-* und *Kontrollfunktion* erfolgt meist in Form einer stichtagsbezogenen Ergebnisrechnung. Die internen Adressaten benötigen Informationen aus den Bereichen Ergebnis-, Kosten- und Risiko-/Kapitalrechnung. Im Fokus der Ergebnisrechnung steht die Steuerung des Wertebereichs mit der Ergebniskalkulation auf Einzelgeschäfts-, Kundenbeziehungsweise Profit Center-Ebene. Die Kostenrechnung bezieht sich auf das Management des Betriebsbereichs mit Kostenarten- und Kostenstellenrechnung. Die Risiko-/Kapitalrechnung hat die Steuerung der mit dem Geschäft verbundenen Risiken, wie zum Beispiel die Kredit-, Marktpreis-, Liquiditäts- und operationellen Risiken, sowie die Einhaltung der Kapitaladäquanz zum Inhalt.

Dieser zumindest auf Ebene der Geschäftsleitung periodenbezogenen Sichtweise steht die zumeist barwertorientierte Sichtweise im Rahmen der Vertriebssteuerung gegenüber. Die Vorkalkulation und die Neugeschäftsberichterstattung sind auf die erwartete Profitabilität einer einzelnen Transaktion oder des Vertriebs gerichtet.[50]

Moderne Management-Informationssysteme beinhalten darüber hinaus Analysen der Wettbewerber des Kreditinstituts und des Marktumfelds mit dem Ziel, die eigene Performance in einen größeren Kontext zu stellen.

3.2.2 Interne Steuerungskennzahlen

Ein Kernbestandteil der internen Berichterstattung von Kreditinstituten ist die Darstellung der Ergebnisse anhand von Steuerungskennzahlen. Mithilfe von Steuerungskennzahlen wird der Erfolg des Gesamtinstituts, von Teilbereichen des Gesamtinstituts oder einzelner Geschäfte bewertet.

Zu diesen Steuerungskennzahlen zählen insbesondere Risiko-/Ertragskennzahlen, welche den Ertrag von Geschäften ins Verhältnis zu deren Risiken und dem daraus resultierenden Kapitalverbrauch setzen. Weit verbreitete Risiko-/Ertragskennzahlen sind *Risk Adjusted Return on Capital* (RAROC), *Risk Adjusted Return on Risk Adjusted Capital* (RARORAC) und *Economic Value Added* (EVA). Durch den Einsatz von Risiko-/Ertragskennzahlen soll die Gefahr vermieden werden, dass eine Bank, die auf den ersten Blick attraktive, aber risikoreiche Geschäfte abschließt, unerkannt ein hohes Insolvenzrisiko aufbaut. Diese Gefahr besteht, falls eine reine Steuerung anhand von Ertragsgrößen erfolgt.[51]

Die Methoden zur Berechnung der Werte für das Risiko und für die Erträge werden institutsspezifisch festgelegt. So wird das Risiko häufig anhand der Anforderungen an das regulatorische Eigenkapital und/oder an das ökonomischen Eigenkapitals berechnet. Die Bestimmung des Ertrags kann anhand von barwertigen Größen erfolgen oder auf den Ergebnissen der externen Rechnungslegung basieren.

---

50 Zum Beispiel erwartetes Zinsergebnis oder erwarteter Verlust.
51 Vgl. Spielberg/Sommer/Dankenbring (2004), S. 338.

3.3 Konvergenzansätze

3.3.1 Internes und externes Rechnungswesen[52]

Internationale Rechnungslegung

In den vergangenen Jahren hat in den Finanzfunktionen von Kreditinstituten vermehrt eine Integration des internen und externen Rechnungswesens stattgefunden.

Als Auslöser für diese Integrationsbestrebungen sind unter anderem die Einführung internationaler Rechnungslegungsvorschriften, die zunehmende Ausrichtung der Unternehmensführung am Shareholder Value und die Erhöhung der Verständlichkeit des Rechnungswesens durch eine einheitliche Finanzberichtssprache zu nennen.[53]

Schließlich wird durch eine Zusammenführung auch eine erhöhte Effizienz und Wirtschaftlichkeit erwartet, da durch eine Vereinheitlichung des Rechnungswesens die Komplexität reduziert werden kann.

Insbesondere die fortschreitende Internationalisierung der Rechnungslegung durch die Einführung der IFRS ist der Auslöser der Konvergenzdiskussion in Deutschland. Internationale Rechnungslegungsstandards sind viel stärker daran orientiert, den Adressaten durch die Darstellung der Unternehmensrealität gemäß der Zielnorm *Fair Presentation* entscheidungsrelevante Informationen zu liefern. Dies führt zu einer stärkeren Zielhomogenität zwischen dem internen und dem externen Rechnungswesen.

So werden für eine Rechnungslegung nach IFRS zunehmend Informationen erforderlich, die dem internen Rechnungswesen zuzuordnen wären. Dies betrifft zum Beispiel eine Erhöhung des Detaillierungsgrades der benötigten Ist-Informationen aus der Kostenrechnung, welche unter anderem für Zwecke der Segmentberichterstattung benötigt werden. Darüber hinaus werden verstärkt zukunftsbezogene Informationen aus Planungs- und Prognoserechnungen sowie Informationen aus dem Risikocontrolling für das externe Rechnungswesen benötigt. Des Weiteren findet bei einer Rechnungslegung nach IFRS im Rahmen der Ausweitung des sogenannten *Management Approach* durch verschiedene Vorschriften zunehmend eine unmit-

---

[52] Praxisbeispiele für die Umsetzung einer Konvergenz des internen und externen Rechnungswesens sind in dem Beitrag von Freygang/Geltinger in diesem Buch beschrieben.
[53] Wagenhofer (2008), S. 161f.

telbare Kopplung der Daten und Strukturen der externen Rechnungslegung an das interne Rechnungswesen statt.[54][55]

Ausblick: Bilanzrechtsmodernisierungsgesetz (BilMoG)

Es stellt sich in diesem Zusammenhang auch die Frage, inwieweit durch das BilMoG die in Deutschland historische Trennung von internem und externem Rechnungswesen nach HGB überwunden werden kann. Das BilMoG bewirkt durch die Annäherung an die IFRS[56] und damit an das Ziel der verbesserten Informationsversorgung der Jahresabschlussadressaten eine stärkere Übereinstimmung der Ziele und damit auch eine stärkere Konvergenz von internem und externem Rechnungswesen.[57] Insbesondere führen die Änderungen durch das BilMoG zu einer verbesserten Informationsbasis des externen Rechnungswesens für Kontrollzwecke im internen Rechnungswesen.[58]

Shareholder Value

Ein weiterer von Unternehmensseite benannter wichtiger Grund für die zunehmend konvergente Gestaltung des internen und externen Rechnungswesens liegt in der vermehrten Ausrichtung der Unternehmensführung am *Shareholder Value*. Durch die Ausrichtung der Unternehmenssteuerung an den Interessen der Anteilseigner gewinnen die Daten der externen Rechnungslegung, dem traditionell wichtigsten Kommunikationsinstrument mit den Shareholdern, an Bedeutung für die interne Steuerung. Die für die extern kommunizierten Unternehmenskennzahlen festgelegten Ziele müssen im internen Rechnungswesen operationalisiert werden. Zudem muss die Entwicklung der Zielgrößen des externen Rechnungswesens verstärkt kontrolliert und prognostiziert werden. Dementsprechend bietet es sich an, in den Planungs- und Steuerungsrechnungen des internen Rechnungswesens stärker an die Daten des externen Rechnungswesens anzuknüpfen.[59]

Einheitliche Finanzberichtssprache

Ein weiterer wichtiger Unterstützungsfaktor für die zunehmende Harmonisierung des betrieblichen Rechnungswesens ist die verbesserte Verständlichkeit von einheitlichen Begrifflichkeiten und einer einheitlichen Berichtssprache in den Finanzfunktionen der Kreditinstitute.[60]

---

54 Siehe hierzu weitere Ausführungen in Abschnitt 3.3.3 „Segmentberichterstattung" in diesem Beitrag.
55 Schaier (2008), S. 132.
56 Siehe detaillierte Ausführungen in Abschnitt 3.3.3 „Externe Rechnungslegung".
57 Barth/Barth/Kyank/Litz (2008), S. 476.
58 Barth/Barth/Kyank/Litz (2008), S. 476.
59 Schaier (2008), S. 132.
60 Schaier (2008), S. 132 f.

Vollständige versus partielle Integration der internen und externen Berichterstattung

Neben der bisher diskutierten vollständigen Integration werden in der betriebswirtschaftlichen Literatur und in der Praxis auch Gründe aufgeführt, die gegen eine solche vollständige Integration von interner und externer Rechnungslegung[61] sprechen. So können zum Beispiel die Bewertungsvorschriften der externen Rechnungslegung den internen Controlling-Anforderungen zuwider laufen und zur Rückkopplung externer Bilanzierungsvorschriften sowie zur Berücksichtigung bilanzpolitischer Maßnahmen in den Steuerungssystemen des internen Rechnungswesens führen.[62] Aus diesen Gründen wird in der Praxis häufig eine partielle Integration der Berichterstattung befürwortet. Die angestrebte Angleichung von interner und externer Ergebnisrechnung beschränkt sich dabei auf die obersten Hierarchieebenen und die darunter liegende Segmentebene sowie auf die nachgelagerten Geschäftsbereichs- beziehungsweise Profit-Center-Ebenen. Die operative interne Steuerung erfolgt weiterhin auf der Basis eigenständiger interner, das heißt kalkulatorischer Größen, die für Kalkulationszwecke angepasst werden können.[63]

Zusammenfassend ist festzuhalten, dass eine getrennte Gestaltung und Abwicklung von internem und externem Rechnungswesen zum Teil nicht mehr möglich und zudem in vieler Hinsicht erheblich erschwert worden ist. Dies verringert die Möglichkeit beide Aufgabenkomplexe voneinander zu trennen. Ebenso ist es weniger vorteilhaft, die entsprechenden Aufgaben separaten Abteilungen zuzuweisen, da der Abstimmungsbedarf erheblich zunimmt. Hierbei ist auch zu beachten, dass im internen Rechnungswesen, respektive im Controlling, der Bedarf an Wissen bezüglich internationaler Rechnungslegungsvorschriften zunimmt. Gleichzeitig steigt der Bedarf an Controlling-Know-how im externen Rechnungswesen. Dies spiegelt sich auch in dem sich in der deutschen Unternehmenspraxis abzeichnenden Trend wider, die vormals in der Regel getrennten Abteilungen für Controlling und Bilanzierung enger zu verknüpfen oder zusammenzulegen.[64]

3.3.2 Segmentberichterstattung[65]

Grundlage für die Segmentberichterstattung nach IFRS 8 bildet anstelle der IFRS-Berichterstattung das für interne Zwecke erstellte Berichtswesen.[66] Die Neuregelung der Segmentberichterstattung nach IFRS 8, wie bereits in Abschnitt 3.1.3 erläutert, ist ein weiterer Auslöser der Konvergenz des in- und externen Berichtswesens von Kreditinstituten.

---

61 Das heißt eine vollständig IFRS-basierte Ergebnis- und Geschäftsfeldrechnung beziehungsweise Profit Center-Rechnung
62 Weißenberger (5/2007), S. 329.
63 Weißenberger (5/2007), S. 329.
64 Schaier,(2008), S. 134.
65 Die exemplarische Umsetzung einer Konvergenz des internen und externen Rechnungswesens durch die Anwendung des IFRS 8 ist in dem Beitrag von Dassler in diesem Buch beschrieben.
66 Auch *Management Reporting* oder Management-Berichterstattung genannt.

Bei deutschen Kreditinstituten wird in der Praxis für das interne Management Reporting häufig eine Geschäftsfeldrechnung oder eine ähnliche Profit Center-Rechnung auf Basis von Kostenstellen beziehungsweise internen Berichtsstrukturen, auch *Management Accounts* genannt, durch das interne Rechnungswesen aufbereitet.

In der Praxis auftretende Unterschiede zwischen der internen und der externen Berichterstattung ergeben sich oftmals als Ergebnis historisch gewachsener Berichte und Prozesse. Beispielsweise ist zu beobachten, dass das Management Reporting in einigen Kreditinstituten trotz der Umstellung der externen Rechnungslegung auf IFRS weiterhin auf Basis der nach HGB geltenden Regelungen erfolgt.

Die Einführung von IFRS 8 führt folglich dazu, dass das interne und das externe Berichtswesen von Kreditinstituten im Rahmen einer nach IFRS 8.21 erforderlichen Überleitungsrechnung zusammengeführt werden muss. Der Umfang des Überleitungsaufwands ist hierbei abhängig von der Art und dem Umfang der bisherigen Unterschiede zwischen den beiden Berichtswesen.[67] Bei entsprechend großen Divergenzen zwischen dem internen und externen Rechnungswesen besteht ein erheblicher Überleitungs- und Erläuterungsaufwand. Die Interpretationsschwierigkeiten nehmen für den Segmentberichtsadressaten in dem Maße zu, wie das interne vom externen Rechnungswesen abweicht.[68]

3.3.3 Externe Rechnungslegung und interne Steuerungskennzahlen[69]

Das Ziel der Institute ist eine möglichst umfangreiche Integration von internen und externen Kennzahlen und Daten in ihrem Berichtswesen. Dies bedeutet eine größtmögliche Annäherung der internen Steuerung an die externe Rechnungslegung. Zentrale Steuerungsgrößen für die Institute sind risikoadjustierte Ertragskennzahlen.[70] Im Zuge dessen, können diese Steuerungsgrößen im Rahmen der wertorientierten Unternehmensführung[71] dazu beitragen, umfangreich über interne Ertrags-/Risiko-Positionen eines Kreditinstituts zunächst intern zu berichten sowie in einem weiteren Schritt der externen Kommunikation dienen. Zur Bestimmung der Steuerungskennzahlen von Instituten auf Basis von Kennzahlen, wie EVA, RAROC und/oder RARORAC, existieren vielfältige Möglichkeiten. Häufig wird die Ertragsgröße unter Verwendung von Barwertgrößen bestimmt. Dies ist aus betriebswirtschaftlichen Gründen durchaus gerechtfertigt, da hier die Steigerung des barwertigen Unternehmenswertes im Mittelpunkt steht.

---

[67] Vgl. Baetge/Haenelt (2008), S. 49 f.
[68] Vgl. Baetge/Haenelt (2008), S. 49 f.
[69] Ein Praxisbeispiel für die Integration der externen Rechnungslegung in die ökonomische Steuerung von Kreditinstituten ist im Beitrag von Bräsick/Hele/Kerner/Pfeiffer in diesem Buch dargestellt.
[70] Nettoertrag eines Geschäfts reduziert um die darin enthaltenen Risikokosten.
[71] Eine wertorientierte Unternehmensführungspraxis beinhaltet neben dem Einsatz interner Steuerungsinstrumente zur Messung der Unternehmensperformance, auch die externe Berichterstattung über die Effektivität der eingesetzten Steuerungsinstrumente. Siehe hierzu Beitrag von Bräsick/Hele/Kerner/Pfeiffer in diesem Buch.

Der Nachteil der barwertigen Ergebnisermittlung ist, dass sich die barwertigen Erträge nicht vollständig in den Ergebnissen der externen Rechnungslegung widerspiegeln müssen. Dies hat zur Folge, dass sich die extern kommunizierten Zahlen von den intern ermittelten Zahlen unterscheiden können. Da die extern kommunizierten Zahlen das Bild des Unternehmens nach außen hin darstellen, müssen die Erwartungen und Anforderungen der externen Adressaten berücksichtigt werden. Konsequenterweise werden diese Anforderungen bei der Ermittlung der risikoadjustierten Ertragskennzahlen und den daraus abgeleiteten Steuerungsempfehlungen und Handlungen berücksichtigt.

Durch eine Konvergenz von IFRS-Ergebnisgrößen und internen Ergebniszahlen können identische Steuerungsgrößen sowohl zur internen Managementkommunikation als auch für die externe Kapitalmarktkommunikation herangezogen werden. Des Weiteren leistet eine solche Konvergenz einen wesentlichen Beitrag zu einer verbesserten Überleitbarkeit von internem und externem Rechnungswesen und führt zu einer deutlichen Erhöhung der Transparenz der Berichterstattung.

3.3.4 IFRS/Basel II – Risikovorsorge im Kreditgeschäft[72]

Im Jahr 2003 wurden die Regelungen des IAS 39 – Finanzinstrumente: *Ansatz und Bewertung* grundlegend reformiert. Die Risikovorsorge im Kreditgeschäft unterteilt sich in Wertberichtigungen nach IAS 39 für das bilanzielle Kreditgeschäft und Rückstellungen nach IAS 37 für das außerbilanzielle Geschäft. Beim bilanziellen Geschäft ist für Forderungen der Kategorie *Kredite und Forderungen* und *bis zur Endfälligkeit gehaltene Investments* die Bildung von Wertminderungen im Hinblick auf Kreditrisiken zu prüfen.

Gemäß IAS 39.58 ff. basiert die Erfassung von Wertminderungen auf dem *Incurred Loss Model*. Dieses Modell besagt, dass nur Ausfälle, die bis zum Abschlussstichtag tatsächlich eingetreten sind, wertberichtigt werden dürfen. Dementsprechend darf eine Wertberichtigung nur dann gebildet werden, wenn objektive Hinweise (*Objective Evidence*) dafür vorliegen, dass die Wertminderung eingetreten ist. Kriterium hierfür ist, dass nach der erstmaligen Erfassung des Vermögenswertes ein Verlustereignis (*Loss Event* und/oder *Trigger Event*) eingetreten ist, das Auswirkungen auf die geschätzten zukünftigen Zahlungsströme haben wird.

Eine Portfoliobetrachtung kommt gemäß IAS 39.64 in zwei Fällen zur Anwendung. Zum einen werden Forderungen von untergeordneter Bedeutung (*not individually significant*) auf Portfoliobasis auf das Vorliegen einer Wertminderung untersucht (*pauschalierte Einzelwertberichtigung/pEWB*). Zum anderen sind Forderungen, bei denen im Rahmen der Einzelprüfung keine Hinweise auf eine Wertminderung vorlagen, zusammenzufassen und auf Portfoliobasis erneut auf das Vorliegen einer Wertminderung hin zu untersuchen (*Portfoliowertberichtigung/PWB*). In einer ersten Stufe werden signifikante von nicht signifikanten Geschäften

---

[72] Vgl. hierzu insbesondere den Buchbeitrag von Möller/Schade. Weitere Praxisbeiträge zu diesem Thema stellen die Beiträge von Best/Plüchner, von Stosch/Stremplat sowie von Löffelholz in diesem Buch dar.

getrennt. Die Signifikanz wird an der Höhe des Forderungsbetrages beziehungsweise auch am Finanzierungsobjekt festgemacht. In einem zweiten Schritt wird geprüft, in welcher Höhe ein Verlustereignis eingetreten ist.

Im Rahmen der Umsetzung der Ermittlungsvorschriften zur Risikovorsorge nach IFRS nutzen viele Kreditinstitute die Parameter (*EAD/Exposure at Default, PD/Probability of Default und LGD/Loss Given Default*) nach Basel II. Hierbei wird das nach Basel II verwendete *Expected Loss Model*[73] in das nach IFRS verwandte *Incurred Loss Model* überführt. IAS 39 schreibt den Ausweis der tatsächlich eingetretenen Verluste am Abschlussstichtag (Stichtagsprinzip) vor. Basel II hingegen verlangt die Sicherstellung einer angemessenen Eigenkapitalausstattung, um die erwarteten und unerwarteten Kreditausfälle der nächsten zwölf Monate zu unterlegen (zukunftsgerichtet).

Dabei ist die Transformation des *Expected Loss-Konzeptes* zum *Incurred Loss-Konzept* in der Praxis mit großen Anforderungen sowohl fachlicher, prozessualer als auch technischer Natur verbunden. Hierbei ist eine Verzahnung von Prozessen, Verfahren und IT-technischen Lösungen für externe Rechnungslegung und Meldewesen im Bereich der Ermittlung der Risikovorsorge nach IFRS mittels Basell II-Parameter notwendig und bietet den Instituten Ansatzpunkte zu einer effizienteren Gestaltung der Finanzfunktion.

4. Berichterstattung zur Risikolage

Zum 1. Januar 2007 sind mit dem IFRS 7: *Finanzinstrumente: Angaben* und der Solvabilitätsverordnung (SolvV) als nationale Umsetzung von Basel II zwei Regelwerke in Kraft getreten, die die externe Berichterstattung über Finanzinstrumente und die daraus resultierende Risikosituation für das Unternehmen umfassend regeln. Die Grundsätze des IFRS 7 ergänzen die Grundsätze für den Ansatz, die Bewertung und die Darstellung von finanziellen Vermögenswerten und finanziellen Verbindlichkeiten in IAS 32: *Finanzinstrumente: Darstellung* und IAS 39: *Finanzinstrumente: Ansatz und Bewertung.*[74] Darüber hinaus fordert IFRS 7 umfangreiche qualitative und quantitative Angaben zum Risikogehalt der Finanzinstrumente sowie zu Techniken zur Minderung der damit verbundenen Risiken.[75]

---

73   Berechnungsvorschrift nach Basel II: EL = EAD * PD * LGD.
74   IFRS 7.2.
75   Die Risikoberichterstattung nach IFRS 7 wird ausführlich dargestellt bei Löw (2005), S. 2175 - 2184 und KPMG (2007). Eine Darstellung des Risikomanagement und -controllings im Kontext der IFRS bietet Löw (2006), S. 169 - 201.

4.1 Externe Berichterstattung

Im Bereich der Risikoberichterstattung ist weiterhin der branchenspezifische deutsche Rechnungslegungsstandard DRS 5-10: *Risikoberichterstattung der Kredit- und Finanzdienstleistungsinstitute* zu nennen, der analog zu IFRS 7 Angaben zu den Risiken fordert, denen Kredit- und Finanzdienstleistungsinstitute üblicherweise ausgesetzt sind. Im Gegensatz zum IFRS 7 ist der DRS 5-10 allerdings nicht auf die Risiken aus Finanzinstrumenten beschränkt.[76] Neben den allgemeinen Risiken sind insbesondere die für Kredit- und Finanzdienstleistungsinstitute spezifischen Risiken und Risikokategorien sowie das Risikomanagement des Konzerns darzustellen und zu erläutern. Die Darstellung hat unter der Beachtung der Stetigkeit alle Risikoarten Geschäftsbereiche und Tochterunternehmen zu umfassen. Der Risikobericht soll darlegen, in welcher Weise hierbei Steuerungssysteme eingesetzt werden und wie dadurch die Unabhängigkeit des Überwachungssystems gewährleistet ist.[77]

Mit der Verabschiedung des Transparenzrichtlinie-Umsetzungsgesetzes (TUG)[78] vom 15. Dezember 2006 ergibt sich für kapitalmarktorientierte Emittenten, die IFRS anwenden, seit 2007 die Pflicht zur Veröffentlichung eines Halbjahresfinanzberichts.[79] Der deutsche Rechnungslegungsstandard DRS 16, anzuwenden auf Zwischenberichte in Geschäftsjahren, die nach dem 31. Dezember 2007 beginnen, konkretisiert die im TUG und in der TranspRLDV[80] vorgegebenen Rahmenbedingungen zur Halbjahresfinanzberichterstattung, Quartalsberichterstattung und Zwischenmitteilung der Geschäftsführung. Der Halbjahresfinanzbericht besteht mindestens aus einem Zwischenabschluss, einem Zwischenlagebericht sowie einer Versicherung der gesetzlichen Vertreter (DRS 16 Tz. 11). Der Zwischenlagebericht hat unter anderem einen Chancen- und Risikobericht zu enthalten, der wesentliche Chancen und Risiken der voraussichtlichen Entwicklung in den verbleibenden Monaten des Geschäftsjahrs zum Inhalt hat.

Durch die Solvabilitätsverordnung (SolvV) als nationale Umsetzung des Basel II-Rahmenwerks werden unter anderem die Anforderungen an die Eigenmittelausstattung von Instituten, Institutsgruppen und Finanzholding-Gruppen nach §§ 10, 10a Kreditwesengesetz (KWG) sowie deren Offenlegung (§ 26a KWG) konkretisiert.

---

[76] Buchheim/Beiersdorf/Billinger (2005), untersuchen die Risikoberichterstattung von Banken unter dem Aspekt der Schnittstellen zwischen DRS 5-10, IFRS 7 und Basel II.
[77] DRS 5-10 Vorbemerkung.
[78] Die europarechtlichen Vorgaben wurden durch das Gesetz zur Umsetzung der Richtlinie 2004/109/EG des Europäischen Parlaments und des Rates vom 15. Dezember 2004 zur Harmonisierung der Transparenzanforderungen in Bezug auf Informationen über Emittenten, deren Wertpapiere zum Handel auf einem geregelten Markt zugelassen sind, und zur Änderung der Richtlinie 2001/34/EG (Transparenzrichtlinie-Umsetzungsgesetz/TUG), BGBl. I 2007, Seite 10 ff. in das deutsche Recht transformiert. Das TUG ist ein Artikelgesetz, durch das bestehende Einzelgesetze (BörsG, WpHG, Börsenzulassungsverordnung sowie weitere Gesetze) geändert beziehungsweise ergänzt werden. Die bisher an unterschiedlichen Stellen vorhandene Transparenzvorschriften werden im WpHG zusammengefasst.
[79] Daneben besteht die Verpflichtung der Unternehmen, die als Inlandsemittenten Aktien begeben, Zwischenmitteilungen beziehungsweise Quartalsberichte zu erstellen.
[80] Transparenzrichtlinie-Durchführungsverordnung vom 13.03.2008.

Die Offenlegungspflichten beinhalten unter anderem qualitative und quantitative Informationen zu jedem einzelnen Risikobereich eines Instituts (Adressenausfallrisiko, Marktrisiko, operationelles Risiko und Zinsänderungsrisiko des Anlagebuchs) sowie die eingesetzten Risikomanagement-Verfahren zur Unterlegung der Risiken. Darüber hinaus werden spezielle Angaben zu derivativen Adressenausfallrisikopositionen, Verbriefungen und Beteiligungen gefordert.

4.2 Interne Berichterstattung

Die Mindestanforderungen an das Risikomanagement (MaRisk) geben auf Grundlage des § 25a Absatz 1 KWG einen Rahmen für die Ausgestaltung des Risikomanagements sowie des Berichtswesens in den Kreditinstituten vor.

Die MaRisk sehen vor, dass die Risikoexponiertheit der Kreditinstitute bezogen auf Adressenausfall-, Marktpreis-, Liquiditätsrisiken und operationelle Risiken regelmäßig Gegenstand der Berichterstattung in Form eines Risikoberichts an die Geschäftsleitung sein muss (MaRisk BTR 1-4).

Kreditinstitute, die den internen ratingbasierten Ansatz[81] zur Unterlegung der Adressenausfallrisiken gewählt haben, müssen darüber hinaus nach SolvV die Geschäftsleitung regelmäßig über die Qualität des internen Ratingsystems sowie das Profil und die Performance des adressenausfallrisikobehafteten Portfolios unterrichten (§§ 151 ff. SolvV).

4.3 Konvergenzansätze

Zentraler Anknüpfungspunkt für eine integrierte interne und externe Risikoberichterstattung ist der *Management Approach*. Bei einer synoptischen Gegenüberstellung der Anforderungen an die externe Risikopublizität[82] sowie der internen Anforderungen an den Risikobericht gemäß den MaRisk wird deutlich, dass zunehmend die Offenlegung von Informationen gefordert wird, die in der internen Steuerung genutzt werden.

Gemeinsamkeiten und Überschneidungen im Rahmen der Risikoberichterstattung ergeben sich unter anderem in einer qualitativen Darstellung der organisatorischen Aspekte des Risikomanagements inklusive der Beschreibung der Risikomanagementzielsetzungen sowie der

---

81 Mit der Anwendung des internen Ratingansatzes (*Internal Ratings Based Approach*) wird die Kapitalunterlegung nach interner Bonitätseinschätzung festgelegt.
82 KPMG (2007), S. 204 ff.

Risikohandhabung und -kontrolle, in der Darstellung der einzelnen Risikokategorien[83] sowie ihrer jeweiligen Definition.

Insbesondere im Bereich der *Adressenausfallrisiken* bieten sich Freiheitsgrade zur einheitlichen Definition von bestimmten Kenngrößen wie *Kreditvolumen* und *Performance des Kreditgeschäfts* an.

Die Berichterstattung zu den *Marktrisiken* nach IFRS 7 und DRS 5-10 beinhaltet quantitative Angaben zur Risikoexponiertheit gemäß intern verwendeter und aufsichtsrechtlich anerkannter Verfahren (zum Beispiel Sensitivitätsanalysen oder VaR-Ansatz[84]- oder Capital at Risk-Modelle). Basel II sieht hingegen eine Darstellung der Marktrisiken, untergliedert nach Zinsänderungs-, Aktienpositions-, Währungs- und Rohstoffpreisrisiken vor. Die quantitativen Angaben unterscheiden sich je nach gewähltem Ansatz voneinander.

IFRS 7 lässt die Diskussion der *operationellen Risiken* im Zusammenhang mit dem Halten von Finanzinstrumenten zu, sieht allerdings von einer obligatorischen Offenlegung dieser Risikokategorie ab. DRS 5-10 fordert die quantitative Darstellung von operationalen Risiken, die zum Beispiel auf Szenariotechniken, Sensitivitätsanalysen oder anderen Methoden beruhen kann. Die SolvV Offenlegung zielt auf den Ausweis der Eigenkapitalunterlegung nach der aufsichtsrechtlichen Methode (zum Beispiel Standardansatz zur Unterlegung von operationellen Risiken) hin. Die Offenlegungspflichten von DRS 5-10 und Basel II gehen bezüglich der quantitativen Darstellung der operationellen Risiken über die Anforderungen des von IFRS 7 hinaus.

DRS 5-10 sieht die umfassendste quantitative Darstellung der *Liquiditätsrisiken*, unterteilt nach Liquiditätsrisiko im engeren Sinn, dem Refinanzierungsrisiko und dem Marktliquiditätsrisiko vor. Hier können zum Beispiel Liquiditätsablaufbilanzen oder Cashflow-Prognosen auf Basis der internen Steuerung zum Einsatz kommen. IFRS 7 lässt diese Angaben zum *Management Approach* als Zusatzangaben zu, fordert allerdings obligatorisch die Berichterstattung einer Analyse der bilanziellen Verbindlichkeiten hinsichtlich ihrer frühstmöglichen vertraglichen Fälligkeitstermine.

Ausschließlich nach DRS 5-10 und IFRS 7 ist eine Darstellung sonstiger Risiken geboten, wenn sie von wesentlicher Bedeutung für das Kreditinstitut sind, beziehungsweise inhärente Risiken nicht richtig dargestellt würden (zum Beispiel versicherungstechnische Risiken).[85] Basel II verlangt keine explizite Darstellung von anderen Risiken.

---

[83] Die einzelnen Regelwerke verwenden teilweise unterschiedliche Begrifflichkeiten, die jedoch im Kern sehr Ähnliches meinen: IFRS 7 unterteilt in *Kreditrisiken*, *Liquiditätsrisiken* und *Marktrisiken*, DRS 5-10 unterteilt in *Adressenausfallrisiken*, *Liquiditätsrisiken*, *Marktrisiken*, *operationale Risiken* und *weitere Risikofaktoren* und Basel II unterteilt in *Kreditrisiken*, *Marktrisiken* und *operationelle Risiken* und verlangt keine explizite Darstellung von Liquiditäts- und weiteren Risikofaktoren. Die MaRisk stellen im Rahmen der Risikokategorisierung auf *Adressenausfall-*, *Marktpreis-*, *Liquiditäts-* und *operationelle Risiken* ab.

[84] Der Begriff *Value at Risk* (VaR) bezeichnet ein Risikomaß, das angibt, welchen Wert der Verlust einer bestimmten Risikoposition mit einer gegebenen Wahrscheinlichkeit und in einem gegebenen Zeithorizont nicht überschreitet.

[85] Obgleich diese Risiken nicht explizit nach SolvV quantifiziert werden, sollen sie implizit, bezogen auf das Aggregat aller Institute, zum Beispiel durch die absichtliche Nichtberücksichtigung von Korrelationseffekten zwischen den Risikokategorien, abgedeckt werden.

Die Diskussion der Integrationsansätze deutet an, dass sich die externe Risikoberichterstattung nach IFRS 7 beziehungsweise DRS 5-10 mit gewissen Restriktionen mit der internen Berichterstattung harmonisieren lässt. Die externen Anforderungen zur Offenlegung von intern verwendeten Methoden der Risikosteuerung (*Management Approach*) bieten einen zentralen Ansatzpunkt für eine harmonisierte Berichterstattung.

5. Berichterstattung zur Kapitaladäquanz

In der Praxis haben sich aufgrund verschiedener interner wie auch externer Anforderungen mehrere Definitionen und Ermittlungsvorschriften für das Eigenkapital etabliert. Sie lassen sich differenzieren in bilanzrechtliche, aufsichtsrechtliche und interne, risikoorientierte Kriterien. Jedem Kapitalbegriff liegt aufgrund seiner Zwecksetzung ein eigenes Verständnis über das Eigenkapital und seiner Steuerungswirkung zugrunde.

5.1 Externe Berichterstattung

Das *handelsrechtliche* Eigenkapital von Kreditinstituten wird gemäß Formblatt 1 RechKredV in das *gezeichnete Kapital*, die *Kapitalrücklage*, die *Gewinnrücklagen* und den *Bilanzgewinn/Bilanzverlust* untergliedert. Nähere Erläuterungen zu den Inhalten der Eigenkapitalbestandteile sind in § 25 RechKredV geregelt.

Das Rahmenkonzept der IFRS definiert Eigenkapital als den nach Abzug aller Schulden verbleibenden Restbetrag der Vermögenswerte des Unternehmens,[86] wobei sich eine mögliche Untergliederung an den Informationsinteressen der Abschlussadressaten auszurichten[87] hat.

Ein wesentlicher Unterschied zwischen der Eigenkapitaldefinition nach handelsrechtlichen und der Definition nach internationalen Rechnungslegungsvorschriften besteht in der Abbildung der Fair Value-Änderungen im Eigenkapital, die ausschließlich nach den Vorschriften der IFRS zu berücksichtigen sind. Weitere bedeutende Unterschiede bestehen auch in der Korrektur des Eigenkapitals um solche Posten, die nach IFRS Fremdkapitalcharakter aufweisen sowie in der Absetzung der eigenen Anteile im Bestand des Eigenkapitals gemäß IAS 32.33 im Vergleich zu deren Aktivierung bei einer vorhandenen Wiederveräußerungsabsicht gegen eine Rücklage für eigene Anteile nach HGB § 272 Absatz 4 HGB.

---

[86] F.49(c).
[87] F.65 ff.

Mit der Verabschiedung von IFRS 7 im Jahr 2005 wurde der IAS 1: *Darstellung des Abschlusses* um die Offenlegungspflichten zum Eigenkapital erweitert. Demnach sind Kreditinstitute verpflichtet, neben dem bilanziellen Eigenkapital auch Angaben zum ökonomischen Eigenkapital zu machen, die auf dem *Management Approach* basieren.[88] IAS 1 ist auf das qualitative und quantitative ökonomische Kapitalmanagement unter besonderer Beachtung der Kapitaladäquanz regulierter Unternehmen fokussiert, was insbesondere bei Kreditinstituten der Fall ist. Nach DRS 5-10: *Risikoberichterstattung von Kredit- und Finanzdienstleistungsinstituten* sind die Kreditinstitute ebenfalls aufgefordert, Angaben zur angemessenen Kapitalausstattung unter Berücksichtigung der Risikodeckungsmasse und der Risikotragfähigkeit zu machen.

Das Eigenkapital wird nach den aufsichtsrechtlichen Anforderungen gesetzlich in den §§ 10 und 10a KWG geregelt. Es umfasst das Kern- und Ergänzungskapital sowie die Drittrangmittel. Das haftende Eigenkapital setzt sich unter Berücksichtigung bestimmter Abzugspositionen aus der Summe aus Kernkapital und Ergänzungskapital zusammen. Das bankenaufsichtsrechtliche Eigenkapital wird als *Eigenmittel* bezeichnet. Grundlage für die Berechnung dieser Eigenmittel bildet die Verordnung über die angemessene Eigenmittelausstattung von Finanzinstituten, Finanzinstitutsgruppen und Finanzholdinggruppen (Solvabilitätsverordnung – SolvV), die am 1. Januar 2007 in Kraft getreten ist. Im Rahmen der Offenlegung nach SolvV müssen Kreditinstitute zum einen qualitative Aussagen zum ökonomischen Kapitalmanagement treffen und zum anderen quantitative Angaben zur Eigenmittelstruktur und zur Unterlegung der aufsichtsrechtlich relevanten Risiken mit Eigenkapital machen.

Durch das Inkrafttreten der Konzernabschlussüberleitungsverordnung (KonÜV) wird den Kreditinstituten, die einen IFRS-Konzernabschluss erstellen, bis zum Jahr 2016[89] das Wahlrecht eingeräumt, ihr konsolidiertes aufsichtsrechtliches Eigenkapital entweder auf Basis ihres jeweiligen Konzernabschlusses (Zusammenfassungsverfahren) oder weiterhin nach dem Aggregationsverfahren zu ermitteln.

Die KonÜV ergänzt § 10a KWG, sodass die Überleitung des handelsrechtlichen Konzernabschlusses in die Ermittlung der zusammengefassten Eigenmittelausstattung der aufsichtsrechtlichen Gruppe[90] geregelt wird.

Im Fall der Ausübung des Zusamenfassungsverfahrens, das ab 2016 verpflichtend anzuwenden ist, stehen Kreditinstitute vor der Herausforderung, IFRS-spezifische Einflüsse auf die Höhe des bilanziellen Eigenkapitals durch sogenannte *Prudential Filter* zu eliminieren.[91]

---

88 IAS 1.124A - 124C.
89 Ab 2016 ist die Anwendung des Zusammenfassungsverfahrens verpflichtend.
90 Bundesgesetzblatt (BGBl.) I Nr. 5, S. 150 vom 12.02.2007.
91 Unter die Regelung der Prudential Filter fallen zum Beispiel Effekte aus der Bewertung von Finanzinstrumenten, die zur Veräußerung zur Verfügung stehen (*Available for Sale*), der Nutzung der *Fair Value-Option* oder der Nutzung von *Cashflow Hedges*.

5.2 Interne Berichterstattung

Die meisten international tätigen Banken verwenden als Grundlage der Kapitalsteuerung das *ökonomische Kapital*, das das Ergebnis der Risikoquantifizierung über alle wesentlichen Risiken hinweg ist. Auf der Grundlage des Gesamtrisikoprofils hat das Kreditinstitut gemäß den in den MaRisk definierten *Allgemeinen Anforderungen an das Risikomanagement* sicherzustellen, dass die wesentlichen Risiken durch das Risikodeckungspotenzial laufend abgedeckt sind und damit die Risikotragfähigkeit gegeben ist (MaRisk AT 4.1). Nach den MaRisk zählen zu den Risiken, die in der Regel in die Analyse des Gesamtrisikoprofils einzubeziehen sind, Adressenausfallrisiken einschließlich Länderrisiken, Marktpreisrisiken und operationelle Risiken. Ein Institut hat unter Berücksichtigung dieser und aller weiteren einschlägigen Risikoarten festzulegen, welche davon für sein spezifisches Geschäftsprofil wesentlich sind, denn für diese Risiken ist grundsätzlich ein ökonomischer Kapitalbedarf zu ermitteln. Für die Wahl der Verfahren zur Bestimmung des ökonomischen Kapitalbedarfs bestehen keine aufsichtsrechtlichen Vorgaben, sie sollten die bankindividuellen Gegebenheiten jedoch angemessen widerspiegeln. Hierfür kommen in der Regel komplexe mathematische Modelle zum Einsatz.

Ein bedeutender Bestandteil der MaRisk ist der ICAAP (Internal Capital Adequacy Assessment Process), der Anforderungen an die internen Prozesse von Banken zur dauerhaften Sicherstellung der Risikotragfähigkeit stellt. Die Stabilität der Risikotragfähigkeit ist auch unter Nutzung von Szenarioanalysen zu kommentieren und der Geschäftsleitung des Kreditinstitutes gegenüber zu berichten.[92]

Analog ist die Geschäftsleitung von Kreditinstituten, die den internen ratingbasierten Ansatz zur Unterlegung von Adressenausfallrisiken nutzen, regelmäßig, auch unter Stressbedingungen, über die Einhaltung der aufsichtsrechtlichen Kapitaladäquanz zu unterrichten.

5.3 Konvergenzansätze[93]

Im Bereich des Kapitalmanagements fordern sowohl die externe Risikoberichterstattung nach IAS 1 und nach DRS 5-10, als auch die Offenlegung nach SolvV die Berichterstattung des *internen Ansatzes (Management Approach) zur Sicherstellung der ökonomischen Kapitaladäquanz*.[94]

---

92 In den MaRisk wird der in der europäischen Capital Requirements Directive geforderte Prozess zur Sicherstellung der Kapitaladäquanz (ICAAP/Internal Capital Adequacy Assessment Process) in deutsches Recht umgesetzt.
93 Eine detaillierte Darstellung der Konvergenzansätze erfolgt im Beitrag „Integrated Finance & Risk im Rahmen der Offenlegung am Beispiel des Eigenkapitals" von Bilgili/Schade.
94 Siehe auch Beitrag von Bilgili/Schade.

Diese Transparenzanforderungen bedingen eine aufeinander abgestimmte Darstellung aller Kapitalgrößen. Die Management-Entscheidungen, die orientiert am ökonomischen Kapital getroffen werden, müssen hinsichtlich ihrer Auswirkungen auf das bilanzielle und aufsichtsrechtliche Kapital plausibilisiert werden. Synergieeffekte bei der Ermittlung unterschiedlicher Kapitalgrößen können von den Banken genutzt werden. Durch die Konzernabschlussüberleitungsverordnung wird den Banken eine Möglichkeit zur Verfügung gestellt, nach der das konsolidierte aufsichtsrechtliche Kapital auf Basis des IFRS-Konzernabschlusses ermittelt werden kann. Dadurch wird das IFRS-Eigenkapital zum zentralen Betrachtungsobjekt des bilanziellen Eigenkapitals der Konzerne.

Durch die Ermittlung des aufsichtsrechtlichen Eigenkapitals auf Basis der IFRS-Konzernabschlüsse unter Anwendung bestimmter Überleitungsverfahren wird gleichzeitig versucht, eine Vergleichbarkeit des aufsichtsrechtlichen Kapitals zwischen unterschiedlichen Kreditinstituten herzustellen.

6. KPMG-Beratungsansatz zur Umsetzung einer integrierten Berichterstattung

Zur Umsetzung einer integrierten Berichterstattung hat KPMG ein in der Praxis bewährtes funktionales Modell entwickelt, das sowohl methodische, als auch alle prozessualen und datentechnischen Aspekte zur Umsetzung der Berichterstattung adressiert.

Abbildung 2 stellt die Zusammenhänge, die in diesem Abschnitt erläutert werden, im Überblick dar.

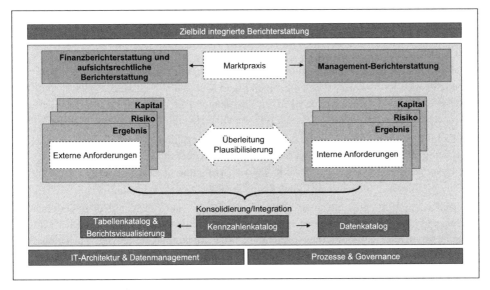

Abbildung 2: KPMG-Projektansatz „Integrierte Berichterstattung"

Ausgangspunkt aller Betrachtungen stellt das *Zielbild* der integrierten Berichterstattung dar. In diesem Zusammenhang sind die groben Berichtsstrukturen auf Basis der strategischen Geschäftsausrichtung und der Anforderungen aller internen und externen Adressaten zu erarbeiten. Es empfiehlt sich daneben, frühzeitig, die Rahmenbedingungen des Datenmanagements, beziehungsweise der IT-Architektur, in die Überlegungen mit einzubeziehen.

Im nächsten Schritt wird der *Kennzahlenkatalog* erarbeitet. Dieser Katalog enthält alle Kennzahlen, die in die interne und externe Berichterstattung eingebunden werden sollen. Der Kennzahlenkatalog basiert auf den internen und externen Anforderungen und berücksichtigt auch die Berichtsformate, die von Kreditinstituten ähnlicher Struktur und Ausrichtung üblicherweise veröffentlicht werden.

In diesem Katalog werden die Kennzahlen definiert und es erfolgt eine Festlegung der entsprechenden Auswertungsdimensionen[95] sowie die zur Ermittlung der Kennzahlen erforderlichen Inputparameter.[96] Bei diesem wichtigen Schritt ist darauf zu achten, dass die Kennzahlen eindeutig und überschneidungsfrei definiert werden.

Zu diesem Zweck sind die methodischen Freiheitsgrade, welche die externen Berichtsanforderungen bieten,[97] zu nutzen. Sollte es nicht möglich sein, identische Kennzahlen zur Abdeckung mehrerer Anforderungen zu definieren, ist darauf zu achten, dass die Kennzahlen

---

95 Zum Beispiel Branchen oder Länder.
96 Zum Beispiel Kapital als Inputfaktor einer risikoadjustierten Performance-Größe.
97 Zum Beispiel *Management Approach*.

überleitbar oder zumindest plausibilisierbar sind.[98] Ein Katalog der Attribute, der die Ausprägungen der zu berichtenden Dimensionen adressiert[99], ist ebenfalls Gegenstand des *Kennzahlenkatalogs*.

Auf Basis des Kennzahlenkatalogs wird ein *Tabellenkatalog* zusammengestellt, in dem alle zu berichtenden Kennzahlen[100] und die zugehörigen Merkmale[101] zusammengefasst sind. Anschließend werden die *Berichte*, bezogen auf die quantitativen (Kennzahlen und Tabellen) und die qualitativen Teile (Kommentierungen, Analysen und Handlungsempfehlungen), visualisiert.

Der *Datenkatalog* hat die Aufgabe, auf Basis des Kennzahlenkatalogs die datentechnische Umsetzung sicherzustellen. Diesem Zweck dienen unter anderem die Identifikation des Quellsystems, die Definition der Periodizität der Erzeugung der Daten oder die Anforderungen an mögliche Schnittstellen zwischen den IT-Systemen.

Im nächsten Schritt wird die angestrebte *IT-Architektur*, aufbauend auf dem bestehenden Datenhaushalt sowie den Anforderungen aus dem Datenkatalog, modelliert. Dies schließt unter anderem die Konsolidierung beziehungsweise Integration bestehender Datenquellen, die Definition von Schnittstellen, die Schaffung integrierter Datenhaushalte sowie das Design aller technischen Prozesse ein.

Mit der Gestaltung der IT-Architektur gehen auch das Design der fachlichen Prozesse und der *Governance-Strukturen* einher.[102]

Die bisherigen Projekterfahrungen zeigen, dass bei vielen Kreditinstituten Berichtsanforderungen auf Basis getrennter und nicht abgestimmter Datenhaltungen umgesetzt werden. Darüber hinaus ist eine Integration der Funktionen des internen und externen Rechnungswesens, der aufsichtsrechtlichen Offenlegung und des Meldewesens sowie des Risikocontrollings bei vielen Kreditinstituten nicht vorhanden. Vor diesem Hintergrund ist bei der prozessualen Gestaltung des Berichtswesens auf eine integrierte Betrachtung der IT-technischen und organisatorischen Rahmenbedingungen zu achten.

So muss zum Beispiel eine integrierte Finanz IT-Architektur in der Lage sein, operative und dispositive Prozesse separat zu unterstützen, sodass die strukturellen Ursachen für die manuellen Überleitungs- beziehungsweise Abstimmungsaufwendungen, die in den unterschiedlichen Verarbeitungsprozessen von den Rohdaten bis hin zu den Berichten liegen, vermieden werden.[103]

---

[98] Zum Beispiel lassen sich die Eigenmittel nach SolvV direkt aus dem bilanziellen Eigenkapital unter anderem durch die Berücksichtigung von Nachrangkapital, anrechenbaren Genussrechten und verschiedenen Abzugspositionen überleiten.

[99] Zum Beispiel Gliederung der Branchen nach *Industrie, Dienstleistungen, Handel, Finanzinstitutionen* und *private Haushalte*.

[100] Zum Beispiel Performance des Kreditportfolios nach Profit Centern.

[101] Zum Beispiel Berichtsfrequenz.

[102] Zum Beispiel die Festlegung der Verantwortlichkeiten zum Aufbau des Datenhaushalts, zur Durchführung von Maßnahmen zur Qualitätssicherung und Erstellung und Abstimmung der unterschiedlichen Berichte.

[103] Für eine konsistente und einheitliche Bereitstellung von harmonisierten Daten für die weiterverarbeitenden Systeme werden in der Praxis vielfach zentrale Datenhaushalte eingesetzt. Diese Datenhaushalte speisen wiederum Auswertungs- und Berichtssysteme zur Generierung der regelmäßigen und der ad-hoc-basierten Berichterstattung. Siehe hierzu auch den Beitrag „Data Warehouse als Voraussetzung für die effiziente Erstellung von Abschlüssen" von Vollmer in diesem Buch.

Durch die Integration der methodischen, prozessualen und technischen Aspekte innerhalb des Berichtswesens können Kostenersparnisse durch die Nutzung von Synergieeffekten, einer erhöhten Datenqualität, der Vermeidung von Redundanzen sowie der Reduktion der Systemvielfalt und der (manuellen) Prozesse erzielt werden.

7. Fazit

Am Beispiel der Berichterstattung wurde in den vergangenen Abschnitten aufgezeigt wie Effizienzsteigerungen in der Finanzfunktion durch die integrierte Umsetzung interner und externer Informationsanforderungen realisiert werden können.

Die Analyse der wesentlichen Kenngrößen *Ergebnis*, *Risiko* und *Kapital* zeigt, dass vielfältige Möglichkeiten der Konvergenz zwischen der internen und externen Berichterstattung, aber auch innerhalb der externen Berichterstattung bestehen. Durch die Konvergenz der Methoden des Berichtswesens kann der operative Aufwand zur Generierung und Abstimmung/Plausibilisierung der Berichte deutlich reduziert werden. Dies setzt voraus, dass die Datenhaltung beziehungsweise die IT-Infrastruktur möglichst integriert und abgestimmte Berichtserstellungsprozesse beziehungsweise Verantwortlichkeiten etabliert werden.

Die schlankeren Erstellungsprozesse bieten für die Kreditinstitute die Chance, die für die externe Berichterstattung und Kapitalmarktkommunikation geforderten Kennzahlen sowie die steuerungsrelevanten internen Informationen in höherer Qualität, flexibler und deutlich schneller ihren Adressaten zur Verfügung zu stellen. Die Tätigkeit der Berichtsproduzenten verschiebt sich hierbei von einem Manufakturansatz mit hohem manuellem Aufwand hin zu einem industrialisierten Ansatz. Die Entlastung von manuellen Tätigkeiten erlaubt es der Finanzfunktion, in deutlich höherem Maß wertsteigernde Tätigkeiten, wie zum Beispiel Kommentierungen der quantitativen Größen, durchführen zu können.

Literaturverzeichnis

BAETGE, J./HAENELT, T. (2008): Kritische Würdigung der neu konzipierten Segmentberichterstattung nach IFRS 8 unter Berücksichtigung prüfungsrelevanter Aspekte, in: Zeitschrift für internatioanle Rechnungslegung (IRZ), 3.Jahrgang (2008), Heft 1, S. 43 - 50.

BARTH, T./BARTH, D./KYANK, M./LITZ, A. (2008): Einfluss des BilMoG auf das Controlling, in: BBK, 55. Jahrgang (2008), Heft 9, S. 465 - 476.

BÖCKING, H. J./DREISBACH, M./GROS M. (2008): Der Fair Value als Wertmaßstab im Handelsbilanzrecht und den IFRS – eine Diskussion vor dem Hintergrund des Referentenentwurfs des BilMoG, in: Der Konzern, 6. Jahrgang (2008), Heft 8, S. 207 - 214.

BUCHHEIM, R./BEIERSDORF, K./BILLINGER, S. (2005): Die Risikoberichterstattung von Banken zwischen HGB/DRS, IFRS und Basel II, in: Zeitschrift für kapitalmarktorientierte Rechnungslegung (KoR), 5. Jahrgang (2005), Heft 6, S. 234 - 247.

BUNDESMINISTERIUM DER JUSTIZ, Presseinformation vom 08.11.2007.

DEUTSCHE BUNDESBANK (2007): Monatsbericht Dezember 2007: Zum aktuellen Stand der bankinternen Risikosteuerung und der Bewertung der Kapitaladäquanz im Rahmen des aufsichtsrechtlichen Überprüfungsprozesses, Frankfurt a. M. 2007.

ERCHINGER, E./WENDHOLT, W. (2008): Zum Referentenentwurf des Bilanzrechtsmodernisierungsgesetzes (BilMoG): Einführung und Überblick, in: Der Betrieb, 61. Jahrgang (2008), Beilage 1 zu Heft 7, S. 4 - 6.

HARTMANN-WENDELS, T./PFINGSTEN, A./WEBER, M. (2007): Bankbetriebslehre, 4. Auflage, Berlin/Heidelberg/New York 2007.

KPMG (2007): Offenlegung von Finanzinstrumenten und Risikoberichterstattung nach IFRS, Stuttgart 2007.

KPMG (2008): IFRS visuell – die IFRS in strukturierten Übersichten, 3. Auflage, Stuttgart 2008.

LANGE, A./LÖW, E. (2004): Rechnungslegung, Steuerung und Aufsicht von Banken, Wiesbaden 2004.

LÖW, E. (2005): Neue Offenlegungsanforderungen zu Finanzinstrumenten und Risikoberichterstattung nach IFRS 7, in: Betriebs-Berater (BB), 60. Jahrgang (2005), Heft 40, S. 2175 - 2184.

LÖW, E.(2006): Risikomanagement, Risikocontrolling und IFRS, in: Wagenhofer, A. (Hrsg.), Controlling und IFRS-Rechnungslegung, Berlin 2006, S. 169 - 201.

LÖW. E./ROGGENBRUCK, H.(2005): Segmentberichterstattung., in: Löw, E. (Hrsg.): Rechnungslegung für Banken, 2. Auflage, Wiesbaden 2005, S. 899 - 965.

SATZUNG DES DRSC, Internet: http://www.standardsetter.de/drsc/docs/charter.pdf, Stand 04.05.2008, Abruf: 16.12.2008, 10:00 Uhr, S. 1 - 4.

SIMONS, S./WEISSENBERGER, B. E. (2008): Die Konvergenz von externem und internem Rechnungswesen – Kritische Faktoren für die Entwicklung einer partiell integrierten Rechnungslegung aus theoretischer Sicht, in BFuP, 60. Jahrgang (2008), Heft 2, S. 137 - 159.

SCHAIER, S.(2008): Erklärungsansätze für eine Konvergenz von internem und externem Rechnungswesen, in: Zeitschrift für betriebswirtschaftliche Forschung und Praxis (BFuP), 60. Jahrgang (2008), Heft 2, S. 122 - 135.

SPIELBERG, H./SOMMER, D./DANKENBRINK, H. (2004): Integrierte Gesamtbanksteuerung, in: Everling, O./Goedeckemeyer, K.H, (Hrsg.), Bankenrating – Kreditinstitute auf dem Prüfstand, Wiesbaden 2004. S. 323 - 352.

WAGENHOFER, A. (2008): Konvergenz von intern und extern berichteten Ergebnisgrößen am Beispiel von Segmentergebnissen, in: Zeitschrift für betriebswirtschaftliche Forschung und Praxis (BFuP), 60. Jahrgang (2008), Heft 2, S. 161 - 175.

WEISSENBERGER (2007): Zum grundsätzlichen Verhältnis von Controlling und externer Finanzberichterstattung unter IFRS, in: Der Konzern, 5. Jahrgang (2007), Heft 5, S. 329 - 331.

Rechtsquellen und sonstige Quellen:

Gesetz über das Kreditwesen (Kreditwesengesetz – KWG) vom 09.09.1998, zuletzt geändert durch Gesetz vom 21.12.2007, BGBl. I, S. 3089.

Verordnung über die angemessene Eigenmittelausstattung von Instituten, Institutsgruppen und Finanzholding-Gruppen (Solvabilitätsverordnung – SolvV) vom 14.12.2006, zuletzt geändert durch Gesetz vom 21.12.2007, BGBl. I, S. 3089.

Handelsgesetzbuch (HGB) vom 10.05.1897, zuletzt geändert durch Gesetz vom 21.12.2007, BGBl. I, S. 3089.

Gesetz zur Umsetzung der Richtlinie 2004/109/EG des Europäischen Parlaments und des Rates vom 15. Dezember 2004 zur Harmonisierung der Transparenzanforderungen in Bezug auf Informationen über Emittenten, deren Wertpapiere zum Handel auf einem geregelten Markt zugelassen sind und zur Änderung der Richtlinie 2001/34/EG (Transparenzrichtlinie-Umsetzungsgesetz – TUG), BGBl. I 2007, S. 10 - 32.

Deutscher Standardisierungsrat (DSR), Deutscher Rechnungslegungsstandard (DRS).

International Accounting Standards Board (IASB), International Accounting Standards (IAS) und International Financial Reporting Standards (IFRS).

Verordnung (EG) Nr. 108/2006 der Kommission vom 11.01.2006 zur Änderung der Verordnung (EG) Nr. 1725/2003 der Kommission betreffend die Übernahme bestimmter internationaler Rechnungslegungsstandards in Übereinstimmung mit der Verordnung (EG) Nr. 1606/2002 des Europäischen Parlaments und des Rates im Hinblick auf IFRS 1, 4, 6 und 7, IAS 1, 14, 17, 32, 33 und 39 sowie IFRIC 6.

Harmonisierung des internen und externen Rechnungswesens in der BayernLB

Winfried Freygang / Andreas Geltinger

1. Einleitung

2. Harmonisierung des internen und externen Rechnungswesens – eine Kontextbeschreibung
   2.1 Motive der Harmonisierung von internem und externem Rechnungswesen
      2.1.1 Extrinsische Motive
      2.1.2 Intrinsische Motive
   2.2 Kritische Aspekte der Harmonisierung von internem und externem Rechnungswesen
      2.2.1 Suboptimale Ausgestaltung des internen Rechnungswesens
      2.2.2 Fehlende Abschottung des internen Rechnungswesens
      2.2.3 Bilanzpolitischer Einfluss auf die interne Steuerung
   2.3 Harmonisierung des internen und externen Rechnungswesens als gestaltbarer Prozess
      2.3.1 Harmonisierungstiefe
      2.3.2 Harmonisierungsrichtung

3. Umsetzung der Harmonisierung der internen und externen Rechnungslegung in der BayernLB
   3.1 Motive der Harmonisierung
      3.1.1 Vermittlung der Rechnungswesendaten
      3.1.2 Überleitung der Rechnungswesendaten
   3.2 Harmonisierungsrichtung
   3.3 Harmonisierungstiefe
      3.3.1 Verwendung einer einheitlichen Datenbasis
      3.3.2 Harmonisierung der technischen Infrastruktur
      3.3.3 Organisatorische Zusammenführung

4. Fazit

Literaturverzeichnis

1. Einleitung

Im deutschen Sprachraum wird sowohl in der Literatur als auch in der Unternehmenspraxis das Rechnungswesen in zwei unterschiedliche Rechnungskreise unterteilt. Auf der einen Seite existiert das externe Rechnungswesen mit periodisierten pagatorischen und buchhalterischen Größen und auf der anderen Seite befindet sich das interne Rechnungswesen, das sich primär auf kalkulatorische Größen stützt.[1]

Die Diskussion über die Notwendigkeit einer Trennung zwischen interner und externer Rechnungslegung, die Mitte der Neunzigerjahre begann und bis heute andauert, stellt sich insbesondere als deutsches Phänomen dar. Die angloamerikanische Unternehmenswelt ist bei der Integration beider Systeme fortgeschrittener, wenngleich, folgt man den Ausführungen von Kaplan und Atkinson, die Harmonisierungsbestrebungen dort primär aus Gründen der Kosteneffizienz vorangetrieben wurden.[2]

In der BayernLB setzte die Diskussion um eine Harmonisierung des internen und externen Rechnungswesens mit einem konkreten Umsetzungswillen, parallel mit Beginn der Aktivitäten zur Umstellung der Konzernrechnungslegung auf das Regelwerk der International Financial Reporting Standards[3] in 2001/2002 ein. Die Konvergenzbestrebungen bei der BayernLB wurden durch verschiedene Motive vorangetrieben, die sich nahezu vollständig auch in der betriebswirtschaftlichen Literatur wiederfinden.

Der vorliegende Beitrag ist wie folgt gegliedert: In Abschnitt 2 wird ein Überblick über die konzeptionellen Grundlagen der Konvergenz von internem und externem Rechnungswesen gegeben. Daran schließt sich in Abschnitt 3 die Darstellung der Umsetzung der Integration des internen und externen Rechnungswesens bei der BayernLB an. Ein Fazit schließt den Beitrag in Abschnitt 4 ab.

---

[1] Jonen/Lingnau (2006), S. 1.

[2] Dabei ist jedoch festzuhalten, dass auch in den USA eine vollständige Trennung zwischen *Financial Accounting* und *Managerial Accounting* nicht gegeben ist. So forderte das US-amerikanische Institut der Wirtschaftsprüfer *American Institute of Certified Public Accountants* 1994: „To meet users' changing needs, business reporting must (...) better align infomation reported externally with the infomation reported to senior management to manage the business", Jonen/Lingnau (2006), Fußnote 2, S. 1 (im Original von Kaplan/Atkinson (1989), S. 9).

[3] Im Folgenden IFRS genannt.

2. Harmonisierung des internen und externen Rechnungswesens – eine Kontextbeschreibung

Im Rahmen dieses Beitrages werden die Begriffe *Harmonisierung*, *Konvergenz* und *Integration* im Folgenden als Prozess verstanden, an dessen Ende ein harmonisiertes, konvergiertes oder integriertes Rechnungswesen steht, wodurch die Zweiteilung des internen und externen Rechnungswesens teilweise oder vollständig aufgehoben ist.[4]

2.1 Motive der Harmonisierung von internem und externem Rechnungswesen

Für eine stärkere Harmonisierung des internen und externen Rechnungswesens werden in der betriebswirtschaftlichen Literatur unterschiedliche Gründe aufgeführt. Die wichtigsten Motive sind in Abbildung 1 zusammengefasst.

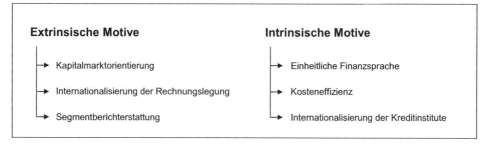

Abbildung 1: Motive der Harmonisierung des internen und externen Rechnungswesens

2.1.1 Extrinsische Motive

Kapitalmarktorientierung

Die verstärkte Kapitalmarktorientierung deutscher Kreditinstitute ist eines der Motive für die Harmonisierung des internen und externen Rechnungswesens. Seit den Neunzigerjahren wird die Kapitalbeschaffung zunehmend durch die Anforderungen der Kapitalgeber bestimmt, die auf den globalen Kapitalmärkten agieren und eine ebenso zukunftsorientierte wie betriebs-

---

[4] Vgl. Jonen/Lingnau (2006). S 2.

wirtschaftlich fundierte Berichterstattung nach internationalen Standards fordern.[5] Dabei wurde die internationale Ausrichtung des Rechnungswesens maßgeblich durch die gesetzliche Pflicht für kapitalmarktorientierte Mutterunternehmen zur Aufstellung des Konzernabschlusses nach den IFRS[6] vorangetrieben, deren Standards der ordnungspolitischen Vorstellung funktionsfähiger Kapitalmärkte folgen.

Internationalisierung der Rechnungslegung

Durch die IFRS-Rechnungslegung soll den Adressaten ein den tatsächlichen Verhältnissen *(Fair Presentation/True and Fair View)* entsprechendes Bild des Unternehmens wiedergegeben werden.[7]

Durch diese Ausrichtung fordern die IFRS die Offenlegung einer Vielzahl von Informationen, die ebenfalls die Grundlage für betriebswirtschaftliche Entscheidungs- und Steuerungsmodelle bilden. Dadurch nähern sich die Zielsetzungen der internen und externen Rechnungslegung einander an.

Aus diesem Grunde liegt es nahe, einen auf internationalen Rechnungslegungsnormen basierenden Abschluss zum Ausgangspunkt der Harmonisierung oder Integration des internen und externen Rechnungswesens zu machen. Tatsächlich haben viele deutsche Kreditinstitute die Umstellung der Rechnungslegung auf IFRS zum Anlass genommen, eine Harmonisierung des internen und externen Rechnungswesens herbeizuführen.

Segmentberichterstattung

Auch der deutsche Gesetzgeber hat der Konvergenzdiskussion zum internen und externen Rechnungswesen durch die Vorschrift des § 297 Absatz 1 Satz 2 HGB zur Segmentberichterstattung Vorschub geleistet. § 297 Absatz 1 Satz 2 HGB sieht vor, dass der Konzernabschluss um eine Segmentberichterstattung erweitert werden kann.[8] Kapitalmarktorientierte Mutterunternehmen, die einen Konzernabschluss nach den Vorschriften der IFRS aufstellen müssen, sind grundsätzlich verpflichtet, nach IFRS 8 – *Geschäftssegmente* eine Segmentberichterstattung aufzustellen.

---

5 Vgl. Simons/Weißenberger (2008), S. 140.
6 Nach der Verordnung (EG) Nr. 1606/2002 vom 19.07.2002 (ABl EG L 243/1 vom 11.09.2002) – IAS-Verordnung – haben Gesellschaften, die dem Recht eines Mitgliedstaats unterliegen und deren Wertpapiere zum Handel in einem geregelten Markt in einem der Mitgliedstaaten zugelassen sind (kapitalmarktorientierte Unternehmen), ihre konsolidierten Abschlüsse für Geschäftsjahre, die am oder nach dem 01.01.2005 beginnen, nach den Vorschriften der IFRS aufzustellen. Gemäß Artikel 57 EGHGB hatte die BayernLB erst für Geschäftsjahre, die nach dem 31.12.2006 begannen, die internationalen Rechnungslegungsstandards anzuwenden.
7 Vgl. KPMG (2007), S. 9.
8 Diese Regelung wurde durch Gesetz zur Einführung internationaler Rechnungslegungsstandards und zur Sicherung der Qualität der Abschlussprüfung (Bilanzrechtsreformgesetz – BilReG) vom 04.12.2004 in das Handelsrecht übernommen.

Durch die Verabschiedung des IFRS 8, der den IAS 14 – *Segmentberichterstattung* ersetzt, wurden die Konvergenzbestrebungen von internem und externem Rechnungswesen weiter verstärkt. Der IFRS 8 ist ab 2009 anzuwenden. IFRS 8 manifestiert die Abkehr von einer am Chancen- und Risikoprofil (*Risks and Reward Approach*) orientierten Segmentierung nach IAS 14 hin zu einer konsequenten Orientierung an den unternehmensinternen Berichtsstrukturen (*Management Approach*).[9] Beim *Management Approach* wird davon ausgegangen, dass von internen Entscheidungsträgern verwendete interne Daten eine grundsätzliche Bedeutung für externe Adressaten haben und daher eine geeignete Grundlage für die externe Berichterstattung darstellen.[10]

IFRS 8 fordert von den publizierenden Unternehmen die Orientierung der externen Segmentberichterstattung an intern verwendeten Steuerungs- und Berichtsgrößen, das heißt, er basiert darauf, wie das Management die Geschäftsbereiche im Unternehmen organisiert hat, um Entscheidungen über Ressourcenallokationen zu treffen und die Finanz- und Ertragskraft des Unternehmens zu messen.[11] Ziel der Segmentberichterstattung ist es, dem externen Abschlussleser dieselben Informationen zur Verfügung zu stellen, die das Management als Basis für seine Investitionsentscheidungen und zur Beurteilung der Performance des Unternehmens nutzt. Konsequenterweise basieren die der Segmentberichterstattung zugrunde gelegten Daten nicht notwendigerweise auf den Bilanzierungs- und Bewertungsmethoden des IFRS-Abschlusses.[12] Lediglich in der Summe erfolgt eine Überleitung auf die IFRS-Werte.

Auch die nach IAS 14 erforderliche Einteilung in die beiden Berichtsformate (Primär- und Sekundärsegmentierung), die sich daran orientierte, ob die Risiken und Chancen des Unternehmens im Wesentlichen von Unterschieden in Produkten/Dienstleistungen oder von geografischen Regionen beeinflusst wurden, wird aufgegeben. Gemäß den Anforderungen des IFRS 8 erfolgt nun eine Verknüpfung der Segmentierung für das externe Berichtswesen mit dem internen Berichtswesen.

Neben den genannten *extrinsischen Beweggründen* bestehen in den Kreditinstituten jedoch auch *intrinsische Motive* für eine Konvergenz.

2.1.2 Intrinsische Motive

Einheitliche Finanzsprache

Ein wichtiges Motiv für die zunehmend konvergente Gestaltung des betrieblichen Rechnungswesens besteht in den schwer vermittelbaren Unterschieden zwischen dem internen und externen Rechnungswesen. Die interne Rechnungslegung ist vor allem dadurch gekennzeich-

---

9 Vgl. KPMG (2008), S. 4.
10 Vgl. Adler/Düring/Schmaltz (6. Teillieferung, Dezember 2007), Abschnitt 40.
11 Vgl. KPMG (2008/9), 5th edition, S. 1047.
12 Vgl. KPMG(2008), S. 4.

net, dass sie aufgrund betriebswirtschaftlicher Steuerungsgründe kalkulatorische und performance-orientierte Größen verwendet. Dadurch entstehen im Ergebnisausweis zwischen der internen und externen Rechnungslegung häufig größere Differenzen, die keinesfalls selbsterklärend sind und oft nur unter großem Zeit- und Arbeitsaufwand erläutert werden können. In der internen Kommunikation mit dem Vorstand beziehungsweise der Geschäftsführung besteht die Gefahr, dass der Erklärung der Differenzen höhere Aufmerksamkeit gewidmet wird als der Interpretation der Zahlen.[13] Darunter leidet die Glaubwürdigkeit und somit auch die Steuerungsrelevanz der Zahlen. Bei der Bemessungsgrundlage einer erfolgsorientierten Entlohnung können ebenfalls Konflikte und Interessensdivergenzen auftreten, wenn für das Management die Daten des externen Jahresabschlusses und für die unteren Hierarchien der Organisation von Kreditinstituten die interne Erfolgsrechnung ausschlaggebend sind.[14]

Zudem fällt die Kommunikation gegenüber externen Adressaten[15] zu Ergebnis- und Steuerungsdaten wesentlich leichter, wenn dabei auf Begriffe und deren Bedeutung aus der externen Rechnungslegung zurückgegriffen werden kann. Dadurch wird eine einheitliche und transparente Finanzsprache in den Instituten angewendet, die unternehmensübergreifend und *benchmarkfähig* ist. Des Weiteren werden die Daten des externen Rechnungswesens für den Jahresabschluss verwendet und stammen somit grundsätzlich aus einer geprüften Ausgangsbasis.[16] Dadurch wird Vertrauen und Transparenz bei den externen Anspruchsgruppen in Bezug auf die daraus generierten Zahlen und Analysen geschaffen.

Kosteneffizienz

Neben der besseren Verständlichkeit des Rechnungswesens ist auch die Realisierung von Kosteneinsparungen ein häufiger Grund für Ansätze der Harmonisierung des internen und externen Rechnungswesens von Kreditinstituten. Insbesondere durch die Einführung der IFRS können die Daten und Informationen aus dem externen Rechnungswesen die Zwecke der internen Steuerung besser erfüllen. Auch werden für eine Rechnungslegung nach IFRS zunehmend Informationen erforderlich, die dem internen Rechnungswesen entstammen. Dies betrifft zum Beispiel eine Erhöhung des Detaillierungsgrades der benötigten Ist-Informationen, welche unter anderem für Zwecke der Segmentberichterstattung benötigt werden, aus der Kostenrechnung. Darüber hinaus werden verstärkt zukunftsbezogene Informationen aus Planungs- und Prognoserechnungen sowie Informationen aus dem Risikocontrolling für das externe Rechnungswesen benötigt. Folglich kann durch die Konvergenz beider Rechnungskreise die Komplexität der bisher benötigten Systeme und Architekturen reduziert und Kostensenkungspotenzial realisiert werden. Durch die Integration beider Rechnungssysteme

---

13 Vgl. Jonen/Lingnau (2006), S. 6.
14 Vgl. Jonen/Lingnau (2006), S. 6.
15 Wie zum Beispiel gegenüber Ratingagenturen, Analysten und anderen Stakeholdern.
16 Nach § 316 HGB ist der Jahresabschluss und der Lagebericht von Kapitalgesellschaften, die nicht kleine im Sinne von § 267 Absatz 1 HGB sind, durch einen Abschlussprüfer zu prüfen. Gleiches gilt nach § 316 Absatz 2 HGB für den Konzernabschluss und den Konzernlagebericht.

kann zum Beispiel der Kommunikations- und Organisationsaufwand, der bei der Existenz zweier Rechnungskreise anfällt, deutlich reduziert werden. Hohe Einsparpotenziale ergeben sich vor allem auf Seiten der Informationstechnologie durch die Einführung einer zentralen Datenhaltung und -analyse.[17]

Internationalisierung der Kreditinstitute

Ein weiterer Auslöser für die Harmonisierung des Rechnungswesens ist die Internationalisierung von Kreditinstituten und die in diesem Zusammenhang zunehmende Anzahl an ausländischen Tochtergesellschaften.[18] Die Komplexität der Erstellung der internen und externen Berichterstattung erhöht sich durch die Internationalisierung und der damit verbundenen parallelen Anwendung verschiedener lokaler Rechnungslegungsvorschriften und -systeme. Gleichzeitig ist auch der Kostendruck durch den internationalen Wettbewerb in der Finanzbranche gestiegen.

Als Folge der Internationalisierung, Diversifikation und des Kostendrucks müssen das interne und externe Rechnungswesen heute mit meist geringeren personellen Ressourcen in einer weniger stabilen Umwelt[19] ihre Aufgaben erfüllen. Als Folge einer höheren Komplexität bei gleichzeitig geringeren Ressourcen wurde und wird nach Integrationsmöglichkeiten von interner und externer Rechnungslegung gesucht.

2.2 Kritische Aspekte der Harmonisierung von internem und externem Rechnungswesen

Die Bestrebungen zur Schaffung eines einheitlichen Systems durch eine vollständige Integration des internen und externen Rechnungswesens werden in der betriebswirtschaftlichen Literatur nicht nur positiv gewürdigt. Die wesentlichen Kritikpunkte der kontrovers geführten Diskussion werden in Abbildung 2 zusammengefasst.

---

17 Vgl. Jonen/Lingnau (2006), S. 8.
18 Vgl. Jonen/Lingnau (2006), S. 7.
19 Zum Beispiel durch eine wachsende Anzahl von Compliance-Vorschriften sowie steigende Volatilitäten in den Unternehmensstrukturen durch Merger-/De-Merger-Transaktionen in der Finanzbranche.

Abbildung 2: *Kritische Aspekte der Harmonisierung von internem und externem Rechnungswesen*

Zusammenfassend kann festgehalten werden, dass durch eine zu umfangreiche Harmonisierung und Integration wichtige Steuerungsimpulse aus dem internen Rechnungswesen verloren gehen können. Dies wird anhand der in den Abschnitten 2.2.1 bis 2.2.3 aufgeführten kritischen Aspekte in Bezug auf eine Integration des internen und externen Rechnungswesens verdeutlicht.

2.2.1 Suboptimale Ausgestaltung des internen Rechnungswesens

Ein wesentlicher Kritikpunkt besteht darin, dass durch eine vollständige Integration des internen und externen Rechnungswesens die unterschiedlichen Informationsbedürfnisse der verschiedenen Adressaten nicht vollständig erfüllt werden können. Einer vollständigen Integration des internen und externen Rechnungswesens steht die Erkenntnis entgegen, dass die unterschiedlichen Berichtszwecke nur durch die unterschiedlichen Rechnungswesensysteme erfüllt werden können.[20]

Die wesentlichen Zwecke des internen Rechnungswesens sind die *Planungs-* und *Entscheidungsfunktion* sowie die *Kontrollfunktion*. Dagegen sind die Daten und Berichte des externen Rechnungswesens die Grundlage für die *Informationsfunktion* des externen Rechnungswesens[21] gegenüber den unternehmensexternen Adressaten. So besteht zum Beispiel der Zweck der IFRS-Rechnungslegung unter anderem in der Informationsbereitstellung für Investitionsentscheidungen der Eigen- und Fremdkapitalgeber. Unterschiedliche Anforderungen an die Informationsbereitstellung können somit häufig zur suboptimalen Ausgestaltung des Rechnungswesens führen. Dieser Nachteil ist gegen die vorhandenen Vorteile einer Integration abzuwägen, um einen *optimalen Integrationsgrad* festzulegen.

---

[20] Vgl. Küpper (1999), S. 7.
[21] Neben der Informationsfunktion erfüllt das externe Rechnungswesen auch die Zahlungsbemessungs-, Rechenschaftslegungs- und Dokumentationsfunktion.

In diesem Zusammenhang müssen die Institute über die Ausgestaltung des jeweilig zu wählenden Integrationsgrades individuell entscheiden. Zum einen ist die vollständige Integration durch die Zusammenführung der internen und externen Rechnungslegung in Form einer Einheitsrechnung möglich. Zum anderen ist auch eine partielle Integration denkbar, bei der Abweichungen zwischen den beiden Rechnungswesensystemen bestehen.

2.2.2 Fehlende Abschottung des internen Rechnungswesens

Ein weiterer Nachteil einer vollständigen Integration ist darin zu sehen, dass die *Abschottung* der internen Zahlen des Unternehmens gegenüber der Öffentlichkeit verloren geht.[22] Dies hat zur Folge, dass externe Adressaten Einblicke in das interne Zahlenwerk von Kreditinstituten erhalten, die sie jedoch ohne zusätzliche Informationen nur sehr schwer interpretieren können.

2.2.3 Bilanzpolitischer Einfluss auf die interne Steuerung

Durch eine vollständige Harmonisierung der internen und externen Rechnungslegung werden unter Umständen externe Bilanzierungsvorschriften und bilanzpolitische Maßnahmen[23] in den Berichtssystemen des internen Rechnungswesens abgebildet, die nicht mehr die notwendigen Informationen und Entscheidungen zur internen Steuerung des Unternehmens herbeiführen. So können zum Beispiel Bewertungsvorschriften einzelner Standards der IFRS den Anforderungen des internen Rechnungswesens zuwiderlaufen.[24] Darüber hinaus ist zum Beispiel im Rahmen einer IFRS-basierten integrierten Rechnungslegung die zeitnahe und vollständige Umsetzung von IFRS-Standardänderungen in den Systemen des internen Rechnungswesens erforderlich. Dies kann vor dem Hintergrund der dynamischen Entwicklung der IFRS einen hohen Arbeitsaufwand für das Rechnungswesen zur Folge haben.

2.3 Harmonisierung des internen und externen Rechnungswesens als gestaltbarer Prozess

In der Literatur herrscht Einigkeit darüber, dass aufgrund der Funktionsvielfalt des internen und externen Rechnungswesens eine vollständige Integration und Vereinheitlichung meist nicht möglich ist. So waren auch die Harmonisierungsziele bei der BayernLB von Anfang an darauf ausgerichtet, keine vollständige, sondern eine für die BayernLB *optimale* Integration zu erreichen.

---

22 Vgl. Küting/Lorson (1998), S. 471.
23 Zur Gestaltung der publizierten Ergebnisse im Rahmen der Finanzberichterstattung.
24 Vgl. Weißenberger (2007), S. 329.

Die BayernLB beabsichtigte, die Harmonisierung des internen und externen Rechnungswesens in einen Prozess einzubetten, der hinsichtlich des Zeitverlaufs und Endpunktes frei und sinnvoll gestaltbar sein sollte. Diesem Prozess hat die BayernLB zwei Entscheidungsvariablen zugrunde gelegt: Die *Harmonisierungstiefe* und die *Harmonierungsrichtung*. Die Auseinandersetzung mit diesen beiden Variablen und deren anschließende Bestimmung war bei der BayernLB eine wichtige Vorleistung zur konkreten Umsetzung der Integration.[25]

2.3.1 Harmonisierungstiefe

Die Integration des internen und externen Rechnungswesens kann durch die in Abbildung 3 dargestellten Maßnahmen *Vereinheitlichung der Datenbasis*, *Harmonisierung der technischen Infrastruktur* und *organisatorische Zusammenführung* erzielt werden.[26]

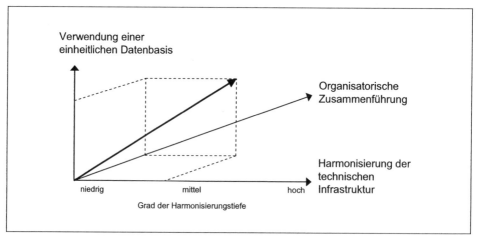

Abbildung 3: *Beschreibungsvariablen der Harmonisierungstiefe*

a) Einheitliche Datenbasis

Die Verwendung einer *einheitlichen Datenbasis* ist der Grundstein und der sachlogisch erste Schritt im Rahmen eines Harmonisierungsprozesses. Hierbei geht es um die Frage, ob in den Berichtsformaten der internen Rechnungslegung eine Angleichung an die externen Maßgrößen erfolgen kann.[27] Auch bei einer grundsätzlichen Übernahme der Datenbasis der externen

---

[25] In der Literatur finden sich auch andere Variabeln und Dimensionen, die zur Strukturierung der Harmonisierungsüberlegungen herangezogen werden können. Simons und Weißenberger konstatieren zum Beispiel drei Dimensionen anhand derer der Konvergenzbereich beschrieben werden: Die Integrationsintensität im Konvergenzbereich wird bezogen auf a) die Hierarchiestufe, b) den abgedeckten Zweckumfang und c) die Datenbasis. Siehe hierzu Simons/Weißenberger (2008), S. 142.
[26] Vgl. Jonen/Lingnau (2006), S. 13.
[27] Vgl. Simons/Weißenberger (2008), S. 142.

Harmonisierung des internen und externen Rechnungswesens in der BayernLB

Berichterstattung[28] werden mögliche Korrekturen notwendig, um für das interne Rechnungswesen dysfunktionale Effekte der externen Berichterstattung zu eliminieren.[29]

Darüber hinaus kann bei der Herstellung der gewünschten Harmonisierungstiefe auch ein sogenanntes *zentrales Data Warehouse* geschaffen werden, bei dem das interne und externe Rechnungswesen auf identische Daten zur Erstellung der Finanzberichterstattung zugreifen kann.

b) Harmonisierung der technischen Infrastruktur

Parallel oder nachfolgend zur Implementierung einer einheitlichen Datenbasis und einheitlicher Methoden ist die Harmonisierung der *technischen Infrastruktur* eine weitere Maßnahme zur Integration. Die Integrationsintensität in Bezug auf die technische Infrastruktur ist abhängig vom Grad der Vereinheitlichung der Datenbasis. Je stärker die Integrationsintensität im Bereich der verwendeten Datenbasis ist, umso größer sind die Potenziale zur Standardisierung und Vereinheitlichung von IT-Systemen zur Datengewinnung und Datenanalyse.

c) Organisatorische Zusammenführung

Die *organisatorische Zusammenführung* beinhaltet die Integration der Abteilungen des internen und externen Rechnungswesens.[30] Auch bei der organisatorischen Zusammenführung sind verschiedene Integrationsintensitäten gestaltbar. So ist es möglich, nur bestimmte Aufgaben organisatorisch zusammenzuführen oder aber eine vollständige Integration der beiden Bereiche vorzunehmen.

2.3.2 Harmonisierungsrichtung

Ebenso entscheidend wie die Frage der gewünschten Harmonisierungstiefe ist die Frage nach der Harmonisierungsrichtung.[31]

In der Literatur wird eine Anpassung des internen Rechnungswesens an das externe Rechnungswesen gefordert.[32] Diese Forderung wird vor allem aus der Unabdingbarkeit der externen Rechnungslegung abgeleitet. Somit sollen die internen Steuerungsgrößen aus den Daten der externen Rechnungslegung generiert werden.[33]

Es gibt jedoch auch Forderungen nach einer stärkeren Annäherung des externen Rechnungswesens an die interne Rechnungslegung. Die folgenden beiden Aspekte liefern dafür Gründe: Zum einen liegen die Daten zur Segmentberichterstattung häufig nur im internen Rechnungswesen vor. Zum anderen kann das immer stärker an Bedeutung gewinnende *Value*

---

28 Zum Beispiel IFRS-Datenbasis.
29 Vgl. Simons/Weißenberger, (2008), S. 142.
30 Vgl. Jonen/Lingnau (2006), S. 13.
31 Auch Konvergenzrichtung genannt.
32 Vgl. Küting/Lorson (1998), S. 471.
33 Vgl. Jonen/Lingnau (2006), S. 13.

Reporting, also die interne und externe Berichterstattung über Faktoren, die den Unternehmenswert beeinflussen, häufig nur mit Daten des internen Rechnungswesens geleistet werden. Insofern wird die Unantastbarkeit des externen Rechnungswesens durch neue Entwicklungen relativiert, sodass die Konvergenzrichtung nicht mehr eindeutig festzustehen scheint.

3. Umsetzung der Harmonisierung der internen und externen Rechnungslegung in der BayernLB

In diesem Abschnitt wird die konkrete Umsetzung der Harmonisierung von internem und externem Rechnungswesen bei der BayernLB vorgestellt. Hierzu werden zu Beginn die Motive für eine Harmonisierung erläutert. Anschließend wird in Abschnitt 3.2 die Umsetzung der Harmonisierung der internen und externen Rechnungslegung bei der BayernLB dargestellt.

3.1 Motive der Harmonisierung

Die Motivation für die in 2002 begonnene Umsetzung einer Harmonisierung des internen und externen Rechnungswesens bei der BayernLB lag zum einen in der Optimierung der Vermittlung der Daten des Rechnungswesens an unternehmensinterne und -externe Adressaten und zum anderen die Überleitung der Daten zwischen der internen und externen Rechnungslegung.

3.1.1 Vermittlung der Rechnungswesendaten

Vor der Harmonisierung der internen und externen Rechnungslegung bei der BayernLB wurde eine mehrdimensionale Deckungsbeitragsrechnung mit kalkulatorischen Größen unter Berücksichtigung eines Produkt- und Kundenergebnisses pro Steuerungseinheit[34] als *Profit Center-Rechnung* verwendet. Im Rahmen dieser Profit Center-Rechnung wurden damit pro Geschäftsfeld die Ergebnispositionen sowohl nach Produkt- als auch Kundenmerkmalen

---

[34] Bei den Steuerungseinheiten der BayernLB handelt es sich um die Markt-Geschäftsfelder der Kernbank, die Servicebereiche der Kernbank (Geschäftsbereiche), die BayernLABO, die LBS Bayern sowie alle konzernstrategischen Tochterunternehmen.

ausgewertet.[35] Der Detaillierungsgrad war dabei sehr hoch und wies eine Vielzahl an steuerungsrelevanten Informationen auf, die im Gesamtzusammenhang nur sehr schwer interpretierbar waren. Das Management der BayernLB forderte aus diesen Gründen eine Vereinfachung der Profit Center-Rechnung.

3.1.2 Überleitung der Rechnungswesendaten

Mit der Konzeption einer Segmentberichterstattung trat bei der BayernLB zusätzlich zur Vermittlungsproblematik auch die Überleitungsproblematik zur externen Rechnungslegung auf. Für die Veröffentlichung der externen Segmentberichterstattung war es deshalb notwendig, diese nach dem GuV[36]-orientierten Betriebsergebnisschema für Banken[37] aufzustellen. Hierdurch wurde eine Überleitung der internen Deckungsbeitragsrechnung in das Betriebsergebnisschema der externen Rechnungslegung erforderlich.

Insgesamt erwies sich die Überleitung als sehr schwierig. In einigen Posten konnten große Differenzen zwischen den Zahlen der externen Rechnungslegung und den aus den Systemen des internen Rechnungswesens erzeugten Daten nicht erklärt werden.

3.2 Harmonisierungsrichtung

Die BayernLB hat sich aus den in den Abschnitten 3.1.1 und 3.1.2 dargestellten Problembereichen zur Abschaffung der Profit Center-Rechnung und zur Einführung eines neuen *Management-Informationssystems*[38] entschieden. Die Einführung des neuen MIS umfasste dabei folgende Kernziele:

- Ausrichtung des internen Rechnungswesens am externen Rechnungswesen
- Orientierung des Aufbaus des MIS-Reports am handelsrechtlichen GuV-Schema
- vollständige Überleitung aller internen Ergebnisrechnungen in die externe GuV
- Konzeption einer Ergebnisrechnung zum Ausweis eines eindimensionalen Produktergebnisses[39]
- weitgehender Verzicht auf kalkulatorische Größen in der internen Ergebnisrechnung

---

35 Diese Form der Auswertung bezeichnet die BayernLB als *duale Ergebnisrechnung*.
36 Gewinn- und Verlustrechnung.
37 Vgl. Geltinger/Gerstmeier (2003), S. 119 f.
38 Im Folgenden kurz MIS.
39 Kundenkalkulationen werden außerhalb des MIS durchgeführt.

3.3 Harmonisierungstiefe

3.3.1 Verwendung einer einheitlichen Datenbasis

Der monatliche MIS-Report sieht zwei Reporting-Schemata zur Darstellung der monatlichen Plan-Ist-Abweichung auf Ebene der Steuerungseinheiten vor. Ein *Konzern-Reporting-Schema* und ein für jede Steuerungseinheit *individuelles Reporting-Schema*. Je nach Reporting-Schema wurden hinsichtlich der Einheitlichkeit der Datenbasis unterschiedliche Harmonisierungstiefen gewählt. Darüber hinaus hat die BayernLB für die Überleitung der internen Ergebnisrechnung auf das externe GuV-orientierte Betriebsergebnisschema einen *Überleitungsreport* konzipiert.

a) Konzern-Reporting-Schema

Mit dem vereinfacht dargestellten *Konzern-Reporting-Schema* in Tabelle 1 wird der Erfolg aller Steuerungseinheiten anhand eines GuV-orientierten Betriebsergebnisschemas gemessen. Auch die dabei verwendeten steuerungsrelevanten Spitzenkennzahlen, wie die *Cost Income Ratio* (CIR) und der *Return-on-Equity* (ROE), orientieren sich an der externen Rechnungslegung, sodass auf dieser Ebene eine nahezu vollständige Harmonisierung des internen und externen Rechnungswesens realisiert wird.

Konzern		IFRS	Markt-Segmente		Service-Segmente		Konzern-strategische Töchter	
Plan	YTD		Plan	YTD	Plan	YTD	Plan	YTD
		ERGEBNISKOMPONENTEN						
		Zinsüberschuss						
		Provisionsüberschuss						
		Ergebnis aus Fair Value-Bewertung						
		Ergebnis aus Finanzanlagen						
		Sonstiges Ergebnis						
		Verwaltungsaufwand						
		Risikokosten Kredit						
		Ergebnis vor Steuern						
		Cost Income Ratio (CIR)						
		Risk Cost Income Ratio (RCIR)						
		RENTABILITÄT						
		ROE						
		KREDITNEUGESCHÄFT						
		Gesamt						
		Neugeschäft (inklusive Prolongationen)						
		Bestand						

Tabelle 1: Einheitliches Konzern-Reporting-Schema für alle Steuerungseinheiten (vereinfacht dargestellt)

Der Aufbau des *Konzern-Reporting-Schemas* wurde so gewählt, dass die Summe aller Steuerungseinheiten für jeden Posten der Betriebsergebnisrechnung den Konzernausweis ergibt. Der Konzernausweis wird durch das externe Rechnungswesen bestimmt. Die Überleitungsproblematik wurde somit durch die vollständige Integration gelöst.

b) Individuelles Reporting-Schema

Neben dem *Konzern-Reporting-Schema* wurde für alle Steuerungseinheiten ein *individuelles Reporting-Schema* in den MIS-Report integriert. Ein *individuelles Reporting-Schema* am Beispiel des Segments *Unternehmen* wird in Tabelle 2 vereinfacht dargestellt.

Segment gesamt		IFRS	Global Corporate Banking		Global Structured Finance		Global Asset Finance		Geschäftsfeld sonstiges	
Plan	YTD		Plan	YTD	Plan	YTD	Plan	YTD	Plan	YTD
		VOLUMEN								
		Kreditvolumen (Stichtag)								
		Kreditvolumen (Durchschnitt)								
		Risikoaktiva (Stichtag)								
		Risikoaktiva (Durchschnitt)								
		Offene Zusagen (Stichtag)								
		MARGEN								
		Marge (Kreditvolumen)								
		Einlagen und Kreditgeschäft								
		Kundengeschäft								
		Bruttobeitrag								
		Ergebnis vor Steuern								
		Marge (Risikoaktiva)								
		Einlagen und Kreditgeschäft								
		Kundengeschäft								
		Bruttobeitrag								
		Ergebnis vor Steuern								
		ERGEBNIS								
		ZKB Einlagen und Kreditgeschäft								
		Beitrag Kundengeschäft								
		Bruttobeitrag								
		Ergebnis vor Steuern								

Tabelle 2: Beispiel für ein individuelles Reporting-Schema für die Steuerungseinheit des Segments Unternehmen (vereinfacht dargestellt)

Die BayernLB hat mit den spezifischen Reporting-Schemata auf die Schwächen einer vollständigen Integration des internen und des externen Rechnungswesens reagiert. Tabelle 2 verdeutlicht, dass die *individuellen Reporting-Schemata* keine oder nur eine geringe Harmonisierungstiefe in Bezug auf die externe Rechnungslegung aufweisen. Stattdessen wird den Informationsbedürfnissen der internen Berichterstattung und Steuerung entsprochen. Gleichzeitig erfolgt eine für alle Adressaten verständliche Kommunikation über den Erfolg und Misserfolg einer Steuerungseinheit durch extern definierte Erfolgsgrößen.

Ein anschauliches Beispiel für die gelungene Harmonisierung ist der *Zinsüberschuss*. Im *Konzern-Reporting-Schema* wird die Erfolgsgröße *Zinsüberschuss* als eine aggregierte Größe ausgewiesen. In der Ergebnisdarstellung im *individuellen Reporting-Schema* erfolgt eine Aufgliederung dieser Erfolgsgröße in die Bestandteile Zinskonditionenbeitrag, Strukturbeitrag[40] (gemäß der Marktzinsmethode), Kapitaldispositionsbeitrag, Beteiligungsergebnis und sonstiger Beitrag. Dabei werden in einer mehrstufigen Deckungsbeitragsrechnung die Stufen *Beitrag Kundengeschäft*, *Bruttobeitrag* und *Ergebnis vor Steuern* ausgewiesen. Ergänzend zur Ergebnisaufspaltung erfolgt eine Margendarstellung nach Kreditvolumen und Risikoaktiva gemäß identischem Deckungsbeitragsschema. Mit Ausnahme des *Ergebnisses vor Steuern* ist im externen Rechnungswesen keine dieser oben genannten Informationen vorhanden.

c) Überleitungsreport

Das Kernziel der Harmonisierungsansätze bei der BayernLB war es, die Aussagekraft der Zahlen des internen Rechnungswesens durch eine Überleitung auf die Zahlen des externen Rechnungswesens sicherzustellen.

Hierzu hat die BayernLB einen *Überleitungsreport* als Kernstück der Harmonisierung der internen und externen Rechnungslegung konzipiert. Der *Überleitungsreport* wird im MIS-Report für jede Steuerungseinheit der Kernbank ausgewiesen. Dieser leitet die interne Ergebnisrechnung auf die externe GuV-Sicht über.

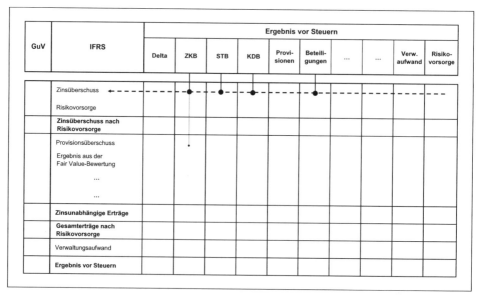

Tabelle 3:   *Überleitungsreport (vereinfacht)*

---

40   Strukturbeitrag: Ausweis ausschließlich im Segment *Financial Markets*.

Die vereinfachte Darstellung eines *Überleitungsreports* in Tabelle 3 verdeutlicht die Wirkungsweise des Reports am Beispiel des Zinsüberschusses.

- *Spalten:* Die Spalten zeigen die Entwicklung des Ergebnisses vor Steuern aus interner Sicht. Anstelle eines Zinsüberschusses werden die Komponenten der internen Rechnungslegung ausgewiesen. Beispiele für diese Komponenten sind der *Zinskonditionenbeitrag* (ZKB), der *Strukturbeitrag* (STB), der *Kapitaldispositionsbeitrag* (KDB), die *Beiträge der Provisionen* oder *Beteiligungen* bis hin zum *Verwaltungsaufwand*.
- *Zeilen:* In den Zeilen wird das externe und GuV-orientierte Betriebsergebnisschema ausgewiesen. Bewegt man sich horizontal durch den *Überleitungsreport*, so wird deutlich, dass sich der GuV-Zinsüberschuss aus den Komponenten ZKB, STB, KDB und Beteiligungen zusammensetzt und in welcher Höhe diese Komponenten zum Gesamtausweis beitragen.[41]
- *Spalte Delta:* Die Spalte *Delta* misst den Überleitungserfolg. Ein Delta von 0 zeigt die vollständige Überleitung der internen Zinsüberschusskomponenten in das externe Rechnungswesen.

3.3.2 Harmonisierung der technischen Infrastruktur

Die Harmonisierung der technischen Infrastruktur erfolgte in der BayernLB für das interne und externe Rechnungswesen sachverhaltsbezogen.

So ist zum Beispiel bei der Erfolgsgröße *Zinsüberschuss* keine Harmonisierung möglich, da das externe Rechnungswesen den Zinsertrag und -aufwand mittels der periodisierten Zahlungen ermittelt, während das interne Rechnungswesen grundsätzlich mit Margen gemäß der Marktzinsmethode rechnet und dadurch grundlegend andere Systeme zur Datengenerierung benötigt.

In Sachverhalten, bei denen aufgrund einer einheitlichen Ermittlungsmethodik eine Harmonisierung der technischen Infrastruktur möglich war, wurde diese auch konsequent umgesetzt. Ein Beispiel hierfür ist die *Risikovorsorge*. Für die Ermittlung der Risikovorsorge greifen das interne und externe Rechnungswesen der BayernLB auf eine einheitliche Datenbank zu.

3.3.3 Organisatorische Zusammenführung

Organisatorisch sind das interne und externe Rechnungswesen bei der BayernLB dem Unternehmensbereich *Bilanzen, Steuern* und *Controlling* zugeordnet. In diesem Unternehmensbereich sind die beiden Funktionen jedoch organisatorisch in zwei unterschiedliche Abteilungen aufgeteilt.

---

41 Die unterbrochene Linie ausgehend vom ZKB zum Provisionsüberschuss repräsentiert die Avalprovisionen im ZKB, die extern als Provisionsüberschuss ausgewiesen werden.

Das externe Rechnungswesen der BayernLB ist der Abteilung *Bilanzen* zugeordnet. In dieser Abteilung werden die Konzern-Bilanzierungs- und -Bewertungsrichtlinien festgelegt und der Jahresabschluss des Mutterunternehmens sowie der Konzernabschluss erstellt. Das Wahlrecht der befreienden Offenlegung nach § 325 Absatz 2a HGB eines auf Basis der in § 315a Absatz 1 HGB bezeichneten internationalen Rechnungslegungsstandards aufgestellten Einzelabschlusses, wird von der BayernLB nicht in Anspruch genommen. Die BayernLB legt ihren nach den handelsrechtlichen Rechnungslegungsvorschriften aufgestellten Jahresabschluss weiter offen. Durch das Gesetz zur Modernisierung des Bilanzrechts (BilMoG) wird sich die BayernLB in naher Zukunft zudem mit einer Vielzahl von Neuerungen des Handelsrechts auseinandersetzen müssen, die sich wesentlich auf die Rechnungslegung im Jahresabschluss der BayernLB auswirken können. Die Aufstellung des Konzernabschlusses erfolgt weiterhin gemäß den Vorschriften des § 315a Absatz 1 HGB nach IFRS.

Die interne Rechnungslegung ist Aufgabe des betriebswirtschaftlichen Controllings. Diese Abteilung erstellt unter anderem den monatlichen MIS-Report[42] zur internen Berichterstattung an den Vorstand sowie die externe Segmentberichterstattung für die Geschäfts- und Quartalsberichterstattung.

Durch die Integration von internem und externem Rechnungswesen in einen Unternehmensbereich wird unter anderem ein integriertes Aufgabenverständnis, ein intensiver und gleichgerichteter Informationsfluss sowie eine arbeitsteilige und weitestgehend überschneidungsfreie Funktionsausübung von internem und externem Rechnungswesen bei der BayernLB gewährleistet.

4. Fazit

Die BayernLB hat bei ihren Harmonisierungsansätzen zwischen internem und externem Rechnungswesen einen konsequenten Schritt vollzogen und das interne Reporting an die Struktur der externen Gewinn- und Verlustrechnung angepasst. Dadurch wurde für das Controlling die Kommunikation mit den internen und externen Adressaten[43] deutlich erleichtert und verbessert.

Die Integration des internen und externen Rechnungswesens war in der BayernLB ein komplexer Prozess und wird es bei allen Fortschritten auch in Zukunft bleiben. Durch ständig neue Anforderungen an beide Rechnungslegungswerke wird dieser Prozess vermutlich nie ganz abgeschlossen sein. Die von der BayernLB eingeschlagene Integrationsrichtung[44] wurde

---

[42] Reporting aus dem Management-Informationssystem.
[43] Zum Beispiel im Rahmen der externen Segmentberichterstattung.
[44] Integration des internen Rechnungswesens in das externe Rechnungswesen.

durch die stärkere Kapitalmarktausrichtung der externen Rechnungslegung und Einführung der IFRS begünstigt und ist insofern bei vielen Kreditinstituten zu beobachten. Insbesondere durch den erstmalig nach IFRS aufgestellten Konzernabschluss und der damit verbundenen stärkeren Performance-Orientierung der externen Ergebniswelt, wird diese Entwicklung unterstützt.

Durch die Einführung wertorientierter Steuerungskonzepte gibt es jedoch auch Informationsanforderungen des Managements, die auch künftig über die Anforderungen der externen Berichterstattung hinausgehen, und die nur durch ein betriebswirtschaftliches Controlling[45] garantiert und bereitgestellt werden können.

Insgesamt ist daher festzuhalten, dass die interne und externe Rechnungslegung wichtige Aufgaben in einem Kreditinstitut erfüllen, die letztendlich ein gemeinsames Ziel verfolgen, nämlich eine für den Vorstand und die Gesellschafter integrierte Finanzberichterstattung zu schaffen.

Literaturverzeichnis

ADLER/DÜRING/SCHMALTZ (2007): Rechnungslegung nach Internationalen Standards, 6. Teillieferung, Stuttgart 2007.

GELTINGER, A./GERSTMEIER, W. (2003): Unternehmensbewertung, Allgemeine Grundsätze und Besonderheiten bei der Bewertung und wertorientierten Steuerung von Banken, Stuttgart 2003.

JONEN, A./LINGNAU, V. (2006): Konvergenz von internem und externem Rechnungswesen – Betriebswirtschaftliche Überlegungen und Umsetzung in der Praxis, in: Lingnau, V. (Hrsg): Beiträge zur Controlling-Forschung, 2. Auflage, Kaiserslautern 2006.

KAPLAN, R. S./ATKINSON, A. (1989): Advanced Management Accounting, Engelwood Cliffs 1989.

KPMG (2007): International Financial Reporting Standards, 4. Auflage, 2007, Stuttgart 2007.

KPMG (2008): IFRS aktuell, 3. Auflage, Stuttgart 2008.

KPMG (2008): Insights into IFRS, 5th edition, London 2008.

KÜPPER, H.-U. (1999): Zweckmäßigkeit, Grenzen und Ansatzpunkte einer Integration der Unternehmensrechnung, in: Kostenrechnungspraxis, 43. Jahrgang (1999), Sonderheft 3, S. 5 - 11.

KÜTING, K./LORSON, P. (1998): Anmerkungen zum Spannungsfeld zwischen externen Zielgrößen und internen Steuerungsinstrumenten, in: Betriebsberater, 53. Jahrgang (1998), Heft 9, S. 469 - 475.

SIMONS, S./WEISSENBERGER, B.E. (2008): Die Konvergenz von externem und internem Rechnungswesen – Kritische Faktoren für die Entwicklung einer partiell integrierten Rechnungslegung aus theoretischer Sicht, in: Betriebswirtschaftliche Forschung und Praxis (BFuP), 60. Jahrgang (2008), Heft 2, S. 137 - 159.

---

45 Internes Rechnungswesen.

WEISSENBERGER, B. E. (2007): Zum grundsätzlichen Verhältnis von Controlling und externer Finanzberichterstattung unter IFRS, in: Der Konzern, 5. Jahrgang (2007), Heft 5, S. 321 - 331.

Rechtsquellen und sonstige Quellen:

Deutscher Standardisierungsrat (DSR), Deutscher Rechnungslegungsstandard (DRS).

Gesetz zur Einführung internationaler Rechnungslegungsstandards und zur Sicherung der Qualität der Abschlussprüfung (Bilanzrechtsreformgesetz – BilReG) vom 04.12.2004, BGBl. I, S. 3166 - 3182.

Gesetz zur weiteren Reform des Aktien- und Bilanzrechts, zu Transparenz und Publizität (Transparenz- und Publizitätsgesetz) vom 19.07.2002, BGBl. I, S.2681-2687.

Handelsgesetzbuch (HGB) vom 10.05.1897, zuletzt geändert durch Gesetz vom 21.12.2007, BGBl. I, S. 3089.

International Accounting Standards Board (IASB), International Accounting Standards (IAS) und International Financial Reporting Standards (IFRS).

Integration der Finanzfunktion am Beispiel der Dresdner Bank

Urban Wirtz / Thomas Weißmann

1. Ausgangssituation

2. Motive für eine Integration der Finanzfunktion

3. Ziele der Integration des internen und externen Rechnungswesens

4. Maßnahmen zur Umsetzung
   4.1 Fachliche Integration
   4.2 Optimierung der Aufbau- und Ablauforganisation
   4.3 Weiterentwicklung der IT-Architektur
       4.3.1 Bankspezifische Umsetzung des Global Reporting Programs
       4.3.2 Aufbau eines integrierten Datenhaushalts

5. Kritische Erfolgsfaktoren

6. Fazit

1. Ausgangssituation

Die Bereitstellung aktueller, qualitativ hochwertiger, konsistenter sowie adressatengerecht aufbereiteter Finanzinformationen stellt einen der kritischen Erfolgsfaktoren für die Kapitalmarktkommunikation von Kreditinstituten dar. Die Dresdner Bank hat sich dieser Herausforderung mit der Erstanwendung der International Financial Reporting Standards (IFRS) zum 31.12.1998 bereits zu einem sehr frühen Zeitpunkt gestellt. Zeitgleich hierzu setzten Überlegungen ein, wie auf der Grundlage einer auf die Kapitalmarkterwartungen ausgerichteten Datenbasis auch intern die richtigen Steuerungsimpulse generiert werden können (*One Single Version of the Truth*). Hiervon ausgehend wurden zu Beginn des neuen Jahrtausends die erforderlichen fachlichen Rahmenkonzepte und organisatorischen Modelle erarbeitet, die eine tragfähige Lösung für die internen und externen Anforderungen an die Berichterstattung der Zukunft darstellen sollen.

Zusätzlich zu den regulatorischen Anforderungen der Berichterstattung (Reporting) waren hierbei auch wesentliche interne Vorgaben zu berücksichtigen. Im Rahmen der Übernahme der Dresdner Bank durch den Allianz-Konzern musste nicht nur die Adaption der internen und externen Finanzberichterstattung an die Konzernvorgaben eines Versicherungsunternehmens unter Beachtung bankspezifischer Erfordernisse erfolgen, sondern es galt zusätzlich auch ein Reporting nach den Vorgaben der US-GAAP sowie die Umsetzung der SOX-Anforderungen[1] sicherzustellen. Neben den ambitionierten Reporting-Terminen der neuen Muttergesellschaft[2] spielte zudem der zunehmende Kostendruck[3] innerhalb der Dresdner Bank eine wesentliche Rolle für die Gestaltung und Ausrichtung der Reporting-Systeme der Bank.

Wie stellte sich hier die Ausgangssituation dar? Die Finanzfunktion war zu dieser Zeit noch durch die traditionelle organisatorische Trennung in ein internes und ein externes Rechnungswesen charakterisiert (*Financial Accounting* und *Management Accounting*), welche jeweils über separate Organisationsstrukturen verfügten.[4] Innerhalb dieser klassischen Rollenteilung unterhielten beide Einheiten individuelle Datenbeschaffungs- und Plausibilisierungsprozesse auf Basis separater IT-Architekturen. Der Bereich *Financial Accounting* verantwortete vor allem die Konsolidierung der Einzelabschlüsse der Konzerntöchter, die Erstellung der Periodenabschlüsse und des Geschäftsberichts zum Jahresende sowie die externe Kapitalmarktkommunikation gegenüber den Analysten, Ratingagenturen und den Auf-

---

[1] Das Sarbanes-Oxley Act aus dem Jahr 2002 ist ein US-Gesetz, das als Reaktion auf Bilanzskandale die Verlässlichkeit der Berichterstattung von Unternehmen, die den öffentlichen Kapitalmarkt der USA in Anspruch nehmen, verbessern soll.
[2] Ausführlichere Erläuterungen finden sich im Beitrag von Fiedler/Geib.
[3] Insbesondere durch Vorgaben bezüglich der Cost Income Ratio (CIR) sowie Kostensenkungsinitiativen wie das Projekt „Neue Dresdner Plus".
[4] Weitere der Finanzfunktion zugehörige Organisationsbereiche wie zum Beispiel *Steuern* oder die *Finanzfunktionen der Segmente* werden in der weiteren Betrachtung nicht berücksichtigt.

sichtsbehörden. Demgegenüber konzentrierte sich der Bereich *Management Accounting* insbesondere auf die Analyse segmentbezogener Zahlen sowie auf das darauf basierende interne Reporting zur Banksteuerung. Transparente Abstimmungen über Abweichungen zwischen externer und interner Finanzberichterstattung standen nicht zur Verfügung.

2. Motive für eine Integration der Finanzfunktion

Resultat dieser damals üblichen Struktur waren eindeutig nach Berichtsformaten getrennte Verantwortlichkeiten. Die Prozesse konnten weitgehend autark innerhalb der jeweiligen Bereiche durchgeführt werden. Ein Überwinden der Organisationsgrenzen war nicht erforderlich, da sich innerhalb der Bearbeitungsprozesse eigene Kulturidentitäten herausgebildet hatten.

Im Rahmen der fortschreitenden Integration in den Allianz-Konzern und den damit verbundenen inhaltlichen und nicht zuletzt zeitlichen Vorgaben wurde jedoch zunehmend deutlich, dass diese Organisationsform den Anforderungen der Zukunft nicht genügen würde:

- Gemeinsame Berichtsformate, zum Beispiel im Rahmen der Segmentberichterstattung, erhöhten zunehmend den Abstimmungs- und Überleitungsaufwand in Bezug auf die Ergebnisse des internen und externen Rechnungswesens. Hier zeigte sich, dass aufgrund der teilweise redundanten Datenbeschaffung ein zunehmendes Risiko der Dateninkonsistenz bestand und Überleitungseffekte nur mit hohem Aufwand erläutert werden konnten.
- Parallele Reporting-Prozesse wirkten den externen Anforderungen (zum Beispiel dem zunehmenden Termindruck von Seiten der Muttergesellschaft sowie den regulatorischen SOX-Anforderungen) entgegen. Eine Prozessbeschleunigung wäre in den alten Strukturen nur durch hohen und nicht wertschaffenden Ressourceneinsatz möglich gewesen.
- Die organisatorische und prozessuale Trennung behinderte den Informationsaustausch zwischen den datenverarbeitenden Bereichen. Informationssynergien konnten nicht realisiert werden.

Vor dem Hintergrund dieser Erkenntnisse startete die Dresdner Bank ein Entwicklungsprogramm (bestehend aus mehreren Projektinitiativen), das über mehrere Jahre die ehemals getrennten Aufgabenbereiche zu einer fachlich, organisatorisch und technisch integrierten Einheit zusammenführen sollte. Es handelt sich hierbei um einen kontinuierlichen, durch das Management explizit geförderten Verbesserungsprozess, um auch künftig auf neue Herausforderungen flexibel reagieren zu können.

In den folgenden Abschnitten wird erläutert, welche Ziele sich die Dresdner Bank zu Beginn dieser Entwicklung gesetzt hatte. Anschließend wird anhand fachlicher, organisatorischer und technischer Themen beschrieben, in welcher Form und an welcher Stelle die individuellen Maßnahmen platziert wurden. Ob die Elemente sich dabei bewährt haben und worauf bei solch langlaufenden Entwicklungsprogrammen aus Sicht der Autoren vor allem zu achten ist, wird in den letzten beiden Abschnitten des Beitrags dargestellt.

3. Ziele der Integration des internen und externen Rechnungswesens

Abgeleitet aus den allgemeinen Kapitalmarktanforderungen und internen Vorgaben des Bankmanagements sowie der Konzernmutter Allianz wurde in der Dresdner Bank die Konzeption einer optimierten Finanzfunktion gestartet. Kernidee war, nicht nur partielle Verbesserungen festzulegen, sondern eine *Best in Class*-Finanzfunktion zu entwerfen. Dies erforderte vor allem, mit Unterstützung durch das Management die gesamte Wertschöpfungskette des Funktionsbereichs zu analysieren und die substanziellen Veränderungen sicherzustellen.

Auf dieser Basis wurden in der ersten Projektphase die folgenden Kernziele für das zukünftige integrierte Reporting definiert:

- *Qualität*

    Die angelieferten und verarbeiteten Daten müssen jederzeit *belastbar*, das heißt, nachvollziehbar, sein. Bei Detailfragen sollte ein möglichst weitgehender *Drill-down* (ein Durchgriff) bis auf Einzelinformationsebene möglich sein.

    Zusätzlich ist eine *einheitliche Finanzsprache im Konzern* zu implementieren (zum Beispiel durch die Harmonisierung intern und extern genutzter Kennzahlen sowie der lokalen und auf Konzernebene genutzten Positionspläne).

    IFRS ist das *Leading GAAP* (die führende Rechnungslegungsvorschrift). Abweichungen sind hierbei nur in Ausnahmefällen erlaubt und müssen transparent nachvollziehbar sein. Eine Überleitbarkeit und Erläuterung der Daten aus dem in- und externen Rechnungswesen ist damit jederzeit sichergestellt.

    Um einen effizienten Ressourceneinsatz zu ermöglichen, erfolgt eine Konzentration auf die *reportingrelevanten Daten*. Datenerhebungen ohne weitere Verwendung der Informationen auf Konzernebene (zum Beispiel Detailinformationen im Verwaltungsaufwand) sind dabei zwingend zu vermeiden.

- *Geschwindigkeit*

  Um in der Branche im Wettbewerb zu bestehen, ist eine *Beschleunigung des Reportings* erforderlich. Nur wer ad hoc in der Lage ist, intern und extern (zum Beispiel gegenüber Analysten und Ratingagenturen) detaillierte und in sich konsistente Informationen zu liefern, überzeugt bei den Informationsempfängern. Mindestziele sind dabei die an die Anforderungen des Kapitalmarkts orientierten Reporting-Termine der Allianz, wie zum Beispiel die Bereitstellung des Reporting Packages[5] am 13. Werktag nach Quartalsende.

  Zusätzlich nimmt auch die *Reporting-Frequenz* stetig zu. Früher waren Halbjahres- und Jahresabschlüsse ausreichend. Aktuell sind Monatsabschlüsse für Bilanz und GuV sowie individuelle Ad-hoc-Auswertungen Standard.

  Zeitgleich erfordert die zunehmende Ein- und Ausgliederung von Unternehmensteilen auch eine wesentlich erhöhte *Flexibilität* und Anpassungselastizität hinsichtlich der Bereitstellung von Finanzdaten. Aus diesem Grund sind Prozesse und Organisationsformen so zu gestalten, dass organisatorische Anpassungen im Konzern schnell durch Anpassungen der Strukturen in den Finanzdatenhaushalten unterstützt werden.

- *Kosteneffizienz*

  Parallel (und teilweise konkurrierend zu den beiden anderen Zielen) ist die Effizienz zu erhöhen beziehungsweise sind auch die *Kosten* der Finanzfunktion zu *reduzieren*[6] Hierzu sollen durch eine Harmonisierung beziehungsweise Integration der Prozesse bislang noch ungenutzte Synergiepotenziale ausgeschöpft werden. Des Weiteren sind auch alternative Organisationsmodelle (zum Beispiel Shared Services oder Outsourcing)[7] im Konzernverbund zu prüfen.

Bei der Diskussion und Definition dieser Ziele wurde festgestellt, dass ein sehr hoher Integrationsgrad im Einzelfall gegebenenfalls auch Nachteile mit sich bringt. So könnten Kompromisslösungen zwischen dem *Financial* und *Management Reporting* auch dazu führen, dass die jeweiligen spezifischen Anforderungen auf beiden Seiten nur begrenzt erfüllt werden. Zudem wirken bei einer Integration die intern beziehungsweise extern getriebenen Entscheidungen jeweils für die andere Seite mit (zum Beispiel führen bilanzpolitische Entscheidungen auch zu Anpassungen im internen Rechnungswesen), was wiederum zur Verzerrung von Steuerungsimpulsen führen kann. Trotz des generellen Ziels einer weitgehenden Integration sind folglich im Einzelfall die Vor- und Nachteile gegeneinander abzuwägen.

---

5 Ein *Reporting Package* enthält die für die Erstellung eines Konzernabschlusses erforderlichen Zulieferungen der Konzerneinheiten in Form von Bilanz-, GuV- sowie statischen Informationen für die zusätzlich notwendigen Angaben.

6 Konkrete Vorgaben zum Beispiel bezüglich der zukünftigen Personalausstattung entstanden unter anderem aus dem Effizienzsteigerungsprogramm „Neue Dresdner Plus".

7 Siehe hierzu auch den Buchbeitrag von *Arnd Leibold* zum Thema „Effizienzsteigerung in der Finanzfunktion durch Nutzung von Finance Shared Service Center".

Um einen umfassenden und detaillierten Überblick über mögliche Ansätze zur Umsetzung der Ziele zu bekommen, wurde im Jahre 2003 die Finanzfunktion im Rahmen einer internen Vorstudie analysiert. Folgende Handlungsfelder konnten dabei damals identifiziert werden:

- Integration aller Datenanforderungen in einen einheitlichen Reporting-Prozess unter Nutzung konsistenter und überschneidungsfreier *Reporting Packages*, die von allen Berichtseinheiten zu befüllen sind,

- Sukzessive Implementierung eines standardisierten Hauptbuchs (*General Ledger*) auf Basis SAP FI[8] in allen Berichtseinheiten, das mit dem im Konzern-Reporting-System SAP EC-CS[9] definierten Positionsplan kompatibel ist,

- Qualitätssicherung am Entstehungsort und Unterstützung durch die konzernseitig zur Verfügung gestellten Online-Tools und -Validierungsprozesse zur Prozessbeschleunigung sowie die Sicherstellung der Datentransparenz und -konsistenz (der Möglichkeit der Nachvollziehbarkeit bis auf Detailebene),

- Integration der internen und externen Reporting-Anforderungen, um den Überleitungsaufwand zu reduzieren, einheitliche Steuerungsimpulse an das Management sicherzustellen und die Erstellung externer Datenanforderungen (zum Beispiel einer Segmentberichterstattung nach IFRS 8 – Geschäftssegmente) zu erleichtern,

- Beschleunigung und Flexibilisierung des Reporting-Prozesses insgesamt (im Sinne eines *Fast Close*) und

- Konvergenz der Strukturen des internen und externen Rechnungswesens sowie ein weiterer Ausbau einer wertorientierten Steuerung.

Die Steuerung dieses Aufgabenportfolios erfolgte über zwei Kernelemente. Zum einen wurde ein *Target Operating Model*[10] definiert, das insbesondere die organisatorischen und technischen Zielstrukturen fixierte. Zum anderen legte die Finanzfunktion die Schritte auf der Zeitachse in Form einer *Roadmap*[11] fest. Dabei wurden die einzelnen Maßnahmen entsprechend ihrer Priorität, den Abhängigkeiten zwischen den Themen und dem Projektportfolio der Bank sowie unter Berücksichtigung weiterer limitierender Faktoren (zum Beispiel interner Ressourcen oder Budgets) ausgewählt.

---

8   Ein Softwareprodukt der SAP AG, welches im Allianz-Konzern für die Abbildung der Finanzbuchhaltung eingesetzt wird.

9   Ein Softwareprodukt der SAP AG, welches im Allianz-Konzern vor allem zur Konsolidierung der konzernweiten Reporting-Informationen eingesetzt wird.

10 Ein *Target Operating Model* (TOM) beschreibt das Zielbild einer Organisationseinheit anhand mehrerer Dimensionen. Ein Beispiel für ein TOM wird im Beitrag „Finanzfunktion der Zukunft – ein Konzept zur strategischen Neuausrichtung" von Jelinek/Straub in diesem Buch erläutert.

11 Unter einer *Roadmap* versteht man in diesem Zusammenhang einen strategischen Maßnahmenplan, welcher wiederum durch ein Portfolio von Einzelmaßnahmen konkretisiert wird. Ziel ist dabei, durch diese Rahmenplanung eine gemeinsame Ausrichtung sowie die Abstimmung von Projektinitiativen innerhalb eines Organisationsbereiches sicherzustellen.

4. Maßnahmen zur Umsetzung

Der beschriebene Umfang der Ziele verdeutlicht bereits, dass ein ganzes Portfolio von Maßnahmen über einen längeren Zeitraum erforderlich war, um die Integration des internen und externen Rechnungswesens realisieren zu können. In den folgenden Abschnitten werden auszugsweise einzelne konkrete Bausteine vorgestellt, welche die Umsetzung des *Target Operating Models* entscheidend förderten.

4.1 Fachliche Integration

Ausgangsbasis für alle weiteren Maßnahmen zur Integration des internen und externen Rechnungswesens und der daraus resultierenden Effizienzsteigerung des Gesamtbereichs bildeten einheitliche fachliche Vorgaben. Im Folgenden werden ausgewählte Eckpunkte daraus kurz dargestellt.

Die vollständige Umstellung auf die internationalen Rechnungslegungsstandards erfolgte in der Dresdner Bank zuerst auf Konsolidierungsebene sowie in den großen Tochtergesellschaften. In den kleineren Berichtseinheiten wurde hingegen oftmals ein zweistufiger Prozess umgesetzt: Im ersten Schritt erfolgte ein Abschluss nach lokalen Standards und erst im zweiten Schritt wurde dann vor Ort ein aufwändige Überleitung auf die IFRS-Konzernanforderungen durchgeführt. Um diesen Überleitungsaufwand vor Ort zukünftig eliminieren und einheitliche Berichtsstrukturen sicherstellen zu können, wurden konzernweit die *IFRS* in allen Berichtseinheiten verbindlich als die *„führende" Rechnungslegungsvorschrift* (dem *Leading GAAP*) umgesetzt.[12]

Parallel zur externen Rechnungslegung wurden die zur *internen Steuerung* verwendeten Methoden und Bewertungsgrundsätze *an IFRS ausgerichtet*. Nur in sachlich begründeten Ausnahmefällen wurden Abweichungen in der internen Performance-Ermittlung zugelassen.[13]

Der Datentransfer aus den Berichtseinheiten erfolgte ursprünglich für die jeweiligen Reporting-Zwecke parallel und teilweise nicht abgestimmt. Ziel war, zukünftig alle benötigten Daten des internen und externen Rechnungswesens (IFRS, HGB, US-GAAP/SOX, Controllinginformationen sowie statistische Angaben) möglichst im Rahmen eines vereinheitlichten *Reporting-Prozesses* anzufordern. Das Fundament bildete dafür die *Erweiterung und Harmo-*

---

[12] De facto eine Einführung eines Multi GAAP-Rechnungswesens, das in den Berichtseinheiten auch eine Anpassung der internen Rechnungswesenstrukturen erforderte.
[13] Zum Beispiel Effekte aus der Erstanwendung des IAS 39 – Finanzinstrumente: *Ansatz und Bewertung* (im folgenden IAS 39), Repo-Bewertung.

nisierung des Kontenrahmens (des Positionsnummernkatalogs) sowie die Einführung von *Online-Reporting-Tools* zur Erhebung konsistenter und überschneidungsfreier *Reporting Packages*, die von allen Berichtseinheiten zu befüllen sind (siehe Abschnitt 3.3).

Die von der Allianz ebenfalls genutzte Konsolidierungssoftware SAP EC-CS wurde von Beginn an auch in der Dresdner Bank eingesetzt. Um eine *konzernweit fachliche Konsistenz* sicherzustellen und in einem weiteren Schritt gegebenenfalls sogar einen Top-down-Datendurchgriff zu ermöglichen, wurde festgelegt, dass vor allem in den größeren Berichtseinheiten mittelfristig ein zentral administriertes Global General Ledger[14] auf der Basis von SAP FI eingeführt wird, das eindeutig auf den Konzern-Positionsplan überleitbar sein muss.

Neben diesen sehr stark an der Integration des externen Berichtsprozesses orientierten Maßnahmen gab es auch eine Reihe von Anpassungen in der internen Steuerung, welche sowohl deren Effizienz als auch die Integration mit dem externen Rechnungswesen erhöhten. Die Gestaltung dieser Maßnahmen orientierte sich an den folgenden vier Grundprinzipien:

- Strikte Aufteilung der Gesamtbank in *global gültige Profit und Cost Center* (insbesondere *Business Services* und *Corporate Functions*) entlang der Aufbauorganisation. Die lokale Aufbauorganisation in den Berichtseinheiten muss dabei eindeutig auf die Konzernhierarchie überleitbar sein.

- Die *Ergebniserfassung erfolgt nach dem Prinzip der Verantwortlichkeit*. Dazu wird die Erfassung des Ressourcenverbrauchs (Personal-/Sachkosten, Kapital etc.) in den verursachenden Stellen sichergestellt (auf Kostenstellenebene in den Berichteinheiten, anschließend erfolgt die Aggregation zu *Functional Units*[15] für die Konzernberichterstattung). Dadurch werden Ergebnispositionen ohne organisatorische Zuordnung der Verantwortlichkeit ausgeschlossen und Verschiebungen von unerwünschten Ergebnissen aus dem eigenen (operativen) Verantwortungsbereich in eine zusätzlich zu den Berichtssegmenten vorhandene Spalte in der Segmentberichterstattung zur Darstellung von Konsolidierungs- und Überleitungseffekten (*Consolidation & Adjustments*) vermieden.

- *Transferpreise* stellen eine transparente interne Ressourcensteuerung sicher. Auf der Kostenseite erfolgt dies durch eine konsequente mehrstufige Allokation der Kosten für in Anspruch genommene Leistungen (zum Beispiel Mitarbeiter oder IT-Systeme) auf die bestellenden Einheiten. Analog erfolgt auch bei gemeinsam erwirtschafteten Erträgen eine Verrechnung (ein sogenanntes *Income Sharing*).

- Die Strukturen und Prozesse müssen eine *Abstimmung der Controllingzahlen mit der Gewinn- und Verlustrechnung (GuV)* jederzeit und automatisiert ermöglichen. Abweichungen zwischen den beiden Wertebereichen sind lediglich erlaubt, wo die Bilanzierungsregeln eine sinnvolle Abbildung von Besonderheiten der Geschäftssteuerung nicht ermöglichen (zum Beispiel die Ergebniseffekte aus der Erstanwendung des IAS 39).

---

14 Implementierung eines konzernweit standardisierten Hauptbuchkontenrahmens auf SAP-Basis; siehe hierzu auch Abschnitt 4.3.1 bezüglich des Global Reporting Programs der Allianz.
15 Kleinste Berichtseinheit auf Ebene des Dresdner Bank-Konzerns.

Die Berücksichtigung dieser strikten Rahmenbedingungen bei der Prozess- und Systemgestaltung ermöglichte es der Dresdner Bank, neben der reinen Methodenintegration zwischen dem internen und externen Rechnungswesen auch weiterführende Optimierungen durchzuführen.

So konnte auf Basis dieser Informationen eine wertorientierte Steuerung der Unternehmensbereiche umgesetzt werden. Initiiert wurde dies durch die Umsetzung des Steuerungskonzepts der Allianz Gruppe (EVA)[16] bei der Dresdner Bank. Dies führte unter anderem zur Integration der EVA-Kennzahl in das Berichtswesen und das bankinterne Steuerungsmodell. Damit konnten die Kennzahlen auch als Basis für die Controlling-Abstimmgespräche sowie für eine auf dem konzernweiten Steuerungskonzept basierte Vergütung herangezogen werden.

Zusätzlich führte die Methoden- und Datenintegration dazu, dass die Umsetzung des *Management Approach*[17] gemäß IFRS 8 (und entsprechend den US-GAAP-Vorgaben[18]) in der Segmentberichterstattung ohne weiteren Umstellungsaufwand realisiert werden konnte.

4.2 Optimierung der Aufbau- und Ablauforganisation

Die dargestellten Integrationsziele und fachlichen Vorgaben erforderten auch eine sukzessive und zugleich auch kontinuierliche Anpassung der Aufbau- und Ablauforganisation.

Kernziel war aus Prozesssicht, die Abläufe strikt an den Berichtsformaten[19] der gesamten Finanzfunktion auszurichten und sich nicht an den bisherigen Aufgabenteilungen und Bereichsgrenzen zu orientieren. Anschließend wurde entlang dieser integrierten Kernprozesse dann ebenfalls die Aufbauorganisation angepasst. Hier stand vor allem die Reduktion der Kommunikations- und Datenschnittstellen im Vordergrund, um zukünftig effiziente Prozessabläufe zu ermöglichen. Zusätzlich sollte das *Target Operating Model* auch Optionen für die Dresdner Bank eröffnen, zukünftig ein *Smart Sourcing* oder *Outsourcing*[20] im Konzernverbund durchzuführen. Welche Auswirkung die Ausrichtung auf die Kernprozesse und Strukturen hatte, lässt sich anhand der Abbildung 1 erläutern.

---

16 Die Kennzahl *Economic Value Added* (entwickelt insbesondere von Stern Steward & Co) ergibt sich aus den Kapitalerlösen abzüglich der Kapitalkosten und dient als eine der Leitgrößen für die wertorientierte Unternehmenssteuerung im Allianz-Konzern.

17 Beim *Management Approach* wird davon ausgegangen, dass die von internen Entscheidungsträgern verwendeten internen Daten grundsätzliche Bedeutung für externe Adressaten haben und daher eine geeignete Grundlage für die externe Berichterstattung darstellen. Das Ziel des *Management Approach* ist es, solche Informationen an externe Adressaten zu berichten, die das Management als Basis für seine Investitionsentscheidungen und zur Beurteilung der Performance des Unternehmens nutzt. Damit soll den Abschlusslesern eine Betrachtung des Unternehmens mit „den Augen des Managements" ermöglicht werden.

18 Vorgaben des SFAS 131 „Disclosures about Segments of an Enterprise and Related Information".

19 Zum Beispiel der laufenden externen Berichterstattung oder dem internen Management Reporting.

20 Die Verlagerung von Prozessen in andere Einheiten des Allianz-Konzerns beziehungsweise die komplette Auslagerung von Aufgaben an Dritte

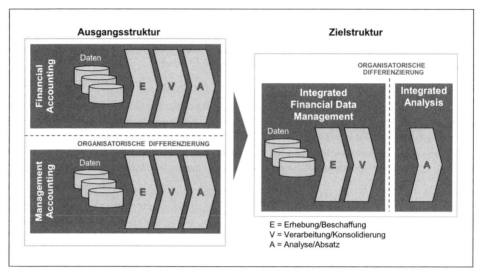

Abbildung 1: Reorganisation der Kernprozesse

Auf der linken Hälfte der Abbildung 1 wird die ursprüngliche Organisationsstruktur dargestellt. Dabei ist zu erkennen, dass das interne und das externe Rechnungswesen sowohl über separate Datenhaushalte als auch über getrennte Beschaffungs-, Verarbeitungs- und Analysewege verfügten. Diese Struktur wurde durch einen integrierten Ansatz (skizziert auf der rechten Hälfte) vollständig abgelöst.

Das neue Modell orientiert sich an den klassischen Stufen des industriellen Produktionsprozesses *Beschaffung*, *Produktion*, *Absatz* mit einer entsprechenden Arbeitsteilung, Spezialisierung und Konzentration der Mitarbeiter auf ihre jeweiligen Kernkompetenzen. Konsequenterweise erfolgt zunächst eine zentrale, integrierte Datenbeschaffung und -aufbereitung, sowohl für Zwecke der internen als auch der externen Berichterstattung in einer darauf spezialisierten Organisationseinheit. Ziel dieser Einheit ist es unter anderem, den Überleitungs- und Abstimmungsaufwand zwischen internem und externem Rechnungswesen[21] deutlich zu reduzieren, die Meldedaten technisch zu validieren und inhaltlich zu plausibilisieren sowie die Berichtseinheiten (die sogenannten *Lieferanten*) im Reporting-Prozess zu unterstützen und zu beraten.

In dem sich anschließenden Prozessschritt werden auf Basis der qualitätsgesicherten Meldedaten konzerninterne Umsätze eliminiert und mittels der erforderlichen Konsolidierungsmaßnahmen die jeweiligen Abschlüsse[22] erstellt.

---

21 Financial & Management Accounts.
22 IFRS-Konzernabschluss, HGB und IFRS-Einzelabschluss einschließlich der Segmentberichterstattung.

Parallel dazu werden die qualitätsgesicherten Daten in einer separaten Einheit bereits während des laufenden Datenerhebungs- und -weiterverarbeitungsprozesses zentral analysiert und im Rahmen der Management-Berichterstattung empfängergerecht aufbereitet.

Ausgehend von dem oben genannten Grundprinzip der organisatorischen Trennung von *Produktion* und *Vertrieb* folgt auch der Zuschnitt der sonstigen Funktionsbereiche dem Prinzip der Aufgabenteilung und Spezialisierung mit einer Abgrenzung der beiden Bereiche untereinander und entlang der individuellen Kernkompetenzen.

Wie in Abbildung 2 dargestellt, werden in der Zielstruktur die Themen *Prozesse*, *Daten* und *Reporting* im Bereich *Group Controlling* gebündelt. In diesen Organisationseinheiten liegt der Fokus auf einer Effizienz durch Standardisierung, der laufende Erhöhung der Datenqualität und der Reporting-Geschwindigkeit sowie der adressatengerechten Analyse zur aktiven Unterstützung des Performance Managements des Konzerns durch den Vorstand.

Im *Group Accounting* werden die zentralen fachlichen Festlegungen für alle rechnungswesenrelevanten Sachverhalte getroffen (zum Beispiel Umsetzung neuer IFRS-Standards, Klärung bilanzieller Fragestellungen im Rahmen von komplexen Transaktionen, Bewertungs- und Ausweisfragen, insbesondere auch Fragen der inhaltlichen Gestaltung der Finanzberichte). Hier liegt die Richtlinienkompetenz für die gesamte konzernweite Finanzfunktion und es wird der Kontakt zu Wirtschaftsprüfern, Ratingagenturen und Aufsichtsbehörden gepflegt.

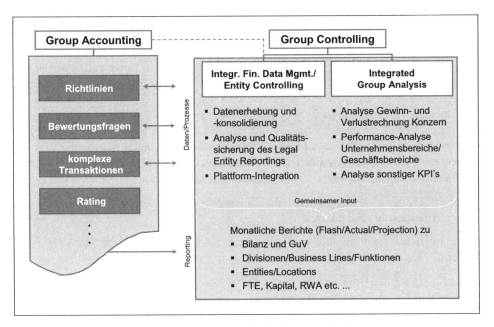

Abbildung 2: Umsetzung der Integration in der Aufbauorganisation

4.3 Weiterentwicklung der IT-Architektur

Bereits zu Beginn der Umsetzung der IFRS-Anforderungen Mitte der Neunzigerjahre wurden in der Dresdner Bank erste Anpassungen der IT-Architektur in der Finanzfunktion initiiert. In den folgenden beiden Abschnitten werden die beiden wesentlichen Bausteine dieser technischen Weiterentwicklung kurz vorgestellt. Zum einen ist dies die Umsetzung des *Global Reporting Programs* der Allianz, welches entsprechend für bankspezifische Bedürfnisse angepasst wurde. Zum anderen erfolgte die Implementierung eines integrierten Datenhaushalts, aus welchem die internen und externen Reporting-Prozesse zentral bedient werden können.

4.3.1 Bankspezifische Umsetzung des Global Reporting Programs

Die steigenden Kapitalmarktanforderungen auf Basis eines Multi GAAP Reportings sowie der zunehmende Kostendruck stellten den Allianz-Konzern (analog anderer internationaler Großkonzerne) vor die Frage, mit welcher strategischen IT-Ausrichtung eine zukunftsfähige globale IT-Architektur für die Finanzfunktion aufgebaut werden kann.

Eine Analyse der bestehenden Architekturen im Gesamtkonzern ergab, dass in den jeweiligen Konzerngesellschaften beziehungsweise Berichtseinheiten eine Vielzahl unterschiedlicher Buchhaltungssysteme auf der Basis lokaler Kontenpläne im Einsatz war. Entsprechend existierte auch kein zentrales *Stammdaten-* und *Release Management*.[23] Diese dezentrale Aufstellung führte im externen Rechnungswesen zu einem sehr hohen Überleitungsaufwand zwischen den lokalen Abschlüssen und den vom Konzern geforderten Datenstrukturen und -inhalten sowie zu hohen laufenden Betriebs- und Pflegekosten.

Um die Qualität und Aktualität der Daten auf Dauer zu erhöhen sowie mittelfristig auch die Kosten zu senken, wurde auf Ebene des Allianz-Konzerns ein *Global Reporting Program (GRP)* initiiert. Dieses hatte aus technischer Sicht zum Ziel

- die Pflege, die Weiterentwicklung und die Nutzerbetreuung für die Kernsysteme in der Finanzfunktion zu zentralisieren,
- die Effizienz und Flexibilität bezüglich Veränderungen innerhalb des Konzerns (zum Beispiel aus neuen Reporting-Anforderungen) zu erhöhen sowie
- die Kosten für den Betrieb und die Weiterentwicklung der gesamten IT-Architektur in der Finanzfunktion signifikant zu reduzieren.

---

[23] Das *Release Management* ist ein Prozess, der die Bündelung von Konfigurations-Änderungen zu einem Release oder Versions Paket und deren ordnungsgemäße Eingliederung in der IT-Infrastruktur sicherstellt.

Zur Umsetzung dieser Ziele wurden auf Konzernebene die folgenden technischen *Reporting-Grundsätze* definiert, welche die weitere fachliche, organisatorische und technische Entwicklung maßgeblich beeinflussten:

- IFRS ist auch technisch der führende Rechnungslegungsstandard in der Allianz Gruppe.
- Der lokale Kontenplan der Tochtergesellschaften beziehungsweise Berichtseinheiten hat weitgehend mit dem zentral vorgegebenen IFRS-Konzernkontenrahmen übereinzustimmen (siehe Abschnitt 4.1).
- Die Vorsysteme sollten grundsätzlich in der Lage sein, automatisiert und vollständig IFRS-Werte zu liefern. Zusätzliche Tools (wie MS Excel) und Medienbrüche sowie die redundante Datenhaltung zwischen internem und externem Rechnungswesen sind möglichst zu vermeiden.
- Es erfolgen vollständige Buchungen (Abbildungen) bezüglich der IFRS-Werte (keine Delta-Buchungen ergänzend zum lokalen Rechnungslegungsstandard).
- Das zentral entwickelte SAP GRP-Template bildet die technische Basis für die konzernweit einzusetzenden Hauptbücher (und damit ein sogenanntes *Global General Ledger*). Die Implementierung der neuen Standards soll dabei nicht zusätzlich zur bestehenden Architektur erfolgen, sondern bisherige Systeme weitgehend ablösen.

Soweit möglich und für den Bankbetrieb sinnvoll, wurden diese Elemente auch in der Dresdner Bank umgesetzt. Dies betrifft insbesondere die Nutzung des Konzernstandards im Konsolidierungssystem SAP EC-CS, welches damit eine standardisierte Reporting-Schnittstelle in Richtung Allianz-Konzernrechnungswesen darstellt.

Des Weiteren wurden die auf Konzernebene vorgegebenen Strukturen auch innerhalb der größeren Berichtseinheiten der Dresdner Bank (den sogenannten *Flagships*) verankert. Hierunter ist vor allem die dezentrale Implementierung des integrierten Kontenplans auf Basis neuer SAP Multi GAAP-Hauptbücher sowie der Umsetzung neuer Datenschnittstellen und Buchungslogiken in den Vorsystemen zu verstehen.

4.3.2 Aufbau eines integrierten Datenhaushalts

Um die Flexibilität des bankspezifischen Reportings zu erhalten, erfolgte neben der Nutzung der mit den Vorgaben der Allianz kompatiblen SAP-Plattform EC-CS der Aufbau eines integrierten und in sich konsistenten Datenhaushalts für Zwecke der internen und externen Berichterstattung sowie die Implementierung weiterer Datenlieferungs- und Analysewerkzeuge.

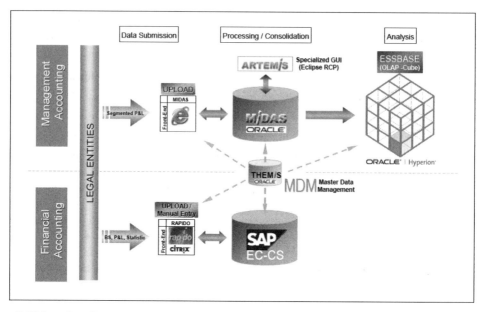

Abbildung 3: Datenintegration im Reporting-Prozess

Basis dieser Architektur sind die beiden führenden Systeme SAP EC-CS und die Oracle-basierte Eigenentwicklung MIDAS. Während das mit den Vorgaben der Allianz kompatible Konsolidierungssystem SAP EC-CS im Wesentlichen den zur Erstellung des Geschäftsberichts und zur Erfüllung der Allianz-Anforderungen erforderlichen Datenbestand enthält, wird in MIDAS vor allem der für das interne, performance-orientierte Management Reporting erforderliche Datenbestand verarbeitet.

Die Datenerfassung der circa 140 Berichtseinheiten (*Reporting Entities*) erfolgt über vorgeschaltete Online-Erfassungstools (im Bild oben *Rapido* beziehungsweise *Artemis*), in denen umfangreiche Validierungsregeln und Prüfroutinen hinterlegt sind.[24] Mittels technisch hinterlegter Finalisierungsfunktionen muss die Datenübermittlung durch den lokalen CFO[25] verbindlich abgeschlossen werden. Im Rahmen dieser Finalisierung findet auch der technisch unterstützte Abgleich zwischen den Meldungen für SAP EC-CS und MIDAS statt, sodass eine Überleitbarkeit und Konsistenz bereits bei der Erfassung gewährleistet sind. Ein aufwändiges Versenden der Daten (zum Beispiel mittels Excel-Dateien) entfällt somit.

Die zentrale Analyseplattform *Hyperion Essbase* ermöglicht konzernweit allen Mitarbeitern der Finanzfunktion entlang eines, dem jeweiligen Aufgabenspektrum entsprechenden Berechtigungskonzeptes, den Zugriff auf den zentral integrierten Datenbestand. Ein sogenanntes

---

[24] Upload-Funktionalitäten mit standardisierten Schnittstellen erleichtern die Dateneingabe, die Online-Anbindung erlaubt eine Realtime-Prüfung anhand der bereits erwähnten Validierungsregeln und Prüfroutinen.
[25] Chief Financial Officer.

Integration der Finanzfunktion am Beispiel der Dresdner Bank   213

Add-In ermöglicht dann das Arbeiten in der vertrauten Excel-Umgebung und die Gestaltung individueller Reports. Wie diese Datenintegration in der Praxis aussieht, veranschaulicht das folgende Beispiel (siehe Abbildung 4).

Actual - 2008 Mio. €		TG 1	TG 1	PCC	IB	BS	CF	C & A
GEWINN VOR STEUERN & VOR RESTRUKTURIERUNGSAUFWAND	19.4		19.4	28.7	0.0	-0.0	-0.1	-9.3
operatives Ergebnis	30.2		30.2	27.1	0.0	-0.0	-0.1	3.2
operatives Erträge	124.6		124.6	121.4	0.0	-0.0	-0.1	3.2
ZINSÜBERSCHUSS	93.4		93.4	90.1	0.0	-0.0	-0.1	3.4
PROVISIONSÜBERSCHUSS	35.4		35.4	35.4				
HANDELSERGEBNIS	-4.3		-4.3	-4.0				-0.2
Operative Aufwendungen ohne Risikovorsorge	88.3		88.3	88.4		-0.0	-0.0	0.0
VERWALTUNGSAUFWAND	88.8		89.0	57.2		20.2	11.5	
Personalaufwand	59.3		59.3	41.6		8.2	9.5	
Sachaufwand	29.6		29.6	15.6		12.0	2.0	
ÜBRIGE AUFWENDUNGEN	-0.0		-0.0	-0.0				
Konzerninterne Verrechnungen	-0.5		-0.5	31.2		-20.2	-11.5	0.0
NETTORISIKOVORSORGE IM KREDITGESCHÄFT	6.0		6.0	6.0				
Ergebnis aus Finanzanlagen (insgesamt)	-10.8		-10.8	1.7				-12.5
SAP ECCS			**MIDAS** ORACLE / Hyperion					

Abbildung 4: *Automatisierte Überleitung zwischen interner und externer Sicht*

Auf der linken Seite der Darstellung ist ein Auszug aus der GuV einer Berichtseinheit dargestellt (als Auszug aus dem Konsolidierungssystem SAP EC-CS). Rechts ist zudem ein individuell gestalteter Report auf der Basis MIDAS/Essbase abgebildet.[26] Dabei ist ersichtlich, dass die Summenspalten für diese Berichtseinheit identisch sind. Aufgrund der zusätzlich in MIDAS vorhandenen Informationen ist es jedoch jederzeit möglich, den entsprechenden Aufriss der GuV-Werte auf die einzelnen Unternehmenssegmente in Summe sowie im Detail darzustellen. Weitere Granularisierungen unterhalb der Segmentebene stehen für Analysezwecke zusätzlich zur Verfügung.

Entscheidend für die Integration des Datenhaushalts ist die Konsistenz der konzernweit gültigen Stammdaten in allen angeschlossenen Datenbanken und Reporting-Systemen. Zu diesem Zweck wurde das System *Themis* installiert, in dem an zentraler (und einziger) Stelle die Verwaltung der Stammdaten und Reporting-Parameter erfolgt. Neben der reinen Stammdatenhaltung in Bezug auf die Berichtseinheiten (Stammdaten der *Reporting Entities*), Hierarchieebenen und Positionspläne werden hier auch fachlich/inhaltliche Kontenbeschreibungen, sämtliche Validierungsregeln und deren Erläuterungen sowie die insbesondere für das Management Reporting und die Segmentberichterstattung relevante Aufbauorganisation hinterlegt. Standardisierte Schnittstellen ermöglichen zudem einen schnellen und individuell konfigurierbaren Zugriff aus anderen Fachbereichen der Bank.

---

26 Ein Report der mithilfe des genannten Excel-Add Ins erstellt wurde.

5. Kritische Erfolgsfaktoren

Rückblickend zeigt sich, dass im Rahmen der Integration des Rechnungswesens der Dresdner Bank ein mehrstufiger Prozess durchlaufen wurde:

- In der *ersten Phase* wurden vor allem die Informationsbarrieren zwischen den Bereichen abgebaut und transparente Kommunikationskanäle geschaffen. Dabei ging es in erster Linie auch darum, dass die beteiligten Funktionsbereiche die jeweiligen gewachsenen Kulturen respektierten, zusätzlich aber auch an einer gemeinsamen Zukunft arbeiteten.
- In der *zweiten Phase* wurden organisatorische Maßnahmen zur Integration der Rollen und Prozesse geschaffen. In der Dresdner Bank lässt sich dies vor allem an zwei Beispielen darstellen. Zum einen wurde *ein Entity-Relationship Manager* definiert, welcher die Berichtseinheiten sowohl für das *Financial Accounting* als auch für das *Management Accounting* betreut. Zum anderen führte die Implementierung einer zentralen Steuerung des gesamten Abschlussprozesses zu einer bereichs- und gesellschaftsübergreifenden Identifikation mit den Kernprozessen und vernetzten Kooperationsmodellen.
- In der *dritten* und sicherlich längsten *Phase* schloss sich die Systemintegration an. Hier ging es vor allem darum, durch eine geeignete IT-Architektur-Strategie die aufgrund der organisatorischen Integration möglichen Synergieeffekte auch in der Praxis zu heben.

Neben all den organisatorischen und technischen Herausforderungen zeigte sich, dass die Umsetzung einer integrierten Finanzfunktion vor allem an kulturelle Voraussetzungen geknüpft ist. Ein Kernelement ist dabei, dass der Wille zur Veränderung durch das Management aktiv vorgelebt und im Team unterstützt wird. Dies betrifft jedoch nicht nur die Phase der Projektinitiierung, vielmehr muss dies über den Gesamtverlauf konstant sichergestellt werden. Zusätzlich ist auch eine Bereitschaft zum *vernetzten Arbeiten* in allen betroffenen Einheiten erforderlich. Nur wenn hier Bereichsegoismen („mein Report – dein Report") reduziert werden, kann eine gemeinsame Erarbeitung von Ergebnissen effizient erfolgen. Als vierter Baustein ist die aktive Kommunikation zu nennen. Hier muss ein einheitliches Verständnis über die Kommunikationswege und -verantwortungen bestehen (Information als Hol- und Bringschuld), damit die Zusammenarbeit reibungslos funktioniert.

6. Fazit

Was hat die Dresdner Bank erreicht? Der Dresdner Bank-Konzern verfügt heute über eine Finanzberichterstattung aus einer Hand. Methoden und Grundsätze wurden vereinheitlicht, und Unterschiede zwischen *Financial* und das *Management Accounting* werden nur in sachlich begründeten Ausnahmefällen zugelassen. Eine weitgehend automatisierte und transparente Überleitung ist jederzeit sichergestellt.

Des Weiteren erfolgt inzwischen die Bedienung aller Reports aus einer integrierten IT-Architektur. Inkonsistenzen aufgrund von Datenredundanz werden damit systematisch ausgeschlossen. Zugleich erfolgte durch die Integration der Prozesse auch eine stärkere Sensibilisierung der Mitarbeiter bezüglich der jeweiligen Anforderungen des *Financial* und des *Management Accounting*. So werden Abhängigkeiten zwischen diesen beiden Aufgabenfeldern (zum Beispiel Auswirkungen bestimmter Bilanzierungsentscheidungen auf die divisionale Ergebnisberichterstattung und vice versa) inzwischen frühzeitig erkannt und antizipativ berücksichtigt.

Die zunehmende integrative Sichtweise der Mitarbeiter hat sicherlich auch deren Verständnis für die Zusammenhänge der Daten und Prozesse erhöht. Mit dieser fachlichen Kompetenz sowie einer organisatorisch engen Vernetzung mit den Fachbereichen gelingt es, kurzfristige fachliche Anforderungen (zum Beispiels Ad-hoc-Reporting) flexibel und ohne organisatorische Barrieren umzusetzen.

Aus Management-Sicht haben sich die Prozesse aufgrund der Integrationsmaßnahmen sowohl beschleunigt, als auch qualitativ signifikant verbessert. Auf neue Berichtsanforderungen (zum Beispiel der Umsetzung neuer IFRS-Standards) kann trotz des anhaltenden Kostendrucks schnell und flexibel reagiert werden.

- Zusammenfassend lässt sich festhalten, dass eine integrierte Finanzberichterstattung
- für am Kapitalmarkt tätige (Finanzdienstleistungs-)Unternehmen keine Option, sondern faktisch ein *Muss* ist; Transparenz zwischen interner und externer Berichterstattung (*One Single Version of the Truth*) ist ein mittlerweile erwarteter Standard für eine *State of the Art-Finanzberichterstattung*,
- die notwendige Balance zwischen der am wirtschaftlichen Ergebnis orientierten Geschäfts- und Performance-Steuerung und der durch regulatorische Regeln getriebenen externen Reporting-Anforderungen gewährleistet sowie
- primär eine Frage des *Wollens* ist: Technologie hilft lediglich bei der Umsetzung wird aber ohne die zuvor erforderliche Veränderung der Denkweise und Einstellung (*Mindsets*) der Mitarbeiter nicht die beabsichtigten Erfolge erzielen, die mit der Umsetzung einer integrierten Finanzberichterstattung möglich sind.

Segmentberichterstattung nach IFRS 8 als Ausgangspunkt einer effizienteren Gestaltung des Berichtswesens

Anke Dassler

1. Ausgangspunkt

2. Herausforderungen aus der Umsetzung des Management Approach
   2.1 Neuregelung der Segmentberichterstattung nach IFRS 8 als Auslöser einer Umstellung des Berichtswesens
   2.2 Berücksichtigung von abweichenden Konzerndefinitionen
   2.3 Verwendung unterschiedlicher Bilanzierungs- und Bewertungsmethoden
   2.4 Offenlegungsvorschriften nach IFRS 8

3. Lösungsmöglichkeiten und deren kritische Erfolgsfaktoren
   3.1 Szenario 1 – vollständige Integration von internem und externem Berichtswesen
   3.2 Szenario 2 – partielle Integration für wesentliche Teilbereiche des Berichtswesens
   3.3 Szenario 3 – überwiegend manuelle Erstellung einer Überleitungsrechnung

4. Fazit

Literaturverzeichnis

1. Ausgangspunkt

Für alle Geschäftsjahre, die am oder nach dem 1. Januar 2009 beginnen, müssen segmentberichterstattungspflichtige Anwender der International Financial Reporting Standards (IFRS) die Segmentberichterstattung auf Basis von IFRS 8 (Geschäftssegmente)[1] erstellen und veröffentlichen. Im Gegensatz zu den bisher geltenden Regelungen des International Accounting Standard 14 (IAS 14 – Segmentberichterstattung) sieht IFRS 8 eine Segmentberichterstattung allein auf Basis des *Management Approach* vor. Diese Änderung bedeutet, dass zukünftig das für interne Steuerungszwecke erstellte und verwendete Berichtswesen (beispielsweise eine Profit Center-Rechnung) die Grundlage der Segmentberichterstattung nach IFRS bilden muss.

Als einer der Gründe für die Modifikation der grundsätzlichen Herangehensweise wird angeführt, dass durch die Berücksichtigung des *Management Approach* eine Erleichterung für die nach IFRS bilanzierenden Unternehmen geschaffen werden soll.[2] In der Praxis hat sich gezeigt, dass insbesondere die Kreditinstitute, die bereits zuvor Integrationsansätze zwischen dem internen und dem externen Rechnungswesen umgesetzt haben, von der Einführung von IFRS 8 weniger betroffen sind. Erwartungsgemäß wenig Anpassungsbedarf haben auch die Kreditinstitute, welche nach den United States Generally Accepted Accounting Principles (US-GAAP) bilanzieren oder bilanziert haben, da die US-amerikanischen Regelungen im Statement of Financial Accounting Standards 131 (SFAS 131) die Anwendung des *Management Approach* ebenfalls vorsehen.

In Kreditinstituten, die eine sachliche, prozessuale und EDV-technische Trennung zwischen der internen Berichterstattung (im Folgenden auch *Management Reporting* beziehungsweise *internes Reporting* genannt) und der externen Berichterstattung vornehmen, bedeutet die Einführung von IFRS 8 jedoch, dass eine Zusammenführung und Abstimmung beider Formen der Berichterstattung an Bedeutung gewinnt. Dies kann beispielsweise dazu führen, dass neue Abstimmungsmaßnahmen umgesetzt werden oder bislang manuelle Aktivitäten zukünftig EDV-technisch integriert werden. Eine erweiterte Integration erscheint insbesondere auch in Hinblick auf die Anforderungen nach IAS 34.16(g) sinnvoll, der die Angabe bestimmter Segmentinformationen auch für die Zwischenberichterstattung vorsieht.

Im Rahmen dieses Beitrags werden zunächst Herausforderungen diskutiert, die sich in der Praxis aus der Umsetzung von IFRS 8 ergeben (siehe Abschnitt 2). Anschließend werden drei mögliche Lösungsszenarien aufgezeigt (siehe Abschnitt 3). Ziel ist dabei insbesondere die Verdeutlichung, wie aus der Umsetzung der Regelungen von IFRS 8 Effizienzsteigerungen durch die Harmonisierung und Abschaffung redundanter Prozesse sowie eine Verbesserung der Datenqualität erreicht werden können. Eine umfassende Darstellung der fachlichen Anforderungen des IFRS 8 wird nicht vorgenommen.

---

[1] Übernommen durch Verordnung der Europäischen Kommission am 16.11.2007, veröffentlicht im EU-Amtsblatt am 17.11.2007.
[2] IASB, IFRS 8 BC 6.

2. Herausforderungen aus der Umsetzung des Management Approach

Im Folgenden wird erörtert, welche Herausforderungen sich aus der Neuregelung der Segmentberichterstattung durch die Einführung von IFRS 8 für das Berichtswesen von Kreditinstituten ergeben. Nach einer allgemeinen Beschreibung der grundsätzlichen Implikationen werden konkrete Sachverhalte vorgestellt, bei denen durch die Einführung des *Management Approach* in der Praxis Herausforderungen für das Berichtswesen bestehen.

2.1 Neuregelung der Segmentberichterstattung nach IFRS 8 als Auslöser einer Umstellung des Berichtswesens

Die bisherigen Regelungen in IAS 14 sahen vor, dass die Segmentberichterstattung auf Basis der IFRS-Zahlen erfolgt, wobei die IFRS-Konzernabschlussdaten in der Segmentberichterstattung disaggregiert nach Segmenten dargestellt werden. Diese Vorgehensweise hatte zur Folge, dass die Segmentberichterstattung nicht zwingend die für interne Zwecke erstellte Berichterstattung des Kreditinstituts widerspiegelt. Abweichungen treten insbesondere auf, wenn interne Berichtsinstrumente auf andere Ansatz-, Bewertungs- oder Ausweismethoden als die IFRS zurückgreifen. Eine Überleitungsrechnung zwischen der Segmentberichterstattung und anderen IFRS-Abschlussbestandteilen (insbesondere der Bilanz sowie der Gewinn- und Verlustrechnung) war bei Anwendung des IAS 14 folglich nicht erforderlich, da die Segmentberichterstattung im Regelfall bereits mit den übrigen Bestandteilen der IFRS-Berichterstattung abstimmbar ist.

Mit der Einführung von IFRS 8 ändert sich diese grundsätzliche Vorgehensweise; anstelle der IFRS-Berichterstattung bildet zukünftig das für interne Zwecke erstellte Berichtswesen die Grundlage für die nach IFRS darzustellende Segmentberichterstattung. Durch die Einführung von IFRS 8 wird weitestgehend Konvergenz zu den Regelungen nach US-GAAP hergestellt[3] (SFAS 131), weshalb sich für bisherige US-GAAP-Anwender, die nunmehr IFRS anwenden, durch die Neuregelung kaum Änderungen ergeben.[4]

---

[3] Vgl. KPMG (2007), S. 5.
[4] IFRS 8 BC 60 bezüglich einer Aufzählung der Abweichungen zwischen IFRS 8 und SFAS 131.

Bei dem der Segmentberichterstattung zugrunde zu legenden *Management Reporting* handelt es sich um die Art der Berichterstattung, die regelmäßig an die wesentlichen Entscheidungsträger (in Deutschland den Vorstand) der Kreditinstitute übermittelt wird.[5] Bei Kreditinstituten wird in der Praxis für das interne Management Reporting häufig eine Geschäftsfeldrechnung oder eine ähnliche Profit Center-Rechnung auf Basis von Kostenstellen/internen Berichtsstrukturen, auch *Management Accounts* genannt, durch das Controlling aufbereitet.

Die in der Praxis auftretenden Unterschiede zwischen der internen und der externen Berichterstattung ergeben sich oftmals als Ergebnis historisch gewachsener Berichte und Prozesse. Beispielsweise ist zu beobachten, dass das Management Reporting in einigen Kreditinstituten trotz der Umstellung der externen Rechnungslegung auf IFRS weiterhin auf der Basis der nach HGB geltenden Regelungen erfolgt. Die Einführung von IFRS 8 führt folglich dazu, dass das interne und das externe Reporting im Rahmen einer nach IFRS 8.21 erforderlichen Überleitungsrechnung zusammengeführt werden müssen; der Umfang des Überleitungsaufwands ist hierbei abhängig von der Art und dem Umfang der bisherigen Unterschiede zwischen den beiden Reportings.

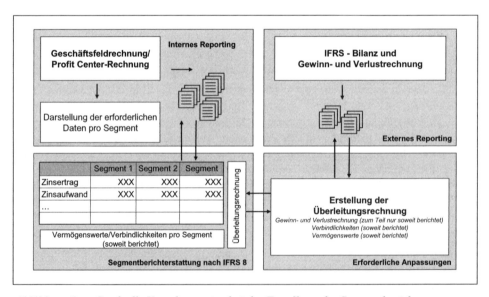

Abbildung 1:   *Graduelle Vorgehensweise bei der Erstellung der Segmentberichterstattung nach IFRS 8*

Die dem IFRS-Abschluss beizufügende Überleitungsrechnung fungiert somit als Bindeglied zwischen der internen Berichterstattung, die sich in der Segmentberichterstattung widerspiegelt, und der für externe Zwecke erstellten Bilanz sowie Gewinn- und Verlustrechnung.[6]

---

5   Vgl. KPMG (2008), S. 1045 - 1058.
6   Zum Teil soweit berichtet, vergleiche auch IFRS 8.21(b) in Verbindung mit 23-27 sowie BC 35 in der Fassung des Exposure Draft zum zweiten Annual Improvements Projects.

Dabei genügt es in der Regel nicht, die Abweichungen zwischen beiden Berichterstattungen zu quantifizieren; vielmehr sind über die wesentlichen Abweichungen auch erläuternde Angaben zu machen.[7]

Bei einer vollständigen Übereinstimmung der internen und externen Berichterstattung erübrigt sich die Darstellung einer Überleitungsrechnung in der Segmentberichterstattung nach IFRS 8.

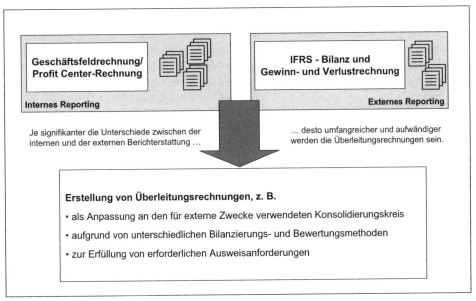

Abbildung 2: Überleitungsrechnung als Bindeglied zwischen der internen und der externen Berichterstattung

Nach dieser allgemeinen Darstellung werden im Folgenden die in der Praxis am häufigsten auftretenden Herausforderungen aus der Neuregelung der Segmentberichterstattung dargestellt, die sich aus der unterschiedlichen Gestaltung der internen und externen Berichterstattung ergeben und daher in der Regel im Rahmen der Überleitungsrechnung zu berücksichtigen sind:

- Berücksichtigung einer abweichenden Konzerndefinition
- Verwendung unterschiedlicher Bilanzierungs- und Bewertungsmethoden
- Herausforderungen aus verschiedenen Offenlegungsvorschriften nach IFRS 8

---

[7] Vgl. KPMG (2007), S. 30.

2.2 Berücksichtigung von abweichenden Konzerndefinitionen

In der nach IFRS 8 darzustellenden Überleitungsrechnung sind Konzernaspekte dann zu berücksichtigen, wenn in der internen Berichterstattung die IFRS-Vorschriften hinsichtlich der Abbildung von Konzernsachverhalten nicht oder nur teilweise angewandt werden.

Unterschiede zwischen der internen und der externen Berichterstattung bei Kreditinstituten resultieren unter anderem daraus, dass die interne Berichterstattung nicht alle nach IFRS konsolidierten Konzernunternehmen in gleichem Maße berücksichtigt; dies gilt beispielsweise, wenn für die interne Berichterstattung auf den aufsichtsrechtlichen Konsolidierungskreis abgestellt wird.

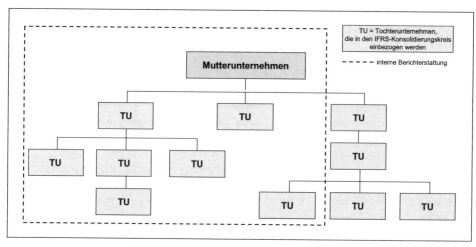

Abbildung 3: *Beispiel einer abweichenden Konzerndefinition*

Dies führt in der Praxis teilweise dazu, dass in der internen Berichterstattung keine vollständige Eliminierung von Geschäften zwischen Gesellschaften im Konsolidierungskreis erfolgt. Beispielsweise können Zinserträge aus Kreditverträgen mit konsolidierten Unternehmen in der Geschäftsfeldrechnung des Mutterunternehmens (sofern diese beispielsweise als eine Art Einzelabschluss erstellt wird) ausgewiesen werden, während im IFRS-Konzernabschluss eine Eliminierung im Rahmen der Aufwands- und Ertragseliminierung erfolgt. Werden (konzern-) interne Sicherungsgeschäfte abgeschlossen, sind diese in den einzelnen Geschäftsfeldern des Mutterunternehmens wiederzufinden, während sie nach IFRS für die externe Konzernberichterstattung eliminiert werden müssen.

Manche Kreditinstitute beziehen zudem Zweckgesellschaften, Fonds und andere Konstrukte in das interne Risikoreporting mit ein, die im IFRS-Reporting nach den einschlägigen IFRS nicht darzustellen sind. Auch in diesem Fall führt die Anwendung von IFRS 8 zu Anpassungsmaßnahmen zwischen der internen und externen Berichterstattung, die sich in der Überleitungsrechnung widerspiegeln.

2.3 Verwendung unterschiedlicher Bilanzierungs- und Bewertungsmethoden

Während kapitalmarktorientierte Unternehmen die Aufstellung ihrer Abschlüsse nach den Regelungen der IFRS vorzunehmen haben, bestehen für die Ausgestaltung der internen Berichterstattung keine detaillierten Vorgaben. Die vollständige Umstellung des Management Reportings auf ein Reporting auf IFRS-Basis ist in der Praxis bei einigen Kreditinstituten bereits in großem Umfang umgesetzt, während andere Kreditinstitute für das Management Reporting neben den oben dargestellten unterschiedlichen Konzerndefinitionen auf andere Bilanzierungs- und Bewertungsmethoden als die IFRS-Regelungen zurückgreifen.

Eine lückenlose Darstellung aller in der Praxis vorkommenden Fälle von abweichenden Bilanzierungs- und Bewertungsmethoden bei Kreditinstituten kann an dieser Stelle nicht erfolgen. Es sind jedoch vor allem Unterschiede anzutreffen, die häufig auf historisch gewachsene Methoden, Prozesse und Systeme zurückzuführen sind:

- Mangelnde stringente Klassifizierung der Finanzinstrumente nach IAS 39 im internen Berichtswesen führt zu Bewertungsunterschieden (beispielsweise eine durchgehende Marktwertbewertung für die interne Berichterstattung, während für die externe Berichterstattung bestimmte Produkte zu fortgeführten Anschaffungskosten bewertet werden)
- Verwendung unterschiedlicher Bewertungsparameter im Rahmen der Bewertung von Finanzinstrumenten (zum Beispiel abweichende Effektivzinssätze, Stichtage, Zinskurven oder Bestandsinformationen)
- Differenzierte Vorgehensweise hinsichtlich der Wertberichtigung im Kreditgeschäft (keine stringente Umsetzung der Einzel- und Portfoliowertberichtigungen nach IFRS in der internen Berichterstattung)
- Konzerninterne Finanzierung (beispielsweise die Anlage eines Passivüberhangs eines Tochterunternehmens bei der Muttergesellschaft und der Transfer von Zinserstattungen, die in der internen Kalkulation, jedoch nicht in der externen Rechnungslegung berücksichtigt werden)
- Berücksichtigung von Risikokapital und Eigenkapitalkosten für die interne Steuerung, wobei die IFRS keine vergleichbare Vorgehensweise vorsehen

Obwohl die Gründe für abweichende Bilanzierungs- und Bewertungsmethoden vielschichtig sein können, ist neben den fachlichen Hintergründen ein wesentlicher Faktor in den verschiedenen Verantwortlichkeiten und heterogenen IT-Systemen innerhalb eines Kreditinstituts zu sehen.[8] Einige Kreditinstitute haben bislang keine einheitliche Datenbasis für die interne und externe Berichterstattung geschaffen, das heißt, die Datenbereitstellung erfolgt aus verschiedenen Vorsystemen mit beispielsweise abweichender Grundgesamtheit und abweichenden Stichtagen. Eine Abstimmung der den unterschiedlichen Reports zugrunde liegenden Geschäftsvorfälle ist dann mit erheblichem (manuellen) Aufwand verbunden. Eine Verwendung der internen Berichte für die Segmentberichterstattung ohne umfassende Überleitungsanstrengungen (Erstellung der Überleitungsrechnung) und entsprechender Erläuterungen setzt voraus, dass in beiden *Reporting-Welten* die gleichen Geschäfte mit annähernd identischen Bilanzierungs- und Bewertungsmethoden abgebildet werden.

2.4 Offenlegungsvorschriften nach IFRS 8

Obwohl der Standardsetter zukünftig für die Segmentberichterstattung bewusst auf das interne Berichtswesen zurückgreift, sind bestimmte Beträge nach IFRS 8.23 auch dann auszuweisen, wenn diese nur implizit in den Beträgen der internen Berichterstattungen enthalten sind, jedoch nicht explizit ausgewiesen werden.[9] Bei Kreditinstituten trifft dies insbesondere auf die Zinserträge und Zinsaufwendungen zu. Erfolgt beispielsweise für den Zweck einer Profit Center-Rechnung ein Ausweis des Zinsergebnisses in Form einer Zinsspanne (Struktur- und Konditionsbeitrag), ist zusätzlich der Zinsertrag und Zinsaufwand je Segment zu ermitteln und auszuweisen. Sofern das Kreditinstitut die interne Berichterstattung auf einer im Vergleich zu den IFRS unterschiedlichen Datengrundlage und damit aus einer separaten Abbildung der Geschäftsvorfälle erstellt, bedeutet die Ableitung des Zinsertrages und des Zinsaufwands aus dem Struktur- und Konditionsbeitrag einen zusätzlichen Aufwand, der im Rahmen der Erstellung der Segmentberichterstattung erbracht werden muss.

Neben den Offenlegungsvorschriften für Erfolgspositionen sehen die Regelungen nach IFRS 8 auch vor, dass bei dem Ausweis der Vermögenswerte beziehungsweise der Verbindlichkeiten je Segment eine Überleitungsrechnung zwischen den für die einzelnen Segmente ausgewiesenen Werten und den in der IFRS-Konzernbilanz dargestellten Vermögenswerten und Verbindlichkeiten vorzunehmen und zu erläutern ist.[10]

---

[8] Vgl. Beiträge von Stork und Vollmer (Informationstechnologische Umsetzungsansätze) in diesem Buch.
[9] Vgl. KPMG (2007), S. 28f.
[10] Eine Aufteilung der Vermögenswerte je Segment ohne entsprechende Berücksichtigung in der internen Berichterstattung ist nach dem aktuellen Exposure Draft zum zweiten Annual Improvements Project 2008 vom 7. August 2008 und der hierdurch vorgeschlagenen klarstellenden Änderung von IFRS 8 BC 35 voraussichtlich nicht erforderlich.

3. Lösungsmöglichkeiten und deren kritische Erfolgsfaktoren

Nachdem im vorherigen Abschnitt verschiedene Aspekte aufgeführt sind, die in der Praxis zu Anpassungsmaßnahmen oder zur Berücksichtigung in der Überleitungsrechnung führen, werden im folgenden Abschnitt Lösungsmöglichkeiten herausgearbeitet und jeweils kritische Erfolgsfaktoren aufgezeigt.

Viele Kreditinstitute haben sich bereits vor der Einführung von IFRS 8 damit beschäftigt, inwieweit fachliche, systemtechnische und prozessuale Abweichungen zwischen interner und externer Berichterstattung zugelassen werden sollen. Insbesondere für Kontrollzwecke und aus Effizienzgründen empfiehlt es sich, beide Berichterstattungen weitestgehend anzugleichen, da der Überleitungsaufwand mit steigendem Integrationsgrad zwischen interner und externer Berichterstattung erwartungsgemäß sinkt. Eine lückenlose Abstimmung der einzelnen Berichtsinstrumente der internen und externen Berichterstattung ohne Abbildung einer Überleitungsrechnung ist nur unter bestimmten Voraussetzungen möglich (siehe Abbildung 4).

Konsolidierungskreis:
Einbezogene Konzernunternehmen sind für die interne und die externe Berichterstattung identisch.

Konsolidierungsmaßnahmen:
Konzerninterne Geschäfte werden analog der IFRS-Berichterstattung auch im Management Reporting eliminiert.

Datenbasis:
Verwendung einer einheitlichen Datenbasis (alle Geschäfte, die in der externen Berichterstattung bewertet und ausgewiesen werden, finden ebenfalls Berücksichtigung im internen Berichtswesen).

Bilanzierungs- und Bewertungsmethoden:
Für die interne Berichterstattung werden konzernweit einheitliche Bilanzierungs- und Bewertungsmethoden verwandt, die den Regelungen der IFRS entsprechen.

Abbildung 4: Voraussetzungen für eine Abstimmung zwischen interner und externer Berichterstattung ohne erforderlichen Mehraufwand

In der Praxis stellten sich daher viele Kreditinstitute unabhängig von IFRS 8 die Frage, inwieweit es nicht sinnvoller ist, den mittel- und langfristig zu erwartenden und zu jedem Stichtag wiederkehrenden manuellen Abstimmungsaufwand zwischen interner und externer Berichterstattung durch einen einmaligen Integrationsaufwand zu beseitigen. Diese Überlegungen münden verstärkt in dem Bestreben, ein *Integriertes Reporting*, welches das interne und externe Berichtswesen abdeckt, einzurichten.[11]

Kreditinstitute, die bislang kein integriertes Berichtswesen eingerichtet haben, werden durch die Änderung bezüglich der Regelungen zur Segmentberichterstattung vor die Herausforderung gestellt, eine individuell angemessene Integration von internem und externem Rechnungswesen zu schaffen. Hierbei steht vor allem die Abwägung zwischen sinnvollen Integrationsbemühungen, den daraus entstehenden Integrationskosten (einmalig) und zukünftigem (regelmäßig wiederkehrendem) Aufwand im Rahmen der Erstellung der Segmentberichterstattung nach IFRS (inklusive Überleitungsrechnung) im Vordergrund.

Für eine zielgerichtete Analyse und Umsetzung hat sich in der Praxis folgende Vorgehensweise bewährt (siehe Abbildung 5).

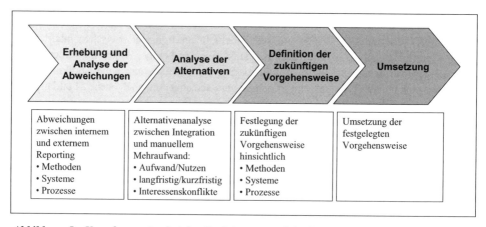

Abbildung 5: *Vorgehensweise bei der Evaluierung und der Umsetzung von Integrationsmaßnahmen*

Im ersten Schritt geht es vor allem darum, die einzelnen Abweichungen (zum Beispiel abweichende Bilanzierungs- und Bewertungsmethoden im Kreditgeschäft) zu definieren. Im Anschluss daran ist zu analysieren, in welchen Bereichen eine Integration erfolgen sollte, wobei nachfolgende Indikatoren eine Hilfestellung für die entsprechenden Überlegungen geben (siehe Abbildung 6).

Kreditinstitute, die sich gegen eine vollständige Integration ihres Berichtswesens entscheiden, haben dennoch die Möglichkeit, zumindest in Teilbereichen eine Integration vorzunehmen. Ziel ist es, den manuellen Aufwand und damit auch eine hohe Fehleranfälligkeit im Rahmen der Abschlusserstellung zu vermeiden. Dies gilt in der Praxis insbesondere für Geschäftsbereiche mit einer hohen Anzahl an Transaktionen und mit umfangreichen Geschäftsbeziehungen zwischen den einzelnen Konzernunternehmen.

---

11 Vgl. Beitrag von Euler/Fink in diesem Buch.

Segmentberichterstattung nach IFRS 8 zur effizienten Gestaltung des Berichtswesens

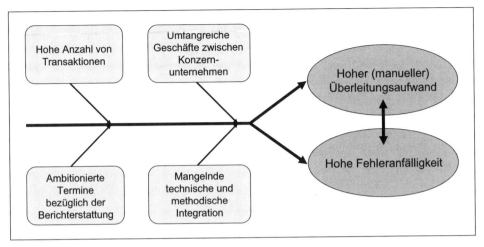

Abbildung 6: Ursachen für einen hohen Überleitungsaufwand und eine hohe Fehleranfälligkeit

Es geht also darum abzuwägen, welcher Integrationsgrad kurzfristig vor dem Hintergrund der Erstellung der Segmentberichterstattung und der erforderlichen Überleitungsrechnung angestrebt wird. In der Praxis hat sich jedoch gezeigt, dass es sinnvoll ist, zudem langfristige Überlegungen hinsichtlich möglicher Effizienzsteigerungspotenziale aus der Integration der Finanzfunktion anzustellen. Daher ist es empfehlenswert, die Anpassungen im Rahmen der Umsetzung von IFRS 8 dazu zu nutzen, auch Integrationsbemühungen innerhalb des Berichtswesens anzustoßen. Dem Kreditinstitut stehen dabei verschiedene Möglichkeiten zur Verfügung, die in den folgenden Ausführungen näher erläutert werden:

- Szenario 1 – vollständige Integration von internem und externem Berichtswesen
- Szenario 2 – partielle Integration für wesentliche Teilbereiche des Berichtswesens
- Szenario 3 – überwiegend manuelle Erstellung einer Überleitungsrechnung

3.1 Szenario 1 – vollständige Integration von internem und externem Berichtswesen

Ein mögliches Szenario ist es, die Einführung von IFRS 8 zum Anlass zu nehmen, eine umfängliche Integration der internen und externen Berichterstattung vorzunehmen, wie diese bei einigen Kreditinstituten bereits umgesetzt wurde.

Im Idealfall werden alle Geschäftsvorfälle in einer einheitlichen Datenbank erfasst und bewertet.[12] Die Geschäftsvorfälle werden mit unterschiedlichen Informationen, wie beispielsweise Betrag, Konto, Rechtseinheit, Geschäftsbereich und -einheit oder Unternehmensfunktion innerhalb der Geschäftseinheit, angereichert. Aus dieser Datenbank können dann sowohl die für die interne Berichterstattung als auch die für die externe Berichterstattung erforderlichen Berichte weitgehend automatisiert erstellt werden. Denkbar ist, die Reporting-Funktionen auf Basis der einheitlichen Datenbank auch auf andere Bereiche, wie beispielsweise auf die regulatorischen Anforderungen im Zusammenhang mit dem Kapitalmanagement und der aufsichtsrechtlichen Offenlegung, auszudehnen.

Die Konsequenz einer derartigen Integration ist, dass die Segmentberichterstattung nach IFRS 8 aus einer *Integrated Financial Database* erstellt wird, die gleichfalls als Grundlage zur Generierung aller weiteren internen und externen Berichtsinstrumente dient (siehe Abbildung 7).

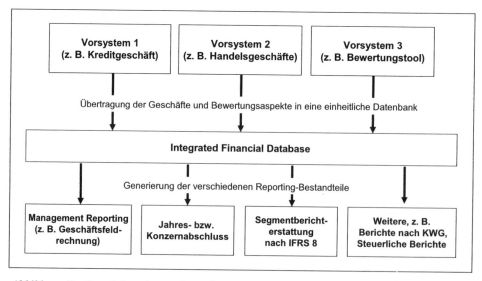

Abbildung 7: Grundzüge einer vollständigen Integration von interner und externer Berichterstattung

Da in einem solchen Szenario alle Geschäftsvorfälle in einer einheitlichen Datenbank erfasst werden, sind in der Regel auch verschiedene Bilanzierungs- und Bewertungsmethoden für einzelne Geschäftsvorfälle eindeutig identifizierbar. Die Erstellung der Überleitungsrechnung zur Erfüllung der Anforderungen von IFRS 8 erfolgt dann weitestgehend automatisiert und damit ohne erheblichen manuellen Aufwand.

---

12 Vgl. Beiträge von Stork und Vollmer (Data Warehouse) in diesem Buch.

Sofern für den Zweck der Erstellung der internen Berichterstattung die Vermögenswerte aus den einzelnen Geschäftsvorfällen den Geschäftsfeldern oder Profit Centern zugeordnet werden, kann auch die Offenlegungspflicht der Vermögenswerte je Segment mit vergleichsweise geringem Auswertungsaufwand regelmäßig erfüllt werden.

Kritischer Erfolgsfaktor für eine sinnvolle vollständige Integration des Berichtswesens ist insbesondere eine detaillierte und objektive Analyse der vorhandenen Methoden, Systeme und Prozesse, die anschließend in einen realistischen Integrationsplan mündet. In Hinblick auf die Notwendigkeit der Erstellung der Segmentberichterstattung nach IFRS 8 sind hierbei besonders kritische oder transaktionsreiche Geschäftsfelder, deren Überleitung einen erheblichen Aufwand bedeutet, mit einer höheren Priorität zu versehen.

3.2 Szenario 2 – partielle Integration für wesentliche Teilbereiche des Berichtswesens

Im Regelfall verwalten insbesondere mittelgroße und kleinere Kreditinstitute ihre Geschäfte in einer weitaus heterogenen Struktur hinsichtlich der verwendeten (Bewertungs-)Methoden, IT-Systeme und Prozesse. Die Transformation in eine beinahe vollständig integrierte Reporting-Landschaft wird aufgrund der vielfach auftretenden Komplexität auf kurze Sicht als äußerst kostenintensiv und schwierig eingeschätzt, weshalb einige Kreditinstitute bislang nur wenige Integrationsbemühungen initiiert haben. Daneben stellt ein integriertes Berichtswesen nicht nur einen erheblichen Eingriff in die bisherige Systemarchitektur dar, sondern erfordert auch Anpassungen in der Organisationsstruktur, insbesondere im Controlling und im Rechnungswesen. In der Praxis ist zudem zu beobachten, dass teilweise eine Zusammenarbeit verschiedener Unternehmensbereiche im Rahmen von *Shared Services* aus politischen Gründen nicht gegeben ist und daher nach alternativen Lösungsmöglichkeiten gesucht wird.

Dennoch haben viele Kreditinstitute erkannt, dass die vorhandene Methoden-, System- und Prozessvielfalt sowohl die interne Steuerung als auch die Erfüllung der wachsenden externen Reporting-Anforderungen immer aufwändiger gestalten und streben daher – zumindest in Teilbereichen – eine Integration an. Wie bereits oben erwähnt, ist es dabei sinnvoll, sich je nach Struktur und Geschäftstätigkeit des Kreditinstituts zunächst auf kritische Bereiche zu konzentrieren (beispielsweise die Integration der Ermittlung der Risikovorsorge[13], des Hedge Managements oder der Parameter zur Ermittlung der Marktwerte von Finanzinstrumenten).

---

[13] Vgl. Beitrag von Möller/Schade in diesem Buch.

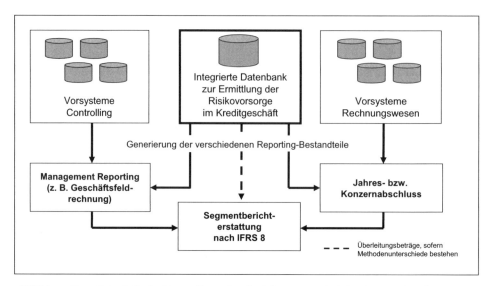

Abbildung 8: *Beispielhafte Darstellung des Berichtswesens bei der Integration der Ermittlung der Risikovorsorge im Kreditgeschäft*

Wie im Beispiel in Abbildung 8 dargestellt, erübrigt sich bei einer Integration von Teilaspekten die (manuelle) Erstellung der Überleitungsrechnung für diese Bereiche. Selbst wenn im Management Reporting und in der IFRS-Berichterstattung unterschiedliche Methoden zugrunde gelegt und abweichende Beträge ausgewiesen werden, lassen sich die Abweichungen für die Überleitungsrechnung systemtechnisch aus der integrierten Datenbank erstellen, sodass zusätzlicher manueller Aufwand entfällt.

Als kritischer Erfolgsfaktor für eine partielle Integration hat sich in der Praxis gezeigt, dass alle möglichen betroffenen Abteilungen in die Integrationsbestrebungen einzubeziehen sind. Im oben dargestellten Beispiel handelt es sich hierbei insbesondere um Vertreter des Controllings, des Rechnungswesens sowie der zuständigen Fachabteilung (hier: Kreditabteilung). Eine erfolgreiche partielle Integration wird nur dann erreicht, wenn historisch gewachsene Verantwortlichkeiten, Methoden, Prozesse und Systeme kritisch analysiert und ein gemeinsamer Kompromiss für alle Beteiligten definiert wird.

Ebenso hat sich in der Praxis gezeigt, dass die partielle Integration innerhalb der einzelnen Kreditinstitute sehr unterschiedlich ausgestaltet wird. Während einige Kreditinstitute Überlegungen hinsichtlich einer Vereinheitlichung der internen und externen Bewertungsmethoden anstellen, beginnen anderen Kreditinstitute, eine einheitliche Datenbasis zu installieren, die die Geschäftsvorfälle einheitlich erfasst, diese jedoch mit unterschiedlichen Bewertungsmethoden für die jeweilige Berichterstattung unterlegt.

3.3 Szenario 3 – überwiegend manuelle Erstellung einer Überleitungsrechnung

Als drittes mögliches Szenario sei an dieser Stelle der Fall erwähnt, in dem die Berichtsanforderungen nach IFRS 8 auch zukünftig überwiegend durch manuelle Prozessschritte erfüllt werden. Für kleinere Kreditinstitute ist es teilweise von Vorteil, auf aufwändige Integrationsschritte zu verzichten und dafür – beispielsweise in Hinblick auf die zu erstellende Überleitungsrechnung – die beiden Zahlenwerke der internen und externen Berichterstattung manuell überzuleiten.

Auch einzelne größere Kreditinstitute planen derzeit in Bezug auf die baldige Berichtspflicht nach IFRS 8 ab dem Jahr 2009 temporär noch auf manuelle Prozessschritte zurückzugreifen. Hierbei handelt es sich jedoch im besten Falle um eine Interimslösung, denn mittel- bis langfristig gesehen streben diese Kreditinstitute zumindest in Teilbereichen eine Integration an, um den jährlich wiederkehrenden manuellen Integrationsaufwand zu vermeiden.

4. Fazit

In den vorangegangen Ausführungen wurde erläutert, auf welche Weise die Verpflichtung zur Aufstellung der Segmentberichterstattung nach dem *Management Approach* Ansätze zur Integration der internen und externen Berichterstattung bietet. Dabei wird insbesondere betont, dass Kreditinstitute, die in den vergangen Jahren eine weitgehende Integration des internen und externen Berichtswesens erreicht haben, keinen wesentlichen Aufwand aufgrund der Einführung von IFRS 8 erwarten. Alle anderen Institute werden diskutieren und entscheiden müssen, welchen Integrationsgrad sie zukünftig hinsichtlich ihrer Methoden, Systeme und Prozesse anstreben, und wie sie ihre Integrationsbemühungen umsetzen. Erfahrungsgemäß spielen bei diesen Überlegungen insbesondere folgende Aspekte eine Rolle:

- Größe des Kreditinstituts und Komplexität der Geschäftsvorfälle
- Gründe für Abweichungen zwischen der internen und der externen Berichterstattung
- Gestaltung der Aufbau- und Ablauforganisation
- reporting-bezogene EDV-technische Ausstattung
- Abwägungen zwischen den einmaligen Umsetzungskosten und den sich nachhaltig ergebenden Kosteneinsparungen aus einer Integration

Es ist in der Zukunft zu erwarten, dass ausgelöst von den Überlegungen im Zusammenhang mit der Umsetzung von IFRS 8 bislang wenig integrierte Kreditinstitute erweiterte Integrationsprojekte initiieren werden, um Effizienzpotenziale zu heben und eine möglichst niedrige Fehlerquote durch die Eliminierung manueller Überleitungsmaßnahmen zu erzielen.

Literaturverzeichnis

KPMG (2007): First Impressions: IFRS 8 Operating Segments, KPMG London, Juli 2007.

KPMG (2008): Insights into IFRS, 5th edition, 2008/09, London 2008.

Rechtsquellen und sonstige Quellen

IFRS 8 – Geschäftssegmente vom 16.11.2007 in: ABl. der EU L 300 vom 17.11.2007, S. 32.

IASB (2008): Exposure Draft IFRS 8 zum zweiten Annual Improvements Project 2008 vom 7. August 2008.

Optimierung der internen Steuerung nach der IFRS-Umstellung

Antje Bräsick / Thomas Hele / Harald Kerner / Klaus-Ulrich Pfeiffer

1. Einleitung

2. Integration von interner Steuerung und externer Berichterstattung
    2.1 Integrierte Berichterstattung als zentrales Ziel
    2.2 Entwicklung der internen Steuerung
    2.3 Wertorientierte Unternehmensführung auf Basis des Economic Value Added
    2.4 Interdependenzen zwischen interner Steuerung und IFRS

3. Auswirkungen der IFRS-Rechnungslegung auf die interne Gesamtbanksteuerung der HVB
    3.1 Einführung in die Organisationsstruktur und die Gesamtbanksteuerung der HVB
    3.2 Ansätze zur Optimierung der Gesamtbanksteuerung der HVB unter Berücksichtigung der IFRS

4. Fazit

Literaturverzeichnis

1. Einleitung

Seit Beginn der Neunzigerjahre greifen deutsche Kreditinstitute immer häufiger zum Zwecke der internen Steuerung auf Erfolgs- und Bestandsgrößen der externen Finanzberichterstattung zurück. Dieses Integrationsbestreben ist zum einen durch die zunehmende Kapitalmarktorientierung betriebswirtschaftlicher Steuerungskonzepte und zum anderen in der wachsenden Durchsetzung der International Financial Reporting Standards (IFRS) als Rechnungslegungsvorschriften für eine externe Kapitalmarktkommunikation begründet. Ziel eines IFRS-Abschlusses ist die Darstellung entscheidungsnützlicher Informationen über die Vermögens-, Finanz- und Ertragslage des Unternehmens für die Abschlussadressaten (*Fair Presentation*),[1] sodass diese Investitionsentscheidungen ableiten können.[2]

Parallel dazu haben die Erwartungen des Kapitalmarktes an die Performance eines Kreditinstitutes zu einer wertorientierten Unternehmensführungspraxis geführt, denn eine wertorientierte Unternehmensführung beinhaltet sowohl den Einsatz interner Steuerungsinstrumente[3], die eine Messung der Unternehmensperformance ermöglichen, als auch die Kommunikation mit einem externen Adressatenkreis über die Effektivität der eingesetzten Steuerungsinstrumente auf die Unternehmens-Performance. Das Ziel der IFRS, die Vermittlung entscheidungsnützlicher Informationen, entspricht unter diesem Aspekt, den Anforderungen einer wertorientierten Unternehmensführung,[4] sodass grundsätzlich davon ausgegangen werden kann, dass eine Umstellung der Rechnungslegungsvorschriften auf IFRS das Konvergenzbestreben zwischen internem und externem Rechnungswesen fördert. Zudem impliziert eine Konvergenz von internem und externem Rechnungswesen organisatorische Vereinfachungen und Kosteneinsparungen in Unternehmen.[5]

Im Zuge dieser Entwicklungen hat sich auch die Bayerische Hypo- und Vereinsbank AG (HVB) für eine Konvergenz von interner Steuerung[6] und der Rechnungslegung nach IFRS entschieden. Hierbei hat die HVB in einem ersten Schritt mögliche Integrationsansätze und deren Auswirkungen analysiert.

---

[1] Vgl. Framework (F) 12.
[2] Vgl. KPMG (2007), S. 10.
[3] Zum Beispiel Steuerungskonzepte, die eine *ökonomische Sicht*, also die Verbindung zwischen Ertrags- und Risikosicht über integrierte Kenngrößen, ermöglichen.
[4] Vgl. Pelger (2008), S. 568.
[5] Vgl. Simons/Weißenberger (2008), S. 138.
[6] Im Folgenden auch *ökonomische Steuerung* genannt.

2. Integration von interner Steuerung und externer Berichterstattung

Zentrales Ziel einer integrierten Berichterstattung ist die Verwendung von einheitlichen Finanzkennzahlen, die eine möglichst hohe Kongruenz der internen Performance-Messung für Planungs-, Steuerungs- und Kontrollaufgaben auf Gesamtunternehmens-, Segment- oder Profit Center-Ebene mit den extern publizierten Ergebnisgrößen nach IFRS aufweisen, um entscheidungsnützliche Informationen sowohl extern als auch intern zur Verfügung zu stellen.

2.1 Integrierte Berichterstattung als zentrales Ziel

Für die Einführung einer IFRS-Berichterstattung, deren Ergebnispositionen interpretierbar und überleitbar zur internen Berichterstattung sind, müssen die Bilanzierungs- und Bewertungsgrundsätze nach IFRS möglichst umfassend in die interne Steuerung integriert werden. Die externe Berichterstattung erfüllt damit nicht nur eine externe Informationsfunktion, sondern stellt auch unternehmensinterne Informationsempfänger[7] zufrieden, „denn wer soll ein Management beurteilen können, das nach außen und innen gerichtet mit unterschiedlichen Sprachen spricht?"[8]

Bereits im Budgetierungsprozess sind die geplanten IFRS-Ergebnisgrößen und -kennzahlen transparent darzustellen. Zahlen, die dem Management und den verantwortlichen Mitarbeitern in den jeweiligen Steuerungseinheiten nicht bekannt sind oder nicht von ihnen verstanden werden, finden meist bei den Mitarbeitern eines Finanzinstituts keine Akzeptanz, denn nur durch Transparenz kann gewährleistet werden, dass die verantwortlichen Mitarbeiter einer Steuerungseinheit eine Sensibilität für das Zahlenwerk der von ihnen gesteuerten Einheiten entwickeln.

Darüber hinaus können durch die Integration der IFRS in die interne Steuerung Effizienzsteigerungen in den prozessualen und IT-technischen Abläufen zur Erstellung der internen und externen Berichterstattung von Kreditinstituten erzielt werden. Soweit zulässig sollten hierbei identische Methoden mit gleichen beziehungsweise zumindest überleitbaren Parametern genutzt werden.[9] Durch die Einführung eines zentralen und integrierten *Data Warehouse*

---

[7] Unternehmensinterne Informationsempfänger in diesem Sinne sind insbesondere das Management der operativen Geschäftsbereiche.
[8] Krumnow (2001), S. 18.
[9] Auf das aufsichtsrechtlich geforderte Meldewesen als dritte Dimension der Berichterstattung, die zu integrieren ist, erfolgen in diesem Beitrag keine weiteren Ausführungen.

kann beispielsweise eine einheitliche Datengrundlage für die interne und externe Berichterstattung geschaffen werden und die Pflege von parallelen Datenhaushalten und IT-Systemen dadurch minimiert werden.

Bevor mögliche Interdependenzen einer notwendigen Annäherung zwischen dem externen Rechnungswesen und der ökonomischen Steuerung diskutiert werden, soll zunächst ein Überblick über die Entwicklung der ökonomischen Steuerungsgrößen erfolgen, deren historische Entwicklung zur derzeit gängigen aktionärsorientierten wertorientierten Unternehmensführung führten.

2.2 Entwicklung der internen Steuerung

Die Erwartungen des Kapitalmarktes an die Performance eines Unternehmens[10] haben in den letzten Jahrzehnten zu einer Entwicklung weg von klassischen volumen- und ertragsorientierten Steuerungsgrößen und hin zu wertorientierten Größen geführt. Die interne Steuerung eines Kreditinstitutes muss dabei grundsätzlich auch die Ertrags- und Risikosicht von Geschäften enthalten. Eine wirksame und glaubwürdige Kapitalmarktkommunikation – flankiert durch die Vermittlung entscheidungsnützlicher Informationen nach IFRS – kann somit neben der externen Finanzberichterstattung gleichwohl Elemente aus der internen Steuerung und Kontrolle der operativen Geschäftstätigkeit eines Unternehmens enthalten.[11]

Die nachfolgenden Ausführungen vermitteln einen kurzen Überblick darüber, wie sich die Steuerungskonzepte im Verlauf der letzten Jahrzehnte verändert und weiterentwickelt haben.

---

10 Die Performance eines Unternehmens bezieht sich auf die Fähigkeit zur Steigerung des Unternehmenswertes (wertorientierte Unternehmensführung).
11 Vgl. Naumann (2004), S. 190, 192.

Optimierung der internen Steuerung nach der IFRS-Umstellung

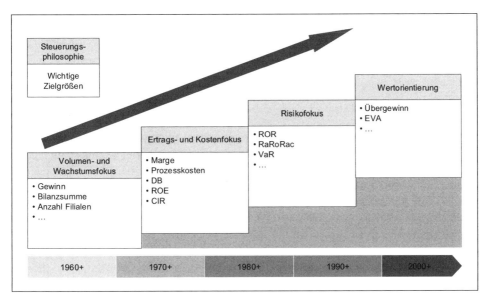

Abbildung 1: Entwicklung der Steuerungsgrößen

Volumen- und Wachstumsfokus

Seit Anfang der Sechzigerjahre bis Mitte der Siebzigerjahre erfolgte in den Kreditinstituten die Steuerung üblicherweise auf Basis von volumen- und wachstumsorientierten Kennzahlen. Hierbei lag die Annahme zugrunde, dass mit einer Erhöhung der Volumenkennzahlen, wie zum Beispiel der Bilanzsumme oder dem Gewinn, auch eine Steigerung der Rentabilität erreicht werden könnte ohne hierbei explizit nach dieser zu steuern. Da diese Strategie primär auf die Generierung von Neugeschäften abzielte und hinreichend freies Eigenkapital verfügbar war, bestand keine Notwendigkeit, die hierbei eingegangenen Risiken in eine angemessene Preiskalkulation mit einzubeziehen.

Ertrags- und Kostenfokus

Da ein stetes Volumenwachstum jedoch begrenzt ist und das reine Wachstum der Aktiva keine Garantie für die finanzielle Stärke eines Kreditinstituts darstellt, setzte sich im Anschluss an den zuvor erwähnten Volumens- und Wachstumsfokus auch der Rentabilitätsgedanke durch. Das Wachstum des Geschäftsvolumens sollte hierbei verständlicherweise nur im Einklang mit einer Erhöhung der Rentabilität erfolgen. Die angestrebte Rentabilität wurde daraufhin durch entsprechende Rentabilitätskennzahlen operationalisiert. Im Falle der Kennzahl *Return on Equity* (RoE)[12] werden beispielsweise Ergebnis- und Kapitaleinsatzgrößen in ein Verhältnis zueinander gesetzt. Im Ergebnis entspricht dies dann der Verzinsung des Eigenkapitals, das von den Kapitalgebern zur Verfügung gestellt wurde.

Risikofokus

Vor dem Hintergrund der bei Kreditinstituten aufsichtsrechtlich vorgegebenen Unterlegung der Risikopositionen mit Eigenkapital wurde es mit der Zeit unumgänglich, die Optimierung der Kapitalnutzung mit in das interne Steuerungskonzept einzubeziehen. Die Erhöhung des Risikos sollte dabei mit einer Steigerung der Ergebnisbeiträge entschädigt werden.[13] Als Kennzahl mit Risikofokus ist zum Beispiel der *Risk Adjusted Return on Risk Adjusted Capital* (RaRoRac), bei dem das risikoadjustierte (Netto-)Ergebnis mit dem ökonomischen Kapital in ein Verhältnis zueinander gesetzt wird,[14] zu nennen. Ziel dieser Kennzahl ist die Ermittlung der Wertschaffung je Einheit des für risikotragende Geschäfte genutzten beziehungsweise allokierten Kapitals.

Wertorientierung

Eine wertorientierte Unternehmensführung bezieht sich in diesem Zusammenhang nicht nur auf den Einsatz interner Steuerungsinstrumente, die eine Messung des Unternehmenserfolgs ermöglichen, sondern auch auf die Kommunikation mit Aktionären und Analysten über die Effektivität der jeweils eingesetzten Instrumente.[15] Geprägt durch die angelsächsischen Gepflogenheiten, hat sich in den letzten Jahren das Konzept einer aktionärsorientierten Unternehmensführung, basierend auf dem *Shareholder Value*-Gedanken, weitgehend auch für den deutschsprachigen Raum durchgesetzt.[16] Dieser orientiert sich insbesondere am Interesse der jeweiligen Anteilseigner und der Erhöhung des entsprechenden *Shareholder Value*. Der *Shareholder Value*, definiert als *Marktwert des Eigenkapitals eines Unternehmens*, soll den Adressaten die Möglichkeit geben, eine Einschätzung über die Vorteilhaftigkeit von Investitionen zu treffen.[17] Alternativ hat sich das Konzept des *Economic Value Added* (EVA)[18] entwickelt.[19] Anhand von EVA soll beispielsweise eine Aussage zur Vorteilhaftigkeit von

---

[12] Vgl. Schierenbeck (2001), S. 459.
[13] Vgl. Schierenbeck (2001), S. 459.
[14] Vgl. Schierenbeck/Lister/Kirmße (2008), S. 52.
[15] Baetge (1997), S. 107; vgl. Baetge/Noelle (2001), S. 175.
[16] Vgl. Böcking/Nowak (1999), S. 281.
[17] Vgl. Baetge/Noelle (2001), S. 174; Schierenbeck (2001), S. 459 f.
[18] Im Folgenden wird das EVA-Konzept näher betrachtet, da dies als Kerngröße der Steuerung der HVB dient.
[19] Vgl. Böcking/Nowak (1999), S. 281.

Unternehmensstrategien und der Vornahme von Investitionen formuliert werden, ohne hierbei jedoch qualitative Wertkomponenten[20] berücksichtigen[21] zu müssen.

Wertorientierte Unternehmensführungspraktiken zielen insofern auf die Information eines Adressatenkreises über die Unternehmensperformance ab. Das Ziel der IFRS, die Vermittlung entscheidungsnützlicher Informationen, entspricht unter diesem Aspekt, den Anforderungen einer wertorientierten Unternehmensführung,[22] sodass grundsätzlich davon ausgegangen werden kann, dass eine Umstellung der Rechnungslegungsvorschriften auf IFRS das Konvergenzbestreben zwischen dem internen und externen Rechnungswesen fördert. Zur Ableitung eines Konzeptes für die Integration von internen und externen Rechnungswesen ist in den folgenden Ausführungen zu diskutieren, welche Auswirkungen sich durch eine derartige Integration auf das Konzept von EVA ergeben können.

2.3 Wertorientierte Unternehmensführung auf Basis des Economic Value Added

Der EVA wird als Differenz des Betriebsergebnisses vor Zinsen nach Steuern (NOPAT = *Net Operating Profit after Tax*) und der Kosten für das zur Gewinnerzielung eingesetzte Eigen- und Fremdkapital (Kapital * WACC = *Weighted Average Cost of Capital*) berechnet.[23] Die Steuerung des EVA kann hierbei sowohl auf Basis des regulatorischen als auch auf dem ökonomischen Kapital erfolgen. EVA wird dabei ausgehend von der Leitkennzahl für das Gesamtunternehmen beziehungsweise der Unternehmensgruppe üblicherweise bis hinab auf die Geschäftsfeld- beziehungsweise Portfolioebene als Steuerungskennzahl definiert. Unterhalb dieser Ebene wird hingegen das Tagesgeschäft mit Limitsystemen wie zum Beispiel *Value at Risk* oder *Stop-loss Limiten* gesteuert und überwacht.[24]

Bei einer Umstellung der Rechnungslegung eines Unternehmens auf IFRS hat insbesondere die *Fair Value-Konzeption*[25] Auswirkungen auf die interne Steuerung und die Ermittlung von EVA als Steuerungskennzahl. In diesem Zusammenhang ist grundsätzlich zu prüfen, bei welchen Sachverhalten die Normierung durch die IFRS zu einer Abweichung von der internen Berichterstattung – zumeist basierend auf lokalen Rechnungslegungsvorschriften – führt und wie diese somit einen Einfluss auf die ökonomische Steuerung eines Unternehmens

---

20 Hierzu zählen insbesondere Kunden- und Mitarbeiterzufriedenheit, die ebenso einen gewichtigen Beitrag zur Performance-Messung leisten. Vgl. Böcking/Nowak (1999), S. 288.
21 Vgl. Böcking/Nowak (1999), S. 282, 288.
22 Vgl. Pelger (2008), S. 568.
23 Vgl. Ewert/Wagenhofer (2000), S. 528.
24 Vgl. Hahn/Hungenberg (2001), S. 202 f.
25 Der *Fair Value* von Vermögenswerten soll den Adressaten Informationen über zukünftige Zahlungsströme vermitteln. Vgl. Velthuis/Wesner/Schabel (2006), S. 459.

entfaltet.[26] Insbesondere Wahlrechte bei Bilanzierungs- und Bewertungsvorschriften können hierbei zu abweichenden Ergebnissen führen. Ohne auf genaue Berechnungskonventionen von EVA einzugehen, soll im Folgenden anhand der Verwendung von *Fair Values* die Problematik einer Integration von IFRS-Zahlen in die ökonomische Steuerung eines Unternehmens beleuchtet werden.

Eine Komponente von EVA ist unter anderem das Betriebsergebnis, in das sämtliche Bewertungsergebnisse von Vermögenswerten eingehen. Der *Fair Value* als dominierendes Bewertungsprinzip der IFRS leistet somit einen gewichtigen wertmäßigen Beitrag bei der Ermittlung des Betriebsergebnisses. An dieser Stelle ist jedoch zwischen erfolgswirksamen und erfolgsneutralen *Fair Value-Bewertungen* einzelner Vermögenswerte zu differenzieren. Der für Banken maßgebliche IAS 39 – *Finanzinstrumente: Ansatz und Bewertung*[27] beinhaltet neben der erfolgswirksamen auch eine erfolgsneutrale Zeitwertbewertung von finanziellen Vermögenswerten.[28] Das Bewertungsergebnis bestimmter Vermögenswerte wird hiernach erfolgsneutral in einer Neubewertungsrücklage des Eigenkapitals erfasst, die das Betriebsergebnis nicht berührt. Im Gegensatz dazu werden bei einer erfolgswirksamen Zeitwertbewertung von Vermögenswerten sämtliche Wertänderungen im Betriebsergebnis erfasst. Intern stehen dieser erfolgsneutralen Bewertung zumeist erfolgswirksame Bewertungen gegenüber und führen zu Abweichungen bei dem internen sowie dem externen Rechnungswesen. Da jedoch die Anwendung der IFRS-Normen zwingend zu beachten ist, um die Anforderungen an einen IFRS-Abschluss zu erfüllen, ist bei der Anwendung einer erfolgsneutralen Zeitwertbewertung bestimmter Vermögensgegenstände zur Erreichung einer Konvergenz von internen Steuerungsgrößen und IFRS-Zahlen ein einheitliches Konzept zu implementieren, das beide Anforderungen erfüllt. Im Folgenden werden weitere mögliche Interdependenzen zwischen internen und externen Berichtswesen dargestellt und entsprechend der Ziele einer integrierten Berichterstattung hin untersucht.

2.4 Interdependenzen zwischen interner Steuerung und IFRS

Vor dem Hintergrund des Ziels der Implementierung einer transparenten IFRS-Berichterstattung, deren Ergebniskomponenten interpretierbar und in die internen Steuerungsgrößen überleitbar sein sollen, müssen wesentliche IFRS-Anforderungen in die Gesamtbanksteuerung integriert werden. Dabei stellen jedoch die unterschiedlichen Intentionen und Sichtweisen in Bezug auf die interne Steuerung und die IFRS-Rechnungslegung die

---

26 Neben dem *Fair Value* existieren verschiedene weitere Konzepte und Sachverhalte, die einen Einfluss auf die Integration von interner und externer Berichterstattung haben können. Siehe hierzu Abschnitt 2.4.
27 Im Folgenden IAS 39 genannt.
28 Vgl. KPMG (2007), S. 217 f.

Herausforderungen für eine Integration dar, die in Abbildung 2 nach Schwerpunktthemen differenziert dargestellt und anschließend erläutert werden.[29]

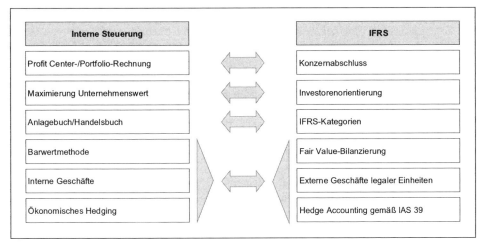

Abbildung 2: Schwerpunktthemen der Integration[30]

Profit Center-/Portfoliorechnung – Konzernabschluss

Die interne Steuerung ist in erster Linie darauf ausgerichtet, einzelne im Unternehmen definierte *Profit Center* oder *Portfolien*[31] zu steuern. Die externe Rechnungslegung dagegen soll einen ganzheitlichen Überblick über den Konzern und seine rechtlichen Einheiten geben. Zu einer Annäherung kommt es dann über die Verpflichtung zu einer Segmentberichterstattung gemäß den Anforderungen des IFRS 8 – *Geschäftssegmente*.[32] Mit dem IFRS 8 ist anstelle des bisher zugrunde gelegten *Risk and Reward Approach* des IAS 14 – *Segmentberichterstattung* der *Management Approach* anzuwenden.[33] Beim *Management Approach* wird davon ausgegangen, dass von internen Entscheidungsträgern verwendete interne Daten eine grundsätzliche Bedeutung für externe Adressaten haben und daher eine geeignete Grundlage für die externe Berichterstattung darstellen.[34]

---

29 Vgl. Kilic/Hermann/Salberg (2005), S. 18.
30 In Anlehnung an Kilic/Hermann/Salberg (2005), S. 18.
31 Die HVB bezeichnet *Profit Center* oder *Portfolien* als Steuerungseinheiten.
32 Der Standard IFRS 8 ist verpflichtend ab dem 01.01.2009 anzuwenden und ersetzt die bisherigen Regelungen des IAS 14.
33 Siehe hierzu den Beitrag von Dassler in diesem Buch.
34. Vgl. Adler/Düring/Schmaltz (2007), Abschnitt 28.

IFRS 8 fordert von den publizierenden Unternehmen die Orientierung der externen Segmentberichterstattung an intern verwendete Steuerungs- und Berichtsgrößen, das heißt, er orientiert sich an der Art und Weise wie das Management die Geschäftsbereiche im Unternehmen organisiert hat, um Entscheidungen über Ressourcenallokationen zu treffen und die Finanz- und Ertragskraft des Unternehmens zu messen.[35] Ziel der Segmentberichterstattung ist es demnach, dem externen Abschlussadressaten dieselben Informationen zur Verfügung zu stellen, die das Management als Basis für seine Investitionsentscheidungen und zur Beurteilung der Performance des Unternehmens nutzt. Konsequenterweise basieren die der Segmentberichterstattung zugrunde gelegten Daten nicht notwendigerweise auf den Bilanzierungs- und Bewertungsmethoden des IFRS-Abschlusses, sondern werden aus dem internen Berichtswesen abgeleitet, sodass hierbei auch Bewertungsmethoden und Messgrößen aus dem internen Berichtswesen wiedergegeben werden.[36] Lediglich in der Summe erfolgt dann eine Überleitung auf die IFRS-Werte der einzelnen Messgrößen.

Der Umfang der Überleitung ist hierbei abhängig von der Art und dem Umfang der bisherigen Unterschiede zwischen dem internen und externen Berichtswesen.[37] Bei entsprechend großen Divergenzen zwischen beiden Bereichen besteht ein erheblicher Überleitungs- und Erläuterungsaufwand.

Maximierung Unternehmenswert – Investorenorientierung[38]

Die ökonomische Steuerung ist ein Instrument der Unternehmensleitung, das der Maximierung des Unternehmenswertes (repräsentiert durch die oberste Leitkennzahl EVA) dienen soll. Den Gedanken einer *Fair Presentation* zur Information potenzieller und gegenwärtiger Kapitalmarktteilnehmer erfüllt auch die externe IFRS-Berichterstattung. Dadurch kommt es zu einer Annäherung der Interessen von Managern und Aktionären, da die Performance des Unternehmens für beide Adressatenkreise nach dem ökonomischen Gewinn bemessen wird.

Anlagebuch/Handelsbuch – IFRS-Kategorien nach IAS 39

Die ökonomische Steuerung fokussiert bei der Einteilung der finanziellen Vermögensgegenstände auf die von der grundsätzlichen Intention der Geschäfte abhängige Unterscheidung zwischen *Anlage- und Handelsbuch*[39], das heißt Bestände, die einem längerfristigen, strategischen Investment wie auch Bestände, die zur kurzfristigen Erzielung von Erträgen dienen. Die Kategorisierung von finanziellen Vermögenswerten gemäß IFRS verfolgt ebenfalls ähnli-

---

[35] Vgl. KPMG (2008), S. 1047.
[36] Vgl. KPMG (2008a), S. 4.
[37] Vgl. Baetge/Haenelt (2008), S. 46, 49.
[38] Siehe hierzu Abschnitt 2.3.
[39] Hierbei spielt auch die nach § 10 KWG geforderte unterschiedliche Eigenkapitalunterlegung der beiden Teile eine wesentliche Rolle.

che Ziele, wenngleich diese sich nicht vollständig an der ökonomischen Betrachtungsweise orientieren. So sind finanzielle Vermögenswerte gemäß IAS 39 beim Erstzugang den Kategorien *Financial Assets at Fair Value through Profit and Loss*[40], *Loans and Receivables*, *Held to Maturity* sowie *Available for Sale* zuzuordnen.[41] Derivate sind grundsätzlich, sofern sie nicht in Hedge-Beziehungen designiert werden, unabhängig von der Intention bei Geschäftsabschluss, als *Held for Trading* zu klassifizieren.[42] Die finanziellen Verbindlichkeiten sind den Kategorien *Other Financial Liabilities* oder *Financial Liabilities at Fair Value through Profit or Loss*[43] zuzuordnen. Nach dieser initialen Kategorisierung bei Geschäftsabschluss richtet sich dann auch, ob die Folgebewertung[44] der finanziellen Vermögenswerte und finanziellen Verbindlichkeiten zum *Fair Value* oder zu fortgeführten Anschaffungskosten erfolgt.[45]

Zur Vermeidung umfangreicher Bestandsabstimmungen und der Erstellung von Überleitungsrechnungen der Ergebniskomponenten muss es das Ziel des Instituts sein, die Portfoliodefinition zum Zwecke der ökonomischen Steuerung und für IFRS-Zwecke weitestgehend anzugleichen.[46]

Barwertmethode, interne Geschäfte, ökonomisches Hedging – Fair Value-Bilanzierung, externe Geschäfte, Hedge Accounting (IAS 39)

Eines der grundlegenden Themen der ökonomischen Steuerung ist die interne Steuerung von Zinsbüchern, die bei Kreditinstituten heute in der Regel auf Basis der Barwerte erfolgt. Dies geschieht oftmals auch unter dem Einsatz interner Derivate.

Dabei werden häufig interne Absicherungsgeschäfte zwischen Anlage- und Handelsbuch abgeschlossen. Dies wird auch als *ökonomisches Hedging* bezeichnet. Die davon abweichende Behandlung von Bewertungsänderungen gemäß IAS 39 führt zu sogenannten *Accounting Missmatches*[47], da die Grundgeschäfte (vor allem Kredite) zu fortgeführten Anschaffungskosten[48] bewertet und die Zinszahlungen im Zinsergebnis erfasst werden.[49] Externe Derivate des

---

[40] Unterkategorien sind hierbei *Financial Assets Held for Trading* und *Financial Assets Designated at Fair Value through Profit and Loss*.
[41] Gemäß IAS 39.9.
[42] Gemäß IAS 39.9.
[43] Unterkategorien sind hierbei *Financial Liabilities Held for Trading* und *Financial Liabilities Designated at Fair Value through Profit and Loss*.
[44] Gemäß IAS 39.46; siehe hierzu auch KPMG (2008), S. 434 ff.
[45] Eine Überleitung von Anlage- und Handelsbuch zu den korrespondierenden IFRS-Kategorien könnte über die Depot-ID erfolgen.
[46] Eine Lösungsmöglichkeit ist die weitestgehende Übereinstimmung von Frontoffice-Portfolien und IFRS-Kategorien.
[47] Abweichung der buchhalterischen Ergebnisdarstellung von der ökonomischen Ergebnisdarstellung.
[48] *Amortized Costs.*
[49] Gemäß IAS 39.

Anlage- und Handelsbuchs werden nach den IFRS zum *Fair Value* bewertet. Die Ergebniswirkungen dieser Geschäfte werden abhängig von der ökonomischen Zuordnung im Zins-, Handels- oder Hedge Accounting-Ergebnis[50] ausgewiesen.

Interne Geschäfte werden in der ökonomischen Steuerung zur Abbildung von Geschäftsbeziehungen zwischen Segmenten und Profit Centern eingesetzt. Dies ermöglicht die interne Leistungsverrechnung und dient der verursachergerechten Ergebnisermittlung auf Segment- und Profit Center-Ebene. Die Ergebnis- und Bewertungseffekte aus *internen Geschäften* müssen bei der Erstellung des IFRS-Abschlusses eliminiert und dürfen auch nicht bilanziert werden.[51] Dies führt ebenfalls zu einer Ungleichbehandlung gegenüber der ökonomischen Abbildung und Transformation von Risiken im Anlage- und Bankbuch. Erfolgswirksame Bewertungseffekte werden daraufhin in der Gewinn- und Verlustrechnung (GuV) häufig nur einseitig erfasst, da das interne Sicherungsgeschäft zwischen Anlage- und Handelsbuch entfällt. Die abgesicherten Grundgeschäfte des Bankbuches werden regelmäßig zu fortgeführten Anschaffungskosten bewertet, und das externe Derivat des Handelsbuches wird mit der entsprechenden Marktwertveränderung erfolgswirksam erfasst. Die Hedge Accounting-Vorschriften des IAS 39[52] können dieses Problem nicht ohne Weiteres lösen, da die bestehenden Voraussetzungen gemäß IAS 39.88 hierfür häufig nicht erfüllt werden (es bestehen zum Beispiel interne Derivate als Sicherungsgeschäfte) oder nur über aufwändige Hilfslösungen und ressourcenintensive Änderung der bestehenden Prozesse und Geschäftsabläufe erfüllt werden.[53]

Die unterjährige Steuerung der Ergebnisauswirkungen von sich ergebenden *Accounting Mismatches* kann zudem dazu führen, dass zur Vermeidung von nicht gewünschten Volatilitäten im Abschluss unterjährig Geschäfte abgeschlossen werden, die aus rein ökonomischer Sicht nicht abgeschlossen worden wären.[54]

Da die Ansatz- und Bewertungsvorschriften der IFRS „nicht überall der ökonomischen Realität folgen",[55] ergeben sich hieraus die zentralen Herausforderungen bei der Integration der beiden Sichtweisen.[56] Am Beispiel der HVB werden im Folgenden Konzepte zur Integration für ausgewählte Themenbereiche der ökonomischen Steuerung aus Praxissicht dargestellt.

---

[50] Vgl. Löw (2006), S. 21 f.
[51] IAS 39.73.
[52] IAS 39.71ff beziehungsweise IAS 39.85ff.
[53] Zur weiteren Diskussion von Hedge Accounting sowie der Fair Value-Option nach IAS 39 siehe hierzu Schmidt (2007), S. 262 - 274 und Löw/Blaschke (2005), S. 1727 ff.
[54] Die Erfassung der internen Geschäfte erfolgt oftmals in den Frontoffice-Systemen. Dies geschieht jedoch nicht im externen Rechnungswesen. Es sind Überleitungsrechnungen und Kennzeichnungen der internen Geschäfte zu implementieren, die sicherstellen, dass die extern zu berichtenden Ergebnisse planbar und insbesondere ökonomisch erklärbar sind.
[55] Kilic/Hermann/Salberg (2005), S. 20.
[56] Beispielhaft ist hier die Behandlung der finanziellen Vermögenswerte im Anlage-/Bankbuch aufgeführt, deren Überleitbarkeit zu den IFRS-Kategorien häufig nur durch Portfolienanpassungen in den Frontoffice-Systemen möglich wird. Diese Themen ziehen deshalb häufig einen erheblichen Investitionsbedarf insbesondere im IT-Bereich nach sich.

3. Auswirkungen der IFRS-Rechnungslegung auf die interne Gesamtbanksteuerung der HVB

Die HVB hat 1998 die Umstellung der externen Rechnungslegung von HGB auf IFRS vollzogen.[57] Mit Beginn des Geschäftsjahres 2007 hat die HVB erste Überlegungen zur Integration der Gesamtbanksteuerung auf Basis der IFRS, die bisher auf Basis von ökonomischen Werten erfolgt, angestellt. Diese ersten Überlegungen wurden zunächst auf die Division *Markets und Investment Banking* beschränkt.

3.1 Einführung in die Organisationsstruktur und die Gesamtbanksteuerung der HVB

Die marktbezogenen Geschäftsaktivitäten der HVB Gruppe gliedern sich in die vier global agierende Divisionen[58] *Privat- und Geschäftskunden*, *Wealth Management*, *Firmen- und kommerzielle Immobilienkunden* sowie *Markets und Investment Banking* (MIB), die jedoch je nach Größe der Division in weitere Steuerungseinheiten unterteilt sind (siehe Abbildung 3).

Ziele der ökonomischen Steuerung der HVB sind insbesondere die Investition und der wertorientierte Einsatz der Kapitalressourcen in Geschäftsaktivitäten mit attraktiven Rendite-Risiko-Relationen.[59] Im Rahmen der von der HVB intern verfolgten *Gesamtbanksteuerung*[60] wird den Geschäftsbereichen der HVB *ökonomisches Kapital*[61] zugeteilt. Die Größe wird mit Verzinsungsansprüchen, die aus den Erwartungen des Kapitalmarktes abgeleitet werden, belegt. Auf der Ebene der Einzelgeschäftssteuerung sind die Kennzahlen EVA und RaRoRac in der Vertriebssteuerung implementiert.

---

[57] Vgl. Bayerische Hypo- und Vereinsbank (1999), Teil: Konzernlagebericht Financial Review HVB, S. 1.
[58] Die HVB bezeichnet die Geschäftsbereiche als Divisionen. Im Folgenden wird deshalb der Begriff Divisionen verwendet.
[59] Vgl. Bayerische Hypo- und Vereinsbank (2008), S. 86.
[60] Als Gesamtbanksteuerung wird die Steuerung auf Basis von ökonomischen Kapitalanforderungen verstanden.
[61] Das ökonomische Kapital ist der Maßstab für das ökonomische Risiko.

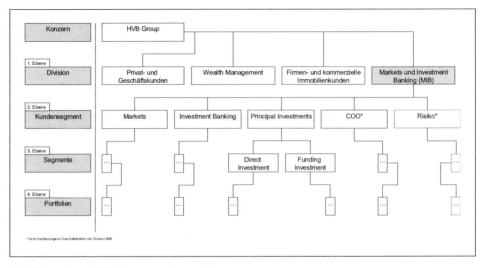

Abbildung 3: HVB Organisationsstruktur

3.2 Ansätze zur Optimierung der Gesamtbanksteuerung der HVB unter Berücksichtigung der IFRS

Im Zuge der Konvergenzentwicklungen von externer Rechnungslegung nach IFRS und ökonomischer Steuerung hat sich die HVB entschieden, mögliche Integrationsansätze für eine Gesamtbanksteuerung aus ökonomischer Sicht zu prüfen. Ein wesentlicher Aspekt ist dabei der desaggregierte Ausweis von IFRS-Ergebnisgrößen auf Profit Center-/Portfolioebene bei der HVB.

Profit Center-/Portfoliorechnung versus Konzernabschluss

Die HVB wird anhand der Steuerungseinheiten unterhalb der Divisionsebene gesteuert. Als Kerngröße der internen Steuerung dient bei EVA die GuV-Größe *Ergebnis nach Steuern* auf Basis der IFRS-Ergebnisgrößen und nicht der Werte aus der internen Finanzberichterstattung. diese Größe gilt sowohl als Konvention für die externe Berichterstattung als auch als Maßstab des Erfolges für das wirtschaftliche Handeln des Instituts und des Managements. Den einzelnen Entscheidungsträgern werden dabei ihr geleisteter Beitrag zur Unternehmenswertsteigerung und die damit verbundene finanzielle Kompensation transparent gemacht.

Die Größe EVA[62] kann zur besseren Operationalisierbarkeit auf Divisionen und weiter darunterliegende Steuerungseinheiten desaggregiert werden, um eine Feinsteuerung zu erreichen. Dagegen werden die IFRS-Ergebnisgrößen lediglich auf Ebene der HVB Group ermittelt und anschließend per Top-down-Verfahren im Rahmen der externen Segmentberichterstattung je Division ausgewiesen. Grundlage der Segmentberichterstattung ist dabei die interne Organisations- und Managementstruktur sowie die interne Finanzberichterstattung. Jedoch ist aktuell in der internen Finanzberichterstattung eine durchgängige Ermittlung von IFRS-Ergebnisgrößen auf Ebene der Divisionen und darunterliegender Steuerungseinheiten nicht möglich.

Da die IFRS lediglich auf Gesamtbankebene als Wertgrundlage dienen, kann es vorkommen, dass sich die Ergebnisbeiträge einzelner Steuerungseinheiten nur in der internen Berichterstattung widerspiegeln und nicht in die Steuerungsgröße EVA eingehen. Ziel der Integration von IFRS-Ergebnisgrößen in die Gesamtbanksteuerung ist jedoch die Schaffung einer besseren Operationalisierbarkeit des Ergebnisbeitrags einzelner Steuerungseinheiten zur Erhöhung der Unternehmensperformance zur internen und externen Kommunikation. Daher beabsichtigt die HVB, zukünftig IFRS-Ergebnisgrößen bereits auf Divisionsebene und den darunterliegenden Steuerungseinheiten zu generieren und diese anschließend auf Divisionsebene zu aggregieren.

Interne Geschäfte versus externe Geschäfte legaler Einheiten

Um die IFRS-Zahlen auf der Ebene der Divisionen oder darunterliegender Steuerungseinheiten zu erhalten, müssen die internen Leistungsbeziehungen, insbesondere die Refinanzierungs- beziehungsweise Geldanlagegeschäfte, zwischen den einzelnen Steuerungseinheiten als *interne Geschäfte* erfasst und im Hauptbuch beziehungsweise in den IFRS-Nebenbüchern verarbeitet werden. Die internen Leistungsbeziehungen zwischen den einzelnen Steuerungseinheiten sind als *interne Geschäfte* zu erfassen und im Hauptbuch beziehungsweise in den IFRS-Nebenbüchern (ähnlich wie bei externen Geschäften) zu verarbeiten. Einen wesentlichen Unterschied zu *externen Geschäften* stellt dabei der fehlende *externe Zahlungsabfluss intern durchgeführter Geschäfte* dar. Dies betrifft insbesondere die Refinanzierungs- und Geldanlagegeschäfte. Für Zwecke der Gesamtbilanz muss deshalb sichergestellt werden, dass aus diesen internen Geschäften keine Ergebniswirkungen resultieren.

Die internen Geschäfte werden heute in der Regel nur in den marktnahen Frontoffice-Systemen erfasst und werden somit nicht durchweg buchhalterisch verarbeitet. Interne Geschäfte werden demnach vielfach nur im Rahmen des Management Reportings berücksichtigt. Bei einer Berücksichtigung von internen Geschäften im externen Rechnungswesen sind Prozesse aufzusetzen, die sicherstellen, dass sich unter Berücksichtigung der internen Geschäfte keine Ergebnisauswirkungen auf die GuV ergeben.[63]

---

62 Ebenfalls auch die Größe RaRoRac.
63 IAS 39.73 in Verbindung mit IAS 39.IG. F.1.5, F.1.6 und F.1.14.

Zusammenfassung

Für die Integration der IFRS in die interne Steuerung der HVB sollen IFRS-Ergebnisgrößen bereits auf der Portfolioebene ermittelt werden. Die einem Portfolio zuordnenbaren Geschäftsvorfälle müssen somit eindeutig den kleinsten ergebnisverantwortlichen Steuerungseinheiten – also den Portfolien – zugeordnet werden, um IFRS-Ergebnisgrößen auf dieser Ebene ermitteln zu können. Dabei ist datentechnisch sicherzustellen, dass alle Geschäfte mit einem entsprechenden Merkmal versehen sind, sodass die Ergebniszahlen für die einzelnen Steuerungseinheiten ermittelt und anschließend auf höherer Ebene aggregiert werden können.

Vor diesem Hintergrund hat die Integration von IFRS in die interne Steuerung bei der HVB im Wesentlichen sowohl die Behandlung der internen Geschäfte als auch die eindeutige Zuordnung der Geschäftsvorfälle auf Portfolioebene folgende Auswirkungen auf Methoden, Prozesse und IT-Systeme der HVB, deren Umsetzungsintensität zu prüfen ist:

- Methoden:
  - Abbildung von internen Leistungsbeziehungen und Refinanzierungs- und Geldanlagegeschäften in den relevanten Front- und Backoffice-Systemen
  - buchhalterische Abbildung und Verarbeitung von internen Geschäften in den Nebenbüchern und dem Hauptbuch
  - Ermittlung von GuV-Zahlen auf Basis von IFRS-Werten für einzelne Portfolien
- Prozesse:
  - Implementierung von Prozessen, die sicherstellen, dass keine Ergebniseffekte für die Gesamtbank-GuV aus internen Geschäften resultieren (*Konsolidierung der Portfolien*)
  - Implementierung von Abstimmprozessen, die sicherstellen dass der Gesamtsaldo aus internen Geschäften in der externen Rechnungslegung immer ausgeglichen ist (*Null-Saldo*)
- IT-Systeme:
  - Implementierung einer IT-technischen Kennzeichnung der einzelnen Transaktionen mit einem Merkmal (dem Profit Center-Kennzeichen)
  - Implementierung von IT-Reports zur Auswertung von Konten nach dem Merkmal Profit Center-Kennzeichen

Die derzeitigen Anforderungen an Methoden, IT-Systeme und Prozesse, die für die Ermittlung von IFRS-Zahlen auf Portfolioebene erforderlich sind, konnten mit der aktuellen Infrastruktur in der HVB nicht erfüllt werden. Aus diesem Grunde hat die Bank sich entschlossen, eine Implementierung der IFRS-Zahlen erst mit der Erneuerung der Rechnungswesensysteme umzusetzen. Eine vollständige Umsetzung wird dann in weiteren Schritten erfolgen.

4. Fazit

Die Konvergenz von internem und externem Rechnungswesen bedingt, wie in den vergangenen Abschnitten beschrieben, eine ausführliche Analyse der zur Verfügung stehenden Prozesse und Systeme unter Beachtung der internen Organisationsstruktur.

Durch die Fokussierung des externen Rechnungswesens auf die Gesamtbilanz stehen im Rechnungswesen detaillierte Daten auf einer tieferen Steuerungsebene vielfach nicht zur Verfügung. Es wird im externen Rechnungswesen zunehmend von Bedeutung sein, die Datenverfügbarkeit für diese Art der Auswertungen deutlich zu erhöhen. Um dies zu erreichen, ist es jedoch erforderlich, die Systeme – vom Frontoffice bis zum Rechnungswesen des Kreditinstitutes – entsprechend zu erweitern. Insbesondere die tägliche Verfügbarkeit der IFRS-Ergebnisgrößen und ökonomischen Ergebniszahlen, die Abbildung der internen Geschäftsbeziehungen im internen Rechnungswesen sowie die Ermittlung der IFRS-Ergebnisgrößen auf Ebene der steuerungsrelevanten Steuerungseinheiten und die damit verbundene anschließende Aggregation derselben stehen dabei im Fokus.

Durch die Ermittlung von IFRS-Ergebnisgrößen auf Ebene der ökonomischen Ergebniszahlen wird die Überleitbarkeit erleichtert und somit die Transparenz deutlich erhöht. Die Finanzfunktion der Kreditinstitute verbessert auf diese Weise die Bereitstellung von zielgerichteten und steuerungsrelevanten Informationen für die Entscheidungsträger. Durch eine Integration von IFRS-Ergebnisgrößen in die ökonomische Steuerung können identische Steuerungsgrößen sowohl zur internen Management-Kommunikation als auch für die externe Kapitalmarktkommunikation herangezogen werden.

Literaturverzeichnis

ADLER/DÜRING/SCHMALTZ (2007): Rechnungslegung nach Internationalen Standards, 6. Auflage, Stuttgart 2007.

BAETGE, J. (1997): Gesellschafterorientierung als Voraussetzung für Kunden- und Marktorientierung, in: Bruhn, M. (Hrsg.) u. a.: Marktorientierte Unternehmensführung, Festschrift für Heribert Meffert, Wiesbaden 1997, S. 103 - 117.

BAETGE, J./NOELLE, J. (2001): Shareholder-Value-Reporting sowie Prognose- und Performancepublizität, in: Zeitschrift für kapitalmarktorientierte Rechnungslegung, 1. Jahrgang (2001), Heft 4, S. 174 - 180.

BAETGE J./HAENELT T. (2008): Kritische Würdigung der neu konzipierten Segmentberichterstattung (IFRS 8) unter Berücksichtigung prüfungsrelevanter Aspekte, in: Zeitschrift für Internationale Rechnungslegung, 3. Jahrgang (2008), Heft 1, S. 43 - 50.

BAYERISCHE HYPO- UND VEREINSBANK AG (2008): Geschäftsbericht 2007, München 2008.

BAYERISCHE HYPO- UND VEREINSBANK AG (1999): Geschäftsbericht 1998, München 1999.

BÖCKING, H. J./NOWAK K. (1999): Das Konzept des Economic Value Added, In: Finanz Betrieb,1. Jahrgang, Heft 10, S. 281 - 288.

EWERT, R./WAGENHOFER, A. (2000): Interne Unternehmensrechnung, 4. Auflage, Berlin 2000.
HAHN, D./HUNGENBERG, H. (2001): PuK, Planung und Kontrolle, Planungs- und Kontrollsysteme, Plannungs- und Kontrollrechnung, Wertorientierte Controllingkonzepte, Wiesbaden 2001.
KILIC, C./HERMANN, M./SALBERG, J.(2005): Integrated Reporting – Integrierte Gesamtbanksteuerung als Konsequenz der IFRS-Einführung, Internet: http://www.ifb-group.com/html/download/fachartikel/2005/Artikel_Annual_2005/IntegratedReporting_ifbAnnual2005.pdf, Stand: 2005, Abruf: 15.01.2009, 11:03 Uhr, S. 18 - 21.
KPMG (2007): International Financial Reporting Standards, Einführung in die Rechnungslegungs nach den Grundsätzen des IASB, 4. Auflage, Stuttgart 2007.
KPMG (2008): Insights into IFRS, 5. Auflage, London 2008.
KPMG (2008a): IFRS aktuell, 3. Auflage, Stuttgart 2008.
KRUMNOW, J. (2001): Bilanzierung ist ein dynamischer Prozess – Zahlreiche Fragen zu Standards noch unbeantwortet – IAS dominieren Diskussion, In: Börsen-Zeitung vom 30.01.2001, S. 18.
LÖW, E. (2006): Ausweisfragen in Bilanz und Gewinn- und Verlustrechnung bei Financial Instruments. In: Zeitschrift für kapitalmarktorientierte Rechnungslegung, 6. Jahrgang (2006), Heft 3 Beilage 1, S. 3 - 31.
LÖW, E./BLASCHKE, S. (2005): Verabschiedung des Amendment zu IAS 39 Financial Instruments: Recognition and Measurement – The Fair Value Option, In: Betriebs-Berater, 59. Jahrgang (2005), Heft 32, S. 1727 - 1736.
NAUMANN, T. K. (2004): Harmonisierung von Financial und Management Accounting im Bankenbereich, in: Lange, T. A./Löw, E.: Rechnungslegung, Steuerung und Aufsicht von Banken, Festschrift zum 60. Geburtstag von Jürgen Krumnow, Wiesbaden 2004, S. 187 - 205.
PELGER, C. (2008): Ansatzpunkte und zweifelhafte Anreizwirkungen: Entwicklungen in den IFRS und der Zusammenhang zur Unternehmenssteuerung, In: Zeitschrift für kapitalmarktorientierte Rechnungslegung, 8. Jahrgang (2008), Heft 9, S. 565 - 574.
SCHIERENBECK, H. (2001): Ertragsorientiertes Bankmanagement, Band 1: Grundlagen, Marktzinsmethode und Rentabilitäts-Controlling, 7. Auflage, Wiesbaden 2001.
SCHIERENBECK, H./LISTER, M./KIRMSSE, S. (2008): Ertragsorientiertes Bankmanagement, Band 2: Risiko-Controlling und integrierte Rendite-/Risikosteuerung, Wiesbaden 2008.
SCHMIDT, M. (2007) Interne Sicherungsgeschäfte in der IFRS-Rechnungslegung von Banken, In: Zeitschrift für kapitalmarktorientierte Rechnungslegung, 7. Jahrgang (2007), Heft 5, S. 262 - 274.
SIMONS, D./WEISSENBERGER, B. E. (2008): Die Konvergenz von externem und internem Rechnungswesen – Kritische Faktoren für die Entwicklung einer partiell integrierten Rechnungslegung aus theoretischer Sicht, In: Zeitschrift für betriebswirtschaftliche Forschung und Praxis, 62. Jahrgang, Heft 2, S. 137 - 160.
VELTHUIS, L. J./WESNER, P./SCHABEL, M. M. (2006): Fair Value und internes Rechnungswesen: Irrelevanz, Relevanz und Glauben, In: Zeitschrift für kapitalmarktorientierte Rechnungslegung, 6. Jahrgang (2006), Heft 7 und 8, S. 458 - 466.

Integrated Finance & Risk im Rahmen der Offenlegung am Beispiel des Eigenkapitals

Ümit Bilgili / Andrea Schade

1. Einleitung

2. Darstellung des Eigenkapitals
    2.1 Bilanzielles Eigenkapital
    2.2 Aufsichtsrechtliches Eigenkapital
    2.3 Ökonomisches Eigenkapital
    2.4 Die Eigenkapitalarten im Überblick

3. Offenlegungsanforderungen an das Eigenkapital
    3.1 Interne Rahmenbedingungen
    3.2 Externe Anforderungen
        3.2.1 Anforderungen gemäß IFRS
        3.2.2 Anforderungen gemäß Solvabilitätsverordnung
        3.2.3 Anforderungen gemäß DRS
        3.2.4 Anforderungen gemäß externer Ratingagenturen
        3.2.5 Anforderungen gemäß Konzernabschlussüberleitungsverordnung

4. Fazit

Literaturverzeichnis

1. Einleitung

Die vergangenen Jahre der Bankenlandschaft waren geprägt durch massive Änderungen hinsichtlich aufsichtsrechtlicher Anforderungen, Bilanzierungsvorschriften und rasanten Weiterentwicklungen interner Steuerungsmodelle. Besondere Aufmerksamkeit gilt in diesem Zusammenhang den Veränderungen nach Basel II und den International Financial Reporting Standards (IFRS)[1], da sich hier ein Harmonisierungsprozess zwischen extern zu berichtenden Zahlen und Informationen sowie der im Rahmen der Gesamtbanksteuerung anzuwendenden Größen ankündigt.

Erklärtes Ziel des unter dem Begriff *Basel II* bekannt gewordenen Rahmenwerkes ist es, die regulatorischen Eigenkapitalanforderungen weitgehend an die ökonomischen anzupassen.[2] Dies erfolgt zum Beispiel bei der Unterlegung des Kreditrisikos mit Eigenkapital durch die Anwendung von auf internen Ratings basierenden Ansätzen.

Bezogen auf die IFRS zeichnen sich Harmonisierungsbestrebungen insbesondere durch die Forderung nach der Offenlegung von Kennzahlen und Steuerungsansätzen, die im Rahmen des *Management Approach* Anwendung finden, ab. So werden zum Beispiel in den Standards IAS 1[3] – *Darstellung des Abschlusses*, IFRS 7 – *Finanzinstrumente: Angaben* und IFRS 8 – *Geschäftssegmente* eine Offenlegung interner Berichtsgrößen des Kapitalmanagements, des Risikomanagements und der Geschäftsfeldrechnung gefordert.

Seit der Veröffentlichung des IFRS 7 und den Änderungen im IAS 1 im Jahr 2005 haben Forderungen nach einer transparenten Darstellung des Eigenkapitals und der Veröffentlichung von Angaben zu den von Kreditinstituten gesetzten Kapitalzielen zugenommen.

Ziel dieses Beitrages ist es, einen Überblick über die vielfältigen Offenlegungsanforderungen zu geben. Darüber hinaus werden auch die Rahmenbedingungen beziehungsweise Anforderungen, die eine zentrale Stellung bezüglich der Bedeutung des Eigenkapitals und der Ermittlungsvorschriften innehaben, vorgestellt.

Eine zentrale Bedeutung im Spannungsfeld zwischen dem internen Management, aufsichtsrechtlichen Regelungen und bilanziellen Vorschriften nimmt der Begriff des *Eigenkapitals* ein, da eine ausreichende Eigenkapitalausstattung den Kreditinstituten als Auffangbecken für Verluste dienen soll und somit zur Stabilität des Finanzsystems beiträgt. Vor diesem Hintergrund ist die Regulierung des Eigenkapitals der Banken ein wichtiges Werkzeug der Bankenaufsicht. Die Höhe des jeweiligen Eigenkapitals setzt den Kreditinstituten eine Grenze in Bezug auf den Umfang risikobehafteter Geschäfte und bildet des Weiteren die Grundlage zur Sicherung der Zahlungsfähigkeit gegenüber den Gläubigern und den Kunden.

---

[1] Im Folgenden kurz IFRS genannt.
[2] Vgl. Deutsche Bundesbank (2002), S. 41.
[3] International Accounting Standard 1 (IAS 1).

Die Bilanzierungs-, Bewertungs- und Offenlegungsvorschriften nach IFRS beeinflussen maßgeblich, wenn auch in unterschiedlicher Form, die Bestimmungen und die Berichterstattung des bilanziellen, aufsichtsrechtlichen und ökonomischen Kapitals.

Vor diesem Hintergrund werden im vorliegenden Beitrag in Abschnitt 2 zunächst die unterschiedlichen Definitionen und Bestandteile folgender Eigenkapitalbegriffe vorgestellt:

- bilanzielles Eigenkapital,
- aufsichtsrechtliches Eigenkapital und
- ökonomisches Eigenkapital.

Im Anschluss daran werden in Abschnitt 3 die Offenlegungsvorschriften beziehungsweise die unterschiedlichen Anforderungen im Rahmen der Berichterstattung an das betreffende Eigenkapital dargestellt. Der Beitrag endet mit einem Fazit.

2. Darstellung des Eigenkapitals

In der Praxis haben sich aufgrund verschiedener interner und externer Anforderungen mehrere Definitionen und Ermittlungsvorschriften für das Eigenkapital etabliert. Sie lassen sich unterscheiden nach bilanzrechtlichen, aufsichtsrechtlichen und internen beziehungsweise risikoorientierten Kriterien. Da jedem Kapitalbegriff aufgrund seiner Zwecksetzung ein unterschiedliches Verständnis über das Eigenkapital und seiner Steuerungswirkung zugrunde liegt, werden die einzelnen Begriffe in diesem Abschnitt vorgestellt und voneinander abgegrenzt.

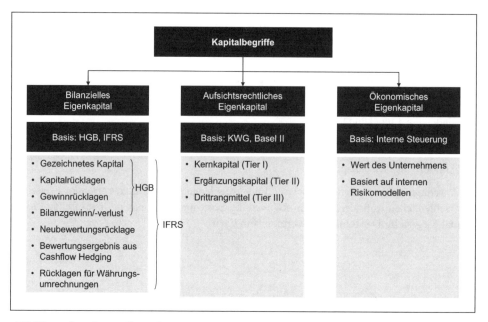

Abbildung 1: Darstellung der unterschiedlichen Kapitalbegriffe

2.1 Bilanzielles Eigenkapital

Für die Gliederung der handelsrechtlichen Bilanz der Kreditinstitute und den Ausweis des Bilanzpostens *Eigenkapital* sind durch die Kreditinstituts-Rechnungslegungsverordnung (RechKredV) geschäftszweigspezifische Formblätter sowie andere Gliederungsvorschriften vorgegeben. Diese Formblätter und Gliederungsvorschriften treten an die Stelle der allgemeinen handelsrechtlichen und für Kapitalgesellschaften anzuwendenden Vorschriften der §§ 266, 268 und 272 HGB. Im Übrigen gelten für die Gliederung der Bilanzen der Kreditinstitute die für alle Kaufleute und für große Kapitalgesellschaften verbindlichen Gliederungsvorschriften.

Das Eigenkapital von Kreditinstituten wird gemäß Formblatt 1 RechKredV in das gezeichnete *Kapital*, die *Kapitalrücklage*, die *Gewinnrücklagen*[4] und den *Bilanzgewinn/Bilanzverlust* untergliedert. Die Bilanz wird unter teilweiser oder vollständiger Berücksichtigung der Ergebnisverwendung aufgestellt, das heißt nach Dotierung von Gewinnrücklagen beziehungsweise nach Entnahmen aus Gewinn- oder Kapitalrücklagen. In der Bilanz der Kreditinstitute

---

[4] Die Gewinnrücklagen untergliedern sich in die gesetzlichen Rücklage, die Rücklagen für eigene Anteile, die satzungsmäßigen Rücklagen sowie die anderen Gewinnrücklagen.

ist deshalb als Unterposten des Eigenkapitals der Posten *Bilanzgewinn/Bilanzverlust* aufgeführt, der an die Stelle der in § 266 Absatz 3 A. IV. und V. HGB vorgeschriebenen Posten *Gewinnvortrag/Verlustvortrag* und *Jahresüberschuss/Jahresfehlbetrag* tritt. Die Untergliederung des Passivpostens *Eigenkapital* nach dem Formblatt 1 entspricht im Übrigen der in § 266 Absatz 3 A. HGB für Kapitalgesellschaften vorgeschriebenen Untergliederung. Für den Ausweis der Eigenkapitalbestandteile *gezeichnetes Kapital*, *Kapitalrücklage* und *Gewinnrücklagen* gelten die Regelungen des § 272 HGB. Nähere Erläuterungen zu den Inhalten der Eigenkapitalbestandteile sind in § 25 RechKredV zu finden. Für Kreditinstitute in der genossenschaftlichen Rechtsform sind in mehreren Fußnoten zum Formblatt 1 institutsspezifische Besonderheiten geregelt.

Das Rahmenkonzept der IFRS definiert Eigenkapital als den nach Abzug aller Schulden verbleibenden Restbetrag der Vermögenswerte des Unternehmens.[5] Eine mögliche Unterteilung hat sich an den Informationsinteressen der Abschlussadressaten auszurichten[6] und ist deshalb rechtsformspezifisch von den Kreditinstituten vorzunehmen. Obwohl die IFRS im IAS 1 keine expliziten Gliederungsvorschriften für den Bilanzposten vorsehen, wird das Eigenkapital der Kreditinstitute in der Praxis unterteilt in das *gezeichnete Kapital*[7], die *Kapitalrücklage*, die *Gewinnrücklagen*, die *Neubewertungsrücklage*, den *effektiven Teil des Bewertungsergebnisses aus Cashflow Hedges*, die *Rücklage für Währungsumrechnungen* sowie den *Bilanzgewinn* beziehungsweise *-verlust*.

Einen wesentlichen Unterschied der Eigenkapitaldefinition nach den handelsrechtlichen sowie nach den internationalen Rechnungslegungsvorschriften besteht in der Aufnahme der Fair Value-Änderungen im Eigenkapital, die ausschließlich nach den Vorschriften der IFRS zu berücksichtigen sind. Weitere bedeutende Unterschiede bestehen in folgenden Punkten:

- In der Korrektur des Eigenkapitals um solche Posten, die nach IFRS Fremdkapitalcharakter aufweisen.
- In der Absetzung der eigenen Anteile im Bestand des Eigenkapitals gemäß IAS 32.33 im Vergleich zu deren Aktivierung bei einen vorhandenen Wiederveräußerungsabsicht gegen eine Rücklage für eigene Anteile nach HGB § 272 Absatz 4 HGB.

In der Praxis ergeben sich große Herausforderungen bei der Abgrenzung der *Fremd- und Eigenkapitaltitel*, insbesondere bei den *zusammengesetzten Finanzinstrumenten*[8], *Derivaten in eigenen Aktien*[9], *Mezzanine-Finanzierungen*[10], *Anteile an Personengesellschaften* und *Genossenschaftsanteile* sowie *Aktienoptionen*, zum Beispiel für Mitarbeiter.[11] Insbesondere *emittierte stille Einlagen* und *Genussrechte* oder *Genossenschaftsanteile* bei Genossen-

---

5 F.49(c).
6 F.65 ff.
7 Unter Berücksichtigung einer eventuellen Absetzung von *eigenen Aktien* (*Treasury Shares*).
8 *Compound Instruments*.
9 Wie zum Beispiel die *Stillhalterposition* bei einer Kaufoption auf eigene Aktien.
10 Wie zum Beispiel Genussrechte und stille Beteiligungen.
11 Gemäß IFRS 2 – Aktienbasierte Vergütung.

schaftsbanken führen zu Unterschieden bei der Berücksichtigung im Fremd- und Eigenkapital in Bezug auf den Vergleich der HGB- und IFRS-Vorschriften.

Ein Eigenkapitalinstrument ist nach IAS 32.11 ein Vertrag, der einen Residualanspruch an Vermögenswerten eines Unternehmens nach Abzug aller dazugehörigen Schulden begründet. Die Abgrenzung des Fremd- und Eigenkapitals ist in IAS 32.16 ff. beschrieben und im IDW RS HFA 9 – *Einzelfragen zur Bilanzierung von Finanzinstrumenten nach IFRS* – weiter präzisiert:

Demnach ist nur dann ein Eigenkapitalinstrument gegeben, wenn das Finanzinstrument keine vertragliche Verpflichtung beinhaltet,

- flüssige Mittel oder einen anderen finanziellen Vermögenswert an ein anderes Unternehmen abzugeben (Zahlungsverpflichtung) oder

- finanzielle Vermögenswerte oder finanzielle Verbindlichkeiten mit einem anderen Unternehmen zu potenziell nachteiligen Bedingungen für den Emittenten auszutauschen.

Bei einer Verpflichtung zur Abgabe von flüssigen Mitteln oder anderen finanziellen Vermögenswerten kann der Inhaber eines Eigenkapitalinstruments das Recht auf eine Dividendenzahlung oder Gewinnausschüttung haben. Der Emittent unterliegt hierbei jedoch keiner vertraglich definitiven Verpflichtung zu solchen Ausschüttungen. Ausschüttungen können in diesem Zusammenhang nur vorgenommen werden, wenn der Vorstand einen Bilanzgewinn der Eigentümerversammlung zur Beschlussfassung präsentieren kann. Sobald jedoch eine definitive Verpflichtung vorliegt, die unabhängig vom Ergebnis des Unternehmens ausgeschüttet wird, ist das Finanzinstrument als *Fremdkapital* zu klassifizieren.

Die Abgrenzung als Eigen- oder Fremdkapital erfolgt nach dem wirtschaftlichen Gehalt des Finanzinstruments (IAS 32.18). Ein Finanzinstrument, das dem Inhaber zur Rückgabe an den Emittenten gegen flüssige Mittel oder andere finanzielle Vermögenswerte berechtigt (*kündbares Instrument* beziehungsweise *Puttable Instrument*) stellt eine finanzielle Verbindlichkeit dar. Beispielsweise fallen Anteile an Personengesellschaften und an Genossenschaften unter *kündbare Instrumente*, da diese ein gesetzliches Rückgaberecht beinhalten. Bei den Genossenschaftsanteilen handelt es sich um Eigenkapital, wenn das Kreditinstitut die Rücknahme verweigern kann (IFRIC 2). Durch die Anpassungen des IAS 32 im Februar 2008 wurden weitere Möglichkeiten eingeräumt, unter bestimmten Voraussetzungen kündbare Finanzinstrumente als *Eigenkapital* zu definieren.[12]

Jedoch steht bei beiden Definitionen das Eigenkapital für die Verlustdeckung ein, da eingetretene und über die Gewinn- und Verlustrechnung abgebildete Verluste das bilanzielle Eigenkapital mindern. Ein vollständiger Verbrauch des Eigenkapitals kann zum Beispiel zur Überschuldung und gegebenenfalls sogar zur Insolvenz führen.

---

[12] IAS 32.16 A und 16 B.

2.2 Aufsichtsrechtliches Eigenkapital

Das Eigenkapital wird nach den aufsichtsrechtlichen Anforderungen gesetzlich in den §§ 10 und 10a KWG geregelt. Es umfasst das Kern- und Ergänzungskapital sowie die Drittrangmittel. Das haftende Eigenkapital setzt sich unter Berücksichtigung bestimmter Abzugspositionen aus der Summe von Kernkapital und Ergänzungskapital zusammen. Das bankenaufsichtsrechtliche Eigenkapital wird als *Eigenmittel* bezeichnet. Grundlage für die Berechnung dieser Eigenmittel bildet die Verordnung über die angemessene Eigenmittelausstattung von Finanzinstituten, Finanzinstitutsgruppen und Finanzholdinggruppen (Solvabilitätsverordnung – SolvV), die am 01.01.2007 in Kraft getreten ist. Durch die SolvV wurden die Vorgaben des Rechts der Europäischen Gemeinschaften[13] in nationales Recht umgesetzt.

Die SolvV ersetzt den bis zu diesem Zeitpunkt gültigen Grundsatz I, mit dem bisher das haftende Eigenkapital berechnet wurde und konkretisiert die in § 10 und 10a KWG definierten Anforderungen der Eigenmittel der Kreditinstitute.

Durch den neu eingeführten § 26a KWG und die Einführung der SolvV wurden die erweiterten Offenlegungspflichten von Basel II in nationales Recht transformiert.

Ein Institut verfügt gemäß § 2 SolvV über angemessene Eigenmittel, wenn es täglich zum Geschäftsabschluss sowohl die Eigenkapitalanforderungen für Adressrisiken, das operationelle Risiko, als auch die Eigenmittelanforderung für Marktrisiken erfüllt. Die Eigenkapitalanforderungen begrenzen unmittelbar den Grad der Fremdfinanzierung eines Kreditinstituts. Die Eigenkapitalanforderungen werden erfüllt, wenn die für die einzelnen Risikokategorien ermittelten Anrechnungsbeträge das modifizierte verfügbare Eigenkapital nicht überschreiten (§ 3 SolvV).

Zwischen bilanziellem und aufsichtsrechtlichem Kapital bestehen Abhängigkeiten, da das aufsichtsrechtliche Kapital auf dem bilanziellen Kapital aufbaut. Es gelten dabei folgende Anforderungen:

- Aufsichtsrechtliches Kapital muss zu einem wesentlichen Teil aus bilanziellem Eigenkapital bestehen.
- Ergänzungskapital und Drittrangmittel dürfen prozentual abhängig nur gebildet werden, wenn bilanzielles Kapital vorliegt (Begrenzung durch Kernkapital).

Damit wirkt eine Reduktion des bilanziellen Kapitals auch reduzierend auf das aufsichtsrechtliche Kapital.

---

13 Richtlinie 2006/48/EG des Europäischen Parlaments und des Rates vom 14.06.2006 über die Aufnahme und Ausübung der Tätigkeit der Kreditinstitute und Richtlinie 2006/49/EG des Europäischen Parlaments und des Rates vom 14. Juni 2006 über die angemessene Eigenkapitalausstattung von Wertpapierfirmen und Kreditinstituten.

2.3 Ökonomisches Eigenkapital

Die Rahmenbedingungen der Konzeption und Implementierung einer Vorgehensweise zur Ermittlung und Sicherstellung der Risikotragfähigkeit und des Risikomanagements sind durch die Säule II der Baseler Rahmenvereinbarung (Basel II) und deren europäische Umsetzung definiert. Die Umsetzung in das nationale Recht erfolgte in § 25a Absatz 1 KWG. Die Konkretisierungen einzelner Anforderungen erfolgt in den Mindestanforderungen an das Risikomanagement[14], deren wesentlicher Bestandteil der ICAAP (*Internal Capital Adequacy Assessment Process*)[15] ist.

Das ökonomische Kapital repräsentiert das Eigenkapital, das vom Kreditinstitut selbst als notwendig erachtet wird beziehungsweise aufgrund eines umsichtigen Risikomanagements als notwendig angesehen werden sollte.[16] Auf der Grundlage des Gesamtrisikoprofils hat das Kreditinstitut gemäß den in den Mindestanforderungen an das Risikomanagement (MaRisk) definierten *Allgemeinen Anforderungen an das Risikomanagement* sicherzustellen, dass die wesentlichen Risiken durch das Risikodeckungspotenzial laufend abgedeckt sind und damit die Risikotragfähigkeit gegeben ist (MaRisk AT 4.1).

Für die Berechnung der Risikotragfähigkeit sind vor allem zwei Größen entscheidend:

- Das Risikodeckungspotenzial gibt Auskunft über das maximal verfügbare Kapital zur Risikoabsicherung.

- Die Risikodeckungsmasse besteht aus dem tatsächlich eingesetzten Kapital zur Risikoabsicherung, abhängig von der Risikoneigung und dem Risikodeckungspotenzial des jeweiligen Instituts.

Die Risikotragfähigkeit ist gegeben, wenn die Risikodeckungsmasse höher ist als der Risikokapitalbedarf.

Die nach einem Bilanz- und GuV[17]-orientierten Konzept zu berechnende Risikodeckungsmasse gibt Auskunft darüber, bis zu welcher Höhe unerwartete Verluste aus eingegangenen Risiken (Markt-, Adressenausfall- und sonstigen Risiken) tatsächlich durch das Kreditinstitut getragen werden können. Die Höhe des Risikokapitalbedarfs kann zum Beispiel über den

---

[14] MaRisk (2007).

[15] Der *Internal Capital Adequacy Assessment Process* (ICCAP) ist ein integraler Bestandteil der Mindestanforderungen an das Risikomanagement (MaRisk), mit dem die Anforderungen des § 25 a Absatz 1 KWG präzisiert werden.

[16] Vgl. Deutsche Bundesbank (2002), S. 46 - 47.

[17] Gewinn- und Verlustrechnung.

Value at Risk-Ansatz[18] berechnet werden, der durch ein bestimmtes Konfidenzniveau[19] individuell vom Kreditinstitut definiert wird.

Mit der Bestimmung des ökonomischen Eigenkapitals wird dem Kreditinstitut aufgezeigt, wie hoch der Kapitalbedarf aus betriebswirtschaftlicher Sicht ist.

Die Definition des ökonomischen Kapitals erfolgt bankspezifisch. Einerseits können sich Kreditinstitute an dem bilanziellen Kapital orientieren und hierzu institutsspezifische Anpassungen vornehmen. Eine einheitliche Abgrenzung des ökonomischen Kapitals gibt es jedoch nicht, obgleich moderne Eigenkapitalregeln auf den *Best Practices* der Banken aufbauen. Die Risikolage der einzelnen Bank bestimmt damit aus betriebswirtschaftlicher Sicht die Höhe des notwendigen ökonomischen Kapitals. Die meisten Banken verwenden einen Eigenkapitalbegriff zur Gesamtbanksteuerung, der sich eng an das bilanzielle Eigenkapital beziehungsweise an das Kernkapital des KWG anlehnt. Das ökonomische Kapital kann dabei neben dem bilanziellen Kapital als Basisgröße zum Beispiel auch *stille Reserven* und *Lasten* berücksichtigen. Institute, die sich am bilanziellen Kapital orientieren, sind in der Regel aktive Kapitalmarktteilnehmer, die auf externe Ratings großen Wert legen. Andererseits können Kreditinstitute Kapitalbestandteile berücksichtigen, die über die bilanzielle und aufsichtsrechtliche Kapitaldefinition hinausgehen können (zum Beispiel die anteilige Berücksichtigung von *Plangewinnen*).

Das ökonomische Kapital als Risikokapital des Kreditinstitutes, das zur Sicherstellung der Risikotragfähigkeit berechnet wird, wird im Rahmen der Unternehmenssteuerung als Verteilschlüssel genutzt. Das Risikokapital wird im Zuge der Planung und entsprechend der strategischen Ausrichtung durch die Geschäftsleitung auf die einzelnen Geschäftsfelder, Geschäftsbereiche und Risikoarten verteilt, um den identifizierten Risiken pro Geschäftsfeld im Sinne einer ausreichenden Risikotragfähigkeit genügend Eigenkapital für potenzielle Verluste zur Verfügung zu stellen. Dadurch kann die risikoorientierte Performance der Geschäftsfelder und Geschäftsbereiche gemessen, analysiert und gesteuert werden und eine optimale Kapitalallokation vorgenommen werden.

2.4 Die Eigenkapitalarten im Überblick

Zusammenfassend lassen sich die drei Kapitalbegriffe – *bilanzielles*, *aufsichtsrechtliches* und *ökonomisches Eigenkapital* – mit ihren einzelnen Bestandteilen wie in der folgenden Abbildung systematisieren.[20]

---

18 *Value at Risk* (VaR) ist eine Maßzahl, welche den Marktwertverlust eines Portfolios (in Währungseinheiten) angibt, der nur mit einer gegebenen Wahrscheinlichkeit (α) am Ende eines vorgegebenen Liquidationszeitraumes überschritten werden kann.
19 Ein Konfidenzniveau beschreibt den Grad der Sicherheit der Verlustschätzung. Seine Wahl ist abhängig von der Risikoneigung und der verfolgten Geschäftsstrategie des Kreditinstitutes.
20 Vgl. Deutsche Bundesbank (2002), S. 43.

	Eingezahltes Kapital (Geschäfts-, Grund-, Stamm-, Dotationskapital und Geschäftsguthaben) ohne Vorzugsaktien
	./. Eigene Aktien bzw. Geschäftsanteile (nur für Zweigstellen von Unternehmen mit Sitz im Ausland)
	+ Offene Rücklagen
	+ Vermögenseinlagen stiller Gesellschafter
	+ Bilanz- bzw. Zwischenbilanzgewinn
	./. Bilanz- bzw. Zwischenbilanzverlust
	./. Überschuss der Aktivposten über die Passivposten (nur für Zweigstellen von Unternehmen mit Sitz im Ausland)
	Bilanzielles Eigenkapital
Kernkapital	+ Sonderposten für allgemeine Bankrisiken nach § 340g HGB
	+ Im BaFin anerkanntes freies Vermögen
	+ Stille Reserven
	./. Stille Lasten
	./. Entnahmen und marktunübliche Kredite an Inhaber bzw. Gesellschafter
	./. Schuldenüberhang des Inhabers bzw. persönlich haftender Gesellschafter
	./. Gekündigte Geschäftsguthaben und Geschäftsguthaben ausscheidender Genossen
	./. Immaterielle Vermögensgegenstände
	./. Abzugsbeträge für IRBA – Institute (gilt nur für SolvV) 50% von (Wertberichtigungsfehlbeträge + erwartete Verluste aus Beteiligungen + ...) sowie negativer Ergänzungskapitalsaldo
	./. Korrekturposten gemäß § 10 Absatz 3b KWG **ökonomisches Eigenkapital (für Rating)**
Ergänzungskapital	+ Vorsorgereserven nach § 340f HGB
	+ Vorzugsaktien (abzüglich eigener Vorzugsaktien)
	+ Nicht realisierte Reserven (max. 1,4%)
	+ Rücklagen nach § 6b EStG zu 45%
	+ Genussrechtsverbindlichkeiten
	+ Berücksichtigungsfähiger Wertberichtigungsüberschuss (gilt nur für SolvV)
	+ Längerfristige nachrangige Verbindlichkeiten
	+ Haftsummenzuschlag
	./.Marktpflege in verbrieften eigenen nachrangigen Verbindlichkeiten
	./.Korrekturposten gemäß § 10 Absatz 3b und § 10 Absatz 2b Satz 2 KWG
Drittrangmittel	+ Nettogewinn (Glattstellung der Handelsbuchpositionen abzüglich voraussichtlicher Aufwendungen sowie potenzieller Liquidationsverluste)
	+ Kurzfristige nachrangige Verbindlichkeiten
	+ Ergänzungskapital oberhalb der Kappungsgrenze gemäß § 10 Absatz 2b Satz 2 und 3 KWG
	./.u. U. Marktpflegepositionen in kurzfristig schwer realisierbaren Aktiva (§ 10 Absatz 2c Satz 3 und 4 KWG)
	./.Verluste der Tochterunternehmen (nur Wertpapierhandelsunternehmen) gemäß § 10 Absatz 2c Satz 3 KWG
	./.Drittrangmittel oberhalb der Kappungsgrenzen gemäß § 10 Absatz 2c Satz 2 KWG **aufsichtsrechtliches Eigenkapital**

Abbildung 2:   *Systematische Darstellung unterschiedlicher Kapitalbegriffe mit Bestandteilen (in Anlehnung an Deutsche Bundesbank Monatsbericht)*[21]

Abbildung 2 verdeutlicht, dass die unterschiedlichen Eigenkapitalausprägungen Abhängigkeiten aufweisen. Das bilanzielle Eigenkapital stellt sowohl für das ökonomische als auch für das regulatorische Kapital die Basis für deren Berechnung dar. Der Verlust des bilanziellen Eigenkapitals (nach HGB wie auch nach IFRS) kann unter bestimmten Voraussetzungen sogar zum Entzug der Banklizenz führen.[22] Ökonomisches Kapital muss nach den Anforderungen der Kapitaladäquanz (ICAAP) im bilanziellen Eigenkapital nach IAS 1 seinen Niederschlag finden. Das KWG fordert eine Überleitung des bilanziellen Kapitalbegriffs auf das regulatorische Kapital. Das regulatorische Kapital wiederum stellt eine Vergleichs- und Bemessungsgröße für risikoorientierte interne Modelle dar. Das verfügbare Kapital begrenzt das Risikodeckungspotenzial und damit die Übernahmefähigkeit risikobehafteter Geschäftsaktivitäten. Die Relation von Eigenkapital zum Gesamtkapital beeinflusst zudem die Höhe der gesamtbankbezogenen Eigenkapitalrendite.

---

[21] Vgl. Deutsche Bundesbank (2002). S. 43.
[22] § 35 KWG.

3. Offenlegungsanforderungen an das Eigenkapital

Offenlegungs- und Berichtspflichten sind generell nach der internen und externen Ausrichtung zu unterscheiden. Das interne Berichtswesen hat zum Ziel, Wertschöpfungspotenziale aufzuzeigen und Risiken zu identifizieren. Das externe Berichtswesen ist durch die Forderung der Kapitalmärkte nach Transparenz und vergleichbaren Kennzahlen geprägt.

3.1 Interne Rahmenbedingungen

Damit das Berichtswesen der Aufgabe als Informationslieferant nachkommen kann, muss es verschiedene Anforderungen erfüllen, zum Beispiel objektiv, transparent und zeitnah, konsistent, adressatengerecht, wirtschaftlich und zuverlässig sein.

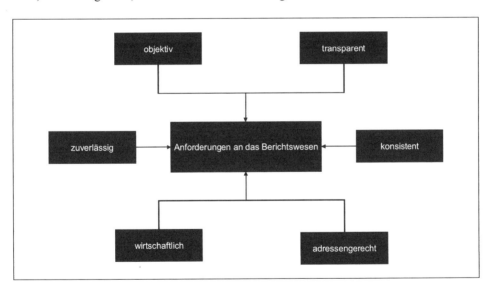

Abbildung 3: *Anforderungen an das Berichtswesen*

Im internen Berichtswesen existieren, im Gegensatz zu den externen Offenlegungsanforderungen, keine gesetzlichen Vorschriften hinsichtlich des Aufbaus und der Prozesse. Die Gestaltung richtet sich ausschließlich nach dem Informationsbedarf für die unternehmerischen Entscheidungen des Managements.

3.2 Externe Anforderungen

Ziel der externen Offenlegungsvorschriften ist es, Dritte (zum Beispiel Geschäftspartner, Anteilseigner und/oder die Belegschaft) über die wirtschaftliche Lage des Kreditinstitutes zu informieren.

Zentrale und aktuell häufig in der Fachliteratur diskutierte Offenlegungsanforderungen sind:

- Anforderungen gemäß IFRS
- Anforderungen gemäß SolvV
- Anforderungen gemäß DRS

Zusätzlich zu den Offenlegungsanforderungen existieren weitere Anforderungen, die eine zentrale Stellung bezogen auf die Bedeutung des Eigenkapitals und die Ermittlungsvorschriften haben:

- Anforderungen gemäß externer Ratingagenturen
- Anforderungen gemäß Konzernabschlussüberleitungsverordnung (KonÜV)

3.2.1 Anforderungen gemäß IFRS

Mit der Verabschiedung von IFRS 7 durch das International Accounting Standards Board (IASB) im Jahr 2005 wurde der IAS 1 um die Offenlegungspflichten zum Eigenkapital erweitert. Demnach sind Kreditinstitute verpflichtet, neben dem bilanziellen Eigenkapital auch Angaben zum ökonomischen Eigenkapital zu machen, die auf dem *Management Approach* basieren.[23] Ziel dieser Anforderung ist es, den Investoren durch eine erhöhte Transparenz die Möglichkeit zu geben, das Risikoprofil des Kreditinstitutes und die Reaktionsmöglichkeiten auf unerwartete negative Geschäftsentwicklungen (zum Beispiel Verluste) einschätzen zu können.

IAS 1 fordert eine Vielzahl an quantitativen und qualitativen Angaben zur Zusammensetzung und Entwicklung des Eigenkapitals. Das Eigenkapital ändert sich demnach aufgrund

- von realisierten[24] und unrealisierten Ergebnissen[25] und
- von Transaktionen mit Anteilseignern.[26]

---

[23] IAS 1.124A - 124C.
[24] GuV: Jahresüberschuss-/-fehlbetrag.
[25] Zum Beispiel Neubewertungsrücklage im bilanziellen Eigenkapital.
[26] Kapitalzuführung/-rückzahlung beziehungsweise Dividenden.

Für den Ausweis des bilanziellen Eigenkapitals ist neben der IFRS-Bilanz gemäß IAS 1.96 ff. ein Eigenkapitalspiegel erforderlich. Die Angaben über das Eigenkapital sollen die Informationen der Eigenkapitalveränderungsrechnung ergänzen.

Nach IAS 1.124A beinhalten die Anforderungen darüber hinaus Angaben über Ziele, Methoden und Prozesse des Eigenkapitalmanagements.

IAS 1.124B konkretisiert diese Anforderungen mittels qualitativer und quantitativer Angabepflichten.

- Zu den qualitativen Angaben zählen die Beschreibung des Kapitals sowie Erläuterungen zu aufsichtsrechtlichen Mindestkapitalanforderungen.

- Die quantitativen Reportinganforderungen beinhalten Angaben über die Eigenkapitalbestandteile. Darüber hinaus müssen Änderungen im Eigenkapital angegeben werden.

IAS 1.124C regt an, bei komplexen Unternehmensstrukturen mit verschiedenen Mindestkapitalanforderungen von einer zusammengefassten Darstellung abzusehen, da diese zu keinen zweckdienlichen Informationen für den Bilanzleser führen würde. In diesem Fall wäre es zum Beispiel zweckmäßiger, einzelne Anforderungen getrennt voneinander darzustellen.

Gemäß IAS 1 muss die Zusammensetzung der aufsichtsrechtlichen Eigenmittel nach § 10 KWG nicht offengelegt werden (IAS 1.BC52), da die im IAS 1 geforderten Offenlegungsanforderungen nicht dazu gedacht sind, die externen Mindestkapitalanforderungen zu ersetzen.[27] Die Angaben zur Erfüllung der Mindestkapitalanforderungen (IAS 1.124B) sind laut IAS 1.BC52 qualitativer Natur. In Deutschland werden Mindestkapitalanforderungen in der Solvabilitätsverordnung (SolvV) geregelt.

Die Angaben zum Kapital sollen aufsichtsrechtliche Anforderungen zur Offenlegung nicht ersetzen, vielmehr sollen die Angaben zur Höhe des Kapitals und zum Kapitalmanagement die Stakeholder bei der Einschätzung des Risikoprofils des Unternehmens und der Fähigkeit des Unternehmens, unerwartete negative Ereignisse zu beherrschen, unterstützen.

Mit den Angaben nach IAS 1 wird eine bessere Verknüpfung zwischen den aufsichtsrechtlichen Kapitalanforderungen und den tatsächlich gesteuerten Risiken hergestellt.

Die Angaben zum Kapital beschränken sich nicht auf Finanzinstrumente und sind aus diesem Grund als Ergänzung des IFRS 7 in IAS 1 eingefügt worden, da das Eigenkapital eines Unternehmens nicht nur zur Abdeckung von finanziellen Risiken, sondern von sämtlichen unternehmerischen Risiken dient.[28] Es wird nicht auf das bilanzielle, sondern auf das unternehmensspezifische ökonomische Eigenkapital abgestellt. Das ökonomische Kapital kann sich aus Komponenten des Eigen- und Fremdkapitals zusammensetzen. Dies ermöglicht den Banken, sich an dem aufsichtsrechtlichen Eigenkapital zu orientieren. Das aufsichtsrechtliche Eigenkapital muss aufgrund abweichender Konsolidierungskreise und Kapitaldefinitionen nicht dem im IFRS-Abschluss ausgewiesenen bilanziellen Eigenkapital entsprechen.

---

27 Vgl. Scharpf (2006), S. 52.
28 Vgl. KPMG (2007), S. 169.

In den Geschäftsberichten der deutschen Banken werden die Anforderungen von IAS 1.124 vom Umfang her relativ unterschiedlich umgesetzt. Während sich einige Banken tendenziell eher auf die Mindestanforderungen von IAS 1.124 konzentrieren, fallen die quantitativen und qualitativen Darstellungen und Erläuterungen insbesondere für das aufsichtsrechtliche Kapital bei anderen Banken wesentlich umfangreicher aus.

3.2.2 Anforderungen gemäß Solvabilitätsverordnung

Durch die aufsichtsrechtlichen Offenlegungsanforderungen soll eine erhöhte Marktdisziplin der Kreditinstitute gefördert werden. Die Offenlegung kann im Rahmen der externen Berichterstattung (Jahres- und Konzernabschlüsse) erfolgen. Anhand einer verbesserten Eigenkapitalpublizität ist es möglich, eine adäquate Eigenkapitalunterlegung sicherzustellen. Durch eine adäquate Offenlegung sollen gut geführte Kreditinstitute vom Markt belohnt werden. Kreditinstitute mit unzureichender Offenlegung sollen dagegen, zum Beispiel durch erhöhte Risikoprämien, belastet werden.

Nach § 324 SolvV sind Angaben über die Eigenmittelstruktur sowohl in qualitativer als auch in quantitativer Hinsicht zu machen. Qualitativ sind zusammenfassende Angaben zu den Bedingungen und Konditionen der wichtigsten Merkmale sämtlicher Eigenmittelinstrumente offenzulegen und zu berichten. In quantitativer Hinsicht sind der Gesamtbetrag des Kernkapitals, die Summe aus dem Ergänzungskapital, die Summe der Kapitalabzugspositionen nach § 10 Absatz 6 und 6a KWG (aufsichtsrechtliches Kapital) und der Gesamtbetrag des modifizierten verfügbaren Kapitals (ökonomisches Kapital) gesondert offenzulegen.

§ 325 SolvV verlangt von den Kreditinstituten die Offenlegung der Beurteilung des internen Kapitals hinsichtlich seiner Eignung zur Unterlegung der aktuellen und zukünftigen Aktivitäten (Management des ökonomischen Kapitals). Darüber hinaus werden Angaben zu den Eigenkapitalanforderungen aus dem Adressenausfallrisiko des Anlagebuchs getrennt nach Risikoklassen gefordert. Von den Instituten, die einen auf *interne Ratings basierenden Ansatz* (IRBA) verfolgen, werden darüber hinaus weitere Offenlegungsanforderungen zum Eigenkapital verlangt. Diese sind:

- die Eigenkapitalanforderung aus dem Adressenausfallrisiko des Anlagebuchs, gegliedert nach den IRBA-Forderungsklassen,

- die Eigenkapitalanforderung aus der IRBA-Forderungsklasse *Beteiligungen* gegliedert nach den Anrechnungsverfahren,

- im einfachen Risikogewichtungsansatz weiter gegliedert nach börsennotierten Beteiligungen, nicht börsennotierten, aber hinreichend diversifizierten, Beteiligungen und sonstigen Beteiligungen sowie

- die gesonderte Angabe der Eigenkapitalanforderung für Beteiligungen, die dauerhaft oder befristet von der Anwendung des IRBA ausgenommen sind.[29]

---

[29] § 325 SolvV.

3.2.3 Anforderungen gemäß DRS

Die Deutschen Rechnungslegungsstandards (DRS) werden vom Deutschen Standardisierungsrat (DSR) entwickelt. Die Bekanntmachung der DRS vom Bundesministerium der Justiz nach § 342 Absatz 2 HGB impliziert, dass es sich bei den DRS um die Grundsätze ordnungsmäßiger Buchführung der Konzernrechnungslegung handelt. Für Banken ist hierbei insbesondere der DRS 5-10 – *Risikoberichterstattung von Kredit- und Finanzdienstleistungsinstituten* anzuwenden. Hiernach wird für das externe Berichtswesen eine Offenlegung des Verfahrens zur Allokation der Risikodeckungsmasse (ökonomisches Kapital) auf Geschäftsfelder/Segmente gefordert. Die einzelnen Risikokategorien eines Instituts (Adressenausfallrisiken, Liquiditätsrisiken, Marktrisiken, operationale Risiken und sonstige Risiken) sind zu einem Gesamtbild der Risikolage zusammenzuführen. Dabei ist unter anderem auf das zur Risikoabdeckung vorhandene Eigenkapital einzugehen (DRS 5-10.43).

3.2.4 Anforderungen gemäß externer Ratingagenturen

Kreditinstitute werden in der Regel von namhaften, international agierenden Ratingagenturen (wie zum Beispiel Standard & Poors, Fitch oder Moody's) geratet. Die dabei verwendeten Ratingmodelle sehen auch eine Beurteilung der Zusammensetzung und der Entwicklung des Eigenkapitals vor. Hierbei werden Informationen aus allen Kapitaldefinitionen benötigt.

3.2.5 Anforderungen gemäß Konzernabschlussüberleitungsverordnung

Im Rahmen der Umsetzung von Basel II wurde Kreditinstituten durch die Änderungen des § 10a Absatz 7 – 10 KWG[30] erstmalig die Möglichkeit eingeräumt, den Konzern- beziehungsweise Zwischenabschluss[31] nach IFRS auch als Basis für das aufsichtsrechtliche Zusammenfassungsverfahren zugrunde zu legen. Das Zusammenfassungsverfahren stellt ein zusätzliches Verfahren zur Eigenmittelermittlung auf Gruppenebene neben dem bisherigen, allein zulässigen Aggregationsverfahren nach § 10a Absatz 6 KWG dar. Das Aggregationsverfahren basiert auf den HGB-Jahresabschlüssen der gruppenangehörigen Finanzinstitute einer Gruppe.

---

[30] Eingeführt durch das Gesetz zur Umsetzung der neu gefassten Bankenrichtlinie und der neu gefassten Kapitaladäquanzrichtlinie vom 17.11.2006.
[31] Die Zwischenabschlüsse sind dann jedoch einer prüferischen Durchsicht durch den Abschlussprüfer zu unterziehen. Zwischengewinne sind dem Kernkapital zuzurechnen, Zwischenverluste vom Kernkapital abzuziehen.

Durch das Inkrafttreten der Konzernabschlussüberleitungsverordnung (KonÜV) wird den Kreditinstituten, die einen IFRS-Konzernabschluss erstellen, bis zum Jahr 2015[32] das Wahlrecht eingeräumt, ihr konsolidiertes aufsichtsrechtliches Eigenkapital entweder auf Basis ihres jeweiligen Konzernabschlusses oder weiterhin nach dem Aggregationsverfahren zu ermitteln.

Die KonÜV ergänzt § 10a KWG, sodass die Überleitung des handelsrechtlichen Konzernabschlusses in die Ermittlung der zusammengefassten Eigenmittelausstattung der aufsichtsrechtlichen Gruppe[33] geregelt wird.

Aufgrund unterschiedlicher Zielsetzungen zwischen der IFRS-Rechnungslegung (Bereitstellung entscheidungsrelevanter Informationen) und der Finanzdienstleistungsaufsicht (Sicherung der Funktionsfähigkeit des Finanzsektors und dadurch der grundsätzlich am Gläubigerschutz orientierte Rechnungslegung) müssen die für Zwecke der Rechnungslegung erstellten IFRS-Konzernabschlüsse durch Anpassungsmaßnahmen, sogenannte *Prudential Filter*, korrigiert werden.[34]

Im Speziellen regelt die KonÜV die Anerkennung von Fair Value-Effekten bei:[35]

- Finanzinstrumenten der Kategorie *Available for Sale* (§ 2 KonÜV),
- selbst genutzten und als Finanzinvestitionen gehaltenen Grundstücken und Gebäuden (§ 3 KonÜV) sowie ergänzend auch bei
- bis zur Endfälligkeit gehaltenen Finanzinstrumente (§ 4 KonÜV) und
- als bankaufsichtliches Ergänzungskapital.

Darüber hinaus schreibt die Verordnung

- die Neutralisierung von Eigenkapitaleffekten aus der Absicherung von Zahlungsströmen (Cashflow Hedges) sowie
- aus der Veränderung des eigenen Kreditrisikos bei Anwendung der Fair Value-Option vor und
- enthält Vorgaben zur Behandlung der *at-equity-bewerteten* Beteiligungen bei Verwendung eines Konzernabschlusses nach IFRS oder nach HGB.

Finanzinstrumente der Kategorie *Available for Sale*:

Nach den Regelungen des IAS 39 zur Bewertung von Finanzinstrumenten der Kategorie *Available for Sale* (AfS) müssen diese zum beizulegenden Zeitwert bewertet werden. Die aus den kurzfristigen Wertänderungen resultierenden Bewertungsgewinne oder -verluste sind im

---

[32] Ab 2016 ist die Anwendung verpflichtend
[33] Vgl.Bundesgesetzblatt (BGBl.) I Nr. 5, S.150 vom 12.02.2007.
[34] Vgl. Auerbach./Klotzbach (2008), S.543 - 555.
[35] Vgl. Auerbach./Klotzbach (2008), S.543 - 555.

bilanziellen Eigenkapital in der Neubewertungsrücklage auszuweisen. Die kumulierten Bewertungsgewinne oder -verluste werden erst bei der Ausbuchung des Finanzinstruments oder im Fall von dessen Wertminderung (*Impairment*) erfolgswirksam vereinnahmt.[36]

Solche unrealisierten Neubewertungsergebnisse dürfen gemäß § 10 KWG nicht im aufsichtsrechtlichen Kernkapital berücksichtigt werden. Sie dürfen (Wahlrecht) gemäß § 10 Absatz 2b Satz 1 Nr. 7 KWG nur zu einem bestimmten Prozentsatz als Ergänzungskapital angerechnet werden.

Um diesen Effekt zu korrigieren, sieht § 2 Absatz 1 KonÜV vor, dass die Zeitwertgewinne vor Steuern auf Finanzinstrumente der Kategorie AfS mit maximal 45 Prozent im Ergänzungskapital berücksichtigt werden können (entsprechend der Änderung des § 10 Absatz 2b Nr. 7 KWG). Die auf den Zeitwertgewinn gebildeten passiven latenten Steuern können angerechnet werden.

Unterschreitet der Fair Value des Finanzinstruments der Kategorie AfS dessen Buchwert, ist die negative Differenz vom Kernkapital abzuziehen (nach § 10 Absatz 2a Nr. 7 KWG).

Die Fair Value-Änderungen der Kredite der Kategorie AfS bleiben, laut § 2 Absatz 3 KonÜV, aufgrund der mit ihrer Bewertung verbundenen Unsicherheiten unberücksichtigt.

Selbst genutzte und als Finanzinvestitionen gehaltene Grundstücke und Gebäude (Fair Value-bewertet):

Nach IAS 16 und IAS 40 können (Wahlrecht) selbst genutzte und als Finanzinvestitionen gehaltene Immobilien (*Investment Properties*) zum beizulegenden Zeitwert bewertet werden. Die Wertänderungen haben die gleiche Auswirkung auf das aufsichtsrechtliche Eigenkapital wie bei den Finanzinstrumenten der Kategorie AfS.[37] Damit wäre es auch für Grundstücke und Gebäude möglich, grundsätzlich unrealisierte Bewertungsergebnisse direkt in das Kernkapital der Kreditinstitute einfließen zu lassen. Diese Vorgehensweise widerspricht jedoch den Regelungen des § 10 KWG. Denn auch die nicht realisierten Reserven bei Grundstücken, grundstücksgleichen Rechten und Gebäuden dürfen gemäß § 10 Absatz 2b Nr. 6 KWG nur zu einem bestimmten Prozentsatz als *Ergänzungskapital* berücksichtigt werden.

Dementsprechend dürfen die in der Neubewertungsrücklage erfassten Buchgewinne vor Steuern mit 45 Prozent als *nicht realisierte Reserven* im *Ergänzungskapital* berücksichtigt werden. In diesem Fall sollen die Wertänderungen separat verfolgt werden. Liegt der Wert der oben genannten Grundstücke und Gebäude unter dem Buchwert, erfolgt ein Abzug vom Kernkapital (§ 3 Absatz 2 KonÜV).

---

36 IAS 39.45 f. und in Bezug auf die Wertberichtigungen IAS 39.58 ff.
37 Die Wertänderungen von selbst genutzten Grundstücken und Gebäuden (IAS 16) werden in einer Neubewertungsrücklage als Teil des Eigenkapitals berücksichtigt. Die Wertänderungen von Investment Properties (IAS 40) hingegen, werden direkt erfolgswirksam in der Gewinn- und Verlustrechnung erfasst. Die Wirkungsweise der Erfassung der Wertänderungen auf das Eigenkapital ist jedoch identisch.

Behandlung von bis zur Endfälligkeit gehaltenen Finanzinvestitionen:

Da solche Finanzinstrumente zu fortgeführten Anschaffungskosten bewertet werden, erfolgt hier aufsichtsrechtlich eine Ungleichbehandlung bei der Möglichkeit zur Berücksichtigung nicht realisierter Reserven im Vergleich zu den Anwendern des Aggregationsverfahrens beziehungsweise den HGB-Anwendern. Um dies zu vermeiden, können nicht realisierte Gewinne zu 45 Prozent auch als Ergänzungskapital berücksichtigt werden (§ 4 KonÜV).

Neutralisierung von Eigenkapitaleffekten aus der Absicherung von Zahlungsströmen (Cashflow Hedging):

Nach IAS 39.95 sind bei der Absicherung von Zahlungsströmen (*Cashflow Hedging*) Gewinne oder Verluste aus dem effektiven Teil des Sicherungsinstruments erfolgsneutral im bilanziellen Eigenkapital zu erfassen. Eigenkapitaleffekte aus der erfolgsneutralen Bewertung von *Cashflow Hedges* (CF Hedge) dürfen nach § 5 KonÜV nicht in die Eigenmittelermittlung einbezogen werden. Eine Ausnahme bilden Finanzinstrumente der Kategorie AfS, die in einer CF Hedge-Beziehung stehen.

Eigenkapitaleffekte aus einer Veränderung des Kreditrisikos (Fair Value-Option):

Die Ergebnisse aus der Fair Value-Bewertung von finanziellen Verbindlichkeiten (IAS 39.47), die auf die Veränderungen der eigenen Bonität zurückzuführen sind, sind nicht in die Eigenmittelermittlung einzubeziehen, da diese bei einer schlechten Bonität zu einem niedrigen Wert der finanziellen Verbindlichkeiten und somit zu einer Besserstellung des Eigenkapitals führen würden (§ 6 KonÜV).

Behandlung der at-equity-bewerteten Beteiligungen bei Anwendung des Verfahrens nach § 10a Absatz 7 KWG

Nach § 7 KonÜV können die *at-equity-bewerteten Beteiligungen* mit ihrem anteiligen bilanziellen Eigenkapital in die Eigenkapitalermittlung der Gruppe einbezogen werden. Zu berücksichtigen ist, dass ein gegebenenfalls daraus entstehender positiver Firmenwert von dem Kernkapital abzuziehen ist. Der fortgeführte Buchwert der Beteiligungen ist dann jeweils zu 50 Prozent vom Kern- und Ergänzungskapital gemäß § 10 Absatz 6 Satz 1 Nr. 1 KWG abzuziehen.

Die *at-equity-bewerteten* Beteiligungen, die nicht im aufsichtsrechtlichen Konsolidierungskreis enthalten sind und deren Wertänderungen bei der Eigenkapitalermittlung nicht berücksichtigt werden, können zu 45 Prozent im Ergänzungskapital einbezogen werden. Voraussetzung hierfür ist das Vorhandensein von entsprechenden *stillen Reserven*.

4. Fazit

Zusammenfassend kann festgestellt werden, dass sowohl Bilanzierungs- und Offenlegungsvorschriften als auch risikoinduzierte Vorschriften wie Basel II, SolvV oder MaRisk die Bestimmung und die Veröffentlichung des bilanziellen, aufsichtsrechtlichen und ökonomischen Kapitals beeinflussen und mit großen Anforderungen sowohl fachlicher, prozessualer, als schließlich auch IT-technischer Natur verbunden sind.

Die unterschiedlichen Eigenkapitaldefinitionen bedingen sich gegenseitig und weisen Abhängigkeiten voneinander auf. Es kann in diesem Zusammenhang festgehalten werden, dass das bilanzielle Eigenkapital die Basis für die Ermittlung des aufsichtsrechtlichen und ökonomischen Kapitals bildet.

Die gesetzlichen und aufsichtsrechtlichen Anforderungen bestimmen, neben der Ermittlung des jeweiligen Eigenkapitals, auch die Qualifizierung und Quantifizierung des jeweils zugrunde liegenden Risikos. Die mit einer bestimmten Wahrscheinlichkeit antizipierten Verluste, die aus der Geschäftstätigkeit entstehen, sollen durch eine ausreichende Kapitaldecke geschützt werden. Diese Schutzfunktion des Eigenkapitals steht sowohl in der bilanziellen, aufsichtsrechtlichen als auch in der ökonomischen Betrachtung im Vordergrund, da nur so die Solvenz der Kreditinstitute gewährleistet werden kann.

Die externen Offenlegungsanforderungen erfordern eine transparente Darstellung der Zusammensetzung und Steuerung der Kapitalgrößen insbesondere des ökonomischen Kapitals, entsprechend dem *Management Approach*. Diese Transparenzanforderungen bedingen eine aufeinander abgestimmte Darstellung aller Kapitalgrößen. Die Managemententscheidungen, die orientiert am ökonomischen Kapital getroffen werden, müssen hinsichtlich ihrer Auswirkungen auf das bilanzielle und aufsichtsrechtliche Kapital plausibilisiert werden.

Aufgrund der aufwändigen parallelen Ermittlung unterschiedlicher Kapitalgrößen nach HGB -, IFRS-, KWG- und internen Pflichten liegt es nahe, dass hier Synergieeffekte genutzt werden können. An dieser Stelle stellt der Gesetzgeber durch die Veröffentlichung der Konzernabschlussüberleitungsverordnung eine Möglichkeit zur Verfügung, wodurch das konsolidierte aufsichtsrechtliche Kapital auf Basis des IFRS-Konzernabschlusses ermittelt werden kann. Dadurch wird das IFRS-Eigenkapital zum zentralen Betrachtungsobjekt des bilanziellen Eigenkapitals der Konzerne.

Durch die Ermittlung des aufsichtsrechtlichen Eigenkapitals auf Basis der IFRS-Konzernabschlüsse unter Anwendung bestimmter Überleitungsverfahren wird gleichzeitig versucht, eine Vergleichbarkeit des aufsichtsrechtlichen Kapitals zwischen den unterschiedlichen Kreditinstituten herzustellen.

Die Umsetzung der Anforderungen von KonÜV in Deutschland zur Ermittlung des aufsichtsrechtlichen Kapitals erfordert eine weitgehende Konkretisierung der Überleitungsverfahren und Methoden im Rahmen von Implementierungsprojekten. Dabei können weitere Fragestellungen zur Berücksichtigung der konzeptionell nicht behandelten Wertunterschiede zwischen Aufsichtsrecht und IFRS auftreten, die dann detailliert untersucht werden müssen.

Literaturverzeichnis

AUERBACH, D./KLOTZBACH, D. (2008): Der IFRS-Konzernabschluss als Basis für die Ermittlung der Eigenmittel von Instituten, in: KoR, 8. Jahrgang (2008), Heft 9, S. 543 - 555.

DEUTSCHE BUNDESBANK (2002): Das Eigenkapital der Kreditinstitute aus bankinterner und regulatorischer Sicht. In: Deutsche Bundesbank Monatsbericht Januar 2002, Internet: http://www.bundesbank.de/download/bankenaufsicht/pdf/eigenkapital.pdf>, Stand: 30.04.2008, Abruf: 12.01.2009, 13:52 Uhr, S. 41 - 60.

KPMG (2007): KPMG Deutsche Treuhand Gesellschaft AG (Hrsg.) Offenlegung von Finanzinstrumenten und Risikoberichterstattung nach IFRS7. Anlyse der Offenlegungsvorschriften für Finanzinstrumente nach IFRS7 sowie zum Kapital nach IAS 1. Stuttgart, Schäffer-Poeschel Verlag, 2007.

SCHARPF, P. (2006): IFRS 7 Financial Instruments: Disclosures, in: KoR, 6. Jahrgang (2006), Heft 09, S. 3 - 54.

Rechtsquellen und sonstige Quellen:

Aktiengesetz (AktG) vom 06.09.1965, zuletzt geändert durch Gesetz vom 16.07.2007, BGBl. I, S. 1330.

Gesetz über das Kreditwesen (Kreditwesengesetz – KWG) vom 09.09.1998, zuletzt geändert durch Gesetz vom 21.12.2007, BGBl. I, S. 3089.

Gesetz zur Umsetzung der RiL 2006/49/EG des Europäischen Parlaments und des Rates über die angemessene Eigenkapitalausstattung von Wertpapierfirmen und Kreditinstituten (Kapitaladäquanzrichtlinien-Umsetzungsgesetz) vom 14.06.2006.

Handelsgesetzbuch (HGB) vom 10.05.1897, zuletzt geändert durch Gesetz vom 21.12.2007, BGBl. I, S. 3089.

International Financial Reporting Interpretations Committee (IFRIC).

IASB (Hrsg.), International Financial Reporting Standards 2008 (IFRS).

MaRisk, Rundschreiben 5/2007 (BA), Mindestanforderungen an das Risikomanagement (MaRisk), Geschäftszeichen: BA 17-K 3106-2007/0010, Bonn/Frankfurt am Main, den 30.10.2007.

Richtlinie 2006/48/EG des Europäischen Parlaments und des Rates vom 14.06.2006 über die Aufnahme und Ausübung der Tätigkeit der Kreditinstitute (Neufassung) (Bankenrichtlinie).

Richtlinie 2006/49/EG Europäischen Parlaments und des Rates vom 14.06.2006 über die angemessene Eigenkapitalausstattung von Wertpapierfirmen und Kreditinstituten (Kapitaladäquanzrichtlinie).

Verordnung über die Ermittlung der Eigenmittelausstattung von Institutsgruppen und Finanzholding- Gruppen bei Verwendung von Konzernabschlüssen und Zwischenabschlüssen auf Konzernebene (Konzernabschlussüberleitungsverordnung - KonÜV) vom 12. 02. 2007.

Verordnung über die Rechnungslegung der Kreditinstitute und Finanzdienstleistungsinstitute (Kreditinstituts – Rechnungslegungsverordnung – RechKredV) vom 11.12.1998, zuletzt geändert durch Gesetz vom 22.05.2005, BGBl. I, S. 1373.

Verordnung über die angemessene Eigenmittelausstattung von Instituten, Institutsgruppen und Finanzholding-Gruppen (Solvabilitätsverordnung – SolvV) vom 14.12.2006, zuletzt geändert durch Gesetz vom 21.12.2007, BGBl. I, S. 3089.

Anwendung von Basel II-Parametern zur Ermittlung der IFRS-Risikovorsorge im Kreditgeschäft

Andreas Möller / Andrea Schade

1. Einleitung

2. Ermittlung der Risikovorsorge nach IFRS
   2.1 Grundlagen
   2.2 Verfahren

3. Unterschiede zwischen IFRS und Basel II
   3.1 Ziele und methodische Ansätze
   3.2 Ermittlung der Parameter für die Berechnung der Risikovorsorge
      3.2.1 Exposure at Default
      3.2.2 Probability of Default
      3.2.3 Loss Given Default

4. Wesentliche Herausforderungen bei der praktischen Umsetzung

5. Studie

6. Fazit und Ausblick

Literaturverzeichnis

1. Einleitung

In der Kreditwirtschaft waren die vergangenen Jahre maßgeblich durch IFRS[1]-Umstellungen und Projekte zur Umsetzung der aufsichtsrechtlichen Anforderungen nach Basel II geprägt. Erst in jüngster Zeit findet vor dem Hintergrund effizienter Finanzfunktionen eine Vernetzung dieser Themenstellungen statt. Unter dem Begriff *Finanzfunktion* werden die Aufgabenfelder sowohl des externen und internen Rechnungswesens als auch des Steuer- und Aufsichtsrechts verstanden.

Der Themenkomplex *Ermittlung der IFRS-Risikovorsorge*, insbesondere unter Anwendung von Basel II-Parametern, ist ein adäquates Beispiel, um die zukünftigen erfolgreichen Wege zu einer effizienteren Finanzfunktion von Kreditinstituten aufzuzeigen.

Im Rahmen der aktuellen Umsetzung der Ermittlungsvorschriften zur Risikovorsorge nach IFRS nutzen mithin viele Kreditinstitute die Parameter (*EAD/Exposure at Default, PD/Probability of Default und LGD/Loss Given Default*) nach Basel II. Darüber hinaus sind deutliche Bestrebungen in der Praxis erkennbar, um eine Harmonisierung im Hinblick auf die Rechnungslegung nach HGB zu erreichen und teilweise eine Nutzung der Ergebnisse für steuerbilanzielle Zwecke herbeizuführen.

Im vorliegenden Beitrag werden in einem ersten Schritt die fachlichen Grundlagen zur Ermittlung der Risikovorsorge nach IFRS auf Portfolioebene erläutert. Hierbei wird ausschließlich das IFRS-Verfahren unter Verwendung von Basel II-Risikoparametern beleuchtet. Alternative Verfahren, wie *Delinquency-Modelle*, werden in diesem Beitrag nicht betrachtet, da derzeit die Basel II-basierten Verfahren in der Praxis dominieren. Bei der Ermittlung der Risikovorsorge auf Einzelbasis (Einzelwertberichtigung/EWB) kommen im Gegensatz zur Ermittlung auf Portfolioebene keine formelbasierten Verfahren zum Einsatz. Vielmehr fußt die EWB-Ermittlung auf individuellen Cashflow-Analysen. Da die Einzelwertberichtigung über die gestellte Zielsetzung des Beitrags hinausgeht, wird im Folgenden hierauf nicht eingegangen.

In einem zweiten Schritt werden die Herausforderungen in der Praxis und die Ergebnisse einer zu diesem Thema von den Autoren durchgeführten Studie näher erläutert.

Den Abschluss des vorliegenden Beitrags bildet ein Ausblick auf zukünftige Entwicklungen.

---

[1] International Financial Reporting Standards (im Folgenden IFRS).

2. Ermittlung der Risikovorsorge nach IFRS

2.1 Grundlagen

Im Jahr 2003 wurden die Regelungen zu IAS[2] 39 – *Finanzinstrumente: Ansatz und Bewertung* grundlegend reformiert. In diesem Zusammenhang wurden auch die Regelungen zu Wertminderungen im Kreditgeschäft überarbeitet und Klarstellungen in die *Application Guidance* aufgenommen. In der Folge waren einige Kreditinstitute gezwungen, die bisherige Bilanzierungspraxis zu adjustieren. Andere, die erstmals zum 31. Dezember 2007 einen IFRS-Konzernabschluss aufstellten, mussten diese Neuregelungen in ihren Umsetzungskatalog integrieren. Im Rahmen einer von den Autoren durchgeführten Studie[3] zum Thema *Wertminderung im Kreditgeschäft*, in der zwölf Kreditinstitute (Geschäftsbanken und Landesbanken) untersucht wurden, zeigte sich, dass alle zwölf Institute Basel II-Parameter zur Ermittlung der Höhe der Wertberichtigung auf Portfolioebene nutzen.

Die Risikovorsorge im Kreditgeschäft unterteilt sich in Wertberichtigungen nach IAS 39 für das *bilanzielle Kreditgeschäft* und Rückstellungen nach IAS 37 – *Rückstellungen, Eventualschulden und Eventualforderungen* für das *außerbilanzielle Geschäft*. Beim bilanziellen Geschäft sind für Forderungen der Kategorie *Kredite und Forderungen* und *bis zur Endfälligkeit gehaltene Investments* die Bildung von Wertminderungen im Hinblick auf Kreditrisiken zu prüfen. Der vorliegende Beitrag beschäftigt sich ausdrücklich nur mit Forderungen. Wertpapiere in den obigen Kategorien und Wertminderung für zur Veräußerung verfügbarer finanzielle Vermögenswerte gemäß IAS 39.67 ff sind nicht Gegenstand des Beitrags.

Gemäß IAS 39.58 ff. basiert die Erfassung von Wertminderungen auf dem *Incurred Loss Model*. Dieses Modell besagt, dass nur Ausfälle, die bis zum Abschlussstichtag tatsächlich eingetreten sind, wertberichtigt werden dürfen. Zukünftige Ausfälle sind nicht in die Betrachtung einzubeziehen. Dementsprechend darf eine Wertberichtigung nur dann gebildet werden, wenn objektive Hinweise (*Objective Evidence*) dafür vorliegen, dass die Wertminderung eingetreten ist. Ein Kriterium hierfür ist, dass nach der erstmaligen Erfassung des Vermögenswertes ein Verlustereignis (*Loss Event, Trigger Event*) eingetreten ist. Dieses Verlustereignis muss Auswirkungen auf die geschätzten künftigen Zahlungsströme haben. In IAS 39.59 sind beispielhaft Verlustereignisse aufgezählt (zum Beispiel erhebliche finanzielle

---

[2] International Accounting Standards (im Folgenden IAS).

[3] Studie „Impairment im Kreditgeschäft": Basierend auf einem Interviewbogen wurden im Frühjahr 2008 insgesamt zwölf Geschäfts- und Landesbanken in Deutschland durch die Autoren befragt. Die Fragen lassen sich in folgende Themenkomplexe einteilen: *IT-Lösungen* und *Datenanbindung, Portfoliowertberichtigungen, Buchung* sowie *HGB-IFRS-Konformität*. Auszüge aus dem Ergebnis der Studie werden in Abschnitt 5 dargestellt.

Schwierigkeiten des Schuldners, Vertragsbruch, hohe Wahrscheinlichkeit eines Insolvenzverfahrens).[4]

Eine Portfoliobetrachtung kommt gemäß IAS 39.64 in zwei Fällen zur Anwendung. Zum einen werden Forderungen von untergeordneter Bedeutung (*not individually significant*) auf Portfoliobasis auf das Vorliegen einer Wertminderung untersucht (*pauschalierte Einzelwertberichtigung/pEWB*), zum anderen sind Forderungen, bei denen im Rahmen der Einzelprüfung keine Hinweise auf eine Wertminderung vorlagen, zusammenzufassen und auf Portfoliobasis erneut auf das Vorliegen einer Wertminderung hin zu untersuchen (*Portfoliowertberichtigung/PWB*). Die weitere Vorgehensweise zur Ermittlung der Wertberichtigung auf Portfoliobasis ist in beiden Fällen weitgehend identisch.[5] Forderungen, bei denen auf Einzelbasis zwar ein Verlustereignis vorliegt, für die aber aufgrund der gestellten Sicherheiten keine Wertberichtigung zu bilden ist, sind grundsätzlich in die Portfoliobetrachtung einzubeziehen.[6]

In der Praxis erfolgt der Prüfungsprozess auf eine bestehende Wertminderung in der Regel in zwei Stufen:

- In einer ersten Stufe werden signifikante von nicht signifikanten Geschäften getrennt. Die Signifikanz wird an der Höhe des Forderungsbetrages beziehungsweise auch am Finanzierungsobjekt festgemacht. In der Praxis sind Signifikanzgrenzen bei größeren Instituten in den Grenzen von 500 bis 1.000 TEUR zu finden.
- In der zweiten Stufe wird geprüft, inwieweit ein Verlustereignis eingetreten ist.

Außerbilanzielle Geschäfte sind in den obigen Prüfungsprozess integriert und werden insofern im Rahmen des Prüfungsprozesses nicht gesondert behandelt. Im Gegensatz zu Wertberichtigungen beim bilanziellen Geschäft werden für diese Geschäfte Rückstellungen gebildet, die gesondert nach den Regelungen des IAS 37 zu ermitteln sind.

2.2 Verfahren

Die in der Praxis anzutreffenden Verfahren zur Ermittlung der Risikovorsorge für das bilanzielle Geschäft[7] haben grundsätzlich einen identischen Berechnungsaufbau. Hierbei wird das nach Basel II verwendete *Expected Loss Model* in das nach IFRS verwandte *Incurred Loss Model* überführt.

---

[4] IDW RS HFA 9, TZ 117.
[5] IDW RS HFA 9, TZ 130.
[6] Dies gilt jedoch nicht, wenn das Unternehmen keine homogenen Portfolien bilden kann (IAS 39.AG87)/ (IDW RS HFA 9, TZ 131).
[7] Als bilanzielle Geschäfte gelten beispielsweise Kontokorrentkredite, Darlehen oder Diskontwechsel.

In der Portfoliobetrachtung werden zwei Gruppen unterschieden:

- signifikante Geschäfte
- nicht signifikante Geschäfte

Sowohl signifikante als auch nicht signifikante Geschäfte werden in *Geschäfte mit* und *ohne Verlustereignis* unterteilt.

Die Ausgangsbasis zur Berechnung der Risikovorsorge nach IFRS ist der Forderungsbetrag. Beim bilanziellen Geschäft sind dies die fortgeführten Anschaffungskosten. Berücksichtigung finden hier, neben der eigentlichen Kreditinanspruchnahme, auch die bilanzierten rückständigen Zinsen, Verzugszinsen und Kosten sowie ein etwaiges Disagio.

Abbildung 1 fasst die unterschiedlichen Berechnungsmethoden zusammen.

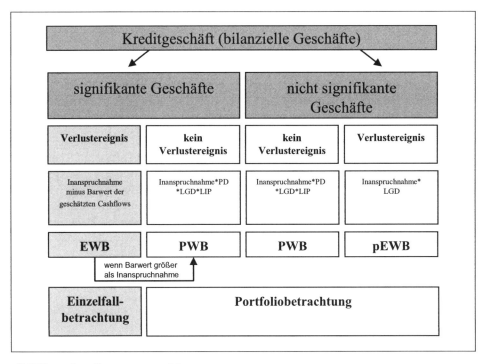

Abbildung 1: *Bewertungsverfahren*

3. Unterschiede zwischen IFRS und Basel II

IAS 39.AG 92 gestattet für die Bestimmung der Wertminderungsaufwendungen innerhalb einer Gruppe von Vermögenswerten (Portfolioebene) die Verwendung formelbasierter Ansätze oder statistische Methoden. Entsprechend soll im Folgenden gezeigt werden, inwieweit Basel II-Parameter zur Berechnung einer IFRS-Risikovorsorge herangezogen werden können.

3.1 Ziele und methodische Ansätze

Während sich die Basisdaten nach IFRS und Basel II weitestgehend ähneln, weisen beide Ansätze unterschiedliche Zielsetzungen auf.[8] IFRS schreibt den Ausweis der tatsächlich eingetretenen Verluste am Abschlussstichtag (Stichtagsprinzip) vor. Basel II hingegen verlangt die Sicherstellung einer angemessenen Eigenkapitalausstattung, um die erwarteten und unerwarteten Kreditausfälle der nächsten zwölf Monate zu unterlegen (zukunftsgerichtet).

Da für national und international tätige Kreditinstitute in fast allen Fällen sowohl die Umsetzung von Basel II als auch die Umstellung der Rechnungslegung auf IFRS verpflichtend war, werden in der Praxis Synergien aus beiden Ansätzen angestrebt. Der maßgebliche Treiber für dieses Streben ist eine Effizienzsteigerung durch eine Verzahnung von Prozessen, Verfahren und IT-technischen Lösungen für die externe Rechnungslegung und das Meldewesen. Dies führte dazu, dass das Konzept des *Expected Loss* (Basel II) in das Konzept des *Incurred Loss* (IFRS) transformiert wurde.

Berechnungsvorschrift des *Expected Loss*:

$$EL = EAD * PD * LGD$$

dabei gilt: EL = *Expected Loss*, EAD = *Exposure at Default*, PD = *Probability of Default*, LGD = *Loss Given Default*

Berechnungsvorschrift des *Incurred Loss*:

$$IL = FAK * PD * LGD * LIP$$

dabei gilt: IL = *Incurred Loss*, FAK = fortgeführte Anschaffungskosten, PD = *Probability of Default*, LGD = *Loss Given Default*, LIP = *Loss Identification Period*

---

[8] Basisdaten für IFRS und Basel II sind Kreditnehmerstammdaten, Daten zu gestellten Sicherheiten sowie Daten zu Forderungssalden. Im Einzelfall ist zu prüfen, inwieweit eine identische Verwendung der Daten möglich ist.

Die Unterschiede zwischen IFRS und Basel II werden in Tabelle 1 aufgeführt.

Basel II	IFRS
• methodischer Ansatz: Expected Loss (Einbeziehung künftiger Verlustereignisse)	• methodischer Ansatz: Incurred Loss - stellt auf Bilanzstichtag ab und bezieht modelltheoretisch keine künftigen Verlustereignisse ein
• Verlustereignis: definierte Loss Events greifen i.Vgl. zu IAS 39 Trigger Events verspätet	• Verlustereignis: Loss Event nach Basel II kann als Trigger nach IAS 39 dienen
• Wertberichtigung bei Kreditausgabe: keine Unterscheidung zwischen Bestands- und Neukredit	• Wertberichtigung bei Kreditausgabe: bei erstmaligen Ansatz keine Wertberichtigung zulässig, da Zugangsbewertung zum Fair Value
• Grundgesamtheit umfasst Geschäfte abweichend von LaR-Klassifizierung	• Grundgesamtheit auf Geschäfte der LaR-Klassifizierung festgelegt
• Exposure at Default: Berücksichtigung nicht gezogener Kreditlinien	• Exposure at Default: nur tatsächlich genutzte Linien dürfen berücksichtigt werden
• Barwertermittlung unter Verwendung des risikofreien Marktzinssatzes	• Barwertermittlung unter Verwendung des Effektivzinssatzes
• risikomindernde Anrechnung von Derivaten	• keine risikomindernde Anrechnung von Derivaten im Rahmen der Risikovorsorgeermittlung

Tabelle 1: Vergleich Basel II und IFRS[9]

3.2 Ermittlung der Parameter für die Berechnung der Risikovorsorge

3.2.1 Exposure at Default

Der Parameter *Exposure at Default* (EAD) beinhaltet gemäß den Anforderungen aus Basel II die erwartete Inanspruchnahme und umfasst zusätzlich auch einen Teil der offenen extern zugesagten Kreditlinie zum Zeitpunkt des Ausfalles. IFRS fordert für die Kategorie *Kredite und Forderungen* die Verwendung der fortgeführten Anschaffungskosten, ermittelt nach der Effektivzinsmethode.

---

[9] In Anlehnung an Löw/Lorenz (2005), S. 537.

3.2.2 Probability of Default

Die *Probability of Default* (PD) drückt die geschätzte Ausfallwahrscheinlichkeit eines Kreditnehmers aus. Im Kontext von Basel II wird eine PD für jeden Kreditnehmer beziehungsweise im Retailgeschäft für jeden Kreditvertrag anhand institutsinterner Rating- und Scoringsysteme bestimmt.[10] Auch im Rahmen des *Incurred Loss*-Ansatzes nach IFRS muss die Ausfallwahrscheinlichkeit des Kunden bestimmt werden, sodass in der Praxis für die Ermittlung eine einheitliche Vorgehensweise vorzufinden ist.

Gemäß Basel II ist ein Austausch von der PD des Kreditnehmers durch die PD des Sicherungsgebers (PD-Tausch) im Falle einer Besicherung durch Garantien und Kreditderivate möglich. Auf IFRS kann dieses Prinzip nur übertragen werden, wenn eine Analyse der bilanziellen Behandlung der Garantie ergeben hat, dass es sich um kein Derivat, sondern um eine Finanzgarantie handelt. Als Derivat würde die Garantie je nach positivem oder negativem Marktwert (Fair Value) auf der Aktiv- oder Passivseite ausgewiesen werden. Die Wertveränderungen des Derivats würden, mit Ausnahme im Falle eines Cashflow Hedges, erfolgswirksam erfasst werden. Mithin wäre im Fall einer Garantie in Form eines Derivats ein PD-Tausch nicht sachgerecht, da die Garantie bereits bilanziell Berücksichtigung gefunden hätte.

Der wesentliche Unterschied zwischen Basel II und IFRS liegt in der zeitlichen Betrachtungsweise eines Ausfalls. Zielsetzung im Rahmen der gemeinsamen Bewertung nach IAS 39. AG 89 ist es, den Wertminderungsaufwand aufgrund bereits eingetretener Verluste zu ermitteln, welche jedoch noch nicht individuell identifiziert wurden beziehungsweise werden konnten (*incurred but not reported*). Die Zeitdauer zwischen tatsächlichem Verlusteintritt und dem Auftreten beziehungsweise der Identifizierungsmöglichkeit des entsprechenden objektiven Hinweises *kann* systematisch in Form eines *Loss Identification-/Emergence Period-Konzeptes* berücksichtigt werden. Die Transformation der zukunftsgerichteten Ausfallwahrscheinlichkeit nach Basel II erfolgt im Rahmen des *Incurred Loss-Konzeptes* anhand des Faktors *Loss Identification Period* (LIP). Die *Loss Indentification Period* (LIP) ist der Zeitraum, innerhalb dessen das Kreditinstitut in der Regel den Ausfall erkennt und eine Wertberichtigung im Rahmen der individuellen Beurteilung bildet. Die LIP kann für jede rechtliche Einheit oder jedes Portfolio separat bestimmt werden (LIP-Layer). In der Praxis existieren zurzeit zwei Verfahren zur Ermittlung der LIP: (a) statistisch-mathematische Verfahren (zum Beispiel Zeitreihenanalysen oder Regressionsanalysen) und (b) Schätzverfahren (Schätzungen basieren größtenteils auf Prozessanalysen).

Beispiel zur LIP: Beträgt der Zeitraum zwischen tatsächlichem Ausfallereignis und Erkennung des Ausfalls durch das Kreditinstitut neun Monate, dann beträgt die LIP = 0,75. In der von den Autoren in der Studie untersuchten nationalen Praxis sind regelmäßig LIP-Faktoren zwischen 0,75 und 1 zu finden.

---

[10] Eine Bestimmung von PDs im Retailgeschäft anhand von Rating- und Scoring-Verfahren erfolgt nicht im Basel II-Standardansatz.

3.2.3 Loss Given Default

Der Parameter *Loss Given Default* (LGD) birgt erfahrungsgemäß den größten Anpassungsbedarf bei der Transformation des *Expected Loss* in einen *Incurred Loss*, sodass in der Praxis von einer *IFRS-LGD* gesprochen wird. Als wesentliche Punkte des Anpassungsbedarfs sind die Verwendung des relevanten Diskontierungssatzes, die Festlegung der zu berücksichtigenden Sicherheiten, die Sicherheitenverteilung und die Berücksichtigung von Verwertungskosten zu nennen.

Während IFRS für die Barwertermittlung die Verwendung des Effektivzinssatzes vorschreibt, findet sich in Basel II keine Regelung. In der Praxis hat sich bei Basel II aus Vereinfachungsgründen die Verwendung des risikofreien Marktzinssatzes durchgesetzt. Unter dem Aspekt der Generierung von Synergien ist die Nutzung eines einheitlichen Zinssatzes für beide Verfahren zu prüfen. In der Praxis konnte in Teilen festgestellt werden, dass der Unterschied zwischen einem bisher einheitlichen Zins nach Basel II und dem differenzierten Ansatz nach IFRS mit der Verwendung des individuellen Effektivzinssatzes nicht sehr groß war, sodass eine Anpassung der Abzinsungslogik in Basel II ohne wesentliche Auswirkungen auf die Eigenkapitalbelastung grundsätzlich möglich erscheint.

Die Berücksichtigung von Sicherheiten ist in beiden Regelwerken explizit geregelt. So kann es vorkommen, dass Sicherheiten zwar nach IFRS anrechnungsfähig sind, nicht jedoch nach Basel II. So kommt es häufiger vor, dass Wertpapiere nach Basel II nicht anrechnungsfähig sind. Für IFRS müssen diese grundsätzlich einbezogen werden. Den Kreditinstituten bereitet dies teilweise aufgrund fehlender Daten Probleme. Der umgekehrte Fall ist in der Praxis seltener anzufinden. Die abweichende Grundgesamtheit an Sicherheiten hat wiederum Auswirkungen auf den anzuwendenden Sicherheitenverteilalgorithmus.

Schließlich ist darauf zu achten, dass unter IFRS, abweichend von Basel II, ausschließlich direkte Kosten im Zusammenhang mit der Verwertung einfließen dürfen. Insbesondere kalkulatorische Kosten sind zu eliminieren.

Die obigen Ausführungen zeigen einerseits, dass eine 1:1-Übernahme der Basel II-Parameter nicht möglich ist. Andererseits ist eine Transformation der Parameter unter Nutzung bestehender Konzepte und Methoden möglich und aus Synergieüberlegungen erstrebenswert. So können Kosteneinsparungen im Zusammenhang mit einem gemeinsamen Datenhaushalt, einheitlichen Validierungsprozessen und Nutzung gemeinsamer IT-Lösungen realisiert werden.

4. Wesentliche Herausforderungen bei der praktischen Umsetzung

Die praktische Umsetzung der Portfoliorisikovorsorge im Kreditgeschäft führt zu unterschiedlichen Herausforderungen für Kreditinstitute. Die folgenden, in der Praxis häufig auftretenden Fälle, sollen an dieser Stelle näher betrachtet werden:

- Datenqualität beziehungsweise nicht ausreichender Veredelungsstand der Daten, die für die Berechnung der Risikovorsorge im Kreditgeschäft benötigt werden
- Portfoliounwinding

Datenqualität beziehungsweise nicht ausreichender Veredelungsstand

Auf Portfolioebene ist eine hohe Datenqualität zwingend erforderlich, da sonst eine korrekte Ermittlung der Risikovorsorge nicht gewährleistet werden kann. Im Gegensatz zur Einzelfallbetrachtung, besteht hier grundsätzlich keine individuelle Eingriffsmöglichkeit, um Schwächen in der Datenqualität auszugleichen. Dies kann im Ergebnis zu einer deutlichen Über- oder Unterzeichnung der Risikovorsorge führen. Da die Risikovorsorge ergebniswirksam gebildet wird, können hier signifikante GuV[11]-Effekte entstehen.

Die *Gründe* einer minderen Datenqualität beziehungsweise eines nicht ausreichenden Veredelungsstandes sind vielfältig, zum Beispiel:

- fehlerhaft erfasste Daten
- Daten wurden nicht ausreichend erfasst
- Daten nicht aktuell, da für den bisherigen Verarbeitungsprozess irrelevant
- Daten unterschiedlicher Granularität
- keine eindeutige Zuordnung/kein eindeutiger Primär-Schlüssel
- dezentraler Datenhaushalt

Als geeignete *Maßnahmen zur Beseitigung der Datenprobleme* haben sich in der Praxis folgende Lösungen etabliert:

- *Datenqualitätsmanagementprojekte:*
  Hier werden systematisch die Datenbestände auf bestehende Qualitätsprobleme durchleuchtet und geeignete Maßnahmen definiert, um diese abzustellen. Eine Priorisierung der

---

[11] Gewinn- und Verlustrechnung.

Maßnahmen nach dem größten Einflussfaktor auf die Verbesserung der Risikovorsorgeergebnisqualität ist empfehlenswert.

- *Erstellen einer zentralen Datenbank*:
  Diese Datenbank sollte alle relevanten Informationen aus Rechnungslegung, Risikocontrolling und Meldewesen beinhalten. Hierdurch können Abweichungen zwischen verschiedenen Quellsystemen vermieden werden.

- *Enge Zusammenarbeit zwischen Projekten mit überschneidenden Datenhaushalten (Basel II und IFRS)*:
  Dies ermöglicht die Hebung von Synergien. Durch eine intensive Analyse der Daten sowohl in Basel II als auch in den entsprechenden IFRS-Projekten können Probleme bei der Datenqualität schneller erkannt und gemeinsam bereinigt werden. Darüber hinaus kann jede signifikante Änderung in der Struktur der Berechnung nach Basel II gleichfalls eine signifikante Veränderung der Berechnung nach IFRS nach sich ziehen. Insofern kann eine enge Verzahnung der Projekte ein wesentlicher Erfolgsfaktor für die Realisierung von Synergiepotenzialen in Projekten von Finanzfunktionen und Risikocontrolling sein.

Portfoliounwinding

Die Höhe der Wertberichtigung beruht auf der Barwertberechnung der zukünftigen Cashflows, die mit dem ursprünglichen Effektivzinssatz (IAS 39.63) abgezinst werden. Die Höhe des Zinsertrages ergibt sich aus der Aufzinsung dieser Cashflows (*Unwinding*). Gemäß IAS 39.AG93 ist ein *Unwindingbetrag* bei wertgeminderten bilanziellen Engagements sowohl für finanzielle Vermögenswerte als auch für eine Gruppe von ähnlichen finanziellen Vermögenswerten auszuweisen.

Das *Unwinding* kann bei der Gruppenbetrachtung im Gegensatz zur Einzelfallbetrachtung nicht ohne Weiteres ermittelt werden, da die Berechnung der Wertberichtigung auf Portfolioebene mittels obig beschriebener Parameter (PD, LGD etc.) erfolgt, und die Isolierung des Barwerteffektes mithin nicht einfach ist. Der Barwerteffekt ist ein Teil der Veränderungen der LGD. Da aber die LGD ebenso durch Schätzungsänderungen (Anpassung der Sicherheitenerlöse, der durchschnittlichen Verwertungsdauern, der Wiedergewinnungsfaktoren etc.) verändert wird, kann anhand der Änderungen der LGD der *Unwindingbetrag* nicht direkt abgeleitet werden.

In der Praxis wird auf Teilergebnisse wie Sicherheitenbarwerte und Barwerte aus Wiedergewinnung im Rahmen der LGD-Ermittlung zurückgegriffen, um so den *Unwindingeffekt* zu separieren. Entsprechende Zugriffsmöglichkeiten auf Teilergebnisse sind bei der IT-technischen Entwicklung vorzusehen. Eine Best Practice-Lösung hat sich jedoch bisher noch nicht am Markt etabliert.

5. Studie

Im Folgenden werden die wesentlichen Punkte der von den Autoren durchgeführten Vergleichsstudie von zwölf Kreditinstituten (nationale Geschäfts- und Landesbanken) dargestellt.

Die Befragung umfasste folgende drei Themenkomplexe

1. IT-Lösungen und Datenanbindung
2. Portfoliowertberichtigung (GLLP und PLLP)
3. Accounting

zu 1. IT-Lösungen und Datenanbindung

- IT-technische Umsetzung:

  Die Studie hat ergeben, dass aktuell sowohl im Einzelwertberichtigungs- als auch im portfoliobasierten Wertberichtigungsbereich individuell entwickelte Softwarelösungen dominieren. Standard-Software ist für die EWB-Ermittlung nur bei drei Kreditinstituten im Einsatz. Für die Ermittlung der Portfoliowertberichtigung ist der Einsatz von Standard-Software aktuell bei zwei Instituten im Gespräch. Dies verwundert nicht, da sowohl die Datenanlieferung als auch die Datenveredelung und nicht die Berechnung die eigentliche Herausforderung darstellen.

- Anbindung des Datenhaushaltes:

  In vielen Kreditinstituten herrscht eine heterogene Systemlandschaft mit mehreren zentralen Datencontainern vor. Insbesondere im Kontext der Basel II- und IFRS-Projekte wurden teilweise parallel existierende Datenhaushalte beziehungsweise Plattformen geschaffen. Die Befragung hat ergeben, dass die Mehrheit der Institute den Kreditdatenhaushalt als Basis zur Berechnung der Risikovorsorge heranzieht. Ergänzungen finden über den Bilanzdatenhaushalt in Form von zum Beispiel fortgeführten Anschaffungskosten und Effektivzinssätzen statt.

  Im Kontext der Datenanbindung beziehungsweise Datenselektion hat sich bei vielen Kreditinstituten die Differenzierung von widerruflichen und unwiderruflichen Kreditzusagen als problematisch erwiesen. Diese Differenzierung ist von Bedeutung, da nach herrschender Meinung ausschließlich für unwiderrufliche Kreditzusagen Rückstellungen zu bilden sind. Während im Ersterfassungssystem einheitlich eine Unterscheidung möglich war, konnte im zentralen Kreditdatenhaushalt nur vereinzelt eine granulare Unterscheidung getroffen werden. Eine Identifizierung hat nicht selten zu signifikanten Implementierungsaufwendungen geführt.

zu 2. Portfoliowertberichtigung

- Portfolioansatz:

In der nationalen und internationalen Bankenlandschaft haben sich grundsätzlich zwei Ansätze zur Ermittlung der Portfoliowertberichtigung etabliert. Zum einen existiert der dominierende Expected Loss-Ansatz, der in diesem Beitrag vorgestellt wird, zum anderen findet vereinzelt im Retailgeschäft der Delinquency-Ansatz Verwendung.[12]

- Portfoliounwinding:

IFRS fordert von Kreditinstituten neben dem Ausweis des Unwinding auf Einzelbasis auch den Ausweis für ausgefallene Kreditengagements des Portfoliobereiches. Die Studie zeigte, dass das Portfoliounwinding für das nicht signifikante ausgefallene bilanzielle Geschäft in der Praxis in Teilen noch nicht umgesetzt wird. Die Umsetzung bei Verwendung der Basel II-Parameter ist nicht trivial, weshalb einige Kreditinstitute mit Verweis auf Wesentlichkeitsüberlegungen hiervon bisher Abstand genommen haben. Inwieweit dies langfristig von Seiten der betroffenen Kreditinstitute haltbar ist, bleibt abzuwarten.

zu 3. Accounting

- Buchungsebene:

Die Buchung der Portfoliowertberichtigung kann grundsätzlich auf zwei Wegen erfolgen, zum einen auf Einzelgeschäftsebene und zum anderen auf aggregierter Ebene. Die Untersuchung hat bei den befragten zwölf Kreditinstituten kein eindeutiges Bild ergeben. In der Hälfte der Fälle erfolgte die Buchung auf aggregierter Ebene, in der anderen Hälfte auf Einzelgeschäftsebene. Erfahrungswerte aus Umsetzungsprojekten haben hierbei jedoch gezeigt, dass die Buchung auf Einzelgeschäftsebene höhere Anforderungen sowohl an das System als auch an die Datenqualität der Geschäftsdatensätze stellt.

- Übernahme der Werte auch für die HGB-Rechnungslegung:

Es empfiehlt sich für Kreditinstitute einen gleichlaufenden Prozess für die Ermittlung der Risikovorsorge im Kreditgeschäft sowohl für HGB als auch für IFRS einzuführen. In der Mehrzahl der Fälle werden die nach IFRS ermittelten Werte auch nach HGB verwendet beziehungsweise wird eine Verwendung angestrebt. Hierfür sind insbesondere Vereinheitlichungen bei der Zinslosstellung, der Disagioabgrenzung und dem Forderungsansatz (Netto oder Brutto) notwendig. Die steuerliche Betrachtungsweise ist davon im ersten Schritt nicht tangiert. Gleichwohl sind auch hier schon Einzelfälle in der Praxis bekannt, bei denen eine Akzeptanz durch das Finanzamt gegeben ist. Eine vollständige Übereinstimmung wird allerdings voraussichtlich nicht gelingen. So ist derzeit nicht abschließend

---

12 Delinquency-Portfolioansatz: Der Ansatz ordnet auf Basis von historischen Ausfalldaten unter Berücksichtigung der Dauer des Rückstands einer Forderung einen Ausfall zu.

geklärt, ob ein Unwinding auch unter HGB ausgewiesen werden kann. Die Ermittlung der Risikovorsorge nach HGB erfolgt auch unter Berücksichtigung von Diskontierungseffekten.[13] Jedoch erscheint die Erfassung des Unwindingbetrages korrespondierend zu IFRS als Zinsertrag nicht unkritisch. Zinserträge sind in § 28 Rechnungslegungsverordnung für Kreditinstitute (RechKredV) abschließend definiert. Eine Subsumtion des Unwindings unter den in § 28 RechKredV definierten Begriff fällt schwer, da hier im Wesentlichen von vertraglich vereinbarten Zinserträgen ausgegangen wird. Alternativ wäre die Erfassung des Unwinding unter HGB als Erträge aus der Auflösung der Risikovorsorge denkbar. Eine abschließende Beurteilung bleibt somit vorerst offen.

6. Fazit und Ausblick

Es konnte in den vorangegangenen Abschnitten gezeigt werden, dass die Transformation des *Expected Loss-Konzeptes* zum *Incurred Loss-Konzept* mit großen Anforderungen (fachlicher, prozessualer sowie technischer Natur) verbunden ist. Dies bietet aber auch Chancen für eine zukünftige Effizienzsteigerung der Finanzfunktion. Diese Effizienzsteigerung kann durch eine Verzahnung von Prozessen, Verfahren und IT-technischen Lösungen für die externe Rechnungslegung und das Meldewesen im Bereich der Ermittlung der Risikovorsorge nach IFRS mittels Basell II-Parameter erreicht werden. Erste erfolgreich abgeschlossene Projekte zeigen dies bereits.

Während fachliche Fragestellungen zur Erfüllung der IFRS-Anforderungen zu großen Teilen geklärt sind, ist die Umsetzung und harmonische Integration in die bestehenden institutsspezifischen Systemarchitekturen nach wie vor eine wesentliche Aufgabe.

Die Mehrzahl der Kreditinstitute kann aktuell ein bestehendes Modell zur Berechnung der portfoliobasierten Risikovorsorge im Kreditgeschäft vorweisen, das den Anforderungen nach IFRS weitestgehend genügt. Zukunftsgerichtet werden Kreditinstitute bestrebt sein, ihre Modelle zu erweitern und zu verfeinern, was zu einer verbesserten Bewertung der Forderungen wie auch gegebenenfalls zu einer Reduzierung der Risikovorsorge führen wird.

Der erfolgreichen Implementierung muss eine Optimierung und Vereinheitlichung der bestehenden Prozesse folgen. Aus der von den Autoren durchgeführten Benchmarkstudie lässt sich diese Notwendigkeit bereits heute erkennen. Insbesondere ein Gleichlauf von interner Steuerung, Basel II und IFRS ist anzustreben, um hier weitere Synergien zu heben und Aufwendungen für Überleitungen zwischen den Ergebnissen zu reduzieren.

---

[13] IDW PS 522, TZ 30.

Literaturverzeichnis

LÖW, E./LORENZ, K. (2005): Ansatz und Bewertung von Finanzinstrumenten, in: Löw, E. (Hrsg.): Rechnungslegung für Banken nach IFRS, 2. Auflage, Wiesbaden 2005, S. 415 - 604.

SCHADE, A./MÖLLER, A. (2008): Studie Impairment im Kreditgeschäft, KPMG interne Veröffentlichung im Rahmen einer KPMG Veranstaltung der Service Line Accounting Advisory Services Financial Services, Februar 2008.

Rechtsquellen und sonstige Quellen

Handelsgesetzbuch (HGB) vom 10.05.1897, zuletzt geändert durch Gesetz vom 21.12.2007, BGBl. I, S. 3089.

IASB (Hrsg.) (2008): International Financial Reporting Standards 2008 (IFRS).

IDW PS 522: Prüfung der Adressenausfallrisiken und des Kreditgeschäfts von Kreditinstituten, Prüfungsstandard, Institut der Wirtschaftsprüfer, Stand: 01.10.2002.

IDW RS HFA 9: IDW Stellungnahme zur Rechnungslegung: Einzelfragen zur Bilanzierung von Finanzinstrumenten nach IFRS, Stand 12.04.2007.

Verordnung über die Rechnungslegung der Kreditinstitute und Finanzdienstleistungsinstitute (Kreditinstituts – Rechnungslegungsverordnung – RechKredV) vom 11.12.1998, zuletzt geändert durch Gesetz vom 22.05.2005, BGBl. I, S. 1373.

Konvergenz von IAS 39 und Basel II bei Impairment- und Kreditprozessen

Lars Löffelholz

1. Einleitung

2. Konvergenz von Impairment gemäß IAS 39 und Ausfall gemäß Basel II

3. Implikationen von Impairment Trigger und Ausfallkriterien auf die Prozessgestaltung bei Intensiv-, Sanierungs- und Abwicklungsengagements
    3.1 Grundsätze und Anforderungen an die Aufbau- und Ablauforganisation des Kreditgeschäfts im Sinne einer ordnungsgemäßen Geschäftsorganisation von Kreditinstituten
    3.2 Definition von Überleitungskriterien im Kreditbearbeitungsprozess
    3.3 Anforderungen an die Prozesse der Kreditbearbeitung

4. Nutzung eines weitgehend einheitlichen IT-Datenhaushalts

5. Fazit und Ausblick

Literaturverzeichnis

1. Einleitung

Für eine funktionierende Volkswirtschaft ist ein intaktes Bankwesen – als *gesamtwirtschaftlicher Transmissionsriemen* des Geldflusses – unerlässlich. Wie stark eine Volkswirtschaft durch eine Krise im Finanzsektor betroffen wird, ist am Beispiel der USA im Zusammenhang mit der *Subprime-Krise*[1] nur zu gut zu erkennen. Die *Subprime-Krise* gilt als Auslöser der internationalen Finanzkrise.

Mittels aufsichtsrechtlicher Vorgaben, eines angemessenen Risikomanagements sowie eines modernen Rechnungswesens sollen Schieflagen im Kredit- und Finanzdienstleistungsgeschäft vorzeitig erkannt beziehungsweise vermieden werden. Eine effiziente Umsetzung dieser Themengebiete bedingt eine enge Verknüpfung dieser verschiedenen Bereiche innerhalb einer Bank.

Am Beispiel der Umsetzung der IFRS-Regelungen zum Kreditgeschäft und der Basel II-Eigenkapitalvorschriften zeigt sich, dass trotz teilweise unterschiedlicher Zielrichtungen der Vorschriften eine enge Verzahnung der jeweiligen Umsetzungsaktivitäten einerseits sowie der zu implementierenden Prozesse und Lösungen andererseits sinnvoll und möglich ist. Hierbei bestehen diverse Ansatzpunkte, sind Schnittstellen in beiden Regelwerken zu identifizieren und Synergien institutsspezifisch zu nutzen und zu generieren.

Ergänzend zu dem bereits in dem Beitrag von Möller/Schade dargestellten Spannungsfeld der Vorschriften soll dieser Beitrag die Kongruenz der Impairment Trigger nach IAS 39 – *Ansatz und Bewertung von Finanzinstrumenten* – mit den Ausfallkriterien (*Loss Events*) nach Basel II eine weitere mögliche Schnittstelle zwischen den Regelwerken aufzeigen. Diese Ausführungen sind Gegenstand der Betrachtung in Abschnitt 2.[2]

Ferner wird festzustellen sein, dass sich durch die Umsetzung der bilanziellen Anforderungen des *IAS 39* und der aufsichtsrechtlichen Eigenkapitalregelungen gemäß *Basel II* im operativen Geschäftsbetrieb sinnvolle Adjustierungen, sowohl in der Aufbau- als auch in der Ablauforganisation von Kreditinstituten, ergeben können. Hierzu werden in Abschnitt 3 die möglichen Implikationen der *Impairment Trigger* und *Basel II-Loss Events* in Bezug auf die Differenzierung von Intensiv-, Sanierungs- und Abwicklungsengagements in Form eines Stufenmodells skizziert. In Abschnitt 4 werden schließlich aufbauend auf den in Abschnitt 2[3] aufgezeigten Möglichkeiten der Konvergenz zwischen IFRS und Basel II die Implementierung und Nutzung eines weitgehend einheitlichen IT-Datenhaushalts als Basis für die IFRS- und Basel II-Berichterstattung diskutiert.

---

[1] Im deutschsprachigen Raum auch als US-Immobilienkrise bezeichnet.
[2] Auf eine ausführliche und vollumfassende theoretische Darstellung und Abgrenzung der beiden methodischen Ansätze zur Ermittlung der *IFRS Risikovorsorge im Kreditgeschäft* und des *Basel II-Konzepts* wird dabei verzichtet, da diese bereits im Beitrag von Möller/Schade in diesem Buch detailliert ausgeführt sind.
[3] Und ergänzt um die Ausführungen im Beitrag von Möller/Schade in diesem Buch.

2. Konvergenz von Impairment gemäß IAS 39 und Ausfall gemäß Basel II

Sowohl die Wertminderung im Kreditgeschäft nach IFRS (*Impairment*) als auch der Ausfall (*Default*) nach Basel II zielen gemeinschaftlich auf die Berücksichtigung eines Verlustes ab. Hierbei schreiben die Regelungen zu IAS 39 einen regelmäßigen sogenannten *Impairment Test* (in der Regel bestehend aus der Identifikations- und Wertermittlungsphase) vor. Die Wertermittlung erfolgt entweder auf Einzelbasis mittels der Schätzung von zukünftig zu erwartenden Cashflows oder im Falle von homogenen Portfolien über modellbasierte Verfahren. Bei Basel II[4] hingegen wird der erwartete (*Expected Loss*) und der unerwartete Verlust (*Unexpected Loss*) ausschließlich modellbasiert ermittelt.

Da für national und international tätige Kreditinstitute in fast allen Fällen sowohl die Umsetzung von Basel II als auch die Umstellung der Rechnungslegung nach IFRS verpflichtend ist, werden in der Praxis Konvergenzen aus beiden Ansätzen angestrebt. Der maßgebliche Treiber für dieses Streben ist eine Effizienzsteigerung durch eine Verzahnung von Prozessen, Verfahren, Daten und IT-technischen Lösungen für das externe Rechnungswesen und das Meldewesen.

Ergänzend zu den im Beitrag von Möller/Schade aufgeführten Möglichkeiten der Konvergenzen im Rahmen des Portfolioansatzes zwischen IFRS und Basel II können auch in Bezug auf die IFRS *Impairment Trigger* und *Basel II-Loss Events* Konvergenzpotenziale identifiziert werden. Eine Gegenüberstellung der Regelungsvorschriften von IAS 39 sowie der Basel II-Regularien bezüglich der *Impaiment Trigger* und *Loss Events* ist in Tabelle 1 dargestellt.

IFRS (IAS 39.59)	Basel II (Konsultationspapier 07/2003: Tz. 414 und 415)[5]
Beispiele einzelner Verlustereignisse[6]**:** ■ Erhebliche finanzielle Schwierigkeiten des Emittenten oder des Schuldners. ■ Vertragsbruch wie beispielsweise ein Ausfall oder Verzug von Zins- und Tilgungszahlungen. ■ Zugeständnisse (...) an den Kreditnehmer infolge wirtschaftlicher oder rechtlicher Gründe, (...) die der Kreditgeber ansonsten nicht gewähren würde.	**Definition des Kreditausfalls:** ■ Die Bank geht davon aus, dass der Schuldner seinen Kreditverpflichtungen (...) mit hoher Wahrscheinlichkeit nicht in voller Höhe nachkommen wird, ohne dass die Bank auf Maßnahmen (...) zurückgreift. ■ Eine wesentliche Verbindlichkeit des Schuldners (...) ist mehr als 90 Tage überfällig. Überziehungen werden als überfällig betrachtet (...).

---

4 Basis für die weiteren Ausführungen ist ausschließlich der *IRB Advanced Approach*, da nur dieser sich hinsichtlich einer möglichen Konvergenz zu IAS 39 eignet.
5 Analog auch § 125 Solvabilitätsverordnung (SolvV).
6 Ohne diejenigen Verlustereignisse, die sich auf Eigenkapitalinstrumente beziehen.

IFRS (IAS 39.59)	Basel II (Konsultationspapier 07/2003: Tz. 414 und 415)[5]

■ Eine erhöhte Wahrscheinlichkeit, dass der Kreditnehmer in Insolvenz oder ein sonstiges Sanierungsverfahren geht.
■ Beobachtbare Daten, die auf eine (...) Verringerung der erwarteten künftigen Cashflows aus einer Gruppe von finanziellen Vermögenswerten (...) hinweisen, obwohl diese (...) noch nicht einzeln ... zugeordnet werden können, einschließlich:
   – nachteilige Veränderungen beim Zahlungsstand von Kreditnehmern in der Gruppe (...) oder
   – volkswirtschaftliche oder regionale wirtschaftliche Bedingungen, die mit Ausfällen (...) korrelieren (...)
	Indikatoren für drohende Zahlungsfähigkeit:
	■ Die Bank verzichtet auf die laufende Belastung von Zinsen.
	■ Die Bank bucht eine Wertberichtigung oder Abschreibung (…).
	■ Die Bank verkauft die Kreditverpflichtung mit einem bedeutenden, bonitätsbedingten wirtschaftlichen Verlust.
	■ Die Bank stimmt einer (...) Restrukturierung des Kredits zu, die voraussichtlich zu einer Reduzierung der Schuld durch einen bedeutenden Forderungsverzicht oder Stundung (...) führt.
	■ Die Bank hat einen Antrag auf Insolvenz des Schuldners gestellt oder eine vergleichbare Maßnahme (...) ergriffen.
	■ Der Kreditnehmer hat Insolvenz beantragt oder wurde unter Gläubiger- oder einen vergleichbaren Schutz gestellt (…).

Tabelle 1: *Gegenüberstellung IFRS-Impairment Trigger und Basel II-Loss Events*[7]

Die in Basel II definierten *Loss Events*[8] greifen im Vergleich zu den in IAS 39 aufgezählten *Trigger Events*[9] später. Dies bedeutet, dass die Indikatoren nach Basel II auch eine Teilmenge von IAS 39 darstellen und somit ein *Loss Event* nach Basel II immer auch ein *Trigger Event* nach IAS 39 ist.[10]

Die Ausfallkriterien von IAS 39 und Basel II sind damit im Grundsatz weitgehend deckungsgleich. Insbesondere ist festzustellen, dass sich die Ausfallkriterien von Basel II ebenfalls auf vergangene Ereignisse (Ereignisse bis zum Abschlussstichtag) beziehen. Auch aus der Tatsache, dass in IAS 39.59 bereits der Vertragsbruch als Verlustereignis genannt wird, während nach Basel II der Verzug des Kreditnehmers mit mehr als 90 Tagen als Ausfallkriterium gilt, lässt sich kein materieller Unterschied ableiten.[11]

In der Praxis haben sich insbesondere folgende objektive Hinweise auf eine Wertminderung als einschlägig erwiesen:

■ *tatsächlich erfolgter Vertragsbruch* wie Ausfall oder Verzug von Zins- und Tilgungszahlungen

■ erhebliche finanzielle Schwierigkeiten des Emittenten/Kreditnehmer

■ *Zugeständnisse* an den Kreditnehmer aufgrund finanzieller Schwierigkeiten

---

[7] IDW RS HFA 9, TZ. 286.
[8] Basler Ausschuss für Bankenaufsicht (2006), TZ. 452-453.
[9] IAS 39.59, IAS 39.61.
[10] Löw/Lorenz (2005), S. 538.
[11] IDW RS HFA 9, TZ. 287.

Vor dem Hintergrund der Konvergenzen zwischen IAS 39 und Basel II zeigt sich, dass für Kreditinstitute, die den fortgeschrittenen IRB-Ansatz[12] gewählt haben, Möglichkeiten bestehen, sowohl die Prozesse an den IAS 39- und Basel II-Anforderungen auszurichten beziehungsweise diese in die Aufbau- und Ablauforganisation zu integrieren, als auch durch eine gemeinsam genutzte Datenbasis Synergien zu heben. Diese beiden Punkte sollen in den Abschnitten 3 und 4 beleuchtet werden.

3. Implikationen von Impairment Trigger und Ausfallkriterien auf die Prozessgestaltung bei Intensiv-, Sanierungs- und Abwicklungsengagements

Der Abschnitt 3.1 stellt zunächst die Vorschriften und Anforderungen hinsichtlich der Aufbau- und Ablauforganisation des Kreditgeschäfts vor, die im Sinne einer ordnungsgemäßen Geschäftsorganisation von Kreditinstituten einzurichten sind. Auf diesen Rahmenbedingungen aufbauend werden die Anforderungen an die Definition von Überleitungskriterien beschrieben, die mittels der *IFRS-Impairment Trigger* beziehungsweise *Basel II-Loss Events* definiert werden können, sowie deren Implikationen auf die Prozessgestaltung bei der Kreditbearbeitung skizziert. Abschnitt 3.3 schließt mit einer Darstellung der Anforderungen an die Prozesse der Kreditbearbeitung.

3.1 Grundsätze und Anforderungen an die Aufbau- und Ablauforganisation des Kreditgeschäfts im Sinne einer ordnungsgemäßen Geschäftsorganisation von Kreditinstituten

Vor dem Hintergrund einer Effizienzsteigerung der Finanzfunktion durch eine Verzahnung von Prozessen, Verfahren und IT-technischen Lösungen im Bereich der Ermittlung der Risikovorsorge nach IFRS mittels Basel II-Parametern stellt die harmonische Integration in die bestehende institutspezifische Aufbau- und Ablauforganisation sowie Systemarchitektur eines Kreditinstituts einen wesentlichen Erfolgsfaktor dar.

---

12 Neben dem Standardansatz besteht auch die Möglichkeit, mittels interner Ratingverfahren (IRBA) das jeweilige Risiko selbst zu ermitteln. Hierfür ist allerdings erforderlich, dass der Methodik- und Ergebnisnachweis erbracht wird.

Bei der Prüfung etwaiger Möglichkeiten einer an IAS 39 und Basel II ausgerichteten Aufbau- und Ablauforganisation ist insbesondere § 25a Absatz 1 KWG – *Besondere organisatorische Pflichten von Instituten* – zu berücksichtigen, der von den Instituten eine ordnungsgemäße Geschäftsorganisation fordert, welche die Einhaltung der zu beachtenden gesetzlichen Bestimmungen gewährleistet.

Eine ordnungsgemäße Geschäftsorganisation umfasst dabei auch angemessene interne Kontrollverfahren, bestehend aus einem Internen Kontrollsystem und einer Internen Revision. Das Interne Kontrollsystem beinhaltet Regelungen zur Aufbau- und Ablauforganisation sowie Regelungen zur Steuerung und Überwachung von Risiken.

Das Rundschreiben „Mindestanforderungen an das Risikomanagement – MaRisk"[13] gibt auf der Grundlage des § 25a Absatz 1 KWG einen flexiblen und praxisnahen Rahmen für die Ausgestaltung des Risikomanagements der Institute vor. In den MaRisk wird bezüglich der Aufbau- und Ablauforganisation im Kreditgeschäft zwischen dem Bereich *Markt* und dem Bereich *Marktfolge* unterschieden. Der *Markt* ist dabei der Bereich, der Kreditgeschäfte initiiert und bei den Kreditentscheidungen über ein (erstes) Votum verfügt. Hingegen ist die *Marktfolge* der marktunabhängige Bereich, der bei den Kreditentscheidungen über ein weiteres, dem Grunde nach nicht überstimmbares, Votum verfügt.[14] Abhängig von der Art, dem Umfang, der Komplexität und dem Risikogehalt des Kreditengagements erfordert eine Kreditentscheidung grundsätzlich zwei zustimmende Voten der Bereiche *Markt* und *Marktfolge*. Maßgeblicher Grundsatz für die Ausgestaltung der Prozesse im Kreditgeschäft ist die klare aufbauorganisatorische und funktionale Trennung der Bereiche *Markt* und *Marktfolge* bis einschließlich der Ebene der Geschäftsleitung.[15]

Hinsichtlich der zu implementierenden Prozesse (Ablauforganisation) im Kreditgeschäft differenzieren die MaRisk zwischen der *Normalbetreuung*, der *Intensivbetreuung* und der *Problemkreditbetreuung*, die sich wiederum untergliedert in die *Sanierung* und *Abwicklung*.

Das Institut hat Bearbeitungsgrundsätze für die einzelnen Prozesse im Kreditgeschäft unter besonderer Berücksichtigung der zuvor beschriebenen aufbauorganisatorischen Trennung der Bereiche *Markt* und *Marktfolge* zu formulieren. Hierbei sind trennscharfe Kriterien zu definieren, nach denen festgelegt ist, unter welchen Voraussetzungen das Engagement von der Normalbetreuung[16] hin zu einer gesonderten Beobachtung und Bearbeitung überzuleiten und somit der *Intensiv-*[17] oder der *Problemkreditbetreuung*[18] zuzuführen ist.

---

[13] Rundschreiben der Bundesanstalt für Finanzdienstleistungsaufsicht Nr. 5/2007 vom 30.10.2007 (MaRisk).
[14] MaRisk, BTO, TZ. 2.
[15] MaRisk, BTO 1.1, TZ. 1. Lediglich bei kleinen Instituten sind unter bestimmten Voraussetzungen Ausnahmen hinsichtlich der Funktionstrennung möglich.
[16] MaRisk, BTO 1.2.1 – BTO 1.2.3. Hierunter sind die Arbeitsabläufe der Kreditgewährung, der Kreditweiterbearbeitung und der Kreditbearbeitungskontrolle zu verstehen.
[17] MaRisk, BTO 1.2.4, TZ. 2. Die einer Intensivbetreuung unterliegenden Engagements sind nach einem festzulegenden Turnus auf ihre weitere Behandlung hin zu überprüfen.
[18] MaRisk, BTO 1.2.5, TZ. 1. Das Institut hat Kriterien festzulegen, die die Abgabe eines Engagements an die auf die Sanierung beziehungsweise Abwicklung spezialisierten Mitarbeiter oder Bereiche beziehungsweise deren Einschaltung regeln.

Unter allgemeinen ökonomischen Gesichtspunkten wird der Druck, eine Modellierung der Aufbau- und Ablauforganisation unter Berücksichtigung der Gestaltung der Überleitungsprozesse entsprechend effizient zu gestalten, unter anderem auch deswegen erhöht, weil Spezialisten für die Betreuung von Problemengagements zunehmend eine eher knappe Ressource darstellen.

3.2 Definition von Überleitungskriterien im Kreditbearbeitungsprozess

Die klare Trennung von Verantwortung wird im Prozess anhand von Überleitungskriterien sowohl von der Normalbetreuung zu den Intensiv-, Sanierungs- und Abwicklungseinheiten, als auch zwischen ihnen definiert.

Neben der Festlegung von Bearbeitungsgrundsätzen im Rahmen einer Intensiv-, Sanierungs- oder Abwicklungsbetreuung eines Kreditengagements ist es ferner notwendig, Kriterien festzulegen, auf deren Basis unter Beachtung der angewandten Rechnungslegungsnormen Wertberichtigungen, Abschreibungen und Rückstellungen für das Kreditgeschäft zu bilden sind.[19] Der größte Risikovorsorgebedarf in Form von Wertberichtigungen, Abschreibungen und Rückstellungen für das Kreditgeschäft ergibt sich naturgemäß im Rahmen der Problemkreditbearbeitung.

Die in Abschnitt 2 dargestellten *Impairment Trigger* nach IFRS und *Loss Events* nach Basel II können bei der Prozessgestaltung der Kreditbearbeitung im Rahmen der Ablauforganisation als Überleitungskriterien herangezogen werden.

Am Beispiel der Überziehungstage eines Engagements soll dies erläutert werden: Nach IFRS ist der Vertragsbruch, wie beispielsweise ein Ausfall oder Verzug von Zins- und Tilgungszahlungen, ein objektiver Hinweis auf eine Wertminderung eines Kreditengagements.[20] Nach den Regelungen von Basel II liegt ein Ausfall dann vor, wenn eine wesentliche Verbindlichkeit des Schuldners mehr als 90 Tage überfällig ist.

Entsprechend kann ein Kreditinstitut den Kreditbearbeitungsprozess mittels des fest definierten Kriteriums *Zeitraums des Rückstandes* (90 dpd)[21] untergliedern und demzufolge eindeutige Überleitungskriterien definieren:

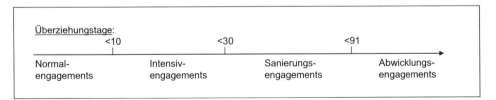

Abbildung 1: Definition von Überleitungskriterien für den Zeitraum des Rückstandes

---

[19] MaRisk, BTO 1.2.6.
[20] IAS 39.59(b).
[21] 90 Tage Rückstand (ninety **d**ays **p**ast **d**ue).

Bei dem Kriterium *Zeitraum des Rückstandes* handelt es sich um eine eindeutige, absolute Kennzahl. Die Herausforderung bei der Ableitung von konsistent definierten Überleitungskriterien besteht darin, dass andere objektive Hinweise auf eine Wertminderung auch in einer differenzierter zu betrachtenden Form vorliegen können. Hier können Möglichkeiten von Abwandlungen oder Abschwächungen sowie die operativ jeweils noch bestehenden Handlungsmöglichkeiten am Kreditengagement in eine Einzelfallbetrachtung einzubeziehen sein.

Tabelle 2 veranschaulicht mögliche Ausprägungen der Überleitungskriterien.

Überleitungskriterien der Problemkreditbearbeitung		
Intensiv	**Sanierung**	**Abwicklung**
■ deutlich rückläufige Kontoumsätze ■ Scheck- und Wechselproteste ■ hohe Fluktuation (insb. leitender) Mitarbeiter ■ fehlender Einblick in wirtschaftliche Verhältnisse ■ Verschlechterung des Ratings um x Notches in y Monaten mind. auf Ratingstufe z ■ ...	■ Auftrag oder erstelltes Sanierungsgutachten ■ wesentliche Pfändungen oder Kündigung durch sonstige Gläubiger ■ Ertrags- und Liquiditätsprobleme ■ x Jahre Intensivbetreuung ■ Probleme bei Hauptlieferanten/Abnehmern mit Einfluss auf den Kreditnehmer ■ ...	■ Insolvenzantrag (ggf. ohne Insolvenzplan) ■ Zahlungsverweigerung ■ Vermögensdelikte inkl. Kreditbetrug ■ gekündigte Forderungen ■ negative Sanierungsprognose ■ gescheiterte Sanierung ■ eigene dingliche Zwangsmaßnahmen ■ ...

Tabelle 2: *Mögliche Überleitungskriterien für Intensiv-, Sanierung- und Abwicklungsengagements*[22]

3.3 Anforderungen an die Prozesse der Kreditbearbeitung

Für einen konsistenten und revisionssicheren Prozess muss sichergestellt sein, dass alle für die mittels *Impairment Trigger* beziehungsweise *Loss Events* definierten Überleitungskriterien relevanten Informationen aus den operativen Systemen und sonstigen Datenbanken abgegriffen werden können. Um eine ausreichende Qualität hinsichtlich der zu erhebenden Daten zu gewährleisten, muss sich das Institut an den objektiven Tatbeständen orientieren (beispielsweise der Differenzierung zwischen Zahlungsstockung und Zahlungsunfähigkeit gemäß einschlägiger BGH-Rechtsprechung).

---

22 Vgl. Theewen (2007), S. 40.

Die Prozesse, Kompetenzen und Schnittstellen rund um die Problemkreditbearbeitung sind klar zu strukturieren, um frühzeitig eine Verwertung erzielen zu können und Verluste zu vermeiden. In der Regel sind die Sanierungschancen bei einem aufgrund von einer Überziehung im Ausfall befindlichen Engagement noch höher als bei einem Insolvenzfall. Ein effizienter und schneller Prozess kann hier zu erheblichen Einsparungen sowohl in der Kreditbearbeitung als auch bei der Verwertung führen.[23]

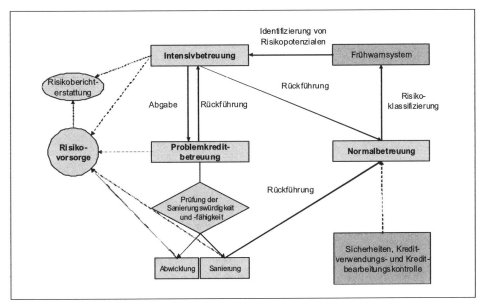

Abbildung 2:   *Prozesse rund um die Problemkreditbearbeitung*[24]

Die vorstehende schematische Darstellung in Abbildung 2 gibt einen kurzen Überblick darüber, wie die Prozesse der *Normal-*, *Intensiv-* und *Problemkreditbetreuung* miteinander verzahnt werden können. Sowohl bei der Prozessgestaltung rund um die Problemkreditbearbeitung als auch bei dem Zuschnitt der Überleitungskriterien sind dabei institutsspezifische Merkmale wie *Größe*, *Geschäftsfelder*, *Produktarten* etc. zu berücksichtigen, sodass vorgenannte Überleitungskriterien nur grobe Beispiele darstellen und jeweils institutsindividuell definiert, adjustiert sowie in ihren Ausprägungen regelmäßig validiert werden müssen. Ein Wechselspiel mit der parallel zu implementierenden Post-Mortem-Analyse (Analyse der Ausfallursachen sowie Schadenshäufigkeit beziehungsweise -intensität verbunden mit der Bewertung von Früherkennungsmöglichkeiten und deren Berücksichtigung bei den Überleitungskriterien) und deren Erkenntnissen erlaubt dabei auch eine schnelle Reaktion auf sich ändernde Marktbedingungen sowie Veränderungen im Normalgeschäft.

---

23   Ein freihändiger Verkauf einer Immobilie erzielt im Normalfall einen höheren Erlös als ein Verkauf im Rahmen einer Zwangsversteigerung.
24   Vgl. Hannemann/Schneider/Hanenberg (2006), S. 361.

Durch die Nutzung der *Impairment Trigger* und *Loss Events* als Grundlage für die Kreditengagementzuordnung sowie Festlegung der Bearbeitungsdringlichkeit und -tiefe eröffnen sich Chancen, die Bearbeitung ergebnisorientiert zu steuern, die knappen Personalressourcen effizient einzusetzen und somit Verluste zu vermeiden. Zur Sicherstellung gleichgerichteter und optimierter Bearbeitungsprozesse ist ein einheitlicher Datenhaushalt von IFRS, Basel II sowie der Kreditrisikosteuerung anzustreben, um keine Dissonanzen zwischen den jeweiligen Steuerungsimpulsen entstehen zu lassen.

4. Nutzung eines weitgehend einheitlichen IT-Datenhaushalts

Aufgrund des im Zuge der Umsetzung des IRB-Ansatzes von Basel II in den Kreditinstituten geschaffenen qualitätsgesicherten Datenhaushalts (Prüfung durch Innenrevision, Abschlussprüfer und Bundesbank), der in diesem Zusammenhang häufig getätigten hohen Investitionen[25] sowie der Überleitbarkeit der Parameter von Basel II nach IFRS, ist es nur sachlogisch, diese Daten auch zur Ermittlung der Risikovorsorge nach IFRS heranzuziehen.

Im Rahmen einer einheitlichen IT-Strategie sind Daten für die IFRS- und Basel II-Berichterstattung sowie für das interne Berichtswesen/-steuerung in einer zentralen Datenbank zu erfassen.

Die für die IFRS, Basel II und das Meldewesen erforderlichen Rechenalgorithmen können anschließend auf Grundlage eines einheitlichen IT-Datenhaushaltes die entsprechenden Informationen/Berichte generieren. Dies gewährleistet, dass sich Abweichungen nunmehr nur aus den unterschiedlichen Modellansätzen und nicht auch noch aus einer unterschiedlichen Datenbasis ergeben.

So sollte beispielsweise nur eine Ausfallwahrscheinlichkeit (*PD/Probability of Default*) hinterlegt werden, auf welche die unterschiedlichen Geschäftsbereiche eines Kreditinstitutes für die externe Berichterstattung nach IFRS, Basel II und Meldewesen sowie für die interne Berichterstattung beziehungsweise Steuerung zugreifen. Eine unterschiedliche Ausfallwahrscheinlichkeit des gleichen Kredites unter Basel II, IFRS, interner Steuerung etc. ist nicht sachgerecht.[26] Mithin sind die genutzten Daten möglichst weitgehend zu vereinheitlichen, damit Geschäfts-, Kunden- und Marktdaten zusammengefasst und in einer Gesamtlösung bereitgestellt werden können.

---

[25] Zum Beispiel finanzielle Investitionen in Soft- und Hardware, Investitionen in interne und externe Ressourcen.

[26] Bei Anwendung des Partial-Use nach Basel II kann es für Teilportfolien Abweichungen geben.

Etwaige Adjustierungen der Daten zur regelkonformen separaten Nutzung für die Basel II- und IFRS-Berichterstattung sind – je nach IT-Architektur – durch entsprechende Lösungen vor Belieferung der Daten aus den Vorsystemen eines Kreditinstitutes in die Datenbank oder im Rahmen der Verarbeitung der Parameter (Auslesen der Daten aus der Datenbank) zu gewährleisten. Unterschiede ergeben sich beispielsweise bei der Verlustquote im Ausfallszeitpunkt (*LGD/Loss Given Default*) nach Basel II und IFRS in Bezug auf den Abzinsungssatz. Während bei Basel II häufig mit einem einheitlichen Durchschnittszins die Abzinsung der Sicherheitenwerte und der Wiedergewinnungsfaktoren berechnet wird, ist nach IFRS der historische Effektivzins zu verwenden. Insofern müssen sich die Werte hier methodisch unterscheiden und sind parallel in der zentralen Datenbank abzulegen.[27]

Die Ablage der bereits vorab individuell angepassten Daten in einer zentralen Datenbank ist zu präferieren, um die unterschiedlichen Werte jederzeit zugriffsbereit zu haben und für die Mehrfachverwendung bereit zu stellen.

Darüber hinaus würde die mehrmalige Durchführung einer Datengenerierung neben den Kosten auch das inhärente Risiko besitzen, mit unterschiedlichen Ergebnissen in den Rechenalgorithmen[28] weiterzurechnen.

Der Umfang des entstehenden Datenhaushalts ist größtenteils abhängig von den zur Verfügung stehenden Basisdaten aus den Vorsystemen (zum Beispiel Kundeninformationen, Kreditsalden und/oder Zinssätze) sowie von der Nutzerfreundlichkeit der Basel II- und IFRS-Anwendung. Soweit beispielsweise indikative Werte beziehungsweise kreditvertragsbasiert parametrisierte oder extern generierte Daten als Unterstützung für die Ratingermittlung oder die IFRS-Einzelwertberichtigungsermittlung bereitgestellt werden sollen, erhöht sich der Datenumfang spürbar. Zur Gewährleistung einer möglichst hohen Akzeptanz sowie einer Reduzierung der Mitarbeiterfolgekosten sind derartige Aufwendungen allerdings gut investiert.

Die so für Basel II und IFRS generierten Daten können darüber hinaus auch zur Sicherstellung einer einheitlichen, wertorientierten Steuerung herangezogen werden. Wesentliche Einflussfaktoren auf die LGDs sind beispielsweise der *Sicherheitenerlös* und die *Verwertungsdauer*. Im Sinne der zukünftigen Verbesserung/Optimierung der Basel II-Parameter sowie der Reduzierung der Risikovorsorge bietet sich somit bei allen ausgefallenen und wertberichtigten Krediten eine zielorientierte Barwertsteuerung an. Bei der Barwertsteuerung werden die jeweils erzielten Sicherheitenerlöse sowie die Verwertungsdauern überwacht und in die Zielvorgaben der Abwicklungsabteilungen integriert.

Darauf aufsetzend können auch weitere individuelle Ziele (Abbau gewisser Sonderportfolien) definiert, eine Prozesssteuerung implementiert sowie Strategien der weiteren Behandlung für jedes Engagement festgelegt werden. Bei entsprechender Berücksichtigung der unterschiedlichen Anforderungen der regulatorischen Vorgaben lassen sich mit einer gemeinsamen Datenbank sowohl eine umfassende Datenkonsolidierung als auch die Sicherstellung eines einheitlichen Steuerungscockpits erreichen.

---

27 Vgl. Beitrag von Möller/Schade in diesem Buch.
28 Zum Beispiel für IFRS, Basel II und Meldewesen.

5. Fazit und Ausblick

Durch die Generierung der skizzierten Synergien aus der konvergenten Datennutzung, Prozess- und Ablauforientierung sowie des Aufbaus eines gemeinsamen Datenhaushalts beziehungsweise einer gemeinsamen Datenhistorie besteht die Möglichkeit zur integrativen Nutzung der jeweils ermittelten Ergebniswerte für die IFRS-Berichterstattung wie auch für die nach Basel II zu ermittelnden Eigenkapitalanforderungen.

Mit weiterem Voranschreiten der Entwicklung hin zur Sicherstellung eines Gleichlaufs zwischen IFRS und Basel II wird der Einfluss der IFRS- und Basel II-Parameter bei einer integrierten Gesamtbank-/Kreditrisikostrategie beziehungsweise -steuerung weiter an Einfluss gewinnen. Die Entwicklung von Basel II und IFRS wird zukünftig weiter verstärkt durch die Praxis vorangetrieben werden.

Bei einer sich parallel abzeichnenden, weiteren Internationalisierung des Bankenmarktes ist es unausweichlich, dass auch die Finanzaufsicht hierauf angemessen reagieren muss. Es zeigt sich, dass durch Kooperationsmodelle zwischen den jeweiligen nationalen Aussichtsbehörden der Europäischen Union sowie Tendenzen zur Implementierung einer Gruppenaufsicht der Trend zur gemeinsamen, paneuropäischen Aufsichtskultur verstärkt und beschleunigt wird. Das Komitee der europäischen Bankenaufseher (CEBS) ist mit seiner Verantwortung für die Förderung einer konsistenten Umsetzung von EU-Richtlinien sowie für die Harmonisierung der europäischen mit innerstaatlichen Regelungen in Bezug auf die Sicherstellung der angemessenen Umsetzung der Basel II-Vorschriften in diesem Zusammenhang in einer Vorreiterrolle.

Die weiteren Entwicklungen der aufsichtsrechtlichen Vorschriften sowie der IFRS werden jeweils Adjustierungen des oben skizzierten Modells mit sich bringen. Bei einem zentralen Datenhaushalt und einer konsistenten Aufbau- und Ablauforganisation sollten diese Anpassungen aber jeweils flexibel umsetzbar sein.

Literaturverzeichnis

BASLER AUSSCHUSS FÜR BANKENAUFSICHT (2006): Internationale Konvergenz der Kapitalmessung und Eigenkapitalanforderungen – Überarbeitete Rahmenbedingungen, umfassende Version – , Internet: http://www.bis.org/publ/bcbs128ger.pdf, Stand: Juni 2006, Abruf: 06.01.2009, 14:49 Uhr, S.1 - 383.

HANNEMANN, R./SCHNEIDER, A./HANENBERG, L. (2006): Mindestanforderungen an das Risikomanagement (MaRisk), 2. Auflage, Stuttgart 2006.

IDW RS HFA 9: IDW Stellungnahme zur Rechnungslegung: Einzelfragen zur Bilanzierung von Finanzinstrumenten nach IFRS, Stand 12.04.2007.

LEITNER, F. (2005): Basel II-Parameter im IAS-Wertberichtigungsprozess, In: KoR, Jahrgang 5 (2005), Heft 4, S. 165 ff.

LÖW, E. (2008): Geschäftszyklen und deren Einfluss auf die Risikoberichterstattung nach IFRS und Basel II, Vortrag vor dem Arbeitskreis „Strategieentwicklung und Controlling in Banken" der Schmalenbach-Gesellschaft vom 14.03.2008.

LÖW, E./LORENZ, K. (2005): Ansatz und Bewertung von Finanzinstrumenten, in: Löw, E. (Hrsg.): Rechnungslegung für Banken nach IFRS, 2. Auflage, Wiesbaden 2005, S. 415 - 604.

THEEWEN, E. M. (2007): MaRisk-Handbuch: Sanierung, Köln 2007.

Rechtsquellen und sonstige Quellen

Gesetz über das Kreditwesen (Kreditwesengesetz – KWG) vom 09.09.1998, zuletzt geändert durch Gesetz vom 21.12.2007, BGBl. I, S. 3089.

Verordnung über die angemessene Eigenmittelausstattung von Instituten, Institutsgruppen und Finanzholding-Gruppen (Solvabilitätsverordnung – SolvV) vom 14.12.2006, zuletzt geändert durch Gesetz vom 21.12.2007, BGBl. I, S. 3089.

Ermittlung der bilanziellen Risikovorsorge im Kreditgeschäft nach IFRS – ein Praxisbericht der KfW

Stefan Best / Anna Plüchner

1. Einleitung

2. Ermittlung der akuten Risikovorsorge
    2.1 Ausgangslage
    2.2 Einzelwertberichtigungen
        2.2.1 Fachliche Grundlagen
        2.2.2 Umsetzung in der KfW
    2.3 Rückstellungen
        2.3.1 Fachliche Grundlagen
        2.3.2 Umsetzung in der KfW

3. Portfoliobasierte Ermittlung der Risikovorsorge
    3.1 Ausgangslage
    3.2 Portfoliowertberichtigungen und pauschalierte Einzelwertberichtigungen
        3.2.1 Fachliche Grundlagen
        3.2.2 Umsetzung in der KfW
    3.3 Portfoliobasierte Rückstellungen
        3.3.1 Fachliche Grundlagen
        3.3.2 Umsetzung in der KfW

4. Fazit und Ausblick

Literaturverzeichnis

1. Einleitung

Die KfW Bankengruppe[1] muss aufgrund der EU-Verordnung Nr. 1606/2002/EG seit dem 31. Dezember 2007 die internationalen Rechnungslegungsgrundsätze (IFRS) auf Konzernebene anwenden und hat erstmals für das Geschäftsjahr 2007 einen Konzernabschluss nach IFRS veröffentlicht. Parallel zur Umstellung der Konzernrechnungslegung auf IFRS hatte die KfW die regulatorischen Anforderungen nach Basel II und MaRisk in die Praxis umgesetzt.

Vor diesem Hintergrund hat sich die KfW entschieden, mögliche Konvergenzen der externen Rechnungslegungsvorschriften IFRS/HGB und Basel II zu nutzen, um Redundanzen zu vermeiden und eine möglichst enge Verzahnung von Systemen und Prozessen im Umfeld der IFRS- und Basel II-Berichterstattung zu erreichen. In diesem Zusammenhang stellten sich im Rahmen der IFRS-Umstellung für die Risikovorsorge im Kreditgeschäft folgende Herausforderungen für die KfW:

- Harmonisierung von HGB und IFRS auf Basis der IFRS-spezifischen Vorgaben, soweit dies möglich war,
- Konzeption von IFRS Portfoliowertberichtigungen unter Verwendung eines *Erwarteten-Verlust-Konzepts* und
- Verzahnung der Prozesse/Systeme mit der IFRS Risikovorsorge im Kreditgeschäft.

Im Folgenden wird die Ermittlung der IFRS Risikovorsorge im Kreditgeschäft am Beispiel der KfW dargestellt.[2] Den Schwerpunkt bildet dabei vor allem die praktische Umsetzung bei der KfW. Hierzu wird im zweiten Abschnitt auf die Ermittlung der Höhe der akuten Risikovorsorge eingegangen, bevor im dritten Abschnitt die portfoliobasierte Risikovorsorge im Mittelpunkt stehen wird. Ein Fazit und ein Ausblick bilden den Abschluss des Beitrages.

2. Ermittlung der akuten Risikovorsorge

Die KfW Bankengruppe versteht sich als Förderbank der deutschen und europäischen Wirtschaft. Hierbei spielen neben dem inländischen Investitionsfördergeschäft die Export- und Projektfinanzierung sowie die Förderung von Entwicklungsländern eine große Rolle. Den mit diesem Kreditgeschäft in Verbindung stehenden Ausfallrisiken trägt die KfW durch die Bildung einer angemessenen Risikovorsorge Rechnung.

---

[1] Im Folgenden kurz KfW genannt.
[2] Die IFRS Risikovorsorge im Kreditgeschäft umfasst grundsätzlich die Vorsorge für *akute Risiken* in Form von Einzelwertberichtigungen sowie *latente Risiken* in Form von Portfoliowertberichtigungen.

2.1 Ausgangslage

Nach HGB fußte die bilanzielle Risikovorsorge auf Einzelwertberichtigungen und Rückstellungen für akute Risiken sowie auf Pauschalwertberichtigungen. Darüber hinaus bildete der Fonds für allgemeine Bankrisiken nach § 340g HGB einen Baustein der Vorsorge.[3]

Grundlage für die Bildung von Einzelwertberichtigungen waren nach HGB grundsätzlich die im Eigenrisiko der Bank stehenden leistungsgestörten Kreditforderungen (sogenannte *Non-performing Loans*[4]). Der Zeitpunkt zur Bildung und die Höhe der Einzelwertberichtigungen orientierten sich an spezifischen Ausfallkriterien und an Erfahrungswerten.

Die Umstellung auf IFRS lehnte sich eng an diesem bestehenden Prozess an. Ziel war hierbei, soweit dies möglich war, eine Harmonisierung von HGB und IFRS auf Basis der IFRS-spezifischen Vorgaben.

2.2 Einzelwertberichtigungen

2.2.1 Fachliche Grundlagen

Bei der Ersterfassung von finanziellen Vermögenswerten sind diese nach IAS 39.43 mit den Anschaffungskosten anzusetzen, die dem beizulegenden Zeitwert (Fair Value) entsprechen. Die Folgebewertung von finanziellen Vermögenswerten erfolgt entsprechend der Zuordnung zu einer Bewertungskategorie.

Maßgeblich für die Betrachtung im Folgenden sind jedoch jene finanziellen Vermögenswerte, die nach IAS 39.46(a) in die Kategorie *Loans and Receivables* fallen. Die Folgebewertung solcher Finanzinstrumente findet nicht zum Fair Value statt, sondern erfolgt unter Anwendung der Effektivzinsmethode zu den fortgeführten Anschaffungskosten.

Nach IAS 39.58 müssen alle Forderungen jährlich zum Bilanzstichtag auf ihre Werthaltigkeit hin überprüft werden, das heißt, es muss ein sogenannter *Impairment Test* durchgeführt werden. Wertberichtigungen sind zu erfassen, wenn eine *Wertminderung* festgestellt wird. Von dieser ist auszugehen, wenn die erwartete Zahlungsreihe eines finanziellen Vermögenswertes (in diesem Fall der Forderung) durch Eintritt eines oder mehrerer Ereignisse, sogenannter *Trigger Events*, negativ beeinflusst wird. Als Beispiele für solche Ereignisse nennt IAS 39.59 etwa „erhebliche finanzielle Schwierigkeiten des Schuldners, (…) oder einen Vertragsbruch, beispielsweise den Ausfall der Zins- und/oder Tilgungszahlung". Die Herabstufung des Boni-

---

[3] KfW-Bankengruppe (2003), S. 116f.
[4] In der Definition der KfW.

tätsratings einer Unternehmung respektive eines Kreditnehmers ist für sich genommen nach IAS 39.60 kein substanzieller Hinweis auf die Notwendigkeit einer Wertberichtigung. Zusammen mit anderen verfügbaren Informationen kann dies jedoch ein substanzieller Hinweis sein.

Grundsätzlich hat die Prüfung auf eine Wertminderung nach Maßgabe des Einzelbewertungsgrundsatzes zu erfolgen. Dies gilt nach IAS 39.64 jedoch nur für wesentliche beziehungsweise signifikante Forderungen.[5] Wird hierbei eine Wertminderung festgestellt, ist eine Abschreibung beziehungsweise EWB-Bildung bis auf den Barwert der zukünftig noch erwarteten Zahlungsströme (*Present Value of Estimated Future Cashflows*) vorzunehmen. Das Massengeschäft (Retailgeschäft) kann alternativ zur Einzelbewertung auch in Gruppen gleicher Art zusammengefasst und kollektiv auf Wertminderungen (pauschalierte Einzelwertberichtigungen) getestet werden (siehe Abschnitt 3). Wird bei einem einzelnen finanziellen Vermögenswert (im Rahmen einer Einzelbewertung) keine Wertminderung festgestellt, ist er anschließend gemeinsam mit anderen Finanzinstrumenten mit vergleichbarer Risikostruktur (*Similar Credit Risk*) erneut zu testen.[6]

Nach IAS 39.AG93 muss „*sobald ein finanzieller Vermögenswert oder eine Gruppe von ähnlichen finanziellen Vermögenswerten aufgrund eines Wertminderungsaufwands abgeschrieben wurde, (...) der Zinsertrag danach mithilfe des Zinssatzes erfasst [werden], der zur Abzinsung der künftigen Cashflows bei der Bestimmung des Wertminderungsaufwands verwendet wurde.*" Hieraus resultiert, dass bei einzelwertberichtigten Forderungen Zinserträge nicht mehr auf Basis von tatsächlichen Geldeingängen, sondern vielmehr auf Basis des Aufzinsungseffektes aus den erwarteten Zahlungsströmen (*Unwinding*) vereinnahmt werden. Geldeingänge aus Tilgungsleistungen oder Zinszahlungen reduzieren somit nach IAS 39 grundsätzlich den Buchwert der Forderungen, da keine Unterscheidung in Haupt- oder Nebenforderungen mehr stattfindet.

2.2.2 Umsetzung in der KfW

Bei der IFRS-Umstellung wurde auf bereits vorhandene Anwendungen und Prozesse zurückgegriffen und diese an die Anforderungen der IFRS angepasst. Hierdurch sollte auch gewährleistet werden, dass die nach IFRS gemeldeten und gebuchten Einzelwertberichtigungen den Ansprüchen des HGB genügen und somit für den Jahresabschluss der KfW Anwendung finden können. Steuerliche Aspekte spielten hierbei nur eine untergeordnete Rolle.

Wie erwähnt, findet eine laufende Überwachung der Kreditengagements statt. In Abhängigkeit von der Art und Struktur der Kredite ist diese Überprüfung unterschiedlich geregelt. Die

---

5 Vgl. Löw/Lorenz (2005), S. 528.
6 IAS 39.64 – „Stellt ein Unternehmen fest, dass für einen einzeln untersuchten finanziellen Vermögenswert, sei er bedeutsam oder nicht, kein objektiver Hinweis auf Wertminderung besteht, nimmt es den Vermögenswert in eine Gruppe finanzieller Vermögenswerte mit vergleichbaren Ausfallrisikoprofilen auf und untersucht sie gemeinsam auf Wertminderung."

vom Risikomanagement vorgegebenen Ausfallkriterien (beispielsweise die Identifizierung erheblicher finanzieller Schwierigkeiten des Schuldners, Zahlungsrückstände oder maßgebliche Verschlechterungen der Werthaltigkeit von Sicherheiten) entsprechen grundsätzlich den oben genannten *IFRS-Trigger Events* und finden dementsprechend Anwendung.[7] Die Einzelbewertung von *signifikanten Non-performing Loans*[8] wird bei der KfW durch einen sogenannten *Risikogrundsatz* geregelt. Bewertungsebene ist hierbei die Kreditnehmereinheit beziehungsweise der Geschäftspartner.

EWB-Anwendung

Die Ermittlung der Einzelwertberichtigung erfolgt mithilfe einer EDV-unterstützten *EWB-Anwendung*, die im Rahmen der IFRS-Umstellung intern entwickelt, installiert und in die vorhandenen Prozesse integriert wurde. Diese Anwendung ist mit vielen vor- und nachgelagerten Systemen verbunden, um einerseits Datenredundanzen und Mehreingaben zu vermeiden und andererseits Prüfungen durchzuführen, die Dateninkonsistenzen vermeiden. Voraussetzung für die Verwendung dieser Anwendung ist beispielsweise die Einstufung des Geschäftspartners als *Non-performing Loan*. Weiterhin müssen sämtliche darlehensrelevante Daten sowie die Sicherheitenwerte vorher auf ihre Aktualität hin geprüft worden sein.

Die Ermittlung der Einzelwertberichtigung erfolgt in der KfW grundsätzlich auf Darlehensebene.[9] Wenn möglich, kann die Bewertung auch auf Kreditvertragsebene stattfinden.[10] Eine pauschale Bewertung auf Ebene der Kreditnehmereinheit findet nicht statt. In Ausnahmefällen kann es vorkommen, dass einzelne Darlehen von NPL-Kreditnehmern nicht wertberichtigt werden müssen (zum Beispiel hohe Sicherheitenwerte). Über die EWB-Anwendung können diese Darlehen markiert werden und fallen somit nicht in die Bewertung.

Nach IAS 39.63 bestimmt sich die Höhe der Einzelwertberichtigung aus der Subtraktion des Barwertes der erwarteten zukünftigen Zahlungsströme vom Buchwert der Forderung. Die EWB-Anwendung greift auf die darlehensbezogenen Informationen zu und ermittelt den Buchwert der Forderung zu den fortgeführten Anschaffungskosten bei erstmaliger Bewertung grundsätzlich als Darlehenssaldo[11] zuzüglich der zu dem Bewertungszeitpunkt rückständigen und anteiligen relevanten Nebenforderungen.[12]

---

7   Finanzbericht KfW-Bankengruppe (2007), S. 43.
8   Die Einstufung eines Kreditnehmers als *non-performing* erfolgt über die interne Vergabe eines NPL-Ratings und ist technisch im System hinterlegt.
9   Wird ein Kreditnehmer NPL, muss nach IAS 39.AG85 eine Überprüfung aller Kreditengagements dieses Kreditnehmers stattfinden. Es ist hierbei nicht ausreichend, nur die Darlehen zu kontrollieren, welche eine konkrete Leistungsstörung aufweisen.
10 Voraussetzung für die Bewertung auf Kreditvertragsebene sind beispielsweise die gleiche Währung, Sicherheitenstruktur oder das Investitionsland.
11 Darlehenssaldo = Summe der Abruf(-e) abzüglich der Summe der Tilgung(-en).
12 Orientierung an IAS 39.9 sowie IAS 18.A14.

Offene Kreditzusagen werden bei der Berechnung des Buchwertes nicht berücksichtigt, jedoch wird in der EWB-Anwendung ebenfalls die Höhe der unwiderruflichen Kreditzusagen angegeben. Im Zuge eines Impairment Tests dürfen nur die unwiderruflichen Kreditzusagen berücksichtigt werden – hier sind entsprechende Rückstellungen zu bilden (siehe hierzu vertiefend Abschnitt 2.3).

Während der Buchwert der Forderung somit automatisch ermittelt wird, muss die Eingabe der noch zu erwartenden Zahlungsströme in Laufzeitbändern stattfinden. Die Eingabe der erwarteten Zahlungsströme erfolgt immer in der Darlehenswährung. Aufgrund des genannten IAS 39.AG93 findet bei der Eingabe der Zahlungsströme keine Trennung in Haupt- oder Nebenforderungen statt. Erwartete Zahlungsströme, die aus der Verwertung einer Sicherheit resultieren, werden direkt aus einem Vorsystem zugespielt und können demnach auch nur in diesem Vorsystem geändert werden. Durch diese zentrale Datenaktualisierung werden Dateninkonsistenzen vermieden. Zugespielt werden hierbei Nominalwerte, da bei der EWB-Ermittlung der Effektivzinssatz zur Abzinsung des jeweiligen Darlehens verwendet wird. Ist nicht von Verwertungserlösen auszugehen, findet dementsprechend keine automatisierte Zulieferung statt und die Zahlungsströme müssen auf Basis von Expertenschätzungen manuell eingetragen werden.

Für die Eingabe stehen Laufzeitbänder auf Jahresbasis zu Verfügung, deren Prognosezeitraum sich grundsätzlich an dem jeweiligen Kreditlaufzeitende orientiert, wahlweise können jedoch auch Eingaben jenseits dieses Datums erfolgen. Die erwarteten Zahlungsströme werden in das jeweilige Laufzeitband eingetragen und dann auf das jeweilige Jahresende abgezinst.

Die Diskontierung der zu erwartenden Zahlungsströme erfolgt in der EWB-Anwendung nach IAS 39.AG84[13] mit dem ursprünglichen Effektivzinssatz.[14] Bei variabel verzinslichen Forderungen ist der aktuelle Effektivzinssatz zu verwenden. Findet die Bewertung nicht auf Darlehensebene statt, wird ein gewichteter Effektivzinssatz zur Diskontierung herangezogen.

Die Höhe der Einzelwertberichtigung ergibt sich aus der Differenz des Buchwerts und des Barwerts der erwarteten Zahlungsströme.

Unwinding

Aufgrund der oben genannten Regelungen des IAS 39.AG93 werden bei einzelwertberichtigten Darlehen die Zinserträge auf Basis des Zinseffektes der erwarteten Zahlungsströme vereinnahmt. Für IFRS-Zwecke werden diese einzelwertberichtigten Darlehen zinslos gestellt. Da die in die EWB-Anwendung eingegebenen, erwarteten Zahlungsströme (aus der Erst- und auch den Folgebewertung/-en) gespeichert werden, ist es möglich, diesen Effekt zum nächsten Stichtag zu ermitteln und als Zinsertrag zu vereinnahmen. Der Unwindingbetrag wird automatisch quartalsweise pro Darlehen ermittelt und als Reduktion der Risikovorsorge abgebildet.[15]

---

[13] Auf die weiteren Bewertungsmöglichkeiten des IAS 39.AG84 soll im Weiteren nicht eingegangen werden.
[14] IAS 39.9.
[15] Alternativ besteht auch die Möglichkeit, den Unwindingbetrag als Zuschreibung der Forderung zu buchen beziehungsweise zu vereinnahmen.

Anhand eines vereinfachten Beispiels soll die Methodik der Unwindingermittlung verdeutlicht werden. Als Ausgangsbasis dient ein Kredit von 10.000 Euro, dessen Effektivzins bei 4,0 Prozent liegt. Als erwartete Zahlungsströme werden einmalig 5.000 Euro zum 31.12.2010 fixiert. Die Diskontierung dieses erwarteten Zahlungsstroms mit 4,0 Prozent liefert auf den 31.12.2008 einen Barwert von 4.622,78 EURO, die Höhe der Einzelwertberichtigung beträgt somit 5.377,22 Euro. Die Diskontierung zum 31.12.2009 liefert einen Barwert von 4.807,69 Euro, die EWB verringert sich somit auf 5.192,31 Euro. In dem Beispiel ist somit zum 31.12.2009 ein Zinsertrag aufgrund des Unwindingeffekts von 184,91 Euro zu buchen.

Findet eine neue EWB-Bewertung statt, hat dies insofern keine Auswirkungen auf die Höhe des Unwindingbetrages, da dieser auf den Erwartungen zum letzten Bewertungstermin basiert. Weiterhin berücksichtigt die Anwendung sämtliche, relevante Geldeingänge am Darlehen und passt daraufhin die erwarteten Zahlungsströme an. Diese Vorgehensweise führt dazu, dass sich bei einer Übereinstimmung der erwarteten mit den tatsächlich eingetretenen Geldeingängen die Höhe der Einzelwertberichtigungen nur aufgrund des Unwindingeffektes reduziert, solange keine veränderte Einschätzung erfolgt. Werden die Erwartungen jedoch angepasst oder erfolgen unerwartete Geldeingänge, führt dies im Rahmen einer Neubewertung zu einer Veränderung der Risikovorsorge, die sich im Risikovorsorgeergebnis widerspiegelt.

Entfällt in einer späteren Periode der Grund für die Bildung der Einzelwertberichtigung, ist eine Wertaufholung, beziehungsweise Auflösung der Einzelwertberichtigung gemäß IAS 39.65, bis auf jenen Wert geboten, der sich ohne Vornahme der Abschreibung/EWB ergeben hätte. Bildung und Auflösung der Einzelwertberichtigung sind jeweils erfolgswirksam zu erfassen.[16]

2.3 Rückstellungen

2.3.1 Fachliche Grundlagen

Für die Bilanzierung von Rückstellungen für das außerbilanzielle Kreditgeschäft nach IFRS ist IAS 37 – *Rückstellungen, Eventualschulden und Eventualforderungen* maßgeblich. Eine Rückstellung ist nach IAS 37.10 „eine Schuld, die bezüglich ihrer Fälligkeit oder ihrer Höhe ungewiss ist". Rückstellungen stellen somit einen Passivposten dar und unterscheiden sich hierdurch von den Wertberichtigungen, die die Korrekturen der Buchwerte von Vermögenswerten darstellen. Während die Rückstellungsbildung nach HGB vom Vorsichtsprinzip geprägt ist, hängt die Bildung von Rückstellungen nach IFRS stärker von dem Vorliegen einer rechtlichen und/oder faktischen Verpflichtung des bilanzierenden Unternehmens ab.

---

16 IAS 39.63 und IAS 39.65.

Eine Rückstellung ist nach IAS 37.14 dann anzusetzen, wenn

a) aus einem Ereignis der Vergangenheit eine gegenwärtige rechtliche oder faktische Verpflichtung gegenüber einem Dritten (Außenverpflichtung) besteht,[17]

b) der Abfluss von Ressourcen zur Begleichung der Verpflichtung wahrscheinlich ist[18] und

c) eine verlässliche Schätzung des Betrages der Verpflichtung möglich ist.[19]

Ist eine dieser Bedingungen nicht erfüllt, so ist keine Rückstellung anzusetzen.

Ist die Wirkung des Zinseffektes im Zusammenhang mit der Erfüllung der Verpflichtung wesentlich, muss die Rückstellung mit dem Barwert der erwarteten künftigen Zahlungen angesetzt werden.[20] Nach IAS 37.47 richtet sich der Abzinsungssatz hinsichtlich seiner Höhe nach den aktuellen Markterwartungen und soll die spezifischen Risiken der Verpflichtung widerspiegeln, wenn diese nicht bereits bei der Schätzung der Zahlungen berücksichtigt wurden.

2.3.2 Umsetzung in der KfW

Die EWB-Anwendung der KfW bietet neben der Möglichkeit, eine EWB zu bestimmen, auch die Möglichkeit, Rückstellungen für unwiderrufliche Kreditzusagen zu quantifizieren. Hierdurch wird die Möglichkeit einer integrierten, einheitlichen Bewertung in einer Anwendung geschaffen. Weiterhin wurde auch hier konsequent versucht, eine Harmonisierung zwischen HGB und IFRS herzustellen.

Vor der Bewertung ist zu klären, ob eine Zusage aufrechterhalten wird (rechtliche Verpflichtung zur Auszahlung). Besteht keine rechtliche Verpflichtung, die Zusage auszuzahlen (das heißt widerrufliche Zusage), ist diese Zusage zu kürzen. Erst danach erfolgt die Ermittlung der EWB beziehungsweise Rückstellung.

Rückstellungen werden somit nur dann gebildet, wenn es sich um unwiderrufliche Zusagen handelt. Die Rückstellung wird automatisch aus den eingegebenen Zahlungsströmen abgeleitet. Die gesamten erwarteten Zahlungsströme zum Darlehen werden zunächst gemäß dem Verhältnis von Buchwert zu offener Zusage auf die Verwendung zur Ermittlung der EWB und Rückstellung aufgeteilt.

Der nominale Rückstellungsbetrag ergibt sich aus der Differenz zwischen der offenen Zusage und der Summe der so bestimmten Anteile der Zahlungsströme. Dieser Rückstellungsbedarf wird durch die Abzinsung mit einem automatisch zugespielten Referenzzinsatzes, bezogen auf den Ausfallzeitpunkt, auf den Bewertungsstichtag hin ermittelt. Der eingegebene Ausfall-

---

[17] IAS 37.20.
[18] IAS 37.23; *wahrscheinlich* wird als *more likely than not* interpretiert, das heißt, die Wahrscheinlichkeit des Abflusses ist größer als 50 Prozent.
[19] IAS 37.25.
[20] IAS 37.45.

zeitpunkt wird in der Anwendung gespeichert und steht für die Folgebewertungen ebenfalls zur Verfügung. Bei der Erstbewertung muss eine zeitliche Einschätzung des Ausfalls angegeben werden. Um das Verfahren praktikabel zu gestalten, ist bei der Schätzung des Ausfalls nur eine Terminangabe möglich. Ohne Angabe eines Ausfallzeitpunktes ist keine Bewertung möglich.

3. Portfoliobasierte Ermittlung der Risikovorsorge

3.1 Ausgangslage

Im Gegensatz zu der Vorsorge für akute Einzelrisiken konnte bei Portfolien nicht auf einer bestehenden Systematik aufgesetzt werden, sondern es musste eine neue IFRS-konforme Methodik für die Abdeckung der inhärenten, beziehungsweise nicht einzeln identifizierten, Risiken bei der KfW entwickelt werden.

Das Kreditportfolio der KfW ist sehr heterogen und umfasst neben großen Krediten auch viele kleine Finanzierungen, die durch Durchleitungsbanken betreut werden (durchgeleitetes Förderkreditgeschäft). Aufgrund der Tatsache, dass es sich hier um viele kleinere gleichartige Forderungen handelt (sogenanntes *Retailgeschäft*), sind hier Einzelbewertungen beziehungsweise Einzelwertberichtigungen zu aufwändig oder gar nicht möglich. Diese Besonderheit war bei der IFRS-konformen Gestaltung der Risikovorsorge zu beachten.

3.2 Portfoliowertberichtigungen und pauschalierte Einzelwertberichtigungen

3.2.1 Fachliche Grundlagen

Nach IFRS ist die Ermittlung einer Wertberichtigung auf Portfoliobasis (sogenannte *Portfoliowertberichtigung*) für die Kreditrisiken erforderlich, bei denen bekannt ist (zum Beispiel aus den Erfahrungen der Vergangenheit), dass die Risiken bereits zum Bilanzstichtag eingetreten sind, aber noch nicht durch die Bank erkannt wurden und daher nicht den einzelnen Kreditgeschäften zugeordnet werden können (IAS 39.AG89). Ebenfalls können ausgefallene

Forderungen im Massengeschäft (Retailgeschäft) nach IAS 39.64 in Gruppen gleicher Art zusammengefasst und kollektiv auf Wertminderungen (*pauschalierte Einzelwertberichtigungen*) getestet werden.[21]

Für die Ermittlung der *Portfoliowertberichtigung* beziehungsweise der *pauschalierten Einzelwertberichtigung* sind Forderungen in homogene Portfolien mit ähnlichen Risikomerkmalen einzuteilen. Diese können nach der Ausfallwahrscheinlichkeit, der Art der Forderung oder Sicherheit, der Branche, dem geografischen Standort, dem Verzugsstatus und anderen Faktoren definiert werden.[22] Dabei ist sicherzustellen, dass nur die bereits eingetretenen Verluste berücksichtigt werden. Verluste aus zukünftigen und zum Bilanzstichtag nicht eingetretenen Ereignissen dürfen hierbei nicht erfasst werden.

Darüber hinaus ist nach IFRS eine Länderwertberichtigung für das länderrisikobehaftete Kreditexposure zu bilden.

3.2.2 Umsetzung in der KfW

Die KfW orientiert sich bei der Ermittlung der Portfoliowertberichtigung und der pauschalierten Einzelwertberichtigung stark an dem Basel II-Konzept des erwarteten Verlustes.[23] Die Kreditportfolien nach IFRS ergeben sich ebenso aus der risikoorientierten Portfoliobildung nach Basel II. Für die Berechnung der Wertberichtigungen auf Portfoliobasis werden die Basel II-Parameter *Ausfallwahrscheinlichkeit* und *Verlustquote* verwendet.

Der *erwartete Verlust* (*Expected Loss/EL*) ist definiert als das Produkt aus der Ausfallwahrscheinlichkeit eines Kreditnehmers (*Probability of Default/PD*), der erwarteten Höhe des Darlehens zum Ausfallzeitpunkt (*Exposure at Default/EAD*) und der Verlustquote (*Loss Given Default/LGD*).

Der *erwartete Verlust* gemäß den Basel II-Anforderungen bezieht sich auf die Basis der Ausfallwahrscheinlichkeit (PD) im Zeitraum eines Jahres und entspricht dem wahrscheinlichen Kreditausfall für das gemessene Kreditportfolio in einem Jahr. Auf Basis der in der Vergangenheit gemachten Erfahrungen wird in der KfW die Zeitspanne, die zwischen dem Eintritt des Verlustereignisses des Kreditnehmers und dem Zeitpunkt der Identifikation der Wertminderung liegt, die sogenannte *Loss Identification Period* (LIP), ermittelt. Als Korrekturgröße der Ein-Jahres-Ausfallwahrscheinlichkeit wird sie überwacht und gegebenenfalls angepasst. Auf diese Weise führt die Verwendung der Ein-Jahres-Ausfallwahrscheinlichkeit zu der Einschätzung der zum Stichtag tatsächlich eingetretenen, aber noch nicht identifizierten, Verluste.

Bei der Ermittlung der *pauschalierten Einzelwertberichtigung* ist die *Ausfallwahrscheinlichkeit/PD* = 1, da es sich hierbei um die Bewertung bereits ausgefallener Forderungen handelt.

---

[21] Vgl. Löw/Lorenz (2005), S. 530f.
[22] IAS 39.AG87.
[23] KfW Finanzbericht (2007), S. 43 oder auch S. 83.

Die für die interne Risikosteuerung ermittelte *Verlustquote* (LGD) erfüllt nicht vollständig die Anforderungen nach IFRS und kann daher nicht unbereinigt übernommen werden. Sie wird dahingehend angepasst, dass die Diskontierung zukünftiger Zahlungsströme mit dem Effektivzins zum Darlehen erfolgt und somit keine kalkulatorischen oder internen Kosten bei der LGD-Ermittlung berücksichtigt werden. Die Ermittlung der IFRS-konformen LGD für die Rechnungslegung wird maschinell vorgenommen.

Auf die Verwendung des Basel II-Parameters *Exposure at Default* (EAD) wird verzichtet. Die interne Kreditrisikosteuerung verwendet bei der Ermittlung des Parameters die geschätzten Durchschnittswerte unter Berücksichtigung der Zukunftserwartungen. Für Zwecke der IFRS-Rechnungslegung ist hingegen eine stichtagsbezogene Betrachtung zugrunde zu legen. Aus diesem Grund wird für die Ermittlung der Portfoliowertberichtigung, beziehungsweise der pauschalierten Einzelwertberichtigungen nach IFRS, der bilanzielle Buchwert zum Stichtag auf Einzelgeschäftsebene errechnet und verwendet.

Die Höhe der Portfoliowertberichtigung ergibt sich als Produkt aus dem aktuellen Buchwert der Forderung zum Stichtag, der *Ausfallwahrscheinlichkeit* und dem für die IFRS-Rechnungslegung modifiziertem Parameter *Verlustquote* sowie dem *LIP-Faktor (Loss Identification Period)*. Die Ermittlung erfolgt bei der KfW derzeit vierteljährlich und wird auf Einzelgeschäftsebene in der Darlehensbuchhaltung abgebildet.

Darüber hinaus ermittelt die KfW analog zur Portfoliowertberichtigung eine portfoliobasierte Länderrisikovorsorge auf Basis einer länderspezifischen Ausfallwahrscheinlichkeit, die allein die Konvertierungs- und Transferrisiken eines Landes wiedergibt.

IAS 39.AG89 schreibt vor, dass die Methoden und Annahmen, die der Ermittlung der Portfoliowertberichtigungen zugrunde liegen, regelmäßig zu überprüfen sind. Da die KfW bei der Ermittlung der Portfoliowertberichtigung, beziehungsweise pauschalierten Einzelwertberichtigung, auf die Werte aufsetzt, die von der internen Risikosteuerung ermittelt werden, erfolgt die Überprüfung der Parameter ohnehin gemäß der Basel II-Anforderungen.

3.3 Portfoliobasierte Rückstellungen

3.3.1 Fachliche Grundlagen

Analog der Vorgehensweise bei Kreditforderungen, kann es auch bei Kreditzusagen vorkommen, dass bei einzelnen Kreditzusagen zum Bilanzstichtag ein Ausfallereignis eingetreten ist, das die Bildung einer Rückstellung erfordert, aber noch nicht dem einzelnen Kreditgeschäft zugeordnet werden kann.[24] In diesem Fall ist der Rückstellungsbedarf auf Portfolioebene zu ermitteln (IAS 37.24 in Verbindung mit IAS 37.39). Dabei können die Methoden zur Bildung von Wertberichtigungen von Forderungen auf Portfolioebene angewandt werden.

---

24 Vgl. Scharpf/Weigel/Löw (2006), S. 1502.

3.3.2 Umsetzung in der KfW

Die KfW ermittelt pauschale Rückstellungen für offene Kreditzusagen analog zur *Portfoliowertberichtigung* auf Basis der Parameter LGD und PD nach Basel II. Zusätzlich wird für die außerbilanziellen Kreditgeschäfte ein Umrechnungsfaktor verwendet. Der Umrechnungsfaktor wird aus der Historie der Verlustdaten der Bank ermittelt und gibt die wahrscheinliche Höhe der zu erwartenden Inanspruchnahme wieder.

Die Rückstellungen für die offenen Kreditzusagen werden im Bereich der *nicht ausgefallenen Kredite* (*Performing Loans*) und im Retailgeschäft ermittelt. Für die Ermittlung dieser Rückstellung wird der Nominalbetrag der offenen Kreditzusage zum Stichtag mittels des Umrechnungsfaktors in die erwartete Inanspruchnahme umgerechnet. Die Höhe der Kreditrückstellung entspricht dem Produkt aus der erwarteten Inanspruchnahme und den Parametern PD und LGD pro Kreditgeschäft.

In die Bemessungsgrundlage für die Kreditrückstellungen werden nur die unwiderruflichen Kreditzusagen einbezogen.

Die Ermittlung der Rückstellungen für offene Kreditzusagen erfolgt bei der KfW analog zu den Portfoliowertberichtigungen auf Einzelgeschäftsebene. Aus Wesentlichkeitsgründen wird in der KfW auf die Abzinsung von pauschalen Rückstellungen für offene Kreditzusagen verzichtet.

4. Fazit und Ausblick

Die bilanzielle Risikovorsorge im Kreditgeschäft umfasst bei der KfW nach IFRS zum einen die Einzelwertberichtigungen, die über eine spezielle EWB-Anwendung ermittelt werden. Zum anderen gibt es für bereits ausgefallene Forderungen im Retailgeschäft pauschalierte Einzelwertberichtigungen, deren Ermittlung in pauschalierter Form erfolgt. Weiterhin gibt es Portfoliowertberichtigungen für die Forderungen, bei denen eine Wertminderung noch nicht erkannt, die Wertminderung jedoch bereits eingetreten ist. Tabelle 1 gibt einen Überblick über die Risikovorsorge.

	Impaired		Non-Impaired	
	Retail	Non-Retail	Retail	Non-Retail
Bilanzielles Kreditgeschäft	Portfoliobetrachtung (pauschalierte EWB)	Einzelfall-Betrachtung (Einzelwertberichtigung; EWB-Anwendung)	Portfoliobetrachtung unter Berücksichtigung der LIP (Portfoliowertberichtigung)	
Außerbilanzielles Kreditgeschäft (offene Kreditzusagen)	Portfoliobetrachtung (Portfoliorückstellung für offene Kreditzusagen)	Einzelfall-Betrachtung (Einzelwertberichtigung; EWB-Anwendung)	Portfoliobetrachtung (Portfoliorückstellung für offene Kreditzusagen)	

Tabelle 1: *Risikovorsorge der KfW nach IFRS im Überblick*

Die Umstellung der Risikovorsorge für das Kreditgeschäft nach IFRS stellte hohe Anforderungen an die Systeme, Prozesse und nicht zuletzt auch an die Mitarbeiter der KfW. Die Entwicklung einer eigenen EWB-Anwendung und die automatisierte Bildung von IFRS-kompatiblen Portfoliowertberichtigungen sind hierbei nur zwei Beispiele, die die Komplexität des Sachverhalts verdeutlichen.

So wurde für die Ermittlung der Einzelwertberichtigungen eine weitestgehende Harmonisierung von HGB und IFRS umgesetzt. Bei der IFRS-Umstellung wurde dabei auf bereits vorhandene Anwendungen und Prozesse nach HGB zurückgegriffen und diese an die IFRS-Anforderungen angepasst (zum Beispiel die EWB-Anwendung). Durch die enge Verzahnung der Systeme und Prozesse sowie die Harmonisierung der Anforderungen, konnten eine redundante Datenhaltung, Parallelprozesse und höhere Abstimmungsaufwände nach HGB und IFRS vermieden werden.

Auch für die Ermittlung der IFRS Portfoliowertberichtigungen wurde konsequent versucht, Möglichkeiten zur Vereinheitlichung der Vorschriften nach IFRS und Basel II zu nutzen, um Synergien herzustellen. Im Gegensatz zu der Vorsorge für akute Einzelrisiken konnte nicht auf einer bestehenden Systematik aufgesetzt werden, sondern es musste hierfür eine neue IFRS-konforme Methodik entwickelt werden. Aus Effizienzgründen hat sich die KfW in diesem Zusammenhang für die Nutzung von Basel-Parametern und -Methoden entschieden.

Der stetige Veränderungsprozess von bestehenden Vorschriften, der internationalen und nationalen Rechnungslegungsgrundsätze, sowie die neuen oder steigenden regulatorischen Anforderungen stellen neue Herausforderungen dar, denen sich die KfW auch zukünftig stellen wird.

Literaturverzeichnis

KFW BANKENGRUPPE (2007): Finanzbericht KfW-Bankengruppe 2007, Frankfurt 2008.
KFW BANKENGRUPPE (2003): Geschäftsbericht KfW-Bankengruppe 2003, Frankfurt 2004.
LÖW, E./LORENZ, K. (2005): Impairment von Finanzinstrumenten, in: Löw, Edgar (Hrsg.), Rechnungslegung für Banken nach IFRS, 2. Auflage, Wiesbaden 2005, S. 420 - 603.
SCHARPF, P./WEIGEL, W./LÖW, E. (2006): Die Bilanzierung von Finanzgarantien und Kreditzusagen nach IFRS", in: Die Wirtschaftsprüfung, 59. Jahrgang (2006), Heft 23, S. 1492 - 1504.

Rechtsquellen und sonstige Quellen:

IDW RS HFA 9: IDW Stellungnahme zur Rechnungslegung: Einzelfragen zur Bilanzierung von Finanzinstrumenten nach IFRS, Stand 12.04.2007.

Wertberichtigungen bei Autobanken nach IAS 39 unter Verwendung von Basel II-Parametern

Andreas von Stosch / Martin Stremplat

1. Einleitung

2. IFRS und Basel II – Gegenüberstellung der methodischen Ansätze
    2.1 Ermittlung der Risikovorsorge nach IFRS
    2.2 Eigenkapitalanforderungen nach Basel II

3. Praktische Umsetzung bei einer Autobank
    3.1 Die BMW Bank
    3.2 Erwarteter Verlust
    3.3 Pauschalwertberichtigungen
        3.3.1 Grundlagen
        3.3.2 Praktische Anwendung
    3.4 Pauschalierte Einzelwertberichtigungen

4. Fazit

Literaturverzeichnis

1. Einleitung

Banken werden neben den Anforderungen nach Basel II (Internationale Konvergenz der Eigenkapitalmessung und der Eigenkapitalanforderungen) zunehmend mit den internationalen Rechnungslegungsvorschriften der International Financial Reporting Standards (IFRS) konfrontiert. Im Spannungsfeld beider Regelwerke müssen sich Kreditinstitute bewegen, die im Rahmen der Aufstellung eines Konzernabschlusses zur Anwendung der IFRS verpflichtet sind. Betroffen ist aber auch die zunehmende Zahl der freiwillig nach den internationalen Normen bilanzierenden Institute.

In Bezug auf die Ausführungen zur Risikovorsorge müssen sich Kreditinstitute demnach einerseits mit den Eigenkapitalanforderungen nach Basel II und mit der darin definierten Kalkulation erwarteter und unerwarteter Verluste befassen. Andererseits fordert IAS 39 – *Finanzinstrumente: Ansatz und Bewertung*[1] bei der Bewertung der Wertminderungen von Financial Assets den sogenannten *Incurred Loss-Ansatz*[2] und damit die ausschließliche Berücksichtigung bereits eingetretener Verluste. Auf den ersten Blick erscheinen beide Ansätze (erwarteter versus bereits eingetretener Verlust) konzeptionell nicht miteinander vereinbar. Eine genauere Analyse der Regelungen des IAS 39 und deren Abgleich mit den Anforderungen des Baseler Konsultationspapiers zeigen jedoch, dass die Verknüpfung beider Ansätze unter bestimmten Bedingungen möglich ist.

Dieser Beitrag hat zum Ziel, Ansätze zur Ermittlung von Wertberichtigungen nach IAS 39 unter Verwendung von Basel II-Parametern aufzuzeigen. Grundlage des aufgeführten Praxisbeispiels ist die von der BMW Bank definierte Methode zur Ermittlung der IFRS Risikovorsorge auf Portfoliobasis.

Die BMW Bank konnte durch eine Verzahnung von Daten und Verfahren Synergien bei der Implementierung und Anwendung von Basel II und IFRS im Meldewesen und der externen Rechnungslegung heben. Bei der Umsetzung der Regelungen des IAS 39 konnte die BMW Bank auf bereits vorhandenes Datenmaterial aus der Basel II-Implementierung[3] zurückgreifen.

Der vorliegende Beitrag ist wie folgt strukturiert: Abschnitt 2 stellt die methodischen Ansätze der IFRS denen von Basel II gegenüber.[4] Am Beispiel einer Autobank wird in Abschnitt 3 die Ermittlung der IFRS Risikovorsorge auf Portfoliobasis mithilfe von Basel II-Parametern beschrieben. Der Beitrag schließt mit einem Fazit.

---

[1] Im Folgenden kurz IAS 39 genannt.
[2] IAS 39.59.
[3] Unter Anwendung des fortgeschrittenen IRB-Ansatzes.
[4] Hierbei wird jedoch auf eine ausführliche Darstellung in Bezug auf a) die Ermittlung der IFRS Risikovorsorge im Kreditgeschäft und b) methodischen Unterschiede der IFRS- und Basel II-Ansätze verzichtet, da diese bereits im Beitrag von Möller/Schade detailliert in diesem Buch behandelt werden.

2. IFRS und Basel II – Gegenüberstellung der methodischen Ansätze

Die grundsätzlichen Zielsetzungen der Rechnungslegung nach IFRS lassen sich aus deren Rahmenkonzept (Framework) ableiten. Die zentrale Zielsetzung von Abschlüssen ist die Bereitstellung entscheidungsnützlicher Informationen über die Finanz-, Vermögens- und Ertragslage sowie deren Veränderungen für einen weiten Adressatenkreis.[5] Diese Informationen sollen Kapitalgeber bei ihrer Investitionsentscheidung unterstützen. Für die Investition von Kapital ist die Kenntnis über die Höhe der heutigen und zukünftigen Risiken des Unternehmens eine der wesentlichen Informationen, da die erwartete Rendite von der Höhe des Risikos abhängt. Die Höhe der aktuellen und zukünftigen Risiken, beziehungsweise die Fähigkeit des Unternehmens, diese Risiken zu bewältigen, kann unter anderem auf Basis der gebildeten *Risikovorsorge für das Kreditgeschäft* beurteilt werden.

2.1 Ermittlung der Risikovorsorge nach IFRS

Um den Informationsbedürfnissen der Investoren gerecht zu werden, schließt das IFRS Framework die Bildung stiller Reserven sowie die Überbewertung von Rückstellungen explizit aus.[6] Die speziellen Regelungen zur Ermittlung der adäquaten Höhe der Risikovorsorge finden sich im IAS 39,[7] der den Ansatz und die Bewertung von Finanzinstrumenten regelt. Hier wird dargestellt, unter welchen Voraussetzungen und in welcher Höhe ein Unternehmen Wertberichtigungen finanzieller Vermögenswerte vornehmen darf.

Bei der Bewertung muss von einem Unternehmen zu jedem Bilanzstichtag ermittelt werden, ob objektive Hinweise darauf schließen lassen, dass eine Wertminderung eines Vermögenswertes oder einer Gruppe von Vermögenswerte vorliegt.[8] Die objektiven Hinweise auf das Vorliegen einer Wertminderung müssen dabei auf ein Ereignis zurückzuführen sein, das nach dem Erstansatz eingetreten ist.[9] Der Standard definiert dieses Ereignis als *Loss Event*. In IAS 39.59 werden beispielsweise erhebliche finanzielle Schwierigkeiten oder ein Vertragsbruch als *Loss Event* definiert.

---

5 Framework (F) 12.
6 F.37.
7 Die IFRS-Vorschriften unterscheiden grundsätzlich Wertberichtigungen für das bilanzielle Kreditgeschäft (IAS 39) und Rückstellungen nach IAS 37 – *Rückstellungen, Eventualschulden und Eventualforderungen* für das außerbilanzielle Geschäft. Beim bilanziellen Geschäft ist für *Kredite und Forderungen* und für *bis zur Endfälligkeit gehaltene Finanzinvestitionen* die Bildung von Wertminderungen aufgrund von Kreditrisiken zu prüfen. Dieser Beitrag behandelt nur Wertminderungen auf Kredite und Forderungen.
8 IAS 39.58.
9 IAS 39.59.

Das Eintreten eines *Loss Events* ist ein objektiver Hinweis auf eine Wertminderung, der eine Wertberichtigung des finanziellen Vermögenswertes zur Folge hat. Wertberichtigungen werden nur dann gebildet, wenn der Schaden tatsächlich eingetreten ist (*Incurred Loss-Ansatz*). Explizit ausgeschlossen sind nach dem *Incurred Loss-Ansatz* Verluste beziehungsweise Wertminderungen, die aus zukünftig erwarteten Ereignissen resultieren.[10]

Grundsätzlich lassen sich drei verschiedene Arten von Wertberichtigungen unterscheiden:

- Einzelwertberichtigungen (EWB),
- pauschalierte Einzelwertberichtigungen (pEWB) und
- Pauschalwertberichtigungen (PWB).

Die individuelle Ermittlung einer Wertminderung für einen bestimmten finanziellen Vermögenswert, bei dem im Rahmen einer Einzelfallbetrachtung ein Hinweis auf eine Wertminderung *(Loss Event)* identifiziert wurde, wird als Einzelwertberichtigung bezeichnet. Bei der Ermittlung der Einzelwertberichtigung kommen im Gegensatz zur Ermittlung der Risikovorsorge auf Portfolioebene (pEWB, PWB) keine Verfahren zum Einsatz, bei denen Parameterschätzungen notwendig sind.

Dem *Incurred Loss-Ansatz* folgend, sind nach IAS 39 auch für in Gruppen zusammengefasste finanzielle Vermögenswerte Wertberichtigungen zu bilden, sofern messbare Hinweise auf Wertminderungen der jeweiligen Gruppe finanzieller Vermögensgegenstände vorliegen.[11] Häufige Anwendung findet hierbei der Begriff der *pauschalierten Einzelwertberichtigung*, der auch im Folgenden verwendet wird.[12]

Neben den Einzelwertberichtigungen und den pauschalierten Einzelwertberichtigungen definiert IAS 39 eine weitere Kategorie von Wertberichtigungen. Finanzielle Vermögenswerte, für die kein objektiver Hinweis auf Wertminderungen vorliegt, dürfen in Gruppen vergleichbarer Ausfallprofile zusammengefasst und gemeinsam auf Wertminderungen untersucht werden.[13] IAS 39 spricht diesbezüglich von *Losses incurred but not reported*, also von Verlusten, die eingetreten, aber noch nicht bekannt geworden sind.[14] In Anlehnung an das deutsche Handelsrecht sollen Wertberichtigungen für derartige Verluste als *Pauschalwertberichtigungen* bezeichnet werden. Auch diese Wertberichtigungen folgen dem *Incurred Loss-Ansatz*. Der konzeptionelle Unterschied zu den vorgenannten Bewertungsverfahren (Einzelwert- und pauschalierte Einzelwertberichtigung) besteht lediglich darin, dass das *Loss Event* zwar bereits eingetreten, dem Kreditinstitut jedoch noch nicht explizit bekannt ist.

Während für die Kalkulation der Einzelwertberichtigungen individuelle Beurteilungen notwendig sind, lässt IAS 39 AG 92 für die Bestimmung der Wertminderungsaufwendungen innerhalb einer Gruppe von Vermögenswerten (Portfolioebene) die Verwendung mathe-

---

[10] IAS 39.59.
[11] IAS 39.59.
[12] Vgl. Löw/Lorenz (2005), S. 530.
[13] IAS 39.64.
[14] IAS 39 AG 90.

matischer oder statistischer Methoden zur Analyse von beobachtbaren und historischen Daten zu.[15] Entsprechendes Datenmaterial und vergleichbare analytische Methoden werden auch für die Kalkulation von Ausfallwahrscheinlichkeiten und Verlustquoten bei der Bestimmung der Eigenkapitalunterlegung nach Basel II benötigt. Der folgende Abschnitt erläutert daher kurz die Zielsetzung des Basel II-Ansatzes.

2.2   Eigenkapitalanforderungen nach Basel II

Der Baseler Ausschuss für Bankenaufsicht hat im Juni 2004 die überarbeitete Rahmenvereinbarung für die Internationale Konvergenz der Eigenkapitalmessung und der Eigenkapitalanforderungen (Basel II) veröffentlicht.[16] Das fundamentale Ziel dieser überarbeiteten Version ist die Stärkung der Solidität und Stabilität des internationalen Bankensystems.

Sowohl für die Ermittlung der Wertminderungen finanzieller Vermögenswerte nach IFRS (auf Portfoliobasis) als auch für die Ermittlung der Eigenkapitalanforderungen nach Basel II werden interne Parameter zur Schätzung von Risiken benötigt, die auf Basis historischer Analysen ermittelt werden.[17] Ein erheblicher Unterschied besteht jedoch in den verschiedenen Analyse- beziehungsweise Prognosezeiträumen.

IAS 39 fordert den *Incurred Loss-Ansatz*. Lediglich bereits eingetretene Verlustereignisse dürfen bei der Kalkulation der Wertberichtigungen berücksichtigt werden. Im Rahmen von Basel II wird dagegen abgeschätzt, welche Deckungsmassen für den zukünftig erwarteten und den unerwarteten Verlust notwendig sind.[18] Trotz dieses konzeptionellen Unterschiedes können die folgenden Basel II-Parameter (Fortgeschrittener IRB-Ansatz/IRBA) für die Ermittlung der Wertberechtigungen nach IAS 39 genutzt werden:

- die erwartete Inanspruchnahme (EAD = Exposure at Default),
- die Ausfallwahrscheinlichkeit (PD = Probability of Default) und
- die Verlustquote (LGD = Loss Given Default).

Bei der Schätzung der genannten Parameter werden in der Regel abgegrenzte Teilportfolien von Kreditnehmern mit ähnlichen Eigenschaften (zum Beispiel Ratingklassen, Mahnstufen) gebildet. Inwieweit die gemäß Basel II kalkulierten Parameter zur Schätzung der erwarteten Verluste – trotz des konzeptionell abweichenden *Incurred Loss-Ansatzes* – für die Risikovor-

---

15 IAS 39.59 in Verbindung mit IAS 39 AG 89.
16 In Deutschland finden sich die entsprechenden gesetzlichen Grundlagen in der Solvabilitätsverordnung (SolvV) beziehungsweise in den Mindestanforderungen an das Risikomanagement (MaRisk) wieder.
17 Die Verwendung bankinterner Methoden und Parameter ist nur im IRB-Ansatz (Internal Rating Based-Ansatz) möglich. Des Weiteren wird der Standardansatz nicht betrachtet, wenn der Begriff *Basel II* verwendet wird.
18 Die Deckungsmassen werden für einen Zeitraum von einem Jahr kalkuliert.

sorge nach den Vorschriften des IAS 39 verwendet werden können, wird in den folgenden Abschnitten anhand praktischer Beispiele dargestellt.[19]

3. Praktische Umsetzung bei einer Autobank

3.1 Die BMW Bank

Die BMW Bank ist ein Unternehmen der BMW Group und dient der Unterstützung individueller Mobilität durch die Bereitstellung von Finanzierungsangeboten. Daneben werden umfangreiche Geldanlageprodukte für Privat- und Geschäftskunden offeriert.[20] Hinsichtlich der ausgeführten Thematik der Risikovorsorge können die zwei Geschäftsfelder *Händler-* und *Kundenfinanzierung* unterschieden werden.

Die *Händlerfinanzierung* dient hauptsächlich der Bereitstellung von Krediten, die BMW-Vertragshändlern für die Zeit bis zum Abverkauf der Fahrzeuge zur Verfügung gestellt werden. Dieses für eine Autobank sehr spezifische Geschäftsfeld ist grundsätzlich vergleichbar mit der Betreuung (mittelständischer) Firmenkunden bei anderen Banken und Sparkassen. Charakteristisch für dieses Geschäftsfeld sind größere Kreditvolumina mit relativ wenigen Kundenbeziehungen (Individualgeschäft).

Daneben finanziert die BMW Bank in erster Linie Kraftfahrzeuge für Privatkunden. Dabei geht die Bank eine Geschäftsbeziehung mit einer Vielzahl von Kunden bei eher geringen Einzelvolumina ein (Massengeschäft).

Bei der Umsetzung der Regelungen des IAS 39 konnte die BMW Bank auf bereits vorhandenes Datenmaterial aus der Basel II-Implementierung (Fortgeschrittener IRB-Ansatz) zurückgreifen. Die Bedingungen, unter denen eine direkte Nutzung der Basel II-Parameter möglich ist, werden im Folgenden näher erläutert. Dabei wird der gesamte Prozess von der Vertragseröffnung bis zum Ausfall anhand eines Beispiels betrachtet. Abbildung 1 gibt einen ersten Überblick über den Prozess und die nachfolgend beschriebenen Wertberichtigungen.[21]

---

[19] Für eine detaillierte theoretische Gegenüberstellung der methodischen Ansätze IFRS und Basel II wird auf den Beitrag von Möller/Schade in diesem Buch verwiesen.
[20] Eine Übersicht über die umfangreiche Produktpalette findet sich unter www.bmwbank.de.
[21] Individuell zu kalkulierende Einzelwertberichtigungen, die bei wenigen großen Kreditengagements im Individualkundengeschäft Anwendung finden, werden im Folgenden nicht näher erläutert, da keine Beziehung zu den aus Basel II geschätzten Parametern existiert und damit keine Synergien im jeweiligen Prozess generiert werden können.

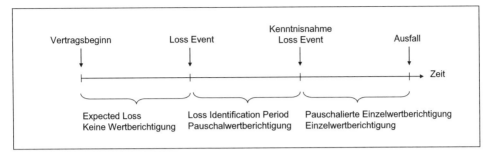

Abbildung 1: *Wertberichtigungen im Zeitablauf eines Vertrages*

3.2 Erwarteter Verlust

Beispielhaft möge bei einer Autobank ein Privatkundenfinanzierungsvertrag mit folgenden Merkmalen eröffnet werden:

Laufzeit:	3 Jahre
Volumen:	30.000 Euro
Zinssatz:	5 Prozent per anno
Tilgung:	endfällig
PD (Rating x):	4 Prozent
LGD:	60 Prozent

Bilanziell wird die Forderung zum Zeitpunkt des Vertragszugangs auf der Aktivseite der Bilanz in Höhe ihres Nominalvolumens (beizulegenden Zeitwertes) erfasst. Wertberichtigungen dürfen zu diesem Zeitpunkt gemäß IAS 39 nicht gebildet werden, da davon ausgegangen werden muss, dass kein bereits eingetretener Verlust besteht. Andernfalls hätte die Bank dieses Geschäft nicht abgeschlossen.

Erwartete Verluste werden für Basel II-Zwecke zum Zeitpunkt des Vertragszugangs kalkuliert. Die Berechnung stellt sich wie folgt dar:

EL (Kunde) = 30.000 Euro x 0,04 x 0,6 = 720 Euro

Bei der Vertragseröffnung wird ein erwarteter Verlust in Höhe von 720 Euro kalkuliert, während Wertberichtigungen zu diesem Zeitpunkt nicht erfasst werden dürfen.

3.3 Pauschalwertberichtigungen

3.3.1 Grundlagen

Im Folgenden wird zunächst – am Beispiel der Privatkundenfinanzierung – davon ausgegangen, dass der Kunde nicht in Rückstand gerät und das Rating – und damit die PD – nicht verändert wird. Hinsichtlich der Kalkulation der erwarteten Verluste nach Basel II ergibt sich dann im Vergleich zum Zeitpunkt der Vertragsaktivierung keine Änderung.[22] Allerdings muss an dieser Stelle geprüft werden, ob und in welcher Höhe Wertberichtigungen nach IAS 39 gebildet werden können.

Nachdem der Kunde weder in Rückstand geraten noch ein sonstiges Verlustereignis bekannt geworden ist, liegen der Bank zunächst keine objektiven Hinweise auf eine Wertminderung vor. Insofern ist die Bildung einer Einzelwertberichtigung oder pauschalierten Einzelwertberichtigung nach IAS 39 (*Incurred Loss-Ansatz*) ausgeschlossen. Dem inhärenten Kreditausfallrisiko aufgrund von bereits eingetretenen, jedoch noch nicht individuell identifizierten Verlusten (*Losses incurred but not reported*) trägt die Bank durch die Bildung von Pauschalwertberichtigungen Rechnung. Zentrale Fragestellung bei der Kalkulation der *Losses incurred but not reported* ist der Zeitpunkt ihres Entstehens.

Der Zeitpunkt des Eintritts eines Verlustereignisses (*incurred*), das der Bank aber noch nicht bekannt ist (*but not reported*), muss zwangsläufig zwischen Vertragsabschluss und dem Erkennen eines objektiven Hinweises liegen. Nur für diese spezifische Kategorie eingetretener, aber noch nicht bekannter Verluste können Pauschalwertberichtigungen gebildet werden.

Der Zeitraum zwischen dem Eintritt und dem Erkennen des objektiven Hinweises wird häufig als *Loss Identification Period* (LIP) bezeichnet.[23] Die Komplexität bei der Bestimmung der LIP wird nun anhand eines Privatkundenfinanzierungsvertrags näher erläutert.[24]

---

[22] Auf die Problematik der verkürzten Restlaufzeit eines Einzelengagements wird an dieser Stelle verzichtet, da der Effekt in der bankbetrieblichen Praxis bei der Beurteilung eines Gesamtportfolios außer Acht gelassen werden kann.

[23] Vgl. KPMG (2006), S. 386.

[24] Die Ermittlung der Pauschalwertberichtigungen für bereits eingetretene, aber noch nicht bekannt gewordene Verluste im Händlerportfolio kann analog vorgenommen werden.

3.3.2 Praktische Anwendung

Zum Zeitpunkt des Vertragsabschlusses möge der Verdienst des Kunden ausreichend sein, um die monatlichen Zins- und Tilgungsleistungen zu erfüllen. Nun sei angenommen, dass der Kunde einen Monat nach Vertragsabschluss seinen Arbeitsplatz verliert. *Loss Event* im Sinne des IAS 39 ist hier die Arbeitslosigkeit des Kunden.

Die Bestimmung der LIP ist für eine Bank, bei der die monatlichen Gehaltszahlungen des Kunden eingehen, vergleichsweise einfach. Nachdem die erste Gehaltszahlung ausgeblieben ist, besteht ein objektiver Hinweis auf das Vorliegen eines *Loss Events* im Sinne des IAS 39. Die LIP beträgt daher – im Beispiel vereinfachend dargestellt – maximal einen Monat. Für eben diesen Zeitraum setzt die Bank Wertminderungen in Form von Pauschalwertberichtigungen im Sinne des IAS 39 an. Grundsätzlich ergibt sich dann die Pauschalwertberichtigung, indem das ausstehende Volumen mit der Ausfallwahrscheinlichkeit (PD) und dem erwartetem Verlust bei Ausfall (LGD) multipliziert wird. Eine direkte Verwendung der Basel II-Schätzwerte ist hier – bei einer LIP von einem Monat – nicht möglich, nachdem sich die nach Basel II ermittelten Ausfallwahrscheinlichkeiten auf einen Zeitraum von einem Jahr beziehen und entsprechend auf den Ein-Monats-Zeitraum transponiert werden müssen.[25]

Für eine Autobank hingegen kann die Bestimmung der LIP und damit die Höhe der Pauschalwertberichtigungen von obiger Darstellung erheblich abweichen. So kann im hier unterstellten Beispiel angenommen werden, dass der Kunde zunächst versucht, die Raten für seine Fahrzeugfinanzierung trotz der Arbeitslosigkeit (*Loss Event*) weiter zu begleichen. Nach Ablauf eines Jahres sei ihm jedoch die Zahlung der Raten nicht mehr möglich, der Vertrag gerät das erste Mal in Rückstand.[26] In diesem Fall beträgt der gesuchte Zeitraum zur Kalkulation von Pauschalwertberichtigungen ein Jahr.[27] Hier können nun die Parameter aus der Basel II-Schätzung direkt zur Berechnung der Wertberichtigung verwendet werden. Die Berechnung stellt sich somit wie folgt dar:

Wertberichtigungsbetrag = offene Kundenforderung x PD x LGD

---

[25] Die Anwendung der geschätzten Parameter für den erwarteten Verlust nach Basel II würde in diesem Beispiel den Wertminderungsbedarf überschätzen, weil die Ausfallwahrscheinlichkeit laut Basel II für einen Zeitraum von einem Jahr kalkuliert wird, während im beschriebenen Fall eine Ausfallwahrscheinlichkeit für den Zeitraum von einem Monat benötigt wird. Hier müssten entweder die Basel II-Parameter adjustiert oder separate Parameter für den Zeitraum der LIP geschätzt werden. Eine Diskontierung der zukünftigen Cashflows ist durch die IFRS vorgeschrieben, bei der Anwendung der LGD gemäß Basel II jedoch in der Schätzung enthalten. In den folgenden Ausführungen wird unterstellt, dass der Diskontierungseffekt in den Parameterschätzungen enthalten ist.

[26] In der Regel ist zu beobachten, dass die Kunden zunächst versuchen, ihre monatlichen Raten mit den ihnen sonst zur Verfügung stehenden Mitteln zu begleichen (Kraftfahrzeug als Statussymbol).

[27] Die Ermittlung der LIP bei einer Autobank kann im Regelfall nur anhand vereinfachender Annahmen erfolgen. So bietet es sich zum Beispiel an, die LIP näherungsweise über aus historischen Daten abgeleitete adjustierte Durchschnittszeiträume bis zum Ausfall eines Vertrags zu ermitteln.

Wie das Beispiel zeigt, hängt der Zeitraum vom Eintritt eines Verlustereignisses bis zu dessen Erkennen von den Umständen des jeweiligen Geschäftsfelds ab, sodass sich auch für die Anwendung von Basel II-Parametern differenzierte Voraussetzungen ergeben. Sofern ein Kreditinstitut täglich Kontakt mit dem Kunden pflegt, wird die LIP in aller Regel kürzer sein als zum Beispiel in der Privatkundenfinanzierung einer Autobank, bei der in der Regel nur zu Beginn und zum Ende der Vertragslaufzeit Kontakt mit dem Kunden aufgenommen wird. In der Händlerfinanzierung ist der beschriebene Zeitraum auch bei Autobanken kürzer, da hier ein intensiverer Kontakt zu den Händlern vorhanden ist.

Zusammenfassend ist festzuhalten, dass die Bestimmung oder Schätzung der LIP für die Kalkulation der Pauschalwertberichtigungen und die Anwendung geschätzter Basel II-Parameter entscheidend ist.

3.4   Pauschalierte Einzelwertberichtigungen

Sobald einer Bank objektive Hinweise auf ein *Loss Event* vorliegen, werden die Pauschalwertberichtigungen aufgelöst und Einzel- oder pauschalierte Einzelwertberichtigungen gemäß IAS 39 gebildet. Die Kalkulation von pauschalierten Einzelwertberichtigungen wird wiederum anhand eines Privatkundenfinanzierungsvertrags erläutert. Zum Zeitpunkt des Eintritts des ersten Rückstandes wird der Kunde aus dem Teilportfolio *Kunden ohne Rückstand*[28] ausgeschlossen und dem Teilportfolio *Kunde in Mahnstufe* zugeordnet. Da eine individuelle Kalkulation des Wertes der zukünftigen Cashflows im Kundenfinanzierungs- beziehungsweise Retailgeschäft aufgrund der Vielzahl der Verträge nicht möglich ist, können Gruppen mit ähnlichen Ausfallrisikoeigenschaften gebildet werden.[29] Die gemeinsame Bewertung von Kreditnehmergruppen mit vergleichbaren Risikoprofilen führt zu dem Begriff der *pauschalierten Einzelwertberichtigung*.

Im Rahmen der Parameterschätzung nach Basel II werden in der Regel auch für diese Kreditnehmergruppen separate PDs und LGDs kalkuliert. Die Wahrscheinlichkeit eines Ausfalls (PD) bei Kunden mit Rückständen ist in der Regel höher als bei Kunden ohne rückständige Zahlungen. Zum Zeitpunkt des Eintritts des ersten Rückstands wird sich daher der erwartete Verlust ändern, weil nun die Parameter des neuen Teilportfolios *Kunde in Mahnstufe* zur Kalkulation verwendet werden müssen. Dies gilt entsprechend für die Bewertung der Wertminderungen unter Anwendung des IAS 39. Hier können die bereits vorhandenen Parameter aus der Basel II-Schätzung direkt oder nach geeigneter Anpassung des Prognosezeitraums verwendet werden. Abbildung 2 verdeutlicht, dass die Basel II-Parameter ohne Adjustierung grundsätzlich nur dann eingesetzt werden können, wenn der Zeitraum – LIP oder Zeitraum bis zum Ausfall – einem Jahr entspricht.

---

[28]   Dieses Portfolio ist in verschiedene Ratingklassen unterteilt, wobei aus Vereinfachungsgründen davon im Folgenden abgesehen wird.
[29]   IAS 39.59.

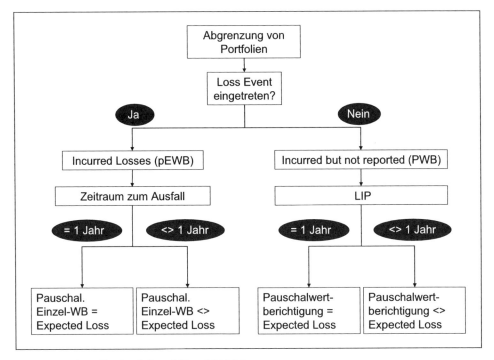

Abbildung 2: Vergleich Basel II und IAS 39

Bei direkter Anwendung der Basel II-Parameter (Ein-Jahres-PD) wird unterstellt, dass der Kunde innerhalb des kommenden Jahres ausfallgefährdet ist. Dementsprechend verringert die Bank den Wert der Forderung um den Betrag, der ihr im kommenden Jahr aus diesem Vertrag ausfallen könnte.

Sollte der Kunde einer Ausfallrisikoklasse zugeordnet werden – beispielsweise bei einem Zahlungsrückstand von größer als 90 Tagen – beträgt die Ausfallwahrscheinlichkeit 100 Prozent. Die Formel zur Kalkulation des erwarteten Verlusts und damit auch der entsprechenden Wertberichtigung ergibt sich dann wie folgt:

Wertberichtigungsbetrag = offene Kundenforderung x LGD

Die Verlustquote (LGD) ergibt sich dabei als diskontierter Verlust im Verhältnis zum Forderungsbetrag, jeweils zum Ausfallzeitpunkt. Nachdem für die Bestimmung der Verlustquote (LGD) der Betrachtungszeitraum nicht relevant ist, kann der im Rahmen von Basel II geschätzte LGD-Parameter direkt – anders als die PD-Parameter – für die Kalkulation der Wertberichtigungen verwendet werden.

4. Fazit

Kreditinstitute stehen vor der Herausforderung, in Bezug auf ihre Risikovorsorge einerseits den Anforderungen der internationalen Rechnungslegungsnormen (IFRS) und andererseits denjenigen der Bankaufsicht gemäß der überarbeiteten Baseler Rahmenvereinbarung (Basel II) gerecht zu werden. Während nach IFRS für die bilanzielle Risikovorsorge ausschließlich bereits eingetretene Verluste berücksichtigt werden dürfen, berücksichtigen die Baseler Vorschriften die Einbeziehung erwarteter Verluste.

Bei einer detaillierten Betrachtung einzelner Anforderungen beider Ansätze sind jedoch Gemeinsamkeiten zu erkennen, so zum Beispiel die Auswertung historischer Daten zur Schätzung der Risikoparameter *Ausfallwahrscheinlichkeit* (Probability of Default = PD) und *Verlustquote* (Loss Given Default = LGD). Unter bestimmten Bedingungen können die im Rahmen der Baseler Anforderungen geschätzten Parameter für die Kalkulation der Wertberichtigungen nach IFRS verwendet werden. Entscheidend ist hierbei vor allem die Einschätzung des Zeitraums zwischen dem Eintritt des Verlustereignisses und dessen Erkennen (Loss Identification Period = LIP) bei der Bildung von Pauschalwertberichtigungen sowie der Zeitraum bis zum Ausfall bei pauschalierten Einzelwertberichtigungen. Wenn diese Periode dem Zeitraum von einem Jahr entspricht, können die gemäß Basel II geschätzten Parameter auch im Rahmen der bilanziellen Risikovorsorge ohne weitere Transformation direkt angewendet werden. Bei Abweichungen des Zeitraums von exakt einem Jahr können die bereits vorhandenen Parameter nicht ohne Einschränkungen für die Bildung von Wertberichtigungen auf Portfoliobasis verwendet werden.

In jedem Fall lassen sich durch die Nutzung von Basel II-Parametern für die Ermittlung der Risikovorsorge nach IFRS erhebliche Aufwendungen für die Schätzung separater Parameter vermeiden.

Literaturverzeichnis

LÖW, E./LORENZ, K. (2005): Ansatz und Bewertung von Finanzinstrumenten, in: Löw, E. (Hrsg.): Rechnungslegung für Banken nach IFRS, 2. Auflage, Wiesbaden 2005, S. 415 - 604.
KPMG (2006): Insights into IFRS Part 1, 3.Auflage, London 2006.

Rechtsquellen und sonstige Quellen:

MaRisk, Rundschreiben 5/2007 (BA), Mindestanforderungen an das Risikomanagement (MaRisk), Geschäftszeichen: BA 17-K 3106-2007/0010, Bonn/Frankfurt am Main, den 30.10.2007.
Verordnung über die angemessene Eigenmittelausstattung von Instituten, Institutsgruppen und Finanzholding-Gruppen (Solvabilitätsverordnung – SolvV) vom 14.12.2006, zuletzt geändert durch Gesetz vom 21.12.2007, BGBl. I, S. 3089.

Multi Currency Accounting in der Praxis

Christopher Conrad

1. Einleitung

2. Methodik des Multi Currency Accounting

    2.1 Prinzipien des Multi Currency Accounting
      - 2.1.1 Abbildung von Fremdwährungsgeschäften in Originalwährung
      - 2.1.2 Devisenbewertung mittels Währungspositionen
      - 2.1.3 Überführung der Fremdwährungserfolge in Bilanzierungswährung

    2.2 Vergleich zu bestandsbasierter Devisenergebnisermittlung

3. Implementierung des Multi Currency Accounting

    3.1 Differenzierung der Währungspositionen
    3.2 Besondere Bewertungsfragen

4. Abbildung der ökonomischen Sicht auf die Fremdwährungserträge und -risiken

    4.1 Interne Ergebniszuordnung
    4.2 Integration der Sichten von Rechnungswesen und ökonomischer Steuerung auf Währungspositionen

5. Fazit

Literaturverzeichnis

1. Einleitung

Leitgedanke dieses Buches ist die Fragestellung, wie ein effizientes Rechnungswesen zu gestalten ist. Dabei betrifft die Anforderung der Effizienz zunächst die operative Erstellung von Bilanzen sowie Gewinn- und Verlustrechnungen (GuV). Zunehmend liegen aber weiterreichende Fragestellungen im Fokus wie zum Beispiel eine integrierte parallele Rechnungslegung nach verschiedenen Rechnungslegungsstandards oder die Integration von externer Rechnungslegung und ökonomischer Steuerung.

Diese Überlegungen werden auch auf die Abbildung von Fremdwährungssachverhalten angewandt. Neue Verfahren zur Verarbeitung von Fremdwährungssachverhalten wurden zunächst in Projekten implementiert, deren Schwerpunkt auf der *effizienten* Erstellung von Bilanz und GuV nach handelsrechtlichen Vorgaben lag. Durch die Einführung der International Financial Reporting Standards (IFRS) wurde die parallele Rechnungslegung nach mehreren Rechnungslegungsvorschriften eine zentrale Fragestellung der Fremdwährungsverarbeitung. Seit der IFRS-Einführung gewinnt die Thematik der Integration des Fremdwährungsrechnungswesens mit internen Performance- und Risikoanalysen in eine übergreifende Erfolgs- und Risikosteuerung immer mehr an Bedeutung.

Dieser Entwicklung folgt auch der Aufbau des vorliegenden Beitrages zu einer Methodik des Rechnungswesens in mehreren Währungen, dem *Multi Currency Accounting* (MCA). Zunächst werden die Prinzipien des MCA erläutert. Dabei werden die Vorteile des Verfahrens hinsichtlich einer effizienten Verarbeitung herausgestellt. Es folgt eine Vertiefung der Methodendiskussion mit Hinweis auf die Umsetzung einer parallelen Rechnungslegung und auf die damit verbundenen Bewertungsfragen. Schließlich wird skizziert, wie das MCA als Basis einer integrierten Sicht von Ertrag und Risiko aus Währungsgeschäften genutzt werden kann.

2. Methodik des Multi Currency Accounting

Bei Kreditinstituten ist eine Methodik zur Abbildung von Fremdwährungssachverhalten im Rechnungswesen weit verbreitet, die folgenden grundlegenden Prinzipien folgt:

- Fremdwährungsgeschäfte werden im Rechnungswesen durchgehend bis in das Hauptbuch in Originalwährung geführt.
- Das Devisenergebnis wird auf Basis von Fremdwährungspositionen ermittelt.

Multi Currency Accounting in der Praxis

- Erfolge aus Fremdwährungsgeschäften werden zunächst in Originalwährung erfasst und mittels eines expliziten Verarbeitungsschrittes (GuV-Vereinnahmung, auch *Profit and Loss Sell-down* oder *Profit and Loss Wash-out* genannt) in Erfolge in Bilanzierungswährung überführt.

Diese Methodik wird in der Praxis und auch im vorliegenden Beitrag als MCA bezeichnet.[1]

Dabei wird jedoch keine spezielle Form der Implementierung dieser Methodik beschrieben, wie etwa die Umsetzung mit einer speziellen Rechnungswesen-Software (zum Beispiel Anpassung der Standard-Software SAP R/3 Finanzwesen) oder eine spezielle Form der Buchungssystematik, sondern jede Umsetzung, die den genannten Prinzipien folgt (siehe Abbildung 1). In Abschnitt 2.1 werden die in Abbildung 1 vorgestellten Prinzipien des MCA aus den Anforderungen an die Verarbeitung von Fremdwährungssachverhalten hergeleitet und anhand von Beispielen illustriert. Im Abschnitt 2.2 wird die Methodik in Bezug zu einem alternativen Verfahren des Fremdwährungsrechnungswesens gesetzt.

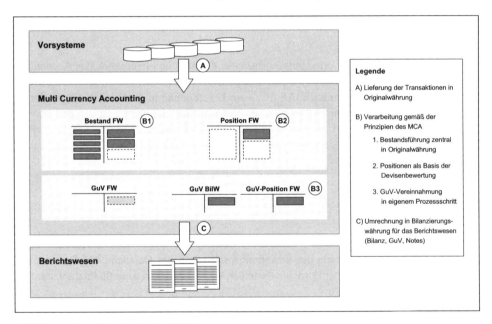

Abbildung 1: Prinzipien des MCA

---

[1] Dies entspricht einem Sprachgebrauch in Kreditinstituten, der in Projekten zur Einführung von Fremdwährungsverfahren im Rechnungswesen mittels IT-Systemen geprägt wurde.

2.1 Prinzipien des Multi Currency Accounting

Grundlegendes Prinzip des MCA ist die Tatsache, dass Geschäfte in Fremdwährung im Rechnungswesen durchgehend in Originalwährung geführt werden. Hintergrund hierfür ist, dass nur durch die Betrachtung der Bestände in Originalwährung sinnvoll zwischen deviseninduziertem Bewertungsergebnis und nicht deviseninduzierten Bewertungsergebnissen unterschieden werden kann.

2.1.1 Abbildung von Fremdwährungsgeschäften in Originalwährung

Die Trennung der verschiedenen Komponenten ist insbesondere dann relevant, wenn diese Komponenten in der Rechnungslegung hinsichtlich ihrer Erfolgswirksamkeit unterschiedlich zu behandeln sind.

Dies gilt beispielsweise für Vermögensgegenstände, die nach den Internationalen Accounting Standards (IAS 39.9) als *Available for Sale* kategorisiert werden und nach IAS 21.8 monetäre Posten sind. Für diese werden nach IAS 21.23 zur Umrechnung in die Bilanzierungswährung Stichtagskurse verwendet. Die Differenzen aus diesen Umrechnungen werden an den jeweiligen Stichtagen gemäß IAS 21.28 erfolgswirksam erfasst.[2] Demgegenüber werden die Bewertungsergebnisse in Originalwährung nach IAS 39.55(b) nicht erfolgswirksam, sondern im Eigenkapital erfasst.[3]

Fallbeispiel 1:

> Betrachtet wird ein Bestand einer Anleihe der Gattung A mit einem Nominalwert von 10 Millionen US-Dollar. Am Anfang der Bewertungsperiode sei der Marktkurs 100 Prozent, der Devisenkurs 1,25 US-Dollar/Euro; am Ende der Periode der Marktkurs 95 Prozent, der Devisenkurs 1 US-Dollar/Euro.
>
> Damit ergibt sich eine Wertentwicklung des Bestandes von 8 Millionen Euro auf 9,5 Millionen Euro. Ohne Information über die Wertentwicklung in US-Dollar lässt sich das Ergebnis von 1,5 Millionen Euro nicht in das deviseninduzierte und das nicht deviseninduzierte Ergebnis trennen.

---

[2] Sofern es sich nicht um ein *Net Investment in a Foreign Entity* handelt. IAS 21.32.
[3] Vgl. hierzu auch IAS 39.AG 83. Für praktische Beispiele zur bestandsbezogenen Ermittlung der Ergebnisanteile vergleiche Löw/Lorenz (2005), S. 525 und KPMG (2007), S. 372 f.

Weiter sei der Bestand nach IAS 39.9 als *Available for Sale* kategorisiert. Damit ist die Kurskomponente der Wertänderung in der IFRS-Rechnungslegung nicht erfolgswirksam auszuweisen, sondern als Bestandteil des Eigenkapitals in der Neubewertungsrücklage.

Die Kursänderung von 0,5 Millionen US-Dollar ist folglich im Eigenkapital zu erfassen. Zum Stichtagskurs umgerechnet ergibt sich ein Wertpapierbestand von -9,5 Millionen Euro[4] und ein Effekt in der Neubewertungsrücklage von -0,5 Millionen Euro.

Nach IAS 21.8 handelt es sich bei Anleihen um monetäre Posten. Daher sind Unterschiede aus der Umrechnung der fortgeführten Anschaffungskosten erfolgswirksam auszuweisen. Im Beispiel ergibt sich aus der Umrechnungsdifferenz ein Devisenergebnis von +2 Millionen Euro.

Der unterschiedliche Ausweis der Bewertungsdifferenzen macht eine Trennung der Kurs- und Devisenkomponente zwingend erforderlich.

MCA adressiert diesen Sachverhalt dadurch, dass die Bestände in Originalwährung geführt und die Wertänderungen in Originalwährung ermittelt werden.[5] Die geschäftsbezogene Bestandsführung erfolgt dabei in Nebenbüchern, von denen aus die Werte in Originalwährung an eine zentrale Verarbeitungsstelle geliefert werden. Die Devisenergebnisermittlung sowie die Umrechnung der Bestände in Bilanzierungswährung für die Belange der Berichterstattung (Bilanz, GuV) erfordern konsistente Verfahren und die Verwendung einheitlicher Devisenkurse, um für das gesamte Reporting konsistente Ergebnisse zu liefern. Um diese Konsistenz zu gewährleisten, wird im MCA diese Funktion von einem zentralen System – einem währungsfähigen Hauptbuch – übernommen.

2.1.2 Devisenbewertung mittels Währungspositionen

Die Ausgestaltung der zentralen Funktionalität der Devisenergebnisermittlung ist das zweite wichtige Prinzip des MCA. Das Devisenergebnis wird nicht direkt aus den Beständen in Fremdwährung ermittelt, sondern mithilfe der sogenannten Währungspositionen.

Die Nutzung von Währungspositionen für die Devisenergebnisermittlung erfolgt vor dem Hintergrund, dass für das Devisenkursrisiko und das Devisenergebnis einer Fremdwährung nicht die *einzelnen* Bestände in dieser Währung entscheidend sind, sondern der Saldo, der entsteht, wenn alle relevanten Bestände zusammen betrachtet werden (Währungsüberhang). Es ist der Währungsüberhang, der auf den Währungspositionen abgebildet wird und dadurch das Devisenergebnis erzeugt.

---

[4] Hier und im Folgenden wird in allen Beispielen die in Kreditinstituten übliche Konvention verwendet, Soll/aktiv mit negativem und Haben/passiv mit positivem Vorzeichen zu versehen.

[5] Auch Sonderfälle wie Mehrwährungsgeschäfte oder Wertpapierbestände mit abweichender Transaktions- und Gattungswährung können im MCA behandelt werden. Eine Diskussion dieser Sachverhalte würde aber den Rahmen des Beitrages sprengen. Zur Darstellung von Doppelwährungsgeschäften nach IAS 39 vergleiche KPMG (2007), S. 374.

Fallbeispiel 2a

> Stehen Forderungen (Nostrokonto) von -20 Millionen US-Dollar den Verbindlichkeiten (eigene Emission) von 19,6 Millionen US-Dollar gegenüber, ergibt sich daraus ein Aktiv-Währungsüberhang von -0,4 Millionen US-Dollar. Die Devisenergebnisermittlung kann durchgeführt werden, indem dieser Überhang von -0,4 Millionen US-Dollar bewertet wird, anstatt die Aktiva von -20 Millionen US-Dollar und die Passiva von 19,6 Millionen US-Dollar zu bewerten.

Die Betrachtung des Währungsrisikos auf aggregierter Ebene entspricht der Praxis im Risikomanagement. Dort werden Währungspositionen ebenfalls aggregiert gesteuert. Im Risikomanagement werden jedoch nicht nur stichtagsbezogene Positionen betrachtet, sondern darüber hinaus auch die zukünftigen Zahlungsströme in Fremdwährung in Laufzeitbändern aggregiert und so Währungsüberhänge, gegliedert nach Laufzeiten, ermittelt.

Wird die Devisenbewertung mittels der Währungsüberhänge und nicht auf den einzelnen Beständen durchgeführt, so folgt hieraus unmittelbar, dass die Transaktionen, die den Währungsüberhang nicht verändern, hinsichtlich ihrer Devisenergebnisermittlung nicht betrachtet werden müssen.

Fallbeispiel 2b (Eingangssituation entsprechend 2a)

> Forderungen (Nostrokonto) von -20 Millionen US-Dollar, stehen Verbindlichkeiten von 19,6 Millionen US-Dollar gegenüber, woraus sich ein Aktiv-Währungsüberhang von -0,4 Millionen US-Dollar ergibt. Nun werden innerhalb der Betrachtungsperiode -10 Millionen US-Dollar des Nostrokontos verwendet, um eine Anleihe mit Nominalwert von 10 Millionen US-Dollar zu einem Kaufkurs von 100 Prozent zu erwerben. Nach dem Kauf ist der Währungsüberhang unverändert bei -0,4 Millionen US-Dollar aktiv.
>
> Liegt der Kurs am Anfang der Periode bei 1,33 US-Dollar/Euro und am Ende der Periode bei 1,25 US-Dollar/Euro, entsteht aus dem Währungsüberhang ein Devisenerfolg von 20 TEuro (der Wert des Überhanges steigt von 0,3 Millionen Euro auf 0,32 Millionen Euro).
>
> Für dieses Ergebnis ist irrelevant, wie hoch der Devisenkurs zum Kaufzeitpunkt der Anleihe war. Daher ist eine Berechnung und Speicherung des Euro-Gegenwertes der Anleihe beim Kauf nicht erforderlich, um ein korrektes Devisenergebnis ermitteln zu können.
>
> Der Wert, zu dem die Anleihe am Ende der Periode auszuweisen ist, ergibt sich aus dem Wert der Anleihe in Originalwährung und dem Stichtagskurs am Periodenende. Auch hierfür ist der Devisenkurs zum Kaufzeitpunkt der Anleihe nicht relevant.

Wie am Beispiel illustriert, ist der Devisenkurs zum Zeitpunkt einer Transaktion in Fremdwährung nur relevant, wenn diese Transaktion den Währungsüberhang ändert. Geändert wird der Währungsüberhang nur durch explizite oder implizite Währungstauschtransaktionen.

Explizite Währungstauschtransaktionen sind Devisenkassageschäfte, Devisentermingeschäfte und andere derivative Geschäfte in mehreren Währungen. Implizite Währungstauschtransaktionen sind die Verarbeitungsschritte im Rechnungswesen, in denen Fremdwährungserfolge in Bilanzierungswährung überführt werden (siehe Abschnitt 2.1.3) sowie Transaktionen, in denen die Ergebniswirkung oder -zuordnung aus Währungsrisiken verändert wird (siehe Abschnitt 3.2 zu *Ergebniswirkung* und Abschnitt 4.1).

Fallbeispiel 2c (anknüpfend an 2b)

> Aktiva am Periodenende: Anleihen im Wert von 10 Millionen US-Dollar und Forderungen (Nostrokonto) im Wert von 10 Millionen US-Dollar. Passiva sind Verbindlichkeiten im Wert von +19,6 Millionen US-Dollar.
>
> In der Folgeperiode wird ein Devisenkassageschäft getätigt, in dem 5 Millionen US-Dollar gegen 4,5 Millionen Euro verkauft werden. Damit stehen nun in Währung US-Dollar aktiv in Summe -15 Millionen US-Dollar passiv +19,6 Millionen US-Dollar gegenüber. Nach dem Devisenkassageschäft ergibt sich damit ein Währungsüberhang in US-Dollar von +4,6 Millionen US-Dollar.
>
> Der Kurs am Periodenanfang beträgt 1,25 US-Dollar/Euro und am Periodenende 1 US-Dollar/Euro. Somit hat sich der Wert des Währungsüberhangs in der Periode von -0,32 Millionen Euro auf +4,6 Millionen Euro verändert. Diese Wertänderung ist zum einen durch die Änderung des Devisenkurses bedingt, zum anderen durch die Positionsänderung aufgrund des Devisenkassageschäftes. Zur Ermittlung des Devisenergebnisses ist die Information erforderlich, zu welchem Kurs das Devisenkassageschäft getätigt wurde.
>
> Der Gegenwert der US-Dollar-Position ändert sich durch die Währungstauschtransaktion von -0,32 Millionen Euro auf +4,18 Millionen Euro. Die Devisenbewertung am Ende der Periode ergibt einen Aufwand von 0,42 Millionen Euro (4,6 - 4,18).

Für Währungstauschtransaktionen ist deren Wirkung auf den Währungsüberhang zu erfassen sowie der Kurs und der Gegenwert, zu dem diese Transaktion erfolgt. Im MCA wird dies dadurch erreicht, dass der Währungsüberhang auf Währungspositionskonten abgebildet wird. Jeder Währungstausch wird gegen Währungspositionskonten gebucht und der Gegenwert des Tauschbetrages in der Bilanzierungswährung erfasst. Die Devisenbewertung erfolgt dann nicht auf den einzelnen Fremdwährungsbeständen, sondern auf den Währungspositionskonten.

Durch dieses Verfahren lässt sich der Währungsüberhang im Rechnungswesen abbilden und das Devisenergebnis sehr effizient ermitteln. Allerdings ist es in dieser Vorgehensweise nicht möglich, das Devisenergebnis aus einzelnen Beständen zu errechnen.

Für die Ergebnisermittlung und die Berichterstattung ist die Einzelbestandsebene nicht erforderlich. Allerdings wird sowohl für die Belange der Rechnungslegung als auch der Ergebnissteuerung eine weitere Untergliederung von Währungsrisiko und Devisenergebnis benötigt. Die erforderliche Granularität ist aber deutlich gröber als die der einzelnen Bestände, sodass eine positionsbasierte Devisenbewertung dennoch sinnvoll ist (siehe Abschnitt 3.1).

2.1.3 Überführung der Fremdwährungserfolge in Bilanzierungswährung

Ein weiteres wichtiges Prinzip der MCA-Systematik ist die Überführung von Fremdwährungserfolgen in die Bilanzierungswährung in einem eigenen Verarbeitungsschritt, der sogenannten GuV-Vereinnahmung. Hierbei wird der Gegenwert des Erfolges in der Bilanzierungswährung fixiert und eine entsprechende Währungspositionswirkung erfasst. Dieser Schritt wird auch als impliziter Währungstausch bezeichnet.

Fallbeispiel 3

> Ein Aktienbestand sei nach IAS 39.9 als *Held for Trading* kategorisiert. Der Marktwert in Originalwährung sei am Anfang der ersten Periode 5 Millionen US-Dollar, am Ende 6 Millionen US-Dollar und am Ende der zweiten Periode 5,8 Millionen US-Dollar. Der Devisenkurs sei am Anfang der ersten Periode 1,33 US-Dollar/Euro, am Ende 1,25 US-Dollar/Euro und am Ende der zweiten Periode 1 US-Dollar/Euro.
>
> Das Bewertungsergebnis der ersten Periode ist +1 Millionen US-Dollar (Ertrag), der zweiten Periode -0,2 Millionen US-Dollar (Aufwand) und damit das kumulierte Ergebnis +0,8 Millionen US-Dollar.
>
> Durch den Schritt der GuV-Vereinnahmung am Ende der ersten Periode wird der Bewertungserfolg von +1 Millionen US-Dollar in einen Bewertungserfolg +0,8 Millionen Euro überführt. Gleichzeitig wird der Aktiv-Währungsüberhang durch die GuV-Vereinnahmung um 1 Millionen US-Dollar (zum Gegenwert von +0,75 Millionen Euro) erhöht.
>
> Die GuV-Vereinnahmung in der zweiten Periode überführt das Bewertungsergebnis von -0,2 Millionen US-Dollar in -0,2 Millionen Euro. Aus der Devisenbewertung der Währungsposition, die aus dem Erfolg der ersten Periode induziert ist, also aus der Bewertung des Aktiv-Währungsüberhanges von -1 Millionen US-Dollar, ergibt sich ein Devisenergebnis (Ertrag) von +0,2 Millionen Euro.
>
> Insgesamt ergeben sich bei einer GuV-Konvertierung nach der ersten Periode ein kumuliertes Bewertungsergebnis von +0,6 Millionen Euro und ein Devisenergebnis von +0,2 Millionen Euro. Erfolgt die GuV-Konvertierung erst nach der zweiten Periode, so ergibt sich ein Bewertungsergebnis von +0,8 Millionen Euro, da dann der kumulierte Wert zum Stichtagskurs in Euro überführt wird.

Wie in diesem Beispiel deutlich wird, hängt die Aufteilung der Ergebnisse in einen Devisenergebnisanteil und weitere Bestandteile davon ab, zu welchem Zeitpunkt die Ergebnisüberführung in die Bilanzierungswährung erfolgt. Unterschiedliche Überführungszeitpunkte und Frequenzen im externen Rechnungswesen und in der Performance-Rechnung sind in der Praxis ein verbreiteter Grund für Abstimmungsdifferenzen zwischen GuV und Performance-Ergebnis. Mithilfe der MCA-Systematik kann die Frequenz und die Ausgestaltung der Überführung flexibel gestaltet und damit ein Gleichklang zur Vorgehensweise der Performance-Rechnung erzielt werden (siehe Abschnitt 4.1).

2.2 Vergleich zu bestandsbasierter Devisenergebnisermittlung

Wie im letzten Abschnitt dargestellt, werden Devisenergebnisse in der MCA-Systematik basierend auf Währungspositionen ermittelt. Alternativ dazu wird in der Praxis auch ein Verfahren angewandt, bei dem die Devisenbewertung direkt auf Fremdwährungsbeständen erfolgt.

Hierbei werden, wie beim MCA, die Bestände in Originalwährung geführt und Erfolge in Originalwährung ermittelt. Es werden jedoch bei allen Fremdwährungsbuchungen sofort die Gegenwerte in der Bilanzierungswährung erfasst. Die Werte in Original- und Bilanzierungswährung bilden die Basis für die Devisenbewertung. Diese erfolgt auf den Beständen beziehungsweise Bestandskonten. Hilfskonten und GuV-Konten werden nicht in die Devisenbewertung einbezogen. Als Erfolge in Bilanzierungswährung werden bei GuV-Konten die Werte verwendet, die bereits bei der Erfassung der Fremdwährungserfolge ermittelt und gebucht wurden.

Der wesentliche Unterschied zur MCA-Vorgehensweise ist, dass für *alle* Fremdwährungstransaktionen die Gegenwerte in Bilanzierungswährung *sofort* ermittelt und erfasst werden. Dies hat folgende Auswirkungen:

- Für eine große Anzahl von Transaktionen werden Werte in Bilanzierungswährung ermittelt und verwaltet, für die nach MCA keine Währungsumrechnung erforderlich ist.
- Die Überführung der Fremdwährungserfolge in Bilanzierungswährung ist fest gekoppelt an die erstmalige Buchung dieser Werte und kann nicht (wie beim MCA) in einem eigenen Prozessschritt durchgeführt werden.

Der erste Punkt erhöht die Komplexität in der Verarbeitung. Der zweite Punkt hat Auswirkungen auf die Aufteilung von Ergebnissen in Devisen- und andere Ergebnisse (siehe Abschnitt 2.1.3). Die feste Koppelung zwischen der Buchung der Erfolge und ihrer Überführung in Bilanzierungswährung ist insbesondere vor dem Hintergrund der Abstimmung mit Werten der Performance-Rechnung von Nachteil, da dort potenziell eine andere Frequenz der Überführung eingesetzt wird. Ist aber der Prozess der GuV-Vereinnahmung im MCA so eingerichtet, dass jegliche Erfolge in Fremdwährung beim Entstehen in Bilanzierungswährung überführt werden, so ergeben sich keine Ergebnisdifferenzen zwischen positionsbezogener und bestandsbezogener Devisenergebnisermittlung. Die Verfahren unterscheiden sich dann nur hinsichtlich der Basis der Devisenbewertung:

- Im MCA werden alle Positionen *direkt* über die Währungspositionskonten bewertet.
- Demgegenüber werden in der bestandsbasierten Bewertung die Bestände ohne GuV und Hilfskonten bewertet. Diese Bestände ergeben aggregiert pro Währung wiederum die gesamten Währungspositionen.[6]

3. Implementierung des Multi Currency Accounting

Im Abschnitt 2 sind die grundlegenden Prinzipien des MCA dargestellt. Für den praktischen Einsatz in Kreditinstituten ist es erforderlich, die Methodik weiter auszugestalten, um den Anforderungen des Rechnungswesens zu genügen. Dies betrifft insbesondere zwei Aspekte:

- Eine Differenzierung der Währungspositionen ist notwendig, um die Devisenergebnisse entsprechend den Anforderungen der Rechnungslegungsvorschriften differenziert auszuweisen.
- Spezielle Bewertungsanforderungen führen zu einer weiteren Anpassung der Verfahren.

Diese Aspekte der weiteren Ausgestaltung des MCA in der praktischen Umsetzung werden im Folgenden erläutert.

3.1 Differenzierung der Währungspositionen

Kern der MCA-Methodik ist die positionsbasierte Ermittlung von Devisenergebnissen, bei der, wie beschrieben, nur *Währungsüberhänge* in Form von Währungspositionen bewertet werden. In der einfachsten denkbaren Ausprägung hieße dies, pro Währung *eine* Währungsposition zu führen.

---

[6] In IAS 21 und den dazugehörigen Beispielen dazu wird implizit von einer bestandsbasierten Devisenergebnisermittlung ausgegangen. Die Übereinstimmung der Ergebnisse zwischen positions- und bestandsbasierter Devisenergebnisermittlung bei entsprechender GuV-Vereinnahmung zeigt die Zulässigkeit der positionsbasierten Devisenbewertung auch nach IAS 21.

Dies reicht jedoch in der Praxis nicht aus. Aus den Vorgaben der Rechnungslegungsstandards[7] erwachsen Anforderungen an eine weitere Differenzierung der Positionsgliederung. Weitere Anforderungen ergeben sich durch eine Integration des Fremdwährungsrechnungswesens mit der Performance-Rechnung und dem Risikocontrolling.

Entscheidend aus Sicht der Rechnungslegung ist dabei die Tatsache, dass nicht alle Bewertungsergebnisse aus Devisenkursänderungen gleich behandelt werden. Dies führt zur Erweiterung um Positionskategorien und zu einer weiteren Trennung der Positionen.

Positionskategorien

In § 340h HGB wird zwischen Kassageschäften, nicht abgewickelten Kassageschäften[8] und nicht abgewickelten Termingeschäften[9] unterschieden. Für die Abbildung dieser Differenzierung hat es sich in der Praxis etabliert, *Positionskategorien* jeweils für Kassa-, schwebende Kassa- und Termingeschäfte zu bilden. Zu jeder dieser Positionskategorien werden eigene Währungspositionen geführt.

Positionsgliederung

Anforderungen zu einer weiteren Gliederung der Positionen erwachsen aus folgenden Sachverhalten:

- Besondere Geschäftskonstellationen:

    Es gibt Geschäftskonstellationen, die nach IFRS beziehungsweise handelsrechtlich gesondert zu betrachten sind, weil ihre Devisenbewertung speziellen Regeln folgt. Ein Beispiel hierfür sind Aktienbestände, wenn sie nach IAS 39.9 als *Available for Sale* kategorisiert sind. Die deviseninduzierten Bewertungsergebnisse aus diesen Beständen werden nicht erfolgswirksam, sondern im Eigenkapital erfasst.[10] Zur Abbildung solcher Konstellationen werden eigene Währungspositionen eingerichtet (siehe Abschnitt 3.2).

- Vereinnahmung von Fremdwährungserfolgen:

    Für die Analyse der Währungspositionen und der daraus resultierenden Ergebnisse ist es sinnvoll, die Positionswirkungen gesondert zu betrachten, die aus der Vereinnahmung von Erfolgen in Fremdwährung entstanden sind. Hierzu werden in der Praxis oft eigene Währungspositionen eingerichtet, die sogenannten *GuV-Positionen*.

---

7   Insbesondere IAS 21, IAS 39, § 340h HGB, § 256a HGB i.d.F. BilMoG vom 30.07.2008.
8   § 340h Absatz 1 Satz 2 HGB.
9   § 340h Absatz 1 Satz 3 HGB.
10 Die Bewertung von Beständen der Kategorie *Available for Sale* wird nach IAS 39.55b erfolgsneutral ausgewiesen. Aktien sind gemäß der Definition von IAS 21.8 nicht monetäre Posten. Für diese erfolgt bei erfolgsneutraler Bewertung nach IAS 21.30 in Verbindung mit IAS 39.55b der Ausweis der Devisenumrechnungsdifferenzen im Eigenkapital.

- Multi GAAP Accounting:

  Für eine parallele Rechnungslegung[11] ist es erforderlich, eigene Währungspositionen je Rechnungslegungsvorschrift einzurichten. Grund hierfür sind insbesondere abweichende Bewertungen von Vermögensgegenständen und Verbindlichkeiten und die daraus resultierenden abweichenden GuV-Positionen.

  Eine in der Praxis weit verbreitete Methode für die Abbildung des *Multi GAAP Accounting* ist die *Kontenplanmethode*. Hierbei werden GAAP-gleiche Sachverhalte auf allgemeinen Konten gebucht und unterschiedliche Sachverhalte auf rechnungslegungsspezifischen Konten. Dieses Verfahren lässt sich hinsichtlich MCA dadurch effizient umsetzen, dass allgemeine und rechnungslegungsspezifische Währungspositionen geführt werden können. Erfahrungen aus IFRS-Einführungsprojekten zeigen, dass der Großteil der für das HGB eingerichteten Währungspositionen auch für die IFRS genutzt werden kann. Zusätzliche rechnungslegungsspezifische Währungspositionen werden allerdings insbesondere für die Abbildung der rechnungslegungsspezifischen GuV benötigt.

- Zuordnung von Devisenergebnissen zu den organisatorischen Verantwortungseinheiten:

  Da die Devisenergebnisermittlung im MCA auf Währungspositionen basiert, erfordert eine Aufteilung des Devisenergebnisses auf organisatorische Verantwortungseinheiten eine zusätzliche Gliederung der Währungspositionen nach diesen Bereichen (siehe hierzu auch Abschnitt 4.1).

Zusammenfassend ist festzuhalten, dass sich in der Praxis des MCA neben der Betrachtung der unterschiedlichen Währungen und der Positionskategorien, eine Differenzierung der Währungspositionen nach unterschiedlichen Geschäftskonstellationen, Rechnungslegungsvorschriften und organisatorischen Verantwortungsbereichen als notwendig erwiesen hat. Diese weitere Gliederungsebene kann als Ebene der *Positionsarten* bezeichnet werden.

In einer typischen MCA-Implementierung für die Rechnungslegungsvorschriften HGB und IFRS wurde, ohne feine Differenzierung nach organisatorischen Verantwortungsbereichen, eine Gliederung in etwa 35 Währungspositionsarten eingerichtet. Hiervon dienen jedoch circa zehn Positionsarten ausschließlich der technischen Abstimmung mit Liefersystemen. Bei einer feinen Differenzierung der Verantwortungseinheiten, für die ein deviseninduziertes Bewertungsergebnis ermittelt werden soll, kann die Anzahl der Positionsarten allerdings auch deutlich höher liegen.

---

[11] Nach unterschiedlichen Rechnungslegungsstandards, zum Beispiel HGB und IFRS.

3.2 Besondere Bewertungsfragen

In der praktischen Umsetzung des MCA stellen sich besondere Herausforderungen, wenn die Devisenbewertung tatsächlich einen ausgeprägten Einzelgeschäftsbezug hat. Typische Fragestellungen und ihre mögliche Behandlung in der MCA-Systematik sind im Folgenden skizziert.

- § 340h HGB: Fremdwährungsbestände mit historischem Umrechnungskurs:

    In einigen Fällen sind Bestände, die originär in Fremdwährung geführt werden, zu historischen Kursen in die Bilanzierungswährung umzurechnen.[12] Hier bieten sich zwei Möglichkeiten an. Entweder werden die Bestände in einem Nebenbuch in Fremdwährung geführt und bewertet, in der zentralen MCA-Systematik jedoch in Bilanzierungswährung geführt, oder es werden für die zu historischen Kursen bewerteten Bestände pro betroffener Bilanzposition eigene Währungspositionen eingerichtet. Zu jedem Bilanzierungsstichtag werden die Bestände zunächst zum Stichtagskurs umgerechnet. Das Ergebnis aus der Devisenbewertung der korrespondierenden Währungsposition wird jedoch nicht erfolgswirksam ausgewiesen, sondern als Anpassung der Bilanzposition der Bestände erfasst. In Summe ergibt sich hieraus dann das gewünschte Ergebnis, nämlich eine Umrechnung zum historischen Devisenkurs.

- IAS 21.8, IAS 21.30, IAS 39.9, IAS 39.55b: Nicht monetäre Vermögenswerte der Kategorie Available for Sale:

    Umrechnungsdifferenzen zu Finanzinstrumenten, die nach IAS 21.8 als nicht monetäre Posten klassifiziert sind[13], werden nach IAS 21.30 in Verbindung mit IAS 39.55b nicht erfolgswirksam erfasst, sondern im Eigenkapital in der Neubewertungsrücklage ausgewiesen. Im MCA ist eine gesonderte Verfahrensweise erforderlich, da bei einer undifferenzierten Betrachtung des Währungsüberhanges die Umrechnungsdifferenzen zu allen Beständen erfolgswirksam erfasst werden. Hierfür werden eigene Währungspositionen eingerichtet. Bestandsänderungen, beispielsweise Käufe oder Verkäufe von Aktien *Available for Sale* in Fremdwährung, sind dann wie Währungstauschgeschäfte positionswirksam zu erfassen.

---

[12] Ein Beispiel sind nach § 340h Abs. 1 S. 1 HGB nicht konsolidierte Beteiligungen, die in Fremdwährung geführt werden und nicht durch eine Refinanzierung oder Termingeschäfte derselben Währung *gedeckt* sind. Vgl. Krumnow/Sprißler et al. (2004), S. 619 „(...) wie dies zum Beispiel bei Beteiligungen und Anteilen an verbundenen Unternehmen der Fall sein kann."

[13] Zum Beispiel Aktien, die nach IAS 39.9 als *Available for Sale* kategorisiert werden.

Fallbeispiel 4 (analog zu Fallbeispiel 2b, jedoch Aktienkauf)

> Forderungen (Nostrokonto) von -20 Millionen US-Dollar stehen Verbindlichkeiten von 19,6 Millionen US-Dollar gegenüber, woraus sich ein Aktiv-Währungsüberhang in Höhe von -0,4 Millionen US-Dollar ergibt. Nun werden innerhalb der Betrachtungsperiode -10 Millionen US-Dollar des Nostrokontos verwendet, um Aktien zu einem Kaufpreis von 10 Millionen US-Dollar zu erwerben.
>
> Nach dem Kauf ist der gesamte Währungsüberhang in US-Dollar weiterhin -0,4 Millionen US-Dollar aktiv. Sind jedoch die Aktien als *Available for Sale* kategorisiert, sind nach IAS 21.30 die Umrechnungsdifferenzen zu diesen Beständen erfolgsneutral zu erfassen. Hierzu wird eine Differenzierung des Währungsüberhanges benötigt.
>
> Im Beispiel ist ein Währungsüberhang von -10 Millionen US-Dollar aktiv erfolgsneutral und ein Währungsüberhang von +9,6 Millionen US-Dollarpassiv erfolgswirksam zu bewerten.
>
> Der Kauf der Aktien wird daher in Verbindung mit einem *impliziten Währungstausch* abgebildet, in dem 10 Millionen US-Dollar aus einer Währungsposition, die erfolgswirksam bewertet wird, in eine Währungsposition, die erfolgsneutral bewertet wird, übertragen werden. Zur Ergebnisermittlung ist nun der Devisenkurs zum Kaufzeitpunkt erforderlich. Dieser wird bei dem impliziten Währungstausch erfasst.
>
> Sei der Devisenkurs am Anfang der Periode 1,33 US-Dollar/Euro, 1 US-Dollar/Euro beim Kauf und 1,25 US-Dollar/Euro am Ende der Periode. Aus dem Währungsüberhang, der erfolgsneutral bewertet wird, entsteht eine Neubewertungsrücklage von -2 Millionen Euro. Aus dem erfolgswirksam bewerteten Währungsüberhang entsteht ein Ertrag von +2,02 Millionen Euro.

■ IAS 39.71-101, IG F1.12: Hedge Accounting mit Cross Currency Swaps:

Zur Absicherung von Zins- und Währungsrisiken aus Fremdwährungsgeschäften werden häufig *Cross Currency Swaps*[14] eingesetzt. Die Abbildung von Sicherungsbeziehungen unter IFRS im *Hedge Accounting* erfordert den Effektivitätsnachweis mittels einer Gegenüberstellung der Wertänderungen von Grund- und Sicherungsgeschäften. Beim Einsatz von MCA stellt sich die Herausforderung, dass das Währungsrisiko aus den Grundgeschäften und die resultierende Erfolgswirkung nicht bei diesen Geschäften, sondern auf Positionsebene betrachtet werden.

Hierzu ist es möglich *Cross Currency Swaps* als Sicherungsinstrumente getrennt sowohl für Zinsrisiken als auch für Währungsrisiken zu betrachten und den Effektivitätsnachweis

---

14 Ein *Cross Currency Swap*, auch *Zinswährungsswap* oder *Währungsswap* genannt, ist eine Vereinbarung, über eine feste Laufzeit Zinszahlungsströme in zwei verschiedenen Währungen zu tauschen. Zu Beginn und zum Ende der Laufzeit des Cross Currency Swaps werden zusätzlich die Nominalbeträge zu dem gleichen festen Wechselkurs auf Kassabasis getauscht.

und die Erfassung der Ineffektivität für beide Risiken separat vorzunehmen.[15] Dieser Ansatz findet in der Praxis regelmäßig Anwendung. Allerdings ist es hierbei erforderlich, die Dokumentation, Wertermittlung, Effektivität und Erfassung der Ergebnisse für die Hedge-Beziehungen außerhalb der MCA-Systematik durchzuführen, um den Anforderungen von IAS 39 gerecht zu werden.[16]

4. Abbildung der ökonomischen Sicht auf die Fremdwährungserträge und -risiken

Der Fokus der bisherigen Darstellung des MCA lag auf der Effizienzsteigerung in der Abbildung der Rechnungslegungssachverhalte. Die folgenden Abschnitte diskutieren Implikationen aus der Integration von externem Rechnungswesen und interner Performance-Rechnung sowie dem Risikocontrolling.

Die Grundidee besteht darin, die Feinheit der Positionsgliederung auf die Belange der internen Ergebnisdarstellung auszurichten und auf der Detailebene die Überleitung zur ökonomischen Sicht von Performance und Risiko vorzunehmen. Dabei bedeutet *Überleitung* nicht, dass ein Gleichklang zwischen der Ergebnisermittlung und -darstellung des Rechnungswesens auf der einen und der ökonomischen Performance- und Risikomessung auf der anderen Seite hergestellt wird. Ziel ist es, beide Sichten auf einer Detailebene einander gegenüberzustellen, die es erlaubt, die Unterschiede auf einzelne Sachverhalte zurückzuführen.

Das Grundkonzept der Integration ist in Abbildung 2 skizziert.

---

[15] Für die Trennung von Währungsrisiko und Zinsrisiko bei der Designation von *Cross Currency Swaps* als Sicherungsinstrumenten siehe IAS 39.IG F1.12.
[16] Eine ausführliche Diskussion des *Hedge Accounting mit Cross Currency Swaps* liegt außerhalb des Rahmens des vorliegenden Beitrags. Es ist zu betonen, dass die Anforderung, die Auswirkungen der verschiedenen abgesicherten Risiken angemessen zu trennen, zu erfüllen ist. Vergleiche hierzu KPMG (2007), S. 446.

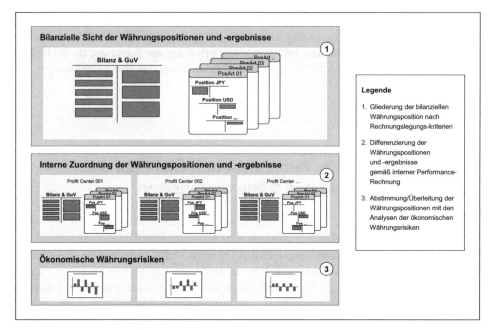

Abbildung 2: Integriertes Währungsreporting mit MCA durch differenzierte interne Ergebniszuordnung und Gegenüberstellung der bilanziellen und der ökonomischer Sicht der Währungsrisiken

4.1 Interne Ergebniszuordnung

Interne Geschäfte

Interne Geschäfte sind ein allgemein genutztes Hilfsmittel zur internen Zuordnung von Risiken und Ergebnissen innerhalb eines Unternehmens. Dabei ist zwischen expliziten und impliziten internen Geschäften zu unterscheiden. Bei den expliziten handelt es sich um Geschäfte, die wie externe Geschäfte systemseitig erfasst werden – beispielsweise als interne Zinsswaps zwischen Treasury und Handel. Bei den impliziten Geschäften handelt es sich um Leistungsverflechtungen, die nicht eigenständig als Geschäfte erfasst werden, aber aufgrund der Verarbeitungslogik gleichbedeutend mit dem Abschluss von internen Geschäften sind.[17]

---

[17] Ein Beispiel hierfür ist die Weitergabe der um Margen bereinigten Zahlungsströme aus externen Geschäften von kreditgebenden Abteilung an das Treasury im Rahmen der Anwendung der Marktzinsmethode. Diese Weitergabe kann als internes Geschäft zwischen den kreditgebenden Abteilungen und dem Treasury aufgefasst werden.

Die Abbildung der internen Ergebniszuordnung mittels MCA erfordert die Berücksichtigung von internen Geschäften. Wie bei externen Geschäften gilt, dass die Geschäfte in Originalwährung zu führen sind und nur bei Positionswirkung eine Ermittlung des Gegenwertes in Bilanzierungswährung erforderlich ist. Eine Positionswirkung entsteht dabei durch explizite und implizite Währungstauschtransaktionen und die GuV-Vereinnahmung.

Die Behandlung von internen Währungstauschtransaktionen erfolgt vollständig analog zur Behandlung externer Währungstauschgeschäfte. Die einzige Besonderheit ist hier, dass für die Trennung der Währungsrisiken und -ergebnisse nach Verantwortungseinheiten entsprechende Währungspositionen einzurichten sind.

Analog zu der Verarbeitung externer Geschäfte gilt auch für die Verarbeitung von internen Geschäften in Fremdwährung, dass die Devisenkurse zum Transaktionszeitpunkt nicht erforderlich sind, wenn es sich nicht um Währungstauschtransaktionen handelt.

Interne GuV-Vereinnahmung

Für die Vereinnahmung von Erfolgen gemäß einer internen Performance-Rechnung ergibt sich eine Besonderheit: Oft werden die Positionen, die innerhalb einer Berichtsperiode aus Erfolgen in Fremdwährung entstehen, in der Performance-Rechnung weiterhin den Verantwortungseinheiten (Handelseinheiten, Profit Center) zugeordnet, die den Erfolg erzielen. Erst am Periodenende werden die Positionen vollständig an das zentrale Management der Devisenrisiken weitergegeben. Dabei sind monatliche oder jährliche Perioden üblich.

Demgegenüber erfordert die Rechnungslegung, dass Erfolge bereits zu dem Stichtagskurs der Entstehung und nicht erst zum Kurs des Periodenendes in die Bilanzierungswährung überführt werden. Eine Integration beider Anforderungen ist möglich. Dabei wird der Erfolg in Fremdwährung bei der Entstehung durch die GuV-Vereinnahmung in die Bilanzierungswährung überführt, jedoch noch nicht die zentrale GuV-Position angesprochen, die der Devisenhandel verantwortet. Stattdessen wird eine GuV-Position verändert, die der Verantwortungseinheit zugeordnet ist. Am Periodenende erfolgt dann per internem Währungstausch die Übertragung der Position an die zentrale GuV-Position des Devisenhandels.

Durch die Bewertung der dezentralen GuV-Position der Verantwortungseinheit werden Umrechnungsdifferenzen aufgrund der Veränderung des Devisenkurses in der Periode weiterhin dieser Verantwortungseinheit zugeordnet. Dies entspricht dem Ergebnis in der Performance-Rechnung. Erst am Periodenende erfolgt dort der Verantwortungsübergang zum Devisenhandel.

Fallbeispiel 5 (analog zu 3, allerdings mit einer Differenz in der Periodenaufteilung zwischen Rechnungswesen und Performance)

Die Weitergabe des Fremdwährungsrisikos erfolge aus der ökonomischen Sicht erst nach Ende von zwei Vereinnahmungsperioden des Rechnungswesens.

Ein Aktienbestand sei nach IAS 39.9 als *Held for Trading* kategorisiert. Der Marktwert in Originalwährung sei am Anfang der ersten Vereinnahmungsperiode 5 Millionen US-Dollar, am Ende 6 Millionen US-Dollar, und am Ende der zweiten Vereinnahmungsperiode 5,8 Millionen US-Dollar. Der Devisenkurs sei am Anfang der ersten Rechnungswesen-Periode 1,33 US-Dollar/Euro, am Ende 1,25 US-Dollar/Euro und am Ende der zweiten Rechnungswesen-Periode 1 US-Dollar/Euro.

Das Bewertungsergebnis der ersten Periode ist +1 Millionen US-Dollar (Ertrag), der zweiten Periode -0,2 Millionen US-Dollar (Aufwand) und das kumulierte Ergebnis damit +0,8 Millionen US-Dollar.

Durch den Schritt der GuV-Vereinnahmung am Ende der ersten Periode wird der Bewertungserfolg von +1 Millionen US-Dollar in einen Bewertungserfolg von +0,8 Millionen Euro überführt. Gleichzeitig wird der Aktiv-Währungsüberhang, welcher dem Aktienhandel zugeordnet ist, durch die GuV-Vereinnahmung um 1 Millionen US-Dollar (zum Gegenwert von +0,8 Millionen Euro) erhöht.

Die GuV-Vereinnahmung in der zweiten Periode überführt das Bewertungsergebnis von -0,2 Millionen US-Dollar in -0,2 Millionen Euro. Aus der Devisenbewertung der Währungsposition des Aktienhandels, die aus dem Erfolg der ersten Periode induziert ist, also aus der Bewertung des Aktiv-Währungsüberhanges von -1 Millionen US-Dollar, ergibt sich ein Devisenergebnis (Ertrag) von +0,2 Millionen Euro. Insgesamt ergibt sich ein kumuliertes Bewertungsergebnis von +0,6 Millionen Euro und ein Devisenergebnis von +0,2 Millionen Euro.

Beide Ergebnisse werden dem Aktienhandel zugeordnet und ergeben das gewünschte kumulierte Ergebnis von +0,8 Millionen US-Dollar.

Am Ende der zweiten Vereinnahmungsperiode erfolgt aus ökonomischer Sicht die Weitergabe der Risikoposition aus Fremdwährung an den Devisenhandel. Im MCA wird dies dadurch abgebildet, dass durch ein internes Währungstauschgeschäft die GuV-Position des Aktienhandels an eine Währungsposition des Devisenhandels übertragen wird. Ergebnisse aus Umrechnungsdifferenzen dieser Position in folgenden Perioden werden analog zur ökonomischen Sicht dem Devisenhandel zugeordnet.

Durch dieses Verfahren ist sichergestellt, dass beide Anforderungen erfüllt sind: Die Trennung des Ergebnisses in Kursergebnis und Devisenergebnis genügt den Vorgaben des Rechnungswesens und die interne Erfolgszuordnung den Vorgaben der Performance-Rechnung.

4.2 Integration der Sichten von Rechnungswesen und ökonomischer Steuerung auf Währungspositionen

Die Währungspositionen im Rechnungswesen, so wie sie im MCA gezeigt werden, bilden die Währungsüberhänge ab, die aus den gesamten Beständen in Fremdwährung entsprechend der Bewertung des jeweiligen Rechnungslegungsstandards entstehen. Daraus ergeben sich gegenüber der Sicht auf Währungsrisiken, die üblicherweise im Risikocontrolling vorherrscht, zwei Besonderheiten:

- Umfang der Betrachtung der Währungsrisiken:

  Die Betrachtung der Währungspositionen im MCA umfasst naturgemäß die gesamte bilanzierende Einheit, in der MCA eingesetzt wird. Dieser vollständige Blick auf die Währungsrisiken ist eine große Stärke der rechnungswesengetriebenen Analyse der Währungsposition gegenüber den Analysen der Währungsrisiken, die für die Belange des Risikocontrollings durchgeführt werden. Dort liegt nämlich der Fokus in der Regel auf dem Devisenhandel; die Abbildung von Währungspositionen aus den Geschäftsaktivitäten anderer Einheiten ist nur so weit gegeben, wie die Währungsrisiken dieser Einheiten per interner Geschäfte an den Devisenhandel weitergegeben werden.

- Bewertung der Geschäftstätigkeit in Fremdwährung:

  Anders als in der rechnungswesen-getriebenen Positionsführung folgen die Währungspositionen im Risikocontrolling der *ökonomischen* Bewertung der Fremdwährungsgeschäfte. Insbesondere dort, wo in der Rechnungslegung Anschaffungskosten für die Bewertung herangezogen werden, ergeben sich hier Abweichungen zur ökonomischen Sicht, in der in der Regel barwertige Ansätze verfolgt werden. Typische Beispiele sind die Portfolien des *Asset Liability Management* (ALM), die in der Performance-Rechnung und der Risikoanalyse barwertig betrachtet werden, während in der Rechnungslegung eine periodische Betrachtung der Ergebnisse vorherrscht.[18] Diese Abweichungen spiegeln sich in unterschiedlichen Währungspositionen wider.

Durch eine integrierte Betrachtung von rechnungslegungs-getriebenen sowie performance- und risikoorientierten Währungspositionen lassen sich die Stärken beider Ansätze, die umfassende Sicht des Rechnungswesens und die stringente Bewertung der Performance-Rechnung und des Risikocontrollings, vereinen. MCA bietet mit seiner kompakten Darstellung der Währungseffekte mittels Währungspositionen eine geeignete Basis hierfür. Es erlaubt eine Berichterstattung der Währungspositionen auf der Gesamtbankebene sowie auf der Ebene der einzelnen Verantwortungseinheiten. Auch auf der Detailebene können diese Positionen den ökonomischen Positionen und Sensitivitäten gegenübergestellt werden.

---

18 Für die Rechnungslegung nach IAS 39 wird typischerweise das *Hedge Accounting* für ALM-Portfolien so eingesetzt, dass die GuV-Volatilität aus dort geführten Derivaten komplett durch gegenläufige Grundgeschäfte ausgeglichen wird. Insgesamt verbleibt nur der periodische Zinsüberschuss als GuV-Beitrag.

Zwar ist die theoretisch beste Vorgehensweise der Überleitung von interner und externer Sicht die vollständig integrierte, *einzelgeschäftsbezogene* Verarbeitung. Dabei werden alle internen und externen Geschäfte individuell sowohl nach den externen Rechnungslegungsstandards als auch nach den Maßgaben von Performance und Risiko bewertet und für das Berichtswesen aufbereitet. Diese Vorgehensweise hat sich in der Praxis jedoch als so aufwändig in der Umsetzung erwiesen, dass die Zielsetzung einer Implementierung der Überleitung auf *Positionsebene* weit häufiger verfolgt wird.

5. Fazit

MCA ist eine bei Kreditinstituten weit verbreitete Methodik zur Abbildung von Fremdwährungssachverhalten im Rechnungswesen. Seine Verarbeitung basiert auf Währungspositionen, anstatt auf der Umrechnung einzelner Fremdwährungsbestände wie dies üblicherweise der Fall wäre.

Das MCA-Verfahren bietet Kreditinstituten zwei wesentliche Vorteile:

- Zum einen kann auf Währungsumrechnungen bei Fremdwährungstransaktionen verzichtet werden, die keinen Währungstausch beinhalten, wodurch eine hohe Effizienz der Verarbeitung erreicht wird.

- Zum anderen bieten die Währungspositionen eine Basis sowohl für die Überleitung zwischen den unterschiedlichen Rechnungslegungsstandards (*Multi GAAP Accounting*) als auch für die Integration interner und externer Ergebnisrechnung (Integrierte Berichterstattung beziehungsweise Reporting).

Damit unterstützt die Anwendung der MCA-Systematik die Kreditinstitute bei der Entwicklung eines effizienten Rechnungswesens und der Überleitung der Daten des Rechnungswesens auf die der Handelsbereiche und des Risikomanagements.

Literaturverzeichnis

KPMG (2007): Insights into IFRS, 4. Auflage, London 2007.

KRUMNOW, J./SPRISSER, W./BELLAVITE-HÖVERMANN, Y./KEMMER, M./ALVES, S./BRÜTTING, C./LAUINGER, R. H./LÖW, E./NAUMANN, T. K./PAUL, S./PFITZER, N./SCHARPF, P. (HRSG.) (2004): Rechnungslegung der Kreditinstitute, Kommentar zum deutschen Bilanzrecht unter Berücksichtigung von IAS/IFRS, 2. Auflage, Stuttgart 2004.

LÖW, E./LORENZ, K. (2005): Ansatz und Bewertung von Finanzinstrumenten, in: Löw, E. (Hrsg.): Rechnungslegung für Banken nach IFRS, 2. Auflage, Wiesbaden 2005, S. 415 - 604.

Rechtsquellen und sonstige Quellen

Drucksache des Deutschen Bundestages (BT-Drucksache 16/10067) vom 30.07.2008: Gesetzentwurf der Bundesregierung zur Modernisierung des Bilanzrechts (Bilanzrechtsmodernisierungsgesetz – BilMoG), S. 1 - 124.

Handelsgesetzbuch (HGB) vom 10.05.1897, zuletzt geändert durch Gesetz vom 21.12.2007, BGBl. I, S. 3089.

IASB (Hrsg.) (2008): International Financial Reporting Standards 2008 (IFRS).

Entwicklung des Internen Kontrollsystems von Compliance zu Performance

Rudolf Moschitz / Pieter van der Veen

1. Einleitung

2. Rechtliche Grundlagen der Compliance –Anforderungen an ein IKS

3. Compliance und Performance – ein Widerspruch?

4. Control Optimization – eine Synthese von Compliance und Performance
   4.1 CO-Phase 1 und 2
      4.1.1 Denken und Handeln in Prozessen
      4.1.2 Reifegrad der Prozesse und des Kontrollsystems
   4.2 CO-Phase 3
      4.2.1 Qualität des Internen Kontrollsystems
   4.3 CO-Phase 4
      4.3.1 Kapazitäts- und Kostenanalyse mit zeitbasierter Prozesskostenrechnung
   4.4 CO-Phase 5 und 6
      4.4.1 Maßnahmen entwickeln und umsetzen

5. Fazit

Literaturverzeichnis

1. Einleitung

Interne Kontrollsysteme (IKS) bilden eine wichtige Grundlage für die Überwachung der Einhaltung (Compliance) von Richtlinien, Verordnungen und Gesetzen. Sie dienen damit der Sicherheit – insbesondere in Bezug auf die Prozesse – des Kreditinstituts und dessen Stakeholdern. Mit der Einführung, dem Betrieb und der Überwachung eines solchen IKS sind allerdings oftmals hohe Kosten verbunden. Jede Erweiterung von Compliance-Anforderungen kann daher zu steigenden Kontrollkosten führen.

Compliance-Anforderungen können auf unterschiedliche Weise für ein Institut relevant werden: Neben dem Erlass neuer oder der Novellierung bereits bestehender Gesetze und regulatorischer Vorgaben kann auch die Ausrichtung auf neue Geschäftsfelder, die Fusion von Organisationen oder die Umstrukturierung von Geschäftsbereichen – wie zum Beispiel die Einführung von Shared Service Centern – neue Herausforderungen an die Compliance-Organisation eines Kreditinstituts stellen. Weiterhin stellen aktuelle Ereignisse, die die Anfälligkeit und Schwachstellen eines IKS offensichtlich werden lassen, das IKS der Kreditinstitute immer wieder auf den Prüfstand.

Oftmals ist bei der Umsetzung eine abwartende Haltung der Kreditinstitute zu beobachten, die kurz vor der Erreichung der Fristen ad hoc neue Kontrollen implementieren, die sich üblicherweise an den jeweiligen Mindestanforderungen der neuen gesetzlichen Anforderungen orientieren. Das Ergebnis sind – teils redundante – Insellösungen sowie die Akzeptanz der Kontrollkosten als nicht beeinflussbare Fixkostenblöcke. Aus diesem Grund werden Kontrollen auch vielfach als *notwendiges Übel* empfunden. Eine ganzheitliche Betrachtung des IKS bleibt dabei oftmals auf der Strecke.

Eine alternative Sichtweise, die im Folgenden vorgestellt wird, betrachtet Kontrollen als Bestandteile und Garanten leistungsfähiger und qualitativ zuverlässiger Prozesse. Diese ermöglichen Kostensenkungen und Leistungssteigerungen in Prozessen bei gleichzeitiger Erfüllung der Minimalanforderungen bei der Umsetzung von Compliance-Vorgaben. So kann das Institut hierbei sowohl seine Wettbewerbsfähigkeit als auch die Prozesssicherheit erhöhen.

Nach einem kurzen Überblick über die Compliance-Anforderungen im Bankenumfeld und einer kontroversen Diskussion hinsichtlich der Effizienz Interner Kontrollsysteme, erfolgt die konzeptionelle Darstellung eines Optimierungsansatzes, der *Control Optimization*[1]. Abschließend wird ein Ausblick auf das IKS als wesentlicher Bestandteil und Erfolgsfaktor der strategischen Banksteuerung gegeben.

---

[1] *Control Optimization* umfasst einen Beratungsansatz von KPMG zur Optimierung des Internen Kontrollsystems in einem Kreditinstitut.

2. Rechtliche Grundlagen der Compliance – Anforderungen an ein IKS

Gerade bei Kreditinstituten sind Compliance-Vorschriften sehr vielfältig. Es müssen unter anderem Vorschriften aus dem Kreditwesengesetz (KWG), den MaRisk[2] sowie dem Aktiengesetz (AktG) befolgt werden. Des Weiteren finden Standards wie die der Wirtschaftsprüfer (IDW PS 261)[3] oder der Deutsche Corporate Governance Kodex (DCGK) sowie die 8. EU Richtlinie („Abschlussprüfer-Richtlinie") ihre Anwendung (siehe Abbildung 1).

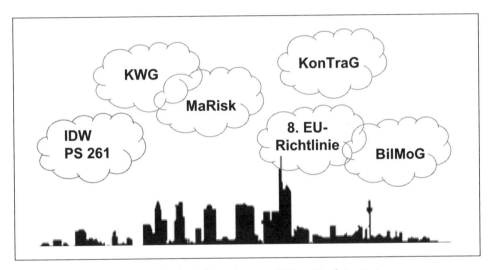

Abbildung 1: Regulatorische Anforderungen zum IKS an Kreditinstitute

Diese Compliance-Anforderungen bilden die wesentliche Grundlage für Interne Kontrollsysteme. Die Anforderungen an die Ausgestaltung eines IKS beziehen sich dabei insbesondere auf die Aufbau- und Ablauforganisation sowie die Risikosteuerungs- und -controllingprozesse. Dabei können beispielsweise positive Effekte für zentrale Bereiche wie das Rechnungswesen erzielt werden.

Generell baut ein IKS auch auf Prozessen mit einer Abfolge von Aktivitäten und Kontrollen auf und dient der Überwachung und Steuerung dieser Prozesse hinsichtlich der jeweils prozessinhärenten Risiken. Grundlage für Interne Kontrollsysteme bilden prozessintegrierte

---

[2] Die Mindestanforderungen an das Risikomanagement (MaRisk) sind die verbindliche Vorgabe der Bundesanstalt für Finanzdienstleistungsaufsicht über die Ausgestaltung des Risikomanagements von Instituten im deutschen Bundesgebiet.

[3] IDW Prüfungsstandard 261: Feststellung und Beurteilung von Fehlerrisiken und Reaktionen des Abschlussprüfers auf die beurteilten Fehlerrisiken.

Sicherungsmaßnahmen beziehungsweise Kontrollen, die beispielsweise im IDW PS 261 oder in den aus § 25a KWG hervorgehenden Bestimmungen der MaRisk[4] definiert sind.

In den MaRisk wird betont, dass in Bezug auf die Art, den Umfang, die Komplexität und das Risikogehalt der Geschäftsaktivitäten von Kreditinstituten ein Internes Kontrollsystem einzurichten ist, welches sicherstellt, dass unter anderem Prozesse sowie die damit verbundenen Aufgaben, Kompetenzen, Verantwortlichkeiten, Kontrollen und Kommunikationswege klar definiert und aufeinander abgestimmt sind.[5] Des Weiteren werden eine angemessene Risikosteuerung sowie ein Risikocontrolling gefordert, die gemeinsam eine Identifizierung, Beurteilung, Steuerung, Überwachung und Kommunikation von Risiken gewährleisten.[6] Zusätzlich haben sich mit der neuen 8. EU-Richtlinie und ihrer Umsetzung in deutsches Recht durch das Bilanzrechtsmodernisierungsgesetz (BilMoG) auch neue Anforderungen an die Compliance und Governance ergeben. Insbesondere sieht das BilMoG mit der Neufassung des § 324 Absatz 1 HGB die Einrichtung eines Audit Committees (Prüfungsausschuss) vor, welches unter anderem zur Aufgabe hat, die Überwachung der Wirksamkeit des Internen Kontrollsystems, des Risikomanagementsystems sowie der Maßnahmen der Compliance und der Internen Revision sicherzustellen. Wesentliche Compliance-Anforderungen aus dem BilMoG finden dabei Anwendung bei Unternehmen, die als *kapitalmarktorientiert* gelten, das heißt alle AGs, KGaAs oder GmbHs, die Eigen- oder Fremdkapitaltitel an einem geregelten Kapitalmarkt emittieren.

Kreditinstitute und Unternehmen, die an einer der amerikanischen Wertpapierbörsen gelistet sind oder Wertpapiere mit Eigenkapitalcharakter in den USA handeln, haben bei der Ausgestaltung ihres IKS im Rahmen der Finanzberichterstattung erhöhte Anforderungen zu erfüllen. Mit dem Sarbanes-Oxley Act aus dem Jahr 2002 müssen diese Kreditinstitute nach Section 404 ihr IKS auf dessen Wirksamkeit hin von der Geschäftsleitung und dem Wirtschaftsprüfer überprüfen lassen. Ein IKS umfasst hierbei alle Maßnahmen, welche die Qualität der durch die Rechnungslegung erstellten Quartals- und Jahresabschlüsse sicherstellen. Dadurch haben insbesondere Kreditinstitute, die Section 404 erfüllen müssen gegenüber anderen Kreditinstituten einen wesentlichen Wettbewerbsvorteil. Aufgrund der geforderten Aufstellung eines effizienten IKS, werden schon bei der Implementierung der Anforderungen notwendige wesentliche Kontrollen für die jeweiligen prozessinhärenten Risiken identifiziert und eingeführt.

Insbesondere im Bankenumfeld existiert eine große Anzahl an regulatorischen Anforderungen. Diese Compliance-Anforderungen stellen die Mindestanforderungen an die Kreditinstitute dar. Die konkrete Ausgestaltung der Einhaltung dieser Anforderungen verantwortet das Management. Darin besteht die Chance, das IKS auch auf die Performance auszurichten und damit wesentliche Wettbewerbsvorteile für das Kreditinstitut in Anspruch zu nehmen.

---

4 MaRisk, Allgemeiner Teil (AT) 4.3.
5 MaRisk AT 4.3.1.
6 MaRisk AT 4.3.2.

3. Compliance und Performance – ein Widerspruch?

Die Konzeption und die Einrichtung von Kontrollsystemen zur Einhaltung regulatorischer Anforderungen werden im Allgemeinen nicht den Aktivitäten im Rahmen der Wertschöpfungskette zugerechnet. Dadurch werden *neue* Kontrollen oftmals als zusätzlicher Arbeitsaufwand ohne direkten Nutzen wahrgenommen (unbeeinflussbare Fixkosten). Die Erfüllung von Compliance-Anforderungen an ein Kontrollsystem steht danach in einem offenen Widerspruch zur Prozesseffizienz (Performance): Es wird kein oder ein negativer Wirkungszusammenhang zwischen Kontrollsystemen und der Effizienz eines Prozesses gesehen. Dieser Gedanke wird oftmals im Verhalten des operativen Managements offenkundig.

Einerseits beschränken insbesondere markt- und ergebnisorientierte Manager die IKS-Aktivitäten nur auf das Nötigste. Andererseits reagieren stark risikoaverse Manager aus einem besonderen Sicherheitsbedürfnis auf bestimmte Compliance-Anforderungen mit einer übermäßig hohen Kontrolldichte. Das Resultat sind stark heterogene IKS-Landschaften, die nicht im Einklang mit der Risikolandschaft des Kreditinstituts stehen, wie Abbildung 2 verdeutlicht.

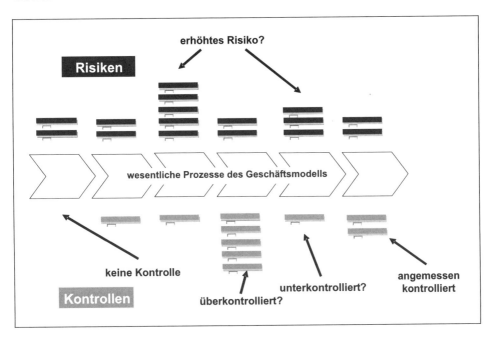

Abbildung 2: Zusammenspiel von Risiken und Kontrollen

Abbildung 2 veranschaulicht exemplarisch, welche Konsequenzen die beschriebene Sichtweise auf die Prozess-, Risiko- und Kontrollstruktur des Kreditinstituts hat. Einige Subprozesse sind stark *unterkontrolliert* und andere hingegen *überkontrolliert*. Es verbleiben in Teilbereichen Restrisiken als Quellen möglicher Fehler beziehungsweise Schäden. In anderen Teilbereichen ist die Kontrollstruktur ineffizient und weist auf zu hohe Kontrollkosten hin.

Diese einfache Überlegung führt zu einem wichtigen Ergebnis: Sowohl die Über- als auch Untererfüllung von Compliance-Vorschriften – beides direkte Auswirkungen eines suboptimalen IKS-Konzeptes – wirken sich negativ auf die Effizienz von Prozessen aus.

Der Umkehrschluss aus dieser Erkenntnis löst den eingangs aufgezeigten Widerspruch auf. Ein optimiertes IKS wirkt positiv auf die Prozesseffizienz. Manager, die den Gestaltungsspielraum zur Konzeption und Implementierung des IKS performanceorientiert nutzen, können die kontrollinduzierten Prozesskosten wie auch die Ressourcenbasis positiv beeinflussen und im Prozessgesamtzusammenhang optimieren. Dabei ist es von grundlegender Bedeutung zu erkennen, dass Kontrollen selbst Bestandteile und Garanten leistungsfähiger Prozesse sind. Diese Betrachtungsweise bildet das gedankliche Fundament des *Control Optimization-Ansatzes*, der im vierten Abschnitt dieses Beitrages vorgestellt wird.

Die Herausforderung für das Management liegt deshalb darin, bei der individuellen Ausrichtung des IKS alle relevanten Faktoren, wie insbesondere Sicherheit/Qualität, Kosten und Zeit, die zu einer Steigerung der Performance beitragen, angemessen zu berücksichtigen, ohne dabei die Compliance-Anforderungen zu vernachlässigen.

4. Control Optimization – eine Synthese von Compliance und Performance

Im Folgenden wird gezeigt, wie sich Management-Aktivitäten optimieren lassen, um zu einem verbesserten Umgang mit Compliance-Kosten und Ressourcen in den risikobehafteten und sensiblen Unternehmensbereichen (wie beispielsweise dem Rechnungswesen) zu gelangen.[7]

Die Control Optimization-Methodik (CO)[8] setzt in insgesamt sechs aufeinander abgestimmten Phasen Akzente bezüglich der Qualität und Kosten der Kontrollaktivitäten und damit einhergehend auf die Prozessleistungsfähigkeit (siehe Abbildung 3).

---

[7] Siehe hierzu auch Kampmann (2007), S. 62 - 66.
[8] © Copyright KPMG.

Entwicklung des Internen Kontrollsystems von Compliance zu Performance

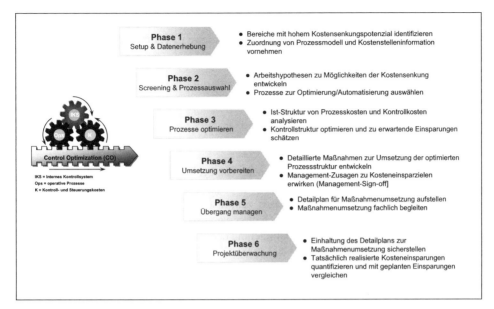

Abbildung 3: KPMG Control Optimization-Methodik

Jede Phase verfolgt ein eigenes Etappenziel. Die Datenerhebung und das Screening in den Phasen 1 und 2 dienen der schnellen Eingrenzung der wesentlichen Prozesse mit hohem Optimierungspotenzial (CO-Scope). Bei dieser Einschätzung liegt das inhaltliche Augenmerk auf der Frage, inwieweit in der betrachteten Organisation von einem *Denken und Handeln in Prozessen* gesprochen werden kann, und wie hoch der *Reifegrad der Prozesse und des Kontrollsystems* ist.

Die Phase 3 beschäftigt sich mit der *Qualität des IKS* sowie der Schaffung von Transparenz innerhalb der Prozess- und Kontrollstruktur zur fundierten Schätzung von Kosteneinsparungspotenzialen. Die Ergebnisse hieraus bieten die Basis für ein optimiertes Prozess- und Kontrolldesign als Leitfaden für die anschließende CO-Implementierung.

Phase 4 beinhaltet die Erarbeitung von konkreten Optimierungsmaßnahmen unter der aktiven Einbindung der jeweiligen Fachbereiche. Hier kommt das Instrument der *Kapazitäts- und Kostenanalyse mit zeitbasierter Prozesskostenrechnung* zum Einsatz. Die Zusammenfassung und Priorisierung aller Maßnahmen sowie die dafür notwendige Aktivitätenbündelung in ein Umsetzungskonzept schließt diese Phase ab.

Die Implementierung des optimierten Prozess- und Kontrolldesigns wird in den Phasen 5 und 6 operativ gesteuert und überwacht. Die *Maßnahmen zu entwickeln und umzusetzen* wird als *Transition Manangement* bezeichnet. Die Steuerung und Überwachung dienen dabei sowohl der Realisierung der mit dem Prozessverantwortlichen vereinbarten Einsparungsziele als auch der nachhaltigen Einhaltung relevanter Compliance-Anforderungen.

Nachfolgend werden die wesentlichen Inhalte der CO-Methodik detaillierter erläutert. Ziel ist es dabei, aufzuzeigen, wie eine integrierte Vorgehensweise zu optimierten Prozess- und Kontrollstrukturen führt.

4.1 CO-Phase 1 und 2

Im Fokus der CO-Methodik steht die Erkennung von Performance- und Kostenoptimierungspotenzialen, aus denen sich konkrete Maßnahmen ableiten lassen. Um dieses Ziel zu erreichen, analysieren die ersten beiden Phasen zunächst die vorhandene Prozessorganisation, einzelne Prozesse und Teilprozesse. Sie schaffen damit die Grundlage für die zielorientierte Identifikation von Ansatzpunkten zur Optimierung der Kontrollmaßnahmen.

4.1.1 Denken und Handeln in Prozessen

In der Praxis lässt sich häufig folgende Situation beobachten: Je weniger sich die Aufbauorganisation eines Kreditinstituts an den Prozessabläufen ausrichtet, desto komplizierter wird die Steuerung der Prozesse und desto höher wird auch die Fehleranfälligkeit. Die Anzahl von Schnittstellen und Verantwortungswechseln dient als wichtiges Beurteilungskriterium für die Effizienz eines Geschäftsprozesses und des darin eingebundenen Kontrollsystems.

Abbildung 4 zeigt die vereinfachte Ablauforganisation eines Kreditinstitutes, die sich aus verschiedenen, nacheinander ablaufenden Prozessen zusammensetzt. Gleichzeitig ist angegeben, welche Abteilungen in die einzelnen Prozesse eingebunden sind.

Diese Analyse gibt Aufschluss über die Ausprägung der Prozessorganisation und bildet die Basis für die Allokation von funktionalen Ressourcen- und Kosteninformationen zu den einzelnen (Sub-)Prozessen. Sie lässt sich durch umfangreichere Untersuchungen des Stärken-Schwächen-Profils der Prozessorganisation ergänzen.

Im Bankenumfeld besteht eine besondere Herausforderung in der aus Compliance-Sicht erforderlichen Trennung von *marktnahen*, *marktfolgenden* und *überwachenden Bereichen* innerhalb eines Kreditinstituts. Hieraus ergeben sich zwangsläufig Übergänge von Verantwortungsbereichen und Schnittstellen entlang der Wertschöpfungskette.

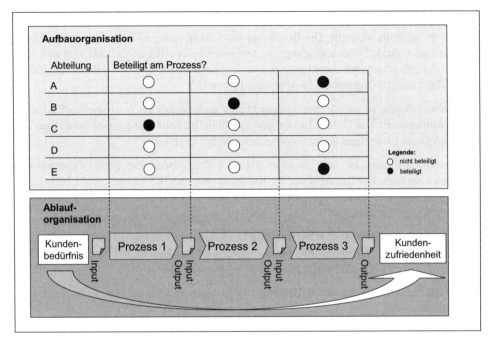

Abbildung 4: Prozessorganisation

In der Praxis kann daraus auch die Situation entstehen, dass eine Optimierung von Abläufen nur innerhalb einer Abteilung oder Funktion erfolgt und dabei das übergeordnete Ziel der Kundenzufriedenheit aus dem Blickfeld der einzelnen Prozessbeteiligten rückt. So können in sich mehr oder minder effizient arbeitende Prozessinseln entstehen, ohne dass hieraus ein insgesamt effizienter Prozess entwickelt wird. Für den Gesamtprozess sind folglich klar definierte und effiziente Schnittstellen ebenso bedeutend wie der effiziente Ablauf einzelner Prozessabschnitte.

Bei Kreditinstituten, in denen das Denken und Handeln innerhalb der Prozesse noch nicht abteilungsübergreifend verbreitet ist oder aber in welchen Situationen wie Restrukturierungen und Fusionen dies (temporär) erschweren, kann erfahrungsgemäß von hohen Optimierungspotenzialen bei der Verbesserung der Prozesse und Kontrollsysteme ausgegangen werden.

4.1.2 Reifegrad der Prozesse und des Kontrollsystems

Reife Prozessorganisationen werden aktiv gesteuert und verfügen über Kostenstellendaten, Personalinformationen und Performance-Messgrößen, die unmittelbar aus dem Enterprise Resource Planning-/ERP-System erhoben werden können. Im Idealfall lässt sich mittels dieser Informationen über Deckungsbeitragsrechnungen und Key Performance-Indikatoren (KPIs) der produkt- und/oder kundenbezogene Wertschöpfungsbeitrag des Prozesses ableiten.

Kontrollsysteme stellen eine weitere Komponente der Ressourcen- und Prozesskostenbasis dar, die es zu optimieren gilt. Die Beachtung der Compliance-Anforderungen ist in diesem Kontext eine zentrale Nebenbedingung. Die Optimierung des IKS erfolgt über eine risikoorientierte Ausgestaltung und Einrichtung präventiver sowie stark in IT-Workflows integrierter Kontrollhandlungen (sogenannte IT-Application Controls).

Diese Konstellation ist anzustreben, entspricht aber nicht immer der individuellen Realität in den Kreditinstituten. Die Gründe hierfür sind vielfältig. Im Falle von Restrukturierungen und Fusionen liegen diese sogar in den Gegebenheiten selbst begründet.

Je unreifer ein Prozess ist, desto weniger lässt sich Transparenz über dessen Potenzial und Effizienz herstellen. Die Bemühungen der Kreditinstitute, das IKS zu optimieren, ohne zuvor für hinreichende Transparenz von Prozessstruktur und -effizienz gesorgt zu haben, werden in aller Regel scheitern.

Im Rahmen der CO-Methodik erfolgt deshalb vorab ein sogenanntes *Screening* der zu untersuchenden Prozesse. Hierbei wird beurteilt, inwieweit das Institut sich an, für seine Geschäftsfelder und Größe relevanten, Best Practice-Vorgaben orientiert.

Abbildung 5 zeigt, wie sich der Reifegrad von Prozessen und der Reifegrad von Kontrollen parallel entwickeln.

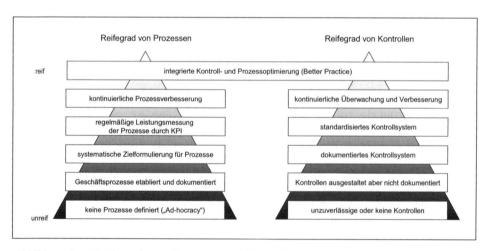

Abbildung 5: Reifegrade von Prozessen und Kontrollen

Sofern noch kein funktionsfähiges Kontrollsystem besteht oder Geschäftsprozesse neu definiert werden, empfiehlt sich die integrierte Optimierung des Prozess- und Kontrollsystems von vorneherein. Dadurch lassen sich signifikante Synergien bei der Projektierung realisieren (siehe Tabelle 1).

Synergien	Vorteile
■ Nutzung einer einheitlichen Dokumentationsplattform mithilfe datenbankgestützter Tools	■ Verhinderung von Methodenbrüchen und hiedurch verursachten Mehrkosten ■ Vermeidung von Mehrfachdokumentationen
■ Erweiterung um zeitbasierte Kostenrechnungsdaten möglich ■ Parallele Erhebung von KPIs zu Prozesssteuerungs- und Kontrollzwecken	■ Differenzierung der Kostenanalyse nach einzelnen Prozess- und Kontrollkosten als Grundlage eines (internen) Benchmarking ■ Aufbau einer Basisstruktur für das Prozesscontrolling
■ Erweiterung um ein Monitoringsystem möglich	■ Aufbau/Anpassungen eines Management-Informationssystems über Prozesseffizienz und Funktionsfähigkeit des Kontrollsystems ■ Sicherstellung der Erfüllung von Compliance-Anforderungen

Tabelle 1: Synergien und Vorteile der integrierten Optimierung des Prozess- und Kontrollsystems

4.2 CO-Phase 3

4.2.1 Qualität des Internen Kontrollsystems

Nach der Analyse der Prozessorganisation sowie der einzelnen Prozesse beziehungsweise Teilprozesse, lenkt die CO-Methodik den Blick auf das IKS. Hierzu liegen in der Regel schon eine Reihe von Informationen und Erkenntnissen vor. Berichte der Internen Revision, externer Abschlussprüfer, gegebenenfalls der Aufsichtsbehörde sowie abteilungsinterne Analysen (zum Beispiel durch die Pflege und Überwachung einer Fehlerbehebungsdatenbank) beleuchten die Funktionsfähigkeit des IKS in den Kreditinstituten. Kontrollschwächen sowie erforderliche Maßnahmen werden dabei umfassend thematisiert.

Der Fokus der CO-Methodik liegt auf den Performance- und Kosteneffekten von Kontrollen und Kontrollschwächen mit der folgenden weiterführenden Zielsetzung:

■ Identifizierung von *verborgenen*[9] Aktivitäten und Prozessen.

■ Quantifizierung der Anzahl der Kontrollschwächen.

■ Ermittlung der Kostenimplikationen dieser Kontrollschwächen.

---

[9] Dabei handelt es sich um vermeidbare *Workarounds* oder *Hidden Factories*, also Abläufe und Tätigkeiten, die in der eigentlichen Ablauforganisation nicht vorgesehen sind, die jedoch aufgrund von Unzulänglichkeiten in Prozessen, Kontrollen oder Schnittstellen notwendig werden, um die gewünschten Prozessergebnisse zu erreichen.

Mit den steigenden Kontrollschwächen und Fehlern breiten sich verborgene Prozesse und Aktivitäten aus, um diese Schwächen nachträglich zu korrigieren. Dies führt zu einem überproportionalen Anstieg der Kontrollkosten. Die Gefahr eskalierender Kontrollkosten ist besonders groß in Prozessen mit komplexen Produkten und bei der Koordination der Wertschöpfung über mehrere Schnittstellen beziehungsweise Verantwortungsbereiche hinweg.

Zur Identifizierung von Art und Anzahl der Kontrollschwächen in einem (stabilen) Prozess sollte auf bereits im Kreditinstitut vorhandene Informationsquellen (zum Beispiel Interne Revision) zurückgegriffen werden. Diese enthalten in der Regel auch konkrete Handlungs- beziehungsweise Verbesserungsempfehlungen zur Optimierung der Kontrollen und Vermeidung von Fehlern. Sofern diese Informationen nicht ausreichen, muss die Fehlerhäufigkeit und der Nachbearbeitungsaufwand erhoben werden. Hierbei kommen zum Beispiel Stichprobentestverfahren sowie die Dokumentation der Fehlerhäufigkeit in Frage.

Beispielsweise könnte die Anzahl fehlerhafter Kreditanträge oder fehlerhafter Buchungen von Finanzinstrumenten im Rechnungswesen sowie deren Nachbearbeitung ermittelt werden. Nicht selten liegt dabei die Fehlerquote in einem mittleren zweistelligen Bereich. Daraus abgeleitet werden Kosteneinsparungspotenziale identifiziert.

In den Fällen, in denen eine Vielzahl an relevanten Kontrollpunkten innerhalb des ERP-Systems lokalisiert ist, lässt sich die Ermittlung der Anzahl an Kontrollschwächen effizient durchführen. Die Anzahl der Kontrollschwächen kann über die in Data Mining Tools[10] hinterlegten Prüfroutinen meist relativ schnell ermittelt werden. Im Ergebnis muss also keine aufwändige Dokumentation oder Prüfung von Kontrollen erfolgen. Dabei greifen die Tools in einem Prozess oder Arbeitsschritt auf die Grundgesamtheit der Transaktionen zu, sodass sich statistisch valide Ergebnisse über die Zahl der Kontrollschwächen für einen bestimmten Zeitraum ermitteln lassen.

4.3 CO-Phase 4

4.3.1 Kapazitäts- und Kostenanalyse mit zeitbasierter Prozesskostenrechnung[11]

Die bisher vorgestellten Vorgehensweisen dienen dazu, in kurzer Zeit Hypothesen über die zu erwartenden Performance- und Kostenoptimierungspotenziale einzelner Prozesse zu bilden. Sie liefern jedoch keine konkrete Hilfestellung zur Bewertung von Handlungsalternativen als Grundlage einer anschließenden Maßnahmenumsetzung. Die Akzeptanz des operativen Ma-

---

10 Data Mining Tools sind IT-Anwendungen, die der Entdeckung von Mustern in einem Datenbestand dienen.
11 Zur zeitbasierten Prozesskostenanalyse (*Time-driven Activity-based Costing*) und deren Abgrenzung zur konventionellen Prozesskostenrechnung; vgl. Kaplan/Anderson (2007), S. 8ff.

nagements bezüglich der Implementierung der identifizierten Optimierungsmaßnahmen hängt hiervon maßgeblich ab. Andere Ansätze zur Verbesserung von Prozessen und Kontrollsystemen scheitern häufig genau an diesem kritischen Punkt.

Über die Erhebung von Prozesskapazitäten und -kosten kann der bisherige Ansatz sinnvoll erweitert werden. Die Kapazitäts- und Kostenanalyse gibt Antworten auf die nachfolgenden Fragestellungen:

- Wie hoch sind die Kosten für eine Transaktion, eine Kontrollaktivität oder einen gesamten Prozess?
- Lassen sich Transaktionen, Kontrollaktivitäten oder Prozessvarianten durch kostengünstigere Varianten oder Alternativen ersetzen?
- Gibt es ungenutzte Prozesskapazitäten und/oder Kapazitätsengpässe?
- Können freie Kapazitäten einer anderen Verwendung, zum Beispiel einem anderen Prozess, zugeführt werden? Wenn ja, welchem?
- Kann der Ressourcenverbrauch bei der Erbringung konstanter Prozessergebnisse reduziert werden?

Die Vorgehensweise der Kostenanalyse wird im folgenden vereinfachten Beispiel dargestellt. Der Ausgangspunkt sind dabei die Kapazitätskostenfaktoren, die sich aus den individuellen Gesamtkosten und den verfügbaren Kapazitäten (Zeiteinheit) einzelner Prozesse berechnen. Diese Faktoren dienen als Multiplikator für die jeweils benötigte Transaktionsdauer (in Minuten) und Transaktionsvolumina (Anzahl); das Ergebnis sind die Ist-Kosten pro Transaktion.

Alle Maßnahmen, die eine Verringerung des Kapazitätskostenfaktors und/oder eine Beschleunigung der benötigten Transaktionsdauer bewirken, führen zur Steigerung der Effizienz einzelner Transaktionen beziehungsweise des Prozesses. Die Transaktionen lassen sich weiter untergliedern, zum Beispiel in wertschöpfende Aktivitäten und Kontrollaktivitäten. Dadurch ist im Ergebnis die Kostenstruktur eines Prozesses durchgängig transparent. Die CO-Methodik liefert auf dieser Grundlage wertvolle Entscheidungshilfen zur Auswahl von Handlungsalternativen zur Prozess- und Kontrollsystemoptimierung.

Darüber hinaus lassen sich einzelne Informationen aus der Berechnung des Kapazitätskostenfaktors und der Ist-Kostenermittlung für die Prozesssteuerung nutzen. Abbildung 6 soll dies anhand eines Praxisbeispiels zur Kapazitätsanalyse verdeutlichen.

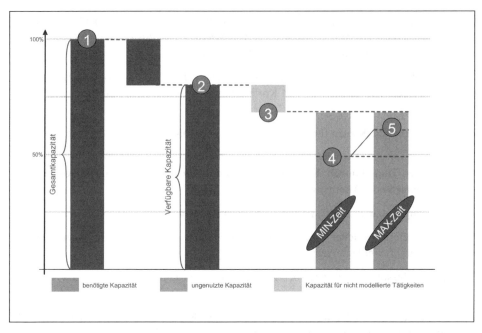

Abbildung 6: *Praxisbeispiel zur Kapazitätsanalyse*

Bei personalintensiven Prozessen wird die Gesamtkapazität durch die Arbeitszeit bestimmt. Diese ergibt sich aus der Anzahl der einem Prozess zugeordneten Mitarbeiter und der vertraglich vereinbarten Arbeitszeit in Minuten (Säule 1). Es wird hierbei unterstellt, dass diese Gesamtkapazität nicht vollständig für die Erbringung von Prozessergebnissen zur Verfügung steht. Wird unterstellt, dass 20 Prozent der Arbeitszeit für Meetings, Pausen und dergleichen verwendet werden, ergibt sich eine verfügbare Kapazität von 80 Prozent (Säule 2). Im Rahmen der CO-Methodik wird diese verfügbare Kapazität der tatsächlich für Prozess- und Kontrollaktivitäten benötigten Kapazität in Minuten gegenübergestellt. Der tatsächliche zeitliche Verbrauch wird unter den Prämissen einer minimalen und einer maximalen Dauer ermittelt (Säule 4 beziehungsweise 5; Säule 3 berücksichtigt nicht untersuchte Prozessbereiche).

Die Säulen 4 und 5 zeigen an, dass in den betrachteten Prozessen ein Überschuss an Kapazitäten für die Erbringung der Prozessergebnisse besteht. Die Erhebung von Minimal- und Maximalzeiten zeigt einen weiteren Optimierungsspielraum an – wie im Beispiel zwischen 6 und 19 Prozent. Handlungsmöglichkeiten sind unter anderem die Erhöhung des Transaktionsvolumens, die Erhöhung der Qualität (unter Beachtung der Kontrollkosten) sowie die Umverteilung von Kapazitäten in Prozessen mit einem Kapazitätsengpass.

Die genaue Kapazitätsbetrachtung ist für die Realisierung von Kostenersparnissen eine wichtige Voraussetzung, da die identifizierten Optimierungspotenziale sich nur dann in der Gewinn- und Verlustrechnung niederschlagen, wenn sich der Einsatz der Prozesskapazitäten optimieren lässt.

4.4 CO-Phase 5 und 6

4.4.1 Maßnahmen entwickeln und umsetzen

Auf Basis der aus der zeitbasierten Prozesskostenanalyse gewonnenen Ergebnisse lassen sich in weiteren Workshops zusammen mit den Prozessverantwortlichen die eingangs aufgestellten Hypothesen zur Prozessoptimierung erörtern. Hypothesen, die in diesen Workshops nicht widerlegt werden, bilden die Basis der Maßnahmendefinition zur Hebung der Optimierungspotenziale.

Nachdem die Prozessverantwortlichen Optimierungsmaßnahmen formuliert und deren Ergebniswirkung quantifiziert haben, gilt es im letzten Schritt der CO-Methodik darum, die Umsetzungsphase zu begleiten.

Hierzu werden die zu jeder Maßnahme festgelegten Aktivitäten in einem einheitlichen Ergebnisformat gebündelt und – mit Termin und Verantwortlichkeit versehen – in eine Datenbank eingestellt/eingepflegt. Diese Datenbank erlaubt die lückenlose Überwachung der Umsetzungsgrade einzelner Maßnahmen sowie die Ermittlung des tatsächlichen Ergebniseffektes.

Durch die starke Einbindung der Fachbereiche in die Erarbeitung und Umsetzung der Optimierungsmaßnahmen werden Veränderungs- und Lernprozesse eingeleitet und stetig weiterentwickelt. Berater erhalten in dieser Phase die Rolle des Coachs und des Spezialisten für einzelne Umsetzungsfragen.

5. Fazit

In diesem Beitrag wurde dargestellt, dass die Wesentlichkeit des IKS unter Compliance-Gesichtspunkten von den Kreditinstituten bereits erkannt und die wesentlichen Compliance-Anforderungen weitestgehend umgesetzt wurden. Es wurde jedoch auch deutlich, dass der entscheidende Schritt hin zu einem effizienten, ganzheitlichen IKS unter Berücksichtigung der Performance-Aspekte aus den unterschiedlichsten Gründen oftmals nicht getan wird.

Die Finanzkrise belegt, dass die Performance oft zu Lasten der Compliance geht und hat „Fragen darüber aufgeworfen, inwieweit Vorstände und Aufsichtsräte tatsächlich in der Lage sind, die Arbeit ihrer leitenden Führungskräfte zu kontrollieren."[12] Die Verbindung von

---
[12] Vgl. IIF (2008), S. 5.

Compliance und Performance im Zuge einer *Control Optimization* wird demzufolge immer mehr zu einem strategischen Thema.

Gelingt es dem Management nicht, diese Verbindung zeitnah und transparent herzustellen, werden die Regulatoren gezwungen sein, das Korsett der Compliance-Anforderungen noch enger zu schnüren. Der aufgezeigte *Control Optimization-Ansatz* bietet die Möglichkeit, die bestehenden Gestaltungsspielräume in diesem Sinne zu nutzen. Die drei wesentlichen Vorteile eines solchen Ansatzes sind

- unternehmensweite Konzeption und damit unternehmensweites Verständnis hinsichtlich des IKS und der damit verbundenen Prozesse,

- Optimierung der Prozess- und Kontrollstrukturen hinsichtlich der Faktoren Kosten, Zeit und Qualität sowie

- einheitliche sowie effiziente Steuerung und Überwachung der risikobehafteten Prozesse und der Prozess-Performance.

Das unternehmensweite Denken in Prozessen sowie die angemessene Institutionalisierung eines risikoadäquaten Kontrollbewusstseins sind nicht mehr nur eine Frage der Wiederherstellung des Vertrauens. Die Implementierung eines ganzheitlichen und effizienten IKS unter Berücksichtigung von Performance-Aspekten ist in wettbewerbsintensiven Marktbedingungen ein wichtiges Instrument der strategischen Bankensteuerung und der Steigerung der Wettbewerbsfähigkeit.

Literaturverzeichnis

INSTITUTE OF INTERNATIONAL FINANCE (IIF) (2008): Interim Report of the IIF Committee on Market Best Practices, Washington DC 2008.

KAMPMANN, S.(2007): Risk, Finance und Controlling – Effizienz durch Integration, in Die Bank, Ohne Jahrgang (2007), Heft 5, S. 62 - 66.

KAPLAN, R./ANDERSON, S. (2007): Time-driven Activity-based Costing, Boston 2007.

Rechtsquellen und sonstige Quellen

Drucksache des Deutschen Bundestages (BT-Drucksache 16/10067) vom 30.07.2008: Gesetzentwurf der Bundesregierung zur Modernisierung des Bilanzrechts (Bilanzrechtsmodernisierungsgesetz – BilMoG), S. 1 - 124.

IDW PS 261: Feststellung und Beurteilung von Fehlerrisiken und Reaktionen des Abschlussprüfers auf die beurteilten Fehlerrisiken, Prüfungsstandard, Institut der Wirtschaftsprüfer, Stand 06.09.2006.

Gesetz über das Kreditwesen (Kreditwesengesetz – KWG) vom 09.09.1998, zuletzt geändert durch Gesetz vom 21.12.2007, BGBl. I, S. 3089.

MaRisk, Rundschreiben 5/2007 (BA), Mindestanforderungen an das Risikomanagement (MaRisk), Geschäftszeichen: BA 17-K 3106-2007/0010, Bonn/Frankfurt am Main, den 30.10.2007.

Sarbanes-Oxley Act (2002): "To protect investors by improving the accuracy and reliability of corporate disclosures made pursuant to the securities laws, and for other purposes", H.R.3763, 25.07.2002.

8. EU-Richtlinie: Richtlinie 2006/43/EG des europäischen Parlaments und des Rates vom 17. Mai 2006 über Abschlussprüfungen von Jahresabschlüssen und konsolidierten Abschlüssen, zur Änderung der Richtlinien 78/660/EWG und 83/349/EWG des Rates und zur Aufhebung der Richtlinie 84/253/EWG des Rates, in: ABl. der EU L 157 vom 09.06.2006, S. 87.

Effiziente Umsetzung von Compliance-Anforderungen im Risikomanagement von Kreditinstituten

Stefan Gramlich

1. Einleitung

2. Compliance-Anforderungen an das Risikomanagement in Kreditinstituten

3. Ausgestaltung des Risikomanagements in Kreditinstituten

4. Prinzipien eines effizienten Risikomanagements in Kreditinstituten und deren Umsetzung

5. Fazit

Literaturverzeichnis

1. Einleitung

Das Eingehen von Risiken zur Erzielung von Erträgen ist ein immanenter Bestandteil des wirtschaftlichen Handelns. Um den Fortbestand des Unternehmens dabei zu sichern, ist ein ausgewogenes Verhältnis von Risiken und Erträgen darzustellen. Voraussetzung dafür ist zum einen eine transparente Risikosituation und zum anderen deren Einbeziehung auf allen Ebenen der unternehmerischen Entscheidungsprozesse. Dies sicherzustellen, ist Aufgabe des Risikomanagements.

Infolge der globalen Vernetzung der Finanzmärkte nehmen finanzielle Risiken in ihrem Ausmaß und ihrer Komplexität zu. Lokale Krisen können sich ohne Weiteres international auswirken, wie beispielsweise die Entwicklung des Subprime-Marktes in den USA seit Mitte 2007 zeigt.

Das Risikomanagement wird dadurch für die Steuerung der Unternehmensaktivitäten der Kreditinstitute zunehmend wichtiger und trägt zur Stabilität der Finanzmärkte bei. Deren Stabilität liegt aus übergeordnetem Interesse auch im Interesse des Gesetzgebers, was nicht zuletzt daran erkennbar wird, dass Kreditinstitute als Vermittler von Finanzprodukten umfangreiche gesetzliche Anforderungen zu erfüllen haben.

Die Umsetzung und laufende Überwachung von gesetzlichen und internen Anforderungen an das Risikomanagement ist mit finanziellem Aufwand verbunden. Mit der Umsetzung von Basel II haben sich beispielsweise die gesetzlichen Anforderungen an das Risikomanagement deutlich erweitert. Vor dem Hintergrund des globalen Wettbewerbs sind Kreditinstitute angehalten, möglichst effiziente Interne Kontrollsysteme zur Sicherung des Fortbestands und der Wettbewerbsfähigkeit zu etablieren. Dass heißt, dass die kostengünstige Umsetzung mit den Anforderungen an Steuerung und Überwachung der gesamten Risikosituation in Einklang zu bringen ist.

In diesem Beitrag wird dargelegt, wie regulatorische Anforderungen und interne Vorgaben zur Steuerung und Überwachung von Risiken in einem holistischen Ansatz des Risikomanagements zusammenspielen. Nach einem Überblick über die gesetzlichen (Compliance-)Anforderungen und deren Implikation für das Risikomanagement werden die Komponenten eines effizienten Risikomanagements beleuchtet. Abschließend wird das Zusammenspiel von Compliance und Risikomanagement als Bestandteile des Internen Kontrollsystems dargelegt und ein Ausblick über deren Entwicklungsmöglichkeit gegeben.

2. Compliance-Anforderungen an das Risikomanagement in Kreditinstituten

Grundlagen

Die Compliance (Regelüberwachung) bezeichnet die Gesamtheit aller zumutbaren Maßnahmen, um das rechtmäßige Verhalten eines Kreditinstituts, seiner Organe und der Mitarbeiter im Hinblick auf alle gesetzlichen Ge- und Verbote zu gewährleisten. Ferner soll die Übereinstimmung des unternehmerischen Geschäftsgebarens auch mit den gesellschaftlichen Richtlinien und Wertvorstellungen gewährleistet werden.

Durch gesetzliche und aufsichtsrechtliche Ge- und Verbote werden Sachverhalte einer staatlichen und damit hoheitlichen Überwachung unterworfen, sofern dies aus übergeordnetem staatlichem Interesse für notwendig erachtet wird. Sie definieren den ordnungspolitischen Rahmen einer Gesellschaft. Grundlage dieses Rahmens sind gesellschaftliche und ethische Grundsätze, die jedoch eine hohe Verbindlichkeit aufweisen. Ihre Nichteinhaltung kann auf Basis rechtsstaatlicher Mittel unmittelbar sanktioniert werden. Der Regelungsbedarf für das wirtschaftliche Handeln innerhalb der Gesellschaft ergibt sich dabei aus der unmittelbaren Abhängigkeit der gesellschaftlichen von der wirtschaftlichen Entwicklung.

Grenzen der Gesetzgebung ergeben sich unter anderem aus dem Rechtsgebiet, in dem die jeweiligen Rechtsvorschriften einzuhalten sind. Ferner ist durch den Gesetzgeber dafür Sorge zu tragen, dass eine staatliche Überregulierung vermieden und Handlungsfreiräume für die Unternehmen erhalten werden.

Die weitreichenden Compliance-Anforderungen gehen also über Ge- und Verbote und damit auch über die kreditwirtschaftliche Tätigkeit eines Kreditinstituts hinaus. Die Forderung nach einem Wohlverhalten gemäß ethischen Grundsätzen verdeutlicht die gesellschaftliche Verantwortung des unternehmerischen Handelns, die sich ergänzend zu den wirtschaftlichen Grundsätzen wie der Erzielung von Erträgen auch in sozialen Prinzipien widerspiegelt. Die unternehmerische Verantwortung wird nicht im Rahmen nationaler Grenzen, sondern im weltweiten Zusammenhang gesehen. Dies beruht auf Erfahrungen in Bezug auf die globalen Auswirkungen von anfangs lokal begrenzten Krisen. Aufgrund komplexer Wechselwirkungen kann in solchen Situationen den erwähnten Auswirkungen nur bedingt gegengesteuert werden. Grundlage für dieses Bewusstsein ist der weltweite Austausch von und der nahezu unbegrenzte Zugang zu Informationen über moderne Technologien. Dies hat dazu geführt, dass die Aktivitäten global agierender Unternehmen zunehmend transparent geworden sind. Auch mit der Verlagerung von Aktivitäten ins Ausland kann sich ein Unternehmen üblicherweise nicht mehr dem Informationsbedürfnis einer interessierten Gemeinschaft entziehen. Verbunden mit dem Wandel vom Verkäufer- zum Käufermarkt wird eine positive Reputation zum wichtigen Wettbewerbsfaktor.

Unternehmen haben dies bereits erkannt, wie freiwillige Kodizes, unabhängige Zertifizierungen und Überwachungen sowie Rechenschaftsberichte zeigen. Beispiele für die Finanzindustrie sind unter anderem der Verzicht auf die Finanzierung ökologisch bedenklicher Projekte und auf die Unterstützung totalitärer Staaten. Die gesellschaftliche Verantwortung im Kontext unternehmerischen Handelns stellt somit nicht zwingend einen Altruismus dar. Sie ist im Bewusstsein der Marktteilnehmer und insbesondere in dem der Kunden stark ausgeprägt. Dieses Bewusstsein geht teilweise sogar so weit, dass gemeinnützige Organisationen zur Wahrung schutzbedürftiger Interessen unterhalten werden.

Entscheidend ist dabei, dass ein Unternehmen die sich daraus ergebenden Nachteile im Verhältnis zu einer Einhaltung der Richtlinien und Wertvorstellungen hoch einschätzt. Abhängig von dieser Einschätzung wird auch die zeitliche Dauer für ein Einlenken des Unternehmens sein. Aufgrund heterogener Interessen wird dieses Vorgehen nicht in allen Fällen zum gewünschten Erfolg führen.

Insofern wird deutlich, dass ein weit gefasstes Compliance-Verständnis im Zusammenspiel von gesetzlichen und aufsichtsrechtlichen Ge- und Verboten sowie von gesellschaftlichen Richtlinien und Wertvorstellungen zugrunde zu legen ist.

Rechtliche Anforderungen

Kreditinstitute unterliegen einer Vielzahl von gesetzlichen Anforderungen. Allgemeine Sorgfaltspflichten und Verantwortlichkeiten zur Sicherung des Fortbestands des Kreditinstituts ergeben sich unter anderem aus dem Aktiengesetz, dem GmbH-Gesetz sowie dem Gesetz zur Kontrolle und Transparenz im Unternehmensbereich.[1] Danach ist ein Frühwarnsystem zu etablieren, mit dem nachteilige wirtschaftliche Entwicklungen rechtzeitig erkannt werden können.

Spezielle Vorschriften betreffen unter anderem die Eigenkapitalunterlegung und das Risikomanagement von Kreditinstituten. Mit der Einführung von Basel II wurden diese aufsichtsrechtlichen Regelungen grundlegend überarbeitet. Der mehrjährige Konsultationsprozess auf internationaler, europäischer und nationaler Ebene, die Anpassung von bestehenden Regelungen und die umfassende Erweiterung durch neue Regelungen verdeutlichen den Anspruch der Bankenaufsicht, die quantitativen und qualitativen Anforderungen an das Management der verschiedenen Risikoarten geschlossen darzustellen. Mit diesem Anspruch unterstreicht die Aufsicht die Bedeutung des Risikomanagements im Kontext der Unternehmenssteuerung.

---

1 Das Gesetz zur Kontrolle und Transparenz im Unternehmensbereich (KonTraG) ist ein Artikelgesetz, das am 05.03.1998 verabschiedet wurde. Es präzisiert und erweitert insbesondere die Vorschriften des Handelsgesetzbuches und des Aktiengesetzes. Sorgfaltspflichten der Geschäftsleitung und der Aufsichtsgremien ergeben sich aus § 43 GmbH-Gesetz und §§ 93 und 116 Aktiengesetz. § 91 Aktiengesetz fordert die Einrichtung eines Überwachungssystems zur Sicherung des Fortbestands des Unternehmens.

Effiziente Umsetzung von Compliance-Anforderungen im Risikomanagement

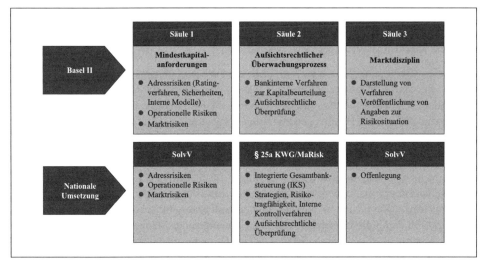

Abbildung 1: Basel II und die nationale Umsetzung[2]

Einen Schwerpunkt der neuen Regelungen nach Basel II bilden die qualitativen Prinzipien, die im aufsichtsrechtlichen Überwachungsprozess (*Supervisory Review Process*) in der zweiten Säule von Basel II beschrieben sind. Die Anforderungen des Prozesses richten sich einerseits an die Kreditinstitute, andererseits direkt an die Bankenaufsicht. Die Ausgestaltung der Anforderungen orientiert sich gemäß dem Prinzip der doppelten Proportionalität[3] an der Größe und der Art der Geschäfte sowie der Risikosituation des Kreditinstituts.

Die Anforderungen der zweiten Säule von Basel II werden durch den § 25a Absatz 1 des Kreditwesengesetzes (KWG) in nationales Recht umgesetzt. § 25a KWG bildet damit die Basis für die qualitative Bankenaufsicht in Deutschland, deren Regelungen in den Mindestanforderungen an das Risikomanagement (MaRisk) detailliert aufgeführt werden.

Danach wird von den Kreditinstituten eine ordnungsgemäße Geschäftsorganisation gefordert, die folgende wesentliche Elemente aufzuweisen hat:

- Ein *Risikomanagement-System*: Dieses umfasst die Festlegung von Strategien sowie Verfahren zur Steuerung und zum Controlling von Risiken, insbesondere auch zur Ermittlung und Sicherstellung der Risikotragfähigkeit.

- Ein *internes Kontrollumfeld als Bestandteil des Risikomanagements*: Darunter fallen prozessabhängige Überwachungen im Rahmen der Risikomanagement-Prozesse. Ferner sind prozessunabhängige Kontrollen durch die Interne Revision zur Beurteilung der ordnungsgemäßen Geschäftsorganisation erforderlich.

---

2 Eigene Darstellung in Anlehnung an Ullrich (2006), S. 21.
3 Der Grundsatz der doppelten Proportionalität beschreibt die Orientierung an der Kapitalausstattung eines Instituts und die damit verbundenen Prozesse auf der einen Seite sowie deren Prüfung anhand der Größe, dem Geschäftsvolumen und dem Risikoprofil durch die Aufsicht auf der anderen Seite.

- *Regelungen zur Beurteilung der finanziellen Lage, das heißt der Risikotragfähigkeit*: Dies sind Verfahren, mit denen die Angemessenheit der internen Kapitalausstattung im Verhältnis zur Risikosituation eingeschätzt werden kann.

Als weitere Bedingungen für eine ordnungsgemäße Geschäftsorganisation werden die Sicherheit für den Einsatz der elektronischen Datenverarbeitung, die Einhaltung von Buchführungspflichten sowie geschäfts- und kundenbezogene Sicherungssysteme gegen Geldwäsche und gegen betrügerische Handlungen zu Lasten des Instituts genannt.

Diese Anforderungen bilden den Rahmen eines Internen Kontrollsystems mit dem Risikomanagement als wesentlichem Bestandteil. Nach IDW PS 261[4] des Instituts der Wirtschaftsprüfer besteht das Interne Kontrollsystem aus Regelungen zur Steuerung der Unternehmensaktivitäten (Steuerungssystem) und zur Überwachung der Einhaltung dieser Regelungen (Überwachungssystem). Diese sind in aufbau- und ablauforganisatorischen Strukturen integriert. Insgesamt soll damit die Umsetzung von Entscheidungen des Managements zur Wirksamkeit und Wirtschaftlichkeit der Geschäftstätigkeit, zur Ordnungsmäßigkeit und Verlässlichkeit der internen und externen Rechnungslegung, und zur Einhaltung der maßgeblichen Rechtsvorschriften sichergestellt werden.

Nach § 25a Absatz 1a KWG sind diese Anforderungen nicht nur für das Einzelinstitut, sondern auch für die Institutsgruppe umzusetzen. Dadurch trägt die Aufsicht der zunehmend internationalen Ausrichtung von Kreditinstituten Rechnung. Einhergehend damit wird die Zusammenarbeit von nationalen Aufsichtsbehörden, auch über internationale und supranationale Organisationen, gestärkt.

Auch im Falle wesentlicher Auslagerungen sind nach § 25a Absatz 2 KWG ausgelagerte Unternehmensaktivitäten unverändert in das Interne Kontrollsystem mit einzubeziehen. Dazu sind die Ordnungsmäßigkeit der Geschäfte oder Dienstleistungen, die Steuerungs- und Überwachungsmöglichkeiten des auslagernden Unternehmens und die Prüfungs- und Kontrollrechte der Bankenaufsicht zu gewährleisten.

---

[4] IDW PS 261 beschreibt die risikoorientierte und prozessabhängige Prüfung des Internen Kontrollsystems. Vorgegeben wird eine Gesamtbetrachtung des Unternehmens und seines Umfelds, in der sich der Abschlussprüfer mit Aspekten der Branche, Merkmalen des Unternehmens, den Zielen und Strategien, der Steuerungsansätze sowie dem Internen Kontrollsystem zu befassen hat. Die Informationsgewinnung dazu ist ein dynamischer Bestandteil des Prüfprozesses und erstreckt sich über die gesamte Abschlussprüfung, wodurch sichergestellt wird, dass die Prüfungshandlungen entsprechend der Risikobeurteilung erfolgen können.

3. Ausgestaltung des Risikomanagements in Kreditinstituten

Risikomanagement ist die systematische Anwendung von Management-Grundsätzen, Verfahren und Praktiken zur Steuerung und Überwachung von Risiken. Demzufolge umfasst die konkrete Ausgestaltung des Risikomanagements Methoden, Prozesse und organisatorische Regelungen wie Kompetenzrichtlinien und Dokumentationen.

Grundlage für das Risikomanagement ist die Risikostrategie. Sie bildet den übergeordneten Rahmen und statuiert die maßgeblichen Prinzipien für das Risikomanagement. Darunter fallen übergreifende aufbau- und ablauforganisatorische Regelungen. Insbesondere werden auch Kriterien und Limite für das ertragsorientierte Eingehen von Risiken durch die Risikostrategie verbindlich niedergelegt. Aufgrund ihrer Bedeutung für das Risikomanagement ist die Risikostrategie mindestens jährlich zu überprüfen und durch die Geschäftsführung zu genehmigen.

Risikostrategie, Risikomethoden, Risikomanagement-Prozesse und organisatorische Regelungen bilden das Risikomanagement-System, das einen wesentlichen Bestandteil des Internen Kontrollsystems und damit der Unternehmenssteuerung von Kreditinstituten darstellt.

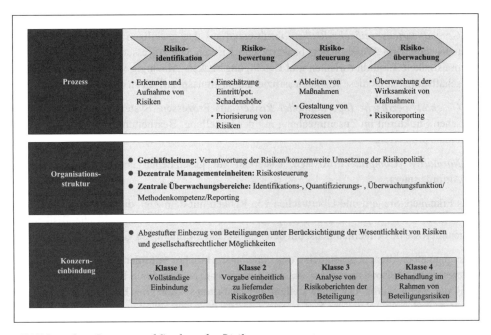

Abbildung 2: Prozess und Struktur des Risikomanagements

In Anlehnung an den Grundsatz der doppelten Proportionalität,[5] der besagt, dass die Intensität der Überwachung durch die Bankenaufsicht einerseits als auch die Steuerungsinstrumentarien des Kreditinstituts andererseits proportional zu den eingegangenen Risiken sein sollen, sind durch die Kreditinstitute Prozesse für die Steuerung und die Überwachung der wesentlichen Risiken zu etablieren. Die Prozesse unterteilen sich grundsätzlich in die vier Phasen der Identifikation, Bewertung, Steuerung und Überwachung von Risiken. Die Risikoüberwachung enthält auch das Berichtswesen zur transparenten Darstellung der Risikosituation gegenüber den Entscheidungsträgern.

In der organisatorischen Ausgestaltung der Prozesse ist eine strikte funktionale Trennung der Risikosteuerung und der Risikoüberwachung bis in die Geschäftsleitung vorzusehen. Diese trägt die Gesamtverantwortung für alle Risiken und ist für die konzernweite Umsetzung der Risikopolitik verantwortlich.

Die Einbindung von Beteiligungen in die Risikosteuerung des Instituts beziehungsweise der Institutsgruppe hat abgestuft unter Berücksichtigung der Risikorelevanz und gesellschaftsrechtlicher Gegebenheiten zu erfolgen. Diese Abstufung reicht von einer vollständigen Einbindung der Beteiligung gemäß der Methodik des Mutterinstituts bis hin zur Behandlung als Finanzbeteiligung.

Methodisch hat ein Risikomanagement-System in Kreditinstituten folgende Risiken in die Betrachtung mit einzubeziehen:

- *Strategische Risiken* aus geschäftsfeldspezifischen Zielvorgaben.
- *Geschäftsartenspezifische Risiken*, resultierend aus den jeweiligen Finanzprodukten, darunter fallen im Wesentlichen banktypische Risiken wie Adressenausfallrisiken, Marktpreisrisiken, Liquiditätsrisiken und Beteiligungsrisiken. Abhängig von der jeweiligen Geschäftstätigkeit ist diese Risikoklassifizierung institutsspezifisch zu erweitern.
- *Geschäftsspezifische (operationelle) Risiken* aus Prozessen, Systemen und organisatorischen Strukturen im Zusammenhang mit der Erstellung, Bearbeitung und Verwaltung von Finanzprodukten.
- *Normative (Compliance-)Risiken*, basierend auf gesetzlichen und aufsichtsrechtlichen Anforderungen.

Das Erkennen, Steuern und Überwachen von Risiken mit dem Ziel, diese zu vermeiden oder zu begrenzen, liegt für strategische, geschäftsarten- und geschäftsspezifische Risiken im Eigeninteresse des Unternehmens, um den Fortbestand nachhaltig zu gewährleisten.

Demgegenüber dienen gesetzliche und aufsichtsrechtliche Anforderungen übergeordneten Interessen wie beispielsweise der Sicherung von Finanzplätzen durch Regelungen zur Förderung des Wettbewerbs, der Sicherstellung der Markttransparenz, der Erhöhung des Anlegerschutzes und nicht zuletzt der Verbesserung des Risikomanagements und damit der Stabilität des Finanzsystems.

---

5   Vgl. Ullrich (2006), S. 21.

Mit Basel II sind geschäftsspezifische operationelle Risiken erstmals separat als eigenständige Risikoart zu betrachten und mit Eigenkapital zu unterlegen. Da aufsichtsrechtliche Ge- und Verbote in Prozessen und Organisationsstrukturen umzusetzen sind, werden normative Risiken im Risikomanagement von operationellen Risiken behandelt.

4. Prinzipien eines effizienten Risikomanagements in Kreditinstituten und deren Umsetzung

Effizientes Risikomanagement bedeutet, die Anforderungen an die Risikosteuerung unter Beachtung der wirtschaftlichen Aspekte und gesetzlichen Regelungen auszugestalten. Vier Prinzipien sind bei der Ausgestaltung zu beachten: Die transparente Darstellung der Risikosituation und eindeutige organisatorische Zuständigkeiten, Kosteneffizienz und Reputationsschutz.

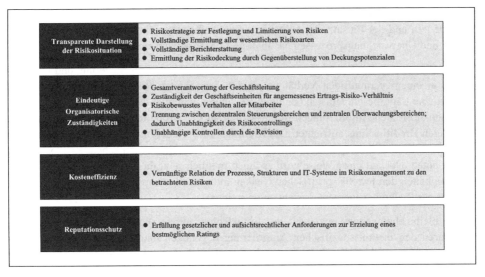

Abbildung 3: Prinzipien eines effizienten Risikomanagements

Das Risikomanagement von Kreditinstituten unterliegt einer Vielzahl von gesetzlichen und aufsichtsrechtlichen Regelungen. Diese Anforderungen in Form eines aufsichtsrechtlichen Mindestrahmens beziehen sich grundsätzlich auf alle Komponenten des Risikomanagement-Systems. Die Einhaltung der gesetzlichen Anforderungen ist deshalb untrennbar mit der Ausgestaltung des Risikomanagement-Systems gemäß den internen Erfordernissen verbunden.

Die Wahrnehmung eines Kreditinstituts durch Kunden, Mitbewerber und Ratingagenturen wird durch Verstöße gegen gesetzliche und aufsichtsrechtliche Vorschriften negativ beeinflusst. Verstöße werden durch die Marktteilnehmer als Indikator für Schwächen im Risikomanagement angesehen und mit zum Teil erheblichen Risikoaufschlägen bei finanziellen Transaktionen sanktioniert. Dass heißt, dass die Wettbewerbsfähigkeit durch ungünstige Refinanzierungsmöglichkeiten beeinträchtigt wird. Der Reputationsschutz ist somit für Kreditinstitute von existenzieller Bedeutung.

Es ist daher naheliegend, dass in den Prinzipien für ein Risikomanagement-System dieser Gedanke aufgegriffen und die Konformität mit dem Aufsichtsrecht und den gesetzlichen Vorschriften als eine verbindliche Leitlinie ausgeprägt wird.

Die konsequente Umsetzung der gesetzlichen und aufsichtsrechtlichen Anforderungen darf jedoch nicht zu einer ineffizienten Kostensituation im Risikomanagement führen. Vor dem Hintergrund drohender Reputationsrisiken unternehmen Kreditinstitute erfahrungsgemäß große Anstrengungen bei der Implementierung gesetzlicher Anforderungen. Dies betrifft auch die Diskussion mit den Aufsichtsbehörden im Vorfeld der Einführung neuer Regelungen. Damit sind teilweise hohe Kosten verbunden.

Beispielhaft hierfür sind die neuen Eigenkapitalvorschriften nach Basel II. Im Vorfeld ihrer Einführung waren im Finanzbereich über mehrere Jahre personelle und finanzielle Ressourcen umfangreich gebunden. Auch nach der Einführung haben die dauerhafte Bindung von Mitarbeitern und der Einsatz von teilweise eigens dafür eingeführten IT-Systemen in Steuerungs- und Überwachungsprozessen nachhaltige Betriebskosten zur Folge.

Kosteneffizienz im Risikomanagement bedeutet, dass die Kosten für Steuerung und Überwachung in einem vernünftigen Verhältnis zu den betrachteten Risiken stehen müssen. Der Gesetzgeber trägt diesem Umstand dadurch Rechnung, indem er den Umfang der zu erfüllenden regulatorischen Anforderungen grundsätzlich an der Größe und der Risikorelevanz des jeweiligen Kreditinstituts ausrichtet. Die Kreditinstitute wiederum sind vor die Herausforderung gestellt, ihr Risikomanagement-System an der institutsspezifischen Risikosituation auszurichten. Nur auf diese Weise wird es ihnen möglich sein, die Überwachungs- und Kontrolltätigkeiten den jeweils spezifischen Risiken individuell anzupassen und die Kostensituation für das Risikomanagement-System zu optimieren.

Dabei bleibt abzuwarten, inwieweit die festgelegten aufbau- und ablauforganisatorischen Strukturen den institutsspezifischen Anforderungen genügen und dauerhaft Bestand haben werden. Aufgrund fehlender Erfahrungen bei der Einführung neuer Regelungen bildet sich durch die Abstimmung der Kreditinstitute in der Konsultationsphase häufig ein standardisiertes Vorgehen heraus. Die Priorität der Kreditinstitute liegt dabei in der Erfüllung der gesetzlichen Anforderungen. Dies bewirkt, dass neue Themen vielfach in Projekten zunächst für sich behandelt und erst anschließend in das bestehende Risikomanagement-System bestmöglich integriert werden.

Das wirtschaftliche Umfeld von Kreditinstituten ist durch eine hohe Marktdynamik, einen harten internationalen Wettbewerb, sinkende Margen und schnelle Veränderungsprozesse geprägt. Um in diesem Umfeld agieren und kurzfristig auf Veränderungen reagieren zu können, bedarf es entsprechender Entscheidungsprozesse. Erforderlich dafür sind eindeutige organisatorische Zuständigkeiten als weitere wichtige Bedingung für das Risikomanagement.

Gestaltungsmerkmale für die Umsetzung dieser Prinzipien betreffen die Organisation, die Prozesse, die Methodik, die IT-Systeme und die Mitarbeiter im Risikomanagement.

Organisation

Kernelement ist die Zusammenfassung des Risikocontrollings unter der zentralen Verantwortung eines Mitglieds der Geschäftsleitung. Dies garantiert eine einheitliche und widerspruchsfreie Ausgestaltung der aufbau- und ablauforganisatorischen Strukturen. Dadurch können unter anderem Sonderfunktionen wie die Compliance im Wertpapierhandelsbereich, die im Kreditwesengesetz explizit genannte Geldwäsche- und Betrugsprävention sowie der Datenschutz bestmöglich integriert werden.

Die zentrale Entscheidungskompetenz gewährleistet zudem, kurzfristig auf neue interne oder externe Anforderungen reagieren zu können. Ferner steht sie für die Unabhängigkeit des Risikocontrollings, die für dessen Einbindung in die Entscheidungsprozesse mit Anhörungs- beziehungsweise Vetorecht unabdingbar ist.

Prozesse

Grundlage des wirtschaftlichen Handelns bilden Prozesse. Diese sind unter Einbeziehung der aufbauorganisatorischen Strukturen sowie der Risikosituation zu analysieren und zu optimieren. Optimieren bedeutet in diesem Zusammenhang, den Umfang der Kontrollaktivitäten an die Risikosituation anzupassen. Sichergestellt wird dies durch eine regelmäßige Betrachtung der Prozesseffizienz anhand von Leistungskennzahlen und Benchmark-Vergleichen.

Methodik

Methodische Ansätze zur Messung und zur Steuerung der jeweiligen Risikoarten sind aufeinander abzustimmen, wodurch die Vergleichbarkeit und Zusammenführung in Hinblick auf eine Gesamtrisikobetrachtung gefördert werden. Dies betrifft einheitliche Vorgaben für Risikokennziffern wie Konfidenzniveaus oder zu betrachtende Messgrößen. Im weiteren Sinne bedeutet dies auch eine Harmonisierung der methodischen Ansätze. Im Falle neu in die Risikobetrachtung einzubeziehender Risikoarten ist daher grundsätzlich zu prüfen, inwieweit bestehende methodische Ansätze gegebenenfalls modifiziert anwendbar sind.

Dabei sind gesetzliche und aufsichtsrechtliche Mindestanforderungen zu beachten. Es ist stets dafür Sorge zu tragen, dass diese Rechtsvorschriften eingehalten werden und mit den internen Anforderungen harmonisch ineinander greifen. Bereits im Vorfeld neuer Regularien sind daher interne Erfordernisse in die Konsultationsphase mit der Bankenaufsicht einzubringen.

IT-Systeme

Dezentrale Systemlandschaften sind komplex. Sie bergen die Gefahr redundanter Datenhaushalte. Die zahlreichen Systemschnittstellen erhöhen teilweise erheblich den Aufwand für fachliche Abstimmungen.

Durch einen zentralen Datenpool für alle Risikoarten werden Abweichungen im Datenhaushalt vermieden. Abstimmungen infolge technischer Schnittstellen entfallen, wodurch die Prozesseffizienz steigt. Durch die Standardisierung werden zudem die Kosten für die Betriebsführung und Weiterentwicklung der IT-Systeme des Risikomanagements optimiert.

Mitarbeiter

Die hohe fachliche Kompetenz der Mitarbeiter und deren genaue Kenntnis über die gesetzlichen und aufsichtsrechtlichen Vorgaben gewährleisten die regel- und risikokonforme Ausgestaltung des Risikomanagements.

Relevant für die fachliche Kompetenz sind zum einen umfangreiche methodische Kenntnisse wie zum Beispiel mathematisch-statistischer Verfahren, zum anderen ist hier ein fundiertes fachliches Wissen über Finanzprodukte notwendig, um diese adäquat abbilden zu können.

Eine wesentliche Aufgabe ist in diesem Zusammenhang die Kommunikation. Dies beinhaltet die Risikoberichterstattung gegenüber den jeweiligen Entscheidungsträgern. Genauso wichtig sind die Mitarbeiter als Moderatoren beziehungsweise Koordinatoren im Risikomanagement-Prozess. Auf Basis ihrer fachlichen Kompetenz sind sie gleichberechtigte Gesprächspartner der Marktbereiche. Zudem fördert der Dialog mit den Fachbereichen sowie die Beratung und Schulung von Mitarbeitern anderer Bereiche das Risikobewusstsein und trägt damit insgesamt zu einer Risikokultur im Unternehmen bei. Im Außenverhältnis nimmt der Mitarbeiter an der Konsultationsphase der Bankenaufsicht im Vorfeld der Einführung neuer Regelungen teil.

Nur im Zusammenspiel von fachlicher Kompetenz und Kommunikation wird der Mitarbeiter im Risikocontrolling seiner Aufgabe gerecht.

5. Fazit

Um im internationalen Wettbewerb bestehen zu können, wird in Kreditinstituten das Risikomanagement-System als wesentliches Kernelement des Internen Kontrollsystems zukünftig an Bedeutung gewinnen. Maßgeblich wird dabei sein, die Instrumente des Risikomanagement-Systems unter Beachtung von compliance-relevanten Vorschriften effizient auszugestalten.

Kreditinstitute werden deshalb zukünftig noch stärker als bisher dazu angehalten sein, ihr historisch gewachsenes Risikomanagement-System unter dem Blickwinkel des Reputationsschutzes, der transparenten Darstellung der Risikosituation, von eindeutigen Verantwortlichkeiten und der Kosteneffizienz in einem holistischen Gesamtansatz hinsichtlich der Prozesse, Methoden und Strukturen zu hinterfragen und gegebenenfalls zu optimieren.

Dies ist unter Wettbewerbsaspekten relevant, um möglichst kurzfristig und effizient auf Veränderungen des Marktumfeldes und neue Anforderungen durch den Gesetzgeber reagieren zu können. Das rasche Reagieren auf Veränderungsprozesse im Marktumfeld und die vollständige Durchdringung der Risiken zunehmend komplexer Finanzprodukte stellen gegenwärtig und auch zukünftig hohe Anforderungen an das Risikomanagement. Ein unter Kostenaspekten schlankes, in den Strukturen und Prozessen optimiertes und qualitativ hochwertiges effizientes Risikomanagement-System wird damit für sich genommen zu einem wichtigen strategischen Wettbewerbsfaktor für jedes Kreditinstitut.

Diese Effizienzanforderung im engeren Sinne für das Risikomanagement-System gilt uneingeschränkt auch für die Instrumente des Internen Kontrollsystems zur Steuerung und Überwachung der Unternehmensaktivitäten insgesamt.

Kreditinstitute werden deshalb angehalten sein, die im IDW PS 261 genannten beiden Komponenten eines Internen Kontrollsystems, das Steuerungs- und das Überwachungssystem, um eine dritte Komponente, nämlich ein System zur Optimierung der aufbau- und ablauforganisatorischen Strukturen, zu erweitern.

Literaturverzeichnis

ULLRICH, W. (2006): Basel II birgt eine Fülle neuer Aufgaben und Herausforderungen in: Betriebswirtschaftliche Blätter, 55. Jahrgang (2006), Heft 1, S. 19 - 21.

Rechtsquellen und sonstige Quellen

Aktiengesetz (AktG) vom 06.09.1965, zuletzt geändert durch Gesetz vom 16.07.2007, BGBl. I, S.1330.

Gesetz zur Kontrolle und Transparenz im Unternehmensbereich (KonTraG) vom 27.04.1998, (BGBl. I, S. 786).

Gesetz über das Kreditwesen (Kreditwesengesetz – KWG) vom 09.09.1998, zuletzt geändert durch Gesetz vom 21.12.2007, BGBl. I, S. 3089.

Gesetz betreffend die Gesellschaften mit beschränkter Haftung (GmbHG) vom 20.04.1892, zuletzt geändert durch Gesetz vom 19.04.2007, BGBl. I, S. 542.

IDW PS 261: Feststellung und Beurteilung von Fehlerrisiken und Reaktionen des Abschlussprüfers auf die beurteilten Fehlerrisiken; Prüfungsstandard, Institut der Wirtschaftsprüfer, Stand: 06.09.2006.

MaRisk, Rundschreiben 5/2007 (BA), Mindestanforderungen an das Risikomanagement (MaRisk), Geschäftszeichen: BA 17-K 3106-2007/0010, Bonn/Frankfurt am Main, den 30.10.2007.

Verordnung über die angemessene Eigenmittelausstattung von Instituten, Institutsgruppen und Finanzholding-Gruppen (Solvabilitätsverordnung – SolvV) vom 14.12.2006, zuletzt geändert durch Gesetz vom 21.12.2007, BGBl. I, S. 3089.

Teil III

Effizienzsteigerung durch die Optimierung der Aufbau- und Ablauforganisation

Quality Close – Methodik zur zielgerichteten Optimierung der Abschlussprozesse

Britta Jelinek / Gerd Straub

1. Anforderung an die Abschlusserstellung in Kreditinstituten
2. Methodischer Projektansatz
   2.1 Definition der Projektbreite und -tiefe
      2.1.1 Projektbreite
      2.1.2 Projekttiefe
   2.2 Phasenmodell zur Durchführung eines Quality Close-Projektes
      2.2.1 Standardphasen
      2.2.2 Mehrstufige Phasenmodelle
   2.3 Varianten zur Festlegung der Projektorganisation
3. Maßnahmen zur Effizienzsteigerung
   3.1 Fachliche Maßnahmen
      3.1.1 Ansätze zur Vorverlagerung von Abschlussaktivitäten
      3.1.2 Weitere fachliche Optimierungsschritte
   3.2 Organisatorische Maßnahmen
      3.2.1 Anpassungen in der Ablauforganisation
      3.2.2 Gestaltungsmöglichkeiten in der Aufbauorganisation
   3.3 Technische Maßnahmen
4. Kritische Erfolgsfaktoren bei der Projektdurchführung
5. Fazit

1. Anforderung an die Abschlusserstellung in Kreditinstituten

Wie bereits in den vorherigen Buchbeiträgen ausgeführt, stellt eine beschleunigte und qualitativ hochwertige interne und externe Berichterstattung einen entscheidenden Wettbewerbsvorteil für Kreditinstitute dar.

In der Praxis zeigt sich jedoch, dass aufgrund von zunehmenden Reporting-Anforderungen (zum Beispiel durch die Einführung der International Financial Reporting Standards[1]) sowie Veränderungen in den Konzernstrukturen (wie zum Beispiel als Folge der Bankenkonsolidierung) die Komplexität der Berichterstattung und der damit zusammenhängenden Prozesse sowie der Zeitbedarf für die Erstellung der Berichterstattung gestiegen ist.

Um die Effizienz der Abschlussprozesse auf ein wettbewerbsfähiges Niveau zu steigern, analysieren Kreditinstitute aktuell, mit welchen potenziellen Projektansätzen und inhaltlichen Maßnahmen dies möglich ist.

Einer der ersten Schritte ist es, die vielfältigen Anforderungen an eine solche Initiative in eine abgestimmte Zielhierarchie zu überführen. Kernelemente bilden dabei in der Regel die drei klassischen Zielparameter *Zeit*, *Kosten* und *Qualität*. Daneben können weitere Nebenziele, wie zum Beispiel *Transparenz*, *Flexibilität* und *Wissensmanagement*, eingebracht werden. Erst auf Basis dieser Zielvorgaben werden entsprechend weitere Maßnahmen ausgewählt.

Im vorliegenden Beitrag wird anhand der *Quality Close-Methodik* des Geschäftsbereichs Advisory von KPMG aufgezeigt, mit welchen Schritten und Inhalten die Effizienz und die Qualität der Finanzberichterstattung zielgerichtet gesteigert werden kann. Hierbei werden ebenfalls die in den letzten Jahren gestiegenen *Compliance-Anforderungen*[2] berücksichtigt.

Dabei wird ersichtlich, dass sowohl im Vorgehensmodell als auch bei inhaltlichen Schwerpunkten ein mandantenspezifisches Projektpaket entwickelt werden muss. Dies ermöglicht die Hebung des vorhandenen Effizienzsteigerungspotenzials ohne dabei das Gleichgewicht zwischen Performance und Compliance zu beeinträchtigen.

---

[1] Im Folgenden IFRS genannt.
[2] Der Begriff *Compliance* umfasst im Rahmen dieses Beitrages die Einhaltung von Gesetzen, Richtlinien und Verhaltensmaßregeln.

2. Methodischer Projektansatz

Entscheidend für die erfolgreiche Durchführung eines Quality Close-Projektes ist die Auswahl eines auf den Mandanten individuell zugeschnittenen Projektansatzes. Dazu sind bereits im Vorfeld der Projektplanung und -initiierung Workshops mit den Mitarbeitern der Bank zur Festlegung der Rahmenparameter durchzuführen. Dieser initiale Ansatz ist im Projektverlauf laufend zu überprüfen und gegebenenfalls anzupassen.

Ein Kernelement beim organisatorischen Aufbau des Projektes bildet die mandantenspezifische Auswahl einer geeigneten Projektbreite und -tiefe. Wie im Folgeabschnitt beschrieben, geht es dabei um die Auswahl der im Projekt zu optimierenden Abschlussphasen sowie die Festlegung der relevanten Konzernhierarchien.

Daraufhin erfolgt die Auswahl und Terminierung der Projektphasen. Das Fundament dafür bildet ein generelles Phasenmodell (siehe Abschnitt 2.2). Abhängig vom Einstiegszeitpunkt (vor, während oder nach der Abschlusserstellung) ist jedoch die Festlegung der einzelnen Phasen und Meilensteine individuell zu gestalten.

2.1 Definition der Projektbreite und -tiefe

Für eine zielgerichtete Optimierung der Finanzberichterstattung werden zuerst die Zielparameter als Arbeitshypothese festgelegt. Kernelement bildet dabei sowohl die Definition der neuen Zieltermine des Abschlussprozesses (zum Beispiel auf Basis der Meilensteintermine) als auch eine Festlegung der Schwerpunkte zur qualitativen Optimierung der Berichterstattung.

Bei der anschließenden Konkretisierung des Projektansatzes ist die Orientierung am sogenannten *kritischen Pfad*[3] entscheidend. Die Erfahrung zeigt, dass nur eine geringe Anzahl der gesamten Aktivitäten im Abschlussprozess eine Auswirkung auf die Gesamtdauer des Prozesses hat. Von daher ist ein kritischer Erfolgsfaktor in der Initiierungsphase die mandantenspezifische Identifizierung des kritischen Pfades. Da zum Zeitpunkt des Projektstarts oftmals noch kein detaillierter Abschlusskalender vorliegt und die Aktivitäten in der Praxis nicht mit der Netzplantechnik geplant werden, ist vielfach keine mathematische Ermittlung dieses Pfades, sondern lediglich eine Einschätzung zusammen mit dem Kunden möglich. Diese initiale Festlegung ist im Projektverlauf entsprechend zu adjustieren.

---

3 Der *kritische Pfad* ist definiert als die Verkettung derjenigen Vorgänge, bei deren zeitlicher Änderung sich der Endtermin des Netzplanes (also der Endtermin aller Vorgänge ohne Nachfolger) verschiebt. Er wird in einem Netzplan durch diejenige Kette von Einzelaktivitäten bestimmt, welche in der Summe die längste Dauer aufweist.

Darauf basierend wird analysiert, an welchen Stellen des Prozesses und in welchen beteiligten Organisationseinheiten Konzern-Optimierungspotenziale gehoben werden können.

2.1.1 Projektbreite

Es ist nahe liegend, im Rahmen eines Quality Close-Projektes immer den gesamten Abschlussprozess zu betrachten. In der Praxis zeigt sich jedoch, dass nach einer initialen Analyse mit dem Mandanten bereits zu diesem Zeitpunkt einzelne Prozessphasen (eine Bündelung von Prozessschritten) ausgeschlossen und Phasen mit hohem Optimierungspotenzial identifiziert werden können.

Um zu einer geeigneten Selektion relevanter Abschlussphasen zu kommen, ist im ersten Schritt ein einheitliches Verständnis bezüglich des Begriffs *Abschlussprozess* herzustellen. Darunter verstehen viele Mandanten vor allem ihren persönlichen Verantwortungsbereich sowie angrenzende Themengebiete. Für das Projekt ist sicherzustellen, dass im Rahmen der Projektstrukturierung die gesamte Prozesskette, das heißt von der Erfassung des Geschäfts im Frontoffice bis zur Durchführung der Hauptversammlung, analysiert wird (siehe Abbildung 1).

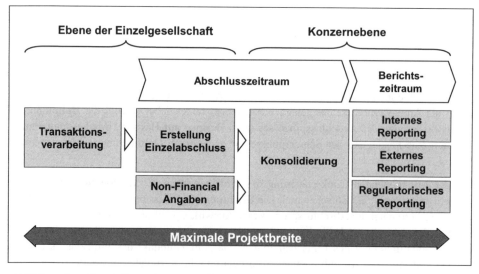

Abbildung 1: *Darstellung der maximalen Projektbreite anhand der Abschlussphasen*

Im zweiten Schritt erfolgt eine Fokussierung auf diejenigen Phasen entlang des kritischen Pfades, bei denen entsprechendes Optimierungspotenzial identifiziert werden konnte. Durch diese frühzeitige Konzentration können die begrenzten Ressourcen (Zeit, Geld und Mitarbeiter) möglichst schonend eingesetzt werden.

So ist zum Beispiel bei einem Kreditinstitut mit einer sehr standardisierten und hoch automatisierten Transaktionsverarbeitung (inklusive entsprechender Überleitung in das Hauptbuch) in dieser Phase wenig Beschleunigungs- und Qualitätssteigerungspotenzial zu erwarten. Das Gleiche gilt für den Prozess zur Erstellung der Segmentberichterstattung. Sofern hier bereits eine sehr hohe Ergebnisqualität in einem kurzen Zeitraum erzielt werden kann, ist das Effizienzsteigerungspotenzial begrenzt.

Ergebnis dieses Analyseprozesses ist die individuelle Festlegung der für das jeweilige Kreditinstitut sinnvollen Projektbreite. In der Praxis kann diese für das Gesamtvorhaben, zum Beispiel für den Gesamtkonzern, zumeist einheitlich festgelegt werden. Abhängig von Anzahl und Heterogenität der einzubeziehenden Einzelabschlussprozesse kann diese jedoch auch bei den einzelnen Gesellschaften voneinander abweichen.

2.1.2 Projekttiefe

Die Initiierung von Quality Close-Projekten erfolgt in der Praxis zumeist auf Konzernebene. Diese stellt jedoch nur eine Teilmenge des gesamten Betrachtungshorizonts dar. Vor der Strukturierung des Projektes ist daher auch festzulegen, welche Konzerngesellschaften bis zu welcher Hierarchieebene einzubinden sind.

Die Basis dazu bildet dafür das für den Abschlussprozess relevante Konzern-Organigramm. Auf dieser Grundlage wird analysiert, welche Einzel- und Teilkonzernabschlussprozesse auf dem kritischen Pfad des Konzerns liegen.[4] Anschließend erfolgt dann die Festlegung, bis zu welcher Organisationstiefe Aktivitäten im Rahmen des Projektes initiiert werden (siehe Abbildung 2).

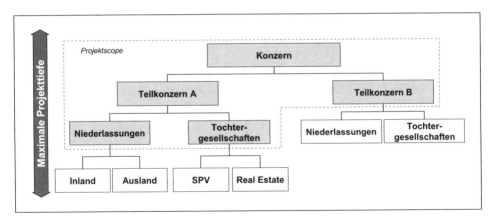

Abbildung 2: *Darstellung der Projekttiefe*

---

[4] Unterstützt werden kann diese Analyse durch die Durchführung einer *Selbsteinschätzung*. Dabei bewerten die liefernden Konzerneinheiten die Machbarkeit der neuen Arbeitshypothesen.

2.2 Phasenmodell zur Durchführung eines Quality Close-Projektes

Neben der individuellen Definition der geeigneten Projektbreite und -tiefe ist die unternehmensspezifische Ausprägung des Phasenmodells entscheidend für den Projekterfolg.

Ausgangspunkt bildet dafür das Quality Close-Standardmodell, das im Folgenden kurz erläutert wird. Anschließend erfolgt eine kurze Beschreibung von Faktoren, die die Individualisierung des Modells für den jeweiligen Mandanten beeinflussen können:

- Individualisierung aufgrund der Projektinitiierung inmitten eines Abschlusszyklus
- Modularisierung aufgrund zeitlicher oder personeller Engpässe
- Konkretisierung für unternehmensindividuelle Abschlussereignisse (zum Beispiel Monats-Reporting, Quartals-Reporting, Jahresabschluss-Reporting)

2.2.1 Standardphasen

Generell ist ein Quality Close-Projekt in fünf Phasen unterteilt. Kernbestandteil bilden dabei die Phasen *Analyse*, *Design* und *Implementierung*. Die Fokusphase ist dem eigentlichen Projekt vorgeschaltet und dient der Sicherstellung eines reibungslosen Projektstarts. Das Monitoring sowie die kontinuierliche Fortentwicklung erfolgen vor allem nach den Hauptmeilensteinen des Projektes und werden vielfach bereits von den zukünftigen Linienmitarbeitern des Mandanten übernommen.

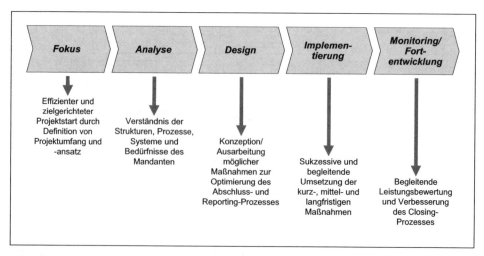

Abbildung 3: Phasen eines Quality Close-Projektes

Kurzbeschreibung der Phasen:

- Die *Fokusphase* beinhaltet die vorbereitenden Maßnahmen und endet mit dem Kick-off des Hauptprojektes. In ihr erfolgt neben der Festlegung von Projektbreite und -tiefe, einer detaillierten Projektplanung, der Ressourcenbereitstellung und des Aufbaus der Kommunikationskanäle auch die Implementierung der Projektorganisation.

- In der *Analysephase* werden im ersten Schritt die relevanten Kernprozesse überprüft, der kritische Pfad definiert sowie mögliche Maßnahmen innerhalb des definierten Projektumfangs identifiziert und konkretisiert. Im entscheidenden zweiten Schritt erfolgt dann die Selektion und Priorisierung der Maßnahmen. Hierbei werden gezielt diejenigen Aktivitäten ausgewählt, die einen positiven Effekt auf den kritischen Pfad erzeugen oder Aktivitäten des kritischen Pfades zumindest entlasten. Alle weiteren Aktivitäten, die im Hinblick auf das Projektziel eine geringere Priorität haben, können über Linienaktivitäten weiter verfolgt, in anderen Projekten platziert oder für die zukünftige Weiterentwicklung vorgemerkt werden.

- Die ausgewählten Projektmaßnahmen werden in einer Roadmap zusammengefasst und in der *Designphase* konzeptionell ausgearbeitet. In der Praxis erfolgt dies zumeist in Workshop- und Interviewreihen, die vom Projektteam organisiert und gemeinsam mit den Linienmitarbeitern durchgeführt werden. Entscheidend ist, dass hier neben den rein fachlichen Festlegungen auch die Auswirkungen auf die Aufbau- und Ablauforganisation sowie die technischen Implikationen berücksichtigt werden. Zusätzlich sind die Festlegungen in enger Zusammenarbeit mit den Abschlussprüfern sowie gegebenenfalls mit der internen Revision abzustimmen.

- Bereits parallel zum Design der einzelnen Optimierungsschritte ist die *Implementierung* der Maßnahmen zu initiieren. Dabei muss vor allem auf die vorhandenen Abhängigkeiten zu anderen Projekten sowie auf die erforderlichen Vorlaufzeiten geachtet werden. In der Praxis stellt sich hierbei vor allem die Herausforderung, zwischen den arbeitsintensiven Abschlusszyklen im Rechnungswesen und Controlling sowie den *Frozen Zones* der IT, ausreichend Zeit und personelle Ressourcen für diese Umsetzung zu finden.

- Entscheidender Faktor bei der Durchführung des Abschlussprozesses ist ein strukturiertes *Monitoring* des Gesamtablaufs durch den zuständigen *Process Owner*.[5] Dazu zählt zu Beginn der Aufbau eines integrierten Abschlussplans, der nicht nur die Aktivitäten und Termine, sondern auch Abhängigkeiten zwischen den Einzelschritten sowie detaillierte Verantwortlichkeiten beinhaltet. Anschließend erfolgt durch den *Process Owner* eine laufende Ermittlung des Prozessstatus und bei Bedarf die Entscheidungsfindung sowie eine Eskalation bei Problemstellungen.

---

5   Als *Process Owner* werden ausgewählte Mitarbeiter bezeichnet, die die Verantwortung für organisationsübergreifende Prozessketten übernehmen.

2.2.2 Mehrstufige Phasenmodelle

Das im vorherigen Abschnitt dargestellte Phasenmodell beschreibt die Standardvariante eines Quality Close-Projektes. Aufgrund konkurrierender Rahmenbedingungen lässt sich das Projekt in dieser Reinform jedoch meist nicht durchführen.

Ein Grund für die Abweichung vom Standardansatz ist der individuelle Startzeitpunkt des Projektes. Traditionell wird in der Praxis direkt im Anschluss an eine Abschlussperiode mit der Initiierung eines Projekts begonnen (zum Beispiel im Frühjahr). Immer häufiger jedoch führen externe Rahmenbedingungen (wie zum Beispiel der steigende Kapitalmarktdruck oder die veränderten Reportinganforderungen) zu einem Start kurz vor oder während des Abschlusszyklus. Des Weiteren führen die in den Banken parallel durchgeführten Kostensenkungsprogramme sowie konkurrierende fachliche Projekte zu einer Knappheit an kritischen personellen und finanziellen Ressourcen.

Aus diesem Grund hat es sich bewährt, bei limitierenden Rahmenbedingungen den einstufigen Standardansatz in zwei beziehungsweise mehrere Bausteine aufzuteilen. Die Trennung kann dabei nach fachlichen, organisatorischen oder prozessualen Kriterien erfolgen. Eine Auswahl an möglichen Szenarien wird im Folgenden kurz vorgestellt (siehe Abbildung 4).

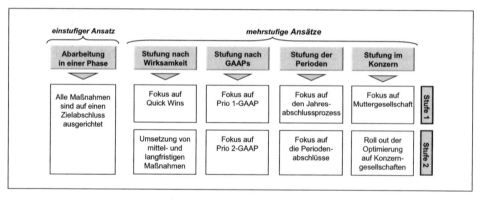

Abbildung 4: Mehrstufige Projektansätze

- Das in der Praxis sehr häufig verwendete Trennungskriterium ist die Differenzierung entsprechend der *Tiefenwirkung* der Maßnahmen (dem Zeitraum bis zum Einsetzen des Optimierungseffekts). Vor allem in Projekten mit hohem externen Druck und geringen Vorlaufzeiten bis zum ersten Zielabschluss wird nach der generellen Analyse möglicher Handlungsalternativen geprüft, welche davon kurzfristig und mit geringer personeller und finanzieller Ressourcenbindung umgesetzt werden können (sogenannte *Quick Wins*). In einer darauffolgenden Projektphase erfolgt anschließend die Konzeption und Umsetzung der verbleibenden Maßnahmen, welche zum Beispiel aufgrund der organisatorischen, prozessualen oder technischen Auswirkungen nur mittelfristig realisiert werden können.

- Eine zweite Möglichkeit ist die Einstufung nach den *Rechnungslegungsvorschriften*. In diesem Fall werden im ersten Schritt vorzugsweise Maßnahmen umgesetzt, die die führende Rechnungslegungsvorschrift (das sogenannte *Leading GAAP*) betreffen. Bei den größeren Kreditinstituten handelt es sich hierbei vor allem um die IFRS, da diese für die externe Berichterstattung gegenüber dem Kapitalmarkt entscheidend sind. Im zweiten Schritt werden Optimierungsmaßnahmen für weitere GAAPs (Handelsgesetzbuch[6], United States Generally Accepted Accounting Principles[7]) angestoßen. Bei dieser Variante sind jedoch vorab die vielfältigen Abhängigkeiten zwischen den einzelnen Vorschriften zu beachten (zum Beispiel bei Überleitungsrechnungen, Abstimmungen oder bei latenten Steuern), um auch bereits im ersten Schritt positive Effekte erzielen zu können.

- Bei der dritten Variante werden die Maßnahmen entsprechend der *Abschlussperioden* getrennt. Der Fokus liegt dabei in der ersten Phase zumeist auf dem Jahresabschlussprozess. Nachdem dieser bereits in seine Zielstruktur überführt wurde, erfolgt in einem weiteren Schritt die Optimierung der Quartals- und Monatsabschlüsse.

- Die vierte (und in der Praxis ebenfalls sehr häufig umgesetzte) Variante beinhaltet eine Priorisierung der *Konzerngesellschaften*. Die Basis bildet dafür die bereits in den vorhergehenden Abschnitten beschriebene Festlegung der Projekttiefe. Dabei wird grundsätzlich festgelegt, welche Organisationseinheiten in einen Quality Close einzubeziehen sind. Anschließend werden dann die im Scope befindlichen Gesellschaften nochmals priorisiert. Bei der konkreten Ausgestaltung haben sich hierbei zwei Ansätze bewährt:

    - *Pilotansatz*:
    Bei dieser Variante erfolgt die Analyse und Umsetzung der Quality Close-Maßnahmen bei einer Pilotgesellschaft. Anhand der dort gemachten Erfahrungen erfolgt anschließend der *Roll-out* für weitere Gesellschaften. Zumeist wird bei diesem Ansatz der Mutterkonzern als Pilot ausgewählt. Dann erfolgt die Umsetzung in den einzelnen zuliefernden Konzerngesellschaften.

    - *Kritische Gesellschaften:*
    In diesem Fall wird nicht eine, sondern werden mehrere kritische Gesellschaften für den ersten Projektschritt ausgewählt. Dies ist vor allem immer dann der Fall, wenn die Umsetzung eines Piloten nicht die nötige positive Auswirkung auf den Gesamtprozess im Konzern haben würde.

---

6 Im Folgenden HGB genannt.
7 Im Folgenden US-GAAP genannt.

2.3 Varianten zur Festlegung der Projektorganisation

Sowohl die definierte Projektbreite und -tiefe als auch das individuelle Phasenmodell bilden die Basis für die Ausgestaltung der Projektorganisation. Generell haben sich in der Praxis zwei Strukturalternativen bewährt:

- Ein Aufbau der Projektorganisation entlang der beteiligten *Organisationseinheiten*. Das Konzernteam sowie die jeweiligen Teams in den Einzelgesellschaften bilden dabei die Teilprojekte.
- Ein Aufbau entsprechend des *Abschlussprozesses*. Hierbei werden die Aktivitäten in den jeweiligen Phasen des Abschlussprozesses zu Teilprojekten zusammengefasst (siehe Abbildung 5).

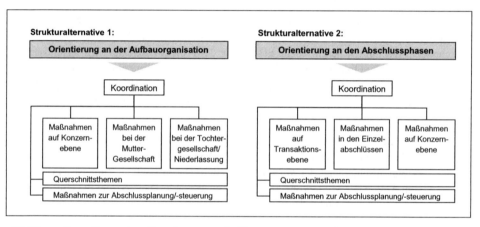

Abbildung 5: *Alternative Gestaltungsmöglichkeiten einer Projektorganisation*

Ergänzend zu diesen Ausgestaltungsmöglichkeiten sind noch zwei weitere, übergreifende, Aufgabenstellungen in der Projektorganisation zu berücksichtigen:

- Um eine reibungslose Zusammenarbeit zwischen den einzelnen Einheiten zu ermöglichen, sind Querschnittsthemen an einer zentralen Stelle zu koordinieren.

  Beispiele sind hierfür:
    - Change Management-Maßnahmen (zum Beispiel Aufbau von Kommunikationsplattformen)
    - Datentransfer zwischen den Einheiten (zum Beispiel durch ein Reporting Package)
    - Datenabstimmung zwischen den Einheiten (zum Beispiel Intercompany-Salden)

- Harmonisierung fachlicher Fragestellungen, die konzerneinheitlich zu regeln sind (zum Beispiel Risikovorsorge, Regelungen zum Hedge Accounting, Auswahl an Hard und Soft Close-Elementen, Steuerprozesse sowie der Meldeprozesse an das Konzernrechnungswesen)

- Des Weiteren sind die Planung des gesamten Abschlusses sowie die spätere Steuerung des Prozesses von einem zentralen *Process Owner* durchzuführen.[8]

Welche der oben dargestellten Varianten bei einer Bank zum Erfolg führen kann, hängt zusätzlich vom Gesamtvolumen des Vorhabens und der bestehenden Konzernkultur ab. Bei einem sehr zentral geführten Konzern und einem eher regional begrenzten Projekt ist der Aufbau eines einzelnen Projektteams sicherlich zielführend. Sofern die Quality Close-Initiative global gestartet wird und im Konzern die Landesgesellschaften eher dezentral geführt werden, ist der Aufbau mehrerer lokaler Projektteams (verknüpft über eine einheitliche Kommunikationsplattform) zu empfehlen.

3. Maßnahmen zur Effizienzsteigerung

Inhaltlicher Schwerpunkt eines Quality Close-Projektes ist die individuelle Auswahl sowie die konzeptionelle Ausgestaltung der fachlichen, organisatorischen und technischen Maßnahmen. In den folgenden Abschnitten werden dazu beispielhaft alternative Lösungsansätze aufgezeigt.

Bei der Auswahl der einzelnen Maßnahmen bietet sich die Orientierung an den folgenden Leitsätzen an:

- Bei den Elementen des Abschlussprozesses wird es vielfach zur Wahl zwischen Genauigkeit und Perfektion kommen. Ziel sollte dabei sein, ein *hohes, jedoch realistisches Qualitätsziel* zu setzen, anstatt eine Perfektion anzustreben, die in der Praxis (in der verfügbaren Zeit) oftmals nicht erreicht werden kann.

- Sowohl bei der inhaltlichen Erstellung der Abschlüsse als auch bei der Statuserhebung im Abschlussprozess kann es immer nur eine zentrale Datenquelle (einen *Single Point of Truth*) geben. Dies bedeutet, dass bereits im Vorfeld geklärt werden muss, an welcher zentralen Stelle die jeweiligen *Master-Dokumente* liegen und wer für deren Datenqualität verantwortlich ist. Des Weiteren muss über den Prozess sichergestellt werden, dass die Qualitätssicherung bereits bei der Datengenerierung und nicht erst bei der Abschlusserstellung erfolgt.

---

[8] Alternative Gestaltungsmöglichkeiten werden in dem Beitrag Straub in diesem Buch dargestellt.

- Um eine *effiziente Steuerung des Abschlussprozesses* zu unterstützen und eine Solidarisierung von Verantwortlichkeiten zu vermeiden, müssen eindeutig abgegrenzte Rollenprofile festgelegt und kommuniziert werden. Um das Engagement des einzelnen Mitarbeiters verbindlicher zu gestalten, sollte zumindest bei den Schlüsselressourcen eine Aufnahme der Aufgaben in die individuelle Zielvereinbarung erfolgen.
- Vielfach wurden in der Vergangenheit Prozesse nur einmalig im Rahmen des Jahresabschlusses durchgeführt. Ziel ist dabei, diese Prozesse bereits unterjährig (das heißt periodisch) durchzuführen. Fehler werden damit frühzeitig identifiziert und der Abschlussstichtag wird *zum Non-Event* (von einem Sonderprozess zu einem periodischen Standardverfahren).
- Der Abschlussstichtag ist ein Meilenstein in der Mitte und nicht der Startpunkt des Abschlussprozesses. Um die personellen Ressourcen in der kritischen Phase nach Ultimo zu entlasten, sollte eine möglichst umfangreiche *Vorverlagerung* von Aufgaben erfolgen.
- Bei der Anpassung der fachlichen, organisatorischen und technischen Parameter ist stets darauf zu achten, dass nicht nur eine partielle Verbesserung (zum Beispiel im Rechnungswesen) erreicht, sondern auch eine *Optimierung des integrierten Gesamtprozesses* (vom Geschäftsvorfall im Frontoffice bis zur Hauptversammlung) sichergestellt wird. Um eine effiziente Durchführung der Prozesse über Organisationsgrenzen hinweg sicherzustellen, sind für die kritischen Kernprozesse verantwortliche Mitarbeiter (*Process Owner*) zu benennen.

3.1 Fachliche Maßnahmen

Die kritische Phase im Abschlussprozess startet zumeist mit dem Abschlussstichtag (zum Beispiel Jahresultimo) und endet mir der Testatserteilung. Dieser Zeitraum ist durch einen sehr hohen Zeitdruck in Kombination mit limitierten personellen Ressourcen (sowohl auf Seiten der Bank als auch bei den Abschlussprüfern) gekennzeichnet. Ein entscheidender Schritt ist daher, durch eine gezielte Vorverlagerung von Maßnahmen vor diesen Stichtag, den kritischen Pfad zu entlasten.

3.1.1 Ansätze zur Vorverlagerung von Abschlussaktivitäten

- Beim sogenannten *Soft Close-Ansatz* werden zu einem, weit vor dem Stichtag liegenden, Zeitpunkt kritische Abschlussposten und -prozesse mit hoher Qualität bearbeitet. Dadurch wird eine zeitraubende Fehlersuche im eigentlichen Abschlussprozess selbst vermieden und eine höhere Prognosegenauigkeit zum Beispiel für das Jahresende erreicht. In der Praxis gibt es Kreditinstitute, welche einen Soft Close zum Stichtag 30. September durchführen (bei diesen Instituten ist das Geschäftsjahr gleich dem Kalenderjahr). Dies bedeutet, dass für ausgewählte und in einem Konzept beschriebene Bilanz- und GuV-Posten Q3-Abschlussprozesse in Jahresabschlussumfang und -qualität erfolgen. Durch diese frühzeitige Fehleranalyse und -bereinigung werden im eigentlichen Jahresabschlussprozess nur noch Problemfälle aus dem vierten Quartal auftreten. Parallel zu den Linienaktivitäten erfolgt auf dieser Datenbasis im vierten Quartal auch bereits eine erste Prüfung der Geschäftsvorfälle durch den Abschlussprüfer für Q1-Q3. Auch dies führt zu einer Reduktion des Prüfungsaufwands nach Ultimo sowie für die Bank zur Möglichkeit, die identifizierten Fehler bis zum Ultimo zu bereinigen.

- Während beim Soft Close zu einem vorherigen Stichtag Bilanz- und GuV-Posten *auf Probe* abgeschlossen werden, geht es beim *Hard Close* um den finalen Abschluss eines Postens oder in Einzelfällen einer ganzen Gesellschaft kurz vor Ultimo. In der Praxis wird dieser Ansatz vor allem bei Rückstellungen und im Bereich der Sachanlagen verwendet, sofern dort keine Volatilität in den letzten Dezember-Tagen zu erwarten ist. Dazu werden zu einem festgelegten Stichtag (zum Beispiel 15. Dezember) die bis dahin erfassten Werte qualitätsgesichert. Ergänzend erfolgen die Ermittlung des voraussichtlichen Jahresendwerts (zumeist auf Basis bekannter Geschäftsvorfälle beziehungsweise einer Schätzung) sowie die formale Abschlussbuchung. Am Ultimo selbst findet nur noch eine Überprüfung statt, ob die Schätzung hinreichend nahe am finalen Wert liegt und eine Anpassungsbuchung (*Follow-up*) noch erforderlich ist.

- Während sich der Soft und Hard Close-Ansatz für ein breites Themenspektrum anwenden lässt, wird ein *Early Cut-off* nur für spezifische Bereiche eingesetzt. Im Kern handelt es sich hierbei um eine einmalige Periodenverschiebung nach vorn, sodass zukünftig das Periodenende für diesen Bereich bereits einige Tage vor Ultimo (zum Beispiel dem Jahresende) erreicht ist. In der Bankpraxis ist zum Beispiel ein *Early Cut-off* bei konzerninternen Leistungsverrechnungen gebräuchlich. Bei einer Standardperiode (gleich dem Geschäftsjahr) können noch nach Ultimo und damit teilweise auch nach Buchungsschluss konzerninterne Abrechnungen eintreffen. In diesem Fall muss entweder nachgebucht oder eine Differenz in der Intercompany-Abstimmung in Kauf genommen werden. Bei einem *Early Cut-off* wird daher der Stichtag für die letztmalige Rechnungsstellung zum Beispiel auf den 15. Dezember vorverlegt. Dadurch können alle Rechnungen noch vor Ultimo einheitlich abgearbeitet und Intercompany-Differenzen vermieden werden.

- Bei einem *Early Close* handelt es sich um die Einbeziehung vollständiger Gesellschaften (Handelsbilanz II-/HB II-Ebene) zu einem vorgezogenen Abschlussstichtag (ohne Fortschreibung oder Schätzung bis zum Konzernstichtag). Hierbei handelt es sich üblicherweise um nicht materielle sowie erfahrungsgemäß unproblematische (Auslands-)Gesellschaften bezogen auf die Abschlusserstellung (insbesondere bei assoziierten Unternehmen).

Ob und in welchem Umfang diese Vorverlagerungsmaßnahmen beim jeweiligen Mandanten umgesetzt werden können, bedarf einer intensiven vorherigen Abstimmung mit den Abschlussprüfern sowie dem IT-Bereich.

3.1.2 Weitere fachliche Optimierungsschritte

Neben den fachlich getriebenen Vorverlagerungen haben sich in der Praxis weitere Maßnahmen zur Beschleunigung des Abschlussprozesses bewährt. Hier sind auszugsweise zwei Beispiele zu nennen:

- Zielsetzung einer integrierten Gesamtbanksteuerung muss die Sicherstellung einheitlicher Steuerungsimpulse sein. In der Praxis zeigt sich jedoch, dass aufgrund der historisch gewachsenen Strukturen häufig fachliche Methodenunterschiede sowie abweichende Prozesse und Systeme vorliegen. Dies führt im Jahresabschluss wiederum zu Abstimmungs- und Überleitungsaufwand zwischen dem internen und externen Rechnungswesen sowie zwischen dem Rechnungswesen und dem Bereich Risikocontrolling. Um hier den Abstimmungs- und Überleitungsaufwand zu reduzieren, sind bereits im Vorfeld Maßnahmen zur strukturierten *Methodenharmonisierung* einzuleiten.

- Ein weiterer klassischer Grund für Verzögerungen im Abschlussprozess sind *ausstehende fachliche Entscheidungen* inklusive der Abstimmung mit den Abschlussprüfern. Teilweise entstehen diese Fragestellungen erst im Verlauf des Abschluss- oder Prüfungsprozesses und können daher nicht im Vorfeld geklärt werden. Die Praxis zeigt jedoch, dass die Mehrzahl der noch offenen Entscheidungen bereits vor Ultimo hätte geklärt werden können. Um diese Verzögerungen zukünftig zu vermeiden hat es sich in der Praxis bewährt, die erforderlichen Entscheidungen in einem strukturierten Prozess einzusammeln und in einem standardisierten Gremium (zum Beispiel einem *Accounting Decision Committee*) abzuarbeiten. Dadurch kann sichergestellt werden, dass den Entscheidungsträgern frühzeitig alle zentralen Fragestellungen bekannt sind und somit das Restrisiko für den Abschluss eingeschätzt werden kann.

3.2 Organisatorische Maßnahmen

Neben den fachlichen Themenstellungen wird in Quality Close-Projekten auch vielfach die Aufbau- und Ablauforganisation optimiert. Das Vorgehen entspricht einem klassischen *Process (Re-)Engineering* und wird daher nicht im Detail ausgeführt. Es erfolgt jedoch eine kurze Beschreibung der typischen Problemfelder und Maßnahmen,[9] die im Rahmen eines Quality Close-Projektes konkret den Abschlussprozess optimieren können.

---

[9] Dabei ist zu berücksichtigen, dass die prozessualen Lösungsansätze in der Praxis oftmals mit fachlichen und technischen Elemente kombiniert werden (siehe Bewertung Finanzinstrumente oder Risikovorsorge).

3.2.1 Anpassungen in der Ablauforganisation

Abhängig von der Konzernorganisation sowie der IT-Architektur sind in jedem Projekt kundenspezifische Besonderheiten zu klären. Dennoch gibt es auch eine Reihe von klassischen Fragestellungen, welche oftmals zu Verzögerungen im Gesamtablauf führen und im Rahmen der Prozessanalyse grundsätzlich immer untersucht werden sollten. Im Folgenden wird eine Auswahl dieser Themen aufgeführt:

- Bei der *manuellen Bewertung von Finanzinstrumenten* entsteht aufgrund des Zeitbedarfs für die Beschaffung der Basisinformationen sowie der manuellen Berechnung von Fair Values oftmals ein Terminkonflikt mit dem Gesamtablauf. In der Praxis hat es sich daher beispielsweise bewährt, die zugrunde liegenden Modelle und Berechnungen (zum Beispiel auf Basis der Novemberwerte) im Vorfeld mit dem Abschlussprüfer abzustimmen.

- Die Ermittlung und Buchung der *Risikovorsorge* nach IFRS (*Specific Loan Loss Provision*[10], *General Loan Loss Provision*[11] und *Portfolio Loan Loss Provision*[12]) liegt bei vielen Kreditinstituten aufgrund der aufwändigen technischen Ermittlung, des Entscheidungsbedarfs im Management der Bank sowie des Abstimmungsbedarfs mit dem Abschlussprüfer auf dem kritischen Pfad des Abschlussprozesses. Daher werden vielfach die Aktivitäten bezüglich der Einzelwertberichtigungen (wie die Analyse durch die Bank oder die Prüfung und Erstellung des Kreditprüfungsberichts durch den Abschlussprüfer) bereits weitgehend in das vierte Quartal des Geschäftsjahres vorverlagert. Des Weiteren ist durch Prognoserechnungen im Bereich GLLP und PLLP vor Ultimo (zum Beispiel auf Basis der Novemberwerte) hinsichtlich der zu erwartenden Risikovorsorge bereits eine ausreichende Stabilität zu erzielen, damit die Abstimmung im Management und mit den Abschlussprüfern spätestens kurz nach Ultimo abgeschlossen werden kann.

- Einen weiteren Prozessengpass stellt in vielen Banken die *Intercompany-Abstimmung* dar. Die aufgrund von abweichenden Methoden und Zeitpunkten entstehenden Differenzen sind durch eine fachliche Harmonisierung zu beseitigen. Für die Analyse und Bereinigung der Fehler hat es sich bewährt, sowohl die Abstimmung der Intercompany-Salden als auch die Leistungsverrechnung auf eine einheitliche Datenplattform zu heben (zum Beispiel der Installation eines Intercompany-Servers) sowie den Prozess unterjährig zu periodisieren (zum Beispiel monatlich in Jahresabschlussqualität durchzuführen). Sofern am Jahresende bereits Materialitätsgrenzen vereinbart wurden, sollte unterjährig zumindest einmalig eine Gesamtabstimmung erfolgen, um dadurch einen *Bodensatz* an ungeklärten Fehlern auszuschließen.

- Da die Steuerprozesse GAAP-übergreifend zu betrachten sind und erst am Ende der Einzelabschlusserstellung anstehen (und damit von allen anderen Zulieferungen abhängen), ist deren zeitnahe Validierung (zum Beispiel der *latenten Steuern*) bereits im Vorfeld de-

---

10 Im Folgenden kurz SLLP genannt.
11 Im Folgenden kurz GLLP genannt.
12 Im Folgenden kurz PLLP genannt.

tailliert zu planen. Zu Verzögerungen führen häufig nachträgliche fachliche Abstimmungen mit dem Abschlussprüfer sowie Validierungen von Werten aus Vorperioden. Dies ist durch Abstimmungen vor Ultimo bereits weitgehend zu eliminieren. Zusätzlich sind die bestehenden Abhängigkeiten bereits in der Planung des Abschlussprozesses detailliert aufzunehmen, um bei eintretenden Verzögerungen entsprechend präzise reagieren zu können.

3.2.2 Gestaltungsmöglichkeiten in der Aufbauorganisation

Auch aufbauorganisatorische Maßnahmen sollten berücksichtigt werden, um den Abschlussprozess zu unterstützen:

- Ein entscheidendes Element zur Effizienzsteigerung bereichsübergreifender Prozesse ist die Festlegung *eines* zentralen Prozessverantwortlichen. In der Praxis wird die Planung des Abschlussprozesses oftmals noch durch einen leitenden Mitarbeiter im (Konzern-)Rechnungswesen angestoßen, da dieser auch für das fachliche Endergebnis verantwortlich ist. Durch ihn werden ebenfalls die Anforderungen an zuliefernde Bereiche definiert. Ein formales Mandat für die übergreifende Planung und Koordination des Gesamtprozesses im Konzern liegt zumeist jedoch nicht vor. Um diese Verantwortungslücke zu schließen, ist es zwingend zu empfehlen, einen zentralen *Process Owner* für die Gesamtkoordination festzulegen, welcher sowohl ein Mandat für die Erstellung einer bereichsübergreifenden Abschlussplanung als auch für eine aktive Steuerung des Prozesses (inklusive Eskalationsmechanismen) besitzt. Um bei komplexeren Abschlussprozessen einen personellen Engpass zu vermeiden, hat es sich zudem bewährt, diese Prozesssteuerung und die inhaltliche (fachliche) Verantwortung in zwei separate Rollen zu trennen.

- Organisationsstrukturen in Kreditinstituten sind zumeist historisch gewachsen und nur selten prozessorientiert festgelegt. Zudem weicht oftmals die *Prozess-* von der *Datenverantwortung (Data Ownership)* ab. Eine generelle Reorganisation des Fachbereichs wird im Rahmen eines Quality Close-Projektes nur selten erfolgen. Es ist aber zumindest darauf zu achten, dass die Kernprozesse auf dem kritischen Pfad sowie die damit verbundene Datenverantwortung in identischen Organisationseinheiten gebündelt werden.

- Trotz aufbauorganisatorischer Optimierung wird es im Abschlussprozess immer eine Reihe von Liefer- und Leistungsbeziehungen im Konzern beziehungsweise zwischen dem Konzern und den externen Beteiligten (zum Beispiel den Abschlussprüfern) geben. Hierbei ist sicherzustellen, dass auf beiden Seiten ein einheitliches Verständnis bezüglich der Art und dem Inhalt der Lieferungen besteht. Um dies auch formal zu dokumentieren, werden standardisierte Liefer- und Leistungsbeziehung im Rahmen von Quality Close-Projekten in *Service Level Agreements* (SLAs) dokumentiert.[13] Dabei erfolgt sowohl eine konkrete Beschreibung des Lieferformats, der fachlichen Inhalte, der Termine (Stichtag der Daten sowie Lieferdatum) als auch der Verantwortlichkeiten auf beiden Seiten.

---

[13] Die Abstimmung der von Seiten der Abschlussprüfer geforderten Unterlagen erfolgt zumeist anhand einer *Prepared by Client-/PBC-Liste*.

3.3 Technische Maßnahmen

Neben den organisatorischen Anpassungen sind in der Analysephase auch mögliche Optimierungsschritte im IT-Umfeld zu prüfen. Den Schwerpunkt bildet dabei zumeist nicht der generelle Umbau der IT-Architektur, es geht vielmehr um kurz- bis mittelfristige Maßnahmen, die sich mit begrenzten personellen und finanziellen Ressourcen noch im Projekt umsetzen lassen:[14]

- Die Basis für einen effizienten Abschlussprozess bildet die Datenqualität. In der Praxis ist vielfach zu beobachten, dass unterjährige Fehlerquellen erst im Abschlussprozess bereinigt werden. Dieser Effekt lässt sich mit pragmatischen, organisatorischen und technischen Maßnahmen reduzieren. Grundlage bildet die klare Definition der Datenverantwortlichkeit und der daraus ableitbaren Verantwortung für die Qualitätssicherung und Fehlerbereinigung. Darauf aufbauend können *technische Prüfroutinen* eingeführt werden, die eine Aussage über den aktuellen Stand der Datenqualität erlauben. In der Praxis bewährt haben sich zum Beispiel Prüfreports bei der Anlieferung der Bestandsinformationen aus den Vorsystemen (wobei unter anderem die Vollständigkeit der Bestandsparameter abgeprüft wird) wie auch Plausibilitätsprüfungen bei der Generierung von Buchungen oder Bestandsprüfungen für Differenzenkonten. Bei der Befüllung und dem anschließenden Import der Reporting Packages können wiederum *automatisierte Plausibilitätsprüfungen* die Daten innerhalb des Packages verifizieren.

- Um den Zeitraum für Abstimmungsaktivitäten im Abschlussprozess möglichst gering zu halten, sollten bereits im Vorfeld *automatisierte Abstimmbrücken* umgesetzt werden. Diese verbinden die abschlussrelevanten Datenhaushalte und identifizieren im Rahmen ihrer standardisierten Prüfläufe (zum Beispiel tägliche Prüfroutinen für Bestandsdaten oder monatliche für Abschlussinformationen) frühzeitig auftretende Saldendifferenzen. In der Praxis werden diese Abstimmfunktionalitäten zumeist zur Abstimmung zwischen Haupt- und Nebenbüchern sowie zur Abstimmung zwischen dem internen und externen Rechnungswesen (zum Beispiel zur Abstimmung der Segmentberichterstattung) eingesetzt.

- Ein stabiler Prozessablauf lässt sich nur unter stabilen Rahmenparametern durchführen. Um dies sicherzustellen hat es sich bewährt, diese über eine *Frozen Zone* für die kritische Abschlussphase zu fixieren (einzufrieren). In einem solchen Konzept sind jedoch nicht nur die bereits jetzt üblichen systemtechnischen Änderungen (zum Beispiel *Release-Wechsel*) zu berücksichtigen. Vielmehr sind im Rahmen eines Frozen Zone-Konzepts auch fachliche und organisatorische Parameter konzeptionell festzulegen (zum Beispiel Fixierung von fachlichen Anforderungen, Kontenplänen, Reporting Packages, Kostenstellenanpassungen, Sarbanes-Oxley-/SOX-relevante Prozessveränderungen).

---

[14] Langfristige Maßnahmen (zum Beispiel Änderungen in der IT-Architektur) sind in dieser Phase zu definieren und in die IT-Projektplanung (IT-Roadmap) aufzunehmen.

- Während bei der Datenbereitstellung und -analyse viele Banken bereits einen hohen Automatisierungsgrad aufweisen, ist bei der Steuerung des Abschlussprozesses sowie bei der Finalisierung einzelner Ergebnisdokumente (zum Beispiel bei der Erstellung des Geschäftsberichts) nach wie vor hoher manueller Aufwand erforderlich. Um auch hier die Prozessdisziplin (bei gleichzeitiger Reduktion des Ressourcenbedarfs) zu steigern, setzen Banken vermehrt *Workflow-Lösungen* ein. So kann die Koordination der Geschäftsberichterstellung zum Beispiel durch die Nutzung eines *Content Management Systems* und die Abschlusssteuerung durch spezialisierte Tools aus dem Bereich des Projektmanagements unterstützt werden.[15]

4. Kritische Erfolgsfaktoren bei der Projektdurchführung

In den bisherigen Abschnitten wurden bereits einige Einzelmaßnahmen aufgeführt, die, abhängig von den individuellen Rahmenparametern, alle einen entscheidenden Beitrag zum individuellen Projekterfolg leisten können. Basierend auf den bisherigen Erfahrungen lassen sich jedoch Faktoren identifizieren, die in jedem Projekt zwingend zu berücksichtigen sind, um einen nachhaltigen Erfolg sicherzustellen.

- Da ein Quality Close-Projekt in vielen Bereichen zu Veränderungen führen kann, ist bereits im Vorfeld des Projektes das *Sponsoring durch das Top-Management* (insbesondere des CFOs) sicherzustellen. Dabei ist auch herauszustellen, dass der Weg zu mehr Prozesstransparenz (als zwingende Bedingung für einen Gesamterfolg) auch vom Vorstand getragen wird. Zusätzlich muss berücksichtigt werden, dass die vorverlagerten Maßnahmen genauso wie das frühzeitige Abstimmen mit dem Wirtschaftprüfer gegebenenfalls als eine Reduktion der bisherigen Prozess- und Ergebnisflexibilität empfunden wird. Auch auf diese Reaktionen muss sich das Projektmanagement entsprechend vorbereiten.

- Bereits im Verlauf der Projektinitiierung sind alle am Abschluss involvierten Unternehmensbereiche neben der Finanzfunktion (zum Beispiel IT, Risikocontrolling, der für den Abschluss kritischen Tochtergesellschaften sowie externe Beteiligte) mit einzubeziehen. Eine Schlüsselrolle spielt dabei die *Einbindung der Abschlussprüfer*. Sowohl bei der Festlegung der fachlichen Maßnahmen als auch bei der zunehmenden Integration des Erstellungs- und Prüfungsprozesses ist eine Abstimmung der geplanten Maßnahmen zwingend erforderlich.

---

[15] Konkrete Lösungsansätze im Bereich der Abschlusssteuerung werden im Beitrag Straub in diesem Buch detailliert beschrieben.

- In der Analysephase ist die *Auswahl des geeigneten Projektansatzes* (Projektbreite und -tiefe) entscheidend. In den vorherigen Abschnitten wurde bereits beschrieben, dass nicht eine Standardlösung, sondern vielmehr ein speziell auf die individuellen Kundenerfordernisse zugeschnittener Ansatz erarbeitet werden muss. Um möglichst kurzfristig die Wirksamkeit der individuell ausgewählten Vorgehensweise und Maßnahmen zu testen, können einzelne Organisationseinheiten als Prototypen eingesetzt werden. Die dort gesammelten Erfahrungen werden anschließend durch die Bankmitarbeiter auf weitere Gesellschaften übertragen.

- Die Analyse aktueller Schwachstellen erfolgt zumeist auf Basis der bisherigen Abschlussprozesse. Bei der Festlegung der Optimierungsmaßnahmen ist jedoch zwingend darauf zu achten, dass auch *Abhängigkeiten zu angrenzenden Projekten* berücksichtigt werden. Spätestens zum Ende der Analysephase ist das Maßnahmenpaket des Quality Close-Projektes mit der Roadmap des Projektportfolio-Managements auf Konzernebene abzustimmen.

- Bei der Auswahl der Einzelaktivitäten ist strikt darauf zu achten, dass sich das Projektteam auf *Maßnahmen entlang des kritischen Pfades* konzentriert und nicht die Ressourcen im *Gießkannenprinzip* auf eine Vielzahl von Einzelmaßnahmen verteilt. Nur so lässt sich auch die erwünschte Reduktion der Abschlussdauer mit vertretbarem Aufwand erzielen.

- Veränderungen in der Aufbau- und Ablauforganisation führen immer zu einer Verunsicherung der Beteiligten. Um diesen entgegenzuwirken, ist bereits zu Projektbeginn ein *Change Management-Portfolio* festzulegen. Beginnend mit einer Kick-off-Veranstaltung sind anschließend die verantwortlichen Mitarbeiter laufend über aktuelle Entwicklungen des Projektes aktiv zu informieren.

- Sowohl im Projekt als auch im späteren Tagesbetrieb werden unterschiedlichste Konzerngesellschaften und Organisationseinheiten involviert. Um eine straffe Projektführung sowie die Effizienz des späteren Abschlussprozesses sicherzustellen, ist bereits im Projektverlauf ein *zentraler Process Owner* zu installieren. In der Praxis hat es sich als zielführend erwiesen, diesen Mitarbeiter bereits über die zentrale Rolle des Projektleiters aufzubauen und anschließend diese Aufgabe direkt in seine Linienfunktion zu überführen.

5. Fazit

Die Anforderungen des Kapitalmarkts an eine zeitnahe und qualitativ hochwertige Finanzberichterstattung für Kreditinstitute werden weiter steigen. Zusätzlich erfordern die Konsolidierungsschritte in der Branche eine zunehmende Flexibilität auch in der Finanzfunktion.

Für die langfristige Effizienzsteigerung des Prozesses und die qualitative Verbesserung der Reportinginhalte ist die einmalige Durchführung eines Projektes sicherlich ein guter Startpunkt. Um diese Entwicklung jedoch auch nachhaltig zu verankern ist sowohl eine Anpassung der Rollen und Verantwortlichkeiten in der Aufbauorganisation (zum Beispiel durch die Einführung von *Process Ownern*) als auch eine Sicherstellung einer stringenten Abschlussprozesses (mit standardisierten Projektphasen) erforderlich.

Um dies auch in der zukünftigen Linienorganisation sicherstellen zu können, ist bereits im Projektverlauf darauf zu achten, dass durch ein laufendes Change Management die Philosophie eines Quality Close auch bei den zukünftigen Prozessbeteiligten verankert wird. Denn nur durch die Sicherstellung eines *kontinuierlichen Verbesserungsprozesses* wird der Konzern in der Lage sein, den externen Effizienzanforderungen auf Dauer gerecht zu werden.

Projektorientiertes Abschlussmanagement als Basis für ein zukunftsfähiges Ergebnisreporting

Gerd Straub

1. Ausgangslage und Zielsetzung

2. Kernelemente eines effizienten Abschlussmanagements
    2.1 Abschlussprozesse als eigenständiges Projekt
        2.1.1 Institutionalisierung einer Projekt-/Stabsfunktion
        2.1.2 Standardisierung der Projektaktivitäten im Abschlussmanagement
        2.1.3 Zentralisierung und Standardisierung der Planungs- und Abstimmungsprozesse
        2.1.4 Aufbau eines kontinuierlichen Change Managements
        2.1.5 Integration von weiteren Stakeholdern in das Abschlussmanagement
    2.2 Kennzahlenorientierte Prozesssteuerung

3. Automatisierung der Abschlusssteuerung
    3.1 Nutzen der Automatisierung
    3.2 Schritte zur Auswahl eines geeigneten Tools
        3.2.1 Marktübersicht
        3.2.2 Workshop-Reihe zur Softwareauswahl

4. Fazit und Ausblick

Literaturverzeichnis

1. Ausgangslage und Zielsetzung

Um auch zukünftig die wachsenden Reporting-Anforderungen im Rahmen der Abschlusserstellung erfüllen zu können, analysieren Kreditinstitute aktuell, welche Maßnahmen zur nachhaltigen Effizienzsteigerung zeitnah umgesetzt werden können. Der Beitrag von Jelinek/ Straub beschreibt dazu Lösungsansätze, die die Finanzberichterstattung selbst optimieren (zum Beispiel durch fachliche Vorverlagerungen). Um weiteres Effizienzsteigerungspotenzial zu nutzen und einen kontinuierlichen Verbesserungsprozess sicherstellen zu können, ist jedoch neben der Prozessoptimierung und der Qualitätssteigerung der Reporting-Inhalte auch eine Optimierung des Abschlussmanagements erforderlich. Der vorliegende Beitrag zeigt auf, welche Kernelemente bei der Abschlusssteuerung zu beachten sind und wie durch eine sinnvolle Toolunterstützung der Ressourceneinsatz optimiert werden kann.

Vergleicht man die aktuellen Herausforderungen zur Abschlusssteuerung in Kreditinstituten mit der Situation von vor wenigen Jahren, so ist der heutige Handlungsbedarf unübersehbar.

So hat sich der Fokus der Berichterstattung von einer reinen Berichterstattung nach dem Handelsgesetzbuch (HGB) in Richtung eines Multi GAAP-Reportings erweitert. In der Praxis müssen die Finanzfunktionen von Kreditinstituten nun mehrere Abschlüsse nach unterschiedlichen Rechnungslegungsstandards erstellen (zum Beispiel HGB Einzelabschlüsse, Einzel- und Konzernabschluss nach den International Financial Reporting Standards (IFRS) und ein United States Generally Accepted Accounting Principles (US-GAAP) Reporting für bei der Securities and Exchange Commission (SEC) gelistete Kreditinstitute). Somit sind bei Kreditinstituten unterschiedliche Prozessstränge so zu integrieren, dass trotz paralleler Abfolgen kritische Abhängigkeiten berücksichtigt und beschleunigte Ergebnisse realisiert werden können. Neben der rein technischen Integration dieser Datenflüsse, stellt in der Praxis vor allem die Qualitätssicherung und gegenseitige Abstimmung der Daten eine Herausforderung dar. Da die Ergebnisse direkt als Steuerungsimpuls im Management sowie für die Kapitalmarktkommunikation verwendet werden, ist eine erhöhte Sensibilität in diesem Zusammenhang jedoch zwingend erforderlich.

Zusätzlich zu dieser zunehmenden Komplexität rückt das Ziel der Verkürzung des Abschlussprozesses weiter in den Vordergrund. Konnte die Finanzfunktion von Kreditinstituten in früheren Jahren zwischen den Abschlussphasen (zum Halbjahr und Jahresende) noch fachliche Fragestellungen des Tagesgeschäfts klären, bleibt aufgrund der inzwischen vielfach umgesetzten Monats- und Quartalsberichterstattung sowie der zunehmend kurzfristigeren internen und externen Ad-hoc-Reporting-Anforderungen ein konstanter Prozessdruck erhalten. Des Weiteren führen die Verkürzungen der Reporting-Zyklen auch zur Reduktion der Vorlaufzeiten für die konzeptionelle Erarbeitung und Umsetzung von neuen Anforderungen bis zum nächsten Abschlussstichtag.

Trotz dieser Herausforderungen (die zunehmende Komplexität und der Termindruck), wurden und werden im Rahmen der Kostensenkungsprogramme auch im Bereich der Finanzberichterstattung Kürzungen vorgenommen. Die verfügbaren personellen Ressourcen sind daher bereits in der Planung stark limitiert. Verstärkt wird dieser Effekt noch, wenn der Abschlussprozess nicht in einem stabilen organisatorischen Umfeld erfolgen kann, sondern durch Fusionierungen und Akquisitionen zusätzlicher Harmonisierungsaufwand entsteht. Obwohl gerade nach einer Transaktion die Kapazitäten zur Sicherstellung der Qualität und der termingerechten Erstellung des gemeinsamen Abschlusses dringend erforderlich sind, wird in den relevanten Organisationsbereichen oftmals direkt nach der Veränderung mit dem Personalabbau begonnen. Treten in dieser Phase zusätzliche Anforderungen oder Verzögerungen auf (zum Beispiel ergänzende Reportinganforderungen aufgrund der Finanzkrise), können häufig die angestrebten Qualitäts- und Terminziele nicht beziehungsweise nur sehr schwer erreicht werden.

Diese Beispiele zeigen auf, dass sich die Abschlusssteuerung in Finanzfunktionen von Kreditinstituten von einem temporären, starren und dezentral organisierten System zu einem professionellen, ganzjährigen Abschlussmanagement wandeln muss, wenn es den zukünftigen Anforderungen genügen will.

Folgende Auswahl an Zielen sollte dabei im Vordergrund stehen:

- zentrale und dadurch einheitliche Bereitstellung von Abschlussinformationen für das Management
- Integration der Aktivitäten bei den am Abschluss beteiligten Organisationseinheiten (zum Beispiel in den Fachbereichen und den Bereichen der Finanzfunktion) sowie den Gesellschaften des Konzerns
- einheitliche Steuerungsstrukturen, die auch eine laufende Qualitäts-, Kosten- und Zeitmessung (und damit auch einen Periodenvergleich) und somit einen kontinuierlichen Verbesserungsprozess ermöglichen
- standardisierte und organisationsübergreifende Kommunikationsplattformen
- reduzierter Aufwand für die Datenbeschaffung und -strukturierung (zum Beispiel für die Statuserhebung); Nutzung dieser Kapazitäten für Analysen und Ad-hoc-Aufgaben
- Flexibilität hinsichtlich neuer fachlicher Anforderungen sowie organisatorischer Veränderungen

2. Kernelemente eines effizienten Abschlussmanagements

Um diese Ziele verwirklichen zu können, müssen keine neuen Methoden erfunden werden. Vielmehr genügt es, aus bereits bewährten Elementen des Projekt- und Prozessmanagements ein für den Abschlussprozess geeignetes Set zusammenzustellen. In den folgenden beiden Abschnitten wird anhand ausgewählter Beispiele beschrieben, welche Elemente sich für die Abschlusssteuerung in Kreditinstituten eignen und bereits in der Praxis bewährt haben.

2.1 Abschlussprozesse als eigenständiges Projekt

In der Vergangenheit wurde der Abschlussprozess oftmals aus der Linienfunktion heraus (zum Beispiel durch den Abteilungsleiter im Bereich Konzernrechnungswesen) gesteuert. Dabei zeigte sich in der Praxis, dass im Abschlussprozess gerade bei diesen Linienverantwortlichen Engpässe entstehen. Diese Effekte lassen sich vermeiden, wenn die einzelnen Abschlussperioden projektorientiert aufgesetzt werden, wobei jede Abschlussperiode für ein eigenes Projekt steht und damit (aufgrund der kurzen Reporting-Fristen) auch *Abschlussprojekte* überlappen können. Die Kernelemente, die bei einer Implementierung beachtet werden müssen, werden im Folgenden vorgestellt.

2.1.1 Institutionalisierung einer Projekt-/Stabsfunktion

Um alle abschlussrelevanten Aktivitäten organisationsübergreifend zu bündeln, ist in der Aufbauorganisation ein *Process Owner*[1] für den Abschlussprozess zu verankern. Diese Rolle ist in der Praxis auf zwei Organisationsebenen festzulegen. Zentral (auf Konzernebene) erfolgt durch diese Rolle die Koordination des Gesamtprozesses im Konzern (und damit auch die Festlegung der allgemein gültigen Meilensteine für alle Organisationsebenen) sowie die Koordination der Erstellung des Konzernabschlusses. Dezentral sind in den jeweiligen Gesellschaften (zum Beispiel den Tochterunternehmen oder den Niederlassungen) *Process Owner* zu benennen, welche die Erstellung der Einzelabschlüsse und die Befüllung der Reporting Packages (den Zumeldungen der Konzerngesellschaften) lokal koordinieren.

---

[1] Als *Process Owner* werden ausgewählte Mitarbeiter bezeichnet, die die Verantwortung für organisationsübergreifende Prozessketten übernehmen. Um bei der Prozesssteuerung Zielkonflikte mit den Linienverantwortlichen zu vermeiden, ist vorab sowohl der Prozess selbst als auch die Rolle des Process Owners detailliert zu beschreiben.

Bei der Umsetzung dieser Rolle sind die folgenden kritischen Erfolgsfaktoren zu berücksichtigen:

- Die Zuständigkeit des *Process Owners* muss organisationsübergreifend (über Bereichs- und gegebenenfalls Gesellschaftsgrenzen hinweg) festgelegt werden und eine entsprechende Macht/Verantwortung für die bereichsübergreifende Koordination des Prozesses enthalten. Nur so kann eine Integration des Gesamtprozesses sichergestellt werden.
- Ein direktes Sponsoring (ein eindeutiges Mandat) durch den Chief Financial Officer (CFO) ist zwingend erforderlich, um bei der operativen Durchführung auftretende Verzögerungen schnell eskalieren zu können.
- Der zukünftige *Process Owner* auf Konzernebene sollte bereits über eine breite Akzeptanz und ein fundiertes Netzwerk im Konzern verfügen.
- Eine personelle Trennung der fachlichen Verantwortung für die Ergebnisse und der Rolle des Terminkoordinators hat sich in der Praxis bewährt, um personelle Engpässe zu vermeiden.
- Um bereits frühzeitig die neuen Rollen und Prozesse in der Organisation verankern zu können, hat es sich bewährt, den zukünftigen *Process Owner* zum Beispiel bereits im Rahmen eines *Quality Close-Projektes* zu verankern (siehe auch Beitrag „Quality Close" von Jelinek/Straub).

2.1.2 Standardisierung der Projektaktivitäten im Abschlussmanagement

Prozesseffizienz lässt sich nur erreichen, wenn die Abläufe vorab eindeutig definiert und kommuniziert wurden. Entscheidend ist dabei, dass im ersten Schritt durch den zentralen *Process Owner* eine standardisierte Aktivitätenliste erarbeitet wird, die das Betätigungsfeld des Abschlussmanagements umfassend beschreibt. Nur wenn es ihm danach gelingt, diesem Ablauf in jeder Abschlussperiode konsequent zu folgen, wird sich mittelfristig eine Prozessroutine und damit auch eine höhere Effizienz erreichen lassen.

Die Einzelaktivitäten selbst orientieren sich am klassischen Projektmanagement (Auszug aus einer Aktivitätencheckliste) (siehe Abbildung 1).

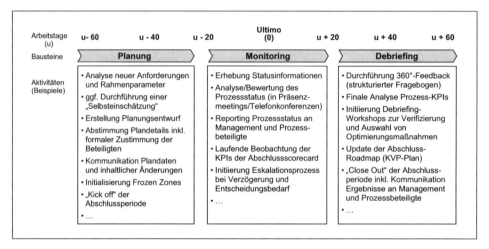

Abbildung 1: *Abschlussmanagement im Zeitverlauf (Reporting-Prozessstatus, Abschluss-Scorecard)*

- Zu Beginn einer jeden Abschlussperiode werden die neuen Anforderungen analysiert und in den Standardplan eingearbeitet. Parallel dazu wird überprüft, in welchem Umfang die im Rahmen des *Debriefing* (der Nachbesprechung) der letzten Periode definierten Verbesserungsmaßnahmen bereits erfolgreich umgesetzt wurden. Im Anschluss an die Planungsphase erfolgt eine zentrale Kommunikation dieser neuen Eckdaten. Abschluss der Planungsphase und damit auch der Startpunkt für das Monitoring ist ein formales Kick-off-Meeting (beziehungsweise eine Telefonkonferenz bei dezentralen Teams), bei dem die neuen Eckpunkte erneut besprochen werden.

- Während des Abschlussprozesses erfolgen vor allem die Statusanalyse der Einzelaktivitäten, ein aktives Eingreifen bei Verzögerungen und ausstehenden Entscheidungen sowie ein Reporting gegenüber den Stakeholdern (vor allem dem Management). Dabei agiert der *Process Owner* nicht als Einzelkämpfer. Vielmehr stimmt er sich zum Beispiel im Rahmen von Präsenzmeetings (in der Hauptabschlussphase bis zu zwei bis drei Kurzmeetings pro Woche) mit dem Kernteam bezüglich seiner Statuseinschätzung und der daraus abzuleitenden Maßnahmen ab.

- Entscheidend für den langfristigen Erfolg ist ein ausführliches *Debriefing* im Anschluss an den Prozessdurchlauf. Nur so wird sichergestellt, dass die aktuellen Erfahrungen direkt analysiert und in konkrete Maßnahmenpläne (zum Beispiel einer *Roadmap* für den kontinuierlichen Verbesserungsprozess) übergeleitet werden.

2.1.3 Zentralisierung und Standardisierung der Planungs- und Abstimmungsprozesse

Entscheidend für einen effizienten Gesamtablauf ist die Sicherstellung einer integrierten Gesamtplanung, die auch die Abhängigkeiten zwischen den Organisationseinheiten und Gesellschaften ausreichend berücksichtigt. Dazu ist zuerst ein Konzern-Eckterminkalender durch den zentralen *Process Owner* zu entwickeln, der die übergreifenden Meilensteine berücksichtigt. Dieser sollte sich über die Folgeperioden hinweg möglichst nicht hinsichtlich der Struktur, sondern nur bezüglich einzelner Termine verändern. Nachdem diese Konzernvorgaben *Top-down* an die einzelnen Gesellschaften weitergegeben wurden, dienen sie dort als Ausgangsbasis für die individuelle Planung der Einzelabschlüsse.

Neben einer Kommunikation *in den Konzern hinein*, ist auch ein Feedback-Prozess in der Planungsphase zwingend notwendig. Sofern sich bei den Eckterminen tatsächlich signifikante Veränderungen der Meilensteine ergeben haben, oder organisatorische Veränderungen (zum Beispiel durch neue Gesellschaften im Konsolidierungskreis) erfolgten, hat es sich bewährt, frühzeitig deren *Selbsteinschätzung* bezüglich der neuen Terminvorgaben einzuholen. Dazu wird zentral eine Abfrage bei den dezentralen *Process Ownern* hinsichtlich der Realisierbarkeit und der gegebenenfalls erforderlichen Unterstützungsleistung gestartet. Anhand dieser Informationsbasis kann dann frühzeitig bewertet werden, ob die neuen Ecktermine realistisch geplant wurden und welche Maßnahmen gegebenenfalls im Vorfeld noch unterstützend initiiert werden müssen. Während die Selbsteinschätzung nur selektiv eingesetzt wird, ist eine umfassende formale Zustimmung der einzelnen Verantwortlichen für die jeweiligen Einzelaktivitäten zwingend erforderlich. Dazu wird der finalisierte Abschlusskalender nach der Durchführung der Detailplanung nochmals an alle Beteiligten mit der Bitte um schriftliche Zustimmung versendet. Nur auf dieser formal abgestimmten Planungsbasis kann im späteren Monitoring zielgerichtet gesteuert werden.

2.1.4 Aufbau eines kontinuierlichen Change Managements[2]

Die Anzahl der an einem Konzernabschluss beteiligten Mitarbeiter dürfte in vielen Fällen das Volumen eines Großprojektes erreichen. Daher ist leicht nachvollziehbar, dass auch bei diesem Prozess ein strukturiertes Change Management zwingend erforderlich ist.

Die folgenden Kernelemente sind dabei zu berücksichtigen:

- die Sicherstellung einer standardisierten *Top-down-Kommunikation*, zum Beispiel durch einen *Closing-Newsletter*, in dem jeweils vor den Reporting-Stichtagen über die aktuellen fachlichen Entwicklungen, die Veränderungen im Abschlussprozess oder die Ergebnisse des letzten *Debriefing* berichtet wird

---

2 In der Betriebswirtschaft lassen sich unter dem Begriff *Change Management* (Veränderungsmanagement) alle Aufgaben, Maßnahmen und Tätigkeiten zusammenfassen, die eine umfassende, bereichsübergreifende und inhaltlich weit reichende Veränderung – zur Umsetzung von neuen Strategien, Strukturen, Systemen, Prozessen oder Verhaltensweisen – in einer Organisation bewirken sollen.

- der Aufbau von Kommunikationsplattformen, die einen Rückmeldeprozess sowie eine offene Diskussion ermöglichen. Für das lokale Abschlussteam können hierzu die Kickoff-, Monitoring- und *Debriefing-Meetings* genutzt werden. Vor allem für die Einbindung der dezentralen Ansprechpartner sind jedoch weitere Maßnahmen wie zum Beispiel Telefonkonferenzen vor der Abschlussperiode, die Implementierung eines *Closing-Helpdesks* (einer zentralen Mailadresse und Telefonnummer für Rückfragen), die laufende Durchführung eines 360°-Feedbackprozesses oder die Umsetzung eines jährlichen Präsenzmeetings zu ergreifen
- sichtbares Sponsoring durch das Top-Management bereits im Vorfeld des Abschlusses, um den Abstimmungs- und Eskalationsprozess bei späteren Problemfällen zu erleichtern
- die Initiierung von Trainingsmaßnahmen, sofern im Rahmen des Feedback-Prozesses ein entsprechender Bedarf identifiziert wurde
- die konsequente Verankerung der Prozessziele in den Kompensations- und Anreizmechanismen der Mitarbeiter der Kreditinstituten (zum Beispiel mittels individueller Zielvereinbarungen)
- die Umsetzung eines strukturierten Know-how-Transfers aus der Projekt- in die Linienorganisation sofern für den Abschlussprozess temporär externe Unterstützung hinzugezogen wurde

2.1.5 Integration von weiteren Stakeholdern in das Abschlussmanagement

Neben einer intensiven Abstimmung der Aktivitäten im Kernteam sind noch weitere Abhängigkeiten im Vorfeld abzustimmen und in der Vorgehensweise zu berücksichtigen. Als Beispiele sind zu nennen:

- die Abstimmung der aktualisierten Konzern-Ecktermine sowie der Detailplanungen mit dem Prozesskoordinator des Abschlussprüfers
- die Klärung der externen Terminvorgaben sowie möglicher Ad-hoc-Anforderungen zusammen mit dem Bereich Konzernkommunikation beziehungsweise Investor Relations
- die Detailabstimmung der aktualisierten Performance-Anforderungen beziehungsweise Updates bezüglich der *Frozen Zones* (vorab definierte Perioden, in welchen an Systemen, Prozessen und Strukturen keine Änderungen vorgenommen werden) zusammen mit dem IT-Bereich
- die Abstimmung der Abschlussphasen mit parallel durchzuführenden Prozessen in der Bank (zum Beispiel bei einer Sarbanes-Oxley (SOX)-Prüfung)

2.2 Kennzahlenorientierte Prozesssteuerung

Neben dem projektorientierten organisatorischen Aufbau des Abschlussmanagements sind weitere Aktivitäten erforderlich, um eine kontinuierliche Effizienzsteigerung sicherzustellen. Ein Kernelement bildet die Einführung von Prozesskennzahlen (sogenannten *Key Performance Indikatoren/KPIs*), welche zukünftig als Basis für die Performance-Messung und -Steuerung herangezogen werden.

Die Auswahl geeigneter Kennzahlen hängt neben der unternehmensindividuellen Zielpriorisierung von der Unternehmensstruktur und -kultur ab und sollte im Rahmen eines Projektes zur Optimierung der Abschlusssteuerung individuell ausgeprägt werden. Abbildung 2 stellt als erste Diskussionsbasis beispielhaft KPIs aus der Praxis dar.

Abbildung 2: Mögliche Elemente einer kennzahlenorientierten Prozesssteuerung

KPIs lassen sich relativ zeitnah umsetzen, sofern die dafür erforderlichen Basisinformationen bereits im Verlauf des Abschlussprozesses generiert werden. So können in der Praxis die Abstimmungsinformationen (Anzahl und Volumen der Differenzen) sowie die Termineinhaltung aus dem Monitoringprozesses entnommen werden. Die Kosteninformationen liegen zumeist in der Kostenstellenrechnung (sofern dort eindeutig abgegrenzt) und die IT-Leistungskennzahlen im IT-Reporting (zum Beispiel auf Basis der Service Level Agreements) verwertbar vor.

Einer der entscheidenden Schritte im Abschlussprozess ist die Anlieferung der Reporting Packages an das Konzernrechnungswesen. Da an dieser Stelle keine standardisierten KPIs entnommen werden können, wird in der Praxis vielfach eine manuelle Bewertung (*Scoring*) der Packages durchgeführt. Dabei erfolgt durch den prüfenden Mitarbeiter im Konzernrechnungswesen (dem Reporting Entity-Betreuer) eine individuelle Bewertung des angelieferten Packages hinsichtlich seiner Vollständigkeit, Pünktlichkeit und Richtigkeit. Im Nachgang lassen sich dann die *Scoring-Ergebnisse* sowohl im Zeitreihenvergleich als auch im Vergleich mit weiteren Lieferanten bewerten und gegebenenfalls Maßnahmen zur Optimierung ableiten.

3. Automatisierung der Abschlusssteuerung

Die im zweiten Abschnitt vorgestellten Kernelemente zeigen, wie mit einem effizienten Abschlussmanagement den steigenden Anforderungen begegnet werden kann. Es wird jedoch ebenfalls deutlich, dass mit einer Intensivierung des Abschlussmanagements auch der Arbeitsaufwand und damit die erforderlichen Personalkapazitäten steigen. Da sich ein höherer Ressourceneinsatz in der Praxis aufgrund des Kostendrucks nur sehr schwer durchsetzen lässt, müssen in diesem Zusammenhang geeignete Kompensationsmöglichkeiten durch die Finanzfunktion identifiziert werden.

Die Automatisierung der bisher im Abschlussmanagement manuell durchgeführten Aktivitäten zur Datenerhebung und -abstimmung, um die freien Kapazitäten dann für die Analyse der Daten sowie für die Prozesssteuerung selbst zu verwenden, ist hier als Schlüsselfaktor zu sehen.

Welchen konkreten Nutzen Kreditinstitute aus dieser Umsetzung ziehen können und wie die geeignete Software für den individuellen Bedarf ermittelt werden kann, wird in den folgenden Abschnitten kurz skizziert.

3.1 Nutzen der Automatisierung

Wie bereits in den vorherigen Abschnitten beschrieben, wird die Effizienz eines Abschlussprozesses vor allem an den Parametern Qualität, Zeit und Kosten gemessen. Daher sollte auch die Einführung eines Abschlusstools[3] einen signifikanten Einfluss auf diese Parameter bewirken.

Befragt man Unternehmen, die bereits über ein Abschlusstool verfügen, wird der genannten These eindeutig zugestimmt. Die folgenden Faktoren werden in diesem Zusammenhang am häufigsten erwähnt:

- Die zentrale Datenhaltung in einem Tool stellt eine einheitliche Sicht auf den Prozessstatus sicher (einen *single point of truth*). Das Reporting kann damit aus einer abgestimmten Datenquelle ad hoc und weitgehend automatisiert erfolgen. Des Weiteren wird über entsprechende Zugriffsberechtigungen sichergestellt, dass das Abschlusskernteam selbstständig Statusinformationen aus dem Tool erhalten kann.

---

[3] Unter Tools zur Automatisierung wird in diesem Zusammenhang jegliche Softwarelösung verstanden, die zur Unterstützung des Abschlussmanagements genutzt werden kann.

- Die Datenerhebung und -abstimmung erfolgt weitgehend automatisiert durch entsprechend automatisierte Arbeitsabläufe (*Workflows*, zum Beispiel zur Abstimmung der Planung sowie die Statuserhebung bezüglich einzelner Abschlussaktivitäten).

- Aufgrund der Abbildung von Abhängigkeiten können Aktivitäten über vorab definierte Ereignisse (sogenannte *Trigger Events*) automatisiert angestoßen beziehungsweise Workflows initiiert werden (zum Beispiel wird der Verantwortliche für die Aktivität B via Workflow automatisiert über den erfolgreichen Abschluss der Aktivität A informiert).

- Durch den Tooleinsatz kann ein standardisierter Prozess strukturierter abgebildet werden. Nach einem einmaligen Initialisierungsaufwand lassen sich die Abschlussperioden (vor allem die Planung und das Monitoring) mit geringem Aufwand wiederholen.

- Die technische Plattform erlaubt es, Ecktermine aus einem zentralen Plan (zum Beispiel dem Konzern-Eckterminplan) automatisiert als Meilensteine in die Terminpläne der Einzelgesellschaften weiterzuleiten. Eine Integration der Einzelpläne wird damit technisch sichergestellt.

- Die Automatisierungslösungen sind zumeist skalierbar. Dies bedeutet, dass eine einmal eingeführte Lösung mit geringem finanziellem Aufwand in den Konzern ausgerollt, oder auch für weitere Prozesssteuerungen genutzt werden kann.

- Durch individualisierte Berechtigungsprofile und Anmelderoutinen lässt sich sowohl ein Zugriffsschutz installieren als auch der Aktivitätenfortschritt dokumentieren. Diese Informationen können im weiteren Verlauf auch für andere Zwecke (zum Beispiel als Bausteine der internen Kontrollsysteme (IKS) beziehungsweise der SOX-Kontrollen) verwendet werden.

Zusammenfassend kann festgestellt werden, dass neben dem eigentlichen Ziel der Ressourcen-Entlastung auch hinsichtlich der Prozessstabilisierung und -dokumentation positive Effekte erzeugt werden. Dies zeigt sich bereits bei der Installation einer einzelnen Instanz (eines Systems). Der volle Nutzen dieser Tools wird jedoch bei der Implementierung mehrerer miteinander verbundener Mandanten (mehrerer IT-technische Ordnungsinstanzen) im Konzern erzeugt.

3.2 Schritte zur Auswahl eines geeigneten Tools

Da der Funktionsumfang und damit auch der erzielbare Nutzen eines Tools signifikant voneinander abweichen können, werden im folgenden Abschnitt die im Markt genutzten Tools kategorisiert. Anschließend wird aufgezeigt, mit welchen Schritten ein Kreditinstitut das für ihre Zwecke geeignete Tool identifizieren kann.

3.2.1 Marktübersicht

Bei der Befragung der Finanzfunktionen von Kreditinstituten nach deren Nutzung von Softwarelösungen zur Abschlusssteuerung, wird diese von den meisten Instituten bestätigt. Die Erfahrungen aus der Praxis zeigen jedoch, dass es sich dabei zumeist um statische Programme handelt, welche lediglich zu Dokumentationszwecken und nicht zur eigentlichen interaktiven Steuerung verwendet werden.

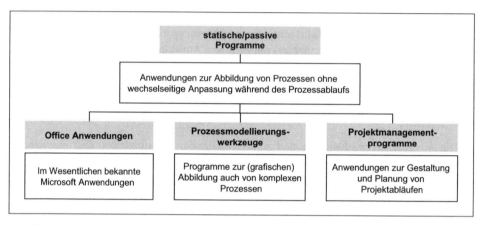

Abbildung 3: *Marktübersicht: statische/passive Programme*

Dabei lassen sich die einzelnen Kategorien wie folgt unterscheiden:

- Die *Office-Anwendungen* werden weitgehend zu Dokumentationszwecken genutzt. Das am häufigsten in der Praxis genutzte Tool ist dabei MS Excel (zur Abbildung eines Abschlusskalenders). Zur Darstellung von Abschlussprozessen wird vereinzelt auch MS PowerPoint oder MS Visio genutzt.

- Um komplexere Prozessketten strukturiert abbilden zu können, werden in Kreditinstituten auch häufig *Prozessmodellierungswerkzeuge* wie das *Aris Toolset* (ein Software-Werkzeug der Firma IDS Scheer AG zur Erstellung, Pflege und Optimierung von Geschäftsprozessen) oder *ibo Prometheus* (ein Produkt der ibo Software GmbH zum Prozessmanagement) genutzt. Analog zu den Microsoft Office-Anwendungen eignen sie sich im Rahmen der Abschlusssteuerung vor allem zur Dokumentation eines Plan-Szenarios (inklusive einer grafischen Darstellung des Abschlussprozesses). Sie eignen sich jedoch weniger für die aktive Prozesssteuerung.

- Als dritte Möglichkeit werden teilweise auch klassische *Projektmanagement-Tools* wie MS Projekt eingesetzt, um den Abschlussprozess zu planen und zu steuern. Diese Tools bieten bereits die Möglichkeit, Ist-Informationen aufzunehmen sowie bei Plan-Ist-Abweichungen Szenarien darzustellen. Eine Interaktion der am Prozess beteiligten Mitarbeiter ist jedoch nur manuell möglich.

Da diese Tools nur einen sehr begrenzten Anteil des erreichbaren Nutzens realisieren können, setzt sich in der Praxis zunehmend eine weitere Gruppe von Software-Lösungen durch, welche verstärkt eine Interaktion innerhalb des jeweiligen Abschlussprozesses sowie prozessübergreifend im Konzern ermöglicht.

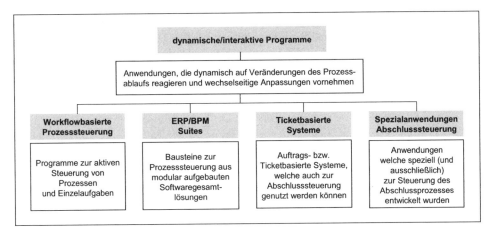

Abbildung 4: *Marktübersicht: dynamische/interaktive Programme*

Auch diese Tools lassen sich in mehrere Kategorien unterteilen:

- In vielen Kreditinstituten werden bereits jetzt *Workflow-Lösungen zur Prozesssteuerung* (zum Beispiel im Frontoffice oder im IT-Bereich) eingesetzt. Hier ist zu prüfen, ob und in welchem Umfang sich diese Lösung nach einer Anpassung des *Customizing* auch zur Abschlusssteuerung nutzen lassen.

- Ebenfalls vielfach im Einsatz befinden sich modulare *ERP-/BPM-Lösungen* (zum Beispiel von SAP, Oracle oder Hyperion), bei denen sich einzelne Bausteine grundsätzlich auch für ein Abschlussmanagement eignen könnten. Die Praxis zeigt jedoch, dass diese Module teilweise nur nach intensivem *Customizing* für diese Zwecke eingesetzt werden beziehungsweise nur einen Teilprozess des gesamten Abschlussprozesses abdecken (zum Beispiel als Konsolidierungsmonitor).

- *Ticketbasierte Systeme* werden in Kreditinstituten bereits vielfältig für ein *Trouble Ticketing* (zum Beispiel in Call Centern oder bei Softwareeinführungen) oder für ein Anforderungsmanagement genutzt. Vorteil dieser Lösungen ist, dass eine strukturierte Erfassung der einzelnen Aktivitäten im Abschlussprozess (als Einzelticket) bereits in den Standardlösungen umfangreich abgebildet werden kann. Des Weiteren sind zumeist Workflow-Lösungen integriert, welche eine automatisierte Steuerung der einzelnen Aktivitäten ermöglichen. Nachteil dieser Lösungen ist, dass die angestrebte Integration des Gesamtprozesses (inklusive seiner Abhängigkeiten) weitgehend aufgelöst wird und der Prozess oftmals nur noch als Summe von Einzeltickets dargestellt werden kann.

- Da keine der ersten drei Tool-Kategorien die Anforderungen zur Abschlusssteuerung vollumfänglich erfüllen können, hat sich auf dem Markt eine weitere Gruppe von *Softwarelösungen* etabliert, die *speziell auf die Abschlusssteuerung* zugeschnitten wurden. Kernelemente dieser Systeme bilden Datenbanken, in welchen die Abschlussprozessdaten inklusive der steuerungsrelevanten Parameter zentral abgelegt werden. Basierend auf diesen Daten können Abschlusspläne für neue Perioden erzeugt und abgestimmt, Statusinformationen dokumentiert und Workflows initiiert werden. Die umfangreichen Funktionalitäten sowie die Skalierbarkeit der Systeme ermöglicht eine optimale Unterstützung des Abschlussmanagements. Da bei einer Einführung jedoch neue Software in eine bestehende IT-Architektur eingebracht wird und dadurch auch mit erhöhtem Implementierungsaufwand zu rechnen ist, muss auch diese Lösungsmöglichkeit kritisch geprüft werden.

3.2.2 Workshop-Reihe zur Softwareauswahl

Um die für ein Kreditinstitut geeignete Softwarelösung zu identifizieren, hat KPMG ein mehrstufiges Auswahlverfahren entwickelt. Da die Belastung für die Linienmitarbeiter (aus der Finanzfunktion sowie aus dem IT-Bereich) möglichst gering zu halten ist, werden diese vor allem in die vier Abstimmworkshops integriert. Die Koordination des Gesamtprozesses erfolgt durch ein kleines (Projekt-)Team, das die Basisinformationen aufbereitet, die Workshops vor- und nachbereitet sowie den Kontakt mit den externen Ansprechpartnern aufnimmt.

Abbildung 5: *Workshopreihe zur Auswahl eines geeigneten Tools zur Abschlusssteuerung*

Kernelemente bilden in den einzelnen Prozessabschnitten die folgenden Aktivitäten:

- Ausgangsbasis für die Softwareauswahl ist eine detaillierte *Definition der Anforderungen* in den Bereichen Planung/Modellierung, Monitoring, Reporting und Bedienung/Administration. Kernelement bildet dazu die KPMG-Checkliste mit circa 100 fachlichen Anforderungen und daraus resultierenden technischen Funktionsanforderungen, welche für die Zwecke der Abschlusssteuerung grundsätzlich geprüft werden sollten. Auf der Basis dieser Diskussionsgrundlage wird in einem ersten Workshop mit dem Gesamtteam diskutiert, welche Anforderungen mit welcher Priorität für dieses Kreditinstitut geprüft werden müssen. Des Weiteren wird die Basischeckliste noch um kundenindividuelle Punkte erweitert.

- Diese Workshopergebnisse werden genutzt, um aus einer Datenbank mit statischen und dynamischen Tools eine *erste Vorauswahl* (eine *Long List*) zu erstellen. Parallel erfolgt bereits die *Definition eines Auswahlverfahrens (Scoring)*, das zur weiteren Bewertung der Anbieter genutzt wird. Diese beiden Arbeitsergebnisse werden im zweiten Workshop abgestimmt und bieten damit die Ausgangsbasis für das weitere Vorgehen.
- Im dritten Schritt werden die Anbieter der *Long List* anhand der abgestimmten *Scoring-Parameter* geprüft. Die Ergebnisse werden je Tool in die Anforderungstabelle übertragen, welche für diesen Zweck bereits einen *Scoring-Bereich* (inklusive Ampelfunktion und Freitextfeld) vorsieht. Die daraus resultierende *Short List* (Anbieter in der engeren Auswahl als Ergebnis dieses *Scoring-Prozesses*) wird im dritten Workshop präsentiert und diskutiert. Dabei wird auch festgelegt, welche Anbieter die Gelegenheit erhalten, ihr Tool im Rahmen einer Präsentation (eines *Show Case*) beim Kreditinstitut zu präsentieren.

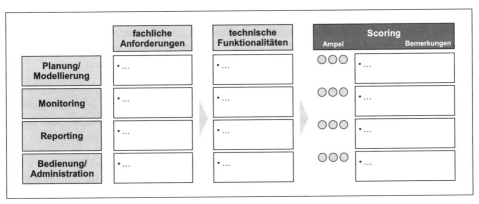

Abbildung 6: *Checkliste zur Strukturierung der Anforderungen sowie des Scoring-Prozesses*

- Die *Produktpräsentation* inklusive der Möglichkeit zur individuellen Diskussion offener Punkte mit den Anbietern bildet das Kernelement des vierten und letzten Workshops. Im Anschluss wird durch den Mandanten (zumeist von Mitarbeitern in der Finanzfunktion, in Abstimmung mit dem IT-Bereich) das Zielsystem ausgewählt und eine Entscheidungsvorlage für den Beschlußprozess im Management erstellt.

4. Fazit und Ausblick

Die Ausführungen dieses Beitrages zeigen auf, dass die in vielen Bereichen der Kreditinstitute bereits durchgeführte Effizienzsteigerung durch Industrialisierung und damit auch der Professionalisierung der Prozesssteuerung auch beim Abschlussmanagement zwingend erforderlich ist. Nur so kann die Finanzfunktion in die Lage versetzt werden, die aktuellen Anforderungen an die Finanz- und Managementberichterstattung in einem stabilen und qualitätsgesicherten Prozess abzuarbeiten und gleichzeitig flexibel auf neue Anforderungen zu reagieren.

Aufgrund der Praxiserfahrungen sind vor allem die folgenden kritischen Erfolgsfaktoren zu beachten:

- Der Aufbau einer effizienten Abschlusssteuerung lässt sich nicht in einem Schritt erreichen. In einem Projekt (als Baustein eines Quality Close-Projektes oder als Einzelmaßnahme) können zwar die dafür erforderlichen Rahmenbedingungen geschaffen werden, jedoch ist die Effizienz in einem kontinuierlichen Verbesserungsprozess zu steigern.

- Komplexe Prozesse lassen sich nur effizient steuern, wenn sie von einem ganzen Netzwerk motivierter Mitarbeiter unterstützt werden. Dies erfordert bei vielen Kreditinstituten noch einen Kulturwandel in der Finanzfunktion und angrenzenden Bereichen, der durch *Change Management-Maßnahmen* des *Process Owners* zentral zu unterstützen ist.

- Der Nutzen lässt sich multiplizieren, wenn nicht nur auf Ebene des Konzerns, sondern auch in den einzelnen Gesellschaften einheitliche Strukturen und Methoden eingesetzt werden. Diese Harmonisierung steigert die Prozesstransparenz und -disziplin im Gesamtablauf. Zusätzlich ist der Aufwand für die Implementierung des Tools nur einmalig zu erbringen, die weiteren Konzerngesellschaften können die Software zumeist in einem separaten Mandanten parallel nutzen.

Der Weg zur effizienten Abschlusssteuerung lässt sich folglich am besten durch eine Kombination von organisatorischen und technischen Maßnahmen beschreiten. Da die Anforderungen an diese Funktion jedoch stetig zunehmen werden, kann den Kreditinstituten nur geraten werden, möglichst frühzeitig den Einstieg in die Professionalisierung beziehungsweise Automatisierung des Abschlussmanagements zu starten.

Literaturverzeichnis

BEHRINGER, S. (2006): Fast Close – Möglichkeiten und Grenzen der Beschleunigung von Jahresabschlussaktivitäten, in: Buchführung, Bilanzierung, Kostenrechnung (BBK), 53. Jahrgang (2006), Heft Nr. 10, S. 529 - 538.

DUESTERWALD, R. (2002): Fast Close-Abschlüsse helfen Kosten sparen, in: Versicherungswirtschaft, 57. Jahrgang (2002), Heft 11, S. 804 - 807.

HARTMANN, F./FINK, W. (2004): Messung der Leistungsfähigkeit des Jahresabschlussprozesses, in: Der Betrieb, 57. Jahrgang (2004), Heft Nr. 14, S. 717 - 719.

KPMG (2006): Quality Close – The Race to Close Survey, Internet: http://www.kpmg.co.za/images/naledi/pdf%20documents/qualityclosesurvey.pdf, Stand: November 2006, Abruf: 16.01.2009, 17:11 Uhr, S. 1 - 26.

KÜTING, K./WEBER C.-P./BOECKER, C. (2004): Fast Close – Beschleunigung der Jahresabschlusserstellung – (zu) schnell am Ziel?!, Steuern und Bilanzen (StuB), 6. Jahrgang (2004), Heft Nr. 1, S. 1 - 10.

SPENGLER, W. (2002): Kostenmanagement bei der Einführung von IAS und Fast Close, in: Versicherungswirtschaft, 57. Jahrgang (2002), Heft 21, S. 122 - 123.

Fast Close-Initiative im Dresdner Bank-Konzern

Karl Friedrich Fiedler / Christina Geib

1. Ausgangslage und Zielsetzung
2. Projektthemen und -organisation
3. Wesentliche Projektergebnisse
4. Kritische Erfolgsfaktoren
5. Fazit und Ausblick

1. Ausgangslage und Zielsetzung

Den Anstoß für das im Folgenden beschriebene Projektvorhaben gab der Wettbewerb in der Kapitalmarktkommunikation. Wie auch andere DAX-Unternehmen zogen die Allianz und die Dresdner Bank ihre Pressekonferenzen für die Berichterstattung über das Geschäftsjahr 2006 deutlich vor, um die Kapitalmarktteilnehmer noch frühzeitiger als in den vergangenen Geschäftsjahren zu informieren. Der Abschlussprozess verkürzte sich damit für den Dresdner Bank-Konzern bezogen auf die Erstellung des Konzernabschlusses um fünf Arbeitstage, bezogen auf die Vorbereitung der Bilanzpressekonferenz der Allianz und der Dresdner Bank um insgesamt 15 Arbeitstage.

Vor diesem Hintergrund startete die Dresdner Bank eine *Fast Close-Initiative*, mit deren Hilfe kurzfristig eine wesentliche Verkürzung des Jahresabschlussprozesses bewirkt werden sollte. Als wesentliche Nebenbedingung der zeitlichen Verkürzung des Abschlussprozesses wurde in der Dresdner Bank die Erhöhung der Qualität der lokalen Zulieferungen definiert. So wurde es als zielführender angesehen, eine Zulieferung in guter Qualität zu einem späteren Zeitpunkt zu erhalten, als eine Zulieferung zu einem früheren Zeitpunkt mit deutlichen Qualitätsmängeln unter Umständen unter Einbindung der lokal Verantwortlichen zeitaufwändig nachbessern zu müssen.

Die Ausgangslage für das Projektvorhaben war dadurch geprägt, dass das Reporting in der Vergangenheit wiederholt Gegenstand von Prozessanalysen und -optimierungen war. Des Weiteren standen interne Ressourcen infolge mehrfacher Restrukturierungsprogramme in nur sehr begrenztem Umfang zur Verfügung. Schließlich war die IT-Infrastruktur heterogen, teilweise veraltet und wesentliche Veränderungen kurzfristig nicht realisierbar.

Obwohl sich die Anforderung einer vorgezogenen Lieferung des Reporting Packages[1] primär auf die Berichterstattung nach den International Financial Reporting Standards (IFRS) bezog, waren im Dresdner Bank-Konzern auch die Reportingprozesse nach Handelsgesetzbuch (HGB) und United States Generally Accepted Accounting Principles (US-GAAP) betroffen. Für letztgenannte wurden die für die Überleitung des Konzernabschlusses von IFRS auf US-GAAP erforderlichen Informationen erhoben und der Allianz zur Verfügung gestellt, um eine frühzeitige Erstellung des für die Berichterstattung an die amerikanische Börsenaufsicht Securities and Exchange Commission (SEC) genutzten Form 20-F zu ermöglichen. Darüber hinaus wurden die relevanten Gremiensitzungen, die Bilanzsitzung des Vorstands der Dresdner Bank AG und die Sitzung des Audit Committees, vorgezogen.

Eine Vielzahl einzelner Schritte des Jahresabschlussprozesses ließ sich bezogen auf die Lieferung des Dresdner Bank-Konzern Reporting Packages in zwei Gruppen unterteilen: Prozessschritte, die auf Ebene der Gesellschaften im Dresdner Bank-Konzern zu durchlaufen waren,

---

[1] Ein Reporting Package enthält die für die Erstellung eines Konzernabschlusses erforderlichen Zulieferungen der Konzerneinheiten in Form von Bilanz-, GuV- sowie statischen Informationen.

sowie solche, die auf Ebene des Head Offices im Wesentlichen die Validierung der lokal zugelieferten Informationen und deren anschließende Konsolidierung betreffen. Wie aus Abbildung 1 hervorgeht, wurden die Reporting Packages seitens der Konzerneinheiten vor Beginn der *Fast Close-Initiative* zum Teil mit signifikantem Verzug an das Head Office geliefert.

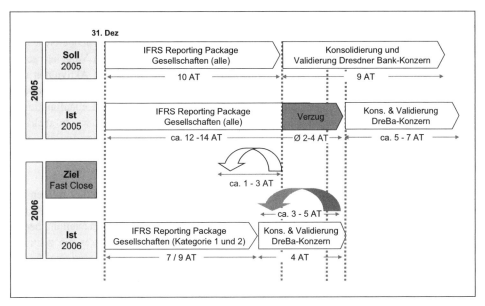

Abbildung 1: Ausgangslage und Zielsetzung Dresdner Bank Fast Close

2. Projektthemen und -organisation

Die im Dresdner Bank-Konzern durchgeführte *Fast Close-Initiative* wurde in zwei Projektphasen mit unterschiedlichen Schwerpunkten durchgeführt. Nach der Initialisierung diente eine erste Phase (*Phase I*) zwischen August und November 2006 im Wesentlichen dazu, die Erreichbarkeit des verkürzten Liefertermins für das Dresdner Bank-Konzern Reporting Package mittels sogenannter *Quick Wins* zu gewährleisten. Prozessschritte jenseits der Package-Lieferung wurden im Rahmen einer umfassenden Planung des Reportingprozesses beziehungsweise über separate Workstreams in der Projektorganisation berücksichtigt. In einer zweiten Phase (*Phase II*) wurden Maßnahmen zur Verkürzung des Abschlussprozesses zwischen April und November 2007 nachhaltig in der Linienorganisation der Dresdner Bank verankert.

Angesichts des engen Zeitraums für die Durchführung von Fast Close *Phase I* wurde ein *zentraler Projektansatz* gewählt, das heißt, ein Projektteam aufgesetzt, das vom Head Office gesteuert wurde und für die Umsetzung der erforderlichen Maßnahmen global verantwortlich zeichnete. Im Gegensatz dazu wurde das Projekt in *Phase II dezentral* fortgesetzt. Hier bestanden neben dem Projektteam im Head Office lokal unabhängige Projektteams, die sich mit dem zentralen Projektteam sowie untereinander über die zu diesem Zweck eingerichtete Kommunikationsplattform *Operating Entity (OE) Roundtable* austauschten und abstimmten.

Die Projektmitarbeiter wurden in beiden Phasen durch die betroffenen Fachbereiche des Head Offices und der wesentlichen Konzerneinheiten gestellt. Mit diesem Vorgehen sollte sichergestellt werden, dass zum einen Detailkenntnisse über die relevanten Aktivitäten und Prozesse eingebracht und zum anderen keine Widerstände gegen die Umsetzung erarbeiteter Projektergebnisse durch die enge Einbindung von Verantwortlichen aus den Linienfunktionen entstehen konnten. Neben verschiedenen Organisationseinheiten der Bank wurde auch der Abschlussprüfer in das Projektvorhaben eingebunden, um eine reibungslose Berücksichtigung der *Fast Close-Initiative* in die Prüfungsprozessplanung zu gewährleisten. Darüber hinaus begleitete ein externer Berater beide Projektphasen.

Aus den im Folgenden aufgeführten Strukturen von *Fast Close-Phase I* und *II* werden die behandelten Themen und eingerichteten Gremien ersichtlich. Neben einzelnen fachlichen Themen, deren termingerechte Erledigung den kritischen Pfad der Abschlusserstellung beeinflusste, war die umfassende Planung und Steuerung des Abschlussprozesses ein zentraler Bestandteil beider Projektvorhaben. Diese wurden in *Phase I* aus dem *Workstream Annual Close Process*, in *Phase II* aus den *Workstreams Closing Calendar* und *Monitoring* betrieben.

Die Konzerneinheiten waren in *Phase I* über ein eigenes Teilprojekt eingebunden. Teams, bestehend aus lokalen Mitarbeitern und Mitarbeitern des Head Offices, jeweils gecoacht von externen Beratern, beschäftigten sich in *Phase I* mit den spezifischen Themenstellungen, die im Hinblick auf die termingerechte Lieferung der Reporting Packages in den wesentlichen Konzerneinheiten relevant waren. Der Handlungsbedarf in weiteren zu meldenden Einheiten wurde mittels einer strukturierten Selbsteinschätzung erhoben und anschließend lokal umgesetzt. Das zentrale Projektteam unterstützte hierbei durch die Bereitstellung geeigneter Informationen und Tools und überwachte die termingerechte Abarbeitung der definierten Maßnahmen. Angrenzende Bereiche wie die Risikofunktion, das Beteiligungsmanagement, das zentrale Sarbanes-Oxley-/SOX-Team und die Interne Revision wurden über den sogenannten *Info Circle* regelmäßig über den Status des Projektes und die erzielten Ergebnisse informiert.

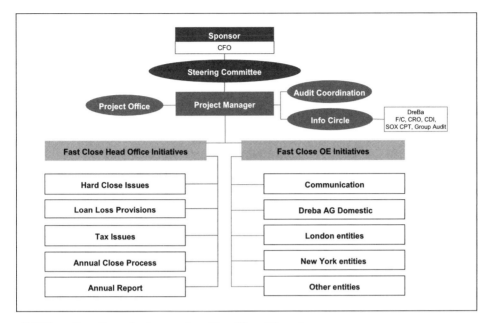

Abbildung 2: *Organisationsstruktur Fast Close-Phase I*

Die Projektorganisation der *Phase II* war durch eine Unterteilung in direkt eingebundene Teilprojekte sowie sogenannte Linienprojekte gekennzeichnet. Während für die direkt eingebundenen Teilprojekte im Verlauf des Projekts noch verantwortliche Linien zu bestimmen waren, wurde die Bearbeitung der relevanten Themenstellungen der Linienprojekte durch die jeweils zuständigen Fachbereiche verantwortet. Neben den direkt im Wirkungsbereich des Projekts liegenden Themen wurden angrenzende und für den Abschlussprozess relevante weitere Projektvorhaben, die im Head Office oder lokal durchgeführt wurden, mittels eines regelmäßigen Austausches über das Project Management berücksichtigt.

Wie bereits ausgeführt wurde, war die Projektstruktur der *Phase II* ausschließlich auf das Head Office ausgerichtet. Eine Einbindung der wesentlichen Konzerneinheiten erfolgte über die lokalen Chief Financial Officers (CFO) im Steering Committee und die verantwortliche Arbeitsebene im OE Roundtable. Ein Review Board zeichnete verantwortlich für die Validierung wesentlicher Projektergebnisse sowie die Abstimmung der geplanten Schritte für deren Implementierung. Die Zuständigkeit für das Change Management, das heißt die aktive Begleitung und Gestaltung der durch das Projekt angestoßenen inhaltlichen Veränderungen, wurde zunächst im Teilprojekt *Organization* angesiedelt. Nach einer Übergangsphase wurde sie jedoch direkt der Projektleitung zugeordnet, um einen direkteren Zugang zu den wesentlichen Informationen zu ermöglichen und der strategischen Bedeutung dieser Themenstellung für den Projekterfolg gerecht zu werden. Von hier aus wurden die jeweiligen Change Management-Maßnahmen veranlasst und insbesondere über regelmäßige *Fast Close-Newsletter* eine breite Kommunikation über den Projektfortschritt an direkt und indirekt von den Projektergebnissen betroffene Mitarbeiter durchgeführt.

Die Abschlussprüfer brachten sich mit aus dem Prüfungsprozess abgeleiteten Vorschlägen für die Steigerung der Effizienz des Abschlussprozesses ein, unter anderem über die im Steering Committee zugewiesene Gastrolle, und analysierten parallel den prüfungsseitigen Optimierungsbedarf. In der *Phase II* erfolgte dies über den zu diesem Zweck aufgesetzten *Workstream Audit Process*.

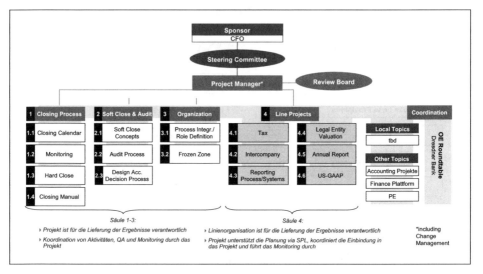

Abbildung 3:   *Organisationsstruktur Fast Close-Phase II*

3. Wesentliche Projektergebnisse

Die folgenden Projektergebnisse haben dazu beigetragen, die Transparenz des Abschlussprozesses im Dresdner Bank-Konzern wesentlich zu erhöhen, die Qualität des Reportings bereits auf Ebene der einzelnen Zulieferungen zu verbessern und infolgedessen die Geschwindigkeit des Prozesses entlang des kritischen Pfades zu steigern.

Das Projektteam unterteilte den Abschlussprozess systematisch in mehrere Phasen und definierte Meilensteine innerhalb der jeweiligen Phasen, die durch Abarbeitung der dazugehörigen Aktivitäten zu erreichen sind. Die Phasen des Abschlussprozesses werden in einem integrierten *Closing Calendar* abgebildet und sowohl für das Reporting zum Jahresende als auch unterjährig genutzt (allerdings je nach Reporting-Stichtag unterschiedlich intensiv geplant). Im Fokus der Projektaktivitäten standen dabei die im Head Office ablaufenden Kernprozesse einschließlich der Schnittstellen zu wesentlichen vorgelagerten Prozessen. Die für den Ablauf des Konzernabschlussprozesses relevanten Subprozesse werden in den wesentlichen Konzerneinheiten lokal geplant und in der Konzerneckterminplanung über Messpunkte verankert.

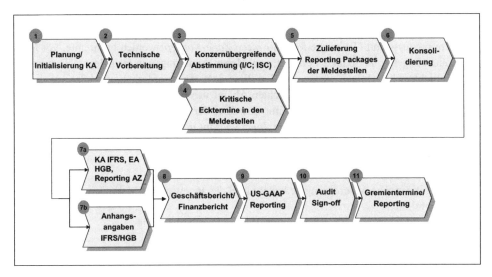

Abbildung 4: Phasen des Dresdner Bank-Abschlussprozesses

Entsprechend ihrer Größe und der Komplexität des extern abzubildenden Geschäfts werden die Konzerneinheiten in zwei Kategorien aufgeteilt und die Termine für die Anlieferung der lokalen Reporting Packages an das Dresdner Bank-Head Office entsprechend differenziert. Während die großen Konzerneinheiten mit komplex abzubildendem Geschäft diese am neunten Arbeitstag anliefern, liefern die kleineren bereits am siebten und ermöglichen den zuständigen *Legal Entity-Betreuern* eine zügige Validierung und Verarbeitung der zugelieferten Informationen.

Vor dem Hintergrund der breiten Nutzbarkeit wurde der Closing Calendar excel-basiert entwickelt und – ergänzt um Statusinformationen und Erläuterungen – auch für das *Monitoring* des Abschlussprozesses genutzt. Das Monitoring umfasst die Erledigung geplanter Abschlussaktivitäten beziehungsweise den Status ihrer Durchführung an bestimmten Messpunkten, die Rückschlüsse auf den Ablauf des Gesamtprozesses erlauben. Die relevanten Informationen werden bilateral von den Prozessverantwortlichen erfragt und im Rahmen von Abstimmungsrunden unter den wesentlichen Prozessbeteiligten ausgetauscht. Abgeleitet daraus wird das Senior Management regelmäßig über den Status des Prozesses unterrichtet und Handlungsbedarf infolge eingetretener Verzögerungen bei Bedarf adressiert. Die gegenüber dem Status quo deutliche Intensivierung der prozess- und bereichsübergreifenden Kommunikation hat im Dresdner Bank-Konzern dazu beigetragen, dass gegenseitige Abhängigkeiten transparenter wurden und deutlich proaktiver bedient werden, Kommunikationsschleifen reduziert werden und die Lösung offener Punkte – auch zwischen Erstellung und

Prüfung – sachorientierter vorangetrieben wird. Das Monitoring des Abschlussprozesses wird durch ein *Debriefing* abgeschlossen, in dem zukünftige Maßnahmen zur weiteren Optimierung des Abschlussprozesses, einschließlich der Verantwortlichkeiten und Terminierung, verbindlich festgelegt und vor Beginn des nachfolgenden Reporting-Prozesses abgearbeitet werden.

In einem prozess- und IT-übergreifenden *Frozen Zone-Konzept* werden bestimmte, vor Meldeterminen liegende Zeitpunkte definiert, nach denen Änderungen in festgelegten Themenbereichen nicht mehr erfolgen dürfen. Werden diese dennoch erforderlich, wird das aus diesen resultierende Risiko für den termingerechten Ablauf des Abschlussprozesses analysiert und gegebenenfalls ein Eskalationsprozess mit dem Ziel der Entscheidung über die Umsetzung der Änderungen angestoßen. Das *Frozen Zone-Konzept* im Dresdner Bank-Konzern umfasst Änderungen in den folgenden Themenbereichen:

- Fachlicher und prozessualer Rahmen:
    - regulatorische Anforderungen/Änderungen der angewandten Methoden und Richtlinien
    - Anforderungen im Zusammenhang mit dem Geschäftsbericht
    - Änderungen in SOX-relevanten Prozessen

- Financial Reporting:
    - Kontenplan
    - Konsolidierungskreis/*Related Parties-Liste*
    - *Intercompany Cost Charging*
    - neue Transaktionen/*Structured Tax Deals*

- Management Reporting:
    - *Divisional Structure Group*
    - *Investment Banking Book Structure/Portfolio Restructuring*
    - *Permanent Establishments*

Einer frühzeitigen Klärung wesentlicher offener Themen sowie einer Entlastung des Jahresabschlussprozesses dient die Implementierung eines *Hard Close-Konzepts*.[2] Dieses wurde im Dresdner Bank-Konzern erstmalig im Rahmen von *Fast Close-Phase II* umfassend schriftlich fixiert und wird auch nach Projektende regelmäßig aktualisiert. Der Hard Close wird jeweils zum 30. September durchgeführt und ist durch die folgenden Eckpunkte gekennzeichnet:

- Der Quartalsabschluss zum 30. September entspricht hinsichtlich Umfang und Detaillierungsgrad dem Jahresabschluss, ausgenommen sind nur die Anhangsangaben.

---

[2] Aufgrund von Allianz-Vorgaben werden in der Dresdner Bank die Vorverlagerungsmaßnahmen abweichend zur Literatur bezeichnet (*Hard Close* für einen Testabschluss zum 30. September und *Soft Close* für den vorverlagerten Abschluss kurz vor Jahresende).

- Kritische Themen werden zwischen der Bank und dem Abschlussprüfer geklärt, sodass das interne und externe Reporting zum Jahresende im Vorfeld abgestimmt und eine angemessene Umsetzung vorbereitet werden kann.

- Für ausgewählte Themenbereiche werden im vierten Quartal die Unterlagen für die ersten drei Quartale bereitgestellt und geprüft.

- Die laufend durchgeführte Gewinn- und Verlust-/GuV-Prognose wird um Erkenntnisse aus dem *Hard Close* adjustiert und damit die Prognosesicherheit erhöht.

Das *Hard Close-Konzept* enthält Themenbereiche mit ausschließlicher Head Office-Relevanz sowie Themen, die in den betroffenen Konzerneinheiten umzusetzen sind. Im Berichtsjahr 2007 waren dies unter anderem die folgenden Themenstellungen:

- *Head Office Topics*: Accounting Policy, Hedge Accounting, strukturierte Emissionen, wesentliche Transaktionen, Rückstellungen für Rechtsrisiken, latente Steuern, strukturelle und inhaltliche Vorbereitung des Geschäftsberichts.

- *Entity Specific Topics*: Fair Value Option, Impairment selbsterstellter Software, Beteiligungsbewertung, Risikovorsorge im Kreditgeschäft, Bestandsanalyse von Rückstellungen, Bestandsanalyse sonstiger Aktiva und Passiva, *Intercompany Vollabstimmung*, *Dry Run* für das US-GAAP-Reporting.

Des Weiteren stehen die jeweils durch den Aufsichtsrat vorgegebenen Prüfungsschwerpunkte für den Abschlussprüfer im Fokus des *Hard Close-Konzepts*.

Eine weitere Entlastung des Jahresabschlussprozesses wird im Dresdner Bank-Konzern mittels des sogenannten *Soft Close* erzielt. Im Rahmen des *Soft Close* werden einzelne Positionen bereits vor Ultimo komplett abgeschlossen, das heißt erstellt und geprüft. Die für diese Vorgehensweise in Betracht kommenden Positionen wurden durch die Dresdner Bank im Rahmen der Projektphasen festgelegt. Sie werden nach Projektende regelmäßig aktualisiert. Als feste Bestandteile haben sich zum Beispiel die Durchführung des *Impairment Tests für Goodwill*, die Erstellung der Dokumentation zum Nachweis der Werthaltigkeit latenter Steuern und die Vorbereitung bestimmter Anhangangaben etabliert. Die Stichtage für die Durchführung des *Soft Close* variieren je nach Position und liegen zwischen dem 30. September und dem 20. Dezember. Die betreffenden Positionen werden nur im Fall von etwaig nachgelagerten relevanten Entwicklungen nochmals angepasst; ein entsprechendes Monitoring ist sowohl im Erstellungs- als auch im Prüfungsplan verankert.

Für Themenstellungen, in die mehrere Bereiche und/oder Konzerneinheiten eingebunden sind und bei denen die jeweiligen Zuständigkeiten nicht klar abgegrenzt waren, hat das Dresdner Bank-Projektteam im Rahmen von *Fast Close-Phase II* detaillierte Rollenbeschreibungen entwickelt und Entscheidungen für die Ernennung von *Prozessverantwortlichen* vorbereitet. Neu implementiert wurde die Zuständigkeit eines *Closing Process Owners* auf Konzernebene, dessen Tätigkeitsbereich in den wesentlichen Konzerneinheiten und den jeweiligen Prüfungsteams gespiegelt wird. Der *Closing Process Owner* ist zuständig für die projekthafte Planung und Steuerung der Abschlussprozesse, darüber hinaus ist er verantwortlich für die

Aktualisierung und Umsetzung der Dokumentationen, welche die fortlaufende Optimierung der Abschlussprozesse beschreiben. Weitere Rollenverantwortliche wurden beispielsweise für den Bonusprozess, den Pensionsrückstellungsprozess und die Erstellung der Anteilsbesitzliste bestimmt. Darüber hinaus wurden Tools erarbeitet, mit deren Hilfe zukünftig sichergestellt wird, dass Informationen an Knotenpunkten bestimmter Prozesse reibungslos weiterverarbeitet werden. Beispiele dafür sind eine systematische Dokumentation der Funktionalitäten der im Einsatz befindlichen Konzernreporting-Software beziehungsweise sogenannte *Structured Booking Templates,* mit deren Hilfe die bilanzielle Abbildung komplexer Einzeltransaktionen nach allen relevanten GAAPs und für sämtliche verbuchenden Einheiten strukturiert aufbereitet wird.

Einen umfassenden Überblick über verschiedene Rollen und den gesamten Abschlussprozess vermittelt das sogenannte *Closing Manual.* Es dient vor allem den Mitarbeitern der Finanzfunktion auf Konzernebene und den entsprechend einbezogenen Mitarbeitern aus dem Rechnungswesen/Controlling der einzelnen Konzerneinheiten zum besseren Verständnis des Gesamtprozesses. Das *Closing Manual* beschreibt die folgenden Einzelthemen aus prozessualer Sicht:

- zeitliche und inhaltliche Orientierung über die Phasen der Abschlusserstellung
- Verknüpfungen zu weiterführenden detaillierten Prozessbeschreibungen/Dokumenten (Links)
- eingehende Erläuterung einzelner Aspekte der Abschlusserstellung
- Ansprechpartner und deren Verantwortlichkeiten

4. Kritische Erfolgsfaktoren

Als kritisch für den Erfolg der seitens des *Fast Close-Projektteams* ergriffenen Maßnahmen erwiesen sich auf Ebene des Dresdner Bank-Konzerns die folgenden Faktoren:

Der Anteil der rein fachlichen Fragestellungen war geringer als im Verlauf der Initialisierung von *Fast Close-Phase I* antizipiert. Auch wenn in der Regel Prozesse analysiert und optimiert wurden, aus denen heraus Finanzinformationen nach IFRS generiert werden, waren es nicht Detailkenntnisse der IFRS, die gefragt waren. Vielmehr waren praktische Kenntnisse der Bankbilanzierung in einem Multi GAAP-Umfeld, Erfahrungen in der Optimierung von Reportingprozessen sowie insbesondere angesichts des engen Zeitrahmens in *Fast Close-Phase I* eine vergleichsweise hohe Seniorität und Methodenkompetenz des Projektteams erforderlich. In der Dresdner Bank gelang es, den erforderlichen *Skill-Mix* intern durch Bildung eines Teams von Mitarbeitern herbeizuführen, welche die Reportingprozesse aus langjähriger Betriebszugehörigkeit im Detail kannten, und anderen, die aufgrund früherer Beschäftigung in der Beratung oder anderer Banken-Kenntnisse über alternative Aufbau- und Ablauforganisationen aufwiesen und über Erfahrungen in der konzeptionellen Arbeit verfügten. Dieser Skill-Mix wurde abgerundet durch ein erfahrenes Team externer Berater mit Banken- und Industriehintergrund.

In stärkerem Maße als bei der Umsetzung regulatorischer Anforderungen stellte sich die Notwendigkeit, die Erarbeitung und Implementierung der inhaltlichen Projektergebnisse durch ein angemessenes *Change Management* zu begleiten, wiederholt als große Herausforderung dar. Bankmitarbeiter, die direkt in die Projektaktivitäten eingebunden oder indirekt von diesen betroffen waren, wollten zunächst von der Sinnhaftigkeit und Nachhaltigkeit der Projektziele überzeugt, zur Kooperation motiviert werden und die Möglichkeit erhalten, die Projektergebnisse in ihrem Sinne beeinflussen zu können. Diese Haltung war insbesondere vor dem Hintergrund einer unternehmensspezifischen Kultur zu werten, in der sich deutsche und angelsächsische Teams eine gewisse Eigenständigkeit erhalten haben und teilweise dezentral geführt werden. Infolgedessen richtete sich ein wesentlicher Teil der *Fast Close-Projektaktivitäten* auf die umfassende Information der Mitarbeiter und sonstigen Stakeholder, die sorgfältige Vor- und Nachbereitung zu treffender Entscheidungen sowie die aktive Einbindung der wesentlichen Prozessbeteiligten.

Die stärkere Auseinandersetzung mit der Unternehmenskultur war der wesentliche Beweggrund dafür, dass das zentrale Projektteam beim Übergang auf *Fast Close-Phase II* von einer zentralen auf eine dezentrale *Einbindung der wesentlichen Konzerneinheiten* überging. Zwar musste das zentrale Projektteam die Möglichkeit aufgeben, lokal direkt Einfluss nehmen zu können und einfacheren Zugang zu Informationen zu haben, jedoch bewährte sich die im Vergleich zur *Phase I* stärkere Autonomie der Konzerneinheiten, indem die Verantwortung lokal aktiv wahrgenommen wurde und die Zusammenarbeit zwischen Konzerneinheiten und Head Office wechselseitig wesentlich engagierter betrieben wurde.

Wie sich bereits in früheren Projekten der Dresdner Bank gezeigt hat, erwiesen sich insbesondere *interne Projektmanagement-Kompetenzen* und eine angemessene *Mitwirkung* der internen Mitarbeiter als wesentlich für den Erfolg der *Fast Close-Initiative*. Erstere sind erforderlich, um eine effiziente Steuerung der externen Berater zu gewährleisten und erhöhen die interne Akzeptanz für die Durchführung des Projektvorhabens. Letztere stellt sicher, dass die Ausgangssituation angemessen reflektiert und die erarbeiteten Projektergebnisse den internen Erwartungen und Erforderlichkeiten weitestgehend entsprechen. Das Projektteam der Dresdner Bank konnte diese Anforderung erfüllen, indem Mitarbeiter mit mehrjähriger Berufserfahrung außerhalb der Dresdner Bank tendenziell stärkere Projektmanagement-Kompetenzen einbrachten, während langjährige interne Mitarbeiter dafür sorgten, dass ihre Kenntnisse der Dresdner Bank-spezifischen Aufbau- und Ablauforganisation Berücksichtigung fanden. Im Verhältnis zu den externen Beratern sollte eine Mitwirkungsleistung der internen Projektmitarbeiter von mindestens 50 Prozent erreicht werden. Eine Mitwirkung unterhalb dieser Grenze könnte dazu führen, dass die effiziente und die maßgeschneiderte Erarbeitung der Projektergebnisse effektiv gefährdet werden.

Neben den internen Projektmitarbeitern war der Erfolg der beiden Projektphasen *Fast Close-Phase I* und *II* maßgeblich abhängig von den Kenntnissen und Erfahrungen sowie der Integrationsfähigkeit der eingebundenen externen Berater. Nachdem die Herausforderungen bekannt sind, die die beiden Projektphasen mit sich brachten, werden insbesondere die folgenden Kriterien als wesentlich für die *Auswahl der externen Berater* eingestuft:

- Vergleichsweise hohe Seniorität, insbesondere bei Projekten, die innerhalb eines kurzen Zeitraumes umzusetzen sind – hier haben sich die Erfahrungen von Beratern als hilfreich erwiesen, die zwischenzeitlich in Banken gearbeitet haben. Ebenfalls bereichernd waren die Erfahrungen, die in Bezug auf Prozesse und genutzte Infrastruktur im Industrieumfeld eingebracht werden konnten.

- Ausgewiesene Methodenkompetenz – diese ist tendenziell stärker bei den größeren Beratungen beziehungsweise Mitarbeitern vorhanden, die längere Zeit für große Beratungen gearbeitet haben.

- Praktische Erfahrungen im Change Management – typischerweise sind entsprechende Skills bei den internen Mitarbeitern schwächer ausgeprägt und die Abhängigkeit von einer professionellen externen Beratung umso höher.

- Vorhandensein an die Bedürfnisse des Kunden anzupassender Konzepte und Tools (zum Beispiel strukturierte Selbsteinschätzung, Maßnahmenkatalog, Closing Calendar) – diese verkürzen die Initialisierung des Projekts und können wesentlich dazu beitragen, dass das Projekt effizient abgearbeitet werden kann.

5. Fazit und Ausblick

Die beschriebenen Maßnahmen versetzten den Dresdner Bank-Konzern in die Lage, die Termine für das Reporting zum Jahresende 2006 zu halten und die Qualität der Zulieferungen bereits in einem frühen Stadium des Jahresabschlussprozesses zu erhöhen. Das Selbstvertrauen der betroffenen Mitarbeiter aus dem Bereich Finanzen stieg und damit auch ihr Eigenantrieb, sich für einen kontinuierlichen Verbesserungsprozess einzusetzen und die erzielten Ergebnisse nachhaltig in der Organisation zu verankern. Die während des Jahres 2007 fortgesetzten Projektaktivitäten führten dazu, dass die Reporting-Verpflichtungen zum Jahresende 2007 erneut termingerecht erfüllt und insbesondere die Auswirkungen der Finanzkrise angemessen verarbeitet werden konnten. Vor diesem Hintergrund war es möglich, bereits am 24. Januar 2008 vor die Presse zu treten und einen Überblick über die im Geschäftsjahr 2007 im Allianz-Konzern erzielten Ergebnisse zu geben.

Rückblickend erscheint eine frühe und umfassende Auseinandersetzung mit der Unternehmenskultur und die Auswahl angemessener Instrumente des Change Managements eine wesentliche Voraussetzung dafür zu sein, dass die inhaltlich erarbeiteten Projektergebnisse ihre Wirkung entfalten können. Mittelfristig ist deutlich spürbar, dass die Implementierung der *Fast Close-Projektergebnisse* den Ablauf der Prozesse zum Reporting-Stichtag entzerrt und dem Einzelnen tatsächlich größeren Freiraum für die Bewältigung gegebenenfalls auftretender Problemfälle gibt.

Vorwärtsgerichtet soll weiter daran gearbeitet werden, aus dem *Fast Close* einen Non-Event zu machen. Mittels einer breiten Verankerung in den individuellen Zielvorgaben soll sichergestellt werden, dass kontinuierliche Prozessverbesserungen systematisch in die jeweiligen Linienaktivitäten einfließen. Wo es möglich und ökonomisch sinnvoll ist, sollen bisher manuell aufgesetzte Lösungen automatisiert und insbesondere die Planung und Steuerung des Abschlussprozesses standardisiert auf andere Konzerneinheiten vererbbar gemacht werden. Vor dem Hintergrund einer möglicherweise bevorstehenden Konsolidierung im deutschen Bankensektor ist anzunehmen, dass die Reportinggeschwindigkeit und -qualität Faktoren sein werden, mittels derer sich die Dresdner Bank positionieren kann. Des Weiteren ist damit zu rechnen, dass die Präsenz am Kapitalmarkt kurz- und mittelfristig eine noch frühzeitigere Kommunikation von Finanzinformationen in angemessener Qualität erfordern wird. Diese Faktoren stellen für das Finanzteam einen weiteren Ansporn dar, das bisher Erreichte weiter auszubauen.

Effiziente Organisation der klassischen Planungsprozesse

Arnd Leibold

1. Einleitung

2. Darstellung des klassischen Planungsprozesses
    2.1 Elemente des Planungsprozesses
        2.1.1 Planung auf strategischer Ebene
        2.1.2 Planung auf operativer Ebene
    2.2 Verfahren des Planungsprozesses
        2.2.1 Die Top-down-Planung
        2.2.2 Die Bottom-up-Planung
        2.2.3 Die Gegenstromplanung

3. Ansätze zur effizienten Prozessgestaltung am Beispiel der Plananpassungen
    3.1 Basis- und Ergänzungspläne für Investitionen
    3.2 Rollierende Prognoserechnungen

4. Effizienzsteigerung durch Anwendung einheitlicher Planungsstrukturen
    4.1 Planungsschema
    4.2 Ergebnisschema
    4.3 Ergebnisobjekte
        4.3.1 Traditioneller Ansatz
        4.3.2 Integrierter Ansatz

5. Kernelemente eines effizienten Planungsmanagements
    5.1 Zentrale Steuerung des Planungsprozesses
    5.2 Bereitstellung von Referenzdaten, Vorjahreszahlen und Benchmarks
    5.3 Fachliche und methodische Beratung
    5.4 Planungssysteme

6. Fazit

Literaturverzeichnis

1. Einleitung

Die Planungs- und Budgetierungsprozesse zählen zu den aufwändigsten und komplexesten Prozessen in Kreditinstituten.[1] Vor dem Hintergrund der hohen Dynamik des geschäftlichen Umfeldes, der Unternehmensstrukturen und der Geschäftsmodelle stellt sich häufig die Frage nach dem Kosten-Nutzen-Verhältnis dieser Aktivität. Neben den Veränderungen des Marktumfeldes führen auch rechtliche Veränderungen, wie die Einführung von IFRS und Basel II sowie die damit verbundene höhere Volatilität ausgewiesener Ergebnis- und Kapitalgrößen, jedoch gerade jetzt zu einer verstärkten Notwendigkeit verlässlicher und zeitnaher Planungen und Prognosen.

Die Durchführung einer differenzierten Unternehmensplanung ist in allen Kreditinstituten mit einem erheblichen Zeit- und Ressourceneinsatz verbunden. Gleichzeitig werden die einzelnen Prozessschritte auch heute noch weitgehend manuell unter Einbindung einer Vielzahl von Mitarbeitern durchgeführt. Eine effektive Systemunterstützung für diesen Kernprozess der Banksteuerung ist derzeit noch die Ausnahme und nicht die Regel.[2] Eine effiziente Prozessgestaltung ist daher erforderlich, um den Aufwand in vertretbaren Grenzen zu halten.

Klassischerweise kommt der Finanzfunktion und insbesondere dem Controlling als Bestandteil der Finanzfunktion die Aufgabe der Koordination des Planungsprozesses zu. Da Finanzfunktionen auch ihren Beitrag zur Verbesserung *der Cost Income Ratio* (CIR)[3] ihres Instituts leisten müssen, ist die Optimierung der Unternehmensplanung[4] ein wirksamer Hebel zur Effizienzsteigerung im Finanzbereich.

Die Frage nach dem optimalen Planungsprozess für ein Kreditinstitut kann dabei nur unternehmensindividuell beantwortet werden, da dieser von dem Geschäftsmodell, der Unternehmensgröße, der Unternehmenskultur sowie dem Steuerungs- und Führungssystem abhängig ist. In den folgenden Abschnitten können daher keine allgemeingültigen Antworten gegeben werden. Es werden vielmehr die Elemente des klassischen Planungsprozesses in Abschnitt 2 dargestellt und einige Aspekte zur effektiven und effizienten Organisation dieses Prozesses in den Abschnitten 3 bis 5 diskutiert und bewertet. Der Beitrag schließt mit einem Fazit.[5]

---

[1] Bedingt zum einen durch den hohen Abstimmungsaufwand im Unternehmen sowie zum anderen durch die meist unzureichende Unterstützung des Planungsprozesses durch spezialisierte IT-Tools und -Systeme.
[2] Vgl. Oehler (2002), S. 152.
[3] Die Kennzahl *Cost Income Ratio* (CIR) stellt den operativen Aufwand den Erträgen gegenüber und lässt somit Rückschlüsse auf die Effizienz eines Kreditinstituts zu.
[4] Zum Beispiel durch Standardisierung und Automatisierung des Planungsprozesses.
[5] Der Beitrag hat zum Ziel, die Herausforderungen an die effiziente Organisation der klassischen Planungsprozesse darzustellen und ist somit die Grundlage für den weiterführenden Buchbeitrag von Schäfer, der aktuelle und moderne Planungsansätze im Überblick darstellt.

2. Darstellung des klassischen Planungsprozesses

Ausgangspunkt aller Planungsprozesse ist die Unternehmensvision, die das Selbstverständnis und die langfristige Philosophie des Unternehmens wiedergibt.

2.1 Elemente des Planungsprozesses

Im darauffolgenden klassischen Planungsprozess wird auf zwei Ebenen, der strategischen und der operativen Ebene (siehe Abbildung 1), geplant. Innerhalb dieser beiden Ebenen, die auch als Steuerkreise bezeichnet werden, erfolgen mehrere Planungsphasen, die im Folgenden beispielhaft vorgestellt werden.

2.1.1 Planung auf strategischer Ebene

Im Rahmen der Planung auf strategischer Ebene werden folgende Prozessschritte durchlaufen:

1. Im Rahmen der *strategischen Evaluation* werden zunächst die relevanten Märkte, Kundengruppen und Wettbewerber analysiert sowie eine Stärken-Schwächen-Analyse des eigenen Unternehmens durchgeführt. Gleichzeitig wird die bisherige Unternehmensstrategie kritisch gewürdigt.
2. Vor dem Hintergrund der durchgeführten Analysen werden im nächsten Schritt die strategischen (Handlungs-)Optionen identifiziert und bewertet. Als Ergebnis erfolgt die Festlegung von Markt-, Kunden- und Produktstrategien für die gewählten strategischen Geschäftsfelder. Ergänzend werden von den Instituten häufig auch zentrale Initiativen zur gezielten Veränderung des Unternehmens definiert.[6]
3. Im Rahmen der *Kapital-/Ressourcenallokation* erfolgt im Anschluss die Zuordnung der limitierten Unternehmensressourcen zu den einzelnen strategischen Geschäftsfeldern.
4. Um die definierten Globalziele zu erreichen, wird in der Folge eine *strategische Mehrjahresplanung* erstellt, die langfristige messbare (Zwischen-)Ziele zur Strategieumsetzung definiert. Kernelemente sind zum einen Kennzahlen wie zum Beispiel *Marktanteil*, *Aufwands-Ertrags-Relation*[7] oder *Eigenkapitalrendite*[8] und absolute Größen wie *allokiertes Kapital* sowie zum anderen konkrete Initiativen/Programme zur Umsetzung bestimmter Unternehmensziele.[9]

---

[6] Zum Beispiel Maßnahmen zur Kostensenkung oder zum Aufbau neuer Kernkompetenzen.
[7] Auch *Cost Income Ratio*, im Folgenden CIR genannt.
[8] Auch *Return on Equity*, im Folgenden RoE genannt.
[9] Zum Beispiel die Einführung von Shared Service Center zur Realisierung von Kostensenkungspotenzialen; siehe hierzu auch den Beitrag zum Thema „Finance Shared Service Center" von Leibold.

2.1.2 Planung auf operativer Ebene

Die strategische Planung setzt den Rahmen für die *operative Mehrjahresplanung*. Diese umfasst in Kreditinstituten in der Regel einen Zeitraum von drei bis fünf Jahren und beinhaltet konkrete und aggregierte Erlös-, Kosten- und Renditeziele sowie Kennzahlen für die einzelnen Geschäfts- und Funktionsbereiche. Korrespondierend zur strategischen Planung werden für die Initiativen grobe Meilensteinpläne erstellt und Verantwortungen zugewiesen.

In einem letzten Planungsschritt, *der Budgetierung*, werden klassisch detaillierte Erlös- und Kostenbudgets für die einzelnen Organisationseinheiten auf Jahresbasis erstellt. Einige Kreditinstitute verzichten mittlerweile weitgehend auf Budgets und steuern die Kreditinstitute stattdessen über rollierende Forecasts (Prognoserechnungen), die sich in der Regel auf einen Zeitraum von 12 oder 18 Monaten beziehen.[10]

Im Anschluss daran erfolgt im Planungsprozess die Umsetzung der Planung inklusive der laufenden Überwachung des Umsetzungsfortschrittes durch das Management.

Die strategische sowie operative Planung sind in der Praxis keine starren, einmalig festgelegten Planungen, sondern dynamische Prozesse.

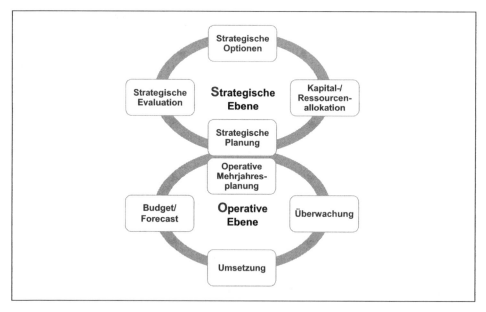

Abbildung 1: Steuerungskreise in der klassischen Planung

---

[10] Vgl. den Beitrag von Schäfer in diesem Buch.

Die Grundelemente dieser skizzierten Prozesse findet man heute bereits in den meisten Kreditinstituten, wobei die Ausprägung der einzelnen Elemente je nach Geschäfts- und Führungsmodell des jeweiligen Unternehmens stark variiert.

So wird die Trennung zwischen strategischer und operativer Mehrjahresplanung in der Praxis von vielen Kreditinstituten nicht vorgenommen. Ebenso stellt das Prinzip der ineinander greifenden Steuerungskreise einen eher fortschrittlichen Ansatz dar, der sich noch nicht in allen Kreditinstituten durchgesetzt hat.

2.2 Verfahren des Planungsprozesses

Im Folgenden werden drei unterschiedliche Verfahren des klassischen Planungsprozesses dargestellt.[11]

- Top-down-Planung
- Bottom-up-Planung
- Gegenstromplanung

Diese Verfahren können grundsätzlich auf die im vorherigen Abschnitt beschriebenen zwei Planungselemente – strategische und operative Planung – angewendet werden. In der Praxis werden die Verfahren jedoch primär für die operative Unternehmensplanung genutzt. Bei allen drei Verfahren wird dabei der Einfluss des Führungsmodells des jeweiligen Institutes auf den Planungsprozess deutlich.

2.2.1 Die Top-down-Planung

In stark hierarchisch und zentral geführten Unternehmen existiert sehr häufig eine *Top-down-Planung*, bei der ausgehend von der Strategie die Ziele in jedem Schritt weiter detailliert und auf die einzelnen Verantwortlichen heruntergebrochen werden. Abstimmungs- und Korrekturprozesse, die der Hierarchie nicht entsprechen, sind in der Regel nicht oder nur in sehr schwacher Form vorhanden.

Die *Top-down-Planung* zeichnet sich durch hohe Prozesseffizienz aus, da nahezu keine Abstimmungsschleifen durchlaufen und die Ziele stringent auf Basis der Strategie entwickelt werden.

---

[11] Zum Beispiel: *MAG* (1995), S. 166 ff; Weber/Schäffer/Willauer (2000), S. 20.

Gerade das Fehlen jeglicher Rückkopplungen der unteren Managementebenen ist zugleich der große Schwachpunkt dieser Vorgehensweise, da das Wissen der operativ Verantwortlichen nur unzureichend genutzt wird und Fehler – selbst wenn sie als solche von unteren Managementebenen erkannt werden – nur selten korrigiert werden. In der Praxis findet sich eine reine *Top-down-Planung* in der Regel nur bei kleineren Instituten oder in ausgewählten Teilgebieten, zum Beispiel bei der Budgetierung von einzelnen Abwicklungsbereichen. Für die komplexen Geschäftsmodelle internationaler Kreditinstitute eignet sich dieses Verfahren hingegen nicht.

2.2.2 Die Bottom-up-Planung

Sehr dezentral geführte Unternehmen wenden im Planungsprozess vermehrt *Bottom-up-Planungsverfahren* an. Die einzelnen Geschäftsbereiche erhalten dabei nur sehr wenige Rahmenparameter durch die Konzernleitung (wie zum Beispiel eine Mindestrendite, ein Ziel-CIR sowie allokiertes Kapital) und planen sowie steuern ansonsten eigenständig innerhalb dieser Vorgaben. Auf der Konzernebene werden die einzelnen Pläne nach deren Finalisierung lediglich zu einem Gesamtplan zusammengeführt.

Auch die *Bottom-up-Planung* kann verhältnismäßig effizient durchgeführt werden, da auch hier im Standardverfahren auf aufwändige Abstimmungsprozesse weitgehend verzichtet wird.

Ein Schwachpunkt des Verfahrens ist allerdings die stark eingeschränkte Steuerungsmöglichkeit durch die zentrale Konzernleitung. So wird zum Beispiel die Realisierung von strategischen Produktinitiativen oder von Kostensynergien im Konzern durch diese Form der Planung erschwert. Ferner besteht das Risiko, dass die einzelnen Teilpläne nicht zusammenpassen und somit die Gesamtorganisation nicht effektiv gesteuert werden kann.

Aufgrund dieser Nachteile wird das Verfahren in Kreditinstituten grundsätzlich nicht in Reinform im Rahmen der operativen Planung und Budgetierung eingesetzt. Die gegenseitigen Abhängigkeiten im Wertschöpfungsprozess eines Kreditinstituts erfordern umfangreiche Abstimmprozesse.

2.2.3 Die Gegenstromplanung

Das mit Abstand aufwändigste Verfahren ist die *Gegenstromplanung*, bei der parallel oder nacheinander *Top-down-* und *Bottom-up-Planungen* durchgeführt werden, die in Abstimmrunden zu einem Konsens gebracht werden. Dadurch, dass sich die verschiedenen Führungsebenen weitgehend gleichberechtigt in den Planungsprozess einbringen, können Planungsfehler durch die größere Nähe zu den operativen Entscheidungsträgern reduziert werden. Gleichzeitig ermöglicht sie eine zentrale Steuerung des Gesamtunternehmens. Der größte Nachteil des Verfahrens ist jedoch der sehr aufwändige und langwierige Planungs- und Abstimmungsprozess.

Die meisten Kreditinstitute setzen das Gegenstromverfahren im Rahmen der operativen Unternehmensplanung ein. Aufgrund der hohen Ressourcenbindung wird jedoch ständig nach Wegen gesucht, den Prozess effizienter zu gestalten. Um dies zu erreichen, wird in der Praxis zum Beispiel die Intensität, mit der dieser Abstimmungsprozess geführt wird, variiert. Während einige Kreditinstitute noch höchst aufwändige Abstimmungsverfahren betreiben, beschränken sich andere Institute auf klare *Top-down-Vorgaben* sowie eine *Bottom-up-Feinplanung* und einen sehr einfachen Abstimmprozess.

Die alleinige Reduktion der Granularität löst jedoch nicht das Grundproblem des hohen Zeit- und Ressourcenbedarfs. Insbesondere große Kreditinstitute mit einer stark ausgeprägten internationalen Arbeitsteilung und einer damit verbundenen Matrix-Organisation stoßen mit den herkömmlichen Planungsprozessen auch bei reduzierter Planungstiefe zunehmend an Grenzen.

Die weiteren möglichen Lösungsansätze zur Effizienzsteigerung werden im Folgenden beschrieben. Im Blickfeld stehen dabei insbesondere die Verfahren zum Umgang mit Plananpassungen, die Definition einheitlicher Planungsstrukturen sowie eine optimierte Rollendefinition der Finanzfunktion im Planungsprozess.

3. Ansätze zur effizienten Prozessgestaltung am Beispiel der Plananpassungen

Neben der einmaligen Planerstellung und -abstimmung erfordern auch die regelmäßigen Plananpassungen, vornehmlich in der operativen Mehrjahresplanung und Budgetierung, einen hohen Ressourceneinsatz. Gründe für unterjährige Plananpassungen sind oftmals kurzfristige Investitions- oder Desinvestitionsentscheidungen des Kreditinstituts selbst, zum Beispiel in Form des Kaufes oder Verkaufes von Unternehmen(-steilen). Veränderungen der wirtschaftlichen Rahmenbedingungen (zum Beispiel Volatilität der Wechsel- und Aktienkurse sowie der Zinskurven) können ebenfalls eine Anpassung erforderlich machen.

Um dieser Herausforderung mit einem möglichst effizienten Prozess zu entgegnen, haben sich am Markt verschiedene Lösungsansätze herausgebildet. Zwei Alternativen werden im Folgenden kurz skizziert.

3.1 Basis- und Ergänzungspläne für Investitionen

Einige Kreditinstitute unterscheiden im Rahmen der Planung grundsätzlich zwischen einem Basisplan (Base Case), der die normale operative Geschäftstätigkeit (*Run the Bank*) abdeckt und Ergänzungsplänen für Investitionsvorhaben wie beziehungsweise Projekte zur grundsätzlichen Veränderungen der Prozesse, Organisation und Systeme des Kreditinstituts (*Change the Bank*).

Dieses Vorgehen bietet eine Reihe von Vorteilen:

- Die Vorhaben können über die Ergänzungspläne klar vom Standardgeschäft getrennt werden und unterliegen einem eigenständigen Genehmigungs- und laufenden Kontrollprozess über alle Ebenen des Unternehmens hinweg.
- Die Verantwortung für die beiden Elemente kann im Institut in separate Verantwortungsbereiche übertragen werden und ermöglicht damit auch eine optimierte Überwachung der mit den Initiativen der Basis- und Ergänzungspläne verknüpften Zielerreichungen.
- Der Aufwand für die Anpassung beschränkt sich in diesem Beispiel auf die Ergänzungsplanung für eine zentrale Initiative, ohne dass die ursprüngliche Standardplanung für den laufenden Betrieb vor Ort angepasst werden muss.

3.2 Rollierende Prognoserechnungen

Andere Marktteilnehmer, die über eine sehr dezentrale Führungsstruktur verfügen, verzichten teilweise ganz auf die detaillierte jährliche Budgetierung zu Gunsten einer Steuerung über rollierende Prognoserechnungen (*Forecasts*). Die Zielvorgaben an die lokalen Einheiten beschränken sich bei diesem Verfahren auf wenige zentrale Vorgaben bezüglich relativer Größen, wie zum Beispiel Kostenstrukturzahlen (CIR etc.), Marktanteilsentwicklungen oder Renditevorgaben sowie wenige absolute Größen, zum Beispiel einen *Economic Profit* für die zu planende Geschäftseinheit. Bei den Maßnahmen zur Erreichung dieser Ziele sind die einzelnen Bereiche weitgehend eigenständig, sodass Investitionsentscheidungen in der Regel nicht zu Plananpassungen führen.

Dieses Vorgehen bietet folgende Vorteile:

- Im Normalfall kann auf eine Anpassung der Pläne unterjährig verzichtet werden. Die zur operativen Steuerung verwendeten Forecasts werden von den lokalen Einheiten laufend angepasst.
- Das lokale Management kann sehr schnell auf sich bietende Chancen reagieren, da es viele (Des-)Investitionsentscheidungen autonom im Rahmen der Zielvorgaben treffen kann.

Nachteilig wirkt sich hierbei aus, dass aufgrund der größeren Autonomie der lokalen Einheiten zentrale Initiativen schwerer umzusetzen sind.

Um die Vorteile dieser Verfahren zu kombinieren, findet man in der Praxis auch Mischformen. Viele Kreditinstitute wollen nicht auf unterjährige Budgets zur Steuerung verzichten. Um den damit verbundenen Aufwand zu reduzieren, wird häufig deren Detaillierungsgrad reduziert und der Plan um zusätzliche relative Zielgrößen erweitert. Gleichzeitig wird die Basisplanung oftmals auch um Initiativen zur Strategieumsetzung ergänzt.

4. Effizienzsteigerung durch Anwendung einheitlicher Planungsstrukturen

Voraussetzung für eine effiziente Gestaltung der Planungsprozesse sind einheitliche und zentrale Planungsstrukturen, die die Konsistenz aller Pläne und die Aggregierbarkeit der Einzelpläne zur Gesamtplanung sicherstellen.

4.1 Planungsschema

Vor dem Hintergrund der Bilanzierung nach IFRS, die sich in den letzten Jahren im deutschen und europäischen Bankenmarkt weitgehend durchsetzten, haben sich die Anforderungen an die Finanzfunktion stark gewandelt. Die ehemals oft getrennten Aufgabenbereiche des internen und externen Rechnungswesens von Kreditinstituten sind insbesondere durch die Einführung der IFRS-Bilanzierung stärker zusammengewachsen. In den führenden Instituten werden die Prozesse der internen und externen Berichterstattung daher ausschließlich integriert betrachtet.

Des Weiteren erfordert der stetig zunehmende internationale Wettbewerb um Kunden und Kapital eine professionellere Kapitalmarktkommunikation. Basis einer solchen Kommunikation sind auch durchgängige Zielvereinbarungs-, Planungs- und Steuerungsverfahren.[12]

Diese beiden Entwicklungen haben vor allem auch die Planungsprozesse grundlegend verändert. Denn die früher teilweise praktizierte Trennung zwischen einer extern orientierten Bilanz- und GuV-Planung durch das externe Rechnungswesen sowie einer internen ökonomischen Planung unter Führung des Controllings lässt sich heute in dieser Form nicht mehr aufrechterhalten.

---

12 Vgl. Beitrag von Herzmann in diesem Buch.

4.2 Ergebnisschema

Die führenden europäischen Kreditinstitute verwenden zur internen Steuerung und externen Kommunikation ein einheitliches, wertorientiertes Ergebnisschema auf der Basis der IFRS.

Die einzelnen Verfahren weichen im Detail voneinander ab. Im Grundsatz orientieren sie sich jedoch an folgendem Aufbau:

- In einem ersten Schritt wird das IFRS-Ergebnis bezüglich der nicht operativen Erträge und Aufwendungen bereinigt, um den *Operating Profit* zu ermitteln. Einige Institute betrachten hierzu das operative Betriebsergebnis vor Steuern, während andere Häuser die Steuern in das Schema mit einbeziehen.

- Bei einigen Instituten werden ausgewählte Ergebnisveränderungen, die sich unter IFRS nur im Eigenkapital niederschlagen, im nächsten Schritt berücksichtigt (zum Beispiel die Veränderung der Neubewertungsrücklage).

- Durch den Ansatz von Kapitalkosten wird schließlich der *Economic Profit* oder eine vergleichbare Kennzahl ermittelt. Die Verfahren zur Ermittlung der Kapitalkosten variieren bei den einzelnen Unternehmen zwischen verschiedenen ökonomischen Kapitalbegriffen, dem bilanziellen Kapital und den entsprechenden aufsichtrechtlichen Größen sowie unterschiedlichen Verfahren zur Ermittlung des Kapitalkostensatzes.

IFRS-Ergebnis nach Steuern
+/- Steuern
+/- nicht operative Erträge/Aufwände (z. B. Restrukturierung)
= Operatives Ergebnis vor Steuern IFRS
+/- Veränderungen der Neubewertungsrücklage
= Operatives ökonomisches Ergebnis (= Basis für bereinigte CIR)
- Kapitalkosten
= Economic Profit

Abbildung 2: Ergebnisschema

Das skizzierte Ergebnisschema erlaubt eine nahtlose Überleitung zwischen der internen und externen Sicht und schafft damit die Voraussetzung für die Aggregation aller Teilpläne vom einzelnen Profit Center bis hin zum Gesamtkonzernergebnis.

4.3 Ergebnisobjekte

Neben einem harmonisierten Ergebnisschema ist eine sinnvolle Hierarchie der Ergebnisobjekte von zentraler Bedeutung. Auf den Ergebnisobjekten werden Erlöse, Kosten, Ergebnisse sowie Risiko- und Kapitalgrößen geplant und gesteuert. Beispiele für Ergebnisobjekte sind:

- juristische Einheiten
- Kundengruppen
- Regionen
- Produktgruppen
- Prozesse

Zwei für Kreditinstitute relevante Planungsobjekte sind die juristischen Einheiten und Segmente, beziehungsweise strategischen Geschäftsfelder, die jedoch häufig nicht direkt ineinander übergeleitet werden können.

Zum einen werden für Zwecke der Beteiligungsbewertung Mehrjahrespläne auf der Ebene der juristischen Einheiten benötigt, um den Barwert der zu bewertenden Einheit über die Abzinsung der geplanten Überschüsse zu ermitteln. Einige Institute haben zudem die monatlichen Meldungen zur Bilanz- und GuV-Erstellung entsprechend der Gesellschaftsstrukturen organisiert und benötigen entsprechende Budgetzahlen zur Kommentierung und für Abweichungsanalysen.

Zum anderen orientiert sich das Management für die Zwecke der Geschäftsplanung und internen -steuerung in der Regel primär an den strategischen Geschäftsfeldern und weniger an juristischen Einheiten.

In der Praxis haben sich verschiedene Ansätze herausgebildet, um die beiden Sichtweisen parallel betrachten beziehungsweise integrieren zu können.

4.3.1 Traditioneller Ansatz

Viele Kreditinstitute lassen sich die Ist-Zahlen noch auf Basis der rechtlichen Einheiten melden. Soll-Ist-Vergleiche und Kommentierungen erfolgen jedoch nur im parallel erstellten *Management Reporting*, das oftmals weitgehend von den juristischen Strukturen entkoppelt ist. Eine Abstimmung ist daher häufig nicht auf der Ebene der einzelnen rechtlichen Einheit möglich.

Dieses Vorgehen entspricht dem traditionellen Verständnis des externen Rechnungswesens, wobei der Konzernabschluss aus den Einzelabschlüssen der einzubeziehenden Unternehmen erstellt wird, während die Steuerungsstrukturen über das interne Rechnungswesen[13] abgebildet werden.

Die Planung basiert primär auf den Strukturen des internen Rechnungswesens. Lediglich für die Zwecke der Beteiligungsbewertung werden ergänzende Planzahlen auf der Ebene der juristischen Einheiten abgeleitet.

Der wesentliche Nachteil dieses Vorgehens ist gerade diese teilweise Entkoppelung der internen von der externen Berichterstattung.

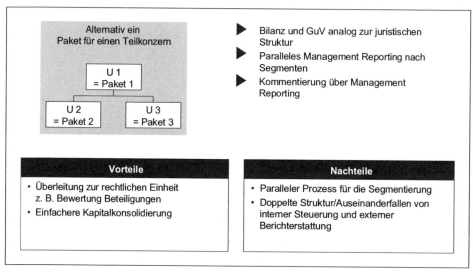

Abbildung 3: *Traditionelle Struktur der Ergebnisobjekte*

4.3.2 Integrierter Ansatz

Die Orientierung an der rechtlichen Struktur für Zwecke der Erstellung der Bilanz sowie der Gewinn- und Verlustrechung ist hierbei jedoch nicht zwingend. Einige Marktteilnehmer betrachten die einzelnen Einheiten auch im externen Rechnungswesen primär unter dem Segment- und Steuerungsgesichtspunkt. Die einzelnen Gesellschaften oder Teilkonzerne melden die Abschlusszahlen periodisch vollständig getrennt voneinander nach Segmenten, so als wären es eigenständige Unternehmen. Diese künstlichen Berichtseinheiten (keine *Legal Entities*, sondern *Reporting Entities*) bilden die *Anker-Struktur* für das Planungs- und Steuerungssystem.

---

[13] Auch als *Management Reporting* bezeichnet.

Über diesen Ansatz gelingt es, die interne und externe Sichtweise von vornherein in eine gemeinsame Struktur zu integrieren. Die periodische Kommentierung und Analyse erfolgt nicht getrennt, sondern aus einer Hand. Die Steuerung hat damit Vorrang vor den juristischen Strukturen. Für die Unternehmensplanung bietet dieses Vorgehen den entscheidenden Vorteil, dass von der Gesamtunternehmung bis zur einzelnen lokalen Einheit durchgehend in einer Struktur geplant sowie gesteuert werden kann und damit keine Irritationen durch parallele Berichtsstrukturen entstehen können.

Konsequenterweise gibt es in diesen Organisationen auch keine getrennten Rechnungswesen und Controllingbereiche, sondern eine integrierte Finanzfunktion. Die Effizienz der gesamten Berichterstattung kann dadurch deutlich gesteigert werden.

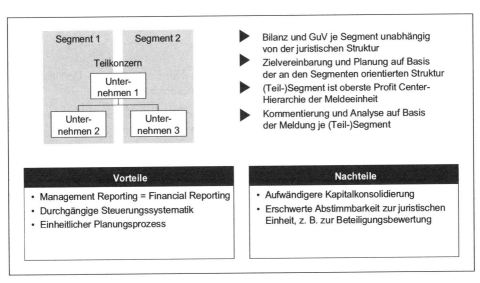

Abbildung 4: Integrierte Struktur der Ergebnisobjekte

Die beschriebenen Segmente orientieren sich an den strategischen Geschäftsfeldern und eignen sich für eine grobe einheitliche Strukturierung. Für Zwecke der Unternehmensplanung und -steuerung werden jedoch zusätzlich differenziertere Strukturen unterhalb dieser Segmentebene benötigt. Es handelt sich hierbei um die Ergebnisobjekte unterhalb der Segmentebene.

In den jeweiligen Geschäftsfeldern gibt es dabei sehr unterschiedliche Führungsstrukturen und folglich auch eine Reihe unterschiedlicher Ergebnisobjekte.[14]

---

14 Zum Beispiel steht im internationalen *Firmenkundengeschäft* in der Regel die globale Kundenbeziehung im Vordergrund, unabhängig davon, in welchem Land und mit welchen Produkten die Ergebnisse erzielt werden. Das klassische *Investment Banking* ist produktbezogen nach Funktionseinheiten (*Functional Units*) organisiert, die wenig Rücksicht auf Landesgrenzen oder rechtliche Strukturen nehmen. Das *Privatkundengeschäft* verfügt hingegen in der Regel über eine regionale Führungsstruktur.

Für eine effiziente Prozessgestaltung ist es daher erforderlich, dass trotz der heterogenen Ausgestaltung alle Strukturen auf die gemeinsame Basisstruktur verdichtet werden können. Das oben genannte einheitliche Planungsschema und die integrierte Grundstruktur nach Segmenten und rechtlichen Einheiten bilden dabei das Rückgrat jedes effizienten Planungsprozesses.

5. Kernelemente eines effizienten Planungsmanagements

Klassisch kommt der Finanzfunktion und insbesondere dem Controlling als Bestandteil der Finanzfunktion die Aufgabe der Koordination des Planungsprozesses zu.

Heute gehen die Aufgaben des Verantwortlichen für den Planungsprozess jedoch weit über diese reine Koordination hinaus und bieten vielfältige Ansätze zur effizienten Prozessgestaltung, die im Folgenden beschrieben werden.

5.1 Zentrale Steuerung des Planungsprozesses

Um einen Planungsprozess in einer großen Organisation effizient zu organisieren, sollten die verwendete Methodik/Logik, die eingesetzten Systeme, der gesamte Erstellungs- und Abstimmungsprozess zentral gesteuert sowie die einzelnen Verantwortlichkeiten klar geregelt und für alle Beteiligten leicht einsehbar (zum Beispiel in einem Planungshandbuch) dokumentiert werden.

Die organisatorische Verankerung eines *Process Owner* in der Finanzfunktion, der die zentrale[15] und operative Steuerung des Planungsprozesses verantwortet, ist ein Kernelement eines effizienten Prozessmanagements. Die operative Steuerung des Planungsprozesses beginnt dabei mit der Vorgabe eines zentralen Planungskalenders und setzt sich im laufenden Monitoring des Prozesses bis hin zur Eskalation an die Entscheidungsgremien fort.

Im Rahmen dieser Steuerungsfunktion kommt der effizienten und zielgerichteten Durchführung der aufwändigen Abstimmungsprozesse eine zentrale Bedeutung zu. Hierzu zählen insbesondere die Vorbereitung und Durchführung der Abstimmungsrunden sowie die Moderation der Planungsgespräche.

---

[15] Bereichs- und organisationsübergreifende Koordination.

Neben der reinen Prozessunterstützung und -überwachung, hat die Finanzfunktion auch die Aufgabe, eine inhaltliche Qualitätssicherung der Planung unter wirtschaftlichen Gesichtspunkten vorzunehmen. Dies beinhaltet zum Beispiel die Wahrscheinlichkeit des Erreichens der Planung, die Einhaltung der Planungsprämissen, die Widerspruchsfreiheit oder die Vollständigkeit.

5.2 Bereitstellung von Referenzdaten, Vorjahreszahlen und Benchmarks

Für die effiziente Durchführung des Planungsprozesses sollte die Finanzfunktion Referenzdaten,[16] Vorjahreszahlen und Benchmarks[17], die im Rahmen der Planung benötigt werden, den Unternehmensbereichen zur Verfügung stellen. Durch eine frühzeitige und vollständige Bereitstellung sowie Erläuterung der Daten, können Störungen im Planungsverlauf vermieden werden.

5.3 Fachliche und methodische Beratung

Die Finanzfunktion hat im Rahmen ihrer Rolle als Dienstleister und Berater des Managements in Bezug auf die Planung auch die Aufgabe, als Impulsgeber und Sparringspartner der Geschäfts- und Unternehmensbereiche zu fungieren. Dies erfordert eine tiefe Kenntnis der relevanten Märkte, Produkte und Geschäftsprozesse der betreuten Einheiten.

5.4 Planungssysteme

Hierunter fällt sowohl die Entwicklung eines bankweiten Planungsmodells, inklusive der Bereitstellung der Planungsformulare, als auch der Betrieb eines Planungssystems. Im Idealfall planen die verantwortlichen Unternehmensbereiche die Kosten- und Werttreiber sowie die internen Leistungsbeziehungen auf der Ebene der einzelnen Ergebnisobjekte, welche wiederum über ein integriertes Planungsmodell zur finanziellen Planung verarbeitet werden.

---

16 Einheitliche Rahmenparameter, beispielsweise Zinssätze, Währungskurse, Marktperformance etc.
17 Vergleichswerte.

Die komplexen Beziehungen, gegenseitigen Abhängigkeiten und Wechselwirkungen in einem Planungsmodell abzubilden, das vom Management verstanden und beherrscht wird, stellt in diesem Zusammenhang eine große Herausforderung dar. Viele Planungssysteme enthalten nur einfache Funktionalitäten[18], sodass im Wesentlichen nur die finalen Planzahlen erfasst werden können und die eigentliche Arbeit außerhalb des Systems stattfindet, oder sie sind so komplex, dass sie in der Praxis nicht wirtschaftlich nutzbar sind. In der Praxis haben sich daher vor allem einfache und pragmatische Planungssysteme bewährt.

6. Fazit

Die heute in Kreditinstituten genutzten klassischen Planungsverfahren und -prozesse bieten nach wie vor ein erhebliches Optimierungspotenzial.

Effizienzsteigerungen sollten zum einen gezielt an den Punkten im Planungsprozess ansetzen, die in der Regel zu hohem Abstimmungsaufwand führen, beispielsweise Verfahren zum Umgang mit Plananpassungen. Zum anderen können erhebliche Effizienzgewinne durch die Wahl geeigneter Planungsstrukturen erzielt werden, die als *Anker-Strukturen* die Verzahnung der einzelnen Teilpläne erleichtern.

Der Finanzfunktion kommt schließlich durch eine umfassende Wahrnehmung ihrer Verantwortung als Prozessmanager eine entscheidende Bedeutung bei der Steuerung und kontinuierlichen Weiterentwicklung des Planungsprozesses zu.

Die Planungsprozesse in Kreditinstituten werden bisher oftmals nur sehr unzureichend durch spezialisierte IT-Systeme unterstützt. Der Markt bietet jedoch auch heute schon eine Reihe von interessanten Tools, die eine effizientere Prozessunterstützung ermöglichen.

Literaturverzeichnis

MAG, W. (1995): Unternehmensplanung, 1. Auflage, München 1995.

WEBER, J./SCHÄFFER, U./WILLAUER, B. (2000): Operative Planung erfolgreich gestalten, Band 17, Vallendar 2000.

OEHLER, K. (2002): Beyond Budgeting, was steckt dahinter und was kann Software dazu beitragen?, in: Kostenrechnungspraxis (krp), 46. Jahrgang (2002), Heft 3, S. 151 - 160.

---

[18] Beispielsweise in Form eines web-basierten Erfassungstools.

Moderne Planungsverfahren: von der traditionellen Budgetierung zur kennzahlenorientierten Planung

Marc Schäfer

1. Aktuelle Herausforderungen und Status quo der Planung in Kreditinstituten

2. Aktuelle Planungsansätze im Überblick

3. Ausgewählte Ansätze und Instrumente zur Verbesserung von Planung und Budgetierung
   3.1 Fokus auf Maßnahmen zur Realisierung der strategischen Ziele
   3.2 Einsatz rollierender Forecasts
   3.3 Einsatz von Werttreibern/Kennzahlen
   3.4 Verwendung relativer Maßstäbe

4. Erfahrung im (Re-)Design von Planung und Budgetierung

5. Fazit

Literaturverzeichnis

1. Aktuelle Herausforderungen und Status quo der Planung in Kreditinstituten

Die Optimierung des Planungs- und Budgetierungsprozesses steht neben der Verbesserung des Management Reporting-Prozesses auf der Agenda der Finanzvorstände (CFOs) ganz oben.[1] Dies ist aus verschiedenen Gründen leicht nachvollziehbar:

Zum einen stehen Finanzdienstleister heute einem volatilen, schwer zu prognostizierenden und dynamischen Marktumfeld gegenüber. Die gegenwärtige Finanzkrise ist nur ein Beispiel für diese besondere Herausforderung. Neben der Veränderung des Marktumfeldes führen auch rechtliche Veränderungen wie die Einführung von IFRS und Basel II sowie die damit verbundene höhere Volatilität ausgewiesener Ergebnis- und Kapitalgrößen, zu einer verstärkten Notwendigkeit verlässlicher und zeitnaher Planungen und Prognosen.

Zum anderen kann in diesem Kontext durchaus von einem Zusammenhang zwischen der Prognosequalität und dem Unternehmenswert ausgegangen werden. Beispielsweise zeigt eine Umfrage der Economist Intelligence Unit, dass ungenaue Prognosen bei Unternehmen dazu geführt haben, dass ihr Aktienkurs – und damit ihr Marktwert – in den vergangenen drei Jahren im Durchschnitt um sechs Prozent gefallen ist.[2]

Dies erfordert Flexibilität, Schnelligkeit, Integration und Konsistenz der Organisation sowie der eingesetzten Planungs- und Steuerungsinstrumentarien. Diesen hohen Anforderungen werden die vorhandenen Konzeptionen vielfach nicht gerecht.

Der traditionelle Planungsansatz lässt sich wie folgt skizzieren. Im besten Fall handelt es sich um einen top-down-getriebenen Ansatz, in dem, ausgehend von Vision und Strategie, ein operatives Jahresbudget abgeleitet wird. Das Jahresbudget ist dabei das Kernelement des regelmäßigen Steuerungsprozesses, in dem durch einen regelmäßigen Plan-Ist-Vergleich die Erreichung des Budgets beziehungsweise der damit verfolgten Ziele überwacht wird. Gleichermaßen bildet die Budgeterreichung auch die Basis für Anreizmechanismen und Zielvereinbarungen.

Dabei zeigt sich häufig, dass der Prozess durch zahlreiche Iterationen und Abstimmungsrunden, eingeschränkte Kommunikation und Zusammenarbeit zwischen den einzelnen Unternehmens- beziehungsweise Geschäftsbereichen, einen hohen Detaillierungsgrad (insbesondere auf der Kostenseite) sowie einen geringen Standardisierungs- und Automatisierungsgrad geprägt ist. Nach wie vor dominiert Microsoft Excel die Welt der Planungsanwendungen. Insgesamt zeichnet sich der Prozess durch eine hohe Bindung von Ressourcen und Management-Kapazitäten aus.

---

[1] Vgl. KPMG (2006), S. 1.
[2] Vgl. KPMG (2007), S. 2.

In Bezug auf die Erstellung der Pläne ist zu beobachten, dass diese eher durch die Fortschreibung vergangener Ergebnisse, als durch eine eigenständige Neuplanung erfolgen. Zukunftsorientierte Methoden wie Simulationen und Szenarioanalysen finden selten Anwendung.

Konsequenterweise ist die Kritik aus Wissenschaft und Praxis an der traditionellen Planung und Budgetierung in den vergangenen Jahren immer lauter geworden. In diesem Zusammenhang sind zahlreiche Ansätze und Ideen entwickelt worden, um die Planung zu optimieren und zu transformieren.

2. Aktuelle Planungsansätze im Überblick

In der aktuellen Diskussion in Literatur und Praxis findet sich ein buntes Gewirr an Begrifflichkeiten und Ansätzen rund um die Optimierung und Ausgestaltung von Planungsansätzen. Es gibt zahlreiche Planungs- und Prognoseansätze, die als *modern* oder *fortschrittlich* bezeichnet werden. Schlagworte wie *adaptive Planung, agile Planung, Better Budgeting, Beyond Budgeting, Blowing up the Budget, Lean Planning/Budgeting, Driver-based Planning/Forecasting, Rolling Forecasts, kennzahlenbasierte Budgetierung, wertorientierte Budgetierung, Activity-based Budgeting, Szenarioplanung* oder *Continuous Planning* sind nur einige Begrifflichkeiten. Alle diese Ansätze können, in Abhängigkeit von Kultur, Management-Stil, Lebenszyklusphase und Industrie, wirkungsvoll sein.

Bevor auf ausgewählte Planungsverfahren eingegangen wird, lohnt es sich einen Blick auf zwei grundsätzliche Bewegungen zu richten: *Better Budgeting* und *Beyond Budgeting*.[3]

- Unter *Better Budgeting* können Ansätze zusammengefasst werden, die insbesondere durch den Einsatz fortschrittlicher Technologien und eher inkrementelle Prozessverbesserungen, die bestehenden Planungsansätze weiterentwickeln (*evolutionärer Ansatz*). Das Budget bleibt dabei als zentrales Koordinations- und Steuerungsinstrument erhalten. Die zunehmende Bedeutung spezialisierter Planungstools zeigt sich auch in den aktuellen Entwicklungen auf dem Software-Markt. Die großen Software-Anbieter SAP und Oracle haben ihr Portfolio beispielsweise kürzlich um spezialisierte Business Performance Management-Anbieter (BPM-Anbieter) gezielt verstärkt, was zu einer deutlichen Konsolidierung auf diesem Markt geführt hat.

---

3 Vgl. das Buch von Linder/Weber (2003) zu einer ausführlicheren Gegenüberstellung.

■ Das *Beyond Budgeting-Konzept* des Beyond Budgeting Round Tables[4] (BBRT) beschreibt hingegen einen ganzheitlichen, transformatorischen Management-Ansatz.[5] Hierbei handelt es sich entsprechend nicht um die graduelle Verbesserung einzelner Aspekte des Management-Prozesses, sondern um eine fundamentale Änderung in der Denkweise und Grundhaltung (*revolutionärer Ansatz*). Dieser Management-Ansatz umfasst ein fest definiertes Set an Kernprinzipien, die es allesamt umzusetzen gilt. Dabei können diese je nach zugrunde liegender Quelle etwas differieren. Abgeleitet wurden diese Kernprinzipien aus der branchenübergreifenden Beobachtung und Analyse von Fallbeispielen, die alle mehr oder weniger auf klassische Budgets verzichten.

Die eine Hälfte der Kernprinzipien ist auf die Führung und Organisation gerichtet. Hierzu zählen Aspekte wie Kundenfokus, ein schlankes Netzwerk an ergebnisverantwortlichen Teams, weitreichende Handlungsfreiheit und entsprechende Fähigkeiten, Leistungsklima relativ zum Markt, Führung über Ziele, Werte und Rahmenvorgaben sowie offene, ehrliche und transparente Kommunikation. Die andere Hälfte fokussiert sich auf den Führungs- beziehungsweise Steuerungsprozess. Hierzu gehören der Einsatz relativer Ziele und Belohnungen sowie Kontrollen auf Basis von Leistungsindikatoren[6], eine kontinuierliche Planung, eine bedarfsbezogene und flexible Ressourcenbeschaffung in lokaler Verantwortung sowie eine dynamische, marktähnliche Koordination.

Die Anzahl der Praxisbeispiele, die diese Prinzipien umfänglich umgesetzt haben, sind bisher allerdings noch überschaubar. Als Paradebeispiel wird meist die schwedische Bank Svenska Handelsbanken angeführt,[7] die als Wegbereiterin der *Beyond Budgeting-Bewegung* angesehen werden kann und aus deren Management-Ansatz viele der *Beyond Budgeting-Prinzipien* abgeleitet wurden. In der jüngeren Vergangenheit sind weitere Finanzinstitute mit ihren, einigen dieser Prinzipien in unterschiedlichem Umfang folgenden, transformierten Management-Ansätzen aktiv hervorgetreten oder zitiert worden.[8] Eine klare Zuordnung zu *better-* oder *beyond-orientiert* erscheint daher eher schwierig.

In der Breite gesehen, ist jedoch zu beobachten, dass eher einzelne Elemente der oben genannten Ansätze von den Instituten eingesetzt werden, um schrittweise Verbesserungen zu erreichen. Vier bewährte Verfahren werden deshalb im folgenden Abschnitt näher betrachtet:

■ Fokus auf Maßnahmen zur Realisierung der strategischen Ziele

■ Einsatz rollierender Prognosen beziehungsweise Forecasts

■ Einsatz von Werttreibern/Kennzahlen

■ Verwendung relativer Maßstäbe

---

4   Der BBRT ist eine internationale, mitgliedergestützte Forschungsgemeinschaft, die aus einer branchenübergreifenden Arbeitsgruppe der amerikanischen Industrievereinigung CAM-I zum Thema *Beyond Budgeting* hervorgegangen ist. Weitere Informationen finden sich unter www.bbrt.org.
5   Vgl. Fraser/Hope (2001), S. 437 - 441; Pfläging (2003), S. 82 - 91 sowie das Buch von Pfläging (2006).
6   Key Performance Indicators (KPIs).
7   Vgl. Daum (2003) S. 77 - 90; sowie das Buch von Wallander (2003).
8   Zum Beispiel UBS Wealth Management, vgl. Kemke (2005), S. 1 - 18.

Auf die Aspekte im Zusammenhang mit der Organisation des Planungsprozesses sowie möglicher Optimierungsansätze wird im Beitrag „Effiziente Organisation der klassischen Planungsprozesse" von Leibold näher eingegangen.

3. Ausgewählte Ansätze und Instrumente zur Verbesserung von Planung und Budgetierung

3.1 Fokus auf Maßnahmen zur Realisierung der strategischen Ziele

Vielfach wird unter Planung eine rein finanzielle Budgetierung verstanden. Der Fokus im Rahmen der Planung sollte aber auf der Realisierung der strategischen Ziele liegen und damit strategische Initiativen und Maßnahmen umfassen. Die Fundierung der Planung durch eine quantitative Bewertung kommt danach erst im zweiten Schritt.

Dementsprechend stehen am Anfang der Planung die Identifikation der strategischen Ziele und die Ableitung von Initiativen mit eindeutigem Bezug auf die verfolgten strategischen Ziele. So wird sichergestellt, dass die zukünftigen Aktivitäten auch zur Realisierung der Strategie beitragen.

Zur Konkretisierung dieser Maßnahmen bietet es sich an, diese jeweils in Form einer gründlichen Nutzenevaluierung, einem sogenannten *Benefits Case*, zu beschreiben. Diese Nutzenevaluierung umfasst eine fundierte Beschreibung der Maßnahme sowie deren qualitative und quantitative Bewertung. Dabei kann es durchaus sinnvoll sein, mehrere Maßnahmen zu einer Initiative und die einzelnen Evaluierungen in einem übergreifenden *Benefits Case* zusammenzufassen. Die Beschreibung beinhaltet die Skizzierung und Erläuterung der mit der Initiative verbundenen Aktivitäten. Die qualitative Bewertung umfasst sowohl die für die Durchführung der Initiative erforderlichen Kapazitäten und die direkt oder indirekt involvierten Bereiche als auch die qualitativen Nutzenpotenziale sowie den Zielbeitrag. Diese wird ergänzt um klar definierte, finanzielle und nicht finanzielle Leistungsindikatoren (Key Performance Indicators/KPIs). Darüber hinaus sind die zugrunde liegenden Annahmen zu dokumentieren.

Im Rahmen der finanziellen Bewertung, dem *Business Case*, ist jede Initiative im Hinblick auf den geplanten (Netto-)Wertzuwachs (Kosten, Erträge und Risiken) zu bewerten. Ausgangspunkt für die quantitative Bewertung ist die erwartete Performance vor neuen Initiativen (*Base Case*). Durch Aggregation der einzelnen Initiativen ergibt sich der geplante Gesamtwertzuwachs (siehe Abbildung 1).

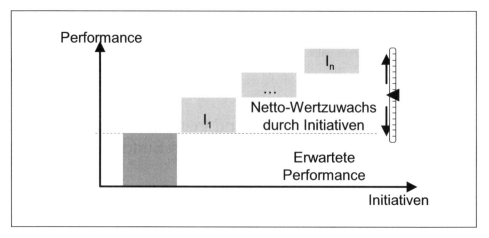

Abbildung 1: Ermittlung des Planwerts im Rahmen eines maßnahmenbasierten Ansatzes

Die spezifische Anforderung an die Ausgestaltung des *Benefits Case* wird zweckmäßigerweise abhängig vom Umfang und der Tragweite der einzelnen Initiative variiert. Dasselbe Prinzip sollte angewendet werden, wenn unterjährig Maßnahmen oder Projekte beantragt werden. Hierfür bietet es sich an, einen durchgängigen Investitionsprozess zu etablieren.

Die im Rahmen des *Benefits Case* definierten KPIs bilden die Basis für die nachfolgende Überwachung der avisierten Nutzenrealisierung. Ein solches Maßnahmen-Controlling ermöglicht eine laufende Bewertung des Maßnahmenerfolgs. Dies kann beispielsweise in Form regelmäßig stattfindender, strukturierter und moderierter Management Meetings erfolgen. Diese Moderationsfunktion kann zum Beispiel vom Controlling wahrgenommen werden.

3.2 Einsatz rollierender Forecasts

Ein weiteres Instrument zur Verbesserung des Planungs- und Steuerungsprozesses ist die Einführung rollierender Forecasts oder Prognosen beziehungsweise Vorschaurechnungen.

Während im Rahmen der Planung bestimmt wird, *wo die Reise hingehen soll*, wird beim Forecasting die zukünftige Entwicklung über einen festgelegten Zeitraum abgeschätzt. Ein Vergleich zwischen Zielwert und Forecast gibt somit einen Anhaltspunkt, inwieweit das angestrebte Ziel nach jetzigem Kenntnisstand erreicht wird. Dies erlaubt es, rechtzeitig entsprechende Anpassungsmaßnahmen einzuleiten. Planung und Forecasting sind somit zwei Instrumente, die grundsätzlich miteinander harmonieren. Rollierend steht hierbei für die regelmäßige, sich wiederholende Durchführung des Forecasting-Prozesses.

Während sich der Forecast in vielen Instituten auf das Kalenderjahresende bezieht, zeichnen sich führende Institute dadurch aus, dass Forecasts regelmäßig auch über einen längeren Zeitraum, mindestens über das Kalenderjahresende hinaus, durchgeführt werden. Das nachfolgende Beispiel verdeutlicht diesen Ansatz.

Bei einer international agierenden Universalbank besteht beispielsweise der Management-Prozess im Kern aus einer quartalsweisen Erstellung 18-monatiger Forecasts (siehe Abbildung 2). Hierbei wird der bisherige Forecasting-Zeitraum bei jeder Durchführung um ein Quartal in die Zukunft verschoben. Der Forecasting-Zeitraum umfasst dabei jeweils ein vollständiges Kalenderjahr, sodass auch der Link zu einer jahresendbezogenen Sicht sichergestellt werden kann.

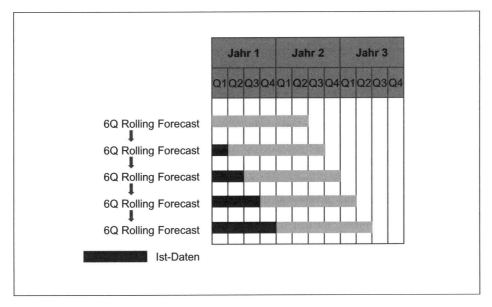

Abbildung 2:   *Rolling Forecast*

Im Gesamtplanungsprozess werden ausgehend von einem regelmäßig stattfindenden Strategieprozess die strategischen Ziele sukzessive auf die Geschäftsbereiche heruntergebrochen (siehe Abbildung 3). Diese spezifischen Zielvorgaben dienen als Ausgangspunkt für die Steuerung auf Basis rollierender Forecasts.

Quartalsweise werden im Zuge der Forecast-Erstellung der Zielerreichungsgrad analysiert, etwaige Lücken identifiziert und bewertet sowie entsprechende Gegensteuerungsmaßnahmen eingeleitet. Auf einen separaten Budgetierungs- beziehungsweise Jahresplanungsprozess wird hier verzichtet. Der *Jahresplan* ergibt sich aus den ersten vier Quartalen des Forecasts im vierten Quartal. Der Jahresplan ergibt sich somit als Nebenprodukt des Forecasts.

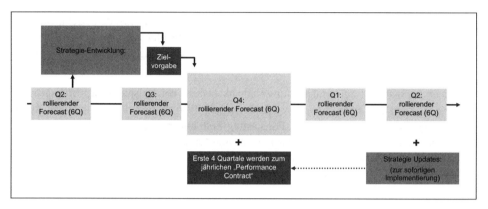

Abbildung 3: *Planung und Steuerung auf Basis rollierender Forecasts (Strategieentwicklung)*

Wodurch sich *gute* Forecasts auszeichnen, wurde im Rahmen der bereits eingangs erwähnten weltweiten Umfrage der Economist Intelligence Unit analysiert.[9] Diese hat ergeben, dass die Ergebnisprognosen der befragten Unternehmen durchschnittlich um 13 Prozent vom tatsächlichen Ergebnis abweichen. Nur jedem fünften Unternehmen (22 Prozent) gelang es in den vergangenen drei Jahren, die Differenz zwischen Vorhersage und Ergebnis auf höchstens fünf Prozent zu begrenzen.

Bei den Unternehmen mit den präzisesten Prognosen ist das Thema vergleichsweise von größerer Bedeutung. Sie unterscheiden sich insbesondere in den folgenden Punkten:

- Sie machen ihre Manager häufiger verantwortlich für die Prognoseerfüllung und belohnen sie auch häufiger für zutreffende Vorhersagen.

- Zudem nutzen diese Unternehmen die Prognosen für ein fortlaufendes Performance Management und versuchen damit die Vorhersagequalität zu verbessern. Sie interessieren sich stärker für Szenarioplanungen und Sensitivitätsanalysen und verfügen über eine effektivere Informationsbeschaffung.

- Sie nutzen regelmäßig externe Markt- und Wettbewerbsanalysen, lassen ihre Vorhersagen häufiger vom operativen Management erstellen und kümmern sich intensiver um die Datenqualität.

- Sie überprüfen und aktualisieren ihre Daten häufiger, greifen häufiger auf geeignete Software und andere Analysehilfsmittel zurück und verlassen sich nicht nur auf simple Tabellenkalkulationen.

Führende Organisationen realisieren immer häufiger, dass der Forecasting-Prozess ein Herzstück des Steuerungsprozesses und potenziell ein signifikanter Treiber von Unternehmenswert und Investorenvertrauen ist.

---

[9] Vgl. KPMG (2007), S. 2 - 5.

Insbesondere bei der Einführung eines rollierenden, mehrperiodigen Forecasts gilt es jedoch darauf zu achten, nicht noch einen weiteren, zusätzlichen Controllingprozess zu etablieren, der umfangreiche Ressourcen bindet. Die Herausforderung besteht darin, den Prozess zu integrieren, schlank zu gestalten und auf die wesentlichen Treiber zu konzentrieren. Technische Lösungen können den Prozess zudem effizient unterstützen. Wesentlich ist allerdings die Identifikation der wirklich relevanten Kennzahlen, wie es im nächsten Abschnitt beschrieben wird.

Die Steuerung auf Basis von Forecasts erfordert des Weiteren auch ein Umdenken innerhalb der Organisation. Einerseits richtet sich die Steuerung und Diskussion nun auf die Zukunft und weniger auf die Vergangenheit, andererseits kann es dazu führen, dass das Management Reporting, das Ist- und Forecast-Werte umfasst, nun erst etwas später als bisher bereitgestellt wird. Dieser Effekt kann beispielsweise durch die Bereitstellung komprimierter Vorabberichte, oft als *Quick-* oder auch *Flash-Reports* bezeichnet, die eine erste Ergebnisindikation geben, *gelindert* werden. Um den Forecasting-Ansatz abzurunden, bietet es sich an, ein regelmäßiges Maßnahmencontrolling, wie oben beschrieben, zu etablieren.

3.3 Einsatz von Werttreibern/Kennzahlen

Der volle Nutzen aus den oben angesprochenen Ansätzen lässt sich nur realisieren, wenn es gelingt, den Planungs- beziehungsweise Forecasting-Umfang deutlich zu verringern. Ein Ansatzpunkt ist hierbei, sich auf wenige zentrale Kennzahlen/KPIs zu konzentrieren und sich von der detaillierten Positionsplanung, in der Regel insbesondere auf Kostenseite, zu verabschieden.

Grundlage hierfür ist die Entwicklung einer konsistenten Kennzahlen- oder Treiberlogik, die sowohl Risiko- als auch Ertragskomponenten integriert, die verschiedenen Steuerungshierarchien miteinander verknüpft (das heißt von der Gesamtbank- zur operativen Steuerung) und finanzielle Größen sowie nicht finanzielle Größen kombiniert. Zur Entwicklung solcher Kennzahlensysteme bieten sich bewährte Verfahren wie Balanced Scorecards, Werttreiberbäume oder auch Prozess- und Qualitätsmanagementkonzepte an. Auch potenzialorientierte Ansätze wie die Verwendung von Kundengruppenpotenzialanalysen, Marktpotenzialanalysen oder der Einsatz von Kaufwahrscheinlichkeiten können hier, insbesondere in Bezug auf die Vertriebsplanung, wertvolle Hilfestellungen geben.

Das grundsätzliche Vorgehen wird im Folgenden am Beispiel eines Werttreiberbaums skizziert (siehe Abbildung 4). Werttreiberbäume zerlegen eine zentrale Steuerungsgröße[10] mittels einer Baumstruktur sukzessive in ihre Einflussfaktoren. Durch diese Kaskade ermöglichen sie verschiedene Einstiegsebenen innerhalb des Konzerns (beispielsweise Konzern, Institut,

---

10 Beispielsweise Economic Value Added (EVA)©.

Geschäftsfeld und/oder Bereich) und gewährleisten somit die Konsistenz über die verschiedenen Hierarchieebenen. Des Weiteren beschreiben sie ein konsistentes Bild der Ursache-Wirkungs-Zusammenhänge im Geschäft, dargestellt in einer einheitlichen Sprache. Sie beinhalten unterschiedliche Steuerungsdimensionen beziehungsweise Sichten auf das Geschäft – zugeschnitten auf den Bedarf des Managements, wobei jede Dimension ihre eigene Hierarchie hat, die auf der obersten Ebene einheitlich ist – sowohl für Ist, Plan und Forecast. Schließlich sorgen sie für Transparenz und Einblicke für eine faktenbasierte Entscheidung und fördern somit den Dialog im Management.

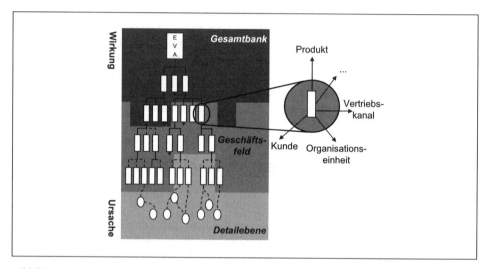

Abbildung 4:   *Grundkonzeption Werttreiberbäume*

Abbildung 5 zeigt den Aufbau eines Werttreiberbaums.

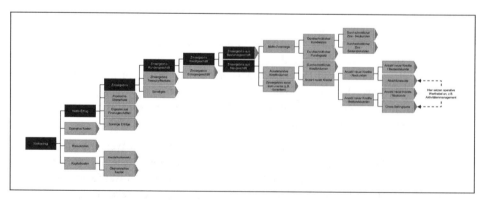

Abbildung 5:   *Exemplarischer Auszug aus einem Werttreiberbaum*

Beim Aufbau eines Werttreiberbaums ist für jede Kennzahl entsprechend die Dimensionalität zu definieren, beziehungsweise festzulegen, inwieweit hier nach Produktgruppen oder Ähnlichem differenziert wird.

Der Anwendungsbereich solcher Modelle ist natürlich nicht nur auf die Jahresplanung oder den *Forecast* beschränkt. Vielmehr eignen sie sich ebenso für den Einsatz im Rahmen von Profitabilitätsanalysen oder *Business Case-Rechnungen*, beispielsweise für die Einführung neuer Produkte oder die Gewinnung neuer Vertriebspartner.

Die identifizierten und ausgewählten Treiber sind im Rahmen eines soliden Modells zusammenzuführen, das die Zusammenhänge transparent und kalkulierbar macht. Dabei ist es für den ersten Aufbau des Modells empfehlenswert, mit einfachen Regeln und Expertenschätzungen für die Festlegung der Treiberwerte zu arbeiten, bevor aufwändige Modelle (beispielsweise auf Basis detaillierter Prozesskostenrechnungen) und Datenerhebungen initiiert werden. Die Expertenschätzungen können mit zunehmender Erfahrung und Anwendung der Modelle weiter validiert und verfeinert werden.

Ein pragmatischer Schritt ist es, sich zunächst auf materielle und beeinflussbare Positionen zu konzentrieren und die übrigen Positionen weiterhin direkt zu planen, beispielsweise zu schätzen. Die potenziellen Treiber sollten dabei im Modell als Variable definiert werden, die entsprechend veränderbar sind. Dies empfiehlt sich auch für weniger volatile Werte. *Harte* Eingaben führen nur zu unnötigem Pflegeaufwand.

Ein Ausschnitt aus einem vereinfachten Modell für das Konsumentenkreditkartengeschäft eines Finanzdienstleisters soll die Funktionsweise eines treiberbasierten Planungs- und Forecasting-Modells verdeutlichen (siehe Tabelle 1). Das abgebildete Kostentreibermodell ermöglicht in einem ersten Schritt die Kalkulation der Personal- und Sachkosten für neue Kreditkarten. Ausgehend von einer Variation der Anzahl an Kartenanträgen werden über vordefinierte, geschätzte Kostentreiber und -volumina die Gesamtkosten ermittelt. Die Anzahl an Anträgen kann dabei eigenständig geschätzt oder selbst wiederum beispielsweise anhand von Marktpotenzialanalysen bestimmt werden.

In einem weiteren Schritt lässt sich ein solches Modell natürlich auch für die Ressourcen- und Kapazitätsplanung verwenden. Grundlage des hier abgebildeten Modells ist eine einfache Schätzung des Zeitbedarfs je Aktivität. Dies lässt sich bei Bedarf sowie fortschreitender Übung und Stabilität beispielsweise durch eine detailliertere Prozesskostenrechnung verfeinern.

Beim Aufbau der Treiberlogiken bietet es sich an, soweit wie möglich auf im Unternehmen bestehendes Know-how zurückzugreifen. Schließlich kennt das operative Management die wesentlichen Ursache-Wirkungs-Zusammenhänge in der Regel sehr genau, wie beispielsweise die Wirkungsweise von Ressourcen/Kosten und Erträgen auf eine Veränderung des Marktes oder ein verändertes Verhalten der Wettbewerber. Durch gemeinsame Workshops mit den Unternehmensbereichen lassen sich die Grundzüge solcher Modelle leicht entwickeln.

Nr.	Prozessschritt	%	Treiber	Anzahl	Zeit in min	Personalkosten	Sachkosten	Gesamtkosten
1.	**Anträge**							
1.1.	Anzahl Anträge			100,0				
1.2.	% mit zweitem Karteninhaber	20%	von Anzahl an Anträgen	20,0				
1.3.	per Telefon	21%	von Anzahl an Anträgen	21,0			5,70	119,70
1.4.	per Internet	32%	von Anzahl an Anträgen	32,0				-
1.5.	per Mail	22%	von Anzahl an Anträgen	22,0			1,14	25,08
1.6.	per Promotion	25%	von Anzahl an Anträgen	25,0			1,14	28,50
2.	**Antragsbearbeitung**							
2.1.	Direkt akzeptiert	45%	von Anzahl an Anträgen	45,0	6,00	3,61		162,43
2.2.	Folgebearbeitung	5%	von Anzahl an Anträgen	5,0	6,00	3,61		18,05
2.2.1.	Call erforderlich	100%	von Anträgen in Folgebearbeitung	5,0	3,00	1,80	0,20	10,02
2.2.1.	Akzeptanzquote Folgebearbeitung	80%		4,0				
2.4.	Direkt abgelehnt	44%	von Anzahl an Anträgen	44,0	6,00	3,61		158,82
2.5.	Zurückgezogen	6%	von Anzahl an Anträgen	6,0	6,00	3,61		21,66
2.6.	Schufa-Anfrage	100%	von Anzahl an Antragstellern	120,0			0,95	114,24
2.7.	Akzeptierte Anträge Gesamt			49,0				
2.8.	Abgelehnte Anträge Gesamt			45,0				
2.9.	Zurückgezogene Anträge Gesamt			6,0				
3.	**Korrespondenz**							
3.1.	Akzeptanzbrief (weitere Dokumente)	82%	von akzeptierten Anträgen	40,0			0,66	26,52
3.2.	Willkommensbrief (keine weiteren Dokumente)	18%	von akzeptierten Anträgen	9,0			4,28	38,54
3.3.	Ablehnungsbrief	100%	von abgelehnten Anträgen	45,0			0,66	29,84
3.4.	Akzeptierte Anträge zurückgezogen	18%	von Akzeptanzbriefen	7,0				
3.5.	Postsortierung	82%	von Akzeptanzbriefen	33,0	1,00	0,60		19,85
3.6.	Überprüfung Rückläufer Postident Dokumente	100%	von Postsortierung	33,0	2,00	1,20	4,20	178,30
3.7.	Prüfung nachgelieferter Gehaltsabrechnungen	20%	von Postsortierung	7,0	3,00	1,80		12,63
3.8.	Ablehnungsquote aus Dokumentencheck	10%	von Prüfungen	1,0				
4.	**Kontoeröffnung und Kartenproduktion**							
4.1.	Eröffnung Kartenkonten (Datenabgleich)	90%	von Postsortierung + 100% von Willkommensbriefen	39,0	0,00	-		-
4.2.	Produktionskosten Karte	100%	von eröffneten Kartenkonten	39,0			3,00	117,00
4.3.	Scanning & Archivierung	100%	von eröffneten Kartenkonten	39,0			0,31	12,09
			Summe	33	11,34		16,70	1.093,28
			Einmalige Gesamtkosten pro neuer Karte					28,03

Tabelle 1: *Exemplarisches Kostentreibermodell*

3.4 Verwendung relativer Maßstäbe

Die Konzentration auf wenige Kennzahlen allein reicht nicht aus, um ein effektives Steuerungsinstrumentarium zu etablieren. Vielmehr gilt es noch, die richtige Messlatte zu definieren. Wie eingangs beschrieben, fungiert üblicherweise das verabschiedete Budget als Messlatte für einen Erfolg oder Misserfolg. Budget- beziehungsweise Plan-Ist-Vergleiche dienen dabei als wesentliches Überwachungsinstrument. Der resultierende Steuerungsimpuls ist hier, das Budget zu erreichen. Budget- oder Planübererfüllung führt allerdings meist nur dazu, dass die Werte im Folgejahr nach oben angepasst werden.

Zielführender ist es hingegen, relative Maßstäbe zu definieren. Relativ heißt hier beispielsweise im Sinne eines Ist-Ist-Vergleichs oder der Vergleich zu einer Benchmark. Diese Benchmark kann dabei sowohl extern als auch intern definiert werden. Statt sich mit der Erreichung (bereichs-)interner Zielgrößen zu beschäftigen, zwingt dies die Organisationen, den Blick über den eigenen Wirkungskreis hinaus auf den Markt oder interne Wettbewerber zu richten. Das heißt aber keineswegs, dass durch den Verzicht auf den Vergleich mit Budgets die Ziele *tiefer* gesetzt werden müssen, sondern vielmehr geht es darum, ambitionierte Ziele zu formulieren.

Interessant ist in diesem Kontext, dass sich die Anreizsysteme in gleichem Maße stärker von Budget-Ist-Vergleichen hin zu relativen Vergleichen mit einer Peer Group Performance verändern.

4. Erfahrung im (Re-)Design von Planung und Budgetierung

Es gibt kaum einen anderen Prozess, der derart mit der Kultur und mit den Verhaltensweisen eines Kreditinstituts verwoben ist, wie der Planungsprozess. Dementsprechend gibt es auch kaum einen Prozess, der derart schwierig zu verändern ist. Dies zeigt sich erfahrungsgemäß darin, dass initiierte Optimierungsprojekte vielfach nicht den gewünschten Erfolg bringen. Aus unserer Erfahrung heraus sind insbesondere die folgenden Aspekte wesentliche Erfolgsfaktoren für entsprechende Optimierungs- und Transformationsprojekte.

Klare Definition von Zielbild und Grundprinzipien

In vielen Fällen wird vor Beginn der Initiative kein konkretes Zielbild des angestrebten Planungsprozesses formuliert. Stattdessen werden wenig spezifizierte Zielformulierungen wie *die Steigerung der Effizienz, die Steigerung der Effektivität, eine höhere Integration* oder *die Verbesserung des Planungsinhalts* vorgegeben. Das Verständnis über das Ziel lenkt allerdings den Fokus im Rahmen des Optimierungsvorhabens. Wird unter *Effizienzsteigerung* zum Beispiel eine Verringerung der Durchlaufzeiten verstanden, so wird der Fokus eher auf einer Verbesserung des Forecasting-Modells, weniger Iterationen, eine geringere Ressourcenbindung, ein verbesserter Tool-Einsatz oder die Konzentration auf wesentliche Planungspositionen gerichtet sein. Steht *Effizienzsteigerung* hingegen für eine Reduktion der Mitarbeiterkapazitäten, bieten sich eine stärkere Zentralisierung sowie die Beseitigung von Duplikaten, Überschneidungen und redundanten Elementen an.

Ähnlich lassen sich auch die anderen Zielbegriffe konkretisieren. Hier können vordefinierte Entscheidungsbäume helfen, den Fokus in die richtige Richtung zu lenken. Die Präzisierung der Ziele bietet darüber hinaus wertvolle Orientierungspunkte für eine spätere Konfliktbehebung oder die Wahl zwischen Alternativen im Verlauf des Prozesses. Wie das Zielbild dabei aussehen soll, ist individuell, passend zu Kultur und Führungsstil der Organisation, zu definieren.

Realistische Erwartungshaltung und institutsindividueller Entwicklungspfad

Planung und Forecasting werden typischerweise nur jährlich beziehungsweise quartalsweise, maximal monatlich, durchgeführt. Dies führt entsprechend zu einer längeren Übergangszeit und einer eher evolutionären Verbesserung, insbesondere auch um Gewohnheiten und Verhalten zu ändern. Hierzu zählt auch, einer potenziellen Gegenwehr von Stakeholdern zu entgegnen, die durch die Besorgnis über die neuen *Spielregeln* hervorgerufen werden kann. Schließlich benötigt auch das Management eine Lernkurve. Es dauert sicherlich ein bis zwei Planungsrunden bis das Management verinnerlicht hat, an welchen Parametern es wie drehen kann beziehungsweise muss. Entsprechend sollte ein spezifischer Entwicklungspfad für das Institut definiert werden. So wird es den Beteiligten und der Bank als Ganzes möglich sein, sich sukzessive zu verändern.

Engagement und Unterstützung

Befürwortung, Unterstützung und Beteiligung der Führungskräfte während der Neuausrichtung – innerhalb und außerhalb der Finanzfunktion – sind maßgebliche Erfolgsfaktoren für ein solches Optimierungsvorhaben. Auch die Mitarbeiter aus den relevanten Geschäftsbereichen und Corporate Centern sollten aktiv mit eingebunden werden. Diese bringen wertvolles Know-how ein und werden sich eher mit der Initiative identifizieren. Schließlich wird keines der genannten Verfahren per se die gewünschte Steuerungswirkung beziehungsweise den gewünschten Nutzen in vollem Umfang entfalten können, wenn nicht die Organisation und die darin involvierten Führungskräfte und Mitarbeiter *auf die Reise* mitgenommen werden. Hierbei können die Etablierung konzernübergreifender, spezieller Arbeitsgruppen bestehend aus ausgewählten Führungskräften aus den Finanzbereichen oder auch aus den Geschäfts- und Unternehmensbereichen zur Validierung und Diskussion von Ergebnissen sowie gemischte Teams wirkungsvolle Instrumente sein.

Auch den Vorstand gilt es entsprechend *mit ins Boot zu holen*. Zunächst einmal, um in einem solchen Transformationsprojekt über die notwendige Autorität zu verfügen. Darüber hinaus geht es um die Klärung von Auftrag beziehungsweise Mandat, also die Klärung der Zielsetzung der optimierten Planung sowie der Vollmachten. Es stellt sich hierbei die Frage, ob es dabei zum Beispiel um eine Befähigung und Weiterentwicklung der Organisation oder um die Ausübung einer stärkeren Kontrolle geht. Aus Sicht des Vorstands kann diese Initiative dazu dienen, eine kulturelle Transformation zu betreiben, die Ergebnisse zu verbessern oder eine größere Kontrolle über das Geschäft und die Verantwortlichen auszuüben. Die Erfahrung zeigt jedoch, dass sich noch nicht alle Vorstände über die volle Wirkungskraft einer effektiveren Planung im Klaren sind. Oftmals leistet die Finanzfunktion hier aber auch noch nicht ausreichend Aufklärungsarbeit. Im Endeffekt ist der wichtigste Stakeholder nicht angemessen eingebunden.

Eindeutige Schnittstellendefinition und Einbeziehung aller (Teil-)Pläne und Prozesse

Neugestaltungen ohne eine Systematik, die festlegt, wie die verschiedenen Teilpläne und Subprozesse in der Planung zusammenwirken, führen in den häufigsten Fällen zu einer fragmentierten Ausgestaltung mit Doppelarbeit. Die Anknüpfungspunkte und Interdependenzen zwischen strategischer Planung, operativer Planung, Budgetierung, Forecasting und Kompensationsprozessen sind klar zu definieren. Die Fähigkeit, diese Prozesse zu verändern, ist oft ein entscheidender Erfolgsfaktor.

(Re-)Design-Projekte im Bereich Planung und Budgetierung, die nur auf Konzern- oder Gesamtbankebene erfolgen, aber die Geschäftsbereiche nicht berücksichtigen, weisen eine wesentlich höhere Misserfolgsquote auf und/oder erzeugen wesentlich weniger Nutzen. Der Großteil des Aufwands im Rahmen der Planung, der Budgetierung und des Forecasting fällt dabei unterhalb der Konzern- beziehungsweise Gesamtbankebene an.

Kultur und Fähigkeitsveränderungen

Ein (Re-)Design des Planungs-/Budgetierungsprozesses lässt sich nicht mit einer E-Mail erledigen. Stattdessen besteht die Herausforderung, die Beteiligten frühzeitig *mit auf die Reise* zu nehmen. Hierzu sollte ein zielgerichtetes Kommunikationsmanagement und Change Management etabliert werden.

5. Fazit

Die Optimierung von Planung und Steuerung steht auf der Agenda der CFOs ganz oben. Führende Institute setzen hierbei insbesondere auch auf kontinuierliche Planung und Prognosen, den Einsatz von Werttreibern, den Bezug zum Wettbewerb und den Fokus auf Maßnahmen. Ein entsprechendes Redesign der Planung bietet sowohl für das Institut als Ganzes als auch für die Finanzfunktion echten Mehrwert, wenn bestimmte Erfolgsfaktoren bei der Weiterentwicklung berücksichtigt werden.

Ein reibungslos funktionierender, flexibler und zukunftsgerichteter Planungs- und Steuerungsprozess ist aber auch Grundvoraussetzung dafür, dass der Finanzbereich als echter Geschäftspartner des Managements fungieren kann und als solcher akzeptiert wird. Im selben Maße werden durch die Verlagerung der Aktivitäten innerhalb der Finanzfunktion auf wertschöpfende Aktivitäten die Arbeitsplätze dort attraktiver.

Literaturverzeichnis

DAUM, J. (2003): Interview: Ohne Budgets managen bei Svenska Handelsbanken, in: Zeitschrift für Controlling & Management/krp-Kostenrechnungspraxis, 47. Jahrgang (2003), Sonderheft 1, S. 77 - 90.

FRASER, R./HOPE, J. (2001): Beyond Budgeting, in: Controlling, 13. Jahrgang (2001), Heft 8/9, S. 437 - 441.

KEMKE, W. E. (2005): Steuerung und Erfolgsmessung ohne fixe Zielvorgaben; Internet: http://www.beyondbudgeting.de/events/bb_summit2005_marterial/kemke.pdf, Stand: Juni 2005, Abruf: 20.01.2009, 9:43 Uhr, S. 1 - 18.

KPMG (2006): Being the best. Insights from leading finance functions, Internet: http://www.kpmg.com/SiteCollectionDocuments/Being%20the%20best.pdf, Stand: 2006, Abruf: 20.01.2009, 9:45 Uhr, S. 1 - 55.

KPMG (2007): Forecasting with confidence. Insights from leading finance functions, Internet: http://www.kpmg.com/SiteCollectionDocuments/Forecasting-with-confidence.pdf, Stand: 2007, Abruf: 9:47 Uhr, S. 1 - 5.

LINDER, S./WEBER, J. (2003): Budgeting, better budgeting oder beyond budgeting, Valendar 2003.

PFLÄGING, N. (2003): Beyond Budgeting, Better Budgeting – Ohne feste Budgets zielorientiert führen und erfolgreich steuern, Freiburg 2003.

PFLÄGING, N. (2006): Führen mit flexiblen Zielen. Beyond Budgeting in der Praxis, Frankfurt/M. 2006.

WALLANDER, J. (2003): Decentralization: Why and How to Make it Work. The Handelsbanken Way., Stockholm 2003.

Effizienzsteigerung in der Finanzfunktion durch Nutzung von Finance Shared Service Center

Arnd Leibold

1. Ausgangssituation
2. Markttrends zur Organisation des Finanz- und Rechnungswesens in Kreditinstituten
3. Systematisierung auslagerungsfähiger Prozesse
4. Umsetzungsstand und Handlungsoptionen in der Finanzbranche
5. Fazit

Literaturverzeichnis

1. Ausgangssituation

Der Kampf um kostengünstige Produktionsstandorte und das *Streben nach effizienten Strukturen durch die Konzentration beziehungsweise Auslagerung von Prozessen* bis hin zur Verlagerung in Länder mit einer günstigen Kostenstruktur ist in der Industrie seit Langem die übliche Praxis. Nachdem zunächst vor allem einfache manuelle Tätigkeiten ausgelagert wurden, konnte in einem nächsten Entwicklungsschritt die Verlagerung zusammenhängender Produktionsabläufe im Bereich der industriellen Massenfertigung ins Ausland beobachtet werden. So wurde beispielsweise die Laptop-Produktion von IBM bereits lange Zeit vor dem Verkauf der Sparte an Levono nach China verlagert. Aber wie sieht es mit internen Dienstleistungen wie beispielsweise dem Finanz- und Rechnungswesen aus?

Die Erfahrungen aus der Industrie zeigen, dass auch mit der Auslagerung beziehungsweise Zentralisierung/*Bündelung* von internen Abwicklungsprozessen erhebliche Effizienzpotenziale realisiert werden können.[1] So wurden bereits früh viele einfache Tätigkeiten, vornehmlich in der Buchhaltung, in sogenannten *Finance Shared Service Centern (FSSC)* gebündelt und an kostengünstige Standorte verlagert. Exemplarisch hierfür können das Bestellwesen (*Purchase-to-Pay*) und die Auftragsabwicklung (*Order-to-Cash*) genannt werden.

Kreditinstitute haben dem in der Industrie zu beobachtenden Trend zur *Auslagerung beziehungsweise Bündelung von Prozessen des Finanz- und Rechnungswesens in FSSC* jedoch lange Zeit keine hohe Bedeutung beigemessen. Zum einen spielen die oben genannten industriellen Prozessketten des *Purchase-to-Pay* und des *Order-to-Cash* bei Kreditinstituten keine vergleichbar bedeutende Rolle. Die Prozesse sind häufig nicht einmal Teil des Finanz- und Rechnungswesens von Kreditinstituten.

Zum anderen sind die Kernprozesse des Finanz- und Rechnungswesens in Kreditinstituten deutlich enger mit den operativen Systemen verknüpft als dies in der Industrie gewöhnlich üblich ist. Gleichzeitig war (und ist teilweise noch) die *IT-Systemlandschaft in Kreditinstituten* sehr heterogen und der Standardisierungsgrad bei den Backoffice-Systemen viel geringer als in der Industrie. Diese Faktoren führten dazu, dass die Bündelung und Auslagerung von Prozessen des Finanz- und Rechnungswesens in der Kreditwirtschaft lange Zeit nur eine untergeordnete Rolle spielte. In den letzten beiden Jahrzehnten haben die Kreditinstitute enorme Anstrengungen unternommen, um die IT-Systeme zu modernisieren und zu vereinheitlichen. Damit wurde in vielen Häusern eine entscheidende Voraussetzung für die Einführung moderner Organisationsformen im Finanz- und Rechnungswesen geschaffen.

Nachdem im folgenden Abschnitt zunächst die zu beobachtende Trendentwicklung zur Organisation des Finanz- und Rechnungswesens zusammenfassend dargestellt werden, erfolgt in dem dritten Abschnitt eine Systematisierung auslagerungsfähiger Prozesse. Dabei wird den Fragestellungen nachgegangen, welche Prozesse des Finanz- und Rechnungswesens zur

---

[1] Vgl. KPMG (2008), S. 7 - 13.

Bündelung beziehungsweise Auslagerung, zum Beispiel in FSSC, besonders prädestiniert sind und wo gegebenenfalls Grenzen der Zusammenfassung von Prozessen liegen. Auf der Grundlage dieser Systematisierung schließt sich eine Analyse des Umsetzungsstandes und bestehender Handlungsoptionen in Kreditinstituten an. Dabei wird auch ein Beispiel einer Versicherungsgesellschaft dargestellt. Der Beitrag schließt mit einem Fazit.

2. Markttrends zur Organisation des Finanz- und Rechnungswesens in Kreditinstituten

Im Zuge der zuvor angesprochenen Modernisierung und Vereinheitlichung der IT-Systeme in Banken haben sich *Quasi-Marktstandards für die Systeme des Rechnungswesens* (beispielsweise die Systeme von SAP oder Oracle) herausgebildet und am Markt durchgesetzt. Auf Basis dieser Entwicklung sind Banken zunehmend in der Lage, Prozesse, Systeme und die damit verbundenen fachlichen Tätigkeiten unter Erzielung von Effizienzgewinnen erfolgreich neu zu organisieren.

Dabei werden drei wesentliche kombinierbare *Grundformen* unterschieden:

- geografische Verlagerung[2] (Offshoring)
- Auslagerung an externe Spezialdienstleister (Outsourcing)
- Bündelung von Prozessen in zentralen Organisationseinheiten im Konzern (FSSC)

Die Entwicklung der *Auslagerung und Bündelung von Prozessen und Systemen* fokussierte sich zunächst auf einfache Abwicklungsprozesse sowie auf Dienstleistungen, bei denen Spezialanbieter komparative Kostenvorteile hatten. Hierzu gehören beispielsweise die Auslagerung von IT-Prozessen, IT-Systemen und Rechenzentren. Nachdem in der Anfangsphase häufig primär die günstigere Abwicklung dieser Prozesse und Dienstleistungen sowie die bessere Nutzung der technischen Infrastruktur im Vordergrund standen, werden heute in der Regel auch eine Steigerung der Servicequalität und eine Prozessvereinheitlichung als Ziele genannt.

Im Kontext der Etablierung von FSSC sollen zunehmend *höherwertige Wertschöpfungsprozesse* wie beispielsweise die Berichterstattung[3] gebündelt und ausgelagert werden. Neben dem Trend zur Bündelung komplexerer Prozesse wird zunehmend auch eine Verlagerung ins kostengünstigere Ausland vollzogen.

---

2 Zum Beispiel in Niedriglohnländern.
3 Im Folgenden kurz *Reporting* genannt.

Fast alle international tätigen Kreditinstitute haben bereits *Initiativen zur Auslagerung von Prozessen in FSSC* gestartet oder beschäftigen sich ernsthaft mit dem Thema. Konkretisierende Beispiele aus der Unternehmenspraxis zur aufbau- und ablauforganisatorischen Reorganisation des Finanzbereichs, einschließlich der Auslagerung von Finanzprozessen in FSSC, enthält der vierte Abschnitt.

3. Systematisierung auslagerungsfähiger Prozesse

Wenn man sich dem Thema der Bündelung und Auslagerung von Prozessen im Finanz- und Rechnungswesen von Kreditinstituten nähert, stellt sich zuerst die Frage nach den potenziell auslagerungsfähigen Prozessen. Unter *Kosten- und Effizienzgesichtspunkten* sind volumenstarke und hoch standardisierbare Prozesse aufgrund der erwarteten Skaleneffekte besonders für die Bündelung in einem FSSC geeignet. Durch die Konzentration und Vereinheitlichung der Prozesse wird die kritische Zahl der Prozessdurchläufe erreicht, die Investitionen in moderne IT-Systeme zur Automatisierung wirtschaftlich interessant machen.

Neben der Senkung der Stückkosten führt die zunehmende *Automatisierung der Abläufe* durch die entsprechende Reduzierung manueller Tätigkeiten und provisorischer Umgehungslösungen (*Workarounds*) zu Qualitätssteigerungen[4] und zur Reduzierung der Durchlaufzeiten. Ein anschauliches Beispiel aus der Bankenindustrie ist die Automatisierung der Kostenstellenrechnung in einem international tätigen Kreditinstitut. Über ein weltweit einheitliches System werden die Belege gescannt. Der anschließende Genehmigungsprozess erfolgt papierlos und die Informationen werden schließlich zur Buchung elektronisch abgelegt. Die Kostenstellenverantwortlichen haben über ein spezielles System direkten aktuellen Zugriff auf die gebuchten Einzelposten und die eingescannten Belege. Die vormals ineffiziente manuelle Genehmigung und Kontierung sowie die aufwändige Belegermittlung bei Rückfragen entfallen.

Der Nutzen von FSSC ist jedoch nicht auf Massenprozesse beschränkt. Im Folgenden werden die *Prozesse des Finanz- und Rechnungswesens* systematisch auf ihre Eignung für moderne Organisationsformen hin untersucht. Für die Einordnung der Prozesse im Hinblick auf die Organisationsformen, in denen ihre Bearbeitung erfolgt, sind grundsätzlich zwei Dimensionen entscheidend:

- Grad des Kundenkontaktes

- Grad der Komplexität der Prozesse und unterstützenden Systeme

---

[4] Vgl. KPMG (2008), S. 14.

Tabelle 1 veranschaulicht exemplarisch den zunehmenden *Grad des Kundenkontaktes* anhand ausgewählter Prozesse und Tätigkeiten im Bereich des Finanz- und Rechnungswesens. Die Kunden des Finanz- und Rechnungswesen lassen sich dabei in externe Kunden wie die Bankkundschaft, die Finanzanalysten oder die Ratingagenturen sowie interne Kunden wie das Management oder andere Organisationseinheiten der Bank, für die die Dienstleistungen erbracht werden, differenzieren.

Grad des Kundenkontakts		
Kein Kontakt zum Kunden	Formalisierter Kontakt	Koordinations-/ Beratungsfunktion
z. B. Anlagenbuchhaltung, Kreditorenbuchhaltung	z. B. Abstimmungsarbeiten, einfache Standardanalysen	z. B. Planungsgespräche, Ad-hoc-Analysen für das Management

Tabelle 1: Grad des Kundenkontaktes

Tabelle 2 demonstriert die zunehmende Komplexität sowie den *Standardisierungsgrad* verschiedener Finanz- und Rechnungswesenprozesse.

Komplexität der Prozesse		
Einfache, standardisierbare Prozesse	Weitgehend standardisierbare Prozesse mittlerer Komplexität	Komplexe, individuelle Prozesse
z. B. Kreditorenbuchhaltung	z. B. Standard Reporting	z. B. Due Diligence, Projektarbeit

Tabelle 2: Komplexität der Prozesse

Die beiden Dimensionen des Kundenkontaktgrades und der Prozesskomplexität lassen sich in einer *Prozessmatrix* zusammenführen. In diese Matrix können sämtliche Prozesse und Leistungen der Finanzfunktion, differenziert nach diesen beiden Dimensionen, eingeordnet werden. Abbildung 1 visualisiert dies entsprechend.

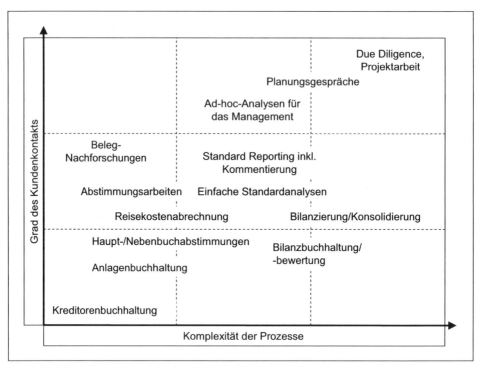

Abbildung 1: Prozessmatrix

Die Prozessmatrix unterstützt die *Strukturierung des Prozessspektrums der Finanzfunktion* als Ausgangspunkt für weiterführende Überlegungen. Generell gilt, je höher die Komplexität sowie der Grad des Kundenkontakts der Prozesse wird, desto weniger bieten sich diese für Prozessauslagerungen durch Organisationsformen wie die eines FSSC oder des Outsourcings und Offshorings an.

Basierend auf dieser generellen Überlegung können die Dimensionen zwecks einer vereinfachten Unterscheidung der Prozesse nach niedriger beziehungsweise hoher Komplexität einerseits sowie nach einem niedrigen beziehungsweise hohen Kundenkontaktgrad andererseits in eine vier Felder umfassende Prozessmatrix überführt werden. Diese erleichtert die *Identifikation der am besten geeigneten Organisationsformen* für die jeweiligen Prozesse der Finanzfunktion. In Abbildung 2 wurde die vereinfachende Vier-Felder-Matrix der Organisationsformen über die neun Felder umfassende Prozessmatrix gelegt.

Durch die auf vier Felder reduzierte Prozessmatrix wird die Zuordnung grundsätzlich geeigneter Organisationsformen auf die vier Quadranten erleichtert (siehe Abbildung 2). Durch das Übereinanderlegen beider Matrizes wird jedoch auch deutlich, dass es einerseits Prozesse gibt, für die sich eine geeignete Organisationsform sehr schnell identifizieren lässt. So bietet sich beispielsweise für den Prozess der *Kreditorenbuchhaltung* die Bearbeitung in einem FSSC an, das zudem auch ausgelagert werden könnte. Andererseits wird deutlich, dass es

Prozesse gibt, bei denen abhängig von den jeweiligen Besonderheiten jeder Finanzfunktion sehr genau zu prüfen ist, wie die spezifische Bearbeitung dieser Prozesse am effizientesten zu organisieren ist. Hierbei handelt es sich insbesondere um Prozesse, die im mittleren Feld der Neun-Felder-Matrix beziehungsweise in der Mitte der Vier-Felder-Prozessmatrix anzusiedeln sind wie beispielsweise der Erstellungsprozess von einfachen Standardanalysen.

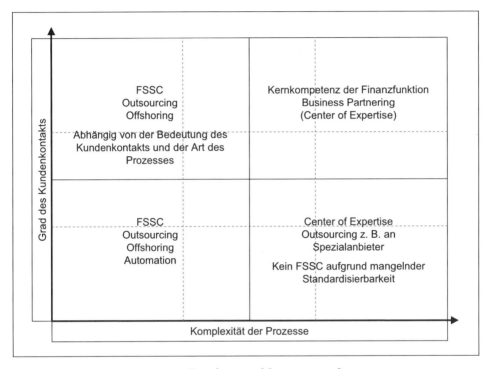

Abbildung 2: *Prozessmatrix mit Zuordnung auf Organisationsformen*

Der rechte obere Quadrant enthält die sehr stark beratenden, analytischen und kommunikativen Prozesse. Zusammengenommen machen sie die Rolle von Rechnungswesen und Controlling als *Business Partner*[5] aus. Diese Prozesse stellen hohe Anforderungen an die fachliche Qualifikation, die Branchen- und Unternehmenskenntnisse und kommunikativen Fähigkeiten der Stelleninhaber. Sie erfordern auch eine große Nähe zu den internen und externen Kunden, sodass FSSC-, Offshoring- und Outsourcing-Lösungen in der Regel nicht praktikabel sind. Bei hochspezialisierten Themenfeldern kann in Ausnahmefällen auch eine zentrale Bereitstellung über ein *Center of Expertise* (CoE) zielführend sein.

Bei Prozessen im rechten unteren Quadranten kann die Bildung von sogenannten *CoE* für ausgewählte Bereiche sinnvoll sein. In CoE können Dienstleistungsprozesse erbracht werden, die sich einerseits durch eine hohe Komplexität beziehungsweise durch hohe fachliche An-

---

[5] Finanzfunktion als Geschäftspartner für das Management und die Geschäftsbereiche von Kreditinstituten.

forderungen kennzeichnen, bei denen andererseits regelmäßig nur eine geringe Interaktionsfrequenz mit einem in- oder externen Kunden besteht. Hier stehen insbesondere Dienstleistungen mit dem Charakter von Auftragsarbeiten auf der Grundlage spezifizierender Anfragen oder Stellungnahmen in Rede. Im Zusammenhang mit der Etablierung von CoE wird in Anlehnung an die *Economies of Scale* bei Massenprozessen auch von *Economies of Skills* gesprochen. CoE eignen sich, um Expertenwissen unter Vermeidung struktureller Redundanzen fachlich und räumlich zu bündeln und die lokalen Mitarbeiter/-innen im Finanz- und Rechnungswesen in der Rolle als Business Partner bei spezifischen Fachthemen zu unterstützen. Diese Bündelung von hochqualifizierten Tätigkeiten ist auch unter personalwirtschaftlichen Gesichtspunkten attraktiv, da in vielen Spezialgebieten ein Mangel an hochqualifizierten Fachkräften besteht.

Die Finanz- und Rechnungswesenprozesse der beiden linken Quadranten sind grundsätzlich geeignet, in FSSC-Lösungen einbezogen zu werden. Im konkreten Einzelfall sollten die Schwerpunkte jedoch differenziert gesetzt werden. In Abschnitt 4 werden einige Umsetzungsbeispiele genannt, die die aktuellen technischen und organisatorischen Möglichkeiten aufzeigen.

4. Umsetzungsstand und Handlungsoptionen in der Finanzbranche

Die *Reorganisation des Finanz- und Rechnungswesens* steht derzeit bei vielen Unternehmen der Kredit- und Versicherungswirtschaft im Blickpunkt entsprechender Restrukturierungsinitiativen. An den konkretisierenden Beispielen einer europäischen Großbank mit einer stark internationalen Geschäftsausrichtung sowie eines großen europäischen Versicherungskonzerns sollen bereits implementierte sowie geplante beziehungsweise bereits in der Umsetzung befindliche Neuordnungen des Finanz- und Rechnungswesens in diesen beiden Häusern skizziert werden. Im Fokus der Darstellungen steht dabei die Integration von FSSC in die spezifischen Aufbau- und Ablauforganisationen der Unternehmen sowie deren Ausgestaltungen.

Standardprozesse des linken unteren Quadranten der Prozessmatrix, mithin Prozesse mit einer geringen Prozesskomplexität und einem geringen Grad an Kundenkontakt, wurden von vielen Unternehmen bereits in FSSC ausgelagert und teilweise in Niedriglohnländer verlagert. Aktuelle Initiativen zeigen, dass zunehmend auch *komplexere Prozesse des Finanz- und Rechnungswesens* mit einem geringeren Grad an Kundenkontakten an FSSC und CoE ausgelagert werden.[6]

---

6   Vgl. KPMG (2008), S. 30 - 32.

Ein *großer europäischer Versicherungskonzern* plant zum Beispiel zwei Drittel der Finanzprozesse in ein FSSC zu verlagern. Dabei sollen konkret alle regulären und alltäglichen Standardprozesse mit regelbasierten beziehungsweise routinemäßigen manuellen Abläufen, sich wiederholende Prozessabläufe auf der Grundlage technischer Berechnungsroutinen sowie bestimmte Kontroll- und Abstimmprozesse, die keine speziellen lokalen Kenntnisse erfordern, zentralisiert in dem FSSC abgewickelt werden.

In diese Gruppe fallen insbesondere folgende Prozesse:

- Management von Schnittstellen
- Haupt-/Nebenbuchabstimmung
- monatlicher, quartalsweiser und jährlicher Abschluss der Hauptbuchkonten
- Standardberichtswesen/Abschlüsse
- Kreditorenbuchhaltung
- Anlagenbuchhaltung

Ferner sollen auch definierte Abläufe, die keinem standardisierten Prozessablauf unterliegen, in das FSSC verlagert werden. Zu denken ist hierbei an bestimmte Prozesse, die nach landesspezifischen Regeln ablaufen sowie spezielle Teilprozesse eines regulären Prozesses und bestimmte sprachabhängige Prozesse.

Beispielhaft können folgende Prozesse genannt werden:

- Ertrags-Kosten-Allokation
- Rechnungslegung für Dritte
- spezielle Abstimmungsarbeiten

Das FSSC soll auf einer SAP-Systemplattform betrieben werden. Auf Systemmodifikationen soll dabei weitgehend verzichtet werden, um die Standardisierungs-, Qualitäts- und Kostenziele nicht zu gefährden.

Nicht in das FSSC ausgelagert und mithin in den lokalen Organisationseinheiten des Finanz- und Rechnungswesen verbleiben sollen hingegen:

- die Bewertungen der Unternehmenszahlen und -entwicklungen sowie
- damit in Zusammenhang stehende Analysen und Qualitätskontrollen (*Judgemental Activities*),
- die Definition der lokalen Regeln und Richtlinien des Finanz- und Rechnungswesens,
- die Anfertigungen von Spezial- und Geschäftsanalysen,
- das Management der Beziehungen zu externen Dritten sowie

- alle Aktivitäten, die eine spezifische Fachexpertise der lokalen Organisationseinheiten oder die lokale Datenhoheit erfordern.

Exemplarisch für die Prozesse in dieser Gruppe können folgende Sachverhalte genannt werden:

- spezifische lokale Abschlussarbeiten
- Prüfung und Freigabe der Berichte/Auswertung insbesondere der Abschlüsse
- Kommentierung und Analyse
- Meldungen an Aufsichtsbehörden

Auch für eine Unternehmenssparte einer *europäischen Großbank* wird ein FSSC in Osteuropa aufgebaut. Die Aufgabe des FSSC wird es sein, alle Prozesse bis zum Abschluss der Bücher auf Basis von SAP abzubilden. Einfache Kostenstellenberichte und Standard Management Reports sollen in Zukunft ebenfalls vom FSSC für alle Lokationen weltweit erstellt werden. In der Verantwortung des regionalen Finanz- und Rechnungswesens verbleibt im Wesentlichen die Qualitätssicherung sowie die Kommentierung und Unterstützung des Managements im Rahmen des *Business Partnering*.

Hinsichtlich der IT-Architektur hat die Bank zudem eine *Zentralisierung von aufwändigen Rechenkernen* vorgenommen, um einerseits ineffiziente Doppel- beziehungsweise Mehrfachstrukturen zu vermeiden und um andererseits eine einheitliche Methodik und standardisierte Rechenverfahren sicherzustellen. Dabei liefern die Landesgesellschaften beziehungsweise die anfragenden Organisationseinheiten bestimmte Rohdaten (zum Beispiel Zins-Cashflows) an die zentrale Organisationseinheit, die ihrerseits die jeweiligen Werte (zum Beispiel Value at Risk/VaR für Marktpreisrisiken) nach einheitlichen Methoden und konsistenten Verfahren ermittelt und an die anfragende Organisationseinheit zurücksendet.

Die Bank hat außerdem im Rahmen eines *Offshorings* frühzeitig begonnen, bestimmte Prozesse in Niedriglohnländer auszulagern. Zunächst wurden Kernprozesse (wie der Zahlungsverkehr, gefolgt von Controlling- und Meldewesenprozesse) nach Asien verlagert.

Für bestimmte Fachthemen wurden darüber hinaus *weltweite CoE* geschaffen, die alle Fragenstellungen mit Bezug zu diesen Fachthemen einschließlich des Accounting beantworten. Beispielhaft sei ein CoE für das Facility Management des Konzerns genannt. In der Praxis werden hier beispielsweise alle Vorlagen zur Restrukturierung von Immobilien an das CoE geschickt, das auf Basis der eingereichten Unterlagen unter anderem die Leerstandsrückstellungen nach IFRS berechnet.

Darüber hinaus gilt es zu ergänzen, dass die Bank ein sogenanntes *Host-Konzept* umsetzt. In jedem Land gibt es ein Geschäftsfeld, das der Host (Gastgeber) für alle anderen Segmente ist. Alle zentralen Funktionen wie *Human Resources, Revision, Compliance, Risikocontrolling, Finanz- und Rechnungswesen* und *Steuern* werden von dem Host als Dienstleistung erbracht. Die Kostenverrechnung erfolgt über *Service Level Agreements*.

Die dargestellten Beispiele aus der Unternehmenspraxis skizzieren die vielfältigen Handlungsoptionen, die Kreditinstitute und Versicherungen heute bei der Reorganisation des Finanz- und Rechnungswesens grundsätzlich zur Verfügung stehen. Als ein wesentlicher Treiber dieser Entwicklung ist die in vielen Häusern vorgenommene Vereinheitlichung und Modernisierung der zugrunde liegenden Systeme und Prozesse im Finanzbereich anzusehen.

Ein *Outsourcing* von Prozessen des Finanz- und Rechnungswesens an Drittanbieter ist bei Kreditinstituten und Versicherungsgesellschaften derzeit hingegen noch nicht verbreitet beziehungsweise primär auf die IT beschränkt. Grundsätzlich wird erwartet, dass der Trend zur Bündelung der Prozesse in länderübergreifende FSSC anhält und in Zukunft auch Möglichkeiten des Outsourcings zur Verfügung stehen und respektive genutzt werden. Eine wesentliche Grundvoraussetzung für marktfähige Outsourcing-Lösungen ist eine weitere Standardisierung der Prozesse und Systeme.[7]

5. Fazit

Zusammenfassend lässt sich festhalten, dass die europäischen Kreditinstitute in den letzten beiden Jahrzehnten große Anstrengungen unternommen haben, um die Systeme, Strukturen und Prozesse zu modernisieren und zu standardisieren.

Heute verfügen die führenden europäischen Häuser bereits über differenzierte internationale Organisationen, um einen kosteneffizienten und qualitativ hochwertigen Service zu erbringen. Der anhaltende Effizienz- und Kostendruck zwingt die Institute, ihre Anstrengungen fortzuführen. Neben Kostenaspekten tritt die Vereinheitlichung der Prozesse zur Steigerung der Qualität und Senkung der Durchlaufzeiten in den Vordergrund.[8]

Die dezentralen Finanz- und Rechnungswesenfunktionen werden zunehmend von den Erstellungstätigkeiten entlastet und können somit ihre zentrale Aufgabe als Business Partner effektiv wahrnehmen, das heißt der anerkannte Berater/Lotse im Managementteam sein.

Literaturverzeichnis

KPMG (2008): Finance shared services – Delivering the promise, Internet: http://kpmghu.lcc.ch/dbfetch/52616e646f6d4956841a8aafa27d47d15d355e45a2dc6807/finance_shared_services_-_delivering_the_promise.pdf, Stand: 2008, Abruf: 14.01.2009, 16:32 Uhr, S. 3 - 38.

---

[7] Vgl. KPMG (2008), S. 35 f.
[8] Vgl. KPMG (2008), S. 36 f.

Implementierung eines Konzernrechnungswesens im Rahmen einer IFRS-Umstellung am Beispiel der apoBank

Steffen Kalkbrenner / Thomas Rink

1. Einleitung
    1.1 Ausgangssituation und Zielsetzung in der apoBank
    1.2 Vorgehensweise bei der Implementierung eines Konzernrechnungswesens bei der apoBank

2. Umfang des bisherigen Rechnungswesens

3. Neue Anforderungen an das Rechnungswesen
    3.1 Anforderungen aus der IFRS-Rechnungslegung
    3.2 Umstellung des Berichtsformates auf den Konzernabschluss

4. Weg zur Implementierung eines effizienten Konzernrechnungswesens
    4.1 Veränderung der Aufbauorganisation
        4.1.1 Alternative I: IFRS- und HGB-Bilanzierung innerhalb einer Abteilung
        4.1.2 Alternative II: IFRS- und HGB-Bilanzierung in separaten Abteilungen
        4.1.3 Bewertung der Effizienz beider Alternativen
    4.2 Veränderung der Ablauforganisation

5. Fazit

Literaturverzeichnis

1. Einleitung

„Wir benötigen die abgestimmten Zahlen noch heute" – Aufträge dieser oder ähnlicher Art kennen Mitarbeiter im Rechnungswesen nur zu gut. Die Umsetzung dieser Aufträge wird insbesondere angesichts einer zunehmenden Komplexität der Berichterstattung und kürzerer Berichtsintervalle nicht einfacher. Bei der Einführung einer zusätzlichen externen Rechnungslegung sind die Protagonisten im Rechnungswesen umso mehr gefordert, die weitere Zahlenwelt zu koordinieren und das Rechnungswesen insgesamt effizient zu gestalten.

1.1 Ausgangssituation und Zielsetzung in der apoBank

Im Rechnungswesen der Deutsche Apotheker- und Ärztebank e.G. (apoBank) wurden daher Überlegungen angestellt, wie den Anforderungen aus der zunehmenden Komplexität und dem gesteigerten zeitlichen Druck entsprochen werden kann. Die apoBank hat bislang auf die Aufstellung eines handelsrechtlichen Konzernabschlusses gemäß §§ 290 ff. HGB verzichtet, weil nach der Ausübung der Einbeziehungswahlrechte gemäß § 296 HGB neben der apoBank kein vollkonsolidierungspflichtiges Tochterunternehmen verblieb.[1] Da mit dem Bilanzrechtsmodernisierungsgesetz (BilMoG) eine Veränderung dahingehend erwartet wird, dass der handelsrechtliche Konsolidierungskreis zukünftig erweitert und daraus für die apoBank als kapitalmarkorientiertes Unternehmen die Pflicht zu einem IFRS-Konzernabschluss besteht, hat die apoBank die Aufstellung eines Konzernabschlusses nach den International Financial Reporting Standards (IFRS) beschlossen.[2]

Ziel der apoBank ist es, parallel zur Umstellung der Rechnungslegung auf IFRS ein Konzernrechnungswesen zu implementieren. Eine solche Implementierung erfolgt dabei über die Veränderungen der Aufbau- und Ablauforganisation hinaus. Ausgangspunkt ist ein Rechnungswesen nach HGB, das die Einzelgesellschaft Deutsche Apotheker- und Ärztebank abbildet und um die Rechnungslegung nach IFRS ergänzt werden soll. Dabei werden neben den Besonderheiten der IFRS auch die Herausforderungen berücksichtigt, die aus dem Aufbau eines Konzernrechnungswesens resultieren.

---

[1] IDW HFA (2006), S. 368 stellt die Ansicht des IDW sowie bestehende Gegenmeinungen dar.
[2] Auf Basis des aktuell vorliegenden Regierungsentwurfes zum BilMoG ist eine solche Veränderung in der Pflicht für die Erstellung eines Konzernabschlusses nicht entstanden.

1.2 Vorgehensweise bei der Implementierung eines Konzernrechnungswesens bei der apoBank

Dieser Beitrag schildert die Erfahrungen bei der Implementierung und Planung eines effizienten Konzernrechnungswesens aus der Umsetzungspraxis bei der apoBank. Das übergeordnete Ziel, effiziente Strukturen und Prozesse zu schaffen, wird für die Detailbetrachtung in folgende Detailziele beziehungsweise -bereiche zerlegt:[3]

- Aufgabenorientierter Bereich:
  - Erhöhung der Produktivität durch eine klare Abgrenzung von Aufgaben- und Kompetenzbereichen
  - Minimierung der Kosten sowie des Zeitaufwandes der Erstellungsprozesse für die Berichterstattung
  - Standardisierung von Arbeits- und Informationsprozessen
- Flexibilitätsorientierter Bereich:
  - Schaffung einer sich an verändernden Bedingungen anpassungsfähigen Organisationsstruktur

Diese Detailziele sind bei der apoBank durch eine sehr bedeutende Nebenbedingung zu ergänzen. Aufgrund der kurzen Projektphase für die Umstellung der Rechnungslegung und des Berichtsformates muss der Gestaltungsprozess selbst in einer sehr kurzen Phase erfolgen. Das Ergebnis dieses Gestaltungsprozesses soll gewährleisten, dass ohne Reibungsverluste und Zeitverzug sowie unter Beibehaltung einer hohen Berichterstattungsqualität, der IFRS-Konzernabschluss zusätzlich zum HGB-Jahresabschluss erstellt werden kann. Dieser Zielbereich wird im Rahmen der Beurteilung des Gestaltungsprozesses bei der apoBank als *Implementierungseffizienz* bezeichnet.

Dieser Beitrag schildert die Erfahrungen aus Praktikersicht und erklärt, wie in einem bisher auf die Erstellung eines Jahresabschlusses ausgerichteten Rechnungswesen ein effizientes Konzernrechnungswesen implementiert werden kann. Es werden dabei vor allem die Erfahrungen bei den Veränderungen der Aufbau- und Ablauforganisation beschrieben. Ausgehend von der Darstellung des bisherigen Umfangs des Rechnungswesens der apoBank in Abschnitt 2 wird der Weg zur effizienten Implementierung eines Konzernrechnungswesens bei der apoBank dargestellt. Hierzu werden in Abschnitt 3 die sich durch die IFRS-Umstellung ergebenden neuen Anforderungen an das Rechnungswesen beschrieben. Anschließend wird die Vorgehensweise zur Bestimmung der für die apoBank geeigneten Aufbau- und Ablauforganisation im Rechnungswesen dargestellt. Der Beitrag schließt mit einem Fazit.

---

3 Vgl. Hoffmann (1992), S. 211.

2. Umfang des bisherigen Rechnungswesens

Bislang erstellt die apoBank ausschließlich einen HGB-Jahresabschluss. Die Bestandteile des HGB-Geschäftsberichts der apoBank sind gemäß § 340a HGB in Verbindung mit §§ 242 und 264 Absatz 1 HGB eine Bilanz, eine Gewinn- und Verlustrechnung (GuV) sowie der Anhang zur Bilanz. Zusätzlich ist auf der Basis des § 340a i.V.m. § 289 HGB ein Lagebericht zu erstellen.

Darüber hinaus muss die apoBank aufgrund ihrer Kapitalmarktorientierung entsprechend der Vorgaben des § 37w WpHG Halbjahresfinanzberichte erstellen, die einer prüferischen Durchsicht unterzogen werden.

Der Empfängerkreis der externen Berichterstattung setzt sich aus Eigentümern, institutionellen Fremdkapitalinvestoren und Ratingagenturen zusammen. Darüber hinaus unterliegt die apoBank als Kreditinstitut den aufsichtsrechtlichen Anforderungen an die Berichterstattung der Geschäftsentwicklung.

Neben dieser externen Berichterstattung werden auf vierteljährlicher Basis abgestimmte interne Berichte erstellt, die eine Bilanz, GuV und ausgewählte Anhangsangaben enthalten. Für interne Zwecke wird darüber hinaus monatlich eine GuV erstellt.

Im Rahmen von Optimierungsmaßnahmen hat die apoBank in der Vergangenheit die Erstellungsgeschwindigkeit der Abschlussprozesse erhöht, um den verkürzten gesetzlichen Anforderungen für die Veröffentlichung der Geschäftsberichte und Halbjahresfinanzberichte[4] sowie der Aktualität der internen Berichte entsprechend Rechnung zu tragen.

Dabei stellt sich die derzeitige Struktur des Bereiches Finanzen, der für die Berichterstattungen gemäß HGB verantwortlich ist, wie in Abbildung 1 dar.

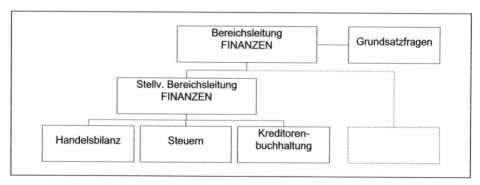

Abbildung 1: Organigramm Finanzen vor Einführung IFRS

---

4 Anwendung der neuen Regelungen im HGB und Wertpapierhandelsgesetz (WpHG) resultierend aus dem Transparenzrichtlinienumsetzungsgesetz (TUG) mit Gültigkeit seit dem 30.06.2007.

Die vorhandenen fachlichen und technischen Prozesse zur Erstellung des HGB-Jahresabschlusses sowie der unterjährigen internen wie externen Berichterstattung sind etabliert und bewährt.

Die Herausforderungen für die Implementierung eines Konzernrechnungswesens in die bereits existente Struktur stellen sich unter anderem in den folgenden beiden Punkten dar:

- Zum einen ist der den Aufbau der neuen Struktur so zu gestalten, dass die zusätzlich gestellten Anforderungen effizient erfüllt werden können.
- Zum anderen muss eine Harmonisierung mit den bestehenden Prozessen beziehungsweise eine zielgerichtete Modifikation der bestehenden Prozesse erreicht werden, um insgesamt einen effizienten Ablauf der weiterhin bestehenden Herausforderungen aus dem HGB-Jahresabschluss und der neuen Aufgaben des IFRS-Konzernabschlusses zu gewährleisten.

3. Neue Anforderungen an das Rechnungswesen

Von einem Unternehmen, das bisher nur einen Jahresabschluss nach HGB veröffentlicht hat, verlangt die Umsetzung der IFRS in Form eines Konzernabschlusses ein Umdenken in mehrfacher Hinsicht. In der Konsequenz sind die bestehenden Bilanzierungs- und Bewertungsverfahren zu analysieren und gegebenenfalls anzupassen sowie mit den zusätzlichen Anforderungen aus der Einbeziehung von Tochterunternehmen in den Konzernabschluss abzustimmen.[5]

3.1 Anforderungen aus der IFRS-Rechnungslegung

Nachfolgend sind einige ausgewählte Themen für wesentliche Änderungen in Bilanzierungs- und Bewertungsverfahren unter IFRS (im Vergleich zu den bisher angewendeten Verfahren nach HGB) aufgeführt, die bei der apoBank von besonderer Umsetzungsrelevanz waren:[6]

- unwiderrufliche Kategorisierung von Finanzinstrumenten

---

[5] Vgl. Richter (2005), S. 135 ff.
[6] Unwiderrufliche Kategorisierung: Die apoBank hat sich im Rahmen des IFRS-Projektes gegen die Nutzung der Kategorie *Held to Maturity* entschieden, sodass ein Kategoriewechsel nach der Erstkategorisierung bei Zugang faktisch nicht möglich ist.

- Bilanzierung von Finanzinstrumenten zu fortgeführten Anschaffungskosten unter Verwendung der Effektivzinsmethode
- Bilanzierung von derivativen Finanzinstrumenten zum Fair Value
- Bilanzierung von Finanzinstrumenten der Kategorie *Financial Assets at Fair Value through Profit or Loss* zum Fair Value im Rahmen
    - der Kategorisierung von Beständen an Finanzinstrumenten entsprechend der Unterkategorie *Financial Assets Held for Trading*
    - der Nutzung der Unterkategorie *Financial Assets at Fair Value through Profit or Loss* für trennungspflichtige strukturierte Produkte sowie im Rahmen des Hedge Managements
- Impairment für finanzielle Vermögenswerte auf
    - Einzelwertbasis unter Einsatz des ursprünglichen Effektivzinssatzes
    - Portfoliobasis unter Einsatz eines auf modifizierten Basel II-Werten basierten Ansatzes (Incurred Loss Model)
- Konsolidierung von Zweckgesellschaften/Spezialfonds
- Ermittlung latenter Steuern
- Anhangangaben in der nach IFRS geforderten umfangreichen Informationsdichte

Aus Konzernsicht betrifft dieses Vorgehen grundsätzlich alle Konzerngesellschaften.

3.2 Umstellung des Berichtsformates auf den Konzernabschluss

Der Konzernabschluss ist entsprechend den aus dem handelsrechtlichen Umfeld vorgegebenen Periodizitäten als Jahresfinanzbericht und als Halbjahresfinanzbericht zu erstellen und unterliegt denselben Prüfungsanforderungen wie der HGB-Jahresabschluss. Zusätzlich erfolgt für die interne Berichterstattung auf Quartalsbasis ebenfalls die Umstellung des Berichtsformats auf den Konzernbericht.

Aus der Umstellung des Berichtsformates resultieren die folgenden aus Sicht der apoBank wesentlichen zusätzlichen Aufgaben mit zentraler Umsetzungsbedeutung:

- Initiale Definition des Konsolidierungskreises sowie laufende Überprüfung und Anpassung desselben,

- Vereinheitlichung der Bilanzierungs- und Bewertungsmethoden durch den Konzernkontenplan, Handbücher und Reporting Packages[7] (zuzüglich laufender Aktualisierung),
- Koordination des Meldeprozesses an das Konzernrechnungswesen,
- Durchführung der Konsolidierungsschritte im Rahmen der Vollkonsolidierung inklusive der jeweiligen Klärung von Konsolidierungsdifferenzen sowie
- Durchführung der Konsolidierungsschritte im Rahmen der At-equity-Methode.

4. Weg zur Implementierung eines effizienten Konzernrechnungswesens

Der Weg zu einem effizienten Konzernrechnungswesen, das die Anforderungen aus der zusätzlichen Abbildung eines Berichtswesens unter Anwendung der IFRS als weitere Rechnungslegung erfüllt, führt bei der apoBank über Anpassungen der Aufbau- und Ablauforganisation.

Dabei werden die beiden unterschiedlichen Herausforderungen aus der Umstellung des Berichtsformates vom Jahres- zum Konzernabschluss sowie die Erfüllung der Anforderungen aus den zusätzlichen Rechnungslegungsnormen der IFRS[8] separat behandelt.

Die Bewertung und die daraus resultierende Auswahl der Umsetzungsalternativen für Organisationsstrukturen werden maßgeblich durch die individuell festzulegenden Kriterien beeinflusst. Für einen konsistenten Auswahlprozess müssen sich die Kriterien aus den Zielen ableiten, die mit der Organisationsstruktur erreicht werden sollen.

Die Kriterien für die Bewertung sind aus den in Abschnitt 1 beschriebenen aufgaben- und flexibilitätsorientierten Zielen sowie dem Zielbereich *Implementierungseffizienz* entwickelt (siehe Tabelle 1).

---

[7] Meldeformular für die Zumeldung der zu konsolidierenden Finanzinformationen aus den einzelnen Meldestellen.
[8] Änderung der Bilanzierungs- und Bewertungsmethoden.

Zielbereich	Detailziel	Bewertungskritium
aufgaben-orientierter Bereich	Erhöhung der Produktivität durch eine klare Abgrenzung von Aufgaben- und Kompetenzbereichen	Klare Abgrenzung von Aufgabenbereichen
		Klare Abgrenzung von Kompetenzbereichen
	Minimierung der Kosten sowie des Zeitaufwandes der Erfüllungsprozesse	Schaffung realisierbarer Arbeitspakete
		Synergien zwischen Tätigkeiten der Arbeitspakete
		Synergien zwischen Themengebieten
		Synergien im Informationsfluss
flexibilitäts-orientierter Bereich	Routinisierung von Arbeits- und Informationsprozessen	Umfang der Informationswege
		Umfang der unterschiedlichen Tätigkeiten
		Umfang der unterschiedlichen Themengebiete
	Schaffung einer an veränderten Bedingungen anpassungsfähigen Struktur	Aufwand für die Reaktion auf neue Produkte
		Aufwand für neue Anforderungen aus der Rechnungslegung
Implemen-tierungs-effizienz	Kurze Implementierungsphase	Umfang der Neustrukturierung bestehender Aufgaben
		Umfang der Verzahnung von neuen und bestehenden Aufgaben
	Kurze Eingewöhnungsphase	Umfang und Bereitschaft für neue Aufgabenzuordnung
		Aufwand für Aufbau Know-how-Basis

Tabelle 1: *Beurteilungskriterien für die Auswahl der Alternative zur Aufbauorganisation*

Im Folgenden werden die Veränderungen der Aufbauorganisation beschrieben und anhand der seitens der apoBank identifizierten Kriterien im Abschnitt 4.1.3 abschließend beurteilt.

4.1 Veränderung der Aufbauorganisation

Bei der Veränderung in der Aufbauorganisation des Rechnungswesens wurden zwei Ansätze durch die apoBank identifiziert und analysiert. Die beiden Ansätze sind in den folgenden beiden Abschnitten beschrieben und wurden bei der apoBank vor dem Hintergrund der Effizienz anhand der in Tabelle 1 genannten Kriterien gemessen. Bewertungskriterien, bei denen sich im Vergleich besonders auffällige Unterschiede ergeben, werden im Abschnitt 4.1.3 erläutert.

4.1.1 Alternative I: IFRS- und HGB-Bilanzierung innerhalb einer Abteilung

Die von der apoBank analysierte Alternative I umfasst die Erweiterung der Aufgabengebiete der für den HGB-Jahresabschluss verantwortlichen Mitarbeiter um die Erfordernisse der IFRS. Die Organisationsstruktur (siehe Abbildung 1) bliebe somit erhalten und die bestehenden Abteilungen müssten zukünftig auch IFRS-Sachverhalte berücksichtigen. Zum Beispiel werden hierbei die für die Finanzberichterstattung relevanten Aufgaben beziehungsweise Prozesse rechnungslegungsübergreifend nach Themenbereichen gruppiert.[9]

---

9   Zum Beispiel HGB- und IFRS-Bilanzierung von Finanzinstrumenten, Anlagevermögen.

4.1.2 Alternative II: IFRS- und HGB-Bilanzierung in separaten Abteilungen

Zusätzlich hat die apoBank eine weitere Alternative analysiert, die die Einrichtung einer separaten IFRS-Konzernabteilung vorsieht. Diese IFRS-Konzernabteilung übernähme in diesem Fall einen Großteil der Aufgaben, die sowohl IFRS-spezifisch sind als auch die Änderung des Berichtformates vom Jahresabschluss zum Konzernabschluss betreffen, weitgehend unabhängig von den anderen Abteilungen.

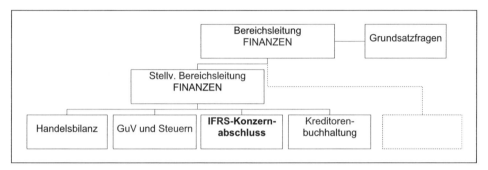

Abbildung 2: *Organigramm Finanzen mit eigenständigen Abteilungen für HGB- und IFRS-Bilanzierung*

4.1.3 Bewertung der Effizienz beider Alternativen

Zur Bewertung der im vorherigen Abschnitt beschriebenen Alternativen hat die apoBank eine Gegenüberstellung der Alternativen der Organisationsformen erstellt. Besonders auffällige Unterschiede sind in der Spalte Erläuterungen gekennzeichnet und gesondert aus Sicht der jeweils dominierenden Alternative erläutert. Um der besonders zeitkritischen Situation im Rahmen der Umstellung der Organisationsstruktur bei der Auswahl der Alternative I und II Rechnung zu tragen, sind die einzelnen Bereiche der Effizienzbeurteilung gewichtet worden. Aus der Gewichtung und der in der Tabelle 2 dargestellten Einzelbeurteilung der Alternativen anhand der Kriterien ergab sich für die apoBank insbesondere durch die Höhergewichtung der Nebenbedingung einer sehr kurzen Implementierungszeit die Auswahl der Alternative II für die neue Organisationsstruktur. Die Einzelheiten dieser Auswahl werden im Folgenden ausführlich dargestellt.

Handhabung der zusätzlichen Rechnungslegungsnorm

Bewertungskriterium	Alternative I	Alternative II	Gewichtung	Erläuterung
Klare Abgrenzung von Aufgabenbereichen	+	+		
Klare Abgrenzung von Kompetenzbereichen	+	+		
Schaffung realisierbarer Arbeitspakete	+	+		
Synergien zwischen Tätigkeiten der Arbeitspakete	+	–		a
Synergien zwischen Themengebieten	+	-		b
Synergien im Informationsfluss	+	-		c
Zwischenurteil aufgabenorientierter Bereich	+	–	1/4	
Umfang der Informationswege	++	–		d
Umfang der unterschiedlichen Tätigkeiten	++	-		e
Umfang der unterschiedlichen Themengebiete	+	-		f
Aufwand für Reaktion auf neue Produkte	+	–		g
Aufwand für neue Anforderungen aus der Rechnungslegung	-	+		h
Zwischenurteil flexibilitätsorientierter Bereich	+	–	1/4	
Umfang der Neustrukturierung bestehender Aufgaben	–	++		i
Umfang der Verzahnung von neuen und bestehenden Aufgaben	-	+		j
Umfang und Bereitschaft für neue Aufgabenzuordnung	–	++		k
Aufwand für Know-how-Transfer	-	+		l
Zwischenurteil Implementierungseffizienz	– –	++	1/2	
Gesamturteil	-	+		

Tabelle 2: *Vergleichende Bewertung der Alternativen zur Aufbauorganisation*

Aufgabenorientierter Bereich

a) *Synergien zwischen Tätigkeiten der Arbeitspakete*:

In einem Beispiel für Alternative I würde der Bilanzierungsspezialist für Geschäfte und Bestände aus dem Bereich Geld- und Kapitalmärkte mit der Abbildung nach HGB und IFRS betraut. Dabei würde dieser Mitarbeiter nach HGB den Niederstwert-Test oder die Prüfung einer Drohverlustrückstellung auf Basis gemeldeter beizulegender Werte durchführen. Unter Anwendung der IFRS würde der Mitarbeiter dieselben beizulegenden Zeitwerte für eine Bilanzierung zum beizulegenden Zeitwert verarbeiten. Der Unterschied zwischen den beiden Rechnungslegungen kommt an dieser Stelle nicht so gewichtig als Trennung zwischen den Tätigkeiten zum Tragen und ist daher als Vorteil für die Alternative I zu werten.

b) *Synergien zwischen den Themengebieten*:

Das Themengebiet wird in den Augen der Verfasser stärker durch den zu bilanzierenden Sachverhalt als durch die Rechnungslegungsnorm bestimmt, sodass hier die Zusammenfassung vergleichbarer Bilanzierungssachverhalte (zum Beispiel auf Produktgruppenbasis) entsprechend Alternative I ein höheres Synergiepotenzial bietet als die Zusammenfassung nach Rechnungslegungsnorm.

c) *Synergien im Informationsfluss*:

Die Bilanzierungssachverhalte unterliegen in der Berichtsperiode einer laufenden Veränderung der Bestände durch Zugänge, Abgänge und Bewertungsvorgänge. Die Versorgung mit Informationen bezüglich solcher Veränderungen fließt in der Regel unmittelbar in die Berichterstattung ein. Die Veränderung der Rechnungslegungsnormen selbst ist in der Regel einer deutlich geringeren Frequenz unterworfen. Unter diesem Gesichtspunkt ist die Alternative I in diesem Kriterium als vorteilhafter zu werten, da hier die Information im Hinblick auf Bestandsveränderungen nur an einen Adressaten vermittelt werden muss und dieser die Information in der Regel artverwandt für zwei Tätigkeiten einsetzen kann.

Flexibilitätsorientierter Bereich

d) *Umfang der Informationswege*:

Bei Alternative I ist die Zahl der zuständigen Ansprechpartner im Rahmen der Rechnungslegung, die über Veränderungen in der Art oder dem Umfang der Bilanzierungsobjekte informiert werden sollen, kleiner als bei Alternative II. Daher sind hier der Umfang und die Komplexität der Informationswege als geringer einzuschätzen. Es ergibt sich somit eine flexiblere Organisationsstruktur. Unterstützt wird diese Einschätzung dadurch, dass im Falle der apoBank die zu verarbeitenden Informationen zur Integration beider Rechnungslegungen von demselben Vorsystem bereitgestellt werden. Aus Sicht der Veränderung in der Rechnungslegung sind beide Alternativen in diesem Kriterium durch die apoBank gleich gewichtet worden.

e) *Umfang der unterschiedlichen Tätigkeiten*:

Wird ein Arbeitspaket für den bearbeitenden Mitarbeiter in einem realistischen Maße in beiden Alternativen gleich groß gestaltet, so umfassen für die einzelnen Mitarbeiter bei der Alternative I die Arbeitspakete entsprechende Tätigkeiten, die homogener sind als bei der Strukturierung gemäß Alternative II. In Alternative I müssen auf ein und dieselbe Veränderung nur eine und nicht zwei Personen reagieren – die Veränderungen betreffen damit ein kleineres Umfeld. Als Beispiel lässt sich hier ein Release-Wechsel eines Vorsystems zur Bestandsführung von Derivaten anführen, der mit neuen Bestandslisten und Abstimmungen im Rechnungswesen verbunden ist.

f) *Umfang der unterschiedlichen Themengebiete*:

Hier ist der Fokus stärker auf das für das Themengebiet vorzuhaltende Know-how gerichtet. Für einzelne Themen ist in den Augen der Verfasser festzustellen, dass für die Alternative I eine sehr breite Know-how-Basis des Bilanzierungsspezialisten erforderlich ist. Dieser muss die Kenntnis sowohl der beiden Rechnungslegungssysteme als auch entsprechender Produkte[10] aus dem Portfolio der apoBank auf sich vereinen. Der erstmalige Aufbau dieses Wissens

---

10 Aus den Produktgruppen Derivate, Wertpapiere, Darlehen/Kredite und Einlagen.

stellt eine besondere Herausforderung dar, die gesondert unter dem Kriterium der Implementierungseffizienz bewertet wird. Unter diesem Kriterium ist stärker zu berücksichtigen, wie eine Flexibilität *nach dem erstmaligen Aufbau* dieser Know-how-Basis einzuschätzen ist. Hier überwiegen die Vorteile, dass bei einer Veränderung des Vorgehens bei der Erfassung, zum Beispiel der Forderungen aus dem Darlehensgeschäft der apoBank, im Rechnungswesen nur eine Person reagieren muss und nicht jeweils eine für HGB und eine für IFRS. Auch wenn die Rechnungslegungsnormen sich aktuell in einer Umbruchsphase befinden, wird dieser Themenkomplex seitens der Verfasser als der stabilere eingeschätzt.

g) *Aufwand für die Reaktion auf neue Produkte*:

Im Rahmen des *Neue-Produkte-Prozesses* besteht die Aufgabe darin, die Erweiterung der Produktpalette in beiden relevanten Rechnungslegungen abzubilden. Im Rahmen des Prozesses ist es bei Alternative I einfacher zu reagieren, da hier nur eine Person für die Abbildung des neuen Produktes in beiden Rechnungslegungen verantwortlich ist. Diese muss sich lediglich einmal in die Produktbesonderheiten einfinden und kann ohne weitere aufwändige Abstimmprozesse als zentraler Bilanzierungsspezialist für das Produkt agieren.

h) *Aufwand für die Reaktion auf Veränderungen in der Rechnungs*legung:

Die Alternative II ist hier vorteilhafter, wenn sich in einem relativ stabilen Rechnungslegungsumfeld lediglich einzelne Normen des HGB oder der IFRS verändern, die jedoch einen grundsätzlicheren Regelungsbereich abdecken, zum Beispiel die Zeitwertbilanzierung von Handelsbeständen. Hier sind mehrere Produktgruppen (zum Beispiel Wertpapiere und Derivate) in einer Rechnungslegung verbunden. Darauf kann ein Bilanzierungsspezialist, der Wertpapiere und Derivate nach HGB betreut, besser reagieren als die beiden Bilanzierungsspezialisten für Wertpapiere nach HGB und IFRS sowie für Derivate nach HGB und IFRS.

Implementierungseffizienz

Aufgrund der im Abschnitt 1.2 beschriebenen Nebenbedingung des sehr kurzen Implementierungszeitraums ist dieser Beurteilungsbereich gegenüber den anderen stärker gewichtet worden.

i) *Umfang der Neustrukturierung bestehender Aufgaben*:

Da in Alternative II die bestehenden organisatorischen Strukturen für die Einrichtung einer neuen unabhängigen IFRS-Abteilung nahezu gar nicht angetastet werden müssen, liegt ein großer Vorteil im Zeitaufwand für die Umsetzung. Die Beständigkeit der Aufgabenzuteilung für die Erfüllung der HGB-Berichterstattung stellt sicher, dass hier keine Reibungsverluste aus einer erstmaligen Prozessierung einer neuen Struktur anfallen.

j) *Umfang der Verzahnung von neuen und bestehenden Aufgaben*:

Bei Alternative I sind bereits bestehende Aufgaben mit einer neuen Zuordnung als neue Aufgaben zu klassifizieren. Aufgrund der dadurch größeren Menge an *neuen* Aufgaben ist auch der Verzahnungsaufwand unter Alternative I deutlich höher als unter Alternative II.

k) *Umfang und Bereitschaft für eine neue Aufgabenzuordnung*:

Für den Schnitt realistischer Arbeitspakete ist bei Alternative I eine umfangreiche Aufgabenumverteilung und somit eine höhere Flexibilität für die Aufgabenneuzuordnung erforderlich. Damit erhöhen sich der Aufwand der Reorganisation sowie der Umfang der Schulung von Mitarbeitern für die neuen Aufgaben. Auch die Belastung für die von der umfänglichen Reorganisation des Aufgabenspektrums betroffenen Mitarbeiter ist bei diesem Vorgehen nicht zu vernachlässigen und behindert die eingespielten Prozessabläufe. Für die Alternative II ist keine neue Aufgabenzuordnung in der bestehenden Abteilung *Handelsbilanz* notwendig. Damit kann der Reibungsverlust für die Bearbeitung der bestehenden Aufgaben in der Abteilung *Handelsbilanz* gering gehalten und die Erreichung von Terminzielen, insbesondere für die HGB-Berichterstattung[11], gesichert werden.

l) *Aufwand für Know-how-Transfer*:

Ein auf die Abbildung der Sachverhalte nach HGB als maßgebliche Rechnungslegungsnorm ausgerichtetes Rechnungswesen bringt einen HGB-spezifischen Erfahrungsschatz, jedoch nahezu keine Erfahrungen in den IFRS, mit. Die Erweiterung des Know-hows um die spezifischen IFRS-Kenntnisse erfolgt mittels Schulungen beziehungsweise durch die Einstellung von qualifizierten Mitarbeitern mit IFRS-Know-how. Die Integration von neuen Mitarbeitern gestaltet sich bei Alternative I schwieriger, da es zu einer Aufgabenumverteilung zwischen den bestehenden und den neuen Mitarbeitern kommen muss. Da der Schulungsbedarf der bestehenden Mitarbeiter damit nur reduziert, jedoch nicht vermieden werden kann, ist hier die Alternative I bezüglich des Know-how-Kriteriums kritisch zu bewerten. In Alternative II kann der Wissensaufbau leicht über neue qualifizierte Mitarbeiter erfolgen. Bei der Integration des Know-hows in den Prozessablauf ist die Alternative II von Vorteil, da hierbei aufgrund der neuen Struktur eine weitestgehend unabhängige Erstellung der Berichterstattung nach unterschiedlichen Rechnungslegungen gewährleistet werden kann.

Umstellung des Berichtsformates

Da aus der Umstellung des Berichtsformates spezifische Themen, wie zum Beispiel die Durchführung der Konsolidierungsschritte, resultieren, die in der bisherigen Aufbauorganisation nicht berücksichtigt werden mussten, ist bei der Implementierung die Verzahnung mit bereits bestehenden Strukturen aus den konzernspezifischen Aufgaben ebenfalls zu berück-

---

11 Gilt auch für die Erstellung der IFRS-Berichterstattung, da diese die Grundlage hierfür der HGB-Abschluss bei der apoBank bildet.

sichtigen. Es ist jedoch zu beachten, dass kein ausreichendes Know-how für die Vorgänge zur Erfüllung dieser Aufgaben vorgehalten wurde, da konzernspezifische Aufgaben bisher nicht erfüllt werden mussten. Aus diesem Grund wurde es als eine nutzbringende Strategie gesehen, zusätzliche Mitarbeiter mit dem entsprechenden Know-how einzustellen. Die Effizienz bei der Integration dieser Mitarbeiter ist vor allem dadurch gegeben, dass deren Aufgabenspektrum bei der bisherigen Fokussierung auf den Einzelabschluss in keines der bestehenden Aufgabengebiete fällt. Aufgrund der thematischen und tätigkeitsbezogenen Unabhängigkeit von den bisher bestehenden und den neu einzurichtenden Aktivitäten aus der zusätzlichen Rechnungslegung ist dieser Tätigkeits- und Themenkomplex nach Auffassung der Verfasser bei der Entscheidung für eine der in den Abschnitten 4.1.1 und 4.1.2 beschriebenen Strukturalternativen nicht ausschlaggebend.

4.2 Veränderung der Ablauforganisation

Der Schlüssel zur Effizienz des Rechnungswesens liegt in der Optimierung der Prozesse zur Berichterstellung.[12] Dabei hat es sich für die apoBank bei der Einführung von Prozessen bewährt, fachliche und technische Anforderungen an die Prozesse gesondert zu berücksichtigen.

Bei den fachlichen Prozessen wurde insbesondere Wert gelegt auf die:

- Enge Verzahnung der bestehenden Aktivitäten aus der Abbildung unter HGB mit den neuen Aktivitäten aus der Abbildung unter IFRS sowie der
- Einbindung der neuen Aktivitäten aus der Umstellung des Berichtsformates in den Jahresabschlussprozess.

Bei den technischen Prozessen standen insbesondere die folgenden zwei Aspekte im Vordergrund:

- Erreichung eines hohen Automatisierungsgrades bei der Verarbeitung der Anforderungen der beiden Rechnungslegungsnormen sowie die
- Einbindung der Systemwelt aus der Umstellung des Berichtsformates durch die Einführung von Konsolidierungssystemen in der IT-Architektur der apoBank.

Aufgrund des hohen Automatisierungsgrades bei der Erstellung der Finanzberichterstattung hat es sich für die apoBank bewährt, die Teams, die die Analyse und das Design der Prozesse zur Erstellung der Berichterstattung vorgenommen haben, mit fachlichen und technischen Ressourcen zu besetzen. So konnte erreicht werden, dass die fachlichen und technischen Prozessschritte der Berichterstattung integriert definiert werden und eine effiziente Durchführung im Rahmen der Linientätigkeit gewährleistet ist.

---

12 Vgl. Pfitzmayer (2005), S. 143 ff.

Um diese enge Integration der fachlichen und technischen Prozessschritte im Rahmen der Linientätigkeit koordinieren zu können, ist im Rahmen des Projektes zur Implementierung eines effizienten Konzernrechnungswesens die Einführung eines Tools zur Erhebung und Überwachung der Abschlussprozesse vorgesehen. Dieses umfasst sämtliche Einzelprozesse, welche bei der Abschlusserstellung durchlaufen werden und wird als zentraler Abschlusskalender fungieren.

Neben diesem Tool haben sich die folgenden Hilfsmittel als besonders sinnvolle Unterstützungen des effizienten Prozessablaufs für die apoBank herausgestellt:

- Einführung qualitativer und quantitativer Messpunkte zur Nachverfolgung und Einstufung in Form von:
    - Einschätzung der Dauer von Einzelprozessen durch die teilprozessverantwortlichen Personen mit Festlegung von Messpunkten,
    - Kommunikation der erreichten Zwischenschritte mit Qualitätseinstufung durch die Teilprozessverantwortlichen an den Gesamtprozessverantwortlichen,
    - regelmäßigen Abstimmungsmeetings zwischen dem Gesamtprozessverantwortlichen und den Teilprozessverantwortlichen innerhalb des Erstellungsprozesses insbesondere mit dem Ziel der Transparentmachung des kritischen Pfades und der Klärung möglicher Zeitengpässe sowie
    - Implementierung eines Scorings zur Beurteilung der Effizienz der Einzelprozesse mit nachgelagerter Verbesserungsanalyse.

- Einführung von Vereinfachungsverfahren:

    Beispielsweise sind Schätzungen oder Wesentlichkeitsgrenzen mit dem Abschlussprüfer im Vorfeld der Jahresabschlusserstellung zu analysieren und gegebenenfalls festzulegen.

- Zeitliche Vorverlagerung von Abschlussprozessen wie
    - Bewertung der Beteiligungen
    - Ermittlung der Risikovorsorge
    - Ermittlung der Rückstellungen

- Definition von Schnittstellen und Festlegung entsprechender Schnittstellenverantwortlichkeiten

5. Fazit

Der Aufbau eines effizienten Konzernrechnungswesens erfolgt durch Anpassungen in der Aufbau- und Ablauforganisation. Bei der Einführung einer zweiten Rechnungslegungsnorm im Unternehmen müssen die bestehenden Prozesse analysiert und gegebenenfalls modifiziert werden, um die kurzen Veröffentlichungsfristen bei zunehmender Komplexität einhalten zu können.

In der Frage der Aufbauorganisation hat sich die apoBank für den Aufbau einer separaten IFRS-Konzernabteilung entschieden.

Die Hauptgründe hierfür waren:

- Die Arbeitsbelastung der bisherigen Mitarbeiter der Abteilung *Handelsbilanz* war bereits hoch.
- Aufgrund des kurzen IFRS-Umsetzungszeitraums verblieb nur wenig Zeit für differenzierte Schulungsmaßnahmen und aufwändige Umstrukturierungsmaßnahmen.
- Die zusätzlich eingestellten Mitarbeiter bearbeiten ausschließlich die Umsetzung der IFRS in der apoBank. Eine aufwändige Integration der neuen Mitarbeiter innerhalb der Abteilung *Handelsbilanz* und dem bestehenden HGB-Tagesgeschäft ist damit nicht erforderlich.

Nach der Etablierung der neuen Struktur wird die apoBank zukünftig weiteres Synergiepotenzial zwischen den Abteilungen *Handelsbilanz* und *IFRS-Konzernabschluss* analysieren und Maßnahmen zur Hebung dessen implementieren. Hierzu sind auch weiterhin die Einzelprozesse beider Abteilungen zu analysieren. Ansatzpunkte ergeben sich insbesondere bei den Sachverhalten, die in beiden Rechnungslegungswelten gleiche oder ähnliche Abläufe aufweisen.

Literaturverzeichnis

IDW HFA (2006): 3. Aufstellungspflicht für den IFRS-Konzernabschluss, in: FN-IDW, 58. Jahrgang (2006), Heft 5, S. 368 - 369.

HOFFMANN F. (1992): Aufbauorganisation, in: FRESE, E. (Hrsg.): Handwörterbuch der Organisation, 3. Auflage, Stuttgart 1992, S. 207 - 222.

PFITZMAYER, K.-H. (2005): Prozessoptimierung im Rechnungswesen, Wiesbaden 2005.

RICHTER, F. (2005): Praxisprobleme und Lösungen bei der Umsetzung von IAS/IFRS und US-GAAP, in: Brecht, U. (Hrsg): Neue Entwicklungen im Rechnungswesen, Wiesbaden 2005, S.135 - 152.

Teil IV

Effizienzsteigerung durch eine leistungsfähige Finanz-IT-Architektur

Ausrichtung von IT-Organisation und IT-Architektur auf die Unterstützung der Finanzprozesse

Peter Stork

1. Die Rolle der IT im Hinblick auf die Finanzfunktion
   1.1 Informationstechnologie als Mittel zur Automatisierung
   1.2 IT-Organisation als Lösungsanbieter für die Automatisierung

2. Vorgehensweise bei der Optimierung der Zusammenarbeit von IT und Finanzfunktion
   2.1 Kriterien zur Messung der Anforderungen der Finanzfunktion
   2.2 Der Regelkreis zur permanenten Optimierung der IT-Unterstützung
   2.3 Anforderungsprofile zur strategischen Ausrichtung der IT-Unterstützung

3. Ausrichtung der IT-Organisation und IT-Leistungsprozesse

4. Ausrichtung der IT-Architektur und Finanzfunktion

Literaturverzeichnis

1. Die Rolle der IT im Hinblick auf die Finanzfunktion

Mit der Effizienzsteigerung der Finanzfunktion geht unter anderem eine Senkung der Kosten bei der Durchführung der Prozesse einher. Der Kostengedanke hängt dabei jedoch von den Rahmenbedingungen der Leistungssteigerung der Finanzfunktion in Bezug auf die Kundenorientierung sowie die grundlegenden Qualitätsanforderungen (zum Beispiel umfassende fachliche Abdeckung, Flexibilität, Geschwindigkeit und Sicherheit) ab, um keine Effizienzverluste an anderer Stelle zu erzeugen.

Wie sieht vor diesem Hintergrund aus Sicht der Finanzfunktion nun die grundsätzliche Rolle der Informationstechnologie an sich und der IT-Abteilung als bereitstellende Organisationseinheit im Kreditinstitut aus?[1]

Die dabei naheliegende und häufig gegebene Antwort lautet, dass die IT die Geschäftsprozesse adäquat unterstützen sollte. Diese Zielstellung (das *Was*) lässt sich aber auf Seiten der IT-Organisation nicht direkt operationalisieren (das *Wie*), denn die Informationstechnologie stellt zunächst nur technische Möglichkeiten und keine Geschäftsprozesse zur Verfügung. Es ist daher notwendig, sich über die grundsätzlichen Wirkmechanismen der IT (siehe Abschnitt 1.1) und der IT-Organisation in der Finanzfunktion Klarheit zu verschaffen, bevor man sich der Optimierung dieser Wirkung zuwenden kann (siehe Abschnitte 2 bis 4).

1.1 Informationstechnologie als Mittel zur Automatisierung

Das erste und zentrale Instrument für die Effizienzsteigerung der Finanzfunktion ist die Standardisierung derjenigen Buchungs-, Bilanzierungs- und Ausweis-/Offenlegungsprozesse, die eine solche Schematisierung samt festgelegten Entscheidungspunkten und formalisierten Entscheidungsregeln vom Geschäftsprozess her erlauben. Diesem Schritt folgt dann die technische Automatisierung oder Teilautomatisierung durch eine entsprechende Informationstechnologie.

Die wesentliche betriebswirtschaftliche Funktion der Informationstechnologie ist hier also die Automatisierung der Sammlung und Verdichtung des Buchungsstoffes sowie der Bewertungsverfahren, das heißt Bereitstellung und Betrieb des Verfahrens zur Durchführung dieser Prozesse ohne hierbei einen Rückgriff auf die menschliche Arbeitskraft zu tätigen. Diese

---

[1] Vgl. De Boer (2001), S. 6 ff. zu einer grundsätzlichen Betrachtung zur Rolle und Leistungsmessung der IT in einer Organisation.

Loslösung von der menschlichen Mitwirkung ist auch die Voraussetzung für die beiden weiteren, für die Finanzfunktion wesentlichen, Nebeneffekte der Automatisierung. Diese sind:

- die mögliche Beschleunigung der Ausführung um mehrere Größenordnungen und
- die in sich fehlerfreie gleichartige Wiederholung der Prozessschritte.

Eine weitere Voraussetzung hierfür ist die heutzutage gegebene Digitalisierung der eigentlichen Bankprodukte und Geschäftsvorfälle. Auf der einen Seite vorteilhaft, erzeugt diese Digitalisierung auf der anderen Seite einen Variantenreichtum und eine Veränderungsgeschwindigkeit in den Produkt- und damit den Steuerungsstrukturen, die sich so in den Kernprozessen vieler anderer Industrien nicht findet.

1.2 IT-Organisation als Lösungsanbieter für die Automatisierung

Viele Prozessschritte der Finanzfunktion, insbesondere die Entscheidungsschritte, lassen sich heute nicht sinnvoll automatisieren oder werden bewusst nicht automatisiert. Der Grund hierfür ist, dass die dafür benötigte Formalisierung aufgrund einer hohen Komplexität, vieler Unwägbarkeiten (hierzu zählen insbesondere auch Fehlersituationen aus vorgelagerten Prozessen) und neuer Fragestellungen als zu aufwändig in Bezug auf die Pflege und Kontrolle angesehen wird und damit als umständlicher im Vergleich zur persönlichen Erledigung gilt. Hier stellt die IT nur Teilergebnisse als Eingangsgröße, unter anderem zur Beurteilung flankierender Informationen, zur Verfügung. Um die Effizienz der Finanzfunktion weiter steigern zu können, müssen diese Automatisierungshindernisse in der Datensammlung und -verdichtung beseitigt werden: Die Finanzfunktion darin zu unterstützen, ist somit eine zentrale Aufgabe der IT-Organisation.

Aus Sicht der Finanzfunktion ergeben sich damit folgende Kernanforderungen an die IT-Organisation zur Unterstützung ihrer Geschäftsprozesse:

- Technologie zur Prozessautomatisierung bereitstellen und automatisierte Funktionen technisch betreiben (*Run Process Support by IT*)
- Als Kompetenzträger für Automatisierungslösungen und als Prozessberater für die technische Umsetzung der Automatisierung – sprich Konzeption und Entwicklung von Anwendungen oder Auswahl und Einführung einer Kaufsoftware – agieren (*Change Process Support by IT*)

Diese Leistungserbringung der IT für die Finanzfunktion muss dabei konsequenterweise unter Beachtung der Qualitätsziele der Finanzfunktion erfolgen: Eine zu geringe fachliche Abdeckung, zu geringe Flexibilität und Geschwindigkeit oder zu hohe Fehlerhäufigkeit in der Verarbeitung sowie zu hohe Kosten können den eigentlichen Geschäftszweck der Automatisierung konterkarieren. Es geht hier im eigentlichen Sinne um die Qualität der Automatisierung von Prozessen mit hoher Strukturkomplexität.

Diese Überlegungen gelten nicht nur für die Finanzfunktion im engeren Sinne, sondern gleichermaßen für alle steuernden und meldenden Funktionen des Kreditinstituts wie Profitabilitätsmanagement, Aktiv-Passiv-Steuerung, Liquiditätssteuerung, Meldewesen und auch das Risikomanagement. All diese Funktionen nutzen von den Kernleistungen der IT vorrangig die Automatisierung der Datensammlung und -verdichtung (das Risikomanagement nutzt zusätzlich die Fähigkeit zu umfangreichen Berechnungen in kurzer Zeit). Weitere grundlegende Leistungen der Informationstechnologie, wie die Massendatenspeicherung, Kommunikation oder Kollaboration, werden zwar genutzt, haben aber nicht die gleiche Bedeutung.

Die IT-Organisation ihrerseits hat, in Abhängigkeit von ihrer Positionierung und strategischen Aufgabenstellung im Unternehmen, die Aufgabe, die IT-Anforderungen der verschiedenen Geschäftsbereiche und die Leistungserbringung zu moderieren und zu integrieren. Dies erfolgt zunächst unter naheliegenden Budget- und Ressourcenrestriktionen, insgesamt jedoch aus der unternehmerischen Verantwortung für die Chancen und Risiken des IT-Einsatzes heraus in Hinblick auf die Architektur- und Technologiestrategie zur Umsetzung der Unternehmensstrategie.

Bei dieser Anforderungsbreite ist für eine erfolgreiche Zusammenarbeit mit Geschäfts- und Fachbereichen eine klare Fokussierung notwendig. Diese bezieht sich im Fall der Finanzfunktion auf die beiden geforderten Kernkompetenzen sowie die Kenntnis und Berücksichtigung des Prioritätenkanons der Finanzfunktion. Diese Fokussierung muss sich innerhalb der IT-Organisation konkret in den folgenden drei Gestaltungsfeldern manifestieren:

- IT-Management, Linien- und Prozessorganisation und Sourcing
- IT-Anwendungsarchitektur
- IT-Betrieb

Als Hilfsmittel zur operativen Umsetzung dieser Fokussierung wird im folgenden Abschnitt das Konzept der Anforderungsprofile für die IT-Unterstützung der Prozesse vorgestellt. Hiermit wird von beiden Seiten – Finanzfunktion und IT – ein Orientierungsrahmen vereinbart. Entsprechende Ansatzpunkte in der IT-Organisation und bei den IT-Leistungsprozessen werden dann im darauf folgenden Abschnitt besprochen, während der vierte Abschnitt auf die Zielarchitektur eingeht. Dies wird dann im Beitrag von Vollmer zum Thema „Data Warehouse" weiter vertieft.

Ausrichtung von IT-Organisation und IT-Architektur

2. Vorgehensweise bei der Optimierung der Zusammenarbeit von IT und Finanzfunktion

Die notwendige Optimierung der Zusammenarbeit von IT- und Finanzfunktion berührt insgesamt alle Kommunikations- und Abstimmprozesse zwischen dem Fachbereich und der IT-Abteilung, wie zum Beispiel den Projektportfoliomanagement-, den Budgetierungs- und Planungsprozess sowie die Regelungen zum Anforderungsmanagement und die Anwenderunterstützung, unter anderem bei der täglichen Zusammenarbeit. Ebenso müssen die Kernprozesse *Run Process Support by IT* (wie Produktion, Produktionsplanung, Anwendersupport und/oder Anforderungsmanagement) und *Change Process Support by IT* (wie Anforderungsmanagement, Anwendungsbereitstellung von Eigenentwicklungen oder Standardsoftware mit Teilprozessen wie Anforderungsanalyse, Implementierung, Test sowie Projektmanagement) entsprechend konkret ausgestaltet werden (siehe Abschnitt 3).

2.1 Kriterien zur Messung der Anforderungen der Finanzfunktion

Um diese Prozesse tatsächlich auf die fachlichen Anforderungen auszurichten und dauerhaft an sie zu koppeln, ist ein Messverfahren mit den folgenden Merkmalen notwendig:

- *Transparenz*: Das Verfahren muss eine gemeinsame Sprache zwischen Finanzfunktion und IT-Organisation zur Beschreibung der gewünschten Sachverhalte etablieren, um unterschiedliche Interpretationen zu verhindern.
- *Vollständigkeit*: Das Verfahren muss methodisch auf die Vollständigkeit der Anforderungen hinwirken.
- Basis für die Verbindlichkeit von *Auftraggeber* und *Auftragnehmer*: Das Verfahren erzeugt Ergebnisse, die beidseitig als verbindliche Basis verwendet werden können.
- *Messbarkeit des aktuellen Status und Zielzustands*: Das Verfahren erlaubt eine Messbarkeit sowohl des aktuellen Status als auch eine Beschreibung des Soll- beziehungsweise Zielzustandes, sodass die entsprechende Annäherung an die Zielvorgabe gemessen werden kann. Sie definiert entsprechende Messkriterien.
- *Ableitbarkeit aus Zielen/Nutzen-Cases*: Die Ziele der Finanzfunktion und die Nutzen-Cases für Maßnahmen lassen sich, soweit sie die Umsetzung durch IT-Unterstützung betreffen, in die Messkriterien übersetzen. Die Vorgabe der Kriterienwerte ist hierbei direkt aus den Zielen nachvollziehbar begründbar (Warum kann die Finanzfunktion ihr Ziel/ihren Nutzen-Case mit der geforderten IT-Unterstützung erreichen?).

- *Beeinflussbarkeit durch Wirkmechanismen*: Die Messkriterien lassen sich durch konkrete operative Maßnahmen in der IT-Organisation beeinflussen, sodass zusammen mit der Messbarkeit ein Regelkreis ermöglicht wird.
- *Differenzierung für die IT-Gestaltungsfelder*: Die Kriterien lassen sich sinnvoll in allen IT-Gestaltungsfeldern anwenden. Wirkmechanismen existieren für alle Gestaltungsfelder sowie für alle Phasen im IT-Lebenszyklus und für alle Bestandteile der IT.
- *Identifikation von Zielkonflikten*: Das Verfahren ist so angelegt, dass Zielkonflikte in den Anforderungen des Fachbereichs früh identifiziert und von vornherein nicht sinnvoll umsetzbare Anforderungen an die IT vermieden werden können (zum Beispiel maximaler Funktionsumfang bei hoher Flexibilität und minimalen Kosten).

Wie können nun die Messkriterien aussehen, anhand derer sich Finanzfunktion und IT-Organisation über die grundsätzliche Struktur ihrer Leistungsbeziehung verständigen können (auf deren Basis eine Vorgehensweise mit den oben genannten Vorteilen erfolgen kann) und die trotzdem praktikabel ist?

Erfahrungsgemäß eignen sich das folgende funktionale Kriterium und die vier folgenden nicht funktionalen Kriterien gut als Messkriterien:[2]

- Abdeckung der funktionalen Anforderungen (einschließlich Pünktlichkeit)
- Flexibilität/Time-to-Market
- Integration
- Verlässlichkeit/Reduktion von operativen Risiken[3]
- IT-Kosteneffizienz

Eine nähere Beschreibung der Kriterien enthält Abbildung 1. Auf zusammenfassende Kriterien wie *Zufriedenheit* oder *Qualität* wird hier entsprechend der oben genannten Merkmale für die Vorgehensweise verzichtet; diese werden zurückgeführt auf die dahinterliegenden und entsprechend operationalisierbaren Kriterien.

---

[2] Vgl. De Boer (2008), S. 17 ff, „Customer Perspective".
[3] Zur Einbettung der Thematik IT Compliance in die Anwenderwahrnehmung vgl. Leenslag/De Boer/Piek (2008), S. 35 ff.

Ausrichtung von IT-Organisation und IT-Architektur

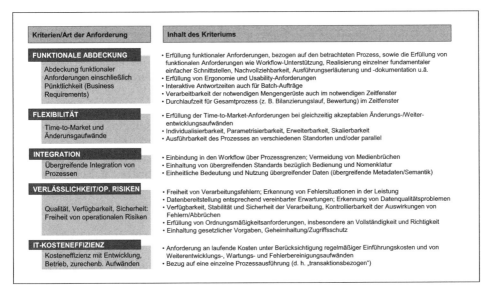

Abbildung 1: Die fünf Anforderungskriterien

Alle Kriterien können bei Bedarf weiter präzisiert werden, da dazu in der Praxis bewährte Verfahren zu ihrer Messung existieren (zum Beispiel das IT-Kostencontrolling, das Management operativer Risiken oder das Verfahren zur Qualitätssicherung von Fachkonzepten).

2.2 Der Regelkreis zur permanenten Optimierung der IT-Unterstützung

Gestützt auf diese Kriterien können Finanzfunktion und IT-Organisation nun sowohl für einzelne Unterfunktionen als auch für die gesamte Finanzfunktion einen Regelkreis etablieren:

- *Betrachtung der Prozesse und Funktionen*: Betrachtet werden hierbei jeweils fachlich zusammenhängende Prozesse oder Funktionen, von denen erwartet wird, dass sie aus Sicht der fünf Kriterien einheitlich beurteilt werden. Wenn sich bei der Soll-Definition oder Ist-Beurteilung keine einheitliche Bewertung ergibt, so werden die Prozesse/Funktionen entsprechend in kleinere Teilprozesse/Teilfunktionen zerlegt. Zusätzlich wird der zeitliche Horizont, wann die Anforderung erfüllt sein soll, also aktuell, mittel- oder langfristig, festgelegt.

- Definition des Soll-Zustandes der IT-Unterstützung durch die Finanzfunktion:
  - Für den Prozess beziehungsweise die Funktion priorisiert die Finanzfunktion die fünf Kriterien nach dem Bedeutungsgewicht für ihre Ziele, zum Beispiel *Betriebssicherheit vor Kosteneffizienz vor Funktionalität und Flexibilität* oder *Funktionalität vor Flexibilität vor Integration, Stabilität und Kosten.*
  - Pro Kriterium wird dann die Höhe der Anforderung angegeben, zum Beispiel anhand einer Skala von null bis fünf, wobei fünf die höchste sinnvolle Anforderung innerhalb der Finanzfunktion repräsentiert und drei eine mittlere Anforderung.
  - Entsprechend der ökonomischen Verantwortung der Finanzfunktion, abgewogene Anforderungen an den Umfang der IT-Unterstützung zu formulieren, ist dabei jeweils die niedrigste fachlich passende Einstufung zu wählen. Dementsprechend fallen die Anforderungen in den Kriterien mittlerer und niedriger Priorität im Allgemeinen entsprechend geringer aus.
  - Es ergibt sich somit das Anforderungsprofil des betrachteten Prozesses beziehungsweise der Funktion.
  - Soweit erforderlich, kann sich eine fachliche Spezifikation der einzelnen Kriterien anschließen.

- Messung des Ist-Zustandes der IT-Unterstützung durch die Finanzfunktion:
  - Entsprechend der für den Soll-Zustand aufgestellten Skalierung beurteilt die Finanzfunktion den Ist-Zustand für die Prozesse und Funktionen.

- Ableitung und Umsetzung von Optimierungsmaßnahmen:
  - Gestützt auf die Soll-Anforderungen und die Ist-Einschätzung der Finanzfunktion leitet die IT-Organisation, in Abstimmung mit der Finanzfunktion und unter Berücksichtigung der Anforderungen anderer Geschäftsbereiche und einer übergeordneten IT-Strategie, Maßnahmen zur gezielten Optimierung einzelner Kriterien daraus ab und setzt diese um (siehe Abschnitt 3).

2.3 Anforderungsprofile zur strategischen Ausrichtung der IT-Unterstützung

Die einzelne Festlegung der Anforderungen in allen fünf Kriterien liefert eine sehr differenzierte Sicht, die zur Diagnose einzelner Prozesse und Auflösung einzelner Kritikpunkte in der Zusammenarbeit gut verwendbar ist. Für eine strategische Sichtweise in Hinblick auf die Finanz- und andere Funktionen und zur operativen Umsetzung in der IT-Organisation ist dagegen – bei ansonsten gleicher Vorgehensweise – eine Verdichtung auf eine kleine Zahl grundlegender Anforderungsprofile sinnvoll.

Ausrichtung von IT-Organisation und IT-Architektur

Als Beleg dient hierbei die Beobachtung, dass sich in der Praxis in den auftretenden Anforderungsprofilen eine kleine Anzahl, meist vier, an typischen Mustern bildet. Diese vier Muster spiegeln erwartungsgemäß den Produktlebenszyklus in einem Kreditinstitut sowie die Entwicklung des Reifegrades von Prozessen wider: Der Reifegrad eines Prozesses steht in direkter Beziehung zu der Möglichkeit, ihn zu standardisieren, manuelle Interventionen zu reduzieren und dementsprechend zu automatisieren.

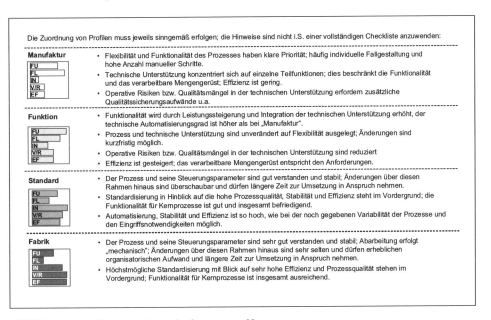

Abbildung 2: Vier typische Anforderungsprofile

Bei dem veränderten Vorgehen nimmt die Finanzfunktion (bis auf Ausnahmen) keine individuellen Festlegungen des Anforderungsprofils vor, sondern beschreibt ihre Anforderungen an die Art der IT-Unterstützung vereinfachend anhand eines der vier typischen Anforderungsprofile. In den steuernden Funktionen des Kreditinstituts finden sich üblicherweise Vertreter für alle Profile, wie zum Beispiel:

- *Manufaktur*: Analystenindividuelles Reporting, Entwicklung von Ratingverfahren, ...

- *Funktion*: Bewertung und Verbuchung bestimmter neuer Produkte mit kurzer Lebensdauer beziehungsweise geplanter späterer Weiterentwicklung zu einem Standardverfahren, Erstellung der Steuererklärungen, ...

- *Standard*: Teile der Bewertungs- und Buchungsverfahren, technische Bilanzerstellung, Kostenrechnung, ...

- *Fabrik*: Debitoren-/Kreditorenbuchungen, Bereitstellung des Buchungsstoffes aus den Nebenbüchern, ...

Abbildung 3 zeigt als Beispiel die (stark verdichtete) Profillandkarte der Finanzfunktion einer Retailbank (siehe auch Abschnitt 4). Alle vier Anforderungsprofile sind vertreten und klare Industrialisierungspotenziale (aus Sicht der Finanzfunktion!) sind dokumentiert, genauso wie Bereiche mit hohem Manufakturbedarf. Insgesamt wird die Notwendigkeit eines differenzierten Angebots durch die IT („no size fits all") belegt, die den Ausgangspunkt von Überlegungen zur kontrollierten Verwendung von fachbereichsverantworteten IT-Lösungen auf der einen Seite bis hin zu Outsourcingpotenzial auf der anderen Seite darstellt.

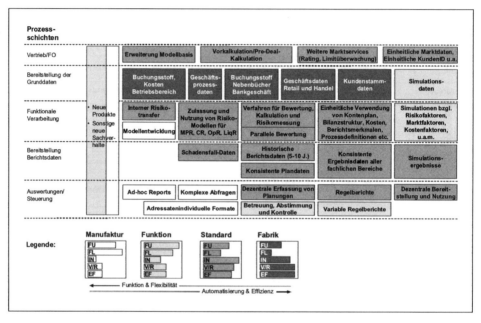

Abbildung 3: Typische Anforderungsprofile der Finanzfunktion einer Retailbank

3. Ausrichtung der IT-Organisation und IT-Leistungsprozesse

Die Anforderungsprofile und die Profillandkarte dienen nun der IT-Organisation in zweierlei Hinsicht als Zielbild:

- *Nach innen*: Die Organisation und die Leistungsprozesse der IT können gezielt auf die geforderte Leistungsfähigkeit in den Kriterien hin entwickelt werden.

- *Nach außen zu ihren Kunden*: Als Selbstverpflichtung für die IT-Organisation, aber gleichzeitig, vergleichbar mit einem Service Level Agreement, als Festlegung eines vereinbarten Leistungsumfanges für die Fachbereiche beziehungsweise die Finanzfunktion.

Voraussetzung für die Umsetzung nach innen ist der klare Wirkungszusammenhang zwischen den Kriterien wie zum Beispiel die funktionale Abdeckung und Flexibilität auf der einen Seite und den organisatorischen beziehungsweise prozessualen Veränderungen auf der anderen Seite.

Diese Zusammenhänge können im Folgenden nur exemplarisch für einige der zentralen IT-Leistungsprozesse[4] und darin für einige Kriterien exemplarisch dargestellt werden.

- IT-Projektportfolio-Management:
    - Die Kriterien *Abdeckung der funktionalen Anforderungen* und *Integration* werden zum Beispiel unterstützt durch gezielte Maßnahmen zur Erkennung und Synchronisierung fachlich verwandter und vom Werteflusss her zusammenhängender Projekte.
    - Das Kriterium *Flexibilität und Time-to-Market* wird zum Beispiel unterstützt durch die Beseitigung prozessualer Hemmnisse bei der Projektbeantragung, Einplanung, Budgetierung und Priorisierung. Diese kann zum Beispiel durch die Etablierung schneller Entscheidungswege für das Portfoliomanagement und durch gemeinsame Portfoliomanagement-Gremien mit der Finanzfunktion erfolgen.

- IT-Projektmanagement:
    - Sämtliche Kriterien der Anforderungsprofile werden unterstützt durch den Einsatz von Projektmanagementverfahren und Kontrollinstrumenten, die der Größe des Projektes, seiner fachlichen und technischen Komplexität, Anzahl der Beteiligten und ähnlichen Kriterien angemessen sind. So ist ein Managementverfahren für Großprojekte zu unflexibel und zu aufwändig für Kleinprojekte oder Weiterentwicklungen und dadurch gegebenenfalls sogar weniger zielführend und zuverlässig in Bezug auf Termin- und Budgeteinhaltung.
    - Die entscheidende Änderung im Rahmenwerk des IT-Projektmanagements besteht daher in der Bereitstellung von Auswahlmöglichkeiten für den Projektleiter, aus verschiedenen Projekttypen das für die Aufgabenstellung geeignete Verfahren zu wählen und anzupassen.

- Softwareentwicklungs- und Bereitstellungsprozess:
    - Kriterien *Abdeckung der funktionalen Anforderungen* und *Flexibilität*: Die Vorgehensweise zur Anforderungsanalyse und Fachkonzeption muss sich der Situation im Fachbereich anpassen können: Liegt eine klare Anforderung vor, oder erst eine Idee (möglicherweise auch in Form eines Kalkulationsblattes)? Wie weit sind Fachkapazitäten verfügbar? Wann ist welche Funktionalität erforderlich? Dies erfolgt, neben dem streng

---

[4] Zur Übersicht über die IT-Prozesse vgl. Müller/Neidhöfer (2008), S. 32 ff bzw. die dort angegebenen ITIL®- und COBIT®-Standards.

phasenorientierten Modell, mit welchem auch die unterschiedlichen Flexibilitätsanforderungen adressiert werden, vor allem durch die Zulassung verschiedener Vorgehensmodelle wie iterativer oder prototypenbasierter Verfahren.

- Betriebs- und Betreibermodelle:
  - Die Einstufung in Kriterien wie Flexibilität, Verlässlichkeit und IT-Kosteneffizienz unterscheiden sich deutlich, wenn eine IT-Anwendung zentral im Rechenzentrum, dezentral auf einem Fachbereichsserver oder lokal auf dem PC eines Mitarbeiters produziert wird, dies möglicherweise noch kombiniert mit einer Aufteilung der IT-Betreuungsaufgaben zwischen der IT-Organisation und der Finanzfunktion, die dann für ausgewählte Anwendungen bestimmte Aufgaben in die eigene Verantwortung übernimmt. Betriebs- und Betreibermodelle können zum Beispiel die Aufteilung der Verantwortung zwischen Finanzfunktion und IT nach dem Betrieb der benötigten Infrastruktur/Hardware, des Betriebssystems, der Administration benötigter Datenbanken sowie die Entwicklung und den Betrieb der eigentlichen Anwendung aufteilen.
  - Mit einem Angebot verschiedener Betriebs- und Betreibermodelle können die IT-Lösungsangebote für die unterschiedlichen Anforderungsprofile der Finanzfunktion entwickeln. Applikationen, die mit unterschiedlichen IT-Projektmanagement- und Softwarebereitstellungsmodellen entwickelt wurden, können damit auch entsprechend ihrem Anforderungsprofil unterschiedlich betrieben werden.

Die ökonomisch optimale gegenseitige Ausrichtung von Geschäftsprozessen und der Nutzung der Informationstechnologie aufeinander ist eine zentrale Managementaufgabe informationsintensiver Unternehmen und damit insbesondere von Kreditinstituten. Die Steuerung erfolgt durch einen Regelkreis (siehe Abschnitt 2.2); Steuerungsgrößen sind Aufwand und Leistung der IT. Zur Vermeidung von Fehlsteuerungen ist daher offensichtlich entscheidend, die gesamte, auf die Effektivität der Fachbereiche wirkende, Leistung der IT und nicht nur Teilgrößen zu erfassen; dazu dienen die in Abschnitt 2.1 beschriebenen Anforderungskriterien. So werden den differenzierten Leistungsanforderungen der Finanzfunktion eine adäquate, differenzierte IT-Organisation und entsprechende IT-Leistungsprozesse gegenübergestellt.[5]

Diese gegenseitige Ausrichtung wird jedoch in der Branche sehr unterschiedlich wahrgenommen; häufig erfolgt die Steuerung primär unter dem Gesichtspunkt der IT-Kosten. Es gibt aber auch den Fall, dass, eine der beiden Seiten aus einer dominanten Position heraus einseitig ihre Interessen durchsetzen (*Business runs IT* oder *IT runs Business*) kann, sodass eine Optimierung im Sinne des Gesamtunternehmens nicht stattfinden kann.

In vielen Fällen erfolgen mehr oder weniger systematische Anwenderzufriedenheitsbefragungen, aus denen sich mangels Differenzierung zum Teil keine operativen Verbesserungen ableiten lassen. Nur eine Minderheit der Häuser steuert bislang diese zentrale Leistungsbeziehung mit einem transparenten Managementprozess auf Basis von Kenngrößen, die in ihrer inhaltlichen Breite den hier vorgestellten fünf Kriterien entsprechen, und kann so IT-Aufwand und Leistung insgesamt optimieren.

---

[5] Vgl. De Boer (2008), S. 30 f.

Das hier vorgestellte Verfahren eignet sich aufgrund seiner umfassenden Messung der Leistungsbeziehung insbesondere auch zur Planung und Vorbereitung des Outsourcing von IT-Kernkompetenzen sowie der Messung der Gesamtbilanz solcher Outsourcingmaßnahmen.

4. Ausrichtung der IT-Architektur und Finanzfunktion

Die Leistungsfähigkeit der IT-Unterstützung der Finanzprozesse wird wesentlich auch durch die vorhandene IT-Lösungsarchitektur bestimmt. Was nützt zum Beispiel eine flexible Projektorganisation oder eine schlanke Produktion, wenn in der vorhandenen Lösungsarchitektur für alle Veränderungen zunächst aufwändige Recherchen und Analysen auf Nebeneffekte notwendig sind oder eine Vielzahl unterschiedlicher Schnittstellen und Abhängigkeiten die Fehlerrate in den Abläufen nach oben treibt.

Die Entwicklung der Lösungsarchitektur für die Finanzfunktion muss deshalb ebenfalls danach beurteilt werden, wie sie der jeweiligen Ausprägung der fünf Anforderungskriterien für die Prozesse entspricht. Auf der Makroebene erfolgt dies in einer logischen Daten- und Anwendungsarchitektur, da diese maßgeblich die Verfügbarkeit von Geschäftsdaten für Anwendungen und die Vernetzung von Anwendungen untereinander festlegt und damit grundsätzliche Voraussetzungen für die Erfüllung von Anforderungsprofilen schafft. Allgemeiner gesprochen wird damit die strategische Passform der IT-Architektur zu den Geschäftsprozessen bestimmt.

Abbildung 3 in Abschnitt 2 zeigt die hierfür benötigten Grundanforderungen; die Abbildung unterscheidet fünf Prozessebenen für die Finanzfunktion:

- *Vertrieb/Frontoffice*: Hier sind beispielhaft Prozesse aufgeführt, die eine Finanzfunktion (abhängig von der bankspezifischen Kompetenzzuordnung) für Marktbereiche erbringen kann.

- *Bereitstellung der Grunddaten*: Diese Prozesse bilden das Fundament der Finanzfunktion, das heißt die zuverlässige, richtige und effiziente Versorgung mit den Geschäftsdaten und dem Buchungsstoff der Nebenbücher. Mit Ausnahme der Abbildung neuer Produkte, die zeitnah erfolgen soll und der flexiblen Nachhaltung von Simulationsdaten, wird hier von der Finanzfunktion größter Wert auf Zuverlässigkeit und Effizienz gelegt. Sowohl quantitativ wie qualitativ sind die benötigten *Geschäftsdaten* in den letzten Jahren durch Themen wie IFRS, Basel II oder in Deutschland ab 2009 durch die Abgeltungsteuer und das Bilanzmodernisierungsgesetz ausgeweitet worden.

- *Funktionale Verarbeitung*: Die Entwicklung interner Modelle für alle Bereiche des Risikomanagements erfolgt sehr individuell und typischerweise außerhalb des technischen Rahmens der Regelverarbeitung von Risikomanagement, Controlling und Rechnungswesen, die jeweils gut verstandene stabile Prozesse darstellen. Bei den Simulationsverfahren muss neben den Routinesimulationen einer ständigen Entwicklung neuer Fragestellungen Rechnung getragen werden. Die Stabilität und Standardisierung der Kernfunktionen, zum Beispiel der Kontenfindung, der Bewertungsverfahren in verschiedenen Buchhaltungsstandards und Ähnliches, impliziert, dass diese Funktionen auch technisch einheitlich abgebildet werden.

- *Die Bereitstellung der Berichtsdaten*: Im Unterschied zu der großen Spannweite an Anforderungen für die eigentliche Analyse von Berichtsdaten, die in der folgenden Schicht erfolgt, sind die Anforderungen an die IT-Prozessunterstützung für die Bereitstellung der Berichtsdaten klar: Sie soll stabil, zuverlässig und unaufwändig geschehen. Zuverlässigkeit bedeutet für Berichtsdaten der Finanzfunktion, neben der Rechtzeitigkeit vor allem Konsistenz und Überleitbarkeit der Ergebnisse aus verschiedenen fachlichen Bereichen. Damit verbunden bedeutet unaufwändig, dass die heute vielfach notwendigen umfangreichen Abstimmungsverfahren und die manuellen Aufklärungen von Diskrepanzen möglichst entfallen können, denn ein Großteil der Kapazität der steuernden Bereiche vieler Kreditinstitute wird heute noch nicht für die Kernaufgaben, sondern für die manuelle Datenaufbereitung, Korrekturen und Abstimmungen verwendet. Diese Anforderungen beziehen sich auch auf die Bereitstellung der Grunddaten. Diese fließen entweder direkt in die Berichte ein oder müssen als nachvollziehbare, abstimmbare und konsistente Ausgangsbasis von Berechnungen ebenso effizient analysierbar sein.

- *Auswertung/Steuerung*: Die eigentlichen Auswertungsprozesse spannen sich von der Produktion standardisierter Regelberichte bis hin zur individuellen Beantwortung einzelner Analysten oder Vorstandsanfragen. Der Umfang und die fachliche Spannbreite der zusammenzuführenden Daten ist in den letzen Jahren ständig gestiegen; die verschiedenen Analysen benötigen daher variable Schnitte und Aggregationen sowie unterschiedlichste Gruppen- und Portfoliobildungen. Für praktisch alle Bereiche des Bankgeschäftes, mit Ausnahme des Retailgeschäftes, führt auch die Summe externer Vorgaben dazu, dass das Einzelgeschäft der kleinste gemeinsame Nenner des Berichtswesens ist. Ein Beispiel für eine logische Architektur der Banksteuerung, die diese Anforderungen umsetzt, ist das Sechs-Schichten-Modell in den Abbildungen 4 und 5.[6]

---

[6] Vgl. Lenhardt/Gudjons/Stork (2006), S. 73.

Ausrichtung von IT-Organisation und IT-Architektur

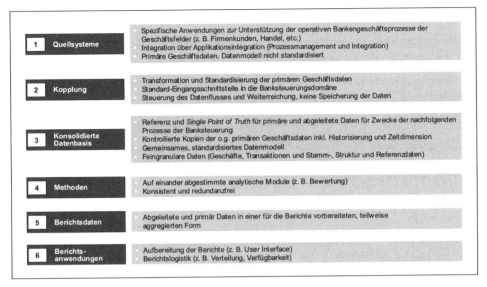

Abbildung 4: Das Sechs-Schichten-Modell für die Banksteuerung

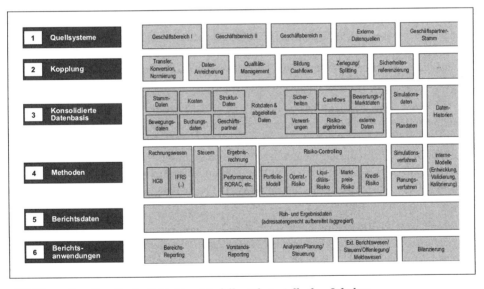

Abbildung 5: Das Sechs-Schichten-Modell mit beispielhaften Inhalten

Wesentliche Elemente des Sechs-Schichten-Modells sind:

- die Entkopplung der operativen Systeme von dispositiven Aufgaben (auch von Bewertungsverfahren oder Kontenfindung),
- die logische (nicht notwendigerweise physische) Herstellung eines konsistenten Grunddatenbestandes,
- die Konzentration der finanzmathematischen Verfahren in einer technischen Schicht,
- die logische (nicht notwendigerweise physische) Herstellung eines konsistenten Berichtsdatenbestandes (dieser umfasst auch die Daten des Grunddatenbestandes, die unverändert für Berichte herangezogen werden) und
- das Aufsetzen aller Analyseverfahren und Berichte auf den konsistenten Berichtsdatenbestand.

Hier stehen die architektonischen Schichten in struktureller Übereinstimmung mit den Prozessschichten in Abbildung 3. Die Ausprägung zweier Schichten zum Datenmanagement sowie die Trennung von finanzmathematischer Funktionalität und Auswertung unterstützen direkt die oben diskutierten Anforderungen von Konsistenz (und damit Effizienz und Stabilität) und Flexibilität, unter anderem aus den Anforderungsprofilen, strukturell.

Die besondere Rolle des Datenmanagements für die Finanzfunktion, die sich in den einzelnen Schichten der konsolidierten Grunddaten und Berichtsdaten spiegelt und klassisch von der IT durch *Data Warehouses* adressiert wird, wird in dem Beitrag „Datawarehouse als Voraussetzung für die effiziente Erstellung von Abschlüssen" von Vollmer vertieft; ebenso wie das notwendige zugehörige Datenqualitätsmanagement.

Auf der Mikroebene bestimmt das von der IT gewählte grundsätzliche Vorgehensmodell zur Modellierung und Abbildung funktionaler Anforderungen, wie unmittelbar und direkt sich diese in architektonische Maßnahmen übersetzen lassen. Grundsätzlich geeignet dafür ist zum Beispiel das Instrumentarium der *Service Oriented Architecture* (SOA), da es konzeptionell funktionale Bausteine und ihre Kopplung getrennt betrachtet und damit eine unmittelbare Korrespondenz zu Kriterien wie beispielsweise die funktionale Abdeckung, Flexibilität und/oder Integration herstellt.[7]

Insgesamt wird die Bedeutung einer geeigneten IT-Banksteuerungsarchitektur für die Leistungsfähigkeit der Finanzfunktion immer klarer erkannt; in vielen Kreditinstituten sind in den letzten Jahren wesentliche Elemente des Sechs-Schichten-Modells umgesetzt worden oder sind geplant. Entscheidend für eine erfolgreiche Transformation ist jedoch eine pragmatische, auf den für die Finanzfunktion zu erreichenden Zweck ausgerichtete Umsetzung anstelle der Befolgung eines architektonischen Paradigmas.

---

[7] Vgl. IBM (2005), S. 6 ff.

Literaturverzeichnis

DE BOER, J., U. A. (2001): Use of the Balanced Scorecard for ICT Performance Management, Internet: http://www.tarrani.net/linda/docs/BalancedScorecare4IT.pdf, Stand: Januar 2001, Abruf: 16.01.2009, 15:00 Uhr, S. 6 - 19.

IBM (2005): IBM SOA Foundation: an architectural introduction and overview, Internet: http://download.boulder.ibm.com/ibmdl/pub/software/dw/webservices/ws-soa-whitepaper.pdf, Stand: November 2005, Abruf: 14.01.2009, 15:30 Uhr, S. 6 - 68.

LEENSLAG, W./DE BOER, J./PIEK, C. (2008): The evolution of IT Governance approaches: beyond compliance in: Donkers, H./Beugelaar, B. (Hrsg.): IT Governance, Performance & Compliance, Groningen 2008, S. 35.

MÜLLER, K.-R./NEIDHÖFER, G. (2008): IT für Manager, Wiesbaden 2008.

LENHARDT, M./GUDJONS, T./STORK, P. (2006): Banksteuerung und Transaktionsfähigkeit. Erfolgsfaktor IT-Architektur, in: Die Bank, 45. Jahrgang (2006), Heft 8, S. 70 - 77.

Data Warehouse als Voraussetzung für die effiziente Erstellung von Abschlüssen

Markus Vollmer

1. Die Herausforderung

2. Das Konzept des Data Warehouse
   2.1 Technische Aspekte
      2.1.1 Zentralität des Zugriffs (Single Point of Truth)
      2.1.2 Homogenität des Datenabgriffs
      2.1.3 Möglichkeit des Ad-hoc-Reportings
      2.1.4 Tägliche Verfügbarkeit
   2.2 Organisatorische Aspekte
      2.2.1 Data Warehouse-Betrieb
      2.2.2 Die Vorsysteme
      2.2.3 Das Rechnungswesen
      2.2.4 Die vierte Instanz

3. Die Umsetzung in der Praxis
   3.1 Daten-Input: Push- versus Pull-Ansatz
   3.2 Ort der Homogenisierung
   3.3 Datenhaltung: das interne Datenmodell
   3.4 Daten-Output: Push, Pull oder beides?
   3.5 Datenqualität und Vollständigkeit
   3.6 Felddefinition und Datenmodellpflege

4. Skizze eines Best Practice-Ansatzes
   4.1 Grundstruktur des Data Warehouse
   4.2 Prozessuale Maßnahmen
      4.2.1 Umsetzung und Dokumentation
      4.2.2 Datenqualität

5. Fazit

1. Die Herausforderung

Die Tatsache, dass die Reporting-Anforderungen an Kreditinstitute kontinuierlich zunehmen – in quantitativer sowie in qualitativer Hinsicht – kann mittlerweile durchaus zu den Binsenweisheiten gezählt werden. Viel spannender als diese Tatsache ist jedoch die sich hieraus ergebende Frage, wie man diese Anforderungen bewältigen kann. Um sich dieser Problemstellung anzunähern, gilt es in erster Linie zwei hierfür wichtige Anforderungen zu beachten: Zuerst ist in diesem Zusammenhang die Compliance zu nennen, die eine formale und inhaltliche Erfüllung der Berichtsanforderungen umschreibt und in der Umsetzung die Frage aufwirft, wie man die benötigten Informationen prinzipiell beschaffen kann. Neben dieser ersten Pflichtaufgabe stellt sich eine zweite, die vor Jahren vielleicht noch als Kür abgehakt, sich bis zum heutigen Tag jedoch mehr und mehr zu einer weiteren Pflichtaufgabe entwickelt hat: Wie können die benötigten Informationen zuverlässig, schnell, flexibel und effizient beschafft werden? Es handelt sich hierbei um die Frage nach der Performance. In diesem Beitrag wird das Konzept eines zentralen Data Warehouse als möglichem Lösungsansatz unter Berücksichtigung von Compliance- und Performance-Anforderungen skizziert, Chancen und Herausforderungen aufgezeigt, die sich in der Praxis ergeben, sowie ein Best Practice-Ansatz vorgestellt.

In Kreditinstituten hat sich in den vergangenen Jahren durch die Heterogenität der Finanzinstrumente und aufgrund organisatorisch getriebener Überlegungen eine große Vielzahl an Front- und Backoffice-Systemen etabliert, welche die juristischen Geschäftsbestände des jeweiligen Hauses führen. Nicht selten ist diese Systemvielfalt noch durch Unternehmenszusammenschlüsse weiter erhöht worden. Die Beschaffung von Informationen aus dieser großen Anzahl an Systemen erweist sich in der Praxis jedoch als äußerst zeitaufwändig und zudem fehleranfällig. Die zusätzlich notwendige Konsolidierung der Informationen sowie die weitere Aufbereitung für das Reporting verschlingen erheblich viel Zeit und binden Ressourcen im ohnehin zeitkritischen Reporting-Prozess und das sowohl in den zuliefernden Bereichen als auch im Rechnungswesen. Die für diese regelmäßig anfallenden operativen Tätigkeiten aufgewandte Zeit fehlt dann häufig bei der Erfüllung strategisch wichtiger Aufgaben des Rechnungswesens. Zudem führt die Vielzahl an manuellen Prozessschritten bei gegebener Komplexität der Problemstellung regelmäßig zu einer unerwünscht späten Verfügbarkeit der Reporting-Zahlen und einer geringeren Datenqualität, welche die Aussagekraft des Reportings in Frage stellt. Das Ziel der Compliance wird nur mit enormem Aufwand erreicht, die Abschlusserstellung ist somit schon bei der Datenbeschaffung als Grundlage des Reportings durch Ineffizienzen geprägt. Für den nachfolgenden Abschlusserstellungsprozess sind die Datenbeschaffung und die Strukturen, in denen die Daten dem Rechnungswesen zur Verfügung stehen, die entsprechenden Aufwandstreiber.

2. Das Konzept des Data Warehouse

Ein immer häufiger praktizierter Ansatz zur Lösung des Datenbeschaffungsproblems ist die Einrichtung eines zentralen Datenpools, der neben Anforderungen anderer Bereiche auch alle rechnungswesenrelevanten Geschäfts- und Berichtsdaten bereithält. Für derartige zentrale Datenpools hat sich der Begriff *Data Warehouse* etabliert. Im Folgenden möchte ich gerne kurz umreißen, welche Kriterien ein Data Warehouse in seiner Grundstruktur ausmachen.

2.1 Technische Aspekte

Was das hier vorgestellte Data Warehouse-Konzept für das Reporting so wertvoll macht, kann zunächst durch vier technische Aspekte kurz erklärt werden:

- Zentralität des Zugriffs (*Single Point of Truth*)
- Homogenität des Datenabgriffs
- Möglichkeit des Ad-hoc-Reportings
- tägliche Verfügbarkeit

2.1.1 Zentralität des Zugriffs (Single Point of Truth)

Unabhängig davon, ob eine Data Warehouse-Lösung als *Financial Database* (FDB), *Zentraler Datenhaushalt* (ZDH) oder auf eine andere Art und Weise benannt wird, der erste wichtige Aspekt dieses Lösungsansatzes ist die Zentralität. Die Zusammenführung von relevanten Datenbeständen in *einer* zentralen Datenbank ermöglicht einen vereinfachten Zugriff auf diese Daten, der bei einer dezentralen Datenhaltung in einer Vielzahl von Systemen mit ihren jeweiligen Zugriffsberechtigungssystemen und unterschiedlichen Abfragemöglichkeiten so nicht gewährleistet ist. Das gesamte Reporting kann sich auf diesen zentralen Referenzdatenbestand beziehen, der damit einen *Single Point of Truth* darstellt.

2.1.2 Homogenität des Datenabgriffs

Doch Zentralität allein löst den gordischen Knoten der heterogenen Systemlandschaft noch nicht. Hier kommt der zweite maßgebliche Aspekt des Data Warehouse-Ansatzes zum Tragen – die Homogenität im Datenabgriff.[1] Der Zugriff sowohl auf Informationen gleichartiger Produkte aus unterschiedlichen Systemen (zum Beispiel den Zinssatz eines Konsumentenkredits und eines Schuldscheindarlehens als Kreditsurrogat) als auch auf gleichartige Informationen über ganz unterschiedliche Produkte, beispielsweise die Restlaufzeiten eines Kredits und einer Aktienoption, erfolgen stets in derselben Abfragestruktur. Dies bedeutet, dass mit einer einzigen verhältnismäßig simplen Abfrage die gleichartigen Daten aller relevanten Produkte, gleichgültig in welchem System der juristische Bestand geführt wird, abgefragt werden können. Ein weiterer großer Vorteil des homogenen Datenabgriffs ist, dass der Nutzer bei der Informationsbeschaffung nicht eine Vielzahl von Datenmodellen verstehen muss, um sinnvoll Abfragen erstellen und Daten interpretieren zu können, sondern nur das Modell des homogenen Datenabgriffs.

2.1.3 Möglichkeit des Ad-hoc-Reportings

Als Folge des homogenen Datenabgriffs und der damit einhergehenden Vereinfachung des Zugriffs durch die Nutzer eröffnen sich gänzlich neue Perspektiven in Bezug auf die Verfügbarkeit von Reporting-Informationen. Unterstützt von nutzerfreundlichen Abfragemasken, welche bei moderner Data Warehouse-Software mittlerweile Pflicht sind, können versierte Nutzer jederzeit kurzfristig Informationen aus dem Datenbestand im Sinne eines Ad-hoc-Reportings extrahieren oder eine Plausibilisierung von standardmäßig erhobenen Daten durchführen.

2.1.4 Tägliche Verfügbarkeit

Ein Ad-hoc-Reporting kann seinen Nutzen jedoch nur dann voll zur Entfaltung bringen, wenn die relevanten Daten, die als Basis dienen, auch unmittelbar, sprich *ad-hoc*, verfügbar sind. Um neben der Flexibilität, die das Ad-hoc-Reporting bietet, auch die Aktualität der kurzfristig berichteten Inhalte zu gewährleisten, ist eine tägliche Datenverfügbarkeit wünschenswert. Zudem verkürzen sich die Reporting-Zyklen mehr und mehr, sodass auch hier eine quartalsweise oder monatliche Verfügbarkeit immer seltener ausreicht. Vor diesem Hintergrund sind die meisten Data Warehouse-Lösungen so konzipiert, dass die zentralen Datenbestände täglich aufgebaut werden und somit in der Regel nach der Verarbeitung über Nacht die relevanten Daten tagesaktuell zur Verfügung stehen.[2] Die tägliche Befüllung des Data Warehouse hat jedoch noch einen weiteren Vorteil: Bei der Implementierung geeigneter Prozesse können Datenqualitätsprobleme vor dem Reporting-Stichtag erkannt und behoben werden. Der Auf-

---

[1] Der Begriff *Datenabgriff* wird hier genutzt um zu verdeutlichen, dass sich die Homogenität zunächst nur auf die den Nutzern zur Verfügung gestellte Zugriffsschicht/Schnittstelle und nicht auf das darunterliegende Datenmodell bezieht, das im Folgenden als *internes Datenmodell* bezeichnet wird.

[2] In der Praxis ergibt sich im Bankwesen häufig das Problem, dass zum Beispiel nicht alle Bewertungsinformationen täglich zur Verfügung stehen. Daher ist die skizzierte Ad-hoc-Reporting-Funktionalität in diesen Fällen häufig nur für einen Teil der Daten verfügbar.

wand aufgrund zeitraubender Fehleranalysen durch das Rechnungswesen, verursacht durch fehlerhafte Datenlieferungen, wird reduziert und somit die Effizienz im eigentlichen Reporting-Prozess gesteigert.

2.2 Organisatorische Aspekte

Bei den technischen Aspekten eines Data Warehouse (DWH) hat sich trotz unterschiedlicher Ansätze zumeist ein kleinster gemeinsamer Nenner herausgebildet. Dagegen gibt es für die Organisation des Betriebs in der Praxis teilweise sehr unterschiedliche Ansätze.

2.2.1 Data Warehouse-Betrieb

Einigkeit herrscht am ehesten noch bei der Frage des Betriebs des Data Warehouses. Obwohl diese vereinzelt auch von den Fachbereichen selbst betrieben werden, erfolgt die technische Betreuung von Data Warehouse-Lösungen als Datenbanken in aller Regel durch die entsprechende IT-Abteilung. Für die Umsetzung von Datenmodelländerungen und damit verbundene Migrationen oder Fragen der Archivierung sowie der laufenden Systempflege (Maintenance) bietet meist die IT die notwendigen Ressourcen und Infrastruktur.

2.2.2 Die Vorsysteme

Bereits die Frage nach der Rolle der Vorsysteme im Umfeld einer Data Warehouse-Lösung kann nicht in allen Aspekten eindeutig beantwortet werden. Was durchaus naheliegend ist und in der Praxis bestätigt wird, ist die Tatsache, dass in der Regel niemand die Produkte und deren technische Abbildung in den bestandsführenden Systemen besser kennt als die technischen/fachlichen Betreuer dieser Systeme. Insofern ist deren Involvierung bei dem Aufbau und der Pflege des Data Warehouse ohnehin unabdingbar, sei es operativ im Rahmen der regelmäßigen Datenzulieferung oder als Know-how-Lieferant in Bezug auf die Datenstrukturen des Vorsystems und die darin abgebildeten Produkte.

2.2.3 Das Rechnungswesen

Das Rechnungswesen ist bei einer Data Warehouse-Lösung zunächst einmal einer von vielen Nutzern. Der Grad der Involvierung des Rechnungswesens hängt dabei jedoch sehr eng mit der Rolle zusammen, die das Rechnungswesen im jeweiligen Hause im Bezug auf die Abschlusserstellung einnimmt.

Zentrale Grundsatzabteilung

Das in vielen Rechnungswesenabteilungen vorherrschende Selbstverständnis positioniert diese Abteilungen als Organisationseinheiten mit fachlichen Spezialisten, welche die externen Reporting-Anforderungen analysieren und entsprechende Anforderungen an die zuliefernden Bereiche stellen. Der Schwerpunkt der operativen Tätigkeit liegt hier zum Beispiel in der Konsolidierung der Reporting Packages der Konzerntöchter oder in der eigentlichen Berichterstellung.

Das operative Rechnungswesen

Wird der Begriff Rechnungswesen und die Verantwortlichkeit des Rechnungswesens etwas weiter definiert, dann ist das Rechnungswesen durchaus auch an den Hintergründen der Datenanlieferung interessiert. Bedenkt man, dass das Rechnungswesen die Zahlen interpretieren muss und diese sowohl innerhalb als auch außerhalb des Hauses zu vertreten hat, erscheint dieser Ansatz als durchaus sinnvoll. Eine Konsequenz ist dann jedoch, dass neben der fachlichen Qualifikation im Sinne der Rechnungslegung nach HGB und/oder IAS/IFRS auch ein technisches Grundverständnis und der Wille zur Auseinandersetzung mit technischen Darstellungsformen gegeben sein müssen. Natürlich wird man hier in der Praxis eine Spezialisierung innerhalb des Rechnungswesens feststellen können. Unbenommen davon übernimmt das Rechnungswesen jedoch eine deutlich proaktive Rolle bezüglich der technischen Hintergründe ein und wird in die Lage versetzt, angelieferte Daten zu hinterfragen sowie selbst kurzfristig zu prüfen und zu plausibilisieren.

2.2.4 Die vierte Instanz

Die im vorhergehenden Abschnitt dem operativen Rechnungswesen zugeschriebenen Aufgaben können jedoch auch von einer eigenständigen Organisationseinheit durchgeführt werden, die das Data Warehouse für alle anfordernden Bereiche fachlich betreut und sich übergreifenden Themen, wie der Datenmodellweiterentwicklung, der Bestandsabstimmung und der Datenqualitätssicherung, widmet. In manchen Häusern hat sich für diese Organisationseinheiten der Begriff *Anwendungsorganisation* etabliert. Die Aufgaben der Anwendungsorganisation beziehen sich nicht nur auf das Anforderungs- und Integrationsmanagement. Unabhängig davon, wie diese vierte Instanz benannt wird, fungiert sie hier als Bindeglied zwischen Technik und Fachlichkeit. Ihre Aufgaben sind dabei nicht auf die Entwicklung beschränkt, sondern beinhalten auch die Mitwirkung im operativen Betrieb.

3. Die Umsetzung in der Praxis

Die vorhergehenden Abschnitte haben ausgewählte Aspekte und Fragestellungen im Zusammenhang mit einem Data Warehouse in technischer beziehungsweise organisatorischer Hinsicht beleuchtet. In der Praxis werden jedoch bei aller Gemeinsamkeit bestimmte Aspekte rund um das Data Warehouse technisch, organisatorisch und fachlich ganz unterschiedlich umgesetzt. Der folgende Abschnitt soll daher einen Einblick in ausgewählte Lösungsansätze, wie sie in Kreditinstituten anzutreffen sind, vermitteln.

3.1 Daten-Input: Push- versus Pull-Ansatz

Als Datenquelle für ein Data Warehouse bietet sich der juristische Bestand als verlässliche Ausgangsgröße an. Bei der Befüllung des Data Warehouse können jedoch zwei Ansätze, *Push* versus *Pull*, unterschieden werden.[3] Beim Push-Ansatz liefern die Vorsysteme in einer vorgegebenen Struktur die Daten für ihre Geschäftsbestände gemäß der Anforderung an das Data Warehouse. Durch ein einheitlich vorgegebenes Anlieferformat wird somit die Befüllung des Data Warehouse erleichtert. Zudem führt die Datenextraktion durch das Vorsystem zu einer Entlastung der für das Data Warehouse zuständigen Organisationseinheit. Das Alternativszenario, hier Pull-Ansatz genannt, zeichnet sich dadurch aus, dass die relevanten Vorsystemtabellen zunächst unverändert in das Data Warehouse übernommen werden. Die Extraktion der relevanten Daten findet vollständig im Data Warehouse statt. Dieser Ansatz ermöglicht ein hohes Maß an Flexibilität in Bezug auf neue Datenanforderungen, da das Vorsystem keine technischen Änderungen vornehmen muss und selbst wenn eine neue Tabelle aus dem Vorsystem übernommen werden muss, dies mit deutlich geringerem technischen und organisatorischem Aufwand verbunden ist, als eine Schnittstellenanpassung durch das Vorsystem.

---

3 In der Literatur werden die Begriffe *Push* und *Pull* im Zusammenhang mit Datenübertragungen – im Gegensatz zur Verwendung in diesem Beitrag – teilweise allein in Bezug auf die Verantwortlichkeit für die physische Datenlieferung verwendet. In diesem Beitrag wird die Bedeutung dieser Begriffe jedoch weiter definiert: Neben der Verantwortlichkeit für die physische Lieferung kann sie auch die Überführung in eine vorgegebene Struktur beinhalten.

3.2 Ort der Homogenisierung

Wie im vorhergehenden Abschnitt schon anklang, bietet der Push-Ansatz die Möglichkeit, durch die Vorgabe des Anlieferformats eine erste Homogenisierung der Datenstrukturen zu erzwingen. Eine Umsetzung des Pull-Ansatzes hingegen führt zwangsläufig zu einer Homogenisierung der Daten im Data Warehouse selbst. Eine abschließende Beurteilung ist hier, wie auch bei der Frage *Push* versus *Pull* beim Daten-Input, weder möglich noch sinnvoll, zumal die Erfolgsaussichten der jeweiligen technischen Konzepte auch stark von den oben skizzierten organisatorischen Rahmenbedingungen des jeweiligen Hauses abhängen. In der Praxis ist zudem auch eine dritte Möglichkeit des Ortes der Homogenisierung anzutreffen. Hier erfolgt die Homogenisierung nicht auf der Dateninputseite, sondern erst auf der Datenzugriffsebene für die Data Warehouse-Nutzer.

3.3 Datenhaltung: das interne Datenmodell

Die vorstehend umrissene Frage des Ortes der Homogenisierung hängt wiederum stark mit dem Data Warehouse-internen Datenmodell zusammen. Hier sind in der Praxis primär zwei Konzepte anzutreffen – produktzentriertes versus einheitliches Datenmodell. Während beim einheitlichen Datenmodell alle Produkte analog zur im Abschnitt 2.1.2 angesprochenen homogenen Zugriffsschicht in einer einheitlichen Struktur abgebildet werden, stellt das produktzentrierte Datenmodell für unterschiedliche Produkte beziehungsweise Produktklassen getrennte Strukturen parallel zur Verfügung. Die Anzahl dieser parallelen Strukturen kann dabei stark variieren und ist zudem häufig auch durch die Historie und/oder organisatorische Gegebenheiten bestimmt. So sind Aufteilungen nach Kredit- und Handelsprodukten ebenso anzutreffen wie feingliedrige Aufteilungen innerhalb einer Klasse, die zum Beispiel parallele Strukturen für unterschiedliche, dem Handel zugeschriebene Produkte enthalten können. Die Konsequenz des produktzentrierten Datenmodells ist, dass in der Regel mehrere Homogenisierungsstufen notwendig werden – eine erste, um gleichartige Produkte aus unterschiedlichen Systemen in die für diese Produktklasse vorgegebene Struktur zu überführen und eine weitere, um die Darstellung der Produktklassen für den einheitlichen Abgriff anzupassen. Um die Nachvollziehbarkeit und Abstimmbarkeit der Homogenisierungsstufen zu gewährleisten, müssen die Daten jeweils auf den beschriebenen Ebenen abgespeichert werden. Dem produktzentrierten Datenmodell steht das einheitliche Datenmodell gegenüber, bei dem die Homogenisierung aller Produkte analog zu dem in Abschnitt 2.1.2 vorgestellten homogenen Datenabgriff bereits bei der Befüllung des Warehouse erfolgt. Dass ein einheitliches Datenmodell durch die Abbildung sehr unterschiedlicher Produkte in der Regel komplexer und abstrakter ausfallen wird als mehrere parallele produktspezifische Konstrukte, ist unbestreitbar. Da – soweit ein einheitlicher Abgriff gewünscht ist – aber auch beim produktspezifischen

Datenmodell eine weitere Homogenisierung und die damit verbundene Komplexität und Abstraktheit der Datenabgriffsstruktur nicht vermeidbar ist, kann das einheitliche Datenmodell, bei dem die Abgriffsstruktur weitgehend dem internen Datenmodell entsprechen kann, hier seinen Vorteil ausspielen: Die einmalige zentrale Homogenisierung reduziert die für jeden Datentransformationsschritt notwendigen Qualitätssicherungsmaßnahmen und erleichtert die Zuordnung der technischen wie organisatorischen Verantwortlichkeiten.

Die Komplexität der Abbildung wird sowohl beim homogenen als auch beim produktzentrierten Datenmodell jeweils durch die Anforderungen bestimmt: Die Granularität des Modells hängt jeweils von der Anforderung mit der höchsten Granularität ab. So schraubt zum Beispiel die Anforderung, bewertungsrelevante Daten zu liefern, die Granularität für alle Produkte in die Höhe – unabhängig davon, wie gering die anderen Anforderungen sind. Hintergrund der Anforderung bewertungsrelevanter Daten kann die Belieferung einer externen Bewertungslösung sein. Während eine zentrale Bewertungslösung eine einheitliche Bewertung innerhalb eines Hauses vereinfachen kann, kann die Abbildung der für die Bewertung notwendigen Informationen sehr komplex werden.[4] In der Praxis trifft man daher häufig auf Lösungsansätze, die die Bewertungen aus den Vorsystemen übernehmen oder für einzelne Systeme Bewertungsergebnisse einer externen Bewertungslösung zuspielen, wobei hier die bewertungsrelevanten Daten nicht immer über das zentrale Data Warehouse zugespielt werden, was wiederum dem Modell des Data Warehouse und des *Single Point of Truth* zuwiderläuft.

3.4 Daten-Output: Push, Pull oder beides?

Technisch wie organisatorisch endet die Verantwortung des Data Warehouse in der Regel mit der Bereitstellung der homogenen Datenabgriffsstruktur, aus der die Nutzer die für sie relevanten Daten extrahieren können, was hier wiederum einem Pull-Ansatz – jetzt aus Sicht des Anwenders – entspricht. In der Praxis sind jedoch auch historisch gewachsene Lieferverpflichtungen des Warehouse-Bereiches anzutreffen, sodass für einzelne Nutzer individuell angepasste Datenlieferungen durch das Data Warehouse erstellt und turnusmäßig bereitgestellt werden, was in diesem Zusammenhang als Push-Ansatz bezeichnet wird.[5] Die Datenstruktur beim Push-Ansatz orientiert sich dabei nicht an der homogenen Struktur der Daten-

---

[4] Als einfaches Beispiel kann zunächst eine Aktienoption angeführt werden: Neben der Option selbst mit ihren Basisdaten muss auch die als Basisobjekt zugrunde liegende Aktie als eigene Einheit mit den für die Bewertung der Aktie relevanten Informationen abgebildet und der Option zugeordnet werden. Die Abbildung dieser Aktie als *Underlying* erfolgt dabei im homogenen Datenmodell analog zur Abbildung einer Aktie im Bestand. Sie ist jedoch durch ihre hierarchische Zuordnung zur Option als *Underlying* erkennbar. Die Abbildung eines strukturierten Derivats, dem neben Kündigungsrechten ein Aktien-Basket mit einer Vielzahl von Aktien zugrunde liegt, kann hierbei einen sehr hohen Komplexitätsgrad erreichen.

[5] Die Begriffe *Push* und *Pull* beinhalten wiederum Aspekte der Liefer- beziehungsweise Abgriffsstrukturen.

abgriffsschicht, sondern an den individuellen Nutzeranforderungen und ist somit nicht mit der ebenfalls anzutreffenden Variante vergleichbar, bei der für unterschiedliche Nutzer leicht modifizierte Versionen des homogenen Datenabgriffs bereitgestellt werden.

3.5 Datenqualität und Vollständigkeit

Ein Problem, das bei jeder Data Warehouse-Implementierung anzutreffen ist, ist das der mangelhaften Datenqualität und dies im Besonderen im Hinblick auf die Richtigkeit und Vollständigkeit der vom Rechnungswesen benötigten Daten. Die Ursache für Datenqualitätsprobleme liegt dabei selten im Verantwortungsbereich des Data Warehouse selbst, sondern im Bereich der zuliefernden Systeme. Sie treten jedoch sehr häufig bei der Implementierung von Data Warehouse-Lösungen oder bei der Umsetzung von neuen Datenanforderungen aufgrund von neuen externen Reporting-Anforderungen zutage. Ein weiterer Faktor in diesem Zusammenhang ist, dass das Rechnungswesen bei den angeforderten Daten für das externe Reporting oftmals deutlich höhere Qualitätsanforderungen stellt als andere Bereiche, die ähnliche Daten schon länger beziehen und verarbeiten. Ein häufig anzutreffender Lösungsansatz ist die Korrektur der Daten im Data Warehouse-Umfeld. Aus Sicht der Gesamtarchitektur widerspricht dieses Vorgehen jedoch dem Selbstverständnis eines Data Warehouse, dessen Aufgabe darin besteht, Daten zu sammeln, gegebenenfalls zu homogenisieren und den Nutzern zentral zur Verfügung zu stellen. Die Aufarbeitung der Defizite der liefernden Systeme zählt nicht zu den Aufgaben eines Data Warehouse. Während die vorgenannten Datenqualitätsprobleme zwar im Data Warehouse zutage treten, dort aber nicht sinnvoll behoben werden können, ergibt sich für die im Bereich des Data Warehouse vorgenommenen Datentransformationen sehr wohl eine Verpflichtung des Data Warehouse selbst, einen Nachweis dafür zu erbringen, dass im Rahmen der Verarbeitung im Data Warehouse keine wesentlichen Inhalte verändert wurden und dass die gelieferten Daten vollständig sind, beziehungsweise jede Veränderung gegenüber dem juristischen Bestand jederzeit erklärbar ist. Hier bieten sich in der Praxis sogenannte Brückenabstimmungen, dies sind direkte Abgleiche des juristischen Bestands mit dem Inhalt der Datenabgriffsschicht, und Stufenabstimmungen, also separate Datenabgleiche für jeden einzelnen Transformationsschritt, an.[6]

---

[6] An diese Stelle sei auf den Beitrag von Temme in diesem Buch verwiesen, in dem das Thema Datenqualität vertieft behandelt wird.

3.6 Felddefinition und Datenmodellpflege

Unabhängig von der Entscheidung für ein homogenes beziehungsweise produktzentriertes Datenmodell muss bei der Zusammenführung von Informationen aus mehreren Systemen in ein gemeinsames Datenmodell die fachliche Definition der einzelnen Datenfelder scharf umrissen werden. Ein Ansatz, diese Anforderung zu erfüllen, ist die Entwicklung eines unternehmenseinheitlichen Datenmodells, auf dem eine zentrale Datenhaltung aufbauen kann. Allerdings werden die Erfolgsaussichten derartiger Projekte zur Entwicklung von unternehmenseinheitlichen Datenmodellen (Enterprise-wide Data Model, kurz EDM), besonders wenn diese auf der *grünen Wiese* starten, als eher gering eingeschätzt. In der Praxis wird das Datenmodell und die mit dem Datenmodell verbundene fachliche Definition der Feldinhalte in der Regel durch den oder die ersten Nutzer, für den/die das Data Warehouse aufgebaut wird, bestimmt. Dieses pragmatische Vorgehen hat den entscheidenden Vorteil, dass das avisierte Datenmodell zeitnah zur Umsetzung gelangen kann und sich der Abstimmaufwand während des Implementierungsprojektes in Grenzen hält. Die erste Version des Datenmodells weist dabei meist noch eine hohe Qualität im Sinne einer inhaltlichen Konsistenz auf. Doch schon mit den ersten Änderungen nach der initialen Implementierung drohen sowohl die inhaltliche Konsistenz als auch die Datenstrukturen zu verwässern. Eine oftmals anzutreffende Ursache hierfür ist das Vorhandensein von Kopfmonopolen, das in Verbindung mit einem oft dürftigen Dokumentationsniveau und einem nicht ausreichenden Wissenstransfer beim Übergang aus dem Implementierungsprojekt in die Linienorganisation den Grundstein für eine schleichende Verwässerung des Datenmodells legt. Das Aufrechterhalten der Modellhöhe[7] im Tagesgeschäft unter Zeit- und Budgetrestriktionen ist nach Projektabschluss oftmals nicht mehr gewährleistet. Um neue Anforderungen abzudecken, werden in der Praxis daher häufig zusätzliche nutzerspezifische Felder eingeführt, die zwar den Aufwand im Rahmen der Abstimmung der fachlichen Felddefinition unter den Nutzern reduzieren, letztlich jedoch zu Inkonsistenzen und einem unerwünschten Maß an Redundanz im Data Warehouse führen. Hierdurch werden mittel- bis langfristig die Homogenität des Datenmodells und damit die wesentlichen Vorteile des Data Warehouse in Frage gestellt. Gegenmaßnahmen können hier nur ein versiertes Anforderungsmanagement auf Fachseite und die maßgebliche Involvierung mehrerer qualifizierter Datenmodellarchitekten zur Vermeidung der Kopfmonopole, kombiniert mit einem hohen technischen sowie fachlichen Dokumentationsniveau, sein. Dies wiederum bedeutet eine maßgebliche Involvierung der Vorsystemexperten und der Data Warehouse-Nutzer neben den Datenmodellverantwortlichen des Data Warehouse.

---

7   Der Begriff *Modellhöhe* umschreibt ein gegebenes Datenmodellqualitätsniveau im Sinne einer inhaltlichen Konsistenz.

4. Skizze eines Best Practice-Ansatzes

Eine wesentliche Anforderung an einen Best Practice-Ansatz für ein Data Warehouse unter Berücksichtigung von Compliance und Performance ist ein anhaltend höchstmögliches Maß sowohl an Betriebssicherheit als auch an Datenqualität. Dies ist unter anderem durch eine möglichst geringe Zahl an Transformationen und Schnittstellen im Umfeld des Data Warehouse und flankierende prozessuale Maßnahmen realisierbar.

4.1 Grundstruktur des Data Warehouse

Um der Erfüllung der vorstehend definierten Vorgaben gerecht zu werden, findet bei dem hier vorgestellten Best Practice-Ansatz daher das Pull-Prinzip für den Dateninput Anwendung. Es erfolgt genau eine Transformation, um eine Homogenisierung der Daten zu erreichen. Dies geschieht nach dem Auslesen der Quellsystemtabellen im Data Warehouse. Im Sechs-Schichten-Modell[8] werden in diesem Schritt bereits drei der logischen Schichten berührt: Die Daten der Vorsysteme (Schicht 1) werden unverändert in das Data Warehouse übernommen, wo sie transformiert werden (Schicht 2), um in einen homogenen Datenbestand (Schicht 3) zu münden. Da nur eine Transformation stattfindet, können auch die parallelen Abstimmmechanismen vergleichsweise einfach ausfallen. Unbenommen dieser Data Warehouse-internen Abstimmung, die sicherstellt, dass auf dem Weg von der Liefersystemstruktur zum homogenen Datenabgriff keine Datensätze verloren gehen, empfiehlt sich eine weitere Abstimmklammer, die den juristischen Bestand in den Vorsystemen mit dem homogenen Abgriff abgleicht. Die homogene Abgriffschicht kann dabei sowohl als Teil des konsolidierten (und im Sechs-Schichten-Modell nicht zwingend homogenen) Datenbestands (Schicht 3) als auch als Teil der Schicht 5 gesehen werden. Die konkrete Zuordnung hängt wesentlich von der Anordnung und den genutzten Methoden der Schicht 4 ab. Wird zum Beispiel auf Basis des konsolidierten Datenbestands eine externe Bewertung vorgenommen, ist diese Bestandteil der Schicht 4 und der homogene Datenabgriff für die Nutzer, einschließlich der Bewertungsdaten, wird dann Teil der Schicht 5, während die Belieferung der Bewertungslösung über den homogenen Datenabgriff der Schicht 3 erfolgt.

---

8 Vgl. Abschnitt 4 des Beitrags von Stork in diesem Buch.

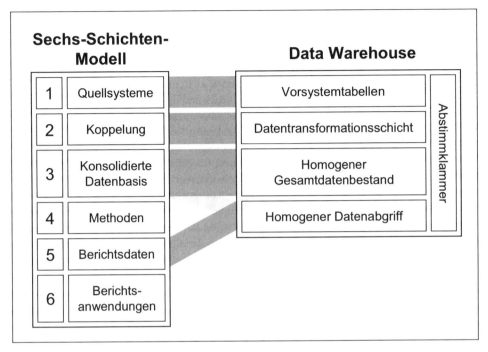

Abbildung 1: Data Warehouse-Ansatz und das Sechs-Schichten-Modell

4.2 Prozessuale Maßnahmen

Um die oben beschriebene Gefahr der Verwässerung des Datenmodells zu eliminieren, baut der Best Practice-Ansatz auf einer detaillierten Dokumentation der Transformation im Data Warehouse auf.

4.2.1 Umsetzung und Dokumentation

Um den dynamischen Anforderungen im Umfeld des Data Warehouse gerecht zu werden, erfolgt die Dokumentation in einer separaten Datenbank. Diese enthält nicht nur die technischen Transformationsregeln für jedes Feld in Bezug auf die verschiedenen Lieferstrukturen, sondern hält auch die fachliche Definition für das jeweilige Feld, sowohl aus Sicht des Liefersystems als auch aus Sicht des homogenen Datenmodells, vor. Die beschriebene Datenbank kann der Metadatenverwaltung zugerechnet werden. Prozessseitig wird die Aktualisierung der Dokumentation dadurch erzwungen, dass keine Implementierung ohne technische und fachliche Dokumentation vorgenommen wird, beziehungsweise dass ausschließlich die in der Datenbank hinterlegte Dokumentation als Umsetzungsvorlage im Sinne eines *Masters* dient. Diese naheliegenden starken Restriktionen bedürfen einer anhaltend hohen Prozessdisziplin, welche sich wiederum durch Meta Data Management Tools sichern lässt, die mit der Entwicklungsumgebung verbunden sind. Hier lassen sich zum Beispiel nur Datenfelder erzeugen, die im Meta Data Management Tool angelegt und dokumentiert sind. Somit ist eine laufende Aktualisierung der Dokumentation beziehungsweise der Gleichlauf von Dokumentation und Umsetzung gewährleistet. Eine weitgehende Kodifizierung der Dokumentation kann zudem dabei unterstützen, die Dokumentationsqualität zu sichern. Um langfristig die Veränderungen der Strukturen verfolgen zu können, übernimmt die skizzierte Dokumentationsdatenbank auch die Versionisierung des Datenmodells. Dies unterstützt die notwendige Entwicklung des Datenmodells in einem Release-Konzept, in dem notwendige Änderungen in einem vorgegebenen Turnus mit den Datenlieferanten und Nutzern abgestimmt und umgesetzt werden. Die Bedeutung der Einbindung sowohl der liefernden Systeme als auch der wichtigsten Nutzer neben dem Data Warehouse-Team kann hierbei kaum genug hervorgehoben werden. Die Koordination der Weiterentwicklung obliegt hierbei dem Anforderungs- und Integrationsmanagement, das die Anforderungen im Vorfeld abstimmt und priorisiert.

4.2.2 Datenqualität

Im vorgestellten Best Practice-Ansatz übernimmt das Data Warehouse keine Verantwortung für die Datenqualität der Vorsysteme und bietet grundsätzlich auch keine Möglichkeiten, online Daten zu korrigieren oder zu manipulieren. Das Data Warehouse muss jedoch die Flexibilität bieten, außerhalb der täglichen etablierten und definierten Lieferprozesse Korrekturlieferungen zu verarbeiten. Diese Korrekturlieferungen entsprechen in Umfang und Struktur einer üblichen Tageslieferung aus den Vorsystemen und ersetzen eine fehlerhafte oder unvollständige vorangegangene Lieferung. Insofern ist das Data Warehouse in der Lage, systemspezifisch angelieferte Daten eines Kalendertages aus dem homogenen Datenbestand zu eliminieren und vollständig neu zu laden. Wichtig ist in diesem Zusammenhang vor allem, dass die Qualität der angelieferten Daten geprüft und gemessen wird,[9] damit fehlerhafte und inkonsistente Datenlieferungen erkannt und entsprechende Korrekturlieferungen veranlasst werden können.

---

[9] Vgl. die Ausführungen im Hinblick auf die Verteidigungslinien der Datenqualität in Abschnitt 2.5 des Beitrags von Temme in diesem Buch.

5. Fazit

Die Einrichtung eines zentralen Data Warehouse allein kann natürlich keinen fehlerfreien und effizient erstellten Abschluss garantieren. Von der Bilanz auf Knopfdruck ist man in der Praxis auch bei Nutzung eines Data Warehouse meist noch ein gutes Stück entfernt. Dennoch kann die Einrichtung eines Data Warehouse neben den Chancen bezüglich der technischen, fachlichen und organisatorischen Integration als eine wichtige Infrastrukturmaßnahme verstanden werden, die den Kern einer auf die Bedürfnisse der Finanzfunktion ausgerichteten Lösungsarchitektur bildet. Im hier vorgestellten Data Warehouse-Lösungsansatz kann ein Großteil der Grundanforderungen der Finanzfunktion[10] abgebildet oder unterstützt werden. Letztlich ist es die stabile, zuverlässige und unaufwändige Bereitstellung der Grund- und Berichtsdaten, die eine Voraussetzung für die effiziente Erstellung von Abschlüssen bildet.

---

[10] Vgl. die Ausführungen über die Anforderungsprofile der Finanzfunktion in Abschnitt 2.3 und 4 des Beitrags von Stork in diesem Buch.

Effizienzsteigerung durch ein nachhaltiges Management der Datenqualität

Ansgar Temme

1. Notwendigkeit von Datenqualitätsmaßnahmen

2. Datenqualitätsprobleme und deren Ursachen
   2.1 Definition von Datenqualität
   2.2 Symptome und Ursachen von Datenqualitätsmängeln
   2.3 Erstellen einer Datenqualitätsstrategie
   2.4 Einführung organisatorischer und prozessualer Elemente eines Datenqualitätsmanagements
   2.5 Implementierung von Messansätzen in Datenflüssen und IT-Systemen
   2.6 Durchführen qualitätsverbessernder Maßnahmen
   2.7 Reduktion struktureller Schwächen in der IT-Architektur

3. Nutzenermittlung von Maßnahmen zur Erhöhung der Datenqualität

4. Fazit

Literaturverzeichnis

1. Notwendigkeit von Datenqualitätsmaßnahmen

Daten sind für Kreditinstitute für die Bereitstellung ihrer Produkte und deren Abwicklung von zentraler Bedeutung. Sie bilden die Grundlage für die Banksteuerung, die Risikomessung und nicht zuletzt für eine korrekte, verlässliche und zeitnahe Finanzberichterstattung an die internen Adressaten des Unternehmens (zum Beispiel Vorstand, Aufsichtsrat oder Management der Geschäftsbereiche) und externen Stakeholder (zum Beispiel Finanzanalysten oder Medien). Damit liefern Daten einen wesentlichen Beitrag zur Steigerung des Unternehmenswertes der Kreditinstitute. Aus diesem Grund ist die Qualität der erzeugten und verarbeiteten Daten von maßgeblicher Bedeutung, denn nur bei adäquater Qualität ist eine solide Basis für Geschäftsentscheidungen gegeben.

Die Besonderheit bei Kreditinstituten gegenüber anderen Branchen ist, dass die von ihnen angebotenen Finanzprodukte in der Regel immateriell sind und somit lediglich in Form von Daten vorliegen. Zugleich werden hohe interne wie externe Anforderungen an die Daten gestellt (zum Beispiel Aktualität, Verlässlichkeit oder Integrität). Damit stehen Kreditinstitute vor der Herausforderung, ein breites Spektrum von Finanzprodukten und Dienstleistungen (vom Filialgeschäft über Spezialfinanzierungen, Verbriefungen bis hin zum Investment Banking) im Angebot zu halten und gleichzeitig die daraus entstehenden Daten aus zahlreichen, oft heterogenen Frontoffice-Anwendungen zusammenzuführen. Die hierbei direkt mit schlechter Datenqualität verbundenen Risiken sind vielfältig und reichen von nicht optimal datenunterstützten Vertriebsaktivitäten über nachteilige Eigenkapitalanforderungen bis hin zu ressourcenintensiven Abstimmungs- und Korrekturarbeiten.

Um die Verarbeitung der großen Datenvolumina zeitgerecht sicherstellen zu können, liegt in den Kreditinstituten ein sehr hoher Automatisierungsgrad von Systemfunktionalitäten und Datenintegrationsprozessen vor. Daraus resultiert eine zum Teil komplexe Systemlandschaft vom Frontoffice bis zu den Bilanz- und Meldesystemen. Technische wie manuelle Einflussmöglichkeiten zum Erkennen und Kompensieren fehlerhafter Daten sind im Regelfall nur eingeschränkt möglich. Qualitativ schlechte Daten bleiben daher häufig unentdeckt, wodurch das Risiko der Fehlsteuerung steigt. Eine hohe Datenqualität ist somit aus auch diesem Grund zwingend erforderlich.

Hinzu kommt, dass in den letzten Jahren die externen Anforderungen an die Datenqualität und deren korrekte und zeitgerechte Darstellung stark gestiegen sind. Kreditinstitute müssen gegenüber den Aufsichtsorganen und dem Kapitalmarkt die Richtigkeit und Verlässlichkeit ihrer Daten darlegen können. Gleichzeitig hat sich mit der Einführung der Vorschriften des Sarbanes-Oxley Act (SOX), von Basel II und der International Financial Reporting Standards (IFRS) die Menge der zu verarbeitenden Daten drastisch erhöht. Unsere Erfahrungen zeigen, dass Datenqualitätsprobleme zu den größten Hindernissen in den Umsetzungsprojekten zur Erfüllung dieser Anforderungen gehörten beziehungsweise noch immer gehören. Treten beispielsweise bei der Überleitungsrechnung von Handelsgesetzbuch (HGB) zu IFRS fehlerhafte oder inkonsistente Daten auf, führt dies zu aufwändigen manuellen Abstimmungs- und Korrekturarbeiten. Zum Teil wird diesen Problemen mit punktuellen Datenbereinigungsmaßnahmen und Anpassung von Geschäftsprozessen begegnet. Es ist jedoch davon auszugehen, dass sich durch zukünftige Compliance-Vorschriften und regulatorische Anforderungen der Qualitätsanspruch an bestehende oder neu zu schaffende Datenbestände weiter erhöhen wird. Nur wenn Institute in der Lage sind, unternehmensweit eine nachhaltig hohe Datenqualität sicherzustellen, lassen sich solche zusätzlichen Anforderungen effizient umsetzen.

Obwohl der potenzielle Schaden für Kreditinstitute durch eine schlechte Datenqualität bei den Kundenkontakten, der Geschäftsabwicklung, dem Reporting und Basel II etc. erheblich ist, liegt in vielen Kreditinstituten kein umfassendes Konzept zum Umgang mit dieser Problematik vor. Stattdessen beobachten wir häufig eine Vielzahl von zum Teil isolierten Einzelmaßnahmen. Eine nachhaltige Datenqualität lässt sich jedoch nur über eine methodische Herangehensweise gewährleisten, die gleichzeitig organisatorische, prozessuale und systemtechnische Maßnahmen zum Erkennen, Beheben und Steuern von Datenqualitätsaspekten umfasst. Dieser Beitrag beschreibt die erforderlichen Elemente von der Aufnahme von Qualitätsproblemen bis zur Gestaltung von Datenqualitätsmanagementmethoden sowie die Voraussetzungen für die Nutzenermittlung von Maßnahmen.

2. Datenqualitätsprobleme und deren Ursachen

2.1 Definition von Datenqualität

Der Begriff Datenqualität beschreibt, inwieweit Daten dafür geeignet sind, im Rahmen der Geschäftsprozesse verwendet werden zu können. Dies umfasst nicht nur technische Aspekte wie Datenformate, sondern auch formale Aspekte wie die Übereinstimmung mit Fachvorgaben oder die Verständlichkeit. Die Entscheidung, ab wann ein Sachverhalt als Datenqualitätsproblem einzuordnen ist, kann daher nur unternehmensindividuell erfolgen. In diesem Zusammenhang hat sich im Rahmen von Datenqualitätsprojekten der anwenderbezogene Ansatz bewährt, bei dem die Qualitätskriterien durch die jeweiligen Geschäftsbereiche festgelegt werden. Letztendlich ist die Datenqualität damit das Maß der Eignung von Daten für den vereinbarten Geschäftszweck.

In der Literatur existieren zahlreiche Beispiele zur Definition der Datenqualität und zur Kategorisierung von Datenqualitätsmerkmalen. Teilweise werden in empirischen Studien bis zu 118 Merkmale genannt, anhand derer Auswirkungen von Datenqualitätsproblemen (Datenqualitätssymptome) kategorisiert werden.[1] Für die effiziente Aufnahme von Datenqualitätssymptomen in Kreditinstituten ist es trotz der hohen Komplexität von Produkten und Systemen notwendig, möglichst wenige, jedoch gut voneinander abgrenzbare, Qualitätsmerkmale zu verwenden, um so ein optimales Verhältnis zwischen Analyseaufwand und Aussagekraft der Ergebnisse zu erzielen. Tabelle 1 führt sieben Datenqualitätsmerkmale auf, deren Verwendung sich in Datenqualitätsprojekten bewährt hat.

Qualitätsmerkmal	Beschreibung
1. Richtigkeit (Accuracy)	▪ Objektive Richtigkeit des Datums ▪ Korrekte Wiedergabe des Sachverhalts
2. Integrität (Integrity)	▪ Vollständigkeit und Richtigkeit von Daten-Querbeziehungen
3. Widerspruchsfreiheit (Consistency)	▪ Widerspruchsfreie Darstellung von gleichen Sachverhalten an verschiedenen Stellen
4. Vollständigkeit (Completeness)	▪ Vollständigkeit bei der Erfassung, Bereitstellung, Verarbeitung und Verdichtung ▪ Vollständigkeit sowohl für alle Einzelangaben als auch für übergreifende Informationsgruppen
5. Zulässigkeit (Validity)	▪ Verwendung der zulässigen Formen zur Beschreibung ▪ Datenwerte innerhalb des vorgegebenen Gültigkeitsbereichs
6. Aktualität (Timeliness)	▪ Bereitstellung zum vereinbarten Zeitpunkt ▪ Daten mit richtigem Zeitbezug
7. Verfügbarkeit (Accessibility)	▪ Technische Verfügbarkeit/Auffindbarkeit (bedingt Dokumentation und eindeutige Semantik) ▪ Datenzugriff für die relevanten Personen und Systeme ▪ Technische Nutzbarkeit der Daten

Tabelle 1: Zur Aufnahme von Datenqualitätssymptomen geeignete Qualitätsmerkmale[2]

Mithilfe dieser Merkmale kann eine Erstaufnahme von Datenqualitätsmängeln erfolgen. Die Kriterien helfen dabei, alle Wirkungsfelder von Datenqualitätsproblemen zu berücksichtigen. Ein Verzicht auf die Zuhilfenahme von Kriterien führt zu unstrukturierten Befragungen, bei denen sich die Befragten intuitiv auf die Kategorien *Richtigkeit* und *Vollständigkeit* fokussieren werden.

Die ersten fünf Merkmale in der Tabelle 1 charakterisieren den Dateninhalt und die Datenstruktur. Datenqualitätssymptome aus Datenerfassungsfehlern, doppelten Datensätzen oder fehlenden Datenwerten finden sich innerhalb dieser Merkmale wieder. Daneben ist es not-

---

[1] Vgl. Wang/Strong (1996), S. 5 ff.
[2] Vgl. Eckerson (2002), S. 11.

wendig, dass Daten zeitgerecht bereitstehen und für den Nutzer verfügbar sind. Dies wird mit den letzten beiden Merkmalen berücksichtigt.

Die Anforderungen zu ermitteln, das entsprechende Qualitätsniveau herzustellen, zu halten und bei Änderungen der Anforderungen zu adjustieren, ist die Herausforderung dieses Ansatzes und erfordert eine strukturierte und übergreifende Herangehensweise. Dies kann durch ein Datenqualitätsmanagement erreicht werden, wie es in Abschnitt 2.4 beschrieben wird.

2.2 Symptome und Ursachen von Datenqualitätsmängeln

Symptome sowie Ursachen von Datenqualitätsproblemen sind im Regelfall sehr vielschichtig. Um den bestmöglichen Ansatzpunkt für Verbesserungsmaßnahmen zu finden, ist nach der Aufnahme von Datenqualitätsproblemen eine systematische Aufbereitung der erkannten Symptome und (vermuteten) Ursachen durchzuführen. Dadurch können frühzeitig Hinweise auf übergreifende, strukturelle Problemfelder abgeleitet und Schwerpunkte für die weitere Vorgehensweise gesetzt werden.

Eine erfolgreich eingesetzte Strukturierungsvariante ist das Zuordnen von Symptomen, zum einen zur jeweiligen Eintrittswahrscheinlichkeit und zum anderen zu den (vermuteten) Ursachenebenen *Organisation/Prozesse*, *Semantik* oder *IT-Systeme* innerhalb einer Matrix. Die Einordnung bezüglich der Eintrittswahrscheinlichkeit/Fehlerhäufigkeit ist ein effizientes Mittel zur Konkretisierung wahrgenommener Datenqualitätssymptome. Dabei gilt: Je größer die Fehlerhäufigkeit ist, desto wahrscheinlicher liegen dem Symptom systematische Probleme zugrunde. Während sporadisch auftretende Probleme mit qualitätssichernden Maßnahmen korrigiert werden können, ohne bestehende Verfahren anpassen zu müssen, sind bei systematisch auftretenden Symptomen wesentliche Veränderungen der Systeme oder Prozesse erforderlich.

Die Matrix ermöglicht durch ihre klare Struktur eine greifbare Situationsdarstellung. Eine Kernaussage, die sich aus ihr gegebenenfalls ableiten lässt, ist, dass Datenqualitätsprobleme nicht lokale Einzelfälle sind, sondern vielfach übergreifende Ursachenstrukturen zugrunde liegen. Abbildung 1 verdeutlicht beispielhaft ein solches Ergebnis. Die Anzahl der Symptome je Matrixfeld wird durch die Kreisgröße verdeutlicht.

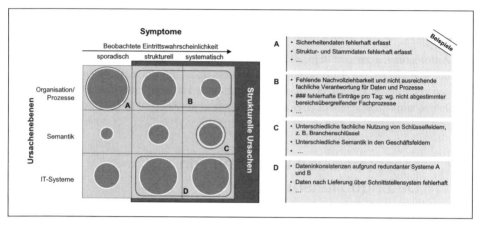

Abbildung 1: Matrix zur Kategorisierung von Symptomen nach Fehlerhäufigkeit und Ursachenfeld

Fehler, die einem Feld im dunkelgrau unterlegten Bereich zuzuordnen sind, sind tendenziell struktureller Natur. Eine einfache Korrektur der fehlerhaften Datensätze kann in diesen Fällen die Problemursache nicht nachhaltig beheben. Zu beachten ist zudem, dass häufig Mehrfachbeziehungen zwischen Symptomen, Ursachen und Lösungsansätzen vorkommen. Ein Symptom kann aufgrund mehrerer Ursachen auftreten und zur Behebung einer Ursache sind unter Umständen mehrere Lösungsansätze erforderlich. Daher kann die oben dargestellte Matrix lediglich der Ausgangspunkt für eine tiefer gehende Ursachenanalyse sein.

Das mögliche Spektrum von Ursachen lässt sich in fünf übergeordneten Kategorien zusammenfassen, die letztendlich die Auslöser von Datenqualitätsproblemen sind. Als direkte Ursachen kommen die handelnden Personen (der Mensch) und IT-Systeme in Betracht. Daneben wirken sich Prozesse/Organisationsformen, Managementvorgaben und externe Einflüsse auf die Datenqualität aus. In Abbildung 2 werden die wesentlichen Ursachen in einem Ursache-Wirkungs-Diagramm dargestellt.

Die aufgeführten Ursachen werden mit unterschiedlichen Häufigkeiten auftreten. Eine allgemeingültige Aussage zu deren Häufigkeitsverteilung in Kreditinstituten ist jedoch nicht möglich, da die Ursachen immer unternehmensindividuell sind. Es lässt sich allerdings feststellen, dass mit der Vielzahl neuer Finanzprodukte die Fehlerquote in der Kette von der Erfassung in den Systemen des Frontoffice bis zu den Prozessen und Systemen des Hauptbuchs und Reportings eher zunimmt. Dieser Umstand ist zwar hinlänglich bekannt, dennoch tritt diese oder ähnlich gelagerte Fehler immer wieder auf. In vielen Fällen ist eine Ursache hierfür, dass es an einem übergreifenden, adäquaten Überwachungs- und Korrekturprozess für die Datenqualität mangelt, der sich auf alle Ebenen der Fachprozesse und der Systemlandschaft erstreckt. Das Resultat davon ist, dass entstandene Datenqualitätsprobleme zu spät erkannt werden und sich somit in den Systemen des Kreditinstituts verteilen können.

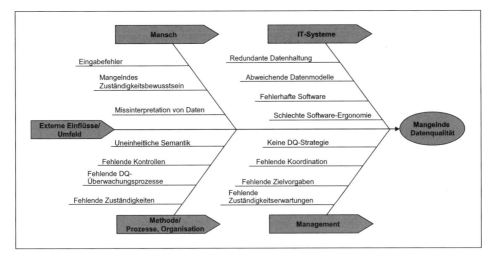

Abbildung 2: Ursache-Wirkungs-Diagramm für mangelnde Datenqualität

Aufgrund der komplexen Wirkungszusammenhänge sind für ein umfassendes und nachhaltiges Anheben der Datenqualität verschiedene Lösungsansätze notwendig, die als Ganzes gesehen das gesamte Ursachenspektrum abdecken. Die Lösungsansätze reichen von dem Schaffen neuer Rollen und Prozesse, der IT-Optimierung, der Datenbereinigung bis hin zur kontinuierlichen operativen Überwachung des Datenqualitätsstatus. Zur Realisierung dieser wesentlichen Veränderungen im Kreditinstitut bedarf es einer entsprechenden Unterstützung durch das Management – idealerweise in Form einer Datenqualitätsstrategie.

2.3 Erstellen einer Datenqualitätsstrategie

Der zunehmende Konkurrenzdruck und die erhöhte Anforderungen zur Offenlegung von wesentlichen Informationen im Rahmen von Basel II oder zum Fast Close von Finanzberichterstattungen veranlassen Kreditinstitute, Datenqualität zunehmend als Differenzierungsmerkmal zu erkennen. Aus diesem Grunde findet sich das Thema Qualität immer häufiger in der jeweiligen Unternehmensstrategie beziehungsweise den Unternehmenszielen von Kreditinstituten wieder. Werden aufbauend auf diesen Zielen Qualitätsansprüche an Daten abgeleitet und festgeschrieben, so ergibt sich eine Datenqualitätsstrategie für das Unternehmen. Inhaltlich entsteht damit ein Rahmenwerk, welches das erwartete Qualitätsniveau beschreibt und die organisatorische und prozessuale Einbettung von datenqualitätssichernden Elementen festlegt.

Nur wenn die Datenqualitätsstrategie durch die Unternehmensleitung getragen wird, sind die Voraussetzungen für strukturelle Veränderungen, die mit der Einführung eines Datenqualitätsmanagements einhergehen, gewährleistet. Eine Datenqualitätsstrategie stellt somit auf formaler Ebene eine Verpflichtung der Führungsebene dar, Datenqualität als Philosophie und als Teil der Unternehmenskultur zu akzeptieren und vorzuleben.

2.4 Einführung organisatorischer und prozessualer Elemente eines Datenqualitätsmanagements

Die operative Überleitung der Datenqualitätsstrategie auf die einzelnen Unternehmensbereiche erfordert das Adjustieren bestehender oder das Schaffen neuer Rollen, Prozesse und Regelungen. Ebenso ist eine Überwachung der Wirksamkeit der im Unternehmen laufenden Datenqualitätsmaßnahmen notwendig. Diese Tätigkeiten fallen in den Verantwortungsbereich eines Datenqualitätsmanagements (Data Quality Management/DQM). Abbildung 3 verdeutlicht die Komponenten eines Datenqualitätsmanagements und dessen Einbettung in die Unternehmensorganisation.

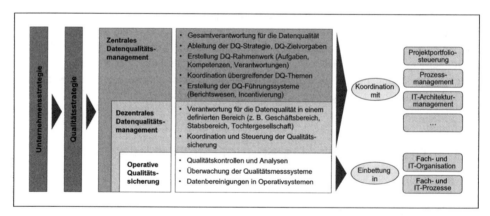

Abbildung 3: Einbettung des Datenqualitätsmanagements in die Organisation

Das Aufgabenspektrum eines Datenqualitätsmanagements lässt sich in zwei Komponenten unterteilen:

- eine übergreifende, strategische Komponente (*zentrales DQM*) und
- eine eher operativ ausgerichtete Komponente (*dezentrales DQM*).

Zentrales Datenqualitätsmanagement

Das zentrale DQM übernimmt die Gesamtverantwortung für die organisatorische und prozessuale Koordination von Datenqualitätsaspekten im Unternehmen. Es arbeitet eng mit der Führungsebene bei der Erstellung der Datenqualitätsstrategie zusammen und setzt diese in Form eines entsprechenden Rahmenwerks (Data Governance) um. Durch Beratungs- und Koordinationstätigkeiten unterstützt es Fachbereiche sowie die IT bei der Umsetzung der Vorgaben und versorgt die Führungsebene regelmäßig mit Informationen zum aktuellen Datenqualitätsstatus. Soweit es übergreifende Maßnahmen erfordert, stimmt es sich mit weiteren Koordinationseinheiten wie dem Projektportfoliomanagement, dem Prozessmanagement oder dem IT-Architektur-Management ab. Wichtig ist, dass das zentrale DQM zwar die Verantwortung für die Umsetzung von Datenqualitätsmaßnahmen aber nicht für die Ergebnisse schlechter Datenqualität übernehmen kann. Diese entscheidende Verantwortung für die Datenqualität wird grundsätzlich bei den Fachbereichen als Eigentümer der Daten belassen.

Ein wichtiges Aufgabengebiet für ein zentrales DQM ist es, als Mediations- und Eskalationsinstanz bei Konflikten im Zusammenhang mit der Lösung von Datenqualitätsproblemen zu dienen. Gerade in Kreditinstituten fallen Kosten und Nutzen von qualitätshebenden Maßnahmen häufig auseinander. Fehler entstehen in vielen Fällen im Frontoffice, während der Aufwand zum Umgang mit den fehlerhaften Daten im Backoffice anfällt. Fehlt eine übergeordnete Instanz, die diese Konflikte aufnimmt und lösen kann, kommen nachhaltige Lösungsansätze häufig nicht über das Planungsstadium hinaus.

Wesentliche Rollen des zentralen DQM sind:

- *Chief Data Quality Officer*: Leitung des DQM, Eskalationsinstanz, Moderation von Top-down-Anforderungen
- *Data Methodology Expert*: Ausgestaltung der Verfahren, Entwicklung von Messsystemen und DQ-Scorecards
- *Data Quality Auditor*: Übergreifende Überwachung und Messung von Datenqualität, Datenqualitäts-Assessments, Datenqualitätsreports
- *IT-Architekt*: Entwicklung von IT-Architekturen und -Prinzipien für Datenbestände und Datenflüsse, Ermittlung von Ansatzpunkten für Datenqualitäts-Tools zur Qualitätsmessung und Datenbereinigung

Dezentrales Datenqualitätsmanagement

Das dezentrale DQM ist innerhalb der Geschäftsbereiche angesiedelt. Die Aufgaben werden innerhalb der Bereiche durch Spezialisten aus den Fachabteilungen und der IT übernommen, die in *Data Quality-Teams* organisiert sind. Dezentrale *Data Quality-Teams* bilden eine Schnittstelle zwischen dem zentralen DQM, den Fachbereichen und der IT. Ihre Aufgabe wird auch als *Data Stewardship* bezeichnet. *Data Quality-Teams* beziehungsweise *Data Ste-*

wards stellen die Datenqualität für einen definierten Geschäfts- oder Systembereich sicher, legen in Abstimmung mit dem jeweiligen Geschäftsbereich Qualitätsstandards fest, beobachten deren Einhaltung und koordinieren die Durchführung von Qualitätssicherungsmaßnahmen. Dabei fungieren sie sowohl als dezentraler Ansprechpartner als auch als Multiplikator für Datenqualitätsaspekte.

Data Stewardship ist von der Dateneigentümerschaft (*Data Ownership*) abzugrenzen, das die Fachhoheit und Kontrolle über Daten und Datenpools festlegt. Die Frage nach der Dateneigentümerschaft kann häufig bei übergreifend genutzten oder weiterverarbeiteten Daten nicht zufriedenstellend beantwortet werden. Es sollte daher vermieden werden, Themen der Steuerung und -überwachung der Datenqualität nur auf die Dateneigentümer zu übertragen, da so die Gefahr von Datensilos, unterschiedlichen Dateninterpretationen und ineffizienten Prozessen besteht.[3] Um dies zu vermeiden, ist das Einbeziehen der *Data Quality-Teams* zwingend erforderlich.

Wesentliche Rollen innerhalb der *Data Quality-Teams* des dezentralen DQM sind:

- *Data Steward*: Verantwortung der dezentralen, operativen Koordination, Steuerung und Überwachung von Datenqualitätsmaßnahmen für einen Datenbestand
- *IT-Spezialist*: Durchführen von technischen Datenqualitätsmessungen und -analysen und technischen Datenbereinigungsmaßnahmen in Zusammenarbeit mit den Data Stewards
- *Data Quality Analyst*: dauerhafte Überwachung und Messung der Datenqualität sowie Analyse von Korrekturerfordernissen und Fehlerursachen

Die Art der organisatorischen Abbildung des zentralen und dezentralen DQM ist auf die Größe und Komplexität des Unternehmens abzustimmen. Ein möglicher Ansatz ist hierbei, eine neue Organisationseinheit zu schaffen, deren ausschließliches Aufgabengebiet das Thema Datenqualität ist. Eine andere Variante ist, die Rollen auf Mitarbeiter bestehender organisatorischer Einheiten zu verteilen, die gemeinsam eine virtuelle Datenqualitätsorganisation bilden. Der Vorteil eines Vollzeit-Teams ist, dass sich die Mitarbeiter uneingeschränkt der Messung und Verbesserung der Datenqualität widmen können. Dies erfordert jedoch eine höhere Investition in die (neuen) Ressourcen durch das Unternehmen. Ein virtuelles Team ermöglicht einen praxisbezogenen und auf Einzelthemen fokussierten Einstieg zum Aufbau einer Datenqualitätsorganisation. In diesem Fall ist darauf zu achten, dass die Fachexperten einer Abteilung neben dem Tagesgeschäft ausreichend Kapazitäten für die Datenqualitätsarbeiten erhalten. In vielen Kreditinstituten ist eine Mischung der beiden Ansätze erfolgreich etabliert. Dort besteht das zentrale DQM aus einem Kernteam mit Vollzeitkräften. Das dezentrale DQM wird als virtuelle Organisation durch Mitarbeiter der organisatorischen Einheiten ausgeübt.

---

[3] Vgl. Bitterer/Newman (2007), S. 2.

2.5 Implementierung von Messansätzen in Datenflüssen und IT-Systemen

Dauerhaft können Datenqualitätsmaßnahmen nur gesteuert werden, wenn die Datenqualität adäquat gemessen wird. Messungen erleichtern zum einen die objektive Aufnahme des Status der Datenqualität, zum anderen kann über einen regelmäßigen Messzyklus die Wirksamkeit der Maßnahmen überwacht werden. Je nach Zielsetzung der Messung sind technische und qualitative Messungen notwendig.

Technische Messungen werden in den Verarbeitungsprozess integriert. Diese umfassen Prüfungen zur Sicherstellung der Vollständigkeit, Integrität und Konsistenz von Daten im Liefer- und Verarbeitungsprozess sowie das Einbringen von Messpunkten zum technischen Abgleich von Daten zwischen Operativsystemen und Datenpools der dispositiven Systeme. Ergänzend können kommerzielle Datenqualitäts-Tools eingesetzt werden. Diese überwachen Extraktions-, Transformations- und Ladeprozesse (ETL-Prozesse) und erweitern diese mit Methoden zur Verbesserung der Datenqualität. Insbesondere zur Qualitätsverbesserung von Kunden- und Adressdaten gibt es derzeit zahlreiche umfassende Softwarelösungen am Markt.

Bei selbst entwickelten dispositiven Systemen, wie sie häufig in Kreditinstituten zu finden sind, sollte eine fachliche Prüfung (Fehlerprotokollierung und -behandlung) bereits im Rahmen der Fachkonzeption erwogen werden. Fachlich ungewünschte Konstellationen können somit bereits während der Verarbeitung adäquat erkannt, behandelt oder zumindest gekennzeichnet werden. Werden die Ergebnisdatensätze zudem um Informationen erweitert, welche Verarbeitungsstrecken zuvor durchlaufen worden sind, ergibt sich eine umfassende fachliche Nachvollziehbarkeit der Verarbeitung auf Datensatzebene (Audit Trail).

Werden die technisch-fachlichen Prüfungen durch systematische Analysen von (virtuell) konsolidierten Datenbasen und *Data Warehouses* (DWHs) ergänzt, ergibt sich ein vollständiges Bild der *Verteidigungslinien* für Datenqualität. In Abbildung 4 sind diese schematisch in einem Architekturmodell für die Banksteuerung zum Thema dargestellt. Weitere Ausführungen zur Optimierung der IT-Architektur sind in Abschnitt 2.7 beschrieben. Ansätze für qualitätsverbessernde Maßnahmen sind in Abschnitt 2.6 dargestellt.

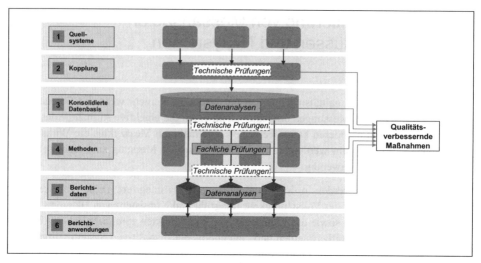

Abbildung 4: *Mögliche Datenqualitäts-Verteidigungslinien im Sechs-Schichten-Architekturmodell für die Banksteuerung*

Qualitative Messungen weicher Faktoren erfolgen hingegen über den Einsatz von Fragebögen und deren Analyse. Damit werden Elemente wie Nützlichkeit, Verständlichkeit, Verwendung der richtigen Daten, Mitarbeiterfähigkeiten oder Prozessineffizienzen auswertbar gemacht. Die Befragungen sollten regelmäßig durchgeführt werden, um Veränderungen und die Wirksamkeit von Maßnahmen erkennen zu können.

Empfehlenswert ist, die technischen und qualitativen Messergebnisse im Unternehmen zu veröffentlichen. Dadurch werden Fehlerquellen transparent und die Problemwahrnehmung im Unternehmen erhöht. Des Weiteren hilft die Transparenz, den Status der Datenqualität zu objektivieren, denn häufig liegen die objektive Ist-Situation und die subjektive Wahrnehmung weit auseinander. Durch Vorweisen der Erfolge erster Datenqualitätsmaßnahmen kann die Akzeptanz für weitere Schritte signifikant erhöht werden.

2.6 Durchführen qualitätsverbessernder Maßnahmen

Auf Basis der Messergebnisse sind qualitätsverbessernde Maßnahmen auszuarbeiten und durchzuführen. Neben der Bereinigung von Datenbeständen umfasst dies auch präventive Maßnahmen, die Fehler bereits bei der Datenerfassung vermeiden. Solche präventive Maßnahmen schließen zum Beispiel das Einbringen geeigneter Plausibilitäts- und Eingabeprüfungen in den Operativsystemen oder die ergonomische Optimierung von Erfassungsmasken und der Benutzerführung mit ein. Die entstehenden Aufwände zur Einführung der hierzu notwendigen Systemanpassungen müssen allerdings gegen die Aufwände zum regelmäßigen Bereinigen von Datenbeständen abgewogen werden. Je nach Kostensituation kann die Entscheidung durchaus gegen eine Optimierungsmaßnahme zugunsten von regelmäßigen Bereinigungsaktionen fallen. Ein weiterer Maßnahmenbaustein ist, Mitarbeiter über die korrekte Bedienung von Systemen mittels Schulungen zu informieren, denn häufig sind den Datenerfassern die Auswirkungen ihrer Falscheingaben und die daraus entstehenden Aufwände in den dispositiven Systemen nicht bewusst. In anderen Fällen resultieren Fehleingaben aus fachlich unzureichendem Wissen. In diesen Fällen können Fachseminare die Datenqualität deutlich verbessern.

Im Rahmen korrektiver Maßnahmen werden als fehlerhaft erkannte Daten innerhalb eines Datenbestandes durch Anpassen oder Überschreiben beziehungsweise Löschen (soweit zulässig) bereinigt. Dies sollte immer so nah wie möglich an der eigentlichen Quelle der entsprechenden Daten erfolgen – also direkt im Operativdatenbestand. Damit wird der größtmögliche Verteilungseffekt der korrigierten Daten erreicht. Werden Daten – sofern es die gesetzlichen und aufsichtsrechtlichen Vorgaben zulassen – in nachgelagerten Lieferprozessen oder innerhalb eines DWHs bereinigt, sollte dies mit Bedacht und eventuell in Verbindung mit einem geeigneten Versionskonzept durchgeführt werden, da sich korrigierte Daten ansonsten nicht mehr mit den Operativsystemen abstimmen lassen. Letztendlich gilt: Je später in der Lieferkette Daten bereinigt werden, desto größer ist die Gefahr, dass es zu Differenzen bei Datenauswertungen unterschiedlicher Bereiche kommt, wenn nur einer der Bereiche auf korrigierte Daten zugreift. Eine Ursachenklärung wäre in dieser Situation sehr aufwändig.

2.7 Reduktion struktureller Schwächen in der IT-Architektur

Ein weiterer Ansatz zur Verbesserung der Datenqualität ist die Optimierung der IT-Architektur. Ein Schlüssel ist in vielen Fällen die Beseitigung von Redundanzen in der Systemlandschaft. Häufig werden Methoden/Funktionen und Datenhaltung nicht sauber getrennt und redundant (weiter-)entwickelt. Inkonsistente Daten in diversen Systemen der Datenkonsolidierung sind daraus die Folge. Mehrfache Anbindungen der gleichen Liefersysteme verursachen einen permanenten Anpassungsbedarf und erhöhen die Fehleranfälligkeit an mehreren Stellen der IT-Landschaft.

Eine gute IT-Architektur zeichnet sich dadurch aus, dass sie die Anzahl von Datenzugriffspunkten, Schnittstellen und die Datenhaltung soweit wie möglich reduziert. Idealerweise werden alle Daten der Operativsysteme in einem konsistenten Grunddatenbestand konsolidiert oder über Referenztabellen logisch integriert. Von dort aus greifen die dispositiven Systeme die für ihre Verarbeitung notwendigen Daten ab, wobei die finanzmathematischen Verfahren in einer technischen Schicht gebündelt sein sollten. Die um die dispositiven Ergebnisse erweiterten Daten werden zu Auswertungszwecken in einem oder mehreren DWHs vorgehalten.

Das Definieren von Schichten zum Datenmanagement sowie die Trennung von finanzmathematischen Funktionen und der Auswertungsebene unterstützt die für die Datenqualität erforderlichen Anforderungen von Konsistenz, Abstimmbarkeit, Effizienz sowie Stabilität und trägt somit positiv und nachhaltig zur Datenqualität bei. Eine solche idealtypische Zielarchitektur für die Finanzfunktion von Kreditinstituten ist das Sechs-Schichten-Modell für Banksteuerung, das in Abbildung 5 dargestellt ist. Dieses Modell wird in dem Beitrag Stork unter dem Blickwinkel der Leistungsfähigkeit der IT-Unterstützung der Finanzprozesse vorgestellt. Die Anforderungen zur Datenqualität stellen einen wesentlichen Bestandteil der dort definierten Anwenderkriterien, insbesondere des Kriteriums Verlässlichkeit/Operative Risiken, dar. Die besondere Rolle des Datenmanagements für die Finanzfunktion, die sich in den Schichten *3. Konsolidierte Datenbasis* und *5. Berichtsdaten* widerspiegelt und klassisch von der IT durch DWHs adressiert wird, wird in dem Beitrag von Vollmer zum Thema „Data Warehouse"vertieft.

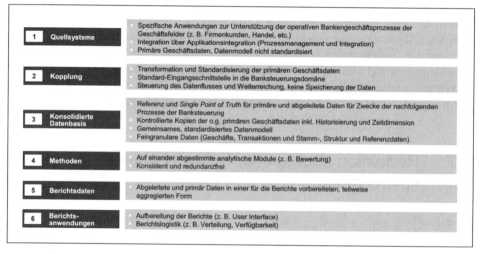

Abbildung 5: Das Sechs-Schichten-Modell für die Banksteuerung[4]

Dokumentiert wird der IT-Datenbestand über ein *Metadaten-Repository*, das alle verwendeten Daten beinhaltet. Das *Repository* sollte neben den Datendefinitionen und Datenquellen auch Angaben zu *Data Owner* und *Data Stewards* für jedes Datenfeld umfassen. Damit trägt es zu einer einheitlichen Semantik im Unternehmen bei. Einmal im Einsatz, unterstützt es Systementwickler, IT-Architekten und Anwender bei der datengetriebenen Analyse von Fachprozessen und bei der Datenbereinigung.

---

[4] Vgl. Lenhardt/Gudjons/Stork (2006), S. 70 ff.

3. Nutzenermittlung von Maßnahmen zur Erhöhung der Datenqualität

Eine erhebliche Herausforderung stellt die Rechtfertigung der Aufwände zur Etablierung eines Datenqualitätsmanagements gegenüber der Unternehmensleitung dar. Zwar sind dem verantwortlichen Management häufig bestehende Datenqualitätsprobleme bewusst, dennoch wird in der Regel ein *Business Case*, also ein Nachweis der Wirtschaftlichkeit von Maßnahmen zum Datenqualitätsmanagement, gefordert. Da jedoch die Kosten, die aufgrund von schlechter Datenqualität anfallen, beziehungsweise der Nutzen, der aus einem höheren Qualitätsniveau resultiert, im Allgemeinen nicht direkt evident sind, liegen die notwendigen Faktoren für die Wirtschaftlichkeitsrechnung nicht unmittelbar vor.

Für einen quantitativen *Business Case* müssen qualitative Nutzenaussagen möglichst weitgehend in quantifizierbare überführt werden. Für eine Quantifizierung eignen sich am besten die Nutzenkategorien *Erlössteigerung* und *Kostenreduktion*. Über geeignete Methoden und Erfahrungswerte können diesen Kategorien zuzuordnende Aussagen in ein Berechnungsmodell überführt werden (siehe Abbildung 6). Im Regelfall wird es mehr Ansatzpunkte zur Kostenreduktion geben als für Erlössteigerungen. Der Grund dafür liegt darin, dass häufiger aufgrund mangelnder Datenqualität Prozessineffizienzen entstehen, die durch Bereinigungen abgestellt werden können, als dies im Gegensatz beispielsweise bei Vertriebsaktivitäten, die nicht ausreichend durchgeführt werden, der Fall ist.

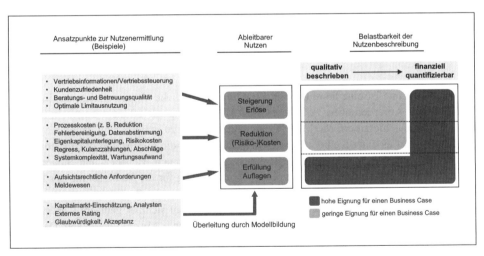

Abbildung 6: Für einen Business Case relevante Nutzenkategorien

Für die zuvor erwähnte Berechnung des *Business Case* sind die Faktoren Zeit, Kosten und Ressourcen zu berücksichtigen. Sofern bereits eine Aufnahme der Ist-Situation durchgeführt wurde (siehe Abschnitt 2), kann konkret anhand der erkannten Daten- und Prozessqualität eine Abschätzung der Kosten sowie des Nutzen- und Einsparpotenzials durch die Behebung der Ursachen abgeleitet werden. Einsparpotenziale ergeben sich zum Beispiel durch reduzierte Prozesskosten und einem geringeren Ressourceneinsatz. Dem stehen Kosten für die Lösungsrealisierung und gegebenenfalls neue Ressourcen für ein Datenqualitätsmanagement oder andere neue Funktionen gegenüber. Eine wesentliche Voraussetzung für die Berechnung ist, dass qualitative Nutzenaussagen in quantitative Größen überführt werden.

Um die Belastbarkeit der Berechnungen belegen zu können, empfiehlt es sich, einen Business Case anhand eines überschaubaren und in kurzer Zeit umsetzbaren Pilotprojektes darzustellen, welches Maßnahmen und erste Strukturen eines Datenqualitätsmanagements umfasst. Zum einen stützt sich in diesem Fall der *Business Case* auf konkret gemachte Erfahrungen, zum anderen kann die Fähigkeit eines Datenqualitätsmanagements gegenüber der Unternehmensleitung bereits in einem frühen Stadium belegt werden. Bei der Auswahl der in Frage kommenden Pilotprojekte sollte ein übergreifendes Problemfeld fokussiert werden, dessen Existenz und Lösungsnotwendigkeit zweifelsfrei von den Bereichen und dem Management anerkannt wird. Zudem ist sicherzustellen, dass die relevanten Fachbereiche die Ergebnisse des *Business Cases* letztendlich auch gegenüber dem Management vertreten und die Einführung weiterer Maßnahmen für ein Datenqualitätsmanagement unterstützen.

4. Fazit

Für Kreditinstitute ist eine hohe Datenqualität eine wesentliche Voraussetzung, um internen und externen Anforderungen zur Darstellung von Ergebnissen effizient nachkommen zu können. Um das hierzu erforderliche Datenqualitätsniveau zu erzielen und dauerhaft beizubehalten, bedarf es einer methodischen Herangehensweise, die gleichzeitig organisatorische, prozessuale und systemtechnische Maßnahmen zum Erkennen, Beheben und Steuern von Datenqualitätsaspekten umfasst. Wesentliche Voraussetzung für die Verbesserung der Datenqualität ist das regelmäßige Messen des Datenqualitätsniveaus. So können systematische Fehler entdeckt und Veränderungen im Datenqualitätsniveau sichtbar gemacht werden. Das Maßnahmenspektrum zum nachhaltigen Heben der Datenqualität reicht von lokalen Datenbereinigungen, über systemtechnische Anpassungen, bis hin zum strukturellen Aufbau einer effizienten IT-Architektur.

Bei der Planung, Umsetzung und weiteren Koordination der Maßnahmen nimmt das Datenqualitätsmanagement die zentrale Rolle ein. Dabei unterstützt es die Fachbereiche und die IT bei der Umsetzung der Vorgaben und versorgt die Führungsebene regelmäßig mit Informationen zum aktuellen Status der Datenqualität. Soweit es übergreifende Maßnahmen erfordern, stimmt es sich mit weiteren Koordinationseinheiten, wie dem Projektportfoliomanagement, dem Prozessmanagement oder dem IT-Architektur-Management, ab. Somit stellt es die effiziente Zusammenarbeit der verschiedenen Unternehmensbereiche sicher und gewährleistet auf diese Weise die für die Unternehmenssteuerung notwendige Datenqualität.

Literaturverzeichnis

BITTERER, A./NEWMAN, D. (2007): Organizing for Data Quality, Internet: http://2007.dataqualitysummit.com/static/pdf/Andreas%20Bitterer%20GARTNER%20-%20DQS%20final.pdf, Stand: 2007, Abruf: 10.01.2009, 15:25 Uhr, S. 1 - 20.

ECKERSON, W. W. (2008): Data Quality and the Bottom Line, Achieving Business Success through a Commitment to High Quality Data, Internet: http://download.101com.com/pub/tdwi/Files/DQReport.pdf, Stand 29.03.2008, Abruf: 10.01.2009, 15:35 Uhr, S. 1 - 36

LENHARDT M./GUDJONS T./STORK P. (2006): Banksteuerung und Transaktionsfähigkeit. Erfolgsfaktor IT-Architektur, in: Die Bank, 45. Jahrgang (2006), Heft 8, S. 70 - 77.

WANG, R. Y./STRONG, D. M. (1996): Beyond Accuracy: What Data Quality Means to Data Consumers, in: Journal of Management Information Systems, 16. Jahrgang (1996) Heft 2, S. 5 - 33.

Informationstechnologische Umsetzungsansätze einer integrierten Finanzfunktion

Markus Vollmer

1. Einleitung

2. Alternative Integrationsansätze

3. Informationstechnologische Umsetzung einer integrierten Finanzfunktion
    3.1 Integration von Buchung und Kontenplan für HGB und IFRS
        3.1.1 Vorbereitung der Buchungsintegration
        3.1.2 Hauptbuchintegration
        3.1.3 Umsetzungsansatz zur Integration von Buchung und Hauptbuch
    3.2 Auf- oder Ausbau eines integrierten Datenhaushalts
        3.2.1 Datenintegration im Rahmen einer IFRS-Einführung
        3.2.2 Data Warehouse als strategische Plattform

4. Fazit

Literaturverzeichnis

1. Einleitung

Der Begriff einer integrierten Finanzfunktion[1] ist meist fokussiert auf die Integration des internen und externen Berichtswesens. Ein bedeutsamer Kontextfaktor für diese Integration ist die Verbreitung der IFRS-Rechnungslegung, die im Gegensatz zur gläubigerschutzorientierten HGB-Rechnungslegung eine Vielzahl von Elementen enthält, die mit betriebswirtschaftlichen Entscheidungs- beziehungsweise Steuerungsmodellen korrespondieren.[2] Allerdings sind die IFRS nicht der alleinige Auslöser für die Integrationsbemühungen in der Finanzfunktion von Kreditinstituten. Vielfach streben kapitalmarktorientierte Institute für ihre Kommunikation eine einheitliche Finanzsprache an, die mit organisatorischen Vereinfachungen und Kosteneinsparungen in den innerbetrieblichen Finanzfunktionen einhergeht.[3]

Da es nicht nur zwischen internem und externem Berichtswesen inhaltliche Überdeckungen gibt, werden in der Praxis häufig Umsetzungsprojekte zur Erfüllung neuer Compliance-Anforderungen[4] genutzt, um zusätzlich auch historisch getrennte Berichtsstränge innerhalb des externen Rechnungswesens zusammenzuführen oder neue Anforderungen in etablierte Prozesse zu integrieren.

Doch welche Vorteile verspricht eine Integration? Unter anderem werden in der Praxis häufig folgende Argumente angeführt:

- Konsistenz der Berichtsinhalte innerhalb der Organisation und damit die Sicherstellung einheitlicher Steuerungsimpulse für das Management
- schnellere Berichterstellung aufgrund des reduzierten Aufwandes für die Abstimmung, Überleitung und Fehlersuche
- Kostenreduktion durch Nutzung einheitlicher Systemplattformen

Die Aufzählung der Vorteile könnte sicherlich noch fortgeführt werden. Letztlich birgt eine Integration von ehemals parallelen und/oder redundanten Strukturen, auch auf Seiten der Informationstechnologie, hinsichtlich der Steigerung der Qualität der Berichterstattung und der Verkürzung der Erstellungszeiten wie auch der Stabilisierung oder Senkung der Gesamtkosten des Reporting-Prozesses beträchtliches Potenzial. Gerade in Zeiten, in denen die Anforderungen an die Finanzfunktion steigen,[5] während die Margen der Kreditinstitute in allen

---

[1] Die Finanzfunktion umfasst meist das interne und externe Rechnungswesen, den Bereich Steuern und das Aufsichtsrecht. Es liegt im Verantwortungsbereich des Finanzvorstandes den Aufgabenbereich der Finanzfunktion im Unternehmen zu definieren.
[2] Vgl. Simons/Weißenberger (2008), S. 138 und 143.
[3] Vgl. Simons/Weißenberger (2008) S. 139.
[4] Der Begriff *Compliance* umfasst im Rahmen dieses Beitrages die Einhaltung von Gesetzen, Richtlinien und Verhaltensmaßregeln.
[5] Verschärfte Compliance-Vorschriften, gesteigerte Shareholder Value-Anforderungen und ein starker Wettbewerbsdruck fordern die Finanzfunktionen in ihrer Leistungsfähigkeit.

Bereichen unter Druck stehen, muss auch die Finanzfunktion ihren Beitrag zur Stabilisierung oder Verbesserung der *Cost Income Ratio* (CIR)[6] durch eine Steigerung der Effizienz leisten. Da die Effizienz des Finanzbereichs auch eng mit der Qualität und der Verfügbarkeit von Berichtsdaten zusammenhängt und ein Großteil der Prozesse im Finanzbereich durch die Informationstechnologie unterstützt wird, ist eine signifikante Effizienzsteigerung durch eine Integration ohne Einbezug der Informationstechnologie kaum denkbar.

Ziel dieses Beitrages ist es, informationstechnologische Umsetzungsansätze einer integrierten Finanzfunktion, wie sie in der Praxis anzutreffen sind, beispielhaft darzustellen. Hierzu werden in Abschnitt 2 mögliche Integrationsansätze diskutiert. Aufbauend auf diesen Strukturierungsmerkmalen wird in Abschnitt 3 die Integration von Buchung und Kontenplan für die Rechnungslegung nach HGB und IFRS sowie der Aufbau eines integrierten Datenhaushalts beschrieben. Der Beitrag schließt mit einem Fazit.

2. Alternative Integrationsansätze

Wie im vorhergehenden Abschnitt aufgeführt, folgt die informationstechnologische Umsetzung den fachlichen Vorgaben. Es gibt demnach einen engen Zusammenhang zwischen inhaltlicher – und damit fachlicher Integration – und informationstechnologischer Integration. Die fachliche Integration zwischen einzelnen Elementen des internen und externen Rechnungswesens lässt sich in die folgenden Integrationsgrade unterteilen:

- Fachliche Vollintegration

    Den höchsten Integrationsgrad stellt die Vollintegration dar. Hier sind die fachlichen Anforderungen entweder deckungsgleich oder liegen so dicht beieinander, dass die informationstechnische Umsetzung in einer Lösung und in einem einzigen deckungsgleichen Verarbeitungsprozess erfolgen kann. Da die Anforderungen oftmals nicht vollständig übereinstimmen, kann hier die Nutzung von Ermessensspielräumen und Wahlrechten unter dem Aspekt der Integration hilfreich sein. In den vergangenen Jahren wurde dieses Vorgehen verstärkt im Bereich der Kreditrisikovorsorge auf Einzelfallbasis gewählt, wo die Bilanzierung nach HGB und IFRS in vielen Instituten in einem Prozess nahezu deckungsgleich umgesetzt wurde. Mit der Einführung der Kreditrisikovorsorge nach IFRS sind somit auch Änderungen im historisch etablierten Einzelwertberichtigungsprozess nach HGB erfolgt.

---

[6] Die Kennzahl *Cost Income Ratio* (CIR) stellt den operativen Aufwand den Erträgen gegenüber und lässt somit Rückschlüsse auf die Effizienz eines Kreditinstituts zu.

- Fachliche Teilintegration

    Oftmals ist eine fachliche Vollintegration aufgrund von nicht zu vereinbarenden Anforderungen nicht möglich. Eine partielle Deckungsgleichheit der Anforderungen birgt jedoch meist bereits ausreichend Potenzial für eine prozessuale und mithin informationstechnologische Integration. Als Beispiel kann hier die gemeinsame Nutzung von Buchungen sowie des Kontenplans für HGB und IFRS angeführt werden, deren Logik und Umsetzung in einem der folgenden Abschnitte näher erläutert wird.

- Fachliche Separation

    Zuletzt gibt es auch fachliche Anforderungen, deren inhaltliche Integration entweder nicht vertretbar und/oder nicht gewollt ist. Wenngleich der prozessualen Integration in diesem Fall Grenzen gesetzt sind, kann dennoch eine informationstechnologische Integration (zum Beispiel auf einer einheitlichen Datenplattform) erfolgen. Hintergrund ist, dass der Berichtsgegenstand (zum Beispiel der Geschäftsbestand als Bezugspunkt) trotz divergierender Anforderungen, in der Regel derselbe ist. Trotz fachlicher Trennung kann bei diesem Integrationsansatz dadurch zumindest die Abstimmung, wie auch die Überleitung zwischen den fachlich unvereinbaren Welten über den gemeinsamen Bezugspunkt technisch erleichtert werden.

Die Umsetzung des für den Fall der fachlichen Separation aufgezeigten Integrationsansatzes auf Basis eines zentralen Bezugspunkts ist auch bei fachlicher Voll- beziehungsweise Teilintegration von Vorteil. Diesen gemeinsamen Bezugspunkt könnte prinzipiell das bestandsführende System darstellen. Da es innerhalb der Kreditinstitute jedoch sehr viele bestandsführende Systeme gibt und der Zugriff verschiedener Nutzer auf eine Vielzahl von sehr unterschiedlichen Systemen technisch und organisatorisch aufwändig und zudem fehlerträchtig wäre, gilt es, die heterogenen Produkte und Strukturen zusammenzuführen.

Die informationstechnologische Umsetzung dieser Zusammenführung erfolgt regelmäßig durch die Implementierung von zentralen Datenbanken, die nicht nur Datenbestände zusammenführen, sondern für diese Bestände auch Transformationen durchführen. Diese Transformationen sorgen dafür, dass die Bestandsdaten konsistent und zu einem gewissen Grad auch homogen geführt werden können. Die zentrale Datenbank kann daher als Basis für alle weiter darauf basierenden Reportinganwendungen, unabhängig von deren fachlichen Integrationsgrad, dienen. Sie bietet als *Single Point of Truth* nicht nur die relevanten Geschäftsbestände auf Einzelgeschäfts- beziehungsweise Kontenbasis an, sondern bildet auch die Basis für Abgleiche zwischen den einzelnen Applikationen, die an diesem Punkt aufsetzen.

3. Informationstechnologische Umsetzung einer integrierten Finanzfunktion

Wie in den vorhergehenden Abschnitten beschrieben, sind die fachlichen Anforderungen Grundlage für die IT-technische Umsetzung einer integrierten Finanzfunktion. Im Folgenden werden ausgewählte Integrationsansätze vorgestellt, wie sie in der Praxis bei deutschen Kreditinstituten Anwendung gefunden haben beziehungsweise wie sie für eine zukünftige Umsetzung noch geprüft werden.

3.1 Integration von Buchung und Kontenplan für HGB und IFRS

Die Anforderungen der Rechnungslegung nach HGB und IFRS liegen für eine fachliche Vollintegration zu weit auseinander. Eine Teilintegration ist indes durchaus möglich: Analysen im Vorfeld der IFRS-Einführung bei deutschen Kreditinstituten haben gezeigt, dass ein nicht unbeträchtlicher Teil der HGB-Buchungsumsätze auch für IFRS nutzbar ist. Das prozessuale und informationstechnologische Integrationspotenzial ist daher hoch. Neben dem Grad der Nutzbarkeit der HGB-Buchungsdaten ist auch die Organisation des Hauptbuchs für die Integration von großer Bedeutung. Die folgenden Abschnitte zeigen ein mögliches methodisches Vorgehen der Integrationsumsetzung für Buchung und Kontenplan.

3.1.1 Vorbereitung der Buchungsintegration

Die bestehende HGB-Buchungslogik wurde im Rahmen einer Geschäftsvorfallsanalyse auf ihr Integrationspotenzial hin untersucht. Hierbei wurden die HGB-Buchungen über den gesamten Produktlebenszyklus nach den einzelnen Geschäftsvorfällen und nach den einzelnen Umsatzposten, das heißt für jeden Soll- beziehungsweise Haben-Umsatz getrennt, wie folgt klassifiziert:

- *Betragsgleiche Buchungsumsätze*

    Dieser Klasse sind alle Buchungsumsätze zuzurechnen, die sich bezüglich der *Betragshöhe* in den Rechnungslegungskreisen nicht unterscheiden. Ihr ist in der Regel der Großteil der HGB-Umsätze zuzurechnen. Zum Beispiel gehören alle Umsätze, hinter denen Zahlungsvorgänge stehen, zu dieser Klasse. In der Praxis liegt der Anteil der betragsgleichen Buchungsumsätze meist bei deutlich über 80 Prozent der HGB-Geschäftsvorfälle. Die betragsgleichen Buchungsumsätze können und müssen jedoch noch weiter differenziert werden, um geeignete Integrationslösungen zuordnen zu können. Hierzu wird eine Analyse der unter HGB gebuchten Konten notwendig.

– *Ausweiskompatible Buchungsumsätze*
Sind alle Umsätze auf ein gegebenes HGB-Konto betragsgleich und können diese auch unter IFRS eindeutig einer Ausweisposition zugeordnet werden, spricht man für diese Umsätze von Ausweiskompatibilität. Ausweiskompatibilität bedeutet nicht, dass die gebuchten Sachverhalte nach HGB und IFRS tatsächlich der gleichen Bilanzposition zugeordnet sein müssen, sondern lediglich, dass aufgrund des unter IFRS angezeigten Ausweises keine detailliertere Buchung als unter HGB benötigt wird. Der Zahlungsumsatz einer Optionsprämie auf ein Zahlungsverkehrskonto kann als Beispiel eines ausweiskompatiblen Buchungsumsatzes angeführt werden.

– *Ausweisinkompatible Buchungsumsätze*
Es gibt jedoch auch Buchungsumsätze, die zwar in Bezug auf die Höhe des gebuchten Betrages unter HGB und IFRS übereinstimmen, die jedoch unter HGB auf Konten gebucht werden, auf denen nicht alle Umsätze betragsgleich sind und/oder deren Ausweis unter IFRS eine höhere Detaillierung als unter HGB erfordert. Die Gegenseite des Zahlungsumsatzes der Optionsprämie ist ein Beispiel für einen betragsgleichen, aber ausweisinkompatiblen Umsatz: Optionsprämien werden nach HGB als Abgrenzungsposten gebucht und in der Regel erst am Ende des Produktlebenszyklusses ausgebucht. Diese stellen unter IFRS Anschaffungskosten eines Derivats dar, die im Laufe des Produktlebenszyklusses durch die Fair Value-Bewertung fortgeschrieben werden. Während der Umsatz in Höhe der Optionsprämie für beide Rechnungslegungssysteme identisch ist, ist der Ausweis des Abgrenzungspostens über diesen Zeitraum nicht mit dem des Marktwerts kompatibel und daher auch buchhalterisch getrennt zu behandeln.

■ *Betragsungleiche Buchungen*

Die Restmenge der Buchungen, die sich in den relevanten Rechnungslegungssystemen in ihrer Höhe unterscheiden, bietet in der Regel kein Integrationspotenzial. Dieser Klasse sind zum Beispiel HGB-Umsätze für Drohverlustrückstellungen zuzurechnen, die in Höhe und Systematik nicht mit den Bewertungsbuchungen unter IFRS kompatibel sind.

Eine erste Optimierung im Sinne einer Erhöhung des Anteils der betrags- und ausweisgleichen Buchungen kann durch eine Anpassung der Buchungsgranularität unter HGB und IFRS vorgenommen werden. Eine derartige Optimierung im Rahmen einer IFRS-Einführung wirkt sich somit auch auf die etablierten HGB-Buchungsprozesse und die HGB-Bilanzierung aus.

3.1.2 Hauptbuchintegration

Eine grundlegende Entscheidung im Rahmen einer IFRS-Einführung – mit weitreichenden Auswirkungen auf die mit der Buchung verbundenen Prozesse – ist die der Hauptbuchorganisation. Hier sind in der Praxis die folgenden beiden Modelle anzutreffen.

Informationstechnologische Umsetzungsansätze einer integrierten Finanzfunktion

■ *Parallele Hauptbücher*

Hier werden für die beiden Rechnungslegungsbereiche vollständig getrennte Buchungskreise, gegebenenfalls sogar in physikalisch getrennten Installationen, geführt. Die Konsequenz ist hierbei, dass Konten, die betrags- und ausweisgleiche Sachverhalte enthalten, in beiden Buchungskreisen und somit redundant vorhanden sind. Um die Konsistenz und Integrität zwischen diesen Kontenkreisen zu wahren, müssen für betrags- und ausweisgleiche Umsätze und Konten zwingend Volumenabgleiche und Abstimmbrücken etabliert werden.

■ *Integriertes Hauptbuch*

In einem integrierten Hauptbuch gibt es nur einen Buchungskreis. Die Rechnungslegungskreise werden jedoch logisch unterschieden. Ein häufig anzutreffender Hauptbuchintegrationsansatz ist dabei die sogenannte Kontenplanmethode. In der Kontenplanmethode werden Konten, auf die nach HGB und IFRS betrags- und ausweisgleiche Sachverhalte gebucht werden, für beide Rechnungslegungssysteme gemeinsam genutzt und als *allgemeine Konten* gekennzeichnet. Rechnungslegungsspezifische Konten werden als reine *HGB-* beziehungsweise reine *IFRS-Konten* gekennzeichnet. Um jederzeit die Soll-/Haben-Gleichheit gewährleisten zu können, wird eine weitere Kontenart, die der *technischen Gegenkonten* eingerichtet. Die Gesamtheit der HGB- und allgemeinen Konten ergibt dabei das logische HGB-Hauptbuch, während die IFRS- und die allgemeinen Konten zusammen das logische IFRS-Hauptbuch darstellen. Die technischen Gegenkonten können bei der Betrachtung der Rechnungslegungskreise unberücksichtigt bleiben. Da ein Großteil der Konten und Umsätze die allgemeinen Konten anspricht, ist bei einem integrierten Hauptbuch der Abstimmaufwand in der Regel geringer als bei parallelen Hauptbüchern. Allerdings müssen auch hier prozessuale Vorkehrungen getroffen werden, welche die Konsistenz der beiden logischen Hautbücher sicherstellen.

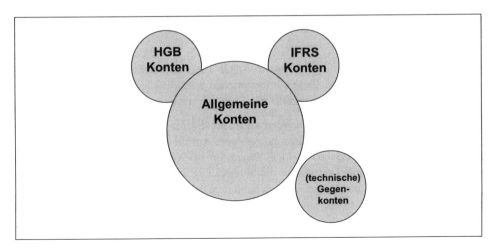

Abbildung 1:   *Kontenplanmethode*

3.1.3 Umsetzungsansatz zur Integration von Buchung und Hauptbuch

Die in Abschnitt 3.1.1 dargestellte fachliche Differenzierung von HGB-Buchungsumsätzen und HGB-Konten auf Basis der durch sie abgebildeten Sachverhalte bildet die Grundlage einer informationstechnischen Umsetzung. Um im täglichen Betrieb das HGB-Buchungsgut in Bezug auf seine Nutzbarkeit für IFRS beurteilen zu können, darf dieses für einen Großteil der Liefersysteme nicht verdichtet sein, sondern muss auf *Einzelumsatzebene* vorliegen. Zudem ist für eine fachlich korrekte Verarbeitung des Buchungsguts in der Regel eine Anreicherung um Informationen notwendig, die auf Einzelumsatzebene neben dem *auslösenden Geschäft* sowohl den Sachverhalt (welcher dem Umsatz zugrunde liegt), den *Geschäftsvorfall*, als auch die nach HGB angesprochenen *Buchungspositionen* erkennen lassen. Während die Buchungspositionen prinzipiell auch aus der unter HGB gebuchten Hauptbuchkontonummer ableitbar sind, hat sich in der Praxis die Anreicherung des Buchungsguts um die Buchungsposition in Bezug auf den Pflegeaufwand der Kontenfindungsregeln als vorteilhaft erwiesen.

In der Praxis stellt die IT die Strukturen zur Sammlung des vollständigen und um Geschäftsnummer, Geschäftsvorfall und Buchungsposition angereicherten Einzelumsatzgutes zur Verfügung. Da in der Regel nicht alle für die Kontenfindung unter IFRS notwendigen Informationen im Vorsystem vorhanden sind oder eine dezentrale Anreicherung in den Vorsystemen meist zu aufwändig ist, erfolgt diese Anreicherung des Buchungsguts regelmäßig zentral aus einem *Data Warehouse*.[7]

Das angereicherte Buchungsgut enthält nun alle notwendigen Informationen, um für jeden einzelnen HGB-Umsatz eine IFRS-Kontenfindung durchführen zu können:

- *Betrags- und ausweiskompatible HGB-Umsätze* werden auf die Gegenkonten ausgesteuert, da diese bereits über die etablierten HGB-Buchungsprozesse auf die allgemeinen Konten (und damit auch für IFRS) gebucht wurden und somit in beiden logischen Hauptbüchern vorliegen.

- *Betragsgleiche, jedoch ausweisinkompatible HGB-Umsätze* werden auf Basis der im angereicherten Buchungsgut enthaltenen Informationen zusätzlich auf IFRS-Konten gebucht. Ihr HGB-Pendant wurde weiterhin über den Standardprozess auf HGB-Konten gebucht.

- *Betragsungleiche HGB-Umsätze* werden, da sie für IFRS nicht nutzbar sind, bei der IFRS-Kontenfindung auf die Gegenkonten ausgesteuert. Auf die Buchung dieser letzten Klasse der Umsätze könnte verzichtet werden, da sie für den Ausweis nicht relevant sind. Aus prozessualer Sicht ermöglicht jedoch die Verarbeitung und Buchung aller HGB-Umsätze für IFRS einen einfachen Volumenabgleich mit dem originären HGB-Buchungsgut.

---

7 Ein *Data Warehouse* ist eine zentrale Datensammlung (meist eine Datenbank), deren Inhalt sich aus Daten unterschiedlicher Quellen zusammensetzt.

Da die Kontenfindungslogik aufgrund der Anreicherung aus dem *Data Warehouse* eng mit diesem verknüpft ist, erfolgt auch die Kontenfindung häufig in einem dem *Data Warehouse* angegliederten *Data Mart*,[8] der in der Regel auf der gleichen technologischen Basis wie das *Data Warehouse* selbst aufgebaut ist.

IFRS-spezifische Buchungen, zum Beispiel für die fortgeführten Anschaffungskosten nach IAS 39 Finanzinstrumente – *Ansatz und Bewertung*, können auf Basis der Geschäftsinformationen separat im *Data Warehouse* generiert und analog zum HGB-Buchungsgut über die im Data Mart implementierte integrierte Kontenfindungslogik um die zu buchenden Hauptbuchkonten ergänzt werden, die in diesem Fall im Bereich der IFRS-Konten liegen.

3.2 Auf- oder Ausbau eines integrierten Datenhaushalts

Für die im vorstehenden Abschnitt beschriebene *Anreicherung des Buchungsguts* sowie die *Generierung von Buchungen* werden detaillierte Geschäftsdaten auf Einzelgeschäftsbasis benötigt. Die naheliegende Lösung der exklusiven und unmittelbaren Datenbeschaffung aus den Vorsystemen, scheidet oftmals aufgrund einer fehlenden Bewertungsfunktionalität und/oder nicht durchgehend IFRS-konformen Bewertungsmethoden aus. Zudem ist die Implementierung zusätzlicher dedizierter IFRS-Datenschnittstellen zwischen jedem der Vorsysteme und einer IFRS-Lösung aufgrund des Implementierungs- und Pflegeaufwands auch ökonomisch in den seltensten Fällen vertretbar. Da eine IFRS-Lösung ohne eigene Datenhaltung im Sinne einer Zwischenspeicherung kaum denkbar ist, da ein Online-Zugriff auf die Vorsysteme in der Praxis kaum durchführbar sein dürfte, wird auch eine definierte einheitliche Datenstruktur benötigt, in der die Daten der Liefersysteme abgelegt und für die IFRS-Lösung abgegriffen werden können. Eine Zwischenschicht, die lediglich die Datenstrukturen der Vorsysteme unverändert abbildet, ist für eine IFRS-Lösung allein jedoch noch nicht zielführend. Es bietet sich vielmehr an, gleichartige Inhalte in einer einheitlichen Struktur abzulegen, die den Zugriff auf diese Informationen deutlich erleichtert. Zusammenfassend können die Anforderungen an eine Datenhaltung, auf die eine zentrale IFRS-Lösung sinnvoll aufbauen kann, mit einem zentralen und homogenen Datenabgriff bei tagesaktueller Datenverfügbarkeit charakterisiert werden. Dies sind die Anforderungen denen ein Data Warehouse typischerweise gerecht wird.[9] Daher sind in vielen Kreditinstituten zentrale Datenbanken, sogenannte *Data Warehouses*, anzutreffen, die nicht nur die Anforderungen zur Rechnungslegung nach IFRS, sondern unter anderem auch die Anforderungen des Controllings und des Meldewesens abdecken. Doch wie entsteht ein integrierter Datenhaushalt?

---

8   Ein *Data Mart* ist ein langfristig gehaltener Datenbestand innerhalb eines Data Warehouse oder die Kopie eines Teilbereichs des Data Warehouse, die für einen bestimmten Organisationsbereich oder eine bestimmte Anwendung geschaffen wird.

9   Vgl. den Abschnitt 2.1 zu technischen Aspekten eines Data Warehouse im Beitrag „Data Warehouse" von Vollmer in diesem Buch.

3.2.1 Datenintegration im Rahmen einer IFRS-Einführung

Infrastrukturmaßnahmen, wie der Aufbau eines zentralen integrierten Datenhaushalts, der auf Anhieb alle denkbaren Nutzer bedient, sind in der Praxis sehr selten anzutreffen. Viel häufiger wird der Grundstein eines integrierten Datenhaushalts durch den ersten Anwender gelegt, der Geschäftsdaten auf Einzelgeschäftsbasis aus nahezu allen Systemen eines Kreditinstituts benötigt. Da in der Regel ein Großteil des HGB-Berichtswesens auf dem Hauptbuch aufsetzte und nur punktuell weiterführende Detailinformationen benötigt wurden, gab es keine Notwendigkeit sämtliche Geschäftsbestände auf Einzelgeschäftsbasis für das Rechnungswesen bereitzuhalten. Das Hauptbuch als historisch wichtigste Datenquelle für das Rechnungswesen war bereits *integriert*. Ein Großteil der Berichtsdaten, nämlich die Kontostände, lag bereits in *einem* System in *einer* homogenen Struktur vor. In der Vergangenheit waren es somit meist das Controlling oder das Meldewesen, die den Aufbau zentraler Datenbanken zur Abbildung von Einzelgeschäftsdaten initiiert und vorangetrieben haben. Wenngleich Kriterien wie die Skalierbarkeit bezüglich der technischen Plattform und Flexibilität des Datenmodells in diesen Fällen bei der Entwicklung oftmals nicht im Vordergrund standen, sind diese Systeme nach ihrer Anpassung und Erweiterung meist gut geeignet, die Basis für die weitere Integration des Datenhaushalts zu bilden. Der Umsetzungsaufwand für die Anforderungen im Rahmen einer IFRS-Einführung wiederum fällt bei der Nutzung dieser gemeinsamen Basis in der Regel geringer aus als bei der Implementierung eines selbstständigen IFRS-Datenhaushalts.

Das Integrationspotenzial im Sinne einer gemeinsamen Nutzung von Daten für verschiedene Nutzer ist dabei vielfältig:

- Zuordnungen von Geschäften zu *Profit Centern, Geschäftsbereichen, Segmenten, Regionen* und *Kundengruppen* sind dabei sowohl für das Controlling als auch für das Rechnungswesen von Bedeutung.
- Detaillierte Cashflow-Informationen, nominale wie effektive Zinssätze und Restlaufzeiten werden für eine IFRS-Bewertungslösung ebenso benötigt wie im Controlling.
- Ratinginformationen der Kreditnehmer sind für eine Basel II-Lösung in gleichem Maße die Grundlage wie für die Umsetzungen der Kreditrisikovorsorge nach IFRS.

Die Einrichtung eines zentralen Datenhaushalts kann somit auch als ein Grundstein für eine Integration von internem und externem Berichtswesen gesehen werden.

3.2.2 Data Warehouse als strategische Plattform

Eine Umsetzung der vorstehend beschriebenen datentechnischen Integrationspotenziale in Form eines *Data Warehouse* bildet die Grundlage für die zukünftige Hebung weitergehenden Integrationspotenzials. Das Data Warehouse stellt als strategische Plattform einen wichtigen

Teil einer auf Effizienz ausgerichteten IT-Architektur für die Finanzfunktion[10] dar. Jedes Umsetzungsprojekt bietet somit auch eine Chance, die IT-Architektur weiterzuentwickeln. Das *Data Warehouse* als strategische Plattform bildet dabei den Kern der informationstechnischen Integration. Seine Nutzung bei weiteren Umsetzungsprojekten bietet sich aufgrund von Vorteilen, die dem Konzept des *Data Warehouse* innewohnen, an:

- Die zentral abgelegten Informationen können auch für weitere Funktionen und Anwender genutzt werden.

- Die Anzahl der Schnittstellen kann reduziert beziehungsweise konstant gehalten werden. Die IT-Architektur wird somit vereinheitlicht und wird, beziehungsweise bleibt, übersichtlich.

- Die zentrale Datenhaltung sorgt durch die Eliminierung von Redundanzen für Datenkonsistenz. Datenqualitätsmängel werden zentral sichtbar und können gezielt behoben werden.

- Bei der Bereitstellung der Daten in einem hohen Detaillierungsgrad steigt zudem die Wahrscheinlichkeit, dass auch Lösungen neuer Nutzer auf den vorhandenen Daten aufsetzen können.

- Eine Verknüpfung von Auswertungsergebnissen der auf Basis der zentralen Daten ermittelten Auswertungs- und Reporting-Ergebnisse mit den Quelldaten vereinfacht Abgleiche und Überleitungen.

4. Fazit

Der vorgestellte Integrationsansatz deckt sowohl fachliche als auch prozessuale (sowie technische Aspekte) ab. Fachlich steht die Harmonisierung von Bilanzierungs- und Bewertungsmethoden auf Basis von HGB- und IFRS-Anforderungen im Mittelpunkt. Den Schwerpunkt der prozessualen und informationstechnologischen Integration bildet die Schaffung einer zentralen Datengrundlage für die Finanzberichterstattung nach IFRS, das Performance- und Risikocontrolling sowie das Meldewesen. Durch die zentrale Datenhaltung wird unter Berücksichtigung der unterschiedlichen fachlichen Anforderungen gleichzeitig eine Grundlage geschaffen, die Berichtsgrößen miteinander abzustimmen beziehungsweise überzuleiten.

---

10 Stork stellt in vierten Abschnitt seines Beitrags in diesem Buch das Modell einer auf die Anforderungen der Finanzfunktion ausgerichteten IT-Architektur vor.

Die IFRS-Umsetzungsprojekte in deutschen Kreditinstituten belegen, dass die informationstechnologische Umsetzung einer integrierten Finanzfunktion keinen Selbstzweck darstellt. Es zeigt sich vielmehr, dass die Integration in der Finanzfunktion gerade auf der Seite der Informationstechnologie nicht nur nahe liegend ist, sondern insbesondere bei der Umsetzung neuer Anforderungen meist die entscheidende Alternative darstellt. Es gilt demnach, die durch neue Anforderungen initiierten Veränderungen zu nutzen und die Integration voranzutreiben. Die informations- und datentechnische Integration ist damit ein Erfolg versprechender Ansatz zur Beibehaltung beziehungsweise Steigerung der Effizienz der gesamten Finanzfunktion.

Literaturverzeichnis

SIMONS, D./WEISSENBERGER, B. E. (2008): Die Konvergenz von externem und internem Rechnungswesen – Kritische Faktoren für die Entwicklung einer partiell integrierten Rechnungslegung aus theoretischer Sicht, in: Zeitschrift für betriebswirtschaftliche Forschung und Praxis (BFuP), 60. Jahrgang (2008), Heft 2, S. 137 - 159.

Die Herausgeber

Britta Jelinek – KPMG
Diplom-Kauffrau mit dem Zusatzdiplom *Diplôme International de Management* einer französischen Grande Ecole de Commerce, Jahrgang 1968, arbeitet seit 1995 bei der KPMG AG Wirtschaftsprüfungsgesellschaft. Als Partnerin der Service Line Accounting Advisory Services ist sie unter anderem verantwortlich für Projekte zur erstmaligen Einführung internationaler Rechnungslegung sowie Prozessoptimierungsprojekte im Finanzbereich für nationale und internationale Kreditinstitute. Sie war für die Entwicklung der KPMG Methodologie „Finance Integration" für den Themenbereich Financial Services verantwortlich. Dieser Beratungsansatz zeichnet sich durch einen ganzheitlichen Ansatz  und Multidisziplinarität aus und hat das Ziel, ein Gleichgewicht zwischen Compliance und Performance herzustellen. Zusätzlich hat Britta Jelinek Veröffentlichungen zum Thema „Finance Integration" in Fachzeitschriften erstellt. Vor ihrem Einstieg bei KPMG absolvierte sie das Studium der Betriebswirtschaftslehre an der Universität Mannheim sowie ein zusätzliches Studium der Betriebswirtschaftslehre an der Grande Ecole de Commerce *Institut Commercial de Nancy* in Frankreich.

Manfred Hannich – KPMG
Manfred Hannich ist Wirtschaftsprüfer und Steuerberater, Jahrgang 1956, und arbeitet seit 1983 bei der KPMG AG Wirtschaftsprüfungsgesellschaft an verschiedenen Standorten, unter anderem auch für 2 Jahre bei KPMG Peat Marwick in New York. Als Global Head of Accounting Advisory Services ist er unter anderem verantwortlich für Projekte zur erstmaligen Einführung internationaler Rechnungslegung sowie Prozessoptimierungsprojekte im Finanzbereich. Darüber hinaus führt er Beratungsprojekte im Rahmen von Börseneinführungen an nationalen und internationalen Börsen (M-DAX, Neuer Markt und SEC) durch und hat Erfah-  rungen in der Prüfung von Jahresabschlüssen börsennotierter Unternehmen. Er war Initiator der KPMG Methodologien „Global Conversion Services" und „Finance Integration". Beide Beratungsansätze zeichnen sich durch einen ganzheitlichen Ansatz und Multidisziplinarität aus und haben das Ziel, ein Gleichgewicht zwischen Compliance und Performance herzustellen.

Die Autorinnen und Autoren*

Stefan Best – KfW-Bankengruppe
Diplom-Kaufmann, Jahrgang 1976, arbeitet seit 2002 als Referent im Bereich Bilanzierung in der KfW-Bankengruppe, Frankfurt. Während der IFRS-Umstellung beschäftigte er sich insbesondere mit der Bewertung von Darlehensforderungen. Vor seinem Einstieg absolvierte er ein Studium der Betriebswirtschaft an der Justus-Liebig-Universität Gießen.

Ümit Bilgili – KPMG
Diplom-Kaufmann, Jahrgang 1967, arbeitet seit 1995 in der Unternehmensberatung, seit 2005 bei der KPMG AG Wirtschaftsprüfungsgesellschaft, Berlin, als Manager im Bereich Accounting Advisory Services für Banken. Vor seinem Einstieg in die Unternehmensberatung studierte er „Internationale Beziehungen" (BA) in der Türkei und „Betriebswirtschaftslehre" in Deutschland. Weitere Auslandserfahrung sammelte er durch einen Beratungseinsatz in China bei der Finanzierung von Infrastrukturprojekten.

Oliver K. Brandt – DekaBank
Diplom-Betriebswirt, Jahrgang 1957, arbeitet seit 1997 bei der DekaBank als Leiter des Bereichs Risiko & Finanzen und ist dort seit 2004 Generalbevollmächtigter. Von 1991 bis 1997 war er verantwortlicher Leiter des Konzerncontrollings der BHF-Bank. Davor – von 1985 bis 1991 – arbeitete er als Manager bei der KPMG. Sein Studium der Betriebswirtschaft absolvierte er an der Johann Wolfgang Goethe Universität in Frankfurt a. M. Zuvor erfolgte die Ausbildung zum Bankkaufmann bei der Deutschen Bank in Darmstadt.

---

* Stand: Dezember 2008

Antje Bräsick – KPMG

Diplom-Kauffrau, Jahrgang 1979, arbeitet seit 2004 bei der KPMG AG Wirtschaftsprüfungsgesellschaft, Frankfurt a. M. Vor ihrem Einstieg bei KPMG absolvierte sie das Studium der Betriebswirtschaftslehre an der Goethe-Universität in Frankfurt a. M. Als Assistant Managerin der Service Line Accounting Advisory Services berät sie nationale und internationale Finanzinstitute bei der Umstellung der Rechnungslegung auf die International Financial Reporting Standards (IFRS). Vor ihrem Eintritt in die Service Line Accounting Advisory Services betreute Antje Bräsick Banken und Finanzdienstleister im Rahmen von Abschlussprüfungen. Parallel zu ihrer Tätigkeit bei KPMG promoviert sie an der Goethe-Universität zum Thema „Rechnungslegung und Berichterstattung von Immobilien nach IFRS und HGB – Eine kritische Betrachtung der bilanziellen Erfassung von Wertänderungen des Immobilienvermögens".

Christopher Conrad – KPMG

Diplom-Mathematiker, Jahrgang 1965, arbeitet seit 1997 in der Unternehmensberatung von Banken, seit 2006 bei der KPMG AG Wirtschaftsprüfungsgesellschaft, München, als Senior Manager im Advisory Bereich Financial Risk Management. Schwerpunkt seiner Tätigkeit ist die Darstellung von Finanzinstrumenten und Fremdwährung im externen und internen Rechnungswesen. Der Fokus liegt hierbei auf der Integration von externer und ökonomischer Sicht von Risiko und Ertrag.

Anke Dassler – KPMG

Diplom-Betriebswirtin (FH), Master of Business Administration (MBA), Wirtschaftsprüferin (WP), Steuerberaterin (StB), Certified Public Accountant (CPA), Jahrgang 1977, arbeitet seit 2001 bei der KPMG AG Wirtschaftsprüfungsgesellschaft, Berlin. Vor ihrem Einstieg bei KPMG absolvierte sie das Studium der Betriebswirtschaftslehrer an der Hochschule Mittweida (Fachhochschule). Als Managerin der Service Line Accounting Advisory Services berät sie nationale und internationale Finanzinstitute bei der Umstellung der Rechnungslegung auf die International Financial Reporting Standards (IFRS). Vor ihrem Eintritt in die Service Line Accounting Advisory Services betreute Anke Dassler Finanzinstitute im Rahmen von Abschlussprüfungen.

Sonja Euler – KPMG

Diplom-Kauffrau, Wirtschaftsprüferin (WP), Jahrgang 1971, arbeitet seit 2005 bei der KPMG AG Wirtschaftsprüfungsgesellschaft, Frankfurt a. M., im Bereich Accounting Advisory Services für Banken. Vor ihrem Einstieg in die Unternehmensberatung war sie bei der KPMG 5 Jahre im Prüfungsbereich mit dem Schwerpunkt Banken und Finanzdienstleister tätig. Nach einer Ausbildung zur Bankkauffrau studierte sie berufsbegleitend Betriebswirtschaftslehre an der Universität zu Köln und legte in 2005 das Berufsexamen zur Wirtschaftsprüferin ab.

Karl Friedrich Fiedler – Dresdner Bank AG

Diplom-Kaufmann, Jahrgang 1956, ist Direktor und Head of Group Accounting im Dresdner Bank-Konzern. Seine Verantwortlichkeit umfasst die Rechnungslegung des Dresdner Bank-Konzerns und der Dresdner Bank AG sowie das Reporting an die Aufsichtsbehörden und die Kommunikation mit den Rating-Agenturen. Vor seinem Wechsel zur Dresdner Bank AG im Jahr 1999 war er bei der BHF-Bank tätig und hatte dort die Leitung für die bankbetriebliche Rechnungslegung und die Bankaufsicht.

Tilo Fink – KPMG

Diplom-Kaufmann, Chartered Financial Analyst^{TM}, Jahrgang 1967, arbeitet seit 1998 bei KPMG AG Wirtschaftsprüfungsgesellschaft. Als Director der Service Line Business Performance Services berät er Finanzinstitute in den Themenbereichen Publizität, Regulatorik und Kreditrisikomanagement. Vor seinem Einstieg bei KPMG absolvierte er das Studium der Betriebswirtschaftslehre an der Johann Wolfgang Goethe Universität in Frankfurt a. M. Danach arbeitete er bei der Landesbank Hessen-Thüringen unter anderem im Bereich Risikocontrolling in Frankfurt und London.

Dr. Winfried Freygang – BayernLB

Dr. rer. pol., Diplom-Kaufmann, Jahrgang 1963, arbeitet seit 1993 bei der Bayerischen Landesbank, München, seit 2007 Bankdirektor und Leiter des Bereichs Bilanzen, Steuern und Controlling. Davor Ausbildung zum Bankkaufmann, Studium der Betriebswirtschaft an der LMU München, Assistententätigkeit und Promotion am Treuhandseminar der Universität zu Köln, mehrere Auslandsaufenthalte, Haniel-Stipendiat.

Christina Geib – Dresdner Bank AG
Diplom-Kauffrau, Jahrgang 1971, ist Abteilungsdirektorin und Head of Financial Accounting Group im Dresdner Bank-Konzern. Ihre Verantwortlichkeit umfasst das Konzernrechnungswesen nach IFRS und US-GAAP einschließlich der Steuerung der Abschlussprozesse. Vor ihrem Wechsel zur Dresdner Bank Mitte 2005 war sie seit 2003 bei der Kreditanstalt für Wiederaufbau fachlich verantwortlich für die IFRS Conversion und davor als Managerin bei PwC Deutsche Revision in US-GAAP und IFRS Conversions verschiedener internationaler Geschäftsbanken und Landesbanken eingebunden.

Andreas Geltinger – BayernLB
Diplom-Kaufmann, Jahrgang 1964, ist Abteilungsdirektor im Bereich Konzernentwicklung/Vorstandsstab der BayernLB und hat in Vergangenheit bereits Veröffentlichungen zu den Themen „Unternehmensbewertung" und „Wertorientierte Steuerung im Mittelstand" erstellt. Darüber hinaus hat Andreas Geltinger als Referent Fachseminare zu den Themen „Beteiligungscontrolling in Banken" und „Minderheitsbeteiligungen" durchgeführt. Vor seinem Einstieg bei der BayernLB absolvierte er das Studium der Betriebswirtschaftslehre und war danach lange Jahre Leiter des Geschäftsfeldcontrollings der BayernLB und dort auch mit dem Integrationsprozess der internen Rechnungslegung und der externen Rechnungslegung betraut.

Stefan Gramlich – Landesbank Hessen-Thüringen
Diplom-Wirtschaftsingenieur, Teamleiter Operationelle Risiken und strategisches IT-Controlling der Landesbank Hessen-Thüringen in Frankfurt a. M. und Mitglied des Arbeitskreises Operationelle Risiken des Bundesverbandes Öffentlicher Banken (VÖB). Seine Tätigkeit beinhaltet den Aufbau und die kontinuierliche Weiterentwicklung des Risikomanagements für operationelle Risiken im Konzern.

Jörg Hashagen – KPMG
Diplom-Kaufmann (Studium an der Universität Hamburg), Wirtschaftsprüfer, Steuerberater, Jahrgang 1957, ist seit 1985 bei KPMG AG Wirtschaftsprüfungsgesellschaft im Bereich Financial Services tätig. 1995 wurde er zum Partner der Gesellschaft ernannt und ist seit 2002 Mitglied des Vorstandsausschusses Advisory Services. Er leitet den Bereich Advisory Financial Services der KPMG ELLP und ist Global Head of Advisory Financial Services von KPMG International, seit 2002 Global Head of Financial Risk Management, seit 2001 KPMG-Koordinator der Basel II-Initiative. Während der Berufsausbildung hatte er Auslandsaufenthalte in Südafrika und in Südostasien.

Michaela Hassl – DZ BANK AG

Michaela Hassl, Jahrgang 1966, ist seit 1995 im Finanzbereich der DZ Bank AG in Frankfurt a. M. tätig. Als Gruppenleiterin verantwortet sie die Themen Projekt- und Prozessmanagement. Nach der Projektleitung für die Umstellung der Rechnungslegung auf die International Financial Reporting Standards (IFRS) betreut Michaela Hassl die Entwicklung des Finanzbereichs in Bezug auf die Einführung eines Geschäftsprozessmanagements sowie eines Management-Informationssystems. Vor ihrem Einstieg bei der DZ Bank absolvierte sie das Studium der Betriebswirtschaftslehre an der Universität in Innsbruck. Nach dem Studium folgten mehrere Jahre Projektarbeit im Finanzbereich der Bank Austria in Wien.

Jürgen Haußmann – DZ BANK AG

Jürgen Haussmann, Jahrgang 1956, studierte an der Berufsakademie Stuttgart mit dem Schwerpunkt Bank. Nachdem er in verschiedenen Positionen im Rechnungswesen der GZB BANK Stuttgart tätig war, übernahm er von 1998 bis 2000 die Position des Bereichsleiters Rechnungswesen/Controlling/Handelsabwicklung. Von 2000 bis 2001 leitete er den Bereich Rechnungswesen der GZ BANK Frankfurt a. M. Seit 2001 ist er Leiter des Bereichs Group Finance der DZ BANK AG, Frankfurt a. M. Er hat in diesem Zeitraum erfolgreich zwei Fusionsprozesse im Rechnungs- und Meldewesen umgesetzt. Zeitgleich war er für den IFRS-Umsetzungsprozess der DZ BANK Gruppe zuständig. Weiterhin wurden parallel dazu die im Bereich Group Finance eingesetzten Meldewesensysteme auf Basis der Basel II-Systematik neu entwickelt. Aktuell ist das Thema „Prozessmanagement" eine Schwerpunktaufgabe in seinem Bereich.

Thomas Hele – KPMG

Diplom-Betriebswirt, Jahrgang 1970, arbeitet seit 2002 in der Unternehmensberatung, seit 2003 bei KPMG AG Wirtschaftsprüfungsgesellschaft, München, als Senior Manager im Bereich Financial Risk Management für Banken. Vor seinem Einstieg in die Unternehmensberatung leitete er das Rechnungswesen und Controlling der Raiffeisenbank Westallgäu. Vor seinem Einstieg bei der Genossenschaftsbank absolvierte er das Studium der Betriebswirtschaftslehre an der AKAD (Fachhochschule für Berufstätige).

Frank Herzmann – KPMG

Diplom-Kaufmann, Jahrgang 1973, arbeitet seit 2007 bei KPMG AG Wirtschaftsprüfungsgesellschaft, Frankfurt a. M., im Bereich Accounting Advisory Services. Als Manager liegt sein Schwerpunkt in der Beratung von Finanzinstituten bei der Umstellung der Rechnungslegung auf International Financial Reporting Standards (IFRS) und die Optimierung der Abschlussprozesse im Finanzbereich von Finanzinstituten (Quality Close). Vor seinem  Einstieg bei KPMG war er als Senior-Referent im Finanzbereich bei der Landesbank Baden-Württemberg im Zeitraum von Anfang 2005 bis Mitte 2007 tätig. Davor betreute Frank Herzmann internationale Finanzinstitute im Rahmen der Abschlussprüfung bei der KPMG DTG, Frankfurt. Vor seinem Einstieg bei KPMG absolvierte er Frank Herzmann ein Studium der Betriebswirtschaftslehre an der Johannes Gutenberg Universität, Mainz. Zuvor erfolgte die Ausbildung zum Bankkaufmann bei einer Volksbank.

Christina Hoferdt – KPMG

Diplom-Kauffrau, Jahrgang 1971, arbeitet seit 1997 in der Wirtschaftsprüfung und Unternehmensberatung, seit 2007 bei KPMG AG Wirtschaftsprüfungsgesellschaft, Frankfurt a. M., als Senior Manager im Bereich Transaction Services – Business Integration Services. Ihr Schwerpunkt umfasst die Beratung von Commercial Client- und Financial Services-Unternehmen im Rahmen von Post Merger-Integrationen im In- und Ausland. Vor ihrem Berufseinstieg absolvierte sie ein Studium der Betriebswirtschaftslehre an der Justus-Liebig Universität in Gießen.

Steffen Kalkbrenner – Deutsche Apotheker- und Ärztebank

Diplom-Betriebswirt, Steuerberater, Diplom-IFRS-Accountant ZfU (Schweiz), Jahrgang 1965, arbeitet seit 2003 als stellvertretender Direktor im Bereich Finanzen in der Zentrale der Deutschen Apotheker- und Ärztebank in Düsseldorf. Er ist dort verantwortlich für die Abteilungen Handels- und Konzernbilanz und Steuern. Vor seinem Berufseinstieg absolvierte er eine Ausbildung zum Bankkaufmann.

Harald Kerner – HypoVereinsbank

Diplom-Betriebswirt, Studium in Saarbrücken und Los Angeles, Jahrgang 1963, arbeitet seit 2003 bei der Bayerischen Hypo- und Vereinsbank AG, als Managing Director im CFO-Bereich und ist in dieser Funktion zuständig für das Accounting der Division Markets und Investment Banking. Davor leitete er in der HypoVereinsbank das Controlling der Division *Markets und Investment Banking*. Vor seinem Einstieg bei der HVB war er in  verschiedenen Positionen im Rechnungswesen, Controlling und Marktrisiko-Controlling bei Commerzbank, Dresdner Bank und BHF-Bank tätig.

Arnd Leibold – KPMG

Diplom-Betriebswirt (FH), Jahrgang 1967, arbeitet seit 1994 in der Unternehmensberatung, seit 2005 bei KPMG AG Wirtschaftsprüfungsgesellschaft, Frankfurt a. M., als Director der Service Line Business Performance Services. Er berät nationale und internationale Finanzinstitute in den Themen Banksteuerung und -controlling sowie Effizienzsteigerung von Finanzprozessen. Vor seinem Einstieg bei der KPMG war Arnd Leibold im Zeitraum von 2001 bis 2005 als Bereichsleiter Finance & Controlling bei der deutschen Tochter des internationalen Bankenkonzerns tätig. Vor seinem Berufseinstieg absolvierte er das Studium der Betriebswirtschaftslehre an der Fachhochschule Bielefeld.

Dr. Andreas Liedtke – KPMG

Diplom-Kaufmann, Jahrgang 1972, arbeitet seit 2000 in der Unternehmensberatung, seit 2006 bei KPMG AG Wirtschaftsprüfungsgesellschaft, Frankfurt a. M., als Manager im Bereich Financial Risk Management. Sein Beratungsschwerpunkt liegt in der prozessualen und fachlichen Beratung im Rechnungswesen und im Treasury. Vor seinem Einstieg in der Unternehmensberatung absolvierte er ein Studium der Betriebswirtschaftslehre an der Universität Erlangen-Nürnberg mit dem Schwerpunkten Prüfungswesen und Unternehmens-/Gesellschaftsrecht. Später erfolgte eine berufsbegleitende Promotion mit dem Thema „Nutzung von Humankapitalmodellen im Rahmen von externen Unternehmensbewertungen".

Lars Löffelholz – Commerzbank AG

Jahrgang 1970, war seit 1990 mit unterschiedlichsten Fach- und Führungsaufgaben im Risikomanagement der Dresdner Bank AG, mit Schwerpunkt Intensiv- und Abwicklungsgeschäft, betraut. Von 2004 bis 2008 war er im Bereich Intensive Care Department der Eurohypo AG tätig und leitete dort ab 2006 den Bereich Capital Markets und Risk Assessment. Der Fokus seiner Tätigkeiten liegt im Risikoreporting, NPL-Portfoliotransaktionen sowie Projektmanagement. Seit 2008 ist Lars Löffelholz Leiter der Abteilung Group Intensive Care/Standard Work Out bei der Commerzbank AG.

Andreas Möller – KPMG

Wirtschaftsprüfer, Diplom-Kaufmann, Bankkaufmann, Jahrgang 1966, arbeitet seit über 10 Jahren in der Wirtschaftsprüfung und Unternehmensberatung von Kreditinstituten, daneben ein Jahr in der Grundsatzabteilung als Spezialist für IFRS mit Schwerpunkt Bilanzierung von Finanzinstrumenten. Seit 2006 arbeitet er bei KPMG, AG Wirtschaftsprüfungsgesellschaft Frankfurt a. M., als Senior Manager im Bereich Accounting Advisory Ser-

vices für Banken (AAS FS). Sein Beratungsschwerpunkt umfasst die Umstellung der Rechnugslegung auf International Financial Reporting Standards (IFRS). Darüber hinaus ist er verantwortlicher Leiter der AAS-internen Competence Center „Risikovorsorge nach IFRS" sowie „Accounting Center of Excellence".

Rudolf Moschitz – KPMG
Diplom-Betriebswirt und Bankkaufmann, Jahrgang 1966, arbeitet seit 2006 in der prüfungsnahen Beratung, bei der KPMG AG Wirtschaftsprüfungsgesellschaft, Frankfurt a. M. Als Director im Bereich Management Assurance Services Financial Services berät er Finanzinstitute zu den Themenstellungen Internes Kontrollsystem, Prozessoptimierung, Umsetzung regulatorischer Anforderungen wie zum Beipsiel SoX 404, Outsourcing,  Reporting, Risikomanagement und Controlling (unter anderem Operationelle Risiken, Basel II, MaRisk). Neben der Leitung und Durchführung von Beratungsprojekten ist Rudolf Moschitz auch verantwortlich für die risikoorientierte Umsetzung und Beratung von Internen Revisionen. Er ist Mitglied des KPMG Competency Teams OpRisk sowie Mitglied im Deutschen Institut für Interne Revision e.V. (IIR). Vor seinem Berufseinstieg absolvierte er das Studium der Betriebswirtschaftslehre an der Fachhochschule Frankfurt a. M. Zuvor erfolgte die Ausbildung zum Bankkaufmann bei der Commerzbank AG in Frankfurt a. M.

Klaus-Ulrich Pfeiffer – KPMG
Diplom-Kaufmann, Jahrgang 1969, arbeitet seit 1996 bei der KPMG AG Wirtschaftsprüfungsgesellschaft, München, als Partner im Bereich Audit Financial Services für Banken. Sein Schwerpunkt liegt in der Prüfung und in der prüfungsnahen Beratung im Bereich Corporate & Investment Banking. Vor seinem Einstieg bei der Wirtschaftsprüfung absolvierte er das Studium der Betriebswirtschaftslehre an der Katholischen Universität Eichstätt-Ingolstadt. Zuvor absolvierte er eine Ausbildung zum Bankkaufmann bei der Dresdner Bank.

Anna Plüchner – KfW-Bankengruppe
Diplom-Betriebswirtin (FH), Jahrgang 1978, arbeitet seit 2007 als Referentin im Bereich Bilanzierung in der KfW-Bankengruppe, Frankfurt a. M. Vor ihrer Tätigkeit bei der Bank arbeitete sie bei der KPMG DTG, Frankfurt a. M., in der Service Line Accounting Advisory Services für Banken und betreute Banken im Rahmen der Abschlussprüfung. Ihr Themenschwerpunkt umfasste die Beratung von Banken bei der Umstellung der Risikovorsorge für das Kreditgeschäft auf International Financial Reporting Standards (IFRS).

Die Autorinnen und Autoren

Herbert Reschke – DZ BANK AG
Assessor, Jahrgang 1955, arbeitet seit 17 Jahren bei der DZ BANK AG in Frankfurt a. M. (Prokurist) mit den Aufgabenschwerpunkten Bankenberatung (Genossenschaftsbanken) und Projektleitung (unter anderem Euroeinführung, Umsetzung der neuen Rechnungsanforderungen 2005, GDPdU). Aktuelles Thema ist die Kommunikationsbegleitung des Bereichs *Group Finance* der DZ BANK AG. Vor seinem Eintritt bei der DZ BANK
AG war er Ausbildungsleiter in der der Aachener und Münchener Versicherungsgruppe, im Anschluss daran Marketingleiter bei einem deutschen Finanzdienstleistungs-Direktvertrieb. Vor seinem Berufseinstieg absolvierte Herbert Reschke das Studium der Sprachwissenschaften mit den Schwerpunkten Kommunikation und Rhetorik an der Ruhr Universität in Bochum und hat das Studium mit dem Staatsexamen abgeschlossen.

Thomas Rink – Deutsche Apotheker- und Ärztebank
Diplom-Kaufmann, Jahrgang 1974, arbeitet seit 2007 als IFRS-Referent bei der Deutschen Apotheker- und Ärztebank. Bis 2006 arbeitete er als Referent im Rechnungswesen für den Bereich Geld- und Kapitalmarktprodukte bei der Sparkasse KölnBonn und unterstütze dort das Projekt zur Umstellung der Rechnungslegung auf IFRS. Vor seinem Berufseinstieg in 2003 absolvierte er ein berufsbegleitendes Studium der Betriebswirtschaftslehre an der Universität zu Köln. Zuvor absolvierte er eine Ausbildung zum Bankkaufmann.

Andrea Schade – Landesbank Hessen-Thüringen
Diplom-Kauffrau, Bankkauffrau, Jahrgang 1978, arbeitet seit 10 Jahren in der Bankenbranche und war in der Zeit von 2004 bis 2008 bei KPMG DTG tätig. Seit April 2008 betreut sie das Referat *Projektmanagement im Bereich Kapitalmärkte* der Landesbank Hessen-Thüringen. Davor arbeitete sie als Managerin in der Service Line Accounting Advisory Services für Banken bei KPMG DTG. Dort spezialisierte sie sich auf das Themengebiet IFRS
Impairment im Kreditgeschäft und übernahm die Leitung des internen Competence Teams für Risikovorsorge nach IFRS bis 2008. Vor ihrem Berufseinstieg absolvierte sie das Studium der Betriebswirtschaftslehre an der Fachhochschule für Technik und Wirtschaft in Berlin. Zuvor absolvierte sie eine Ausbildung zur Bankkauffrau bei einer Landesbank.

Marc Schäfer – KPMG

Diplom-Kaufmann, Diplom-Betriebswirt (BA) der Berufsakademie Mannheim, Jahrgang 1971, ist Director im Bereich Advisory Financial Services bei der KPMG AG Wirtschaftsprüfungsgesellschaft, Frankfurt a. M. Er berät nationale und internationale Banken und Finanzdienstleister im Bereich Bank-Steuerung/-Controlling. Seine Tätigkeitsschwerpunkte liegen auf den Themen Finance Strategy, Integrierte Performance Messung, Planung, Reporting sowie Umsetzung Basel II Säule 2/MaRisk. Zuvor war er mehrere Jahre bei anderen Beratungsgesellschaften mit denselben Schwerpunkten tätig. Vor seinem Berufseinstieg absolvierte er das Studium der Betriebswirtschaftslehre an der Universität Kiel.

Markus Steitz – KPMG

Diplom-Betriebswirt, Jahrgang 1962, seit 1990 bei der KPMG AG Wirtschaftsprüfungsgesellschaft in Frankfurt a. M. Seit 2001 Partner im Geschäftsbereich Financial Services Advisory und zuständig für die geschäftliche Entwicklung des Segments Asset Managements. Markus Steitz hat über 19 Jahre Erfahrung in der Beratung und Prüfung von Banken, Asset Management Gesellschaften und im Finanzmanagement. Vor dem Studium der Betriebswirtschaftslehre in Mainz erfolgte die Ausbildung zum Bankkaufmann bei einem genossenschaftlichen Institut.

Dr. Peter Stork – KPMG

Diplom-Mathematiker, Jahrgang 1964, berät seit 1993 Kreditinstitute zu Banksteuerungssystemen, IT-Strategie und Erhöhung des IT-Wertbeitrages. Vor seinem Eintritt bei KPMG im Jahr 2005, als Partner für IT-Performance und -Strategie, war Dr. Stork als Berater und Partner bei PricewaterhouseCoopers (PwC). Consulting und IBM Business Consulting Services für den Bereich Financial Applications and Analytic Banking in Deutschland, Österreich und der Schweiz verantwortlich.

Dr. Andreas von Stosch – BMW Group

Dr. rer. pol., Jahrgang 1974, arbeitet seit 2005 bei der BMW Bank GmbH und ist seit 2006 Leiter im Bereich Rechnungswesen/Zahlungsverkehr. Nach dem Studium der Betriebswirtschaftslehre promovierte er am Lehrstuhl für Finanz- und Bankmanagement an der Universität Siegen über das Thema Liquiditätsrisikomanagement. Zeitgleich war er zwei Jahre als freier Berater bei der ccfb Prof. Dr. A. Wiedemann Consulting GmbH & Co. KG tätig.

Gerd Straub – KPMG

Diplom-Betriebswirt, Jahrgang 1974, arbeitet bei der KPMG AG Wirtschaftsprüfungsgesellschaft, Stuttgart, als Senior Manager in der Service Line Accounting Advisory Services (AAS). Gerd Straub berät seit 10 Jahren nationale und internationale Finanzinstitute bei der Optimierung der Aufbau- und Ablauforganisation im Rechnungswesen und Controlling. Als Senior Manager koordiniert er die Financial Services-Aktivitäten im Bereich Quality Close und Finance of the Future. Vor seinem Berufseinstieg absolvierte er ein Studium der Betriebswirtschaftslehre an der Fachhochschule Würzburg und an der International Business School in Esbjerg.

Dr. Martin Stremplat – BMW Financial Services

Diplom-Kaufmann, M.A. (WSU), Jahrgang 1967, ist seit April 2008 CFO von BMW Financial Services in den USA. Zuvor war er, nach einigen Stationen in der Konzernrevision und im Headquarter von BMW Financial Services (Controlling, Risikomanagement), Leiter Rechungswesen und Controlling bei BMW Financial Services Deutschland. Seit Oktober 1998 ist er Mitarbeiter der BMW Group. Von 1995 bis 1998 betreute er als Mitarbeiter von Deloitte & Touche Unternehmen im Rahmen der Abschlussprüfung. Vor seinem Berufseinstieg absolvierte er eine Ausbildung zum Bankkaufmann und ein Studium der Betriebswirtschaftslehre an der Universität Augsburg sowie ein Studium der Volkswirtschaftslehre an der Wayne State University in Detroit. Es folgte die Promotion zum Dr. rer. pol. am Lehrstuhl für Betriebswirtschaftliche Steuerlehre der Universität Augsburg im Juli 1999.

Hans Sünderhauf – KPMG

Diplom-Kaufmann, Jahrgang 1963, arbeitet seit 2002 bei der KPMG DTG, Frankfurt a. M., als Partner im Bereich Transaction Services mit Schwerpunkt Integrationsberatung. Vor seinem Einstieg bei KPMG studierte er Betriebswirtschaft in Regensburg mit Auslandsaufenthalten in USA und Frankreich und arbeitete mehrere Jahre für eine Unternehmensberatung in Berlin, Frankfurt und London.

Ansgar Temme – KPMG

Diplom-Kaufmann, Jahrgang 1974, arbeitet seit 2007 bei KPMG DTG, Frankfurt a. M., als Manager im Bereich IT-Advisory mit dem Beratungsschwerpunkt IT-Perfomance and Strategy für Financial Services. Vor seinem Eintritt bei KPMG war er in einer Landesbank im IT-Audit und später als Referent in der Kreditrisikosteuerung tätig. Sein Studium der Betriebswirtschaftslehre absolvierte er an der Universität Osnabrück.

Pieter van der Veen – KPMG

Diplom-Kaufmann, Executive MBA, Jahrgang 1969, arbeitet seit 1997 bei der KPMG AG Wirtschaftsprüfungsgesellschaft, Düsseldorf, als Senior Manager für die Service Line Management Assurance Services (MAS). Als Prokurist ist er verantwortlich für die Beratung von Kreditinstituten zu Themenstellungen Control Optimization, Compliance Management sowie Prozesssteuerung und -controlling. Vor seinem Berufseinstieg absolvierte er  das Studium der Betriebswirtschaftslehre an der Universität Köln. Im Anschluss folgte der Abschluss zum Executive MBA an der ENPC in Paris.

Markus Vollmer – KPMG

Diplom-Betriebswirt, Jahrgang 1970, arbeitet seit 2001 in der Unternehmensberatung, seit 2005 bei der KPMG AG Wirtschaftsprüfungsgesellschaft, Stuttgart, als Manager im Bereich Accounting Advisory Services für Banken. Sein Beratungsschwerpunkt umfasst die Umstellung der Rechnungslegung auf International Financial Reporting Standards (IFRS) und die Beratung zur Bestimmung der Finance-IT-Zielarchitektur.
Vor seinem Einstieg in die Unternehmensberatung absolvierte er eine Ausbildung zum Kaufmann im Einzelhandel und später ein Studium der Betriebswirtschaftslehre an der Fachhochschule Nürtingen mit Auslandsaufenthalten in den USA und Südafrika.

Thomas Weißmann – Dresdner Bank AG

Master of Business Administration (MBA), Jahrgang 1967, arbeitet seit 1994 bei der Dresdner Bank und ist dort seit 2007 Bereichsleiter für den Bereich *Reporting Group*. Von 2004 bis 2007 war Thomas Weißman als Leiter des Referats *Integrated Financial Data Management/Legal Entity Controlling* an maßgeblicher Stelle mitverantwortlich für die Integration des internen und externen Rechnungswesens. Seine berufliche Tätigkeit begann Thomas
Weißmann 1994 mit einer Traineeausbildung bei der Dresdner Bank und anschließender Assstenz der Regionalleitung Süd-Ost. Seit 1998 ist er im zentralen Finanzbereich der Dresdner Bank in Frankfurt tätig, wo er in verschiedenen Funktionen unter anderem für die Konzeption und Implementierung eines bankweit genutzten Management Informationssystems verantwortlich zeichnete. Seinen Studienabschluss mit dem Schwerpunkt „Financial Management" absolvierte Thomas Weißmann an der Pace University in New York, USA.

Urban Wirtz – Dresdner Bank AG

Diplom-Kaufmann, Jahrgang 1959, arbeitet seit 1985 bei der Dresdner Bank und leitet dort seit 2004 den heutigen Bereich *Group Controlling*. Sein Verantwortungsbereich umfasst das Konzern-Management Accounting das unter anderem die wertorientierte Performanceanalyse und -steuerung, die Planung und das Konzern-Controlling der Dresdner Bank Gruppe beinhaltet. Darüber hinaus leitet Urban Wirtz das operative Rechnungswesen der Dresdner Bank AG und ist Mitglied des Capital & Treasury Committees sowie des Finance Executive Committees der Dresdner Bank Gruppe. Als Leiter von *Group Controlling* hat Urban Wirtz die Integration der Financial und Management Accounting Berichtsprozesse, die Einführung wertorientierter Steuerungsinstrumentarien sowie die Implementierung einer EDV-Plattform als Datenbasis für die Controlling-Reports der Dresdner Bank Gruppe verantwortet. Vor seinem Einstieg bei der Dresdner Bank absolvierte Urban Wirtz das Studium der Betriebswirtschaftslehre an der Universität zu Köln und war als wissenschaftlicher Assistent an der Universität Siegen am Lehrstuhl für Betriebswirtschaftslehre im Bereich Planung & Organisation tätig.

Oliver Zoeger – KPMG

Wirtschaftsprüfer, Steuerberater, Certified Public Accountant, Diplom-Kaufmann, Jahrgang 1966, arbeitet seit 1993 bei KPMG DTG in Berlin, heute als Partner im Bereich Accounting Advisory Services. Er ist spezialisiert auf Fragen des Reportings nach internationalen Rechnungslegungsstandards und leitet das Accounting Centre of Excellence für den Bereich Financial Services. Zuvor war er im Bereich Audit, unter anderem auch in den USA, tätig.

Abkürzungsverzeichnis

Abk.	Langform
AfS	Available for Sale
AktG	Aktiengesetz
ALM	Asset Liability Management
ARIS	Architektur integrierter Informationssysteme
ASBE	Accounting Standards for Business Enterprises
AT	Arbeitstage
BaFin	Bundesanstalt für Finanzdienstleistungsaufsicht
Basel II	Basler Eigenkapitalvereinbarung von 1999
BGBl	Bundesgesetzblatt
BGH	Bundesgerichtshof
BilMoG	Bilanzrechtsmodernisierungsgesetz
BilReG	Bilanzrechtsreformgesetz
BörsG	Börsengesetz
CDI	Corporate Development and Investments
CEBS	Committee of European Banking Supervisors
CEO	Chief Executive Officer
CESR	Committee of European Securities Regulators
CF Hedge	Cashflow Hedge
CFO	Chief Financial Officer
CIR	Cost-Income-Ratio
CO	Control Optimization
CoA	Chart of Accounts
CoE	Center of Expertise
COO	Chief Operating Officer
CRO	Chief Risk Officer
DAX	Deutscher Aktienindex
DGZ	Deutsche Girozentrale
dpd	days past due
DQ	Data Quality/Datenqualität
DQM	Data Quality Management/Datenqualitätsmanagement
DRS	Deutsche Rechnungslegungsstandards
DRSC	Deutsches Rechnungslegungs Standards Committee

DSGV	Deutscher Sparkassen- und Giroverband
DSR	Deutscher Standardisierungsrat
DVFA	Deutsche Vereinigung für Finanzanalyse und Asset Management
DWH	Data Warehouse
EA	Einzelabschluss
EAD	Exposure at Default
EDM	Enterprise-wide Data Model
EESA	Emergency Economic Stabilization Act
EL	Expected Loss
ERP	Enterprise Resource Planning
ETL	Extraction, Transformation, Load
EU	Europäische Union
EuroSOX	EuroSOX ist die Umschreibung für Richtlinien der Europäischen Kommission, die an die US-amerikanische SOX-Gesetzgebung angelehnt sind.
EVA	Economic Value Added
EWB	Einzelwertberichtigung
EZB	Europäische Zentralbank
FAK	fortgeführte Anschaffungskosten
FASB	Financial Accounting Standards Board
FDB	Financial Database
FFIEC	Federal Financial Institutions Examination Council
FoF	Finance of the Future
FOM	Finance Operating Model
FSAP	Financial Service Action Plan
FSF	Financial Stability Forum
FSSC	Finance Shared Service Center
FTE	Full Time Equivalent
GAAP	Generally Accepted Accounting Principles
GCC	Gulf Cooperation Council
GewSt	Gewerbesteuer
GLLP	General Loan Loss Provision
GuV	Gewinn- und Verlustrechnung
HGB	Handelsgesetzbuch
HR	Human Resources
IAS	International Accounting Standards
IASB	International Accounting Standards Board
ICAAP	Internal Capital Adequacy Assessment Process
ICAI	Institute of Chartered Accountants of India
IDW	Institut der Wirtschaftsprüfer
IFRIC	International Financial Reporting Interpretations Committee
IFRS	International Financial Reporting Standards

IIF	Institute of International Finance
IKS	Internes Kontrollsystem
IL	Incurred Loss
IOSCO	International Organization of Securities Commissions
IR	Investor Relations
IRB	Internal Rating Based
IRBA	Auf internen Ratings basierender Ansatz
IRDA	Insurance Regulatory and Development Authority
IT	Informationstechnologie
KDB	Kapitaldispositionsbeitrag
KonTraG	Gesetz zur Kontrolle und Transparenz im Unternehmensbereich
KonÜV	Konzernabschlussüberleitungsverordnung
KPI	Key Performance Indicator
KWG	Kreditwesengesetz
LGD	Loss Given Default
LIP	Loss Identification Period
M&A	Merger & Acquisition
MaK	Mindestanforderungen an das Betreiben von Kreditgeschäften
MaRisk	Mindestanforderungen an das Risikomanagement
MCA	Multi Currency Accounting
MDax	Mid-Cap-DAX
MiFID	Markets in Financial Instruments Directive/Richtlinie über Märkte für Finanzinstrumente
MIS	Management-Informationssystem
Multi GAAP	Multi Generally Accepted Accounting Principles
NACAS	National Advisory Committee on Accounting Standards
NASD	National Association of Securities Dealers
NOPAT	Net Operation Profit After Taxes
NPL	Non-performing Loans
NYSE	New York Stock Exchange
PD	Probability of Default
pEWB	pauschalierte Einzelwertberichtigung
PLLP	Portfolio Loan Loss Provision
PMI	Post Merger Integration
PR	Public Relations
PSD	Payment Services Directive
PWB	Portfoliowertberichtigung
RAROC	Risk Adjusted Return on Capital
RARORAC	Risk Adjusted Return on Risk Adjusted Capital
RBI	Reserve Bank of India

RCIR	Risk-Cost-Income-Ratio
RechKredV	Verordnung über die Rechnungslegung der Kreditinstitute und Finanzdienstleistungsinstitute
RoE	Return-on-Equity
SAP EC-CS	SAP Enterprise Controlling Consolidation System
SAP FI	SAP Finanzbuchhaltung
SB	Strukturbeitrag
SDax	Small-Cap-DAX
SEBI	Securities and Exchange Board of India
SEC	(U.S.) Securities and Exchange Commission
SEPA	Single European Payment Area
SFAS	Statement of Financial Accounting Standards
SLA	Service Level Agreement
SLLP	Specific Loan Loss Provision
SOA	Service Oriented Architecture
SolvV	Solvabilitätsverordnung
SOX	Sarbanes-Oxley Act
SPV	Special Purpose Vehicle
SSC	Shared Service Center
TecDax	Deutscher Aktienindex mit Technologiewerten
TOM	Target Operating Model
TranspRLDV	Transparenzrichtlinie-Durchführungsverordnung
TransPuG	Transparenz- und Publizitätsgesetz
TUG	Transparenzrichtlinie-Umsetzungsgesetz
USD	US Dollar
US-GAAP	United States Generally Accepted Accounting Principles
VaR	Value at Risk
VBM	Value Based Management
VÖB	Bundesverband Öffentlicher Banken Deutschlands
WACC	Weighted Average Cost of Capital
WpHG	Wertpapierhandelsgesetz
WTO	World Trade Organization
ZDH	Zentraler Datenhaushalt
ZKB	Zinskonditionsbeitrag

Stichwortverzeichnis

A

Abschlussmanagement 405 ff.
Abschlusssteuerung 407 f., 413 f., 416 ff.
Anlagebuch 167, 242, 264
Aufbau- und Ablauforganisation 138, 207, 293 ff., 383, 476, 487
Ausfallwahrscheinlichkeit (Probability of Default/PD) 280, 298, 312 f., 321, 325

B

Banken- und Finanzmarktaufsicht 59
Base Case
  siehe Basisplan
Basisplan (Base Case) 444 f., 457
Basel II 42 ff., 59, 164 ff., 258, 265, 276, 278 ff., 289 ff., 304, 312 ff., 318 f., 321 ff., 372 f.
Basel II-Parameter 274 f., 293, 312 f., 317 f., 321 f., 326 ff.
Benchmark/Benchmarking 75, 85 f., 88, 451, 464
Benefits Case 457 f.
Berichterstattung, externe 153, 166, 169
Berichterstattung, integrierte 172 f.
Berichterstattung, interne 158, 167, 171, 222 ff.
Best Practice 64 f., 360, 528 ff.
Better Budgeting 455
Beyond Budgeting 455 f.
Bilanzrechtsmodernisierungsgesetz (BilMoG) 60, 156, 161, 354, 482
Bottom-up-Planung 441 ff.

Budgetierung 235, 440, 442 ff., 453 ff., 457, 465, 467, 503
Business Case 79, 457, 463, 547 f.

C

Cashflow Hedge/Hedging 266, 268, 280
Change Management 81, 97, 403 f., 411, 420, 427 f., 433 f.
Compliance 52 ff., 145, 351 ff., 369 ff.
Control Optimization (CO) 351 f., 356 f.
Controlling 69, 116, 150, 162, 195 ff., 206 ff., 220, 229 f.

D

Data Warehouse 140, 189, 517 ff., 528 ff., 558 ff.
Datenhaushalt 211, 281 ff., 298 ff., 559 f.
Datenmodell 524 f., 527
Datenqualität 282 f., 526, 530, 533 ff.
Datenqualitätsmanagement (Data Quality Management/DQM) 282, 540 f., 547 f.
Deutsche Rechnungslegungs Standards (DRS) 155 f., 262, 265
Deutsche Rechnungslegungs Standards Committee (DRSC) 155 f.
Deutscher Standardisierungsrat (DSR) 265
Devisenbewertung 333 ff.
Devisenergebnisermittlung 337 f.
DRS 3-10 158
DRS 5-10 166, 168 ff., 265
Drohverlustrückstellung 490, 556

Due Diligence 40, 110, 121
DVFA 131

E

8. EU-Richtlinie 41, 354
Early Close 397
Early Cut-off 397
Economic Value Added (EVA) 159, 238 f.
Eigenkapital 169 f., 251 ff., 321
Eigenkapital, aufsichtsrechtliches 170, 253 f., 257, 266
Eigenkapital, bilanzielles 253 f.
Eigenkapital, ökonomisches 253 f., 258 ff.
Eigenkapitalinstrument 256
Eigenkapitalveränderungsrechnung 263
Einzelwertberichtigung (EWB) 274, 305 ff., 320, 399
Einzelwertberichtigung, pauschalierte (pEWB) 311 f., 320, 326
Enforcement 38
Entry Standard 127 f.
Ergebnisobjekte 447 ff., 451
Ergebnisschema 446 f.
erwartete Höhe der Forderung zum Zeitpunkt des Ausfalls (Exposure at Default/EAD) 279, 312 f., 321
erwarteter Verlust (Expected Loss/EL) 43, 278 f., 281, 291, 312, 323
Expected Loss/EL
  siehe erwarteter Verlust
Expected Loss-Ansatz/-Konzept/Model 165, 276, 285 f.
Exposure at Default/EAD
  siehe erwartete Höhe der Forderung zum Zeitpunkt des Ausfalls

F

Fair Value-Option 39, 60, 266, 268
Fast Close 423 ff.
Finance of the Future (FoF)
  siehe Finanzfunktion der Zukunft
Finance Operating Model (FOM) 72 f., 80
Finance Shared Service Center 469 f.
Financial Reporting
  siehe Finanzberichterstattung
Finanzberichterstattung (Financial Reporting) 151, 430
Finanzfunktion 31 ff., 33 ff., 40, 49 ff., 63 ff., 93 ff., 114 ff., 199 ff., 473 ff.,500 ff., 551 ff.
Finanzfunktion der Zukunft (Finance of the Future/FoF) 54, 63 f., 72, 75, 78, 80 f.
Finanz-IT-Architektur 497
Finanzkrise/Finanzmarktkrise 39, 57 f., 60 f.
Finanzmarktkommunikation 123 ff.
Finanzmarktstabilisierungsfonds 58
Forecast, rollierender 440, 444, 456, 458 ff.
Fremdkapital 256
Fremdwährungserfolg 336 f., 339
Fremdwährungsgeschäft 332

G

Gegenstromplanung 441
General Standard 127
Gesamtbanksteuerung 245
Geschäfte, interne 243, 247, 344
Geschäftsfeldrechnung 220

H

Handelsbuch 242 ff.
Hard Close 397, 430 f.
Hedge Accounting 243 f., 342
Hedging, ökonomisches 243
HGB 155 ff.

I

IAS 1 170 f. , 252, 255, 260, 262 ff.

IAS 14 157, 183, 218 f., 241
IAS 32 165, 169, 255 f.
IAS 37 164, 275 f., 309 f., 313
IAS 39 60, 164 f., 223, 240, 242 ff., 275 f., 278, 280, 283, 289 ff., 293 ff., 305 ff., 317 ff.
IFRS 7 23, 39 f., 60, 165 f., 168 ff.
IFRS 8 40, 156 f., 162 f., 182 f., 217 ff., 241
IFRS-Umstellung 233, 304, 481
Impairment Test 291, 305
Impairment Trigger 289 ff.
Impairmentprozess 289
Incurred Loss 43, 278, 281
Incurred Loss-Ansatz/-Konzept/Model 164 f., 275 f., 280, 286, 318, 320 f., 324
Informationstechnologie 139 f., 499 f., 552 f.
International Accounting Standards (IAS) 14, 218
International Financial Reporting Standards (IFRS) 36, 218, 234, 252, 318, 330, 482, 534
Internes Kontrollsystem (IKS) 41 f., 117 f., 351, 353 ff., 374
IT-Architektur 210, 499, 511, 545
IT-Organisation 499, 501, 508

K

Kapitaladäquanz 169 ff., 260
Kapitalmarkt-Reporting 137, 139
Kennzahlen 163 f., 173 f., 237, 413, 461
Key Performance-Indikatoren (Key Performance Indicators/KPIs) 76, 413, 457 f.
Kommunikationsinstrument 130, 136, 161
Kontrollsysteme, rechnungslegungsbezogene 41
Konvergenzansatz 152, 160, 167, 171

Konzernabschluss 154 f., 158, 241, 246, 389, 408, 486 f.
Konzernabschlussüberleitungsverordnung (KonÜV) 170, 262, 265 ff.
Konzernrechnungswesen 481 ff.
Kreditinstitut-Rechnungslegungsverordnung (RechKredV) 169, 254 f.

L

Länderwertberichtigung 312
Loss Event 164, 275, 290 ff., 295 f., 319 f., 325 ff.
Loss Given Default (LGD)
  siehe Verlustquote
Loss Identification Period (LIP) 280, 312, 324

M

Management Accounting
  siehe internes Rechnungswesen
Management Approach 153, 157, 160, 167 f., 169 ff., 183, 218 f., 241, 252, 262
Management-Berichterstattung (Management Reporting) 152, 163, 203, 209, 212 f., 218, 220, 223, 230, 247, 430, 447, 454, 461
Management-Informationssystem 55, 159
MaRisk
  siehe Mindestanforderungen an das Risikomanagement
Mehrjahresplanung 439 ff.
Meldewesen, aufsichtsrechtliches 152
Mindestanforderungen an das Risikomanagement (MaRisk) 167, 171, 258, 294, 304, 354, 373
Multi Currency Accounting 329 ff.
Multi GAAP Accounting 51, 53, 340, 348

N

Non-performing Loans 45, 305, 307
Nutzenevaluierung 457

O

Offenlegung 126, 166, 182, 196, 251 ff., 264 f., 539
Offenlegung, aufsichtsrechtliche 151
Offenlegungsmeldung 151
Offenlegungspflichten/-vorschriften 60, 167 f., 170, 221, 224, 229, 253, 257, 261 ff., 269,
Offshoring 471, 474 f., 478
Outsourcing 55 f., 71, 203, 471, 474 f., 479, 511

P

Pauschalwertberichtigung 305, 320, 324 ff., 328
Performance 35, 52 f., 145, 351, 355
Plananpassung 443 f., 452
Planungsmanagement 450
Planungsprozess 437 ff., 503
Planungsschema 445
Planungssystem 451 f.
Planungsverfahren 442, 452 f., 455
Portfoliounwinding 282 f., 285
Portfoliowertberichtigung 164, 223, 276, 284 f., 304, 311 ff.
Post Merger Integration 107, 109 ff.
Prime Standard 127 f.
Probability of Default (PD)
  siehe Ausfallwahrscheinlichkeit
Process Owner 138, 391, 395 f., 400, 403 f., 408 ff.,
Profit Center-Rechnung 163, 190 f., 218, 220 f.,224, 241, 246, 431, 450
Prognose 130, 134, 438, 454, 456, 458, 467
Prognoserechnung 160, 184, 399, 437, 440, 444

Prognosezeitraum 308, 321, 326
Prozessintegration 51, 65, 69, 74, 78
Prozesskostenrechnung 351, 357, 362, 462
Prozessmanagement 93, 97 ff., 408, 451, 541, 549
Prozessmatrix 473 ff.

Q

Quality Close 385, 390 ff.
Quality Close-Methodik 386
Quality Close-Standardmodell 390

R

Ratingagentur 59, 151, 262, 265,
Rechnungslegung, externe 154, 163
Rechnungswesen, externes (Financial Accounting) 150, 160, 180 f., 200, 214
Rechnungswesen, internes (Management Accounting) 150, 160, 180, 200 f., 214
Reifegrad 72 ff., 75 f., 78 f. , 85 ff., 88 ff., 100, 359 f., 507
Return on Equity (RoE) 238
Risikoberichterstattung 166 f., 169 ff.
Risikomanagement 41, 59, 167, 258, 369 ff.
Risikomanagement-System 41, 373, 375 ff.
Risikotragfähigkeit 170 ff., 258 f., 373 f.
Risikovorsorge 298 f., 311, 319 f., 495
Risikovorsorge im Kreditgeschäft 164 f., 230, 273 ff., 303 ff., 318
Risiko-/Ertragskennzahl 159
Risk Adjusted Return on Capital (RAROC) 159, 163
Risk Adjusted Return on Risk Adjusted Capital (RARORAC) 159, 163, 238, 245
Risks and Reward Approach 157, 183, 241

Roadmap 79 ff., 204
Rückstellung 164, 275 f., 284, 295, 308 ff., 319, 495,
Rückstellung, portfoliobasierte 313 f.

S

Sarbanes-Oxley Act 41, 52, 117 f., 534
Sechs-Schichten-Modell 512 ff., 528 f., 546
Segmentberichterstattung 156 ff., 162, 182 ff., 191, 201, 207, 217 ff., 241
Service Level Agreement (SLA) 56, 118, 400, 478, 509
Shared Service Center 55 f., 69, 71, 74, 469 ff.
Shareholder Value/-Konzept 40, 51, 161, 238
Soft Close 396 f., 431
Solvabilitätsverordnung (SolvV) 151, 165 f., 170, 257, 262 ff.
Sourcing/-Strategie 56, 71, 207, 502
Steuerkreise 439
Steuerung, interne 187, 233, 235 f., 240 f.
Steuerungskennzahl, interne 159, 163
Steuerung, ökonomische 239 f., 242, 249, 347
Subprime-Krise 57, 108, 125, 290

T

Target Operating Model (TOM) 73, 78 f., 83, 85, 87, 204 f., 207

Top-down-Planung 441 f.
Transaktionsprozess 109, 114
Transparenzrichtlinie-Umsetzungsgesetz (TUG) 166
Trigger Event 164, 275, 292, 305, 307, 415

U

Überleitungsrechnung (Reconciliation) 37, 40, 163, 219 ff.
unerwarteter Verlust (Unexpected Loss) 43, 291
Unexpected Loss
siehe unerwarteter Verlust
United States Generally Accepted Accounting Principles (US-GAAP) 37, 39, 154, 218 f., 406, 424
Unternehmensführung, wertorientierte 238 f.
Unwinding 282 f., 285 f., 306, 308 f.

V

Verlustereignis 164 f.,275 ff., 292, 312, 321, 324
Verlustquote (Loss Given Default/LGD) 278, 281, 283, 299, 312 ff., 321, 325 ff.

W

Währungsposition 330, 333 ff.
Wertpapierhandelsgesetz (WpHG) 126
Werttreiber 158, 451, 456, 461 ff.